한대 경학의 발전과 사회 변화

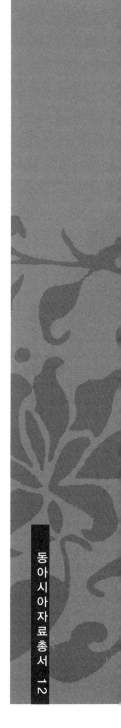

사회 변화 한대 경학의 발전과

슌사오 지음

김경호 옮김

성균관대학교
출판부

동아시아자료총서 12

차례 ●

3장

경학의 전승과 경서의 해석

4장

통경치용(通經致用) 하의 한대 사회

성균관대학교의 김경호 교수님께서 저의 졸작 『양한 경학과 사회(兩漢經學社會)』를 한국어로 번역하며, 제게 한국어판 서문을 부탁하셨습니다.

오랜 기간 동안 사료들을 정리하는 과정에서 저는 줄곧 사회와 사상 간의 관계에 대해 고민하며 하나의 사상이 탄생하는 사회배경을 출발점으로 그 원류(源流)를 파악하고 그 영향을 해석하고자 고군분투하였습니다. 『양한 경학과 사회』가 바로 이 일생의 과제를 수행하는 첫 번째 시도입니다.

『양한 경학과 사회』가 출간된 지 10년이 넘었는데, 학계에서 동료학자들의 평가를 정리하면 다음 몇 가지로 귀납할 수 있습니다.

첫째, 양한(兩漢)의 경학(經學) 이론의 변천에 대한 연구를 통해 학술사상과 종교사상 간의 한계를 규정하였습니다. 학술사상의 핵심은 사회 발전과 더불어 끊임없이 심화되고 발전하였지만, 종교사상의 핵심은 고정되어 있기 때문에 사회와 함께 발전하기는 어렵습니다. 이것이 본 글의 첫머리에서 밝힌 "이론심화와 외적확산의 법칙[內純致治法則]"입니다.

둘째, 양한 사회의 이중적 구조에 대한 연구를 통해 양한 경학의 이중적 특징을 명확히 밝힐 수 있었습니다.

셋째, 양한 경학문화(經學文化)의 전통에 대한 고찰을 통해 선진(先秦)의 주요한 제자학설(諸子學說)과 경학문화의 연원을 분석하였습니다.

넷째, 경학의 "통경치용(通經致用)"의 특징을 논술하여, 한 단계 더 나아가 경학의 한대 정치제도와 사회질서에 대한 영향을 명확히 밝혔습니다.

학계의 대선배께서는 "이 책을 읽고나면, 그 논점이 광대함에도 허술하지 않다. 이는 상세하고 확실한 사료를 기초로 하고 있기 때문이다. 논증이 치밀하고 상세함에도 지루함이 전혀 없다. 이는 논리의 전후가 호응되고 수미가 일관되기 때문이다. 고증이 복잡함에도 번잡스럽지 않은 것은 주제가 명확하고 새로운 내용이 차례로 나타나기 때문이다. 당대 사학연구가 점점 단편화되는 상황 속에서 이러한 저작은 그 가치가 높다."라고 말씀하셨습니다.

필자의 졸작에 대한 이러한 과분한 칭찬은 감히 감당할 수 없습니다. 학계의 긍정적인 평가와 동료학자들의 깊은 관심은 필자의 학술 연구에 커다란 발전이 될 수 있도록 격려하는 채찍질로 생각하고 깊은 감사를 드립니다.

졸작의 역자인 김경호 교수님은 중국 고대사학에 대해 조예가 깊은 학자입니다. 번역 과정 중에 제 졸작의 많은 오류를 고치는 데 도움을 주셨습니다. 이 한역본은 중문본과 비교하여 한층 더 발전하였는데, 이는 김경호 교수님이 애써 주신 덕분입니다. 교수님의 노고에 다시 한 번 감사를 전합니다.

올해 국제학술회의에서 북한에서 출토된 『논어』 간독(簡牘)에 대한 김경호 교수님의 발표를 들었습니다. 교수님께서 새로운 자료들과 연구소감을 발표하실 때 필자 또한 깊은 감명을 받았습니다. 이러한 새로운 연구 성과를 본 책에 담지 못해 아쉬움이 남지만, 다음 수정 간행본에 새로운 자료들을 보충하는 것으로 미뤄야 할 것 같습니다.

졸작을 번역해 주신 김경호 교수님께 심심한 감사의 말씀을 전합니다. 교수님의 노고 덕분에 더 많은 한국 독자들에게 경학에 대한 필자의 견해들을 전할 수 있게 되었습니다. 더불어 이 졸작과 관련된 문제에 대해 많은 독자 분들과의 교류와 토론을 통해 즐거움을 공유할 수 있기를 바랍니다.

2015년 1월

순샤오(孫曉)

일러두기(凡例)

1. 이 책은 순샤오(孫曉), 『兩漢經學社會』(北京 : 中國社會科學出版社, 2002) 전문을 우리말로 옮긴 것이다.
2. 각주의 서술 내용 중 원저자의 것은 ≪원주≫로 표기하였다. 그 밖의 각주는 역자가 독자의 이해를 돕기 위하여 작성한 역주들이다.
3. 원서에서 인용한 내용 중, 오류 부분은 바로 잡았으며 그 근거를 밝혔다.
4. 인용된 원문은 [ ]로 묶어 표기하였다.
5. 3장 3절에 나오는 『상서』는 고문과 금문으로 분류하고 있기 때문에 '고문 『상서』'로 표기하였으며, 기타 내용에서는 『고문상서』로 표기하였다.
6. 근·현대시기의 인명은 외래어 표기법에 근거하여 표기하였다.
7. 인명에 대한 설명은 임종욱 편저, 『중국역대인명대사전(中國歷代人名大辭典)』, 이화문화사, 2010을 참조하였다.

1장

신질서와 구제도

—— 한대 경학 발전의 역사적 배경

제1절 한대 경학에서 학술 발전의 내순(內純 : 이론심화)과 치치(致治 : 외적 확산)를 보다

학술 발전은 본래 일정한 법칙을 가지고 있다. 학설의 발생과 발전은 모두 "이론심화[內純]와 외적확산[致治] 법칙"을 따르고 있다는 점이다. 이론심화는 한 학설 혹은 학파가 발전 과정 중에 반드시 끊임없이 자신에게 순수해야하며, 끊임없이 이론적 핵심의 합리성(合理性)을 찾아야한다는 것을 가리킨다. 한 학설 혹은 학파가 인지의 측면에서 이론이 심화되는 것은 학설 혹은 학파 발전의 기본적인 특징이다. 외적확산은 한 학설 혹은 학파가 발전 과정 중에 반드시 끊임없이 자신을 개발하고, 끊임없이 기능의 실용성을 찾는 것을 가리킨다. 한 학설 혹은 학파가 표현적인 면에서 기능을 개척하는 것은 그 발전의 외부적인 특징이다. 대략적으로 말하면 내순과 치치는 학술 유파가 발전 과정 중에 있을 때 반드시 이론핵심의 순수와 심화를 보장하고, 아울러 시의적절하게 이론의 실용기능을 개척해야 한다는 것을 가리킨다.[1]

내순과 치치는 학술 유파 발전의 일반적인 법칙으로, 이 법칙이 확립되면 매우 쉽게 학술과 종교를 구별할 수 있다. 한 학파 혹은 학설이 하루아침에 심화된 이론을 상실하게 되면, 핵심적 이론은 어떤 일원적 개념의 가설에

---

1 ≪원주≫ 인지(認知)와 표달(表達)에 관해서는, 졸고, 「지성이 되는 과정의 역사(作爲知性過程的歷史)」,『심재문학집(心齋問學集)』, 團結出版社, 1993 참조.

포함되고(이 일원적 개념은 일반적으로 인격을 갖춘 신으로 변하거나 혹은 원개념 자체가 인격화(人格化)와 신화(神化)될 수 있다), 학술학설은 종교학설로 변하며, 학술유파는 종교유파로 변하여 학술이 종교로 변하게 된다. 이러한 법칙의 확립은 학설이 발전하고 쇠락하는 원인을 해석하는 데 편리하다.

하나의 학설 발전은 치치력(致治力)의 강화에 근원을 두고 있으며, 치치력의 강화는 학설을 신속히 보급할 뿐만 아니라 또한 학설의 핵심적 이론을 심화시키기 위한 영양분을 제공한다. 학설의 발전과 쇠락은 치치력(致治力)을 잃어버린 데에 있다. 치치력의 상실은 학설의 영향 범위를 축소시킬 뿐만이 아니라 또 학설의 이론적 핵심을 심화시키는 영양분을 고갈시킨다.

양한 경학은 중국 역사상 중요한 학술유파이다. 경학의 근원은 선진유학(先秦儒學)이다. 전한(前漢) 무제(武帝)[2] 시기에 이르러 독존(獨尊)의 지위를 획득

· · · · · · · · · · · · ·

2 무제는 중국 한의 제7대 황제로서 제후왕에 대한 통제를 강화하여 중앙집권체제를 완성하였고, 적극적인 대외정책을 펼쳐 영토를 크게 확장하여 한의 전성기를 이끌었다. 성명은 유철(劉徹)이고, 묘호는 세종(世宗)이다. B.C.141년 16세의 나이로 경제(B.C.188~B.C.141)의 뒤를 이어 황제가 되어 B.C.87년까지 55년의 재위 기간 동안 정치·군사·문화 등에서 큰 업적을 남겨 한의 전성기를 이끌었다. 무제의 업적은 크게 황제를 정점으로 한 중앙집권체제를 완성한 일과 적극적인 대외 정책을 추진하여 영토를 크게 확장한 일을 꼽을 수 있다. 무제는 유학자인 동중서(B.C.170?~B.C.120?)의 현량대책(賢良對策)을 받아들여 유학을 관학으로 하였으며, 장안(지금의 西安)에 태학을 설치하는 등의 여러 정책을 통해 문신 관료 중심의 유교 국가의 기틀을 마련하였다. 또한 무제는 경제의 정책을 계승해 제후왕에 대한 통제를 강화하였다. 제후왕국에 파견된 관리가 제후왕과 사사로이 군신 관계를 맺는 것을 금지하였으며, 제후왕이 별도의 조세를 만들거나 임의로 세액을 올리는 것을 금지하였고, 중앙에서 파견한 관리가 제후왕의 죄를 묵인하지 못하도록 하였다. 이로써 중앙의 정책이 제후 왕국에서도 똑같이 시행되었고, 제후왕의 권리는 크게 위축되었다. 나아가 무제는 B.C.106년에 수도 주변을 제외한 나머지 지역을 13주(州, 혹은 部)로 나누어 각 주에 자사(刺史)를 파견하여 지방 관료와 토착세력을 감찰하게 하였다. 이후 무제는 건국 초기부터 한을 위협하던 匈奴에 대해 강경 정책을 펼쳐 대원(大宛) 정벌에 이르렀으며, 이러한 무제의 서역 진출은 실크로드를 통해 동서 문화의 교류가 활발히 이루어지는 계기가 되었다. 흉노와의 전쟁에서 승리한 무제는 남쪽으로는 지금의 복건성(福建省)과 사천성(四川省) 일부 지역까지 진출하였으며, 동쪽으로는 조선을 침략하여 한사군(漢四郡)을 설치하였다. 그러나 무제의 적극적인 대외 정책으로 한은 넓은 영토를 차지할 수 있었지만, 막대한 군사비가 소모되어 재정의 어려움을 가져왔다. 더구나 무제는 개인의 욕망을 충족하기 위해 궁전과 이궁을 짓고, 불로장생을 믿어 방사를 모아 태산(泰山)에서 봉선(封禪) 의식을 하여 재정을 더욱 궁

한 후 그 융성한 사회적 지위는 다른 학파가 미칠 수 있는 바가 전혀 아니었다. 그 본질에 대해서 말해 보면 경학은 학술학설이지 종교학설이 아니다. 양한 금문(今文) 경학의 발흥 시기에 금문(今文) 경학이 참위사조(讖緯思潮)[3]와 혼합되면서 경학이 신학화되는 경향이 나타났다. 그러나 학파로서의 경학은 그 이론의 심화 과정을 거치지 않았다. 고문(古文) 경학의 흥기는 경학의 신학화에 대한 저항이며, 학술유파의 자체적 반성을 위해 반드시 거쳐야 했던 길이었다. 실제로 학술사의 관점에서 보면 양한 경학은 똑같이 선진유학에 대한 이론의 심화 과정이었다. 양한 이후 위진(魏晉)의 현학(玄學)[4]·송명이학(宋明理學)[5]·심학(心學)[6]·청대 한학(漢學)[7] 또한 경학의 이론심화 과정이라 할

. . . .

핍하게 했다. 무제는 이를 타개하기 위해 균수법(均輸法, 국가가 각 지방의 산물을 조세로 징수하여 다른 지방에 운송해 판매하여 이익을 거두는 방법)과 평준법(平準法, 물건이 쌀 때 국가가 매입하였다가 가격이 오르면 내다팔아 그 차액을 국가의 수입으로 하기 위한 것)을 시행하였다. 이러한 정책은 국가가 상인의 역할을 대행하여 재정 확대를 꾀한 것이었으므로 상인의 몰락을 가져왔고 국민의 생활을 엄격히 통제하여 많은 불만을 낳았다. B.C.91년 황태자였던 여태자 유거가 일으킨 '무고(巫蠱)의 난(亂)' 등 정치적 불안도 나타났다. 그 뒤 한은 외척의 전횡(專橫)으로 정치적 불안정이 가속화되었고 급격히 쇠퇴의 길로 접어들었다.

3 참(讖)은 미래를 예언한 도참(圖讖)이고, 위(緯)는 위서(緯書)로 경서(經書)와 대칭되는 책이다.

4 노장(老莊)의 학문이라는 뜻으로 중국 도가(道家)의 학문을 일컫는 말. 현(玄)이란 노자에 나타나는 것으로 인식을 초월한 우주생성의 근원을 말하며 이것을 또한 도(道)라고도 한다. 한대에 노장의 학문은 유교와 더불어 당시 사람들의 교양의 대상이었고, 삼국(三國)·위(魏)·진(晉) 시대에는 형이상학적 담론, 또는 철학적 색채가 짙었다.

5 송명(宋明) 시대 학자들에 의하여 성립된 학설로, 도학(道學)·이학(理學)·성명학(性命學) 또는 이것을 대성시킨 이의 이름을 따서 정주학(程朱學)이라고도 한다. 유학은 중국 사상의 주류를 이루는 것으로, 그것이 성립되던 상대(上代)에는 종교나 철학 등으로 분리되지 않은 단순한 도덕사상이었으며, 그 대표적 인물에는 공자와 맹자가 있다. 송명(宋明) 시대에 이르러 유학은 정치적 또는 종교적 사회체제의 변화에 따라 노불(老佛) 사상을 가미하면서 이론적으로 심화되고 철학적인 체제를 갖추게 되었다.

6 정주학(程朱學)과 대립되는 '심즉리(心卽理)'의 학문체계로, 넓은 뜻으로는 마음을 수양하는 학문으로 유교 전체를 말하기도 하나, 일반적으로 송(宋)나라 때의 육상산(陸象山), 명(明)나라 때의 왕양명(王陽明)이 제창한 학문을 일컫는다. 왕양명은 정주학을 비판하는 한편, 육상산을 높이 평가하여 '성인(聖人)의 학문은 심학이다'라고 규정하면서 '심즉리'를 근본 명제(命題)로 하고 손쉬운 실천방법을 내세웠다.

수 있다. 중국 역사상 특히 양한 시기에 경학의 시조 공자를 신격화하려는 움직임이 있었다. 그러나 공자가 성인으로 존숭된 이후 갑자기 그러한 추세는 멈추게 되었다. 성인은 신인(神人)이 아니다. 성인은 인간으로 "만사에 통달하지 않음이 없는[事無不通]" 지혜로운 자일 뿐,[8] 세속을 초탈하여 저 멀리 하늘 높이 있어 "음인지 양인지 헤아릴 수 없는[陰陽不測]" 신인과는 다른 존재이다.[9]

양한 경학은 유학(儒學)을 이론적으로 심화하는 하나의 과정이었다. 유학일파는 공자가 창립한 이후 그 이론의 심화과정을 멈춘 적이 없었다. 맹자의 "그 마음을 다하는 자는 그 성(性)을 아니, 그 성(性)을 알면 하늘을 알게 된다.[盡心知性, 知性知天]"는 사상,[10] 순자의 "천명을 재제(裁制)한다.[制天命]"는 주장,[11] 한비자의 "참고험증(參考驗證)"론[12]과 "성인은 반드시 고대의 치세제도

....

7 청대(淸代) 학계의 주류를 이룬 학문의 한 방법. 한대의 고전연구를 존중했기 때문에 한학(漢學)이라고도 한다. 송대(宋代)의 사변철학(思辨哲學)인 주자학(朱子學)이나 명대(明代)의 관념철학인 양명학(陽明學)과는 대조적으로, 폭넓게 자료를 수집하고 엄격한 증거에 의거하여 실증적으로 학문을 연구하고자 했으며 실사구시가 그 신조였다. 청대경학 방면에서는 고염무(顧炎武), 사학(史學)의 방면에서는 황종희(黃宗羲)가 대표적이다.

8 ≪원주≫『상서(尙書)』「홍범(洪範)」, "귀 밝음은 헤아림을 만들고, 지혜로움은 성스러움을 만든다.[聰作謀, 睿作聖.]", 傳 : "일에 통하지 않음이 없는 것을 일러 성(聖)이라고 한다.[於事無不通謂之聖.]"

9 ≪원주≫『역경(易經)』「계사 상(繫辭上)」 "음(陰)과 양(陽)의 헤아릴 수 없는 것을 신(神)이라 한다.[陰陽不測之謂神.]"

10 ≪원주≫『맹자(孟子)』「진심 상(盡心上)」 "그 마음을 다하는 자는 그 성(性)을 아니, 그 성(性)을 알면 하늘을 알게 된다.[盡其心者, 知其性也. 知其性, 則知天矣.]"

11 ≪원주≫『순자(荀子)』「천론(天論)」 "대천사지(大天思之 : 하늘을 높이 추숭하며 사모함)와 물축제지(物畜制之 : 물건을 축적하며 사용함)중 어느 쪽이 나은가. 종천송지(從天頌之 : 하늘을 쫓으면서 기림)와 제천용지(制天用之 : 하늘의 변화 규율인 천명을 장악해 이용함)중 어느 쪽이 나은가. 망시대지(望時待之 : 계절을 바라보면서 기다림)와 응시사지(應時使之 : 계절에 응해 그것을 활용함)중 어느 쪽이 나은가. 인물다지(因物多之 : 사물의 변화를 방치하며 많아지기를 바람)와 빙능화지(聘能化之 : 인간의 재능을 다해 사물을 변화시킴)중 어느 쪽이 나은가.[大天而思之, 孰與物畜而制之? 從天而頌之, 孰與制天命而用之? 望時而待之, 孰與應時而使之? 因物而多之, 孰與聘能而化之.]"

12 ≪원주≫『한비자(韓非子)』「현학(顯學)」 "참고하고 대조할 아무런 증거도 없이 꼭 그렇다고 단정하는 것은 어리석은 일이고, 확정적이지 않은 데도 그것을 근거로 하여 그렇다고

를 따르지 않고, 반드시 종전의 관례를 본받아 일을 하지 않는다.[聖人不期循古, 不法常行]"는 비평정신,[13] 이러한 모든 선진(先秦) 유가 문도들의 유학의 이론적 핵심에 대한 이성적인 탐색은 유학의 자체적인 이론의 심화된 지표이다. 양한 시기에 이르러 "일존(一尊)으로 정해진[定爲一尊]" 유학이 비록 경학(經學)이라고 존칭되었지만 그 자체적인 이론심화의 과정은 결코 멈추지 않았다.

전한(前漢) 초기 학자들은 대부분 진(秦)나라가 망한 원인과 발단을 찾으려 했다.[14] 그 탐구는 대부분 치치(致治)에 힘을 썼지만, 유학적 기본명제들에 대한 사고에 미치지 않을 수 없었다. 가의(賈誼 B.C.200~B.C.168)의 성삼품(性三品)설[15]은 바로 인성의 본체적인 관점에서 선진시기 유가들이 성선(性善)설과 성악(性惡)설[16]을 두고 논쟁한 것에 대한 새로운 해석이었다.[17] 그러나 이

• • • • • • • • • • • • •

단정하는 것은 남을 속이는 일이다. [天參驗而必之者, 愚也; 弗能必而據之者, 誣也.]"

13 《원주》 『한비자(韓非子)』 「오두(五蠹)」

14 대표적인 일례가 가의(賈誼 B.C.200~B.C.168)의 「과진론(過秦論)」이다. 내용은 대략 다음과 같다. "진나라의 효공이 산과 함곡관의 견고한 요새지에 웅거하여 옹주(雍州)의 땅을 안고 군주와 신하가 굳게 지키면서 주나라 왕실을 엿보았다. 상군(商君)이 보좌하여 안으로는 법도를 세우고 농사와 옷감 짜는 일에 힘쓰게 하며 수비전의 장비를 정비하고 국외로는 연횡책을 써서 제후끼리 싸우게 했다. 이에 팔짱을 끼고서 하(河)의 밖을 차지했다. 남쪽으로 한중(漢中)을 차지하고 동쪽으로 비옥한 땅을 할애 받고 북으로 요충지의 군을 거두어들였다. (하략) ……"

15 중국 고대 일종의 주장으로 인성을 세 등급으로 나누는 이론이다. 전한의 동중서(董仲舒)가 인성을 상·중·하 삼등으로 나누었다. 후한(後漢) 왕충(王充) 또한 기품의 다소에 근거하여 인성을 선(善)·중(中)·악(惡) 세 종류로 나누었다. 당(唐) 한유(韓愈)가 명확히 "性情三品"설을 제기하여 성(性)과 정(情)을 상·중·하 삼품(三品)으로 나누었다.

16 순자는 사람들이 성선(性善)의 설을 믿고 자연에 맡겨 학문을 폐하는 것을 염려하여, 성은 믿을 것이 못되고 마땅히 선왕의 가르침에 면려(勉勵)해야 한다고 말한 것이다. 그러므로 말하길 "본성이란 하늘로부터 타고난 것이어서 배워서 이룰 수 있는 것도 아니고, 인위적으로 만들 수 있는 것도 아니다. 그러나 '예의'는 성인이 만든 것으로 사람이 배워서 이룰 수 있고, 인위적으로 노력하여 만들 수도 있다. 배워서 이룰 수 있는 것도 아니고 인위적으로 만들 수 있는 것도 아닌데 사람에게 있는 것을 일컬어 '본성'이라고 한다. 배워서 이룰 수 있고 인위적으로 만들 수 있는 것이 사람에게 있는 것을 일컬어 '작위'라고 한다. 이것이 '본성'과 '작위'의 구분이다."라 하니 "僞"자를 변별한 것이 매우 밝다. 양경의 注에 또 말하길 "僞는 爲이니, 모두 천성이 아니라 사람이 작위(作爲)하는 것은 모두 僞이다. 그러므로 僞자는 人변에 爲를 더한 것이니, 또한 회의(會意)자다."라 하니 그 설이 또한 순자의 본뜻에 맞다. (천상쥔(陳尙君)·장진야오(張金耀) 主撰(주찬), 『사고제요정독(四庫提要精讀)』, 복단대

러한 해석은 후대의 양한 유학자들에 의해 다시 받아들여졌다. 동중서(董仲舒 B.C. 179~B.C. 104)는 "성인 차원의 성(性), 그릇이 적은 사람의 성(性),[18] 일반적인 성(性)[聖人之性, 斗筲之性, 中民之性]"을 밝혔다.[19] 인성은 "삼품(三品)"으로 나누어 지는데, 이론적으로 "교화(敎化)"의 기능에 대한 합리적인 논술을 완성했다는 것에 의의가 있다. 세상의 사람들은 대부분 중성(中性)의 백성들이다. "그러므로 걱정스러운 것은 중등에 속하는 군주입니다. 그것은 또 마치 하얗게 삶은 명주에다 쪽빛 물을 들이면 푸른색이 되고 검정 물을 들이면 검은 색이 되는 것과도 같습니다.[故其可憂者, 唯中主爾, 又似練絲, 染之藍則靑, 染之緇則黑.]"[20] 후한(後漢) 왕부(王符, 85~162)[21] 또한 다음과 같이 말하였다. "세상

∙∙∙∙∙∙∙∙∙∙∙∙∙

학출판사(復旦大學出版社), 2008, p.201)
17 ≪원주≫『신서(新書)』「연어(連語)」에 다음과 같은 내용이 있다. "어떤 이는 『춘추(春秋)』를 일컬어서 선을 일으키고 악을 억눌러 그 마음을 타이르며, 『예(禮)』를 가르쳐 위아래의 법도를 알게 한다고 한다. 어떤 이는 『시(詩)』를 일컬어서 도를 넓히고 덕을 밝혀 그 뜻을 길들여 밝히며, 『악(樂)』을 가르쳐 그 더러운 마음을 씻어내고 들뜬 기운을 누르게 한다고 한다. 또 성현들의 좋은 말씀을 가르쳐 옛 일을 밝히고, 백성들에게 덕을 밝히려 애썼던 선왕을 알게 한다. 옛 기록을 가르쳐서, 역사의 흥망을 알아 조심하고 두려워할 줄 알게 한다. 관직에 임하는 태도를 가르쳐, 모든 관직의 직책과 임무에 대하여 관리하며, 다스리고 교화하는 법도를 알게 한다. 선왕의 교훈과 제도를 가르쳐 친족의 가깝고 먼 관계를 알아서 차례를 살피게 한다. 이것이 이른바 태자에게 배우게 하는 성인의 덕이다.[或稱『春秋』, 而爲之聳善而抑惡, 以革勸其心, 敎『禮』, 使知上下之則, 宣或爲之稱『詩』而廣道顯德, 以馴明其志. 敎『樂』, 以疏其穢, 而塡其浮氣. 敎之語, 使明於上世, 而知先王之務明德於民也. 敎之故志, 使知廢興者, 而戒懼焉. 敎知任術, 使能紀萬官之轍任, 而知治化之儀. 敎之訓典, 使知族類疏戚, 而隱比馴焉. 此所謂學太子以聖人之德者也.]" (가의(賈誼) 지음, 박미라 옮김, 『신서(新書)』, 소명출판, 2007, p.213)
18 두소(斗筲)의 두는 용량을 다는 그릇이고 소는 대그릇이다. 둘 다 모두 적은 분량을 담을 수 있어 도량이 적은 사람을 비유한다. 이 말은 『논어(論語)』「자로(子路)」에 실려 있다. 원문은 다음과 같다. "斗筲之人, 何足算也" (『십삼경주소(十三經注疏)』정리위원회정리(整理委員會整理), 『논어주소(論語注疏)』, 북경대학출판사(北京大學出版社), 2000, p.202)
19 ≪원주≫『춘추번로(春秋繁露)』「실성(實性)」 "성인 차원의 성[聖人之性]을 기준으로 해서 일반적인 성으로 명명할 수 없고 그릇이 적은 사람의 성[斗筲之性]을 기준으로 해서 일반적인 성으로 규정할 수 없다. 일반적인 성으로 명명하는 건 인민의 대다수를 차지하는 보통 사람의 성[中民之性]이다.[聖人之性不可以名性, 斗筲之性又不可以名性·名性者, 中民之.]"
20 ≪원주≫『신서(新書)』「연어(連語)」.
21 중국 후한(後漢) 말기의 사상가이다. 가문이 미천하여 고향 사람들에게 천대를 받았으나,

에 아주 뛰어난 백성과 아주 어리석은 백성은 그 수가 많지 않다. 오히려 평범한 백성이 많은 법이다. 이런 중간층이 세상에 태어난 것은 마치 쇠붙이가 용광로 속에 있는 것과 같다. 이는 주물의 거푸집에 따라 변화하며 어떻게 다루느냐에 따라 모난 것·둥근 것·얇은 것·두꺼운 것 등이 고루 만들어져 그 용제(鎔制)에 따라 형태가 생겨날 따름이다.[上智則下愚之民少. 而中庸之民多. 中民之生世也, 猶鑠金之在鑪也. 從范變化, 唯冶所爲, 方圓薄厚, 隨鎔制爾.]"[22] 표면적으로 보면 "성삼품(性三品)"이라는 학설은 선진유학 맹자 일파의 "성선(性善)"설과 순자 일파의 "성악(性惡)"설의 절충이다. 그러나 이러한 절충적 해석은 의심할 여지없이 한대의 사회적 수요에 순응한 것이었고, 학술 발전이 이론 심화로부터 외적확산에 이르게 된 것에 대한 필연적 반영이었다.

전한 중기에 유학이 경학으로 전환될 뿐만 아니라 일존(一尊)으로 정해질 수 있도록 가장 큰 공을 세운 사람은 당연히 동중서이다. 동중서의 "천인감응(天人感應)"[23]이론의 창립은 사변(思辨)이 본체적으로 경학의 이론에 대한 준비를 완성한 것이다. 현대학자들은 이것을 저급한 신학적 경향을 짙게 띠고 있는 체계로 보면서 동시에 절충적 조화의 새로운 산물이라고 여기고 있다. 천인감응은 유가와 도가가 혼합되고 아속(雅俗)을 관통하며(영웅의 사상과 민간의 신앙), 음양과 오행이나 참위(讖緯)와 미신 따위가 하나의 체계 속에 융합된 것이다. 천인감응 이론의 목적은 두 가지이다. 하나는 황권(皇權)의 합리성에 대한 해석이다. 둘째는 지고무상(至高無上)한 황권을 제한하는 것이다. 목적의 이중성은 당시 유자에게는 이중적 사회지위와 인격의 반영이다. 이러한 체계

. . . .

어려서부터 학문을 좋아하고, 마융(馬融)·두장(竇章)·장형(張衡)·최원(崔瑗) 등과 친하였다. 그의 대표작인 저서도 『잠부론(潛夫論)』이라 이름 붙였다. (임종욱(林鍾旭) 편저(編著), 같은 책, p.1082)

22 ≪원주≫ 『잠부론(潛夫論)』 「덕화(德化)」.

23 철학적으로 공양학을 근간으로 하고 있지만, 선진시대의 천명사상(天命思想)·천지사상(天志思想)·형명법술사상(形名法術思想)·음양오행설(陰陽五行說)까지 광범위하게 수렴하였다. 특히 천문(天文)·역수(曆數)·물후(物候) 등의 새로운 자연과학적 성과를 이용하여 천인감응(天人感應, 하늘과 인간은 서로 응한다)을 중심으로 하는 목적론적 체계를 만들었다.

는 중국 고대 사회사상에 아주 깊고 큰 영향을 끼쳤다.

전한 중엽 이후로 금문(今文) 경학이 성행하였다. 금문 경학파 중에 공양학(公羊學)[24]을 대표로 하는 "제학(齊學)"은 한때 크게 유행하였다. 제학이 경학을 종교화하려는 경향이 있었다는 것은 자명한 사실이다. 그러나 경학의 종교화는 학술 발전의 이론심화와 외적확산의 법칙에 위배되는 것으로, 먼저 금문 경학의 내부적인 이론화의 반항에 봉착했다. 금문 경학 가운데 "노학(魯學)"은 곡량학(穀梁學)이 대표적인데, 공양학의 허망함과 상대적이다. 곡량학은 "예치(禮治)"의 중요성을 강조하였다. "예로 다스리는" 사상과 선진유학은 일맥상승(一脈相承)하여, 방법은 비록 수구(守舊)에 얽매였지만 수많은 학술적 이론화가 대부분 수구적인 방법으로 완성되었다. 학술사상사에서 복고로 혁신을 했던 사례는 그 수가 적지 않다.

전한 말년에 홍기한 고문 경학은 전체적으로 또 하나의 경학 이론화의 사조를 열었다. 고문 경학은 주공(周公)을 숭배하는 것으로 금문 경학이 공자를 신격화하는 것에 대하여 대항하였다. 고문 경학에서 공자는 더 이상 천명을 받았던 소왕(素王)이 아니라 그저 한 시대의 선사(先師)일 뿐이다. 공자는 "옛 것을 의지하여 제도를 개혁하는 자"가 아니라 다만 "전술하기만 하고 창작하지 않으며, 옛것을 믿고 좋아한[述而不作, 信而好古.]" 자일 뿐이었으며, 경문은 단지 사료에 지나지 않았다. 그리고 금문 경학이 참위와 서로 결합하는 경향에 대해서도 또한 비평을 하고, 위서(緯書)를 무망(誣妄)한 것으로 여겨 배척하였다. 금고(今古) 학술사조의 홍쇠는 사실상 학술 발전의 이론과 확산의 필연적인 표현이었다. 후한 이후로 금문 경학과 고문 경학은 점차 융합되었고 융합 후에 경학은 점차 사회의 주류적인 사상의 학설이 되었다. 중국

⋯⋯⋯⋯⋯⋯

24 구경(九經) 가운데 『춘추공양전(春秋公羊傳)』을 중시하여 연구하는 학문. 전한 초기에 생긴 금문학파(今文學派)는 공자를 정치가로, 그가 편성한 육경(六經)을 공자의 정치이론서라고 생각하였다. 그 가운데서도 특히 『춘추공양전』에 그 핵심 사상이 들어 있다고 생각하여 전한의 대학자 동중서와 공손룡(公孫龍)이 중심이 되어 이 공양학을 창설하였다.

고대사회에서 유학은 종교학설로 변한 적이 없었다. 그 원인은 유학 자체의 이론화가 멈춘 적이 없기 때문이다. 그러나 이론화는 한 학설을 순수하게 스스로 새롭게 할 수 있게 할 뿐만 아니라 독립적으로 존재할 수 있게 하는 근본이다. 이러한 점에서 유학은 도학(道學)[25]과 구별되는데, 도학은 도를 원 개념으로 확립한 이후에 이론화를 상실하여 아주 쉽게 도교(道敎)[26]로 개조되었기 때문이다.[27] 마찬가지로 유학은 매 시대마다 중시되어, 사회적으로 주류인 사상과 학설이 되었다. 그 근원을 궁구해 보면 유학 자체적으로 치치력의 확장을 또한 멈춘 적이 없기 때문인데, 치치력은 또한 하나의 학설이 사회에서 활기차게 발전하게 하는 이유이기 때문이다. 이러한 점에서 유학은

. . . .

25 도학의 이름은 처음 『수서(隋書)』 「경적지(經籍志)」에 보인다. 원래 노자(老子)가 창립한 도에 관계있는 학설을 가리켰다. 철학의 도가(道家) 종교학의 도교 및 인체생명 과학범위에 속한 내단학(內丹學)까지 포함하였다. 중국 고문헌 중에 비교적 엄숙한 학술분류 혹은 예문지서(藝文志書) 모두 유(儒)·도(道)를 함께 거론하였지만 유가학설을 도학(道學)이라고 부른 적은 없다. (당(唐) 이백약(李百藥) 찬(撰), 『수서(隋書)』, 중화서국(中華書局), pp.281~282)

26 무위자연설을 근간으로 하는 중국의 대표적인 민족종교이자 철학사상. 황제와 노자를 교조로 삼은 중국의 토착종교로, 노자와 장자를 중심으로 한 도가(道家)사상과 구별된다. 도교는 후한(後漢)시대에 패국(沛國)의 풍읍(豊邑)에서 태어난 장도릉(張道陵)이 세웠다고 전하며, 장도릉은 초기에 오경(五經)을 공부하다가 만년에 장생도(長生道)를 배우고 금단법(金丹法)을 터득한 뒤 곡명산(鵠鳴山)에 들어가 도서(道書) 24편을 짓고 신자를 모았다. 이때 그의 문하(門下)에 들어가는 사람들이 모두 5두(斗)의 쌀을 바쳤기 때문에 오두미도(五斗米道) 또는 미적(米賊)이라고도 불렀다. 도교가 하나의 종교로서 이론체계를 갖추기 시작한 것은 3~4세기 무렵 위백양(魏伯陽)과 갈홍(葛洪)이 학술적인 기초를 제공하면서부터였다. (이치충(李致忠) 석평(釋評), 『삼목류서석평(三目類序釋評)』, 북경도서관출판사(北京圖書館出版社), 2002, p.344)

27 도가와 도교는 완전히 다르다. 주(周)·진(秦)나라 도가(道家)와 한(漢) 이후의 도가는 또 다른 점이 있는데, 주·진나라 도가의 이론은 본래 나라를 다스리는 것에 시행하였다. 도가는 내포함이 본래 넓어, 제자(諸子)들이 대부분 그 일체를 얻어 사용한 것이 많다. 태사공(太史公 B.C.135~B.C.87)이 「노장신한열전(老莊申韓列傳)」에서 그들을 논평하기를 "신불해(申不害)는 부지런히 명실(名實)에 시행하였고, 한비자는 승묵(繩墨)을 인용하여 사정을 결단하고, 시비를 밝혔으나, 그들의 잔혹하고 은혜가 적음은 모두 도덕의 뜻에 근원하였다.[申子卑卑, 施之於名實; 韓子引繩墨, 切事情, 明是非, 其極慘礉少恩, 皆原於道德之意.]"라고 하였으니, 신불해·한비자의 학이 또 실로 도가에서 나왔음을 알 수 있다. (왕샤오옌(王小燕)·천치(陳遲), 책임편집, 『사고제요서강소(四庫提要叙講疏)』, 운남인민출판사(雲南人民出版社), 2005, p.123)

묵학(墨學)과 구별된다. 묵학이 진한(秦漢)시기에 쇠락한 것은 치치력을 충분하게 확장시키지 못한 것과 비교적 커다란 관계가 있다. 그래서 이때의 묵학이 은학(隱學)으로 흘러간 것이다.

앞에서 언급한 내용을 종합해 보면, 학술 발전의 이론심화와 외적확산에 대해 이해를 할 수 있었다. 다음 장에서부터는 양한 경학을 예로 들면서, 경학이 처했던 특수한 사회적 배경을 종합하여 비교적 심도 있는 논의를 진행하도록 하겠다.

제2절 종법제(宗法制)와 편호제(編戶制)

종법제에 관하여, 일반적인 내용은 모두 『예기(禮記)』 「대전(大傳)」에 보인다.

　　제후 적장자 이외의 여러 아들은 분립하여 나가서 다른 한 지파를 이루어야 한다. 이 지파가 이루어지면 시조가 된다. 이 지파의 적자 계통을 계승하여 대종(大宗)이 된다. 적자 계통이 아니면 소종(小宗)이 된다. 대종의 시조는 시종(始終) 제사를 지내야 한다. 그래서 백세에도 옮기지 않는 종(宗)이다. 소종의 제사는 다만 아버지·조부·증조·고조·오세까지 미친다. 오세 이상은 사당에서 옮겨야 한다. 그래서 오세는 옮기는 종이다.[別子爲祖, 繼別爲宗, 繼禰者爲小宗. 有百世不遷之宗, 有五世則遷之宗. 百世不遷者, 別子之後也. 宗其繼別子之所自出者,[1] 百世不遷者也. 宗其繼高祖者, 五世則遷者也.]

별자(別子)는 군주의 적장자의 아우를 가리킨다. 별자는 갈라져 나와 스스로 일가를 세운 뒤 그 장자로 계승하게 하여 대종(大宗)이라고 부른다. 이렇게 세습해 내려가면 백세(百世)에도 옮기지 않는다. 별자의 서자 자손은 다만 그 아버지(禰)를 계승하여 소종(小宗)이라고 부르며, 오세(五世)가 넘는 조상을

---

1 '宗其繼別子之所自出者'은 '宗其繼別子者'로 되어 있다.(『십삼경주소』 정리위원회정리, 『예기정의(禮記正義)』, pp.1174~1175)

위해서는 더 이상 상복을 입는 규정이 없다. 그래서 오세 이상은 사당에서 옮겨야 한다. 이것을 통하여 혈연관계에 기초한 귀족사회 조직제도는 전문적으로 "대부 이하를 위하여 세우되, 위로 천자 제후에는 미치지 않는다.[爲大夫以下設, 而不上及天子諸侯.]"[2] 일반 학자들은 종법제를 사대부 계층의 사회조직제도로 보는 시각에 대해 협의(狹義)의 종법제라 부른다. 또한 어떤 학자들은 좀 더 넓은 의의에서 종법제를 이해하려고 하여 대종에서 소종에 이르는 이러한 수상(樹狀)구조의 사회조직제도를 선진 사회제도의 기본 형태로 파악하여, 천자 제후도 또한 이러한 구조 속의 일환으로 보기도 한다.

비록 종법제에 대한 여러 가지 다른 해석이 있지만, 그것이 혈연으로 맺어진 사회조직이라는 기본 성질에 대해서는 모두 긍정적이다. 종법제는 혈친조직(血親組織)으로써 당시 사회생산 활동과 정치행정 각 방면에 영향을 미친다. 종법제도는 선진사회질서를 구축하는 기본단위이다. 아래에서는 이전 학자들의 연구성과[3]를 바탕으로 종법제의 두드러진 특징들을 종술하겠다.

종법제는 일종의 제사제도이다. "종(宗)"자를 금문에서는 "宀"으로 쓰는데, 조묘(祖廟)의 뜻이다. 『좌전(左傳)』 소공(昭公) 20년에 "종묘(宗廟)의 수치가 되지 않겠는가?[無寧以爲宗羞.]"라고 하였다. 두예(杜預, 222~284)[4]의 주에 "화씨(華氏)가 송(宋) 종묘의 수치가 된다고 하였다.[華氏爲宋宗廟之羞恥.]"고 하였다.

・・・・・・・・・・・・

2 《원주》 왕궈웨이(王國維), 『관당집림(觀堂集林)』 권10 「은주제도론(殷周制度論)」
3 《원주》 종법제도(宗法制度)에 관하여 청(淸)나라 정요전(程瑤田)의 「종법소기(宗法小紀)」와 왕궈웨이의 『관당집림』에 실려 있는 관련 논술, 양콴(楊寬)의 「시론서주춘추간적종법제도화귀족조직(試論西周春秋間的宗法制度和貴族組織)」등 논저(論著)를 참조할 수 있다. 옌부커(閻步克)의 『사대부정치연생사고(士大夫政治演生史稿)』에서는 "정통(政統)"과 "친소(親統)"로 "대종(大宗)"과 "소종(小宗)"의 관계를 서술하였는데, 상당히 주목할 만한 견해이다. 졸고 『하・상・서주삼대사회성질문제초탐(夏・商・西周三代社會性質問題初探)』에서도 이 문제를 언급하였다.
4 중국 진대(晉代)의 학자이다. 자 원개(元凱)이며 서진 경조(京兆) 두릉(杜陵)사람이다. 진주자사(秦州刺史)・진남대장군(鎭南大將軍) 등을 역임하였다. 저서 『춘추좌씨경전집해(春秋左氏經傳集解)』는 춘추학으로서의 좌씨학을 집대성하였고 『좌씨전(左氏傳)』을 춘추학의 정통적 위치로 올려놓았다. (임종욱 편저, 같은 책, p.363)

종의 본래의 의미는 종묘이기 때문에, 조종(祖宗)·선조(先朝)의 뜻으로 확대 해석할 수 있다. 『좌전』 성공(成公) 3년에 "신을 죽이지 않고 종직(宗職)을 승계시켜[使嗣宗職]"라고 하였다. 두예의 주에 "그 조종(祖宗)의 지위와 관직(官職)을 승계(承繼) 하는 것이다.[嗣其祖宗之位職.]"라고 하였다. 종은 또 자연스럽게 종족이라는 뜻으로 해석된다. 『상서(尙書)』 「오자지가(五子之歌)」에 "그 전통을 폐하고 실추시켜 종족을 전복시키고 후사를 끊는구나.[荒墜厥緒, 覆宗絶祀.]"라고 하였는데, 그 소(疏)에 "태강(太康)[5]이 황폐하여, 그 업을 실추하고 종족을 다시 멸하고, 제사를 단절하였다.[太康荒廢, 墜失其業, 復滅宗族, 斷絶祭祀.]"라고 하였다. 『좌전』 소공 3년에 "우리 종은 11족이다.[肹之宗十一族.]"라고 하였다. 두예의 주에 "조(祖)가 같으면 종이다.[同祖爲宗.]"고 하였으며 『이아(爾雅)』 「석친(釋親)」에 "아버지의 일가가 종족이다.[父之黨爲宗族.]"라고 하였다. 같은 조상을 함께 제사하는 것은 종족의 중요한 특징이다. 제사는 반드시 하나의 규칙이 있어야 하는데, 이것이 바로 종법이다. 종법이라는 단어는 비록 늦게 보이지만, 선진 문헌 속에 종족제사 규칙에 대한 기록들이 모두 그러하다. 그러므로 『정자통(正字通)』 면부(宀部)에서는 "종, 무릇 종이라고 말하는 것은 제사를 위주로 하는 것으로, 사람들이 이것을 높여서 제사지내는 것을 말한다.[宗, 凡言宗者以祭祀爲主, 言人宗於此而祭祀也.]"고 하였다.

　종법제는 적장자 계승제도이다. 공통의 조상에게 함께 제사하여 종족을 형성하였지만, 만약 완벽한 계승제도가 없다면, 제사규칙이 혼란해질 뿐만 아니라 종족공동체 또한 계승되기 어려울 것이다. 종법제 계승제도의 명확한 특징은 바로 적장자 계승제이다. 적장자는 즉 종자(宗子)이며, 종자가 대종(大宗)을 계승하여 동종으로부터 일제히 존중을 받는다. 그래서 "종자"라고 칭한다. 『시경(詩經)』 「대아(大雅)·판(板)」에 "덕으로 은혜롭게 함은 나라를 편

---

5 하(夏)나라의 세 번째 국군(國君)이다. 죽은 뒤 동생 중강(中康)이 즉위했다. (임종욱 편저, 같은 책, p.1942)

안히 하는 것이며, 종자는 나라의 성(城)이다.[懷德維⁶寧, 宗子維城]"라고 하였는
데, 정현(鄭玄, 127~200⁷의 전(箋)에 "종자는 왕의 적자를 이른다.[宗子謂王之適子.]"
고 하였다.『시경』「소아(小雅)・백화서(白華序)」에 "첩으로 처를 대신하고,
서얼로 종을 대신한다.[以妾爲妻,⁸ 以孼代宗.]"고 하였는데, 정현의 전(箋)에 "얼
(孼)은 서자이며, 종은 적자이다.[孼, 支庶也, 宗, 適子也.]"라고 하였다.『예기』
「대전(大傳)」에 "제후 적장자 이외의 여러 아들은 분립하여 나가서 다른 한
지파를 이루어야 한다. 이 지파가 이루어지면 시조가 된다. 이 지파의 적자
계통을 계승하여 대종이 된다.[子爲祖, 繼別爲宗.]"라고 하였는데, 정현은 주(注)
에서 "별자의 세적(世適)은 종족이 높이는데, 그를 일러 대종이라 하니, 바로
종자이다.[別子之世適也, 族人尊之, 謂之大宗, 是宗子也.]"라고 하였고, 공영달(孔穎
達, 574~648)⁹은 소(疏)에서 "종은 조상의 정윤(正胤)이다. 그래서 종을 공경한
다.[宗是祖之正胤, 故敬宗.]"라고 하였다. 적장자 계승의 가장 중요한 것은 제사
권으로,¹⁰ 이러한 권력에 대한 긍정을 통해 종족은 하나의 확실한 계통을
중심으로 진화하게 된다. 종족의 공통적인 상징이 보존될 수 있는 것이다.
그래서 정현은 말하길 "조상을 높이기 때문에 종법을 공경하고, 종법을 공경

• • • • • • • • • • • • •

6 원서에는 '懷德繼寧'이라고 나와 있으나,『십삼경주소』정리위원회정리,『모시정의(毛詩正
  義)』에 의거하여 '懷德維寧'로 고쳤다.(『십삼경주소』정리위원회정리,『모시정의』, p.1151)
7 자는 강성(康成)이고, 북해(北海) 고밀(高密) 사람이다. 중국 후한(後漢) 말기의 대표적 유학자
  이다. 시종 재야(在野)학자로 지냈다. 제자들에게는 물론 일반인들에게서도 훈고학・경학의
  시조로 깊은 존경을 받았다. 경학의 금문(今文)과 고문(古文) 외에 천문(天文)・역수(曆數)에
  이르기까지 광범한 지식욕의 소유자였다. (임종욱 편저, 같은 책, p.1632)
8 원서에는 '以妾代妻'라고 나와 있으나,『십삼경주소』『모시정의』에 의거하여 '以妾爲妻'으
  로 고쳤다.(『십삼경주소』정리위원회정리,『모시정의』, p.925)
9 당(唐)나라 초기의 학자. 자(字) 중달(仲達). 기주(冀州) 형수(衡水)사람이다. 당나라의 태종(太
  宗)에게 중용되어 국자박사(國子博士)를 거쳐 국자감의 좨주(祭酒)・동궁시강(東宮侍講) 등
  을 지내고, 태종의 신임을 받았다. 문장・천문・수학에 능통하였으며, 위징(魏徵)과 함께『
  수서(隋書)』를 편찬하였다. 왕명에 따라 고증학자 안사고(顔師古) 등과 더불어 오경(五經) 해
  석의 통일을 시도하여『오경정의(五經正義)』170권을 편찬하였다. (임종욱 편저, 같은 책,
  p.105)
10 ≪원주≫『예기(禮記)』「곡례 하(曲禮下)」 "서출(庶出)의 자손은 제사를 주관할 수 없다. 만
  약에 제사를 지내야 하면 적자계통의 자손에게 고하여야 한다.[支子不祭, 祭必告于宗子.]"

하기 때문에 종족이 응집된다.[尊祖故敬宗, 敬宗故收族.]"[11]고 하였다.

　종법제는 사회 생산 생활의 조직제도이다. 종족 내부에 생산과 생활은 일정한 규칙이 있다. 종족전체의 이익을 고려하여 족장이 종족의 거주지에 대하여 선택권을 가지고 있다. 이런 정황은 종법제 형성 초기에 땅은 넓고 사람은 드문 배경 아래에서 비교적 자주 볼 수 있다. 『시경』「대아(大雅)・공유(公劉)」에 이러한 정황이 기재되어 있다. 『모전(毛傳)』에 이르길 "공유가 태(邰)에 거하다가 하인(夏人)의 난을 만났는데, 공유를 핍박하여 쫓아내니, 공유가 이에 …… 그 백성들이 빈(豳) 땅에 읍을 만들었다.[公劉居於邰而遭夏人亂, 迫逐公劉, 公劉乃 …… 遷其民邑於豳焉.]"고 하였다. 『사기』「주본기(周本紀)」에는 훈육(薰育) 융적(戎狄)을 피하여 "이에 그들의 가속을 데리고 빈(豳)을 떠나 칠(漆)・저(沮) 두 강을 지나 양산(梁山)을 넘어 기산(岐山) 아래에 정거(定居)하였다.[乃與私屬遂去豳, 度漆・沮, 逾梁山, 止於岐山.]"고 하였다. 종법제가 성숙된 시기에 기본적인 인구수는 증가하고, 국가의 사회에 대한 통제력이 강화된 배경 속에서 종족 천도는 쉽지 않았다. 종족생산과 생활 또한 질서 정연하였다. "날카로운 좋은 보습으로 비로소 남쪽 이랑에서 일하여 저 백곡(百穀)을 파종하니, 열매가 기운을 머금어 이에 나오도다. 혹 와서 너를 보니 네모진 광주리와 둥근 광주리이니 그 밥은 기장이로다. 그 삿갓이 가뿐하며 …… 그 즐비함이 빗과 같으니, 집집마다 거둬들이네. 집집마다 모두 가득하니, 부자(婦子)들이 편안하도다.[略略良耜, 俶載南畝, 播厥百穀, 實函斯活. 或來瞻女, 載筐伊黍, 其笠伊糾, …… 其比如櫛, 以開百室, 百室盈止, 婦子寧止.]"[12] 종족의 생산형식은 공동경작이다. 그러나 생활은 가족 단위이다. 그래서 밭에 새참을 보낼 때는 각 가정마다 나눠서 보낸 것이다. 종법제 말기에 사회생산력 수준이 높아짐에 따라 공동생산 방식은 점차 가족 중심의 생산으로 바뀌게 되었다. 가족

. . . .

11 ≪원주≫ 『예기(禮記)』「대전(大傳)」 정현주(鄭玄注)
12 ≪원주≫ 『시경』「주송(周頌)・양사(良耜)」 정현 전에 "집집마다 조상이 같은 한 족속(族屬)이다.[百室, 一族也.]" (『십삼경주소』정리위원회정리, 『모시정의』, p.1602)

중심의 독립성 강화는 종법제 와해의 중요한 원인이었다.

종족은 부계를 주축으로 형성된 혈연 공동체로 종법제는 종족의 행위를 규범화하는 준칙이다. 혈연 공동체는 선진(先秦) 사회의 기본 단위이며, 선진 사회의 생산 생활 질서와 정치 통치 질서가 똑같이 이러한 기본 단위 위에 건립되었다. 그래서 종법제도의 본질을 이해하는 것은 선진사회 성질을 인식하는 데 도움이 된다. 동시에 종족 혈연 공동체는 사회적 기본단위이며, 그 관련한 사회적 관계는 다양한 방면에 걸쳐 있다. 혈연 공동체의 재산관계·토지제도·부세·병역형식·사회계층 등의 정의에 관해서 아래의 각 절에서 중점적으로 논의할 것이다.

종법제의 파괴는 춘추시대에 이미 그 기미가 보인다. "제후들의 패권 다툼[諸侯爭霸]"은 사회정치적 통치 질서의 파괴를, "예가 무너지고 악이 붕괴된 것[樂崩禮壞]"은 종법제가 무너져가는 것을 실제적으로 반영한다. 종법제도 파괴의 진정한 동력은 사회생산 수준의 제고와 가족 중심의 강화된 독립성에서 근원을 찾을 수 있다. 당시의 가족은 종족을 대신하여 사회의 기본 단위가 되었다. 가족이 종족을 대신하여 사회적 기본 단위가 된 것이 대세의 흐름이었다. 이러한 새로운 사회 변화에 적응하기 위하여 진 혜공(晉惠公, B.C. 655)은 처음 "원전(爰田)[13]과 주병(州兵)[14]을 만들었다." 『좌전』「희공(僖公) 15년」에 다음과 같이 기재되어 있다.

• • • • • • • • • • • •

13 고대 토지 분배 방법으로 '원전(轅田)' 또는 '역전(易田)'이라고도 한다. 원전에 대해서는 설이 분분하나 대략 세 가지로 요약할 수 있다. 하나는 해마다 경작할 수 있는 상등전(上等田)과 2년에 한 번 경작할 수 있는 중등전(中等田)과 3년에 한번 경작할 수 있는 하등전(下等田)을 3년마다 주인을 바꾸어 경작하게 한다는 설이고, 하나는 일부(一夫)가 경작하는 공전(公田) 이외에 별도로 주는 상전(賞田)이라고 하는 설이며, 하나는 많은 사람에게 상을 주자니 공전이 부족하기 때문에 정전(井田) 사이에 쌓은 경계를 허물어 전지(田地)를 늘이는 것이라는 설이다. 양백준(楊伯峻)은 두씨(杜氏)의 설은 원전(爰田)의 뜻과 맞지 않는다고 하였다. (창시우량(倉修良) 주편, 『한서사전(漢書辭典)』, 산동교육출판사(山東敎育出版社), 1996, p.1051; 정태현(鄭太鉉) 역주, 『춘추좌씨전(春秋左氏傳)』, 전통문화연구회(傳統文化硏究會), 2006, p.113)
14 주(州)마다 모두 병기(兵器)를 만들게 한 제도이다.

진후(晉侯)가 극걸(郤乞)을 보내어 하여이생(瑕呂飴甥)에게 알리고, 그를 진(秦)나라로 불러오게 하였다. 자금(子金)이 극걸에게 혜공(惠公)을 대신해 군신(群臣)에게 할 말을 가르쳐 주기를 "국인(國人)을 조정에 모아 놓고 임금의 명으로 상을 주고, 또 임금의 명이라 하고 저들에게 '과인이 비록 돌아간다 하더라도 사직(社稷)을 욕되게 하였으니 태자 어(圉)를 나 대신 임금으로 세우라.'고 하라."고 하였다. 그대로 하니 사람들은 모두 통곡하였다. 진(晉)나라는 이때 비로소 원전제도(爰田制度)를 만들었다. 여생(呂甥)이 말하기를 "임금께서는 망명 중에 계시면서도 자신은 근심하지 않고 신하들만을 걱정하시니 지극한 은혜이다. 장차 임금님께 무엇으로 보답하겠는가?"라고 하자, 대중(大衆)이 "어떻게 해야 되겠습니까?"라고 물었다. 여생이 대답하기를 "부세를 징수하고 군비를 수선하여 유자(孺子)를 보좌하는 것이다. 제후들이 이 소식을 들으면 '임금을 잃었으나 다시 임금을 가졌고 신하들이 화목하고 갑병(甲兵)이 더욱 많아졌다.'고 하여 우리를 좋아하는 나라는 우리를 권면할 것이고 우리를 미워하는 나라는 우리를 두려워할 것이니 아마도 나라에 도움이 있을 것이다."라고 하니 대중(大衆)이 기뻐하였다. 진(晉)나라는 이때에 비로소 주병제도(州兵制度)를 만들었다.[晉侯使郤乞告瑕呂飴甥, 且召之. 子金敎之言曰 : "朝國人而以君命賞. 且告之曰, 孤雖歸, 辱社稷矣, 其卜貳圉也." 衆皆哭. 晉於是乎作爰田. 呂甥曰 : "君亡之不恤, 而群臣是憂, 惠之至也, 將若君何?" 衆曰 : "何爲而可?" 對曰 : "征繕以輔孺子. 諸侯聞之, 喪君有君, 群臣輯睦, 甲兵益多, 好我者勸, 惡我者懼, 庶有益乎!" 衆說. 晉於是乎作州兵.]

"진(晉)나라가 '원전(爰田)'을 만든 후 국야(國野)의 농민 공동체는 모두 '스스로 그 곳을 경작할 수 있는' 영구적인 분배지를 소유하게 되었다. 이에 따라 원래의 부세제도와 군사제도에도 또한 서로 상응하는 변화가 있었다."[15] 개체 소농가족의 영구적인 분배지의 취득은 한편으로는 소농가족의 독립성 강화의 결과이기도 하지만, 다른 한편으로는 소농가족이 종족공동체로부터

· · · · · · · · · · · ·

15 《원주》 린간첸(林甘泉), 『중국봉건토지제도사(中國封建土地制度史)』, 中國社會科學出版社, 1990, 8월 판, p.38, "作爰田"에 관하여 고금이래로 학자들의 견해차이가 비교적 크다.

분리되는 것을 촉진시키는 것이었다. 진(晉)나라가 '원전을 시행'한 후, 노(魯)나라는 선공(宣公) 15년에 "처음으로 세무(稅畝)[16]를 시행[초세무 初稅畝]"하였다.

『좌전』 선공 15년에 "노나라가 비로소 전무(田畝)를 실측(實測)해 징세(徵稅)하였으니, 예가 아니다. 세곡(稅穀)은 공전(公田)의 생산량을 징수하는 데 지나지 않았으니 (이는 백성의 재산을 풍족하게 하기 위함이었다.)[初稅畝, 非禮也, 穀出不過藉, (以豐財也.)]"라고 하였다.

『공양전(公羊傳)』에 "세무는 무엇인가? 백성들의 경작지의 수를 현지 답사하여 무(畝)수에 근거하여 부세를 부과하는 것이다.[稅畝者何? 履畝而稅也.]"라하였는데, 하휴(何休, 129~182)[17]는 주(注)에서 "이때에 선공이 백성들에게 신임과 은혜가 없었다. 백성들이 공전에 힘을 다하여 경작하려 하지 않았다. 그러므로 안건에 따라 실천하여 좋은 경작지를 택하여 곡식의 가장 좋은 것을 세금으로 거두었다.[時宣公無恩信於民, 民不肯盡力於公田, 故履踐案行, 擇其善畝, 谷最好者, 稅取之.]"라고 하였다.

『곡량전(穀梁傳)』에 "처음 경작지 수량에 따라 세금을 징수하는 기록은 노(魯)나라 선공이 공전제도를 폐지하여 경작지 수량에 따라 세금을 징수하고, 또 십분의 일의 세금을 더 거둬들인 것에 죄를 돌리고 있다. 노나라 선공이 백성들에게 너무 지나치게 징수하여 백성들을 궁핍하게 하였다고 여겼다.[初稅畝者, 非公之去公田而履畝, 十取一也, 以公之與民爲已悉矣.]"고 하였다.

"실제 경작지를 조사하여 세를 부과하는[履畝而稅]" 세무(稅畝)제도는 중요

• • • • • • • • • • • •

16 춘추시기(春秋時期) 노(魯)나라가 선공(宣公15년)에 실행한 실제 경작지를 조사하여 세를 징수하는 전부제도(田賦制度)이다. 이것이 사유 토지 합법화를 승인하는 시작이다. (『십삼경주소』 정리위원회정리, 『춘추좌전정의』, p.765)

17 자는 소공(邵公)으로, 산동성(山東省) 제영현(濟寧縣) 사람이며 중국 후한(後漢) 말의 사상가이다. 각고(刻苦) 15년 만에 명저 『춘추공양해고(春秋公羊解詁)』를 완성했다. 하휴는 『춘추공양전(春秋公羊傳)』을 거론하여 그 기사의 사상적 의미를 취하고 이를 공자의 정신을 잇는 것이라 하여 존경했다. (임종욱 편저, 같은 책, p.2011)

한 부세제도 개혁이다. 종법제도 하의 토지는 공전과 사전으로 나누는데, 소농가족은 부역의 의무는 이행하였지만 세금이 부과되지는 않았다. 『시경』 「소아(小雅)・대전(大田)」에 "구름이 뭉게뭉게 일어나 비를 내리기를 서서히 하여 우리 공전(公田)에 비를 내리고 마침내 우리 사전(私田)에 미치도다.[有渰 萋萋, 興雨祁祁. 雨我公田, 遂及我私.]"라고 하였다. 이러한 토지제도 하의 농민은 "방(方) 1리가 정(井)이고, 정(井)은 900무(畝)이니, 그 가운데가 공전(公田)이다. 여덟 집에서 모두 100무(畝)를 사전(私田)으로 받아서, 함께 공전을 가꾸어 공전의 일을 마친 다음에 감히 사전의 일을 다스릴 수 있었으니, 이는 야인(野 人)과 구별되는 것이다.[方里而井, 井九百畝, 其中爲公田. 八家皆私百畝, 同養公田. 公事 畢然後, 敢治私事, 所以別野人也.]"[18]라고 하였다. 세무제(稅畝制)가 노역으로 바뀌 어 전무세(田畝稅)로 된 것은 종법제 하에서 토지제도가 와해된 필연적인 결과 이다. 토지제도의 개혁에서 부세제도의 개혁에 이르기까지 모두 직접적으로 새로운 병역제도의 탄생을 촉진시키는 것이었다. 춘추 말년 기타 제후국들에 서도 많은 개혁들의 징조가 나타났다.

전국시대가 되자, 종법제도는 한층 더 전면적인 변혁을 맞이하여 종족을 기반으로 하는 사회질서는 혼란 속에 놓이게 되었다. 각 제후국은 사회질서 를 통합하고 새로운 사회관계의 격렬한 변화에 적응하기 위하여 변법(變法)을 지속적으로 추진하였다. 각국의 사회적 배경에 어느 정도 차이가 생겼기 때문에 각국이 변법한 구체적 대책은 모두 달랐다. 그러나 주요 내용은 대체 로 다음과 같다.

첫째, 구 종족과 귀족에게 타격을 주고, 핵가족 정책을 실행한다. 오기(吳起 ?~B.C. 381)[19]는 초(楚)나라에서 변법을 시행할 때에 다음과 같이 말했다. "대

・・・・・・・・・・・・

18 ≪원주≫ 『맹자(孟子)』「등문공 상(滕文公上)」
19 춘추시대 위(衛)나라 사람이다. 노나라에 가서 증자(曾子)에게 배웠는데, 용병에 능했다. 제 (齊)나라 군사가 노나라에 쳐들어 왔을 때 제나라 여자인 자기 아내를 죽이고 노나라의 장 수가 되었다. 싸움에는 이겼지만 아내를 죽인 것 때문에 비난을 받자 위(衛)나라로 달아났

신의 권력이 너무 크고 봉읍을 받은 귀족이 너무 많기 때문에 위로는 군주를 핍박하고 아래로는 백성을 학대한다.[大臣太重, 封君太衆, 若此則上逼[20]主卽[21]下虐民.]"[22] 상앙(商鞅 ?~B.C. 338)[23]이 변법을 시행할 때의 규정은 다음과 같다. "백성들 가운데 두 사람 이상의 성인 남자가 분가하여 따로 살지 않으면 세금을 두 배로 부과하였다.[民有二男以上不分異者, 倍[24]其賦.]"[25] 이러한 정책의 시행은 당시 사회의 실제 상황에 부합한다.

둘째, 토지 부세제도의 개혁을 통해서 각 가정의 사회적 지위를 강화한다. 전국시기 각국의 변법은 진(晉)나라의 "작원전(作爰田)"과 노(魯)나라의 "초세무(初稅畝)[26]"를 답습하였는데, 목적은 국가 정책수단을 통하여 각 가족이 보

· · · · · · · · · · · ·

다. 장수가 되어서도 하급 병졸들과 의식을 똑같이 했고, 행군할 때 수레를 타지 않았으며, 자기가 먹을 양식은 늘 자신이 지고 다니는 등 병사들과 고락을 같이 했다. 병졸들 가운데 종기를 앓는 사람이 생기자 고름을 입으로 빨아 낸 것은 유명한 일화이다. 저서에 『오기(吳起)』가 있었지만, 없어졌다. 지금 전하는 『오자(吳子)』는 후세 사람이 편집한 것이다. (임종욱 편저, 『중국역대인명사전』, 이회출판사, 2010, p.1007~1008)

20 『한비자신교주(韓非子新校注)』에 의거하여 '偪'자로 고쳤다.(한비(韓非) 저, 천치요(陳奇猷) 교주(校注), 『한비자신교주』, 상해고적출판사(上海古籍出版社), 2000, p.275)
21 『한비자신교주』에 의거하여 '而'자로 고쳤다.(한비 저, 천치요 교주, 『한비자신교주』, p.275)
22 ≪원주≫ 『한비자(韓非子)』 「화씨(和氏)」
23 공손씨(公孫氏)로, 이름은 앙(鞅)이다. 위(衛)나라 공족(公族)의 후손이므로 위앙(衛鞅)이라고도 부른다. 젊었을 때에는 형명지학(刑名之學)을 좋아했으며, 위(魏)나라 재상 공숙좌(公叔座)의 가신 노릇을 하였다. 나중에 진(秦)나라에 들어가 부국강병의 도로써 유세하여 좌서장(左庶長)에 임명되었다. B.C. 356년(일설에는 B.C. 359년)에 변법(變法)을 실행하여 정치·경제·군사 등 각 방면에서 구제도를 개혁하였다. B.C. 340년에 군공으로 상(商) 땅 15읍의 봉지(封地)를 받아 상군(商君)이라고도 부른다. 진 효공(秦孝公) 사후, 귀족들의 모함을 받아 거열형에 처해져 죽었다.(상항원(尙恒元) 주편(主編), 『25사인명대사전상책(二十五史人名大辭典上冊)』, 산서인민출판사(山西人民出版社), 2002, p.26)
24 원서에는 '備'자로 되어 있으나, 『사기』 원본에 의거해 '倍'로 수정하였다.(『사기』 권68 「商君列傳」, p.2230)
25 ≪원주≫ 『사기』 권68 「상군열전(商君列傳)」
26 노나라의 조세 개혁이다. 주(周)나라 정왕(定王) 13년(B.C. 594)년에 노나라에서 이랑에 따라 현물의 지세(地稅)를 징수하기 시작하여 노나라의 정전제(井田制)가 이미 와해되고 있음을 나타내었다. 이는 "사전(私田)"의 합법성을 승인한 것으로, "공전(公田)"과 "사전(私田)"은 사실상 차별이 사라지게 되었다.(창시우량(倉修良) 주편(主編), 『한서사전(漢書辭典)』, 산동교육출판사(山東教育出版社), 1996, p.337)

유한 토지를 인정을 해주는 것이었다. 진(秦)나라 상앙 변법의 중요한 조치는 "농지를 정리하여 논밭 사이에 난 작은 길과 경계를 개간하는 것[爲田開阡陌封疆]"이다. 『한서(漢書)』 「지리지(地理志)」에는 다음과 같이 인용되어 있다. "진효공(秦孝公)이 상앙을 등용하여 원전(轅田)[27]을 제정하고 천맥(阡陌)을 개간하게 하여 동쪽의 제후들에게 강성함을 떨쳤다.[孝公用商君, 制轅田, 開阡陌,[28] 東雄諸侯.]" 안사고(顔師古)는 주(注)에서 장안(張晏)의 말을 인용하면서 "주나라의 제도는 삼 년에 한 번씩 땅을 바꾸어, 좋은 땅과 안 좋은 땅을 알맞게 조절하였는데, 상앙이 처음으로 토지를 분할하여 천맥(阡陌)을 개간하고 백성에게 각각 일정한 제도가 있게 하였다.[周制三年一易, 以同善惡, 商鞅始割裂田地, 開立阡陌, 令民各有常制.]"고 하였다. 부세 방면에서는 "곡식 생산량에 근거하여 세금을 부과하여[訾粟而稅]" 부세를 공평하게 하였다.

셋째, 농사의 장려를 통하여 소농경제(小農經濟)를 발전시킨다. 이회(李悝 B.C. 455?~402)[29]는 위(魏)나라에 있을 때 위문후(魏文侯)를 위하여 "토지의 생산력을 충분히 이용하는 가르침[30]을 제정하였다.[作盡地力之敎.]"[31] 상앙은 변법을 시행할 때 "본업(本業)인 농사에 힘을 다하고 정성스럽게 경작하고 부지런히 길쌈을 하여 양식(糧食)과 포백(布帛)을 많이 생산한 자는 요역과

. . . .

27 고대에 토지를 분배하던 방법이다. "원전(爰田)", "역전(易田)"으로 불리기도 한다.(창시우량 주편, 『한서사전』, p.1051)
28 『한서』중화서국 점교본에는 '仟伯'으로 되어 있다.(『한서』 권28下 「지리지 하(地理志下)」, 중화서국 점교본, 1962, p.1641)
29 전국시대 위(魏)나라의 대신이다. "이극(李克)"이라고도 한다. 위 문후(魏文侯) 때 재상에 임명되었다. "지력의 힘을 다하여[盡地力之敎]" 부국강병을 하였고, 평적법(平糴法)을 창안하였다. 경제가 발전하도록 추진하였다. 저서에 『이자(李子)』 32편과 『이극(李克)』 7편이 있다. 일설에 따르면 이회(李悝)와 이극(李克)은 결코 동일인이 아니라고 한다. (창시우량 주편, 『한서사전』, p.295)
30 이회(李悝)의 이른바 "盡地力之敎"는 집약 농법을 권장하여 단위 면적당 생산량을 제고(提高)하고, 풍년과 흉년의 곡가(穀價)를 안정시켜서 농민의 생산 의욕을 고취시키는 한편, 민생을 고려하여 적정량의 국가 세수를 추산하기 위한 정책이라고 할 수 있다. (김경호 등 譯注, 『사료로 읽는 중국 고대 사회경제사』, 청어람미디어, 2005, p.316~317)
31 ≪원주≫ 『한서』 권24 「식화지(食貨志)」

부세를 면제해 주었다.[僇力本業, 耕織致粟帛多者復其身]"[32]노동을 부지런히 하여 곡식과 포백(布帛) 생산량이 늘어난 가정은 요역(徭役)을 면제받을 수 있었다.

넷째, 상업 발전정책을 제한하여 각 소농가족을 보호한다. 이회(李悝)는 변법을 시행할 때 "평적법(平糴法)[33]"을 창안하였는데, 국가에서 곡식 저장창고를 만들어 반 년 동안 국가가 자작농(自作農)에게서 남은 곡식을 사들여 흉년이 되면 관청에서 저장하던 곡식을 적정가에 팔아 곡식 가격을 맞추어 상인들이 중간에서 가혹하게 착취하지 못하게 하였으나, 소농가족의 경제파산을 초래하였다. 이회는 "관부(官府)에서 곡식을 매우 비싸게 사들이면 민[사(士), 공(工), 상(商) 계급]에게 피해를 입히고, 곡식을 너무 싸게 사들이면 농민이 피해를 입는다. 백성에게 피해를 입히면 뿔뿔이 흩어지고, 농민에게 피해를 입히면 나라는 빈곤해진다.[糴甚貴傷民, 甚賤傷農; 民傷則離散, 農傷則國貧.]"[34] 라고 생각하였다. 상앙은 변법을 시행할 때, 또 "말리(末利)인 상공업을 일삼아 나태해지고 가난에 이른 자는 모두 노비로 삼고[事末利及怠而貧者, 擧以爲收孥]",[35] "술과 고기의 값을 올리며[貴酒肉之價]", "관문과 시장에서 유통하는 물품의 조세를 무겁게 한다.[重關市之賦.][36]"는 규정을 두었다. 농업을 강화하고 말업(末業)인 상공업을 억제하는 정책은 마침내 진한 및 이후 각 왕조에서 그대로 사용되면서 폐지되지 않았다.

다섯째, 군공(軍功)의 장려를 통하여 소농가족을 강화하고, 공에 따라 작을 수여하면서 사회 등급 질서를 통합하였다. 전국시대 각국의 변법은 그 양상이 대체로 비슷하였는데 모든 나라가 군공에 따라 토지와 관작을 수여한 제도를 제정하였다. 상앙의 변법은 군공에 의거하여 "존비(尊卑)와 작록(爵祿)

----

32 《원주》『사기』 권68 「상군열전(商君列傳)」
33 풍년과 흉년에 각각 평균적인 가격으로 곡식을 사들이고 팔아서 곡식의 가격을 안정시키는 제도를 말한다. (김경호 등 역주, 『사료로 읽는 중국 고대 사회경제사』, p.316)
34 『한서』「식화지 상(食貨志上)」에 보인다.(『한서』 권24상 「식화지 상」, p.1124)
35 《원주》『한서(漢書)』 권24, 「식화지(食貨志)」
36 《원주》『상군서(商君書)』 「간령편(墾令篇)」

의 등급을 명확히 규정하여 각각 소유한 토지, 가옥, 노비의 수량, 의복의
문양(紋樣) 등에 따라 각 가정의 작록과 등급을 결정한다. 군공이 있는 자는
영화를 누리고, 군공이 없는 자는 설령 부유하다고 하더라도 영화를 누리지
못한다.[明尊卑爵秩等級, 各以差次名田宅, 臣妾衣服以家次. 有功者顯榮, 無功者雖富無所芬
華.]"[37]는 것을 명확하게 지적하였다. 『상군서(商君書)』 「경내(境內)」에 "작위
가 있는 적의 수급(首級) 하나를 베는 자는 작위 한 등급을 상으로 주고, 1경
(頃)의 농지를 보태어 주며, 9묘의 택지를 보태어 주고, 작위 1급마다 가신
한 명을 수여한다.[能得爵首[38]一者, 賞爵一級, 益田一頃, 益宅九畝, 一除庶子一人.]"고
하였고, 『한비자』 「정법(定法)」에 "적의 수급 하나를 베면 한 계급을 올려
준다. 관리가 되고자 하면 봉록이 오십 석(石)인 관직에 임명한다. 적의 수급
둘을 베면 두 계급을 올려 준다. 관리가 되고자 하면 봉록이 백 석(石)인
관직에 임명한다.[斬一首者, 爵一級, 欲爲官者, 爲五十石之官; 斬二首者, 爵二級, 欲爲官
者, 爲百石之官.]"고 하였다. 군공을 기준으로 작위를 수여한 것은 혈연에 근거
하여 관리가 되는 이론과 종법세경(宗法稅境) 제도를 타파하였고, 동시에 제후
들이 패권을 다투고 전란이 번갈아 일어나던 사회적 배경 하에 있을 때 또
군대의 전투력을 향상시키는 효과적인 수단이 되기도 하였다.

여섯째, 형벌을 엄격히 하고 법령을 가혹하게 하여, 국가의 소농가족에
대한 지배권을 강화하고 사회질서를 통합한다. 종법제의 사회 통치 형식과는
달리, 전국시대 이래로 소농가족이 이미 사회의 기본 단위가 되었다. 혈연관
계로 맺어진 사회조직의 붕괴와 독립적이고 분산적인 소농가족이 흥기하는

----

37 ≪원주≫『사기(史記)』권68 「상군열전(商君列傳)」. 이 단락의 글은 학자마다 구두(句讀)가
   다르다.
38 왕스룬(王時潤), 주스저(朱師轍), 가오헝(高亨)은 모두 다른 본(本)에 의거하여 "갑수(甲首)"
   로 해야 한다고 하였으나, 적절하지 못한 듯하다. 원서에는 "갑수(甲首)"로 되어 있다. 이
   글에서 말한 것은 적의 장교의 수급을 베었을 때 시행하는 상에 대한 규정이다. '작수'는
   적군 중에서 작위가 있는 자의 수급(首級)을 가리키므로, '갑수'라고 해서는 안 된다.(장리홍
   (蔣禮鴻) 찬(撰), 『상군서추지(商君書錐指)』, 중화서국(中華書局), 1986, p.119)

시대를 대면한 국가의 사회에 대한 통제 수단도 또한 변하지 않을 수 없었다. 때문에 종법제도 하의 "예치(禮治)"는 점점 "법치(法治)"로 대체되었다. 전국 시기 변법 사조(思潮)의 핵심적 내용은 법률의 절대적 권위 확립이다. 이는 춘추시기 정(鄭)나라의 "주형서(鑄刑書)"[39]와 진(晉)나라의 "주형정(鑄刑鼎)"을 계승한 것이다. 법을 나라의 "표준[權衡]"으로 삼은 것은 군왕의 "독제(獨制)" 권력을 강조한 것이고,[40] 법을 "백성을 통제하는 근본[制民之本]"으로 삼은 것은 국가가 소농가족에 대한 직접 지배를 달성한 것이다. "그러므로 정치를 잘하는 자는 백성을 법으로 단속한다[故善治者塞民以法]"[41]고 한 것이다.

종법제는 선진 사회제도의 전형적인 특징이다. 일반적으로 중국 전통사회 를 종법사회라고 한다. 이는 종법제에 대한 일종의 광범위한 이해로 중국 고대 씨족이 모여 거주하고, 동일대종(同一大宗)의 조상이 같은 촌락 형식이며, 동족의 촌락 중에 각 가정의 생계와 생활은 독립적으로 진행되었음을 가리킨 다. 그러나 선진의 종법제는 도리어 씨족을 기본 단위로 하였고, 가족은 아직 종족에 독립되어 있지 않았다. 사실상 선진의 상황은 엄격한 의미의 종법제 는 주대(周代)의 제도와 비슷하지만 대부 이하 계층에만 적용된다. 왕궈웨이 (王國維 1877~1927)[42]는 다음과 같이 지적한다.

상나라에는 적서제도가 없었기 때문에 종법이 없었다. 혹 있었다고 하더라도 동족이 모여 그 족인 가운데 귀하고 또 현능한 사람을 받들어 높인 것이다. 그 종이 된 사람도 종이 되었다고 해서 바뀌지 않는 것은 아니었다. 예컨대

. . . .

39 법률 조문을 솥에 주조하여 대중에게 공포하는 것이다.(창시우량 주편, 『한서사전』, p.1136)
40 ≪원주≫ 『상군서(商君書)』「수권(修權)」 "권력은 군주가 단독으로 규제하는 것이다.[權者, 君之所獨制也.]"
41 ≪원주≫ 『상군서(商君書)』「획책(畫策)」
42 청나라 말 민국(民國) 초의 고증학자. 절강(浙江) 해녕(海寧) 사람. 나진옥과 함께 갑골문을 정리하고 복사(卜辭)의 연대를 고증하여 갑골문학의 기초를 세웠으며, 주(周)나라 때 금문(金 文)과 『설문(說文)』의 서체를 연구했다. 연구업적은 『관당집림(觀堂集林)』(1921, 전24권)에 수 록되어 있다.(임종욱 편저, 『중국역대인명사전』, p.1052.)

주나라의 대종(大宗),[43] 소종(小宗)과 같은 것이다. 주나라의 적서제도는 본래 천자와 제후의 왕위 계승법을 위하여 생긴 것이다. …… 다시 이 제도는 대부 이하 사람들에게 통용되었는데, 군통(君統)[44]이 아니라 종통(宗統)이었다. 이에 종법이 생겨난 것이다.[商人無嫡庶之制, 故不能有宗法. 藉日有之, 不過合一族之人, 奉其族之貴且賢者而宗之. 其所宗之人, 固非一定而不可易, 如周之大宗小宗也. 周人嫡庶之制, 本爲[45]天子諸侯繼統法而設 …… 復以此制通于大夫以下, 不爲君統而爲宗統. 于是宗法生焉.][46]

왕궈웨이는 상나라는 형이 죽으면 동생이 왕위를 계승하는 제도를 실행하였기 때문에 종법제도가 없었다고 여겼는데 어쩌면 맞을 수도 있다. 그러나 그의 추론에는 문제가 있다. 이에 대하여 리야농(李亞農 1902~1962)[47]은 다른 견해를 제시한다.

은(殷)나라에 종법제도가 없었던 이유는 결코 그들이 적서제도가 없었기 때문이 아니라 노예제 단계에 진입하여, 시간이 이미 오래되어 씨족제(氏族制)시대의 여러 가지 제도가 거의 사라졌기 때문이다. 그 다음으로 왕씨(王國維)는 또 하나의 실수를 저질렀는데, 종법이 왕위 계승법에서 발생했다고 여긴 것이

. . . .

43 적장자(嫡長子)인 친족을 대종(大宗)이라 하고, 나머지는 소종(小宗)이라고 하는데, 이는 고대 종법 사회에서 정한 일종의 세습제이다. 주대(周代)에 이 제도가 완비되었다. 주나라 천자의 왕위는 적장자가 계승해야 하는데, 이를 대종(大宗)이라고 불렀다. 대종은 전국의 통치자일 뿐만 아니라, 동족의 최고 권력자의 족장(族長)이기도 하였다.(창시우량 주편, 『한서사전』, p.32)
44 여러 대로 전지지는 제업(帝業)을 가리킨다.
45 원서에는 '本'자가 빠져 있다. 여기에서는 왕궈웨이 저, 『관당집림』(하북교육출판사, 2001, p.234)에 의거, '本爲'로 수정하였다.
46 ≪원주≫ 『관당집림』 권10 「은주제도론」
47 사천(四川) 강진(江津) 사람이다. 다른 이름은 단구(旦丘)이다. 젊은 시절에 일본에 가 유학하였다. 건국 후에, 상해사회과학원 역사연구소 소장, 중국사학회 상해 분회주석(分會主席) 등을 역임하였다. 저서에 『중국의 노예제와 봉건제[中國的奴隷制與封建制]』, 『은대사회생활(殷代社會生活)』, 『리야농사논집(李亞農史論集)』등이 있다. (리성핑(李盛平) 주편, 『중국근현대인명대사전(中國近現代人名大辭典)』, 중국국제광파출판사(中國國際廣播出版社), 1989, p.255)

다. 사실 정반대이다. 왕위 계승법이야말로 종법으로부터 발생한 것이다. 주나라 무왕(武王)이 은나라를 멸망시켰을 때, 주족은 아직까지 씨족제 사회 말기에 머물고 있었다. 사유재산은 막 나타났고, 가장노역제(家長奴役制)는 이미 시작되었으며, 아들이 재산을 계승하는 부계제(父系制)도 이미 확고한 기초를 확립하였다. 이러한 상황 속에서 재산 계승을 위해, 재산의 계승자를 확정하기 위해, 종법제도와 이 제도를 집행할 씨족기구가 생겨나게 되었다. 그 후 주나라는 은족(殷族)을 통제하기 위하여 이러한 씨족 기구의 기구를 국가기관으로 변화시켰다. 바꾸어 말하면, 바로 종통(宗統)을 군통(君統)으로 변화시켰으며, 종법을 천자와 제후의 왕위 계승법으로 변화시킨 것이다. 왕씨는 사회 발전의 규율을 이해하지 못했기 때문에 결국 본말이 전도된 결론을 내고 말았다.[殷人之所以沒有宗法, 并不是因爲他們無嫡庶制度, 而是因爲他們之進入奴隷制階段, 爲時已久, 氏族制時代的種種制度, 湮滅殆盡的緣故. 其次, 王氏還有一個錯誤, 就是他認爲宗法是從繼統法産生出來的. 其實正正相反, 繼統法纔是從宗法産生出來的. 周人滅殷之際, 周族還停留在氏族制社會末期, 私有財産剛剛出現, 家長奴役制已經開始, 兒子繼承財産的父系制已獲得了不可動搖的基礎; 在這種情況下, 爲了繼承財産, 確定財産的繼承者, 于是産生了宗法制度, 和執行這一制度的氏族機構. 後來周人爲了統制殷族, 就把這些氏族機構的機構, 變成了國家機關. 換言之, 就是把宗法變成了君統, 把宗法變成了天子諸侯的繼統法。 王氏由于不懂得社會發展的規律, 遂作出本末倒置的結論。][48]

사실 왕궈웨이와 리야농의 견해는 모두 검토해야 할 부분이 있다. 학술적 배경의 한계로 인해, 왕궈웨이는 씨족제도와 종법제도를 확실히 규정짓지 못하여 "상(商)나라에는 적서제도가 없어서 종법이 있을 수 없었다.[商人無嫡庶之制, 故不能有宗法.]"고 여겼다. 마찬가지로, 이론적 배경의 한계로 인해 노예제 사회의 사유재산제에서 왕위 계승권에 이르는 리야농의 추론도 매우 억지스럽다. 왕궈웨이의 논술은 기본적으로 광의의 종법제와 협의의 종법제를

· · · · · · · · · · · · ·

48 《원주》 『이아농사론집(李亞農史論集)』, 상해인민출판사(上海人民出版社) 1962년판, p.13

구별하였다. 그러나 리야농의 논술에서는 기본적으로 이 두 가지 의미를 구별하지 않았을 뿐만 아니라, 선진의 종법제와 진한 이후의 종법제를 혼동해 버렸다. 종법제도는 뿌리 없는 나무가 아니며 근원 없는 물도 아니다. 초기의 종족과 씨족은 사실상 구별하기가 쉽지 않다. 씨족은 혈연을 중심으로 조직된 사회 조직이며, 종족 또한 그러하다. 일반적으로 상대의 왕국(王國)은 씨족 또는 부락연맹의 성질을 지니며, 주대의 왕국, 특히 주나라 초기는 부락연맹의 분위기가 농후하다. 다른 점은 상나라 사람은 귀신의 존재를 믿었다는 것이다. 이는 씨족 토템 숭배와 관련이 있다. 주나라 사람은 죽은 사람을 추모하고 조상을 중시하였다. 이는 전형적인 조상숭배이다. 이러한 이유 때문에, 종족은 씨족의 파생 혹은 변종으로 여겨질 수 있었다. 사회가 진보됨에 따라 종족은 끊임없이 분화하였으며, 종족의 규모도 끊임없이 축소되어 선천적인 씨족의 성질 역시 점점 사라지게 되었다.

많은 학자들은 선진 사회를 논의할 때, 대부분 직접적으로 종법제를 언급하기를 꺼린다.[49] 왜냐하면 이 제도의 본질과 특징을 분명히 밝히려다 보면, 종종 스스로를 자가당착의 상황에 빠뜨리기 때문이다. 몇몇 학자들은 종법제를 언급할 때, 종종 광의의 종법제로 개괄을 하기도 하고, 선진시기의 종법제와 진한 이후 종법향촌(宗法鄕村)을 혼동하여 하나로 말하기도 한다.

전국시기에 이르러 사회 생산력의 발전으로 말미암아 소농가족은 매우 크게 발전하였으며 종법제도는 변혁을 맞이하여 해체과정 속에 놓이게 되었다. 종법제의 폐허 속에서 일종의 새로운 규범의 사회질서제도가 확립되었는데, 이것이 바로 편호제(編戶制)이다.

. . . .

49 ≪원주≫ 린간첸(林甘泉)은 "가족 공동체[家族公社]"와 "농촌 공동체[農村公社]"를 가지고 선진사회의 소유제 형태를 토론하고, 아울러 "가족 공동체는 농촌 공동체보다 선행한다[家庭公社先行于農村公社]"고 여겼다. 이 견해는 매우 의미가 있지만, 구체적으로 논술하지는 않았다.(린간첸『중국봉건토지제도사(中國封建土地制度史)』제1장, 중국사회과학출판사(中國社會科學出版社), 1990)

편호(編戶)는 편호제민(編戶齊民)이라고도 하는데, 진한시대에는 특히 국가 호적에 편입된 평민을 지칭하였다. 『사기』 「화식열전(貨殖列傳)」에 "천 대의 수레를 지닌 군왕(君王)과 만호(萬戶)의 식읍을 지닌 열후(列侯)와 백가(百家)의 봉지(封地)를 지닌 대부(大夫)들도 가난을 근심하였으니, 하물며 필부와 편호(編戶)의 백성에 있어서랴?[夫千乘之王, 萬家之侯, 百室之君, 尙猶患貧, 而況匹夫編戶之民乎!]"라고 하였으며, 『한서』 「식화지(食貨志)」에 "호적에 편입된 평민은 재력 때문에 지위의 차별이 있었다. 비록 포로가 되기는 하였으나 오히려 서운해 하는 기색이 없었다.[其爲編戶齊民, 同列而以財力相君. 雖爲僕虜, 猶亡慍色.]"[50]고 하였다. 안사고(顏師古)는 여순(如淳)[51]의 말을 인용하면서 "제(齊)는 같다는 뜻이다. 귀천(貴賤)이 없는 것을 제민(齊民)이라고 이르니, 오늘날 평민(平民)이라고 말하는 것과 같다.[齊, 等也, 無有貴賤, 謂之齊民, 若今言平民矣.]"고 하였으며, 『한서』 「매복전(梅福傳)」에 "공자[孔氏]의 자손도 편호(編戶)가 되는 것을 면치 못하였다.[孔氏子孫不免編戶.]"고 하였다.

편호제는 일종의 호적 관리제도이다. 한 가구를 하나의 호적으로 만들어 거주하는 백성을 관리하고 사회질서를 통합하였다. 편호제는 전국시대에 각 국에서 변법을 시행하면서 시작되었다. 진 헌공(秦獻公) 10년(B.C. 375년)에 "다섯 가구를 한 호적으로 하는[爲戶籍相伍]" 제도를 실행하여, 다섯 가구를 일오(一伍)로 삼아 호적을 작성하였다. 진효공(秦孝公)이 즉위한 이후, "백성 열 가구를 십(什)으로, 다섯 가구를 오(伍)로 짜서 서로 감독하고 단속하게 하여 한 가구가 법을 어기면 열 가구가 죄에 연루되게 하였다.[令民爲什伍, 而相收司連坐]"[52] 연좌법(連坐法)은 호적을 기반으로 사회에 대한 유효한 통제

. . . .

50 이 부분은 『한서』 「식화지(食貨志)」가 아닌 「화식열전(貨殖列傳)」에 실려 있다. (『한서』 권 91 「화식열전」, p.3682)
51 삼국 위(魏)나라 풍익(風翊) 사람이다. 『한서』를 주석하였다. 당나라 사람 안사고는 『한서서례(漢書敍例)』에서 『한서』의 주석가 23명을 나열하고, 여순을 네 번째에 놓았는데, 장안(張晏)의 뒤, 맹강(孟康)의 앞에 위치하였다. (유란잉(劉蘭英) 등 편저, 『노신저작 고대인물사전(魯迅著作古代人物詞典)』, 광서교육출판사(廣西敎育出版社), 1988, p.206)

를 달성하는 것이다. 『상군서』는 당시 호적의 구체적인 형식에 대하여 서술
하였고 호적제도를 만든 목적에 대해서도 언급하고 있다. 「경내편(境內篇)」에
서는 "사방 국경 안의 모든 남자와 여자는 관부(官府)의 호적부에 이름이
올라와 있어야 한다.[四境[53]之內, 丈夫・女子皆有名于上.]"고 하였으며, 「거강편
(去强篇)」에서는 "백성의 인구수(人口數)를 등록하여, 살아 있는 사람은 호적부
에 기록하고 사망한 사람은 호적부에서 지운다. 이렇게 되면 백성은 탈세
할 수 없다. 들에 황무지가 없게 되면 국가는 부유해지고, 국가가 부유하면
강성해진다.[擧民衆口數, 生者著, 死者削. 民不逃粟, 野無荒草, 則國富; 國富則强]"고 하
였다. 상앙 변법의 각 항목에서 호적제도는 "정전법을 폐지하고 천맥(阡陌)을
개간한[廢井田, 開阡陌]" 후, 실행하는 새 토지정책과 밀접하게 관련되어 있
다. 대체로 결혼하고 자립하여 호적에 이름이 기재된 남자는 일부(一夫) 백묘
(百畝)에 따라 토지를 받는다. 군공을 통하여 관작(官爵)를 하사받은 자는 토지
를 더 하사받을 수 있었고, 그 토지를 호적에 등록했다. 중앙정부는 호적만으
로도 국가의 인구와 토지상황을 분명히 파악할 수 있었다.

진나라가 통일을 전후한 시점에서 그 통치구역에 대해 전면적으로 호적제
도를 정비하기 시작하였다. 진시황 16년(B.C. 231년)에 "처음으로 남자들에게
나이를 기록하게 하였다.[初令男子書年.]" 이 일은 진나라가 통일하기 10년
전에 발생하였다. "16년 7월 정사일(丁巳日, 10일)에 공[54]이 죽었다. 국내의
모든 남자로 하여금 연령을 자진신고하게 하였다.[55][十六年, 七月丁巳, 公終, 自占
年.][56]" 이 구절의 16년 역시 진시황 16년을 가리킨다.

. . . .

52 ≪원주≫ 『사기』 권68 「상군열전(商君列傳)」
53 원서에는 '四境'이 '田境'으로 되어 있다. 이는 '四境'의 오류이다. 따라서 여기에서는 '四
   境'으로 수정하여 번역하였다. (장리홍 찬, 『상군서추지』, 중화서국, 1986, p.114)
54 진묘(秦墓)의 피장자(被葬者)인 희(喜)의 아버지이다.(윤재석 역주, 『수호지진묘죽간 역주』,
   소명출판, 2010, p.46)
55 윤재석 역주, 『수호지진묘죽간 역주』, p.55
56 ≪원주≫ 『수호지진묘죽간(睡虎地秦墓竹簡)』 「편년기(編年記)」, 문물출판사(文物出版社)
   1978년판.

문헌기록에는 진 왕조(秦王朝)의 백성을 호적에 편입하는 구체적인 등록 형식이 자세히 나와 있지 않다. 그러나 흩어져 있는 자료를 통하여 조금이나마 살펴볼 수가 있다. 『수호지진묘죽간(睡虎地秦墓竹簡)』 「봉진식(封診式)」에 "봉수(封守)"를 제목으로 하는 원서(爰書)[57]가 있다.

> 피심문자인 어느 리(里)의 사오(士伍) 갑(甲)의 가옥·아내·자식·노비·의복·가축을 차압하였습니다. ● 갑의 가옥과 집안사람에 대한 상황은 다음과 같습니다. (가옥은) 일우이내(一宇二內)[58]로 구성되어 있고, 각각의 공간마다 문이 있으며, 내실(內室)은 모두 기와로 덮여 있고, 나무구조물은 잘 갖추어져 있으며, 대문 앞에는 뽕나무가 열 그루 있습니다. ● 아내의 이름은 아무개인데, 도망간 상태였기 때문에 억류하지 못하였습니다. ● 딸은 대녀자(大女子)로서 아무개인데, 남편이 없습니다. ● 아들은 소남자(小男子)로서 아무개인데, 키가 6척 5촌입니다. ● 노(奴)인 아무개와 비(婢)로서 소녀자(小女子)인 아무개가 있습니다. ● 수캐가 한 마리 있습니다.[59][封有鞫者某里士伍甲家室·妻·子·臣妾·衣器·畜産. ● 甲室, 人: 一宇二內, 各有戶, 內室皆瓦蓋, 木大具, 門桑十目, 妻曰某, 亡, 不會封. ● 子大女子某, 未有夫. ● 子小男子某, 高六尺五寸, 臣某, 妾小女子某. ● 牡犬一.]

원서(爰書)는 호적이 아니다. 그러나 원서의 내용을 통해 당시 호적의 형식을 알 수 있다. 원서에 다음과 같은 내용이 있다. "어느 현(縣)의 승(丞)인 아무개의 문서에 근거하여 피심문자인 어느 리(里)의 사오(士伍) 갑(甲)의 가옥·아내·자식·노비·의복·가축을 차압하였습니다.[以某縣丞某書, 封有鞫者某里士伍甲家室·妻·子·臣妾·衣器·畜産.]" 이 차압당한 사오(士伍) 갑(甲)의

57 죄수의 자백을 기록한 문서이다. 원(爰)은 바꾼다는 뜻이다. 문서로 구두 자백을 대신하기 때문에 "원서(爰書)"로 불리게 되었다.(창시우량 주편, 『한서사전』, p.488)

58 일당이내(一堂二內)이다. 『한서』 「조조전(鼂錯傳)」에 "家有一堂二內"라 하였는데, 당(堂)은 대청이고, 내(內)는 침실이다.(윤재석 역주, 『수호지진묘죽간 역주』, p.454)

59 윤재석 역주, 『수호지진묘죽간 역주』, p.455~456

가족 구성원과 재산은 정부의 호적책(戶籍冊)에 기재되어 있어야 한다. 어떤 학자는 진대에 토지국유제(土地國有制)가 실행되었기 때문에 진(秦)나라 죽간(竹簡)에 토지기록이 보이지 않는다고 여겼다. 그러나 진시황 31년(B.C. 216년)에 "일반 백성으로 하여금 자기의 실전(實田)을 신고하게 하라.[使黔首自實田.]"는 명령을 반포하였는데, 진 왕조가 행정수단으로써 전국의 백성들에게 토지를 보고하라고 강력하게 명령을 내린 이상 토지 역시 호적에 기재하는 중요 내용이어야 했다. 「봉진식」에 기재된 자녀는 남녀로 순서를 매긴 것이 아니라 연령의 많고 적음에 따라 순서를 매겼다. 남자에 대하여 기재한 것은 신장이었지 나이가 아니었다. 이것은 분명 진(秦)나라 초기에 호적을 기재하는 습관이었을 것이다. 한대에 이르러 호적을 기재할 때 나이의 중요성이 제고되었다. 『급취편(急就篇)』[60] 제29장에 "장부에 사실대로 받아 적고, 나이를 물어 기록한다.[籍受證驗記問年.]"고 하였다.

동시에 편호제는 호적제도의 일종이기도 하다. 진한 시대에는 신분이 같지 않은 사람에 초점을 맞추어 다른 호적을 취하여 관리하는 형식을 채택하였다. 상앙이 변법을 시행할 때, "종실(宗室)이라도 군공이 없으면 호적에 올릴 수 없다.[宗室非有軍功論, 不得爲屬籍]"[61]고 규정하였는데, 당시의 종실과 귀족들이 종실의 호적을 지니고 있었음을 알 수 있다. 『한서』 「문제기(文帝紀)」에 "여름 5월에 황제 유씨(劉氏)의 족보에 속하는 사람의 부세를 전부 면제해 주었다.[夏五月, 復諸劉有屬籍, 家無所與.]"고 기재되어 있으며, 『한서』 「평제기(平帝紀)」의 조서에 "구경(九卿) 이하로부터 육백 석에 이르는 관직과 종실

60 자서(字書)이다. 『급취장(急就章)』이라고도 한다. 전한의 사유(史游)가 지었다. 당(唐)의 안사고(顔師古)가 주(注)를 내고, 송(宋)의 왕응린(王應麟)이 보주(補注)하였다. 이 책은 성명(姓名)·금수(錦繡)·음식(飮食)·의복(衣服)·신민(臣民)·기물(器物)·충어(蟲魚)·복식(服飾)·음악(音樂)·형체(形體)·병기(兵器)·거마(車馬)·궁실(宮室)·식물(植物)·동물(動物)·질병(疾病)·약품(藥品)·상장(喪葬) 등의 유별(類別)로 운어(韻語)를 편성하여 3, 4구 혹은 일곱 자를 한 구로 하는 문장 격식을 채용하여 학동들에게 글자를 가르쳤다.(쟈오궈장(趙國璋) 주편, 『문헌학대사전(文獻學大辭典)』, 광릉서사(廣陵書社), 2005, p.771)
61 ≪원주≫ 『사기』 권68 「상군열전(商君列傳)」

중 호적에 속한 자들은 작위를 하사하는데, 오대부(五大夫) 이상은 각각 차이가 있었다.[賜九卿以下至六百石, 宗室有屬籍者, 爵五大夫以上各有差.]"고 하였다. 종실의 호적은 중앙에 있는 종정(宗正)[62]이 담당하였다. 종정(宗正)은 "왕국(王國) 적서(嫡庶)의 세계(世系) 및 여러 종실 친속(親屬)의 원근(遠近)관계와 각 군국(郡國)에서 매년 계부(計簿)[63]에 보고된 종실명부(宗室名簿)를 기재하는 것을 담당한다.[掌序錄王國嫡庶之次, 及諸宗室親屬遠近, 郡國歲因計上宗室名籍.]"[64] 진대에는 또 환적(宦籍)이 있었는데, 『사기』「몽염열전(蒙恬[65]列傳)」에 중거부령(中車府令)이 된 조고(趙高)에 대해 "조고가 큰 죄를 지었을 때, 진왕(秦王)께서는 몽의(蒙毅)[66]에게 법대로 처벌하라고 하셨다. 몽의는 감히 법을 어기지 못하고, 조고의 죄는 사형에 해당된다고 하여 그를 환적(宦籍)에서 지워버렸다.[高有大罪, 秦王令蒙毅法治之. 毅不敢阿法, 當高罪死, 除其宦籍.]"고 기재한 부분이 있다. 환적은 관료를 위해 사용되었는데, 한대에 이르면 환적의 기재가 보이지 않는다. 이밖에 진한시대에는 데릴사위, 상인, 죄인에 대해서도 전문적인 호적이 있었다. 『수호지진묘죽간』「위호율(魏戶律)」에 "지금부터 상인과 숙박업자, 데릴사위 및 새아버지는 호주(戶主)가 되지 못하게 하고, 이들에게는 토지와

. . . .

62 한나라 때 진나라를 이어 설치한 관직명이다. 종실(宗室)의 호적을 담당하고, 적서(嫡庶)의 친소(親疏)를 구별하여 동성제후(同姓諸侯)의 세계보(世系譜)를 편찬하였다.(창시우량 주편, 『한서사전』, p.426)
63 고대에 계리(計吏 : 고대에 州郡에서 帳簿 등을 관장하는 官員)가 호구(戶口), 부세(賦稅), 인사(人事) 등을 기재한 장부이다.
64 ≪원주≫ 『속한서(續漢書)』「백관지(百官志)」 종정조(宗正條) 본주(本注)
65 진(秦)나라 때 사람이다. 선조는 제(齊)나라 사람인데, 나중에 진나라의 장군이 되었다. 진나라가 육국(六國)을 통일한 뒤 진시황 34년(B.C. 213)에 30만 대군을 이끌고 북쪽 흉노를 정벌하여 하남(河南) 땅을 수복하는 등 활약이 컸고, 이듬해 만리장성을 완성했다. 진시황 34년(B.C. 210)에 진시황이 죽고 이세(二世) 호해(胡亥)가 즉위하자 조고(趙高)와 이사(李斯)의 흉계로 투옥된 뒤 자살했다. (임종욱 편저, 『중국역대인명사전』, p.461)
66 몽염(蒙恬)의 아우이다. 집안 대대로 진나라의 명장(名將)이 되어 진나라에 공적이 있었으므로 진시황이 총애를 받아 벼슬이 상경(上卿)에 이르렀다. 조고(趙高)가 죄를 지었을 때, 조고를 법대로 처벌하였으므로 조고는 내심(內心) 원한이 있었다. 진시황 사후, 조고가 이세황제에게 참소를 올려 피살되었다. (상항원 주편, 『25사인명대사전·상책』, p.29)

가옥을 나누어주지 말라. 이들의 3대 이후에 그들의 자손이 관직에 나가고자 하면 벼슬살이를 하게 하되, 그 적부(籍簿)에 '죽은 어느 마을 데릴사위 아무개의 증손이다.'라고 기재하게 한다.[67][自今以來, 假門逆旅, 贅壻後父, 勿令爲戶, 勿予田宇. 三世之後, 欲仕仕之, 仍署其籍曰 : 故某慮贅壻某叟之仍孫.][68]고 하였다. 글 속의 "가문(假門)"은 바로 가문(賈門)으로, 상인을 가리키며, 역려(逆旅)는 행상의 주인이다. 그들은 데릴사위와 마찬가지로, 일반 호적에 편입될 수 없는 사람이다. 이러한 사람들은 3대가 지나야 그 후손들이 비로소 관리가 될 수 있었다. 그러나 호적상에는 어느 마을 데릴사위 아무개의 증손이라고 분명히 기재되었다. 한무제(漢武帝) 천한(天漢) 4년(B.C. 97)에 천하의 칠과적(七科謫)[69]을 징발하여 흉노 원정에 출정시켰는데, 『한서』 「무제기(武帝紀)」의 주(注)에 장안(張晏)의 말을 인용한 부분이 있다. "첫째는 죄가 있는 관리이고, 둘째는 망명한 사람이며, 셋째는 데릴사위이고, 넷째는 상인이고, 다섯째는 이전에 시적(市籍)이 있던 자이고, 여섯째는 시적이 있는 부모이며, 일곱 번째는 시적이 있는 조부모이니, 모두 일곱 항목이다.[吏有罪一, 亡命二, 贅婿三, 賈人四, 故有市籍五, 父母有市籍六, 大父母有市籍七, 凡七科也.]" 칠과적은 진대(秦代)에 비롯되었는데, 진대에 이미 시적이 있었음을 설명한다. 전한시대에 시적은 매우 엄격해져서 한나라 초기에는 "시정(市井)의 자손은 또한 관리가 될 수 없다.[市井之子孫亦不得爲吏]"[70]고 규정하였으며, 한 무제는 "시적이 있는 상인과 그 가속(家屬)들은 모두 전지(田地)를 소유하지 못하게 하라.[賈人有市籍及家屬, 皆無得名田.]"[71]

. . . .

67 윤재석 역주, 『수호지진묘죽간 역주』, p.529. 다만 윤재석은 '故'자를 '옛날'로 풀이하였는데, 이는 '죽은'의 오역으로 생각된다. 따라서 여기서는 '죽은'으로 수정하였다.

68 《원주》 『수호지진묘죽간』, 문물출판사, 1978년판.

69 진한 시대에 정졸(正卒)과 수졸(戍卒)이 부족하여 변방에 귀양가 복역한 일곱 종류의 사람. 바로 죄가 있는 관리, 도망간 죄수, 전당잡히어 노비가 된 후 아내의 짝이 된 데릴사위, 시적(市籍)이 있는 상인, 이전에 시적(市籍)이 있어 상인이 된 사람, 부모가 이미 시적(市籍)이 있어 상인이 된 사람, 조부모가 이미 시적(市籍)이 있어 상인이 된 사람을 가리킨다. "七科適" 혹은 "七科謫"이라고도 한다. (창시우량 주편, 『한서사전』, p.9)

70 《원주》 『사기』 권30 「평준서(平準書)」

고 명령을 내렸다. 후한시대에 이르러 시적은 보이지 않는데, 이는 아마도 횡포를 부리는 지주 세력이 강화된 것과 관련이 있을 것이다. 진한의 호적제도 중, 부적(傅籍)은 중요 항목이다. "부(傅)는 기재한다는 뜻이니, 호적에 기재하여 국가에 요역을 제공하는 것을 말한다.[傅, 著也, 言著名籍, 給公家徭役也.]"[72]고 하였다. 부적은 바로 성년남자를 국가의 요역 명부에 등록하는 것이다. 『수호지진묘죽간』에 「부률(傅律)」이 있는데, 바로 부적의 법률과 관련이 있는 규정이다. 성동(成童)을 은닉하거나 폐질(廢疾)에 대한 신고가 불확실한 경우와 나이가 들어 요역과 부역을 면제받아야 하는데 신고하지 않은 경우, 이전(里典)[73]과 오로(伍老)는 모두 처벌을 받았다.[74] 한대의 부적은 진나라 부적제도의 연장선상에 있었지만 "처음 요역대상자 명부에 오르는[始傅]" 연령에는 다소 변화가 있었다.[75]

호적관리는 진한의 중요한 행정수단으로 정부가 사회질서를 통합하는 기본 방법이었다. 개인의 출생과 부세의 수요에 따라 가호(家戶)를 기본단위로 하여 호적을 편성한 것이다. 진한시기에는 비록 각양각색의 호적이 있었지만,[76] 평민을 대상으로 한 편호제민호적은 가장 기본적이면서도 가장 중요한

· · · · · · · · · · · · · ·

71 ≪원주≫ 『한서』 권24 「식화지(食貨志)」
72 ≪원주≫ 『한서』 권1 「고제기(高帝紀)」 안사고 주
73 이정(里正)이라고도 한다. 소리(小吏)의 이름이다. 진한 시대 이정(里政)의 소리(小吏)를 주관하였다. 한 리(里)의 장이 되었으며, 일리(一里) 백가(百家)를 관장하였다. 후한 시대에는 이괴(里魁)라고도 불렀다.(창시우량 주편, 『한서사전』, p.311)
74 ≪원주≫ 『수호지진묘죽간』 「진률잡초(秦律雜抄)」, 문물출판사, 1978
75 ≪원주≫ 『한서』 「경제기(景帝紀)」 2년(B.C. 135)에 "천하의 남자들로 하여금 스무 살에 비로소 요역 대상자의 명부에 오르게 하였다.[令天下男子二十始傅.]"고 하였다. 경제(景帝) 2년 이전에는 스물세 살에 "비로소 요역 대상자 명부에 오르게 하였으니[始傅]", 경제 2년에는 연령이 3년이나 앞당겨졌다. 그러나 『염철론(鹽鐵論)』 「미통편(未通篇)」에 따르면, "지금 폐하께서는 백성을 불쌍히 여기시고 요역제도를 너그럽게 하시어, 스물세 살이 되어서야 비로소 요역 대상자 명부에 올리고, 쉰여섯 살이 되면 요역의 의무를 면제하셨습니다.[今陛下哀憐百姓, 寬力役之政, 二十三始傅, 五十六而免.]"고 하였으니, 소제(昭帝) 때에는 또 스물세 살로 고쳤다.
76 ≪원주≫ 졸저, 「진한의 호적제도 고찰 및 서술[秦漢戶籍制度考述]」, 『중국사연구(中國史研究)』 1993년, 제4기

호적제도로 진한사회 행정의 기본 토대였다. 한대의 인구수와 호구수(戶口數)에 관련된 기록은 14군데에 보이는데, 『한서』「지리지(地理志)」, 『속한서(續漢書)』「군국지(郡國志)」, 『진서(晉書)』「지리지(地理志)」, 황보밀(皇甫謐 215~282)[77]의 『제왕세기(帝王世紀)』의 기록이다.

　14군데에 분산되어 있는 인구수와 호구수에 대한 기록을 종합하고 비교하여 양한(兩漢) 가정의 인구수를 추산해 볼 수 있다. 전한의 기록은 두 군데에 보이는데, 모두 평제(平帝) 원시(元始) 2년(AD 2)의 인구수와 호구수이다. 그 중 『한서』「지리지」에 기재된 인구수와 호구수의 비율은 4.87이며, 『제왕세기』는 4.47이다. 후한의 기록은 12군데에 보이는데, 인구수와 호구수의 비율은 4.91과 5.82 사이이다.[78] 이를 통해 양한 가정 인구수의 기본 상황을 알 수 있는데, 대략 4~5명의 소가정이 진한사회의 기본단위를 구성하였다.

　편호제로 주민을 관리하는 것은 국가의 법률 앞에서 각 편호의 사회적 지위는 평등함을 나타낸 것으로, 이것이 바로 이른바 "편호제민"이다. 그러나 편호의 사회적 신분이 분화함에 따라 그 지위는 "같지[齊]" 않게 되었다. 『사기』「화식열전」에 다음과 같이 말하였다. "무릇 편호된 백성들은 부유함이 서로 열 배 차이가 나면 그 앞에서 기가 죽고, 백 배 차이가 나면 그를 두려워하고 꺼리며, 천 배가 되면 그의 일을 해주고, 만 배 차이가 나면 그의 하인이 되니, 이것이 사물의 이치이다.[凡編戶之民, 富相什則卑[79]下之, 百則畏憚之, 千則役, 萬則僕, 物之理也.]" 이는 편호의 차이가 천차만별이어서 경제조건과 사회적 지위가 제각각임을 설명한다. 이러한 상황은 전한 후기에서 후한

77　서진(西晉) 안정(安定) 조나(朝那) 사람이다. 자는 사안(士安)이고, 자호는 현안선생(玄晏先生)이다. 저서에 『제왕세기(帝王世紀)』, 『고사전(高士傳)』, 『현안춘추(玄晏春秋)』등이 있다. (임종욱 편저, 『중국역대인명사전』, p.2159~2160)
78　≪원주≫『심재문학집(心齋問學集)』제3편 제2절 "진한의 인구수를 추산하다.[秦漢人口數量估算]"(졸저, 『심재문학집』, 단결출판사(團結出版社), 1993)
79　원서에는 '更'으로 되어 있으나, 여기에서는 '卑'로 수정하였다. (『사기』권129「화식열전」, p.3274)

말기에 이르러 더욱 보편화되었다. 그러나 이러한 나열로서 이 시기 편호제가 이미 파괴되었다고 생각해서는 안된다. 권세를 가진 지주[豪强地主]의 "의문대가(義門大家)" 조직은 이미 사회 기층조직의 기본 형식이 되어 지주의 경제형태는 이미 사회의 기본적인 경제형태가 되었다. 비록 양한의 인구수와 호구수를 비교해 보면 후한 가정의 인구수가 전한보다 많았지만, 평균 매 가정마다 5명을 조금 넘었다는 기본적인 사실은 또한 후한 사회가 여전히 소가정으로 구성되었다는 것과 편호제도 또한 일맥상통하게 계속되어 왔다는 것을 증명한다.

종법제와 비교하면, 편호제는 일종의 사회행정제도이며, 편호의 형식으로 주민을 관리하고, 호적의 형식으로 사회질서를 통합하였다. 이는 진한 이후 각 왕조에서 그대로 사용하면서 폐지되지 않았던 기본 행정수단 중 하나이다. 종법제는 같은 조상을 함께 제사하는 형식을 통해 혈친관계를 중심으로 주민들을 관리하는 것이고, 편호제는 현을 기본 행정단위로 하여 거주민들을 십오향리(什五鄕里)에 따라 나누어 거주하게 하면서 호적에 등록시켜 거주민들을 관리하는 것으로, 호적은 "나라의 기강을 세우고, 집안의 법도를 세우는 큰 일[國以之建典, 家以之立度的大事]"[80]이었다. 『석명(釋名)』「서계(書契)」에 "적(籍)은 기록한다는 뜻이니 인명(人名)과 호구(戶口)를 조목별로 기록한 것이다.[籍, 籍也, 所以籍疏人名戶口也.]"라고 하였다. 죽편(竹片)과 목독(木牘)에 적은 호적에는 두 가지 종류가 있는 것 같다. 첫째는 비교적 상세하개 등록한 것으로 정부가 통일적으로 보존하고 관리하는 것이고, 둘째는 개인이 항상 차고 다니는 것이다. 『사기』「편작창공열전(扁鵲倉公列傳)」에 창공(倉公)[81]의 말이

....

80 ≪원주≫ 서간(徐幹), 『중론(中論)』
81 태창공(太倉公)이라고도 한다. 성은 순우(淳于)이고, 이름은 의(意)이다. 전한 초 제(齊) 임치(臨淄) 사람이다. 태창장(太倉長)을 역임한 적이 있으므로 창공(倉公)이라고 부른다. 어렸을 적부터 의술(醫術)을 좋아하여 양경(陽慶)에게 가르침을 받아 황제(黃帝)와 『편작맥경(扁鵲脈經)』을 배웠다. 증세를 판별하여 맥을 살폈으며, 병을 치료하는 데 경험이 많아 사람의 목숨을 예측할 수 있었다.(상항원 주편, 『25사인명대사전상책』, p.30)

실려 있다. "진실로 관리가 저에게 관직을 주어 구속하는 것을 두려워하여, 명수(名數)를 여기저기 친척이나 친지의 집으로 옮기며, 집안의 생계도 돌보지 않고 나라 안을 떠돌며, 의술에 능한 자를 찾아 그에게 오랫동안 배웠습니다.[誠恐吏以除拘臣意也, 故移名數左右, 不修家生, 出行游國中, 問善爲方數者事之久矣]"[82] 여기서 명수(名數)는 바로 명적(名籍)으로, 여행 다니는 사람은 반드시 이것을 몸에 휴대해야 했다. 이러한 명적은 국가에 등록을 할 때 각 집마다 나누어 준 명적의 부본이었다. 이것은 현대의 호적부와 유사하다.[83] 호적으로 편호민을 관리하면서, 거주민들이 도망가는 것을 철저하게 막고, 사회생산 및 생활질서를 안정시킬 뿐만 아니라, 정부는 대량의 노동력을 장악할 수 있었다. 아울러 명적은 요역을 징발하고 부세를 징수하는 데 기본적인 근거가 되었다.

일반적으로 종법제는 혈연관계를 행정의 근간으로 삼았고, 편호제는 지연관계(地緣關系)를 행정의 근간으로 삼았다. 그러나 자세히 검토해 보면, 이러

. . . .

82 원서에는 '出行游國中'이 '出游行國中'으로 되어 있다. 그리고 '問善爲方數者事之' 뒤에 '久矣'가 생략되어 있다. 이 부분은 중화서국 점교본에 의거하여 수정하였다.(『사기』 권105 「화식열전」, p.2814)

83 ≪원주≫ 이러한 호적부본(戶籍副本)은 또 "부(符)"라고 부른다. 『설문(說文)』에는 부(符)를 "부신(符信)이다. 한나라 제도는 대나무를 6촌의 길이로 하여 나누어 합치곤 하였다.[信也, 漢制以竹長六寸, 分而相合.]"고 해석하였다. 간독(簡牘) 중 이러한 종류의 호적은 비교적 많다. 『수호지진묘죽간(睡虎地秦墓竹簡)』 「진률잡초(秦律雜抄)」에 "유사률(游士律)" 조목이 들어있다. "유사(游士)가 어느 현에 체류하고 있으면서 증명서가 없는 경우, 유사가 있는 현에서 유사에게 1갑(甲)의 벌금을 부과하고, 증명서 없이 체류한 지 1년이 된 경우, 이를 견책한다. 원래부터 진나라에 거주하던 자가 국경 밖으로 빠져나가거나, 호적에서 이름을 삭제하는 것을 도왔을 경우, 도운 자가 상조(上造) 이상이면 귀신(鬼薪)에, 공사(公士) 이하이면 성단형(城旦刑)에 처한다.[游士在, 亡符, 居縣貲一甲; 卒歲, 責之. 有爲故秦人出, 削籍, 上造以上爲鬼薪, 公士以下刑爲城旦.]" 유사(游士)가 증명서를 잃어버리면 거주하는 현에서 징벌을 받게 되는데, 이를 통해 부(符)의 중요성을 알 수 있다. 『거연한간갑편(居延漢簡甲編)』 제37간문(簡文)에 "장안(長安)에 이리종매(利里宗買)가 살았다. 나이는 스물네 살이고, 키는 7척 2촌이며, 얼굴빛은 검은색이었다.[長安有利里宗買, 年卄四, 長七尺二寸, 黑色.]"고 하였으며, 제179간문에 "도리(都里)에 작위가 불갱(不更)인 사마봉덕(司馬奉德)이 살았다. 나이는 스무 살이고, 키는 7척 2촌이며, 얼굴빛은 검은색이었다.[都里, 不更司馬奉德, 年卄, 長七尺二寸, 黑色.]"고 하였다.

한 견해 역시 문제가 있다. 편호제는 십오향리에 따라 주민을 관리한 것으로, 십오향리의 주민은 대부분 동종동성(同宗同姓)으로 멀고 가까운 차이가 있는 혈연관계를 지닌 사람들로 구성된다. 이는 종법제를 계승한 이후 중국 전통 향촌사회의 기본적인 취락 형태이다. 그러므로 진한과 후대에 이어져 온 편호제는 행정제도상 비록 지연관계를 형식으로 삼았지만 실제로는 오히려 혈연관계를 내용으로 한다. 편호제는 분명한 이중성을 지닌다.

진한시기의 편호제에 나타난 이중성의 특징은 종족 중 "부로(父老)"의 역할을 통해 이해할 수 있다. 한 고조(漢高祖) 유방(劉邦)이 군대를 일으킨 후 패현(沛縣)의 현령은 패현의 성문을 닫아 유방을 저지하였다. 유방이 글을 써서 화살에 매달아 성위로 쏘아 올려 패현의 부로들에게 보내자, "패현의 부로는 이에 젊은이들을 거느리고 패현의 현령을 함께 죽이고, 성문을 열어 유계(劉季 : 유방)를 맞아들여 패현의 현령으로 삼고자 하였다.[父老乃率子弟共殺沛令, 開城門迎劉季(劉邦), 欲以爲沛令.]"[84] 유방이 함양(咸陽)에 들어갔을 때, 여러 현의 부로와 호걸(豪傑)들에게 "부로들과 약법삼장(約法三章) 하겠다.[與父老約法三章耳.]"[85]고 조서를 내린 적이 있으며, 초(楚)나라와 다툴 때에는 "섬(陝) 땅에 이르러서는 함곡관 밖에 있는 부로들을 달래어 돌아오게 하였다.[至陝, 撫關外父老還.]"[86] 항우(項羽)를 격파한 뒤 항우를 받들어 노공(魯公)으로 모셨던 노(魯) 지역이 항복하지 않았을 때 유방이 "노지역의 부로들에게 항우의 수급을 보이자[示魯父老項羽頭]", 노나라 사람들이 그제서야 항복하였다.[87] 진(秦)을 멸할 때와 초한이 천하를 다툴 때 부로들이 아주 중요한 지위에 있었음을 알 수 있다.[88] "부로"라는 단어의 뜻은 향리의 연장자이다. 『예경(禮經)』에서도

· · · · · · · · · · · · · ·

84 ≪원주≫ 『사기』 권8 「고조본기(高祖本紀)」
85 ≪원주≫ 『사기』 권8 「고조본기(高祖本紀)」
86 ≪원주≫ 위와 같다.
87 ≪원주≫ 위와 같다.
88 ≪원주≫ 위와 같다.

부로는 향리의 질서를 유지하고 보호할 책임이 있다고 말하고 있으며, 부로가 거느리는 향리의 백성을 "자제(子弟)"라고 불렀다. 이를 통해 혈연적 서열은 부로를 추천하여 선발할 때 결정적인 작용을 한다는 것을 알 수 있다. 이 문제에 대하여 일본 학자 모리야 미츠오(守屋美都雄)는 자세히 논술하였다.[89]

편호제의 이중성은 향관(鄕官)의 선발을 통해서도 이해할 수 있다. 『공양전(公羊傳)』선공(宣公) 15년의 하휴(何休) 주에 다음과 같이 서술하였다.

> 정전(井田)에 있는 것을 려(廬)라 하고 성읍(城邑)에 있는 것을 리(里)라고 한다. 일리(一里)는 80호로 이루어지고 팔가(八家)가 일항(一巷)을 함께 하며 중리(中里)에는 교실(校室)[90]이 있다. 고상한 덕을 가진 노인을 선출하여 부로(父老)라 명명하고, 체격이 강건하고 변호할 수 있는 자를 이정(里正)으로 삼는다. 부로와 이정은 모두 토지를 배로 받으며 말을 탈 수 있다. 부로는 삼로(三老)와 효제관속(孝悌官屬)에 비견되며, 간정(墾正 : 里正)은 관직에 있는 서인(庶人)에 비견된다.[在田曰廬, 在邑曰里. 一里八十戶, 八家共一巷, 中里爲校室. 選其耆老[91] 有高德者, 名曰父老; 其有辯護伉健者, 爲利正. 皆受倍田,[92] 得乘馬. 父老比三老 · 孝悌官屬, 里正比庶人在官.]

진한시기의 향관에 대한 이전 시대의 학자들의 논술은 비교적 많다. 비록 견해는 다르지만, 향관이 향리에서 선발되었다는 것에 대해서는 의의를 제기하지 않는다. 향리에서 선발된 향관은 조정의 봉록을 받지 않았지만 부세

. . . .

89 ≪원주≫ 모리야 미츠오(守屋美都雄), 『중국 고대의 가족과 국가[中國古代的家族與國家]』, 동양사연구회(東洋史硏究會), 1986.
90 고대 향리에서 공공 교육을 담당하던 장소이다.
91 원서에는 '耆志'로 되어 있다. 이 부분은 『십삼경주소』, 『춘추공양전주소(春秋公羊傳注疏)』에 의거, 수정하였다.(『십삼경주소』정리위원회정리, 『춘추공양전주소』, p.418)
92 원서에는 '皆倍受田'으로 되어 있다. 이 부분은 『십삼경주소』정리위원회정리, 『춘추공양전주소』에 의거하여 수정하였다.(『십삼경주소』정리위원회정리, 『춘추공양전주소』, p.418)

감면의 혜택을 받았기 때문에 정부에서 파견한 지방관리와는 본질적으로 달랐다. 이는 진한시기의 중앙집권이 향촌자치와 상대적이라는 것을 설명하는 것으로, 이러한 특징은 전통 중국에서 그대로 전해져 내려왔다. 물론 편호제의 이중적 특징을 검토할 때, 편호제와 종법제를 절대로 혼동해서는 안 된다. 왜냐하면 이것은 근본적으로 다른 두 가지 사회제도이기 때문이다. 종법제도의 혈연적 특징은 매우 확연히 드러나는 데 비해, 편호제는 지연관계와 혈연관계의 이중성을 지닌다. 또한 장자(長子)가 권력을 계승한다는 점에서 두 가지 제도는 더욱더 분명히 다르다. 지금까지 종법제도를 논의할 때, 종법제는 적장자(嫡長子) 계승 제도라는 것을 지적하였다. 편호제가 형성된 이후 적장자의 권력 계승은 단지 작읍(爵邑)에 대한 계승 부분에서만 나타났다. 한대의 여러 왕과 열후(列侯)의 작읍은 적장자에게 세습되었다. 그러나 귀족과 평민을 막론하고 재산은 여러 자식들에게 골고루 분배되었다. 평민들에게 적장자의 권력 계승은 아무런 의미가 없어졌다. 진한 이후의 편호제는 소가정을 기초로 하였으며 재산 균분 상속 제도는 일종의 관습적인 규칙으로 작용한 것 같다. 전한 고조 때, 육가(陸賈)는 남월(南越)에 사신으로 가서 천금을 얻었는데 "자식들에게 이백 금씩 나누어 생계를 도모하게 하였다.[分其子, 子二百金, 令爲生産]" 육가에게는 모두 다섯 명의 자식이 있었는데, 이백 금씩 자식들에게 골고루 분배한 것이다.[93] 육가가 자식들에게 금을 골고루 분배한 것은 한대의 재산 계승제도를 이해할 때 항상 인용하는 전형적인 사례이다. 이러한 예는 매우 많다. 설맹상(薛孟嘗)[94]은 조카와 함께 살았는데 조카가 재산을 나누어 따로 살 것을 요구하였다. 설맹상은 노비는 늙은 사람을 취하였

. . . .

93 《원주》『사기』 권97 「육가열전(陸賈列傳)」
94 설포(薛包)이다. 맹상은 자이다. 후한 여남(汝南) 사람으로, 자가 맹상이므로 설맹상이라고도 부른다. 젊었을 때 학문을 좋아하고 행실을 돈독히 하였으며, 효로 이름이 났다. 자제들과 가산(家産)을 나누어 토지와 가옥은 황폐해지고 무너진 것을 취하였고, 기물은 썩어 부서진 것을 취하였다.(장순후이(張舜徽) 주편, 『후한서사전』, 산동교육출판사, 1994, p.647)

52

고, 토지와 가옥은 황폐하고 무너진 것을 취하였으며, 기물(器物)은 오래된 것을 취하면서, "겉으로는 함께 나눈다는 명분이 있었지만, 실제로는 십분의 삼을 취한 것일 뿐이었다.[外有共分之名, 內實十三耳.]"[95] 진한시기에 재산을 골고루 분배하는 관습은 이후의 각 왕조에서 그대로 사용하였다. 우리는 적장자 계승제의 목적이 "적장자를 존경하고 족인(族人)들끼리 단결하는[敬宗收族][96]" 데 있음을 알 수 있다. 종법제 사회에서 가정의 재산은 확정적이지 않으므로 종법제도 하에서 "대종"과 "소종"은 명칭이자 상징일 뿐만 아니라, 권리이자 책임이었다. 그러나 편호제 하에서 사회생산의 발전은 이미 "재산을 나누어 따로 사는[析産分居]" 가능성을 제공하였으며 가정의 재산 개념 역시 점점 명확해졌다. 따라서 재산의 계승 관계는 실제적 의미를 갖추게 되었다. 동시에 여러 자식이 재산을 골고루 분배받는 계승 제도와 편호제는 상호보완이 이루어져 편호제의 개선과 발전을 직접적으로 촉진하였다.

이상으로 종법제와 편호제에 대해 여러 방면에서 논술하면서 그 공통점과 차이점을 나열하고 그 특징을 종합적으로 논술하였다. 아울러 서로 다른 두 제도를 통해 선진과 진한사회의 서로 다른 본질과 특징에 대해 좀 더 정확하게 파악할 수 있다. 그리고 앞으로 서술할 진한사회에서의 경학의 기능에 대한 논의를 위한 사회적 배경 자료로 참고할 수 있다.

- - - - - - - - - - - - - - -

95 《원주》『풍속통의(風俗通義)』제4「과예(過譽)」.
96 《원주》『예기(禮記)』「대전(大傳)」"조상을 높이므로 적장자를 공경할 수 있고, 적장자를 공경하므로 족인(族人)들끼리 단결할 수 있다.[尊祖故敬宗, 敬宗故收族.]"

제3절 벽돌형[土坯型 : 봉건제] 정치체제에서 뼈대형[框架型 : 군현제] 정치체제로의 변환

'정체(政体)'라는 말은 '정치체제'로서 한 국가에서 일정한 시기의 행정구조와 정치질서를 가리킨다. 전통적으로 정치제제는 역사상 서로 다른 형식과 규모를 갖추어 왔다. 정치체제의 발전 단계는 씨족민주정치체제(氏族民主政治體制)·부락연맹군사민주제(部落聯盟軍事民主制)·성방국가(城邦國家)·공화제국가(共和制國家)·세습제국가(世襲制國家)·봉건정치체제(封建政治體制)·군주전제정치체제(君主專制政治體制)·관료정치제국(官僚政治帝國)·귀족정치체제(貴族政治體制)·독재집권정치체제(獨裁集權政治體制)·신권정치체제(神權政治體制)·민주제정치체제(民主制政治體制) 등이 있다.[1] 또한 통치형식으로서의 정치체제는 '전제정치체제'와 '민주정치체제'의 두 가지 형식으로 요약할 수 있다. 권력구조에서의 정치체제는 '관료제정치체제'와 '귀족제정치체제'의 두 가지 형식으로 요약할 수 있다. 의식형태면에서는 '군권정치체제'와 '신권정치체제' 등으로 나눌 수 있다. 학자들은 자기의 영역에 구속되어 있어 정치체제에 대한 견해가 서로 다를 수 있다. 이를 이해하기는 그리 어렵지

. . . .

1 《원주》 역사상 각종 정치체제의 출현과 존재는 결코 단계가 있는 것이 아니다. 사무엘 아이젠스타트[Samuel Noah Eisenstadt, 1923~]의 『제국의 정체[帝國的政体]』(The political systems of Empires, New press, 1963)에 보인다.

않다.[2] 실제로 어떤 정치 사안을 전체적으로 분석해 보면 이 정치체제의 특징이 다원적이라는 것을 바로 발견할 수 있다. 예를 들면 양한시대는 군현(郡縣)과 왕국(王國)이 병행되었기 때문에 전형적인 관료정치체제였다고 하더라도 일부분은 귀족제정치체제의 특징을 띠고 있었다. 때문에 현대학자들은 바로 '봉건국가중앙전제주의집권제(封建國家中央專制主義集權制)'라는 이 긴 어휘로 진한 이후의 국가정치체제를 서술하여 그 실질을 정확하게 개괄하고자 하였다. 그러나 이 개념에는 여전히 모순되는 점이 존재한다. 첫째, 봉건제의 본뜻으로 말하자면 중국 문자의 사전적 본의로 보나 서양 고전의 이론적 기준으로 보나 귀족정치체제를 가리킴이 분명하다. 이 점은 적지 않은 학자들이 모두 이미 지적하였기 때문에 다시 췌언(贅言)하지 않는다. 둘째, 중국의 전통 정치체제는 그 권력구조의 실제적인 상황에서 본다면 중앙전제집권제와 향촌자치분권제가 서로 대립된 통일체였다. 때문에 '중앙전제집권제'라는 말로서 중국전통정치체제의 본질을 약술하는 것은 타당하지 않다. 셋째, 학술계에서 집권(集權)과 극권(極權)이라는 두 가지 개념이 늘 혼용되기 때문에 공감대가 형성되기 어렵다.

그러므로 필자는 이 단락에서 벽돌형(土坯型) 구조와 뼈대형(框架型) 구조라는 하나의 행정구조적 시각으로서 선진시대에서 진한시대에 이르는 정치체제의 구조와 형식에 대해 논술하려고 한다. 하지만 이 글에 오류가 전혀 없을 수는 없다. 그저 단편적으로나마 깊은 분석에 이를 수 있기만을 기대할 뿐이다. 이른바 '벽돌형 구조'라는 말은 중국의 전통적인 건축양식을 가리킨다. 흙벽돌은 진흙·풀·마·털 등을 혼합하여 성벽의 벽돌과 유사한 형태

· · · · · · · · · · · ·

2 《원주》 니콜로 마키아벨리(Niccolò Machiavelli, 1469~1527)은 "우리는 역사상의 왕국이 모두 두 종류의 방법으로 통치하였음을 알고 있다. 첫째, 군주와 그 노복의 통치이다. 이러한 노복은 곧 군주의 은사를 입어 대신이 되어 국사를 보조하였다. 둘째, 군주와 귀족의 통치이다. 귀족의 높은 지위는 결코 군주가 내려주는 것이 아니며, 그 혈통에서 나오는 것이다."라고 하였다. 그의 저서 『군주론』을 참고하였다.

로 만든 굽지 않은 벽돌인데, 마치 현대의 네모난 벽돌과 같다. 이는 전통적으로 많은 농촌에서 집을 건축할 때 쓰던 기본 재료였다. 흙벽돌을 쌓아올려 담장을 만들고 집을 짓는 건축형식을 우리는 '벽돌형 구조'라고 일컫는다. 이와 같은 구조의 건축은 비용이 저렴하며 설계도 없이 오로지 관습만으로도 만들 수 있다. 하지만 그 건축의 총체성은 비교적 좋지 못하여 구조의 분열이 쉽게 나타나기도 한다. 그러나 전체적으로 무너지기는 어렵다.

이른바 '뼈대형 구조'라는 말은 현대건축에서 상용하고 있는 형식 중의 하나이다. 건축 시에 먼저 주요 뼈대구조를 세운 후에 벽돌로 그 뼈대 사이를 메우면서 건축물을 만들어 가는 방법이다. 그러나 일단 주요 뼈대구조가 파괴되면 건축물이 전체적으로 무너져 내릴 수 있다.

선진시기 종법제를 바탕에 두고 설립된 정치체제는 벽돌형 구조의 정치체제이다. 『상서』「요전(堯典)」에 "능히 큰 덕을 밝혀 구족을 친하게 하시니 구족이 이미 화목하거늘 백성을 고루 밝히시니 백성이 덕을 밝힌다.[克明峻德, 以親九族, 九族旣睦, 平章百姓.]"라고 하였으며, 맨 마지막 구절에서는 "백성이 덕을 밝히며 만방을 합하여 고르게 한다.[百姓昭明 協和萬邦]"라고 하였다.[3] 밝은 덕으로 구족을 친히 하고 백성의 덕을 밝히고 만방을 합하여 고르게 하는 행정방법은 선진시기 종법제의 기초 위에 설립된 정치체제와 서로 일치한다. 전통시대 백성의 의미와 현재 백성의 의미는 서로 다르다. 전통시대 백성에 대한 정의는 학자들마다 서로 다른 견해를 가지고 있지만, 일반적인 견해로 고대 평민은 본래 성이 없으며 성을 가진 사람은 반드시 관직과 토지를 소유하고 있었다.[4] 때문에 백성은 바로 '백관(百官)'의 뜻이지만, 이 시기의 백관은

· · · · · · · · · · · · · · ·

3 ≪원주≫ 구족(九族)에 대한 한대의 금문 경학가와 고문 경학가의 관점은 서로 상이하였다. 금문 『상서』 하후(夏侯)와 구양(歐陽)은 구족이 이성(異姓)의 친족이라고 설명하였다. 즉 부족(父族)이 넷이고, 모족(母族)이 셋이며, 처족(妻族)이 둘이다. 고금 경학가는 구족은 분명 동성일 것이라고 간주하였으니, 자기를 중심으로 하여 위로 고조에 이르고, 아래로는 현손에 이르는 것이다. 마융(馬融)·정현(鄭玄)의 『상서주(尙書注)』, 『시경』「소아·상체(常棣)」의 정현 주, 『예기』「상복소기(喪服小紀)」주 등에서 보인다.

각 씨족부락의 수령에서 변천되어 온 것에 불과하다. 「요전」에서 기재된 행정방법이 선진시기 이후 편호제를 기초로 한 정치체제에 이르자, 「대학」에서 제창한 '수신(修身)'·'제가(齊家)'·'치국(治國)'·'평천하(平天下)'와 매우 유사한 행정방법으로 변모되었다. 실제로 '구족이 이미 화목하다.[以親九族]'라는 말이 변하여 '제가'가 되었고, '백성이 덕을 밝힌다.[平章百姓]'라는 말이 변하여 '치국'이 되었으며, '만방을 화합하여 고르게 한다.[協和萬邦]'라는 말이 변하여 '평천하'가 되었다. 「요전」은 『상서』의 첫 편이며, 『대학』은 『사서』의 첫 편이다. 책으로 만들어진 시대는 같지 않지만, 행정단계는 어의상 세밀한 변화를 거친 후 두 정치체제의 차이를 가져오게 되었다.

사료에 기재된 내용을 근거로 보면, 중국에서 가장 빨리 출현한 국가형식의 정치체제는 씨족부락연맹에서 탈바꿈했다. 즉, 초기의 국가는 씨족부락이 모여 있는 형태였으나, 전쟁을 거치면서 약소한 씨족부락은 소멸되기도 하고 강대한 씨족에게 정복되어 신하의 예로 복종해야 하였다. 그러나 이러한 연맹 정치체제는 정권(政權)과 족권(族權) 사이에 선명한 구분이 없었다. 하나라 우임금시대의 크고 작은 씨족부락이 매우 많았다. 『좌전』 애공 7년에 "우임금이 도산(당도산(當塗山)으로 현 안휘성 회원현)에서 제후들과 회합할 때 옥백을 들고 모인 나라가 1만 개국이나 되었소[禹會諸侯于塗山, 執玉帛者萬國]"라는 말이 있다. 그러나 하나라 말기에 이르러서는 그 수가 감소하여 3천개의 부락이 되었다.[5] 『상서대전』 「낙고(洛誥)」에 "천하의 제후가 모두 와서 주나라에게 명을 받고 물러나 문왕과 무왕의 시신을 알현한 자가 1,773명의 제후였다.[天下諸侯之悉來進, 受命于周, 而退見文武之屍者, 千七百七十三諸侯.]"라고 하였으며, 또한 『사기』 「진기세가(陳杞世家)」에 "주나라 무왕 때는 제후들의

· · · · · · · · · · · ·

4 《원주》 백성은 '백관'에서 그 뜻이 전환되어 평민이 되었는데, 이런 변화는 춘추 이후에 있었다. 양신(楊愼)의 『단연총록(丹鉛總錄)』 25 「쇄어(瑣語)」, 완원(阮元)의 『청경해(淸經解)』 8, 염약거(閻若璩)의 『사서석지우속(四書釋地又續)』 「백성(百姓)」을 참고하였다.
5 《원주》 『일주서(逸周書)』 「은축(殷祝)」 "湯放桀而復薄, 三千諸侯大會"

수가 1천여 명에 달하였다.[周武王時, 侯伯尙千餘人.]"라고 하였다. 무경(武庚)의 난[6]과 성왕이 제후를 널리 분봉했을 때[7]에 이르면 존재한 씨족은 더욱 명확하게 헤아릴 수 있게 되었다. 『여씨춘추』에는 "4백여 개 씨족[四百餘]"[8]이라고 하였으며, 『순자』 「유효(儒效)」에는 "71국[七十一國]"이라고 하였다. 이는 주나라가 상나라를 멸망시킨 후의 1,773명의 제후와 비교할 수 없는 숫자이다.

　초기의 제후는 실제로 씨족이거나 씨족이 변화된 것이다. 갑골문 가운데 "삼족·자족·다자족.[三族·子族·多子族]"과 같은 기록이 있어 적어도 2백 개 이상의 씨족이 있었음을 고증할 수 있다.[9] 서주(西周)가 은나라를 멸망시킨 후에 '친척을 봉하여 주나라의 울타리로 삼는다.[封建親戚, 以藩屛周]'[10]는 정책을 채택하여 땅을 나누어 나라를 세우는 방법을 널리 시행하였다. 그러나 나눠진 백성들은 여전히 씨족을 단위로 하고 있었다. 그 중 은나라와 유민은 바로 씨족으로 단위를 삼아 각지에 분봉되었다. 노공(魯公)을 분봉하면서 "은나라 여섯 씨족인 조씨·서씨·소씨·색씨·장작씨·미작씨를 나누어 주면서, 이들로 하여금 그 종씨(宗氏)[11]를 이끌며 분족(分族)[12]을 거두고 유추(類醜)[13]를 통솔하게 하였습니다.[殷民六族 : 條氏·徐氏·蕭氏·索氏·長勺氏·尾勺

6　무경은 중국 상나라의 마지막 임금인 주왕(紂王)의 아들로 '녹보(祿父)'라고도 한다. 상나라가 멸망한 뒤 상나라의 도읍이었던 은(殷)에 머무르며 유민들을 다스렸고, 주나라 무왕(武王)이 죽은 뒤에 주공(周公)이 성왕(成王)을 대신해 섭정(攝政)을 하자, 주공의 동생들인 관숙(管叔)·채숙(蔡叔)·곽숙(霍叔)과 연합하여 반란을 일으켰다.

7　주공이 성왕의 명을 받들어 동쪽을 무경의 난을 진압한 이후, 성왕이 친히 정권을 잡고 제후들을 널리 분봉하여 종법 통치권력을 강화하였다.

8　『여씨춘추』 권16 「관세(觀世)」에 보인다. "得士則無此之患. 此周之所封四百餘, 服國八百餘, 今　無存者矣, 雖存皆瞥亡矣."

9　《원주》 딩산(丁山, 1901~1952)의 『갑골문소견씨족급기제도(甲骨文所見氏族及其制度)』(중화서국, 1988년 판)을 참고하였다.

10　『춘추좌전』 희공 24년에 나오는 말이다.

11　본종 밑의 각 씨족을 가리킨다.

12　나머지 소종(小宗)의 일족을 가리킨다.

13　6개 씨족의 노예를 가리킨다.

氏. 使帥其宗氏, 輯其分族, 將其類醜.]"[14]라고 하였다. 강숙(康叔)을 분봉하면서도 "은나라 일곱 씨족인 도씨·시씨·번씨·기씨·번씨·기씨·종규씨를 나누어 주었습니다.[殷民七族: 陶氏·施氏·繁氏·錡氏·繁氏·饑氏·終葵氏.]"[15]라고 하였고, 당숙(唐叔)을 분봉하면서 "회성(懷姓)의 아홉 씨족과 오정(五正: 五官)의 관직을 나누어 주었습니다.[懷姓九宗, 職官五正.]"[16]라고 하였다.

국가형식으로서의 정치체제는 씨족부락연맹에 기원을 두고 있다. 국왕이 가진 권력의 규모는 자기가 처한 본족이 가지고 있는 역량의 규모에 따라 변화하는 것을 의미한다. 국가의 건립은 강한 씨족이 다른 비발달한 씨족을 자신의 씨족 안으로 융화시키는 것이다. 그러나 새로운 정치체제의 구성에 있어서도 씨족과 종족 가족은 여전히 그 구성의 기본적인 일원이었으며, 스스로 어느 정도의 체계를 갖추고 있었다. 사실 이 시기의 왕권은 이미 자기의 세력을 각 씨족 내부로 침투시킬 수 있는 능력이 없었다. 『좌전』소공 4년에 기재된 한 단락의 글은 이 문제에 대해 잘 설명하고 있다.

초거(椒擧)가 말하였다. '저 여섯 왕 두 공의 일'[17]은 모두 제후들에게 예의를

---

14 《원주》『좌전』「정공(定公) 4년」에 보인다. 또 은나라 유민에 관하여 어떤 사학자는 이런 사람들은 주대에 노예로 변했다고 간주하는데, 이러한 견해는 매우 타당하지 못하다. 예컨 대 본문에서 기술한 강숙(康叔)에게 분봉한 일부분의 사람은 춘추시대에 이르기까지 세력 이 여전히 상당하였다. 예컨대 『좌전』은공(隱公 6년)에서 "翼九宗五正, 頃父之子嘉父, 逆晉 侯于隨, 納諸鄂, 晉人謂之鄂侯."라고 하였다. 또한 일부분의 은나라 사람은 상나라 사람이 되었다. 『상서』「주고(酒誥)」에서 일찍이 주나라 초기에 일부분의 은나라 유민이 "肇牽車牛, 遠服賈"한 상황을 제기하였다. 다시 일부분의 은나라 유민의 지위는 상당히 영예로웠으며, 그들은 예전의 예복을 입고서 왕실 종묘의 제사에 참가할 수 있었다. 『시경』「대아·문왕」에서 묘사하기를, "商之孫子, 其麗不億, 上帝旣命, 侯于周服. 侯服于周, 天命靡常, 殷士膚敏, 祼將于享, 厥作祼將 , 常服黼冔? "라고 하였다.(졸고『심재문학집』제1편, 단결출판사, 1993년, 제1판)
15 《원주》『좌전』「정공 4년」
16 《원주》『좌전』「정공 4년」
17 하나라의 계왕, 은나라의 탕왕, 주무왕, 주성왕, 주강왕, 주목왕 등 여섯 왕과 제환공, 진문공 등 두 공이다.

보인 경우입니다. 이것이 바로 제후들이 그 명을 받아들인 이유이기도 합니다. 이와 달리 하나라 걸(桀)은 잉(仍 : 유잉(有仍)으로 산동성 금향현 동북쪽)에서 제후들과 회동하자 민(緡 : 유민(有緡)으로 산동성 금향현 서북쪽)나라가 배반했습니다. 또 은나라 주(紂)는 여(黎 : 산서성 장치현 서남쪽)에서 제후들과 수렵하자 동이(東夷)가 배반했고, 주나라 유왕(幽王)은 태실(太室)에서 제후들과 회맹하자 융적이 배반했습니다.[椒擧曰 : "夫六國二公之事, 皆所以示諸侯禮也, 諸侯所由用命也. 夏桀爲仍之會, 有緡叛之; 商紂爲黎之蒐, 東夷叛之 周幽爲大室之盟, 戎狄叛之."]

씨족과 종족 그리고 가족을 사회의 기본 단위 구성으로 삼는 정치체제 또한 자신만의 정치체제의 규칙을 가지고 있었는데, 그것은 바로 '예(禮)'였다. 이 때문에 초거가 말하길, "저 여섯 왕과 두 공의 일은 모두 제후들에게 예의를 보인 경우입니다.[六王三公之事, 皆所以示諸侯禮也.]"라고 한 것이다. 예는 왕국의 정권과 씨족·종족·가족의 관계를 조절하는 기본 준칙이었다. "예는 조화로움을 귀하게 여긴다.[禮貴于和]"라는 말의 본의(本義)는 '마땅히 존중해야 할 사람을 존중하고[尊尊]' '마땅히 친하게 지내야 할 사람과 친하게 지낸다[親親]'는 뜻인데, 이는 당시 정치체제를 구성하는 방식을 설명한다. 씨족과 종족 그리고 가족을 일원으로 삼아, 일정한 형식의 약속에 따라 조직된 정치체제를 '벽돌형 정치체제'라고 부를 수 있다. 한 정치체제의 조직에 있어서 씨족과 종족 그리고 가족은 마치 흙벽돌을 일정한 양식에 따라 한곳에 결합한 것과 같은데, 이 흙벽돌은 기본 구성원이며 전체 구조와 상대되어 스스로의 독립성을 지닌다. 초기의 벽돌형 구조의 정치체제는 씨족부락연맹의 성질이 매우 뚜렷하였다. 종족과 가족은 여전히 씨족 내부에서 배태되고 있었으며 완전하게 독립하지는 못한 상태였다. 다만 왕권이 출현한 씨족에서는 본족의 세력이 강대할 뿐 아니라, 기타 씨족을 융합하여 인구가 많고 사회생산과 사회 문화도 비교적 선진적이었다. 이러한 씨족은 이미 종족과 가족의 형식으로 씨족의 업무를 관리하기 시작하였다. 하나라와 은나라 중기 이전에는 대개 이러한 상황이었다. 중기의 벽돌형 구조의 정치체제는 공공권력이 씨족 사이의 겸병과 융합을 강화하여 씨족 사이의 경계를 흐리게 만들었으며 문화의 교류와 전파는 씨족 간의 일체성을 강화하였다. 그러나 생산의 진보와 발전은 다시 종족과 가족의 분화와 독립의 전제조건이 되었다. 이 시기의 정치체제는 왕국의 특징이 매우 분명하였는데, 정치체제 구성원으로서의 벽돌형 정치체제[종법과 가족]의 규모는 비교적 작았기 때문에 정치체제의 전체적인 구성은 치밀하고 세밀하였다. 상나라 중기에서 서주시기에 이르러서는 대체로 이러하였다. 말기의 벽돌형 구조의 정치체제는 종족과 가족 안의 소가족이 독립하려는 추세가 확대됨과 동시에 소가족의 독립적인 지위의 확립으로 혈연을 유대로 행정을 관리한 전통적인 공공권력은 새로운 형식과 적응하지 못하고 쇠퇴하였다. 이에 따라 벽돌형 구조의 정치체제는 와해되기 시작하였다. 그러나 옛 씨족[제후국]은 새로운 행정수단을 채택하여 사회 관리를 실시하여 그 지위와 독립성을 유지하였다. 새로운 행정수단이란 지연관계로서 행정의 기초를 삼은 것으로, 이 행정수단이 춘추전국시대까지 이어졌다.

이상의 논의를 통해 벽돌형 구조의 정치체제에 대해 기초적인 이해를 할 수 있다. 벽돌형 구조로 선진시기의 정치체제에 대해 기술하면서 주로 정치체제구조가 만들어지는 것을 논의의 시작으로 하였다. 선진시기 사회는 종법제 사회였는데, 벽돌형 구조의 정치체제는 종법제 사회와 서로 적응하였으며, 혈연관계는 사회형성의 기초인 동시에 정치체제를 형성시키는 요인으로 작용하였다. 천자, 제후, 대부 등 각급 귀족들 사이에서는 정치적 의미의 지배종속관계를 제외하고도, 여전히 대종과 소종의 혈연관계를 가지고 있었다. 족권(族權)으로 정치의 합리성을 해석하고 정권(政權)으로 족권의 지배효과를 강화했던 것이다. 물론 여기서 가리키는 종법제는 넓은 의미의 종법제이다. 만약 종법제가 선진시기 귀족의 사회제도라면 선진시기 평민의 사회제도는 어떤 형태인가? 사실 선진사회의 기본 단위는 씨족과 종족 그리고 가족이었다. 평민 혹은 평민가정은 씨족과 종족 그리고 가족의 일부분에 지나지 않았고, 결코 독립적인 사회적 지위가 없었다. 가족의 출현과 가족의 사회적 독립집단으로서의 지위 획득은 서로 다른 두 가지 개념이다. 따라서 이 당시의 평민은 특수한 존재형식과 사회적 지위를 가지고 있지 않았다. 이러한 의문을 따라가다가 다시 "예는 아래로 서인에게 까지 적용되지 않으며, 형벌은 위로 대부에게 적용되지 않는다.[禮不下庶人, 刑不上大夫.]"[18]라는 말을 접하게 되면, 분명 당혹함을 느끼게 된다. 이는 마치 '예(禮)'와 '형(刑)'이 귀족과 평민 두 종류의 사회집단의 존재 가능성을 표현한 것이라고 생각할 수 있다. 그러나 이것은 잘못된 것이다. 첫째, 비교적 늦은 시기에 작성된 『예기』의 이 구절은 대개 춘추전국 이후의 사회 정황을 반영하고 있다. 둘째, 형법(刑法)은 사법(私法)의 성질을 띠고 있으며,[19] 씨족과 종족과 가족의 내부 법규였다. 그리고 정치체제 통합의 법칙은 '예'였기 때문에 "선왕은 일의 경중을 따져 죄를 다스렸을 뿐 형법을 정하지는 않았다.[先王議事以制, 不爲刑辟.]"[20]는 말이 있었던 것이다.

종법제와 결부시켜 보면 벽돌형 구조의 정치체제의 기본형식을 더욱 쉽게 이해할 수 있다. 이러한 정치체제의 행정방식은 주로 혈연관계를 중심으로 하여 분족(分族)을 관리하였으나, 정부의 행정 권력은 여전히 늘 하나의 혈연집단의 내부에까지 미치지는 못하였다. 정치체제 구조의 형성은 씨족으로 단위를 삼았기 때문에 사회질서를 조정하고 사회단결을 유지 보호하는 준칙은 오랜 세월에 걸쳐 관습으로 지켜왔던 '예(禮)'[21]에서 나왔다. 벽돌형 구조의 정치체제 중 직관(職官) 역시 각 혈연집단의 족장을 통해 구성되었으며, 동시에 관습적인 법칙에 따라 '대대로 경대부(卿大夫)를 지내고, 대대로 녹봉

18 《원주》『예기』「곡례 상(曲禮上)」
19 《원주》중국의 가장 이른 성문법(成文法) 중의 하나인 등석(鄧析)의 '죽형(竹刑)'이 바로 하나의 사법(私法)이라고 할 수 있다. 『좌전』「정공 9년」의 두예(杜預)의 주에 따르면, 등석이 정나라의 옛 제도를 군주의 명을 받지 않고 사사로이 형법을 만들어 죽간에 적었기 때문에 '죽형(竹刑)'이라고 한다.
20 《원주》『좌전』「소공 6년」
21 《원주》신도(愼到)가 말하길, "예는 풍속을 따르고, 다스림은 위를 따른다.(禮從俗, 政從上.)"이라고 하였는데, 이 말은 『예문유취(藝文類聚)』권38에 보인다.

을 받는[世卿世祿]' 형태의 제도를 형성하였다.

벽돌형 구조의 정치체제와는 다른 뼈대형 구조의 정치체제가 출현하여 이전 정치형태의 종결을 선고하였다. 뼈대형 구조의 정치체제의 출현은 소가족이 분화 독립할 때 필연적으로 나타나는 결과이다. 춘추말기에서 전국시기에 이르기까지 사회생산의 진보에 따라 소농경제의 장족의 발전은 소농을 혈연종족과 가족에서 벗어난 독립적인 사회존재로 변모시켰다. 독립적인 사회지위를 갖춘 소가족이 대대적으로 출현하여 널리 분포하게 되자, 사회질서의 기초가 되었던 종법제를 파괴시켰으며, 이에 따라 벽돌형 구조의 정치체제 또한 붕괴되기 시작하였다. 이런 사회질서의 현실에 적응하기 위해 각 제후국은 모두 독립적으로 여러 가지 새로운 제도와 방법을 사용하여 행정을 관리하였다. 이러한 실험은 주로 아래에 제시한 두 가지 방면으로 나타났다.

첫째, 편호제가 종법제를 대체하였다. 춘추시대 후기 성년이 된 남자가 자립하여 호(戶)를 이룬 소가족은 새로운 사회질서를 구성하였으며, 종법제 사회에서 혈연을 중심으로 주민을 관리한 제도가 파괴되자, 각 제후국은 사회통합을 강화하기 위해 이전 제도에 대해 개혁을 단행하였다. 이러한 문제에 대해 1절에서 이미 논의하였으나, 종법시대의 호적통계와 관련제도에 대한 문헌 기록은 비교적 적은편이다. 『국어』「주어(周語)」에서 B.C. 8세기 초 주나라 선왕(宣王)이 강융(姜戎)에게 패한[22] 후 일찍이 "태원에서 백성의 수를 헤아리려고 하였다.[料民於太原]"라는 말이 있는데, 이때 '요민(料民)'이라는 말은 바로 자세한 인구 통계 조사이다. 그러나 선왕의 일은 대신 중산보(仲山父)를 중심으로 하는 왕공(王公)들의 반대에 직면하였다. 그들은 "예전에는 백성들을 헤아리지 않고도 그 수를 알 수 있었습니다.[古者不料民而知其少多]"라고 간하면서, 국왕은 다만 사민(司民)·사상(司商)·사도(司徒)·사구(司寇)

----

22 주나라 선왕 39년(B.C. 789)에 선왕은 어가를 타고 몸소 강융을 정벌하러 나갔다가 천무(千畝: 현 산서성 개휴현(介休縣) 남쪽) 부근에서 강융에게 크게 패한 일이 있다.

및 목(牧)·공(工)·장(場)·품(稟) 등의 관원을 통해서 바로 인민의 수·생사·출입·왕래를 알 수 있다고 생각했다. 이를 통해 중국의 호구관리와 호구통계가 정형화되기 이전의 초기 형식을 알 수 있다. 다만 종법제 사회에서 왕실에서 장악한 호구는 겨우 왕기(王畿)에 한정되었다. 왕기 이외의 광대한 지역인 각 제후국의 호적제도에 대해서는 상세하게 이야기하지 않았다. 종족과 가족을 사회의 기본 구성원으로 삼아 행정을 관리하였는데, 이는 여전히 위로는 주왕실에 이르고 아래로는 각 제후국에 이르는 가장 유효한 수단이었다. 문헌에 보이는 기록 중에 가족을 단위로 하여 호적관리를 실행한 국가는 진(秦)나라가 가장 이르다. 진나라 헌공(獻公) 10년(B.C. 375)에 처음으로 "다섯 집을 하나의 편제 단위로 삼는 호적을 만들었다.[爲戶籍相伍]"[23]라는 말이 보이는데, 바로 다섯 집으로 1오(伍)를 삼아 호적을 편성한 것이다. 진나라 효공(孝公)이 왕위를 계승하여 상앙(商鞅 ?~B.C. 338)을 임용하여 변법을 실행하였다. 상앙은 "국경 안의 모든 장부(丈夫)와 여자를 관부의 호적에 이름을 올린다.[四境之內, 丈夫, 女子皆有名于上.]"[24]라고 하고, "백성들의 수를 기재하여 살아 있는 사람은 호적에 기록하고 죽은 사람은 호적에서 지우면, 백성들이 조세를 피하지 않을 것이고 들에는 무성한 풀이 사라질 것이다. 그렇게 되면 국가가 부유해질 것이니, 국가가 부유해지면 국가가 강대해질 것이다.[擧民衆口數, 生者著, 死者削, 民不逃粟, 野無荒草, 則國富. 國富者強.]"라고 하였으며, "백성들로 하여금 열 집 또는 다섯 집으로 편제 단위를 만들어 서로 죄를 들추어 연좌시켜야 한다.[令民爲什伍, 而相收司連坐.]"[25]라고 하였는데, 이는 가정 단위의 호적에 따라 주민을 관리하는 일종의 새로운 제도로서 당시 사회에 대량으로 출현한 성인 남자를 호(戶)로 삼는 소농가의 요구에 적합하였다. 그리고 호적제도의 실시는 국가제도 면에서 소농가에 대한 독립적인

. . . .

23 『사기』권6 「진시황제본기」
24 ≪원주≫ 『상군서(商君書)』 「경내편(境內篇)」
25 ≪원주≫ 『상군서(商君書)』 「거강편(去强篇)」

지위를 인정해 주었다.

둘째, 군현제가 분봉제(分封制)를 대체하였다. 군현제와 관련된 이전의 학자들의 연구는 매우 풍부하다.[26] 이들은 대체로 군현제의 출현과 발전의 맥락을 분명하게 밝히긴 하였지만 몇 가지 문제에 대해서는 여전히 논의가 필요하다.

'군현'이라는 말은 원래 단독으로 '군'은 '군'이라 불렸고, '현'은 '현'이라 불렀다. 군의 기원은 현에 비해 조금 늦은데, 이는 현재 남아 있는 옛 글을 통해 증명할 수 있다. 『설문(說文)』에 "군은 주나라 제도이다. 천자는 사방 천리를 나누어 1백 개의 현으로 설치하였으며, 현에는 4개의 현을 두었다. 때문에 『춘추좌전』에 '상대부는 군을 받았다.'라고 한 것이다. 진나라 초기에 이르러서는 36개의 군을 두어 현을 감시하였다. 우부에서 고을[邑]의 의미를 취하였으며 좌부 군(君)에서 음가를 취하였다.[郡, 周制. 天子地方千里, 分爲百縣, 縣有四郡. 故『春秋傳』曰 : '上大夫受郡' 是也. 至秦初, 置三十六郡以監其縣. 從邑, 君聲.]"[27]라고 하였다. 그러나 요내(姚鼐, 1731~1815)[28]는 이 말에 대해 동의하지 않았다.

주나라의 법에 중원과 후(侯)와 복(服)은 주나라의 법제로 구획하며, 나라와

. . . .

26 《원주》 고염무, 『일지록(日知錄)』 권 22 「군현(郡縣)」. 요내, 『석포헌문집(惜抱軒文集)』 권2의 「군현고(郡縣考)」. 조익(趙翼), 『해여총고(陔余叢考)』 권16 「군현(郡縣)」. 고힐강, 「춘추시대적현(春秋時代的縣)」, 『우공(禹貢)』 반월간(半月刊) 제7권 제6,7 합기(合期), 1937. 후와이려(侯外廬), 「중국고대사회여아세아생산방식(中國古代社會與亞細亞生産方式)」 제4장 제4절. 『후와이뤄사학논문선집』, 인민출판사, 제1판, 1987을 참조하였다.

27 《원주》 심도(沈濤)의 『고본고(古本考)』에서 "살펴보건대 『수경(水經)』「하수주(河水注)」에서 '上大夫縣, 下大夫郡'이라는 말을 인용하였는데, 이는 『좌전』의 말과 합치된다. 금본(今本)은 전사과정에서 '縣下大夫受' 5자가 없어졌다. 『옥편』에서 이를 인용하여 '下大夫受縣, 上大夫受郡'라고 하였는데, '下'와 '上' 두자가 전사 과정에서 뒤바뀌었다.

28 자 희전(姬傳), 호 석포선생(惜抱先生)으로 안휘성(安徽省) 동성현(桐城縣) 출생이다. 간결하며 격조 높은 글을 썼으며 송학(宋學) 중심의 이론에 한학의 방법을 도입해 널리 문학의 형식과 내용의 일치를 주장하여 '동성파(桐城派)'의 기반을 구축했다. 주요 저서에는 『고문사유찬(古文辭類纂)』 등이 있다.

가까운 만이(蠻夷)는 오랑캐의 법제로 구획한다고 하였기 때문에 제나라·노나라·위나라·정나라의 명칭은 주나라와 같았으나 진(秦)나라와 초나라는 주나라와 같지 않아 '도비(都鄙)'라고 말하지 않고 '현(縣)'이라고 말하였다. 그러나 처음에는 현이 있었을 뿐이며, 군(郡)이라는 명칭은 없었다. 헤아려 보건대, '군'이라는 명칭은 아마 진(秦)나라와 진(晉)나라가 먼 융적(戎狄)의 땅을 개척한 후 사람을 보내 지키게 하여 융적의 군장을 삼은 데서 비롯하였기 때문에 '군'이라고 불렀을 것이다. 예컨대 이른바 '음지(陰地)[29]의 명대부(命大夫)'라고 하는 것은 바로 '군수(郡守)'를 말하는 것이다. 조간자(趙簡子)의 맹세에 "상대부는 현을 받고, 하대부는 군을 받았다.[上大夫受縣, 下大夫受郡.]"라고 하였으니, 군은 중앙에서 멀고 현은 중앙과 가까웠을 것이다. 현은 물산이 풍부하고 인구가 많았으나 군은 황량하고 비루하였기 때문에 그 아름다움과 추함에 차이가 있었던 것이지 군이 현에 예속된 것이 아니었다. 「진어(晉語)」에서 이오(夷吾)가 공자 칩(縶)에게 "그대는 실로 군현을 소유하고 있네.[君實有郡縣.]"라고 하였는데 진(晉)나라 땅이 진(秦)나라에 소속되어 진(秦)나라의 가까운 현과는 달랐기 때문에 군현(郡縣)이라고 부른 것이지 군이 현에 예속되었음을 말한 것은 아니다. 3경(卿)이 범(範)씨, 중항(中行)씨, 지(知)씨의 현으로 나뉘자, 그 현이 이미 옛 현과 멀어지게 되어 사람을 보내 지키게 하였는데, 예전에 사람을 보내 먼 지방을 지키게 했던 형태와 비슷하였다. 때문에 대부분 군(郡)으로 불렀으나, 군은 규모가 컸기 때문에 거느리는 속현(屬縣)이 있었다. 그 후에 진(秦)나라와 초나라 또한 제후의 땅을 얻어 '군'이라고 하였으나, 오직 제나라는 군이 없었으니 제나라가 주나라 제도를 쓰고 있었기 때문이다. '도비(都鄙)'라는 말은 왕조(王朝)에 본래 있었던 명칭이다. 때문에 진(晉)나라와 진(秦)나라 및 초나라가 비록 현을 설치했지만 주나라의 명칭을 따를 수 있었다. 그러나 주나라에는 분명 '군'이라는 명칭이 없었으니, '군'이라는 말은 멀리 있는 땅을 일컫는 것이기 때문이다. 진(秦)나라의 내사(內史)와 한나라의 삼보(三輔)[30]도 '군'이라고 불리

---

29 춘추시대 진(晉)나라 땅으로 현 섬서성(陝西省) 상주(商州市)에서 하남성(河南省) 숭현(嵩縣) 동북에 이르는 지역이다.

30 일찍이 진대(秦代)에서는 경사(京師)에 내사(內史)를 두어서 다스리도록 하였는데, 이것이 한초에 내려와서는 다시 좌우내사(左右內史)로 분할되었다. 그 후 다시 한나라 무제 태초(太初) 원년(B.C. 104)에는 우내사를 경조윤(京兆尹) 좌내사를 좌풍익(左馮翊)으로, 열후(列侯)를

지 않았는데, 하물며 주나라의 경기지역에 있어서 이겠는가?『주서』「작낙편(作雒篇)」에서 "현에 4개의 군이 있다."라는 말이 있다. 그러나 이 책은 진실로 서주시기의 책이 아니며, 주나라 말기에 거짓을 꾸며대는 문사가 만든 것이다. [蓋周法中原侯服, 疆以周索, 國近蠻夷者, 乃疆以戎索, 故齊魯衛鄭名同於周, 而晉秦楚乃不同於周, 不曰都鄙而曰縣. 然始者有縣而已, 尚無郡名. 吾意郡之稱, 蓋始於秦. 晉, 以所得戎翟地遠, 使人守之, 爲戎翟民君長, 故名曰郡. 如所云陰地之命大夫, 蓋卽郡守之謂也. 趙簡子之誓曰："上大夫受縣, 下大夫受郡." 郡遠而縣近. 縣成聚富庶, 而郡荒陋, 故以美惡異等, 而非郡與縣相統屬也.「晉語」夷吾謂公子縶曰："君實有郡縣." 言晉地屬秦, 異於秦之近縣, 則謂之曰郡縣, 亦非云郡與縣相統屬也. 及三卿分範、中行. 知氏之縣, 其縣與已故縣隔絶, 分人以守, 略同昔者使人守遠地之體, 故率以郡名, 然而郡乃大矣, 所統有屬縣矣. 其後秦. 楚亦皆以得諸侯地名郡, 惟齊無郡, 齊用周制故也. 都鄙者, 王朝本名. 故晉秦楚雖以縣, 而未嘗不可因周之稱, 而周必無郡之稱, 以郡者遠地之稱也. 秦之內史, 漢之三輔, 終不可名之郡, 況周畿內乎?『周書』「作雒篇」乃有 "縣有四郡"之語. 此非眞西周之書, 周末誣僭之士爲之也.][31]

요내는 군은 주나라 제도가 아니며 진(秦)나라와 진(晉)에서 나왔다고 하였는데 이는 논리에 맞다. 그러나 군이 지방에서 구획되어 설치된 사실에 대해서는 심도 있게 분석하지 못하였다. 그는 그저 "먼 융적의 땅을 개척한 후 사람을 보내 지키게 하여 융적의 군장을 삼은 데서 비롯하였기 때문에 '군'이라고 불렀을 것이다.[以所得戎翟地遠, 使人守之, 爲戎翟民君長, 故名曰郡.]"라는 몇 마디 말로 대충 개괄했을 뿐 그 요점을 제대로 파악하지 못하였다. 더구나 "예컨대 '음지의 명대부'라는 말은 바로 '군수'를 말하는 것이다.[如所云陰地之命大夫, 蓋卽郡守之謂也.]"라는 말로 단정을 지었는데 이는 경솔한 결론이다. 『설문』의 기사를 제외한 다른 문헌에 보이는 군과 관련된 기록과 해석으로는 아래와 같은 몇 가지가 있다.

· · · · · · · · · · · ·

맡아오던 주작도위(主爵都尉) 우부풍으로 각기 개명해서 이 삼관을 삼보(三輔)라고 통칭하였으며, 장안(長安)을 통치하게 하였다.
31 ≪원주≫ 요내,『석포헌문집(惜抱軒文集)』권2「군현고(郡縣考)」

『좌전』「애공 2년」에 "적과 싸워 이긴자로서 상대부는 현을 받았고 하대부는 군을 받았다.[克敵者, 上大夫受縣, 下大夫受郡.]"이라고 하였는데, 두예(杜預)의 주에 "『주서(周書)』「작낙편(作雒篇)」에 '사방천리에 1백 개의 현이 있고, 현에는 4개의 군이 있다.[千里百縣, 縣有四郡.]"라고 하였으며, 육덕명(陸德明)은 이를 해석하여 "사방천리에 1백 개의 현이 있는데 현은 사방 1백리이다. 현에는 4개의 군이 있는데 군은 사방 5십리이다.[千里百縣, 縣方百里 ; 縣有四郡, 郡方五十里.]"라고 하였다.

『사기』「진시황본기(秦始皇本紀)」에 "전국에 군현을 설치하고 법령을 하나로 통일시켰다.[海內爲郡縣, 法令由一統.]"라고 하였다.

『석명(釋名)』「석주군(釋州郡)」에서 "군(郡)은 모여 있다는 뜻으로 사람들이 떼 지어 모여 있다는 말이다.[郡, 群也, 人所群聚也.]"라고 하였다.

『광아(廣雅)』「석궁(釋宮)」에서 "군은 관사이다.[郡, 官也.]"[32]라고 하였다.

『정자통(正字通)』「읍부(邑部)」에서 "군 : 현의 규모는 크고 군의 규모는 작았으나, 진나라가 천하를 통일한 이후로는 군의 규모가 커지고 현의 규모는 작아졌다.[郡, 縣大郡小, 秦并天下, 郡大縣小.]"라고 하였다.

『좌전』에 기록된 군과 현은 『사기』에 기록된 군현과는 서로 다르다. 전자는 종법제와 분봉제하의 읍(邑)과 같은 것으로 영지(領地)에 해당하며, 적을 이긴 상대부와 하대부는 봉지의 영주에 해당한다. 후자는 국가의 행정 구역으로 중앙정부에서 파견한 관리가 직접 관리하였다. 『석명』이하의 세 가지 해석은 모두 글자의 표면적인 뜻으로 해석한 것이다. 그중 『석명』의 해석은 『사기』에서 "사람들이 떼 지어 모여 있는 것이 군이다.[人以群聚爲郡]"라는

....

32 ≪원주≫ 왕념손(王念孫)의 소증(疏證)에서 '관사로 일컬었다(謂官舍也).'라고 하였다.

말에서 연유한 듯하다. 이상의 각종 견해를 종합해 보면, 군은 본래 일종의 사회 취락형식이었으며 국가 행정구역으로서의 군은 그 출현은 비교적 늦었다. 그리고 군의 규모는 현에 비하면 작았다. 요내는 『주서』의 "현에 4군이 있다.[縣有四郡]"라는 말에 대해 회의를 품었는데, 이는 다소 독단적인 견해이긴 하지만 또한 일리가 있다. 『좌전』 「애공 2년」의 자료를 가지고 군의 규모를 증명할 수 있기 때문이다. 자형의 구조로 군을 보면, '군(郡)'자는 고을의 의미를 취하였기 때문에 분명 군주의 읍으로 이해해야 하는데, 바로 국가의 군주가 직접 관할하는 채읍(采邑)을 말한다. 군은 일반적으로 국가의 변경에 있었기 때문에 분명 전쟁을 통해 빼앗은 새로운 영토이다. 새로 빼앗은 영토는 국왕이 직접 관리하는 것도 가능하고, 신하에게 상으로 봉해 줄 수도 있다. 군을 기록한 자료는 대부분 진(秦)나라와 진(晉)나라의 관련된 기술에서 보이기 때문에 행정구역으로서의 군을 진(秦)나라와 진(晉)나라의 제도로 보는 것은 일리가 있다. 이러한 견해는 진(秦)나라의 통일 과정과 통일 후에 군현제를 채용하여 국가를 관리한 원인을 더욱 쉽게 이해할 수 있게 한다.

　　『한서』 「지리지」에서 "진나라가 마침내 천하를 겸병하고서 주나라의 제도가 미약하여 끝내 제후에 의해 멸망되었다고 여겼다. 때문에 한 치의 땅도 분봉을 하지 않고 천하를 나누어 군현으로 삼았으며 옛 성인의 후예들을 죽이고 그 후손들을 남겨두지 않았다."라고 하였는데, 이후 문인이 그 말을 조술(祖述)하여 봉건을 폐하고 군현을 세운 것은 모두 시황제가 만든 것이라고 여긴다. 그러나 내가 보기에는 전혀 그렇지 않다.[『漢書』 「地理志」 言, 秦幷兼四海,[33] 以爲周制微弱, 終爲諸侯所喪, 故不立尺土之封, 分天下爲郡縣, 蕩滅前聖之苗裔, 靡有子遺.[34] 後之文人祖述其說, 以爲廢封建, 立郡縣, 皆始皇之所爲也 以余觀之, 殆不然.][35]

- - - - - - - - - - - - -

33 원서에는 '秦幷兼四海'라고 나와 있으나, 『한서』 「지리지」 원문에 의거하여 '秦遂幷兼四海'로 고쳤다.
34 원서에는 '靡有子遺'이라고 나와 있으나, 『한서』 「지리지」 원문에 의거하여 '靡有子遺者矣'로 고쳤다.

이후 고염무(顧炎武)는 관련된 자료를 통해 군현이 결코 진(秦)나라에서 기원을 두고 있는 것이 아님을 주장하였다. 고염무의 논조는 근거가 있는 말이지만, 군현이라 부르는 제도는 진나라에서 나온 것임을 의심할 여지가 없다. 고염무의 논조에 대해 청나라 학자 염약거(閻若璩, 1636~1704)[36]는 그의 교주(校注)에서 다음과 같이 말하였다.

 『전국책(戰國策)』에 장의가 진나라를 위해 연횡설로 한왕(韓王)에게 유세하자, 한왕이 "그대가 다행히 와서 가르침을 주니, 저는 나라를 진나라의 한 군현처럼 여겨……"[37]라고 하였고, 또 장의가 진나라를 위해 합종을 깨고 연횡을 이루려고 연왕(燕王)에게 유세하기를 "지금 조나라는 진나라에 있어 군현처럼 되어 있어서……"[38]라고 하였다. 또 몽가(蒙嘉)가 진왕에게 먼저 말하길, "연왕이 나라를 바쳐 진나라의 내신(內臣)이 되어 제후의 열에 끼어 진나라의 군현처럼 공직(貢職)하면서……"[39]라고 하였으며, 또 『국어』에서 '진나라 공자가 진(秦)나라로 도망가 공자 지(摯)에게 사사로이 말하길 "그대는 군현을 가지고 계십니다."[40]라고 하였는데, '군(君)'은 진(秦)나라 군주를 말하는 것이고, 진(秦)나라가 또한 스스로 군현을 가지고 있음을 말한 것이니, 진나라 목공 때 이미 군과 현이 있었을 것이다. 이 논증은 더욱 정밀하여 한마디 말로 핵심을 찔렀다고 할 수 있는데, 어찌 이렇게 의견이 분분하단 말인가? [『戰國策』張儀爲秦連衡, 說韓王, 韓王曰: "客幸而敎之, 請比郡縣." 又張儀爲秦破從連衡, 謂燕王: "且今時趙之于秦, 猶郡縣也." 又蒙嘉爲先言于秦王: "燕王愿擧國爲內臣, 比諸後之例, 貢職如郡縣."[41] 又 『國語』: 晉公子奔秦, 私于公子摯曰: "君實有郡縣." 君謂秦君, 言秦亦自有

• • • • • • • • • • • • • •

35 《원주》 청나라 고염무(顧炎武)의 『일지록』 권22 「군현(郡縣)」에 보인다.
36 산서성 태원(太原) 출생으로 자 백시(百時), 호 잠구(潛邱)이다. 17세기 청나라 초기의 고전학자. 『상서고문소증』의 저술로 청나라 고거학의 위대한 선구자가 되었으나, 문헌비판 면에서 정주학의 근저를 흔들어 놓은 결과가 되었다. 그 외 『사서석지(四書釋地)』, 『잠구차기(潛邱箚記)』 등이 있다.
37 『전국책』 권26 「한책(韓策) 1」
38 『전국책』 권29 「연책(燕策) 1」
39 『전국책』 권31 「연책(燕策) 3」
40 『국어』 권8 「진어(晉語) 2」에 보인다.

郡縣, 則當秦穆公之世固已有郡有縣矣. 此證尤妙, 可謂一言破的, 何必紛紛.]"[42]라고
하였다.

현(縣)에 대한 후대 학자들의 연구는 더욱 풍부하다. 구지에강(顧頡剛, 1893
~1981)[43]은 이미 문헌의 기록에서 '현'이라는 단어가 시간의 선후에 따라
차이가 있음을 지적하였다. 일본학자는 고염무의 연구를 바탕으로 더욱 심도
있는 연구를 진행하였다.[44] 마스부치 타츠오(增淵龍夫, 1916~1982)[45]는 "춘추
시대의 현은 진한시대의 현과 직접적으로 이어지는 것이 아니기 때문에 그들
의 성격에는 서로 모순이 있다. 그러므로 반드시 1차 사회조직에 있어 중대
변혁을 진행해야 했었는데, 이것은 바로 과거의 씨족 질서를 타파하는 것이
었다."라고 하였다.[46] 마스부치 타츠오는 초나라와 진(晉)나라의 각각의 현에
대해 비교적 전면적인 고찰을 하였는데, 그의 결론은 확실히 설득력이 있다.
그러나 진한시대의 현과 춘추시대의 현 사이에 뚜렷한 경계를 둠으로써 새로
운 모순이 나타났다. 만약 현의 본의를 기점으로 해서 현의 출현과 발전을
논의한다면, 더욱 분명한 하나의 결론을 내릴 수 있을 것이다.

현의 본의는 '현(懸)'으로서 '매달다'의 뜻이며, 'xúan'으로 읽는다. 금문(金

．．．．．．．．．．．．．

41 원서에는 '貢職如郡縣'으로 나와 있으나, 『전국책』의 원문에 의거 '給貢職如郡縣.'으로 고
쳤다.
42 《원주》 청나라 염약거의 『일지록보정(日知錄補正)』 「군현(郡縣)」조에 보인다.
43 강소성(江蘇省) 출신으로 국고정리운동에 참가하여 『변위총간』을 간행하고, 『고사변』을
편집했다. 전통문화를 의심하여 우상 타파에 힘쓴 의고파의 중심인물이었다. 중일전쟁 중
민중계몽에도 주력했다. 저서에는 『삼황고(三皇考)』, 『중국강역연혁약사(中國疆域沿革略史)
』, 『오가갑집(吳歌甲集)』 등이 있다.
44 《원주》 가마타 시게오(鎌田重雄)의 「군현제의 기원에 관하여[關於郡縣制的起源]」, 『동양
사논집(東洋史論集)』, 1953에 보인다.
45 동경(東京)에서 출생하였다. 1940년 동경상과대학(東京商科大學)에서 수학한 후, 동아경제
연구소 연구원을 거쳐 일교대학(一橋大學) 경제학부 교수를 역임하였다. 저서에 『중국고대
적사회여국가(中國古代的社會與國家)』, 『중국경제사(中國經濟史)』 등이 있다.
46 《원주》 마스부찌 타쯔오(增淵龍夫)의 「설춘추시대적현(說春秋時代的縣)」, 『일본학자연구
중국사논저선역(日本學者研究中國史論著選譯)』, 중화서국, 1993에 보인다.

文)으로는 '㠯'·'㚔'와 같이 쓴다. 『설문』에 "현(縣)은 매어 있다는 뜻이며, 줄[系]로 㬊를 잡고 있는 회의자이다.[縣, 系也. 從系持㬊]"라고 하였으며, 주천(朱珔, 1769~1850)[47]의 『가차의증(假借義證)』에 "이 글자는 바로 '매달려 있다.[縣挂]'라는 뜻을 지닌 현(縣)자의 본자이다.[此卽縣掛本字也.]"라고 하였다. 임의광(林義光, ?~1932)[48]의 『문원(文源)』에서 금문에 대해 이르길 "현은 목(木)과 계(系)에서 뜻을 취하였으며, 머리를 잡고 있는 것이다.[縣從木, 從系, 持首.]"라고 하였다. 현은 행정구역의 단위로서 간주되었다. 문헌사료와 이전 학자들의 연구에 의하면, 현은 행정구역의 단위 명칭으로 일찍이 초나라와 진(晉)나라에서 유행하여 군과 마찬가지로 새로 개척한 영토에 대한 호칭이었다. 새로 개척한 영토를 봉하지 않았다면, 그대로 두고 국가의 군주가 직접 관리하였기 때문에 현이라고 부른 것이다. 때문에 이 시기 현은 사읍(私邑)이 아니라 공읍(公邑)이었다. 정현(鄭玄)은 "도(都)·현(縣)·야(野)[49]의 땅에서 그 읍은 왕자제(王子弟)와 공경대부(公卿大夫)의 채지(采地)가 아니었으며, 모두 공읍(公邑)이었고 현이라고 일컫는다. 현사(縣士)가 옥사(獄事)를 담당하였다.[都縣野之地, 其邑非王子弟公卿大夫之采地, 則皆公邑也, 謂之縣. 縣士掌其獄焉.]"[50]라고 하였는데, 당연히 현을 상으로 내려준 경우도 있었으나,[51] 상으로 내려준 이후의 현은 공읍이 아니었다. 구지에강은 「춘추시대의 현[春秋時代的縣]」이라는 논문에서 초나라와 진(晉)나라 두 지역 현의 차이점을 구분하고, 진나라의 현은 군주가

．．．．．．．．．．．．

47 안위성 경현(逕縣)사람이며, 자는 옥존(玉存)이다. 요내(姚鼐)·이조락(李兆洛)과 함께 유림의 추중을 받았다. 저서에 『경문광이(經文廣異)』,『문선집석(文選集釋)』 등이 있다

48 자는 약원(藥園)이며, 복건성 민후(閩侯) 사람으로 청말 민국초기에 고주(古籀) 연구자로 이름이 높았다.

49 '왕성에서 2백리에서 3백리 되는 곳을 '야(野)'라고 하였으며, 3백리에서 4백리 되는 곳을 '현(縣)'이라고 하였으며, 4백리에서 5백리 되는 곳을 '도(都)'라고 하였다. 『부석음주례주소(附釋音周禮注疏)』 권35.

50 《원주》『주례』「추관(秋官)·현사(縣士)」의 정현의 주에 보인다.

51 《원주》『좌전』 희공 33년에 "晉襄公以再命命先茅之縣賞胥臣."라고 하였으며, 『좌전』「선공 15년」 "晉侯賞士伯以瓜衍之縣."라고 하였다.

직접 관할한 땅이 아니라 가신에게 내려준 채읍(采邑)이라고 간주하였다. 때문에 춘추시대의 현은 두 가지 함의를 지니고 있었다. 그 중 하나는 '국왕의 직할지'란 뜻이고 다른 하나는 '사읍'의 뜻으로 분봉제에서의 영지와 그 명칭은 다르지만 실제는 같은 것이었다. 춘추시기 진(晉)나라 귀족의 세력이 강대해진 것을 고려해 본다면, 진나라에서 현이 사읍으로 변한 것은 다른 속사정이 있을 것이다. 그렇기 때문에 특별한 예로 보아야 한다.

『설문』에 또 이르길 "주나라 제도에 천자의 나라는 땅이 천리로서 1백 현으로 나누어 국가에서 관할하였으며, 진나라와 한나라의 현은 군에서 관할하였다.[周制, 天子地方千里, 分爲百縣, 則系于國; 秦漢縣系于郡.]"라고 하였다. 이 견해는 분명 『주례』에 근원을 두고 있으나 필자가 처한 사회적 배경에 근거하여 추론한 것이다. 그러므로 현을 주나라 제도라고 보는 것은 타당하지 않다.

군현과 군현제에 대해 다시 한층 더 발전된 논의를 할 수도 있을 것이나 지면의 제한으로 더 이상 서술하지 않겠다. 군의 최초 형태는 국가의 군주가 직접 관할한 읍의 형태였다. 군과 마찬가지로 현 또한 새로 개척한 토지에 대한 호칭으로서 국가의 군주가 직접 관리하고 처리하였다. 『예기』「왕제(王制)」에 "천자의 수도 안에는 사방 100리의 국(國)이 아홉이다.[天子之縣內, 方百里之國九.]"라고 하였는데, 이에 대한 정현의 주에 "현내(縣內)는 하나라 때 천자가 거주하던 주(州)의 다른 명칭이다. 은나라 때는 기(畿)라고 불렀으며, 주나라 또한 기라고 불렀다.[縣內, 夏時天子所居州屆名也. 殷曰畿, 周亦曰畿.]"라고 하였다. 『예기』에서 천자가 직접 다스리는 영토를 현이라고 하였는데 어디에 근거를 둔 말이지는 모르겠지만 절대 억측은 아닐 것이다. 정현은 하나라 때 '왕기(王畿)'를 '현내(縣內)'라고 하였다. 비록 이런 표현은 아직 다른 증거가 없어서 하나라 때 '현내'라는 말의 존재 여부는 아직 문제로 남아 있다 할지라도, 그가 현의 본질을 인정한 것은 상술했던 현의 출현 상황에 대하여 고찰한 것과 일치한다.[52] 군은 진(秦)나라와 진(晉)나라에서 기원하였으며 현은 진(晉)나라와 초나라에서 유행하였다는 사실이다. 춘추시대의 현은 아마 군보다 컸을 것이다. 그러나 양자는 모두 국가 군주의 직할지였다. 진(秦)나라가 통일하는 과정 중에 분봉제가 군현제로 대체되자 군으로 현을 통합하였는데, 그 원인은 대개 군이 진나라에서 기원을 두고 있었기 때문일 것이다. 이 이후로는 군의 규모는 커지고 현의 규모는 작아지게 되었다.

군현제의 확립은 종법 분봉제도의 와해를 선언한 것으로, 이것은 정식으로 벽돌형 정치체제가 뼈대형 구조 정치체제로 대체된 것을 의미한다. 춘추시대 이후 사회생산의 발전은 각 가족의 독립성을 강화시켰다. 각 가족의 분화독립은 전통의 종법제도로 하여금 새로운 사회 변혁의 요구에 적응할 방법이 없게 만들었다. 이 시기의 문헌사료에서 "7명의 가족[七口之家]", "5명의 가족[五口之家]"이라는 기재를 자주 볼 수 있는데, 소가족은 이미 부정할 수 없는 사회적 존재가 되었으며, 소가족의 독립은 피할 수 없는 사회 발전 추세였다. 당시의 각 제후국에게 어떤 수단을 채택하여 행정관리를 진행할 것인지가 왕국의 정치체제와 제도의 개혁에 중요 과제가 되었다. 이 과제의 답안은 군주가 새로 개척한 토지와 변경지역에 사는 주민을 관리하는 군현의 출현이었다. 첫째, 소가족의 규모는 비교적 작으나 그 수는 비교적 많았기 때문에 혈연으로 맺어진 유대관계를 흐리게 만들거나 상실하게 하여 더욱 혼란스러운 상태로 만들었다. 소가족은 분명 새로운 정치체제를 구성하는 기본 재료라고 할 수 있다. 그러나 이러한 재료가 만일 크기와 양이 일정하지 않은 모래와 자갈 찌꺼기와 같다면 스스로 층층이 채울 수 없기 때문에, 반드시 골격을 만들어 그 안에 고정시켜 놓고 강제적인 압력을 넣어야 비로소 고정된 체제를 형성할 수 있다. 뼈대형 구조 정치체제의 합리성은 바로 여기에 있다. 군현이 만약 새로운 정치 체제의 골격 주체와 같은 것이라면, 골격이 형성된 후 이러한 정치체제도 바로 형성될 것이다. 둘째, 각 가족의 독립이 사회 생산의 발전에 근원을 두고 있다는 것이다. 이전의 노동 형식은 이미

. . . .

52 《원주》『사기』「진시황본기」에 "大矣哉! 宇縣之中, 順承聖意."라고 하였는데, 배인(裵駰)의 집해(集解)에서 "宇, 宇宙; 縣, 赤縣."라고 하였다. 고염무의 『일지록』 권22에서 "王畿謂之縣, 五鄙亦謂之縣."라고 하였다.

새로운 생산 발전의 상황에 적응하지 못하고 오히려 장애가 되었다. 이 때문에 사유의식(私有意識)이 부단히 강화되는 과정 중에 소가족을 단위로 삼는 독립적인 생산은 이미 새로운 노동 형식을 만들었다. 각 가족은 종법과 혈연관계의 속박에서 벗어나 독립적으로 존재하는 사회 일원이 되었다. 다만 소가족의 규모가 비교적 작아 생명력이 매우 취약하고 혈연관계의 보호가 부족하기 때문에 전란과 무질서한 사회에서는 그 생존이 매우 어렵게 되었다. 그렇기 때문에 이 시기 소가족의 주요 요구는 사회의 질서화였다. 군과 현은 새로운 정치체제의 골격으로서 사회질서화에 가장 좋은 형식이었다. 통치는 피통치자의 욕망에 기원하며, 전제통치의 기초 또한 피지배를 바라는 민중의식 가운데에 형성되었다. 셋째, 춘추전국시대는 각국의 겸병 전쟁으로 인해 각 제후 왕국이 이전의 정치체제에 대하여 개혁을 진행할 수밖에 없었다. 제후국의 강대해진 종법 귀족 정치 경제 세력은 정령(政令)의 집행에 불리했을 뿐만 아니라, 국가가 필요한 비용의 징수에도 불리하였다. 그렇기 때문에 군주 직할지, 즉 군현의 형식으로 행정관리를 진행하는 것이 아주 효과적인 수단이다. 전쟁상태에서 국가의 이익 요구는 한편으로 정치체제의 변혁을 촉진시켰다.

중국에서 뼈대형 구조의 정치체제에 대한 평가는 춘추시대부터 이미 시작되어 진나라 통일 이후 군현제가 확립된 후 일단락을 고하였다. 한 왕조가 건립된 이후 사회 상황에 따라 분봉제와 군현제를 병행하는 제도를 실행하자 봉국과 군현이 뒤섞이게 되었으며, 봉국과 군현의 경계가 혼합된 정치 수단을 거쳐 점점 군현제를 주체로 삼는 뼈대형 구조의 정치체제를 건립하게 되었다. 이후로 뼈대형 구조의 정치체제는 마침내 각 왕조에서 그치지 않고 계속해서 시행되었다.

제4절 '한나라는 진나라의 제도를 답습하였다[漢因秦制]'라는 설에 대한 변정(辨正)

역사가들이 흔히 '한나라는 진나라의 제도를 답습하였다['漢因秦制'・'漢襲秦制'・'漢循秦制']'라고 말하는데, 이는 한(漢)나라가 진(秦)나라를 대신하여 건국한 뒤 진나라의 중앙집권(中央集權)의 전제정치제도(專制政治制度)를 그대로 계승하였음을 가리킨다. 그렇지만 이 견해는 후학들에게 진나라 제도와 한나라 제도의 차이를 혼동하게 하였다.

한나라 제도가 진나라 제도를 답습하였다는 설은 『사기』에 가장 먼저 보인다.

> 진나라가 천하를 차지함에 이르러 6국(國)[1]의 예의(禮儀)를 모두 받아들여 그 가운데 좋은 것을 채택하였다. 비록 성왕(聖王)의 제도에 부합하지는 않았지만 임금을 존중하고 신하를 억제하여 조정의 상하질서를 엄격하게 하였으니 이는 고대 이래의 예법을 근거로 한 것이었다. 고조(高祖)[2]가 광대한 천하를 소유함에 이르러 숙손통(叔孫通, ?~B.C.194)[3]이 전대의 제도에 대해 약간의

. . . .

1 진(秦)을 제외한 한(韓)・조(趙)・위(魏)・제(齊)・초(楚)・연(燕)의 여섯 나라.
2 한 고조(漢高祖) 유방(劉邦 B.C.256~B.C.195)으로, 재위 기간은 B.C.206~B.C.195이다.
3 또 다른 이름은 숙손하(叔孫何)로, 전한 초기의 유학자이다. 유방이 등극한 뒤에 고대의 의례를 채택하여 진나라 제도와 결합하여 조정의 의례(儀禮)를 제정하였다. 태상(太常) 및 태자태부(太子太傅)를 역임하였다.

증감(增減)을 가하였는데 대부분 모두 진나라의 제도를 계승한 것이었다. 천자의 칭호로부터 관료·궁실(宮室)·관명(官名)에 이르기까지 고친 부분은 얼마되지 않았다. 효문제(孝文帝)[4]가 즉위한 뒤에 유사(有司)가 건의하여 의례를 정하고자 하였는데, 효문제는 도가(道家)의 학설을 좋아하여 '번거로운 예절은 겉만 장식하는 일이어서 나라를 다스리는 데에 아무런 도움이 되지 않는다. 몸소 솔선하여 감화시키는 것이 어떠한지가 중요할 따름이다.'라고 인식하였다. 이 때문에 그의 건의는 채택되지 못하였다.[至秦有天下, 悉內六國禮儀, 采擇其善. 雖不合聖制, 其尊君抑臣, 朝廷濟濟, 依古以來. 至於高祖, 光有四海, 叔孫通頗有所增益減損, 大抵皆襲秦故. 自天子稱號, 下至佐僚及宮室官名, 少所變改. 孝文卽位, 有司議欲定儀禮, 孝文好道家之學, 以爲繁禮飾貌, 無益於治, 躬化謂何耳. 故罷去之][5]

그런데 이는 사마천(司馬遷)[6]의 견해가 아니다. 사마천 사후에 『사기』는 "10편이 빠졌으니 목록만 있고 책은 없었다.[十篇缺, 有錄無書]" 빠진 10편 가운데 『예서(禮書)』가 포함되어 있었다. 그러므로 현존하는 『예서』는 후인들

• • • • • • • • • • • •

4 한문제(漢文帝) 유항(劉恒 B.C.203~B.C.157)으로 유방의 아들이다. 재위 기간은 B.C.179 ~B.C.157이다. 역대 제왕 가운데 생활이 검소했던 임금으로 일컬어진다. 『사기정의(史記正義)』 「효문본기(孝文本紀)」에 "상(문제)은 흑색의 거칠고 두꺼운 직물의 옷을 입었고, 총애하는 애첩 신부인(愼夫人)의 옷은 땅에 끌리지 않게 하였으며, 휘장에는 수를 놓지 않았고, 패릉을 만들 때 모두 와기(瓦器)를 사용하게 하였다."라고 하였다.

5 ≪원주≫ 『사기(史記)』 권23 「예서(禮書)」

6 사마천은 섬서성(陝西省) 용문(龍門), 지금의 韓城縣) 하양(夏陽) 사람으로 『사기』의 저자이며 자는 자장(子長)이다. 부친은 사마담(司馬談)으로 사마천이 7세 때 아버지가 천문 역법과 도서를 관장하는 태사령(太史令)이 된 이후 武陵에 거주하였다. 사마담은 아들 사마천에게 어린 시절부터 고전 문헌을 구해 읽도록 가르쳤다. 사마천이 약 20세가 되던 해 낭중(郎中, 황제의 시종)이 되어 무제를 수행하여 강남(江南)·산동(山東)·하남(河南) 등의 지방을 여행하였다. B.C.111년에는 파촉(巴蜀)에 파견되었고, B.C.110년에는 아버지가 사망하였다. 그 후 2년이 지나 무제의 태사령이 되었고 태산 봉선(封禪 : 흙을 쌓아 제단을 만들고 제사를 지내는 의식) 의식에 수행하여 장성 일대와 하북·요서 지방을 여행하였다. 이 여행에서 크게 견문을 넓혔고, 『사기』를 저술하는 데 필요한 귀중한 자료를 수집하였다. 그는 흉노의 포위속에서 부득이하게 투항하지 않을 수 없었던 이릉(李陵) 장군을 변호하다 황제인 무제의 노여움을 사서, B.C.99년 사마천의 나이 48세 되던 해 남자로서 가장 치욕스러운 궁형(宮刑)을 받았다. 사마천은 옥중에서도 저술을 계속하였으며 B.C.95년 황제의 신임을 회복하여 환관의 최고직인 중서령(中書令)이 되었다. 『사기』의 규모는 本紀 12권, 연표 10권, 서 8권, 세가 30권, 열전 70권 모두 130권 52만 6천 5백자에 이른다.

이 보충한 것이다.[7] 사마천의 저술에서는 "한나라가 진나라의 제도를 답습했다."는 견해가 없는 것으로 보인다. 이는 사마천이 생존했던 시대가 진나라와 시간적으로 멀지 않아 당시의 정치적 상황으로부터 자유롭지 못하여 태사공이 감히 함부로 논의하지 못해서인가 아니면 태사공이 진나라 제도와 한나라 제도의 차이를 이미 간파하여 스스로 주견(主見)이 있었던 것인가? "한나라가 진나라의 제도를 답습했다."는 설은 『한서』에 많이 보인다.

진나라는 천하를 통일한 뒤에 황제라는 칭호를 사용하고 백관의 관직을 수립하였다. 한나라는 그대로 따른 채 고치지 않았고, 간단하여 행하기 쉬움을 밝혔으니, 시의에 따른 것이었다. 그 뒤에 상당히 개혁이 이루어졌다.[秦兼天下, 建皇帝之號, 立百官之職. 漢因循而不革, 明簡易, 隨時宜也. 其後頗有所改.][8]

고조 때에 숙손통이 진나라 악인(樂人)의 도움을 받아 종묘악(宗廟樂)을 만들었다.[高祖時, 叔孫通因秦樂人制宗廟樂.][9]

<hr />

7 ≪원주≫『사기』「태사공자서(太史公自序)」 가운데 배인(裴駰)의 『사기집해(史記集解)』에, "『한서음의』에 이르기를 '10편은 빠졌으니 목록만 있고 책은 없다.'라고 하였고, 장안(張晏)은 이르기를 '사마천이 죽은 뒤에 「경기(景紀)」·「무기(武紀)」·「예기(禮書)」·「악서(樂書)」·「율서(律書)」·「한흥이래장상년표(漢興已來將相年表)」·「일자열전(日者列傳)」·「삼왕세가(三王世家)」·「귀책열전(龜策列傳)」·「부근괴열전(傅靳刪列傳)」이 없어졌다. 원성(元成) 연간에 저소손(褚少孫)이 빠진 부분을 보충하여 「무제기(武帝紀)」·「삼왕세가(三王世家)」·「귀책·일자열전(龜策日者列傳)」을 지었다.'라고 하였다.[『漢書音義』曰: '十篇缺, 有錄無書.' 張晏曰: '遷沒之後, 亡「景紀」·「武紀」·「禮書」·「樂書」·「律書」·「漢興已來將相年表」·「日者列傳」·「三王世家」·「龜策列傳」·「傅靳刪列傳」. 元成之間, 褚先生補闕, 作「武帝紀」,「三王世家」,「龜策、日者列傳」.]'" 하였다. 사마정(司馬貞)의 『사기색은(史記索隱)』에도 "「경기」는 『한서』를 취하여 보충하고, 「무기」는 「봉선서」를 전적으로 취하였으며, 「예서」는 순경(荀卿)의 「예론(禮論)」에서 취하였고, 「악서」는 「예기」 「악기(樂記)」에서 취하였으며, 「병서(兵書)」는 취할 곳이 없어 보충하지 않았다.[「景紀」,取班書補之,「武紀」,專取「封禪書」,「禮書」取荀卿「禮論」,「樂」,取「禮」「樂記」, 兵書亡, 不補.]"라고 하였다. 이를 통해서 「예서」는 후인들이 빠진 부분을 보충한 것임을 알 수 있다.
8 ≪원주≫『한서』 권19 「백관공경표 상(百官公卿表上)」
9 ≪원주≫『한서』 권22 「예악지(禮樂志)」

한나라가 건국된 뒤 바야흐로 기강은 크게 기틀을 잡아가고 여러 가지 정무는 막 만들어지고 있는 상태였으므로 진나라의 정삭(正朔)[10]을 이어받았다.[漢興, 方綱紀大基, 庶事草創, 襲秦正朔.][11]

한나라가 일어났을 때 고조(高祖)가 막 함곡관으로 들어가 세 조항으로 법을 제정[約法三章]하며 말하기를 "사람을 죽인 자는 사형에 처하고, 사람을 상하게 하거나 도둑질한 자는 처벌한다."라고 하였다. 진나라의 가혹한 법을 없애니, 백성들이 매우 기뻐하였다. 그 뒤에 사방의 오랑캐는 귀의하지 않고 전쟁은 끊일 날이 없으며 세 조항의 법으로 간악한 행위를 막을 수 없게 되자, 상국(相國) 소하(蕭何)가 진나라의 법을 수집하여 당시 상황에 적합한 것을 취하여 『구장률(九章律)』[12]을 만들었다.[漢興, 高祖初入關, 約法三章曰: "殺人者死, 傷人及盜抵罪." 蠲削煩苛, 兆民大說. 其後四夷未附, 兵革未息, 三章之法不足以禦奸, 於是相國蕭何捃摭秦法, 取其宜於時者, 作律九章.][13]

주(周)나라의 흥망은 한나라와는 다르다. 옛날 주나라가 다섯 등급[14]으로 작위를 만들었다. 제후가 본국에서 자치권을 행사하게 되자, 뿌리는 미약해지고 지엽은 강대해졌다. 그로 인하여 합종(合縱)하고 연횡(連橫)하는 일이 있었으니 이는 형세상 당연한 것이었다. 한나라는 진나라의 제도를 계승하면서 아울러 군현(郡縣)을 세웠다. 임금은 전권을 행사하는 위엄이 있게 되었고 신하는 오랫동안 권력을 소유하지 못하게 되었다.[周之廢興與漢異. 昔周立爵五等, 諸侯從政,

- - - - - - - - - - - - -

10 중국을 통일한 뒤 진시황은 "건해지월(建亥之月 음력 10월)"을 세수(歲首)로 삼았는데, 한나라 초기에 이 제도를 계승하였다.
11 ≪원주≫ 『한서』 권21 「율력지(律曆志)」
12 "한률구장(漢律九章)"이라고도 한다. 한 고조가 중국을 통일한 뒤에 반포하여 시행한 법전이다. 상국(相國) 소하(蕭何)가 진법(秦法)에 의거하여 새로운 형세에 적용하기 위하여, 도률(盜律)·적률(賊律)·수률(囚律)·포률(捕律)·잡률(雜律)·구률(具律)·호률(戶律)·흥률(興律)·구률(廐律)의 9편(篇)을 제정하였는데, 앞의 6편은 대체로 진나라의 법률과 동일하여 이회(李悝)의 『법경(法經)』에 근원을 두었고, 뒤의 3편은 새로 추가한 부분으로 호구(戶口)·부역(賦役)·건축(建築)·축산(畜産)·창고(倉庫) 등에 관련된 것이었다. 원문은 전하지 않는다.
13 ≪원주≫ 『한서』 권23 「형법지(刑法志)」
14 주대에 있었던 공(公), 후(侯), 백(伯), 자(子), 남(男)의 다섯 등급의 봉작(封爵)이다.

本根既微, 枝葉强大. 故其末流有從橫之事, 其勢然也. 漢家承秦之制, 並立郡縣. 主有專己之威, 臣無百年之柄.][15]

한나라가 진나라의 제도를 계승했다는 논의는 『한서』에서 더 찾아볼 수 있다. 한나라가 진나라의 제도를 계승했다는 것은 반고(班固, 32~92)[16]의 기본적인 생각이다. 이상에서 인용한 여러 사례 가운데 맨 마지막 사례는 반표(班彪, 3~54)가 외효(隗囂, ?B.C.72~A.D.33)에게 답했던 말로 반고의 생각이 그의 아버지로부터 나온 것임을 알 수 있다. 다만 『한서』에서 이 관점을 천명할 때에 반고는 다소 유보적인 태도를 취하였다. 비록 「백관공경표(百官公卿表)」에서 "한나라는 진나라의 제도를 답습하고 고치지 않았다.[漢因循而不革.]"라고 하였지만, 「서전(敍傳)」에서 「백관공경표」에 대하여 전체적인 설명을 할 때에는 다시 "한나라가 진나라의 제도를 따르기는 했지만, 답습한 부분도 있고 개혁한 부분도 있었다.[漢迪于秦, 有革有因.]"[17]라고 하였다. 실제로 한나라가 진나라의 제도를 계승한 점을 말할 때에 반고는 한나라 초기 건국할 때에 채택했던 몇 가지 구체적인 제도를 지적하였다.

이상의 여러 가지 사례에 근거하여 분석하면 첫째 『한서』 「예악지(禮樂志)」에 기재된 것처럼 숙손통이 진나라 악인의 도움을 받아 만든 것은 단지 종묘악으로 "한나라가 일어난 뒤에 제씨(制氏)라는 악가(樂家)가 아악(雅樂)과 성률(聲律)[18]에 능하여 대대로 대악관(大樂官)의 직임에 있었다.[漢興, 樂家有制

. . . .

15 《원주》『한서』권100 「서전 상(敍傳上)」
16 자는 맹견(孟堅), 부풍(扶風) 안릉(安陵)사람이다. 후한의 사학가이자 경학가이다. 명제 때 등용되어 교서부에 나아가 난대령사(蘭臺令史)에 제수되었다. 부친 반표(班彪)의 유업을 계승하여 『한서』를 편찬하였다. 장제(章帝) 때 명을 받아 『백호통의(白虎通義)』의 편찬을 주도하였다. 89년에 대장군(大將軍) 두헌(竇憲)의 흉노 정벌에 중랑장사(中郞將事)로 종군하였다가 패하여 하옥된 채 죽었다. 저술로는 『백호통덕론(白虎通德論)』, 『한서』가 있다.
17 《원주》『한서』권100 「서전 하(敍傳下)」
18 아악은 중국 고대 제왕들이 천지(天地)와 조상에게 제사 지내며 조하(朝賀)와 연향(宴享)할 때에 사용하던 무악(舞樂)이다. 성률은 궁(宮)·상(商)·각(角)·치(徵)·우(羽)의 오성(五聲)과 황종(黃鍾)·태주(大蔟)·고선(姑洗)·유빈(蕤賓)·이칙(夷則)·무역(無射)의 육률(六律)을 가

氏, 以雅樂聲律世世在大樂官.]"[19] 숙손통이 진나라 악인의 도움을 받아 만든 종
묘악은 "악기의 소리 및 춤추는 모습만 기억할 수 있을 뿐 그 내용은 말하
지 못하던[但能紀其鏗鏘鼓舞, 而不能言其義.]"[20] 제씨의 음악을 개조한 것이었다.
종묘악 자체로 말한다면 또한 진나라 음악과는 많은 차이점이 있었다. "주
나라에 방중악(房中樂)[21]이 있었는데, 진나라에 와서는 이를 수인(壽人)이라고
칭하였다. 무릇 음악은 좋아서 창작하게 되는 것이고 예(禮)는 근본을 잊지
않기 위한 것이다. 고조는 초나라의 음악을 좋아하였다. 그래서 방중악에는
초나라 음악의 선율이 있다.[周有房中樂, 至秦名曰壽人. 凡樂, 樂其所生, 禮不忘本,
高祖樂楚聲, 故房中樂楚聲也.]"[22] 이밖에 한대의 율력(律曆)은 진나라와 달랐는데
"한나라가 일어난 뒤에 북평후(北平侯) 장창(張蒼)이 맨 먼저 율력을 정하였
고, 효무제(孝武帝) 때에 악관이 그것을 바로잡았다.[漢興, 北平侯張蒼首律曆事,
孝武帝時樂官考正.]"[23]

둘째, 『한서』「율력지(律曆志)」에 기재된 것처럼 한나라 건국 초기에는 진
나라의 정삭(正朔)을 그대로 따랐고 "북평후 장창의 건의로 전욱력(顓頊曆)[24]을

• • • • • • • • • • • • •

리킨다.

19 《원주》『한서』권22「예악지」. 복건(服虔)의 주(注)에서 제씨(制氏)에 대해 주석하기를,
  "노나라 사람으로 악사(樂事)에 능했다.[魯人也, 善樂事也.]"라고 하였다.

20 《원주》『한서』권22「예악지」

21 주대(周代)에 처음으로 만든 악가(樂歌)의 일종으로, 후비(后妃)에 의해 풍송(諷誦)되었기 때
  문에 방중악이라고 하였다. 한 고조(漢高祖) 때에도 『방중사악(房中祠樂)』이 있었는데, 당산
  부인(唐山夫人)이 만든 것이다.

22 《원주》『한서』권22「예악지」

23 《원주》『한서』권21「율력지」

24 전국시대(戰國時代)와 진대(秦代)에는 황제력(黃帝曆), 전욱력, 하력(夏曆), 은력(殷曆), 주력
  (周曆), 노력(魯曆)의 여섯 가지 역법이 있었다. 이 여섯 가지 역법은 모두 365와 1/4일을 1회
  귀년(回歸年)으로 정하였기에 "사분력(四分曆)"이라고도 한다. 전욱력은 구체적인 제작연대
  는 알려져 있지 않지만, 진나라 통일 후에 사용되었다. 한나라는 진나라의 제도를 계승하여,
  B.C. 104년 한 무제 때 태초력(太初曆)을 반포하여 시행하기 전까지 전욱력을 사용하였다.
  1회귀년은 365와 1/4이고, 1삭망월(朔望月)은 29와 449 / 940이며, 19년에 7개의 윤달을 두
  었고, 세종치윤(歲終置閏 윤달을 한 해의 마지막달에 두는 치윤법)을 하며, 건해(建亥)의 달,
  즉 맹동지월(孟冬之月 지금 하력의 10월에 해당)을 세수로 하고 입춘을 1년 절기의 시작의

사용하였는데[以北平侯張蒼言, 用顓頊曆.]” 이는 진나라와 일치하는 점이다. “그렇지만 정삭과 복색(服色)은 그 역법 규칙에 부합하지 않아서,[25] 초하루와 그믐에도 달이 뜨며 상현과 하현에는 달이 차고 보름에는 달이 이지러져 맞지 않은 경우가 많았다.[正朔服色, 未睹其眞, 而朔晦月見, 弦望滿虧, 多非是.]”[26] 이에 무제 때에 이르러 공손경(公孫卿)·호수(壺遂)·사마천(司馬遷) 등이 “역기(曆紀)가 무너졌으므로 마땅히 정삭을 고쳐야 합니다.[曆紀壞廢, 宜改正朔.]”[27] 라고 건의하였다. 그 후 처음으로 태초력(太初曆)[28]을 제정하였다.

셋째, 진나라와 한나라의 법률의 차이는 학자들이 가장 심혈을 기울여 연구하는 분야이다. 『사기』「고조본기(高祖本紀)」에 고조가 군사를 일으켜 함곡관(函谷關)으로 들어가 “부로(父老)들과 세 조항의 법으로 간략하게 하였다. 사람을 죽인 자는 사형에 처하고, 사람을 상하게 하거나 도둑질한 자는 처벌하겠다. 그 나머지 진나라의 법을 모두 제거하였으니, 관리들과 백성들은 모두 옛날처럼 안도하라.[與父老約法三章耳 : 殺人者死, 傷人及盜抵罪. 餘悉除去秦法, 諸吏人皆案堵如故.]”라는 내용이 실려 있다. 여기에서 고조가 말한 “진나라의 법을 모두 제거하였다.”라는 것에 대해 일부 학자들은 실현 가능성이

기점(起点)으로 계산하였다.

25 이 말은 전욱력을 사용하였으면 10월을 정삭(正朔)으로 삼고 수(水)의 색인 검은색을 숭상하여 복색(服色)을 제정해야 했으나, 이와 달리 제정하였다는 뜻으로 보인다. 복색(服色)은 거마(車馬)와 제사용 희생의 색깔로, 각 왕조마다 숭상하는 색깔이 있었다. 『예기』「대전(大傳)」의 “정삭을 고치고, 복색을 바꿨다.[改正朔, 易服色.]”에 대한 공영달(孔穎達)의 소(疏)에 “하왕조는 흑색을 숭상하고, 은왕조는 백색을, 주왕조는 적색을 숭상하여 거마 모두 그러하니 각각 그 숭상하는 바를 정색으로 삼았다.[夏尙黑, 殷尙白, 周尙赤, 車之與馬, 各用從所尙之正色也.]”라고 하였다.

26 ≪원주≫『한서』권21「율력지」

27 ≪원주≫『한서』권21「율력지」

28 한나라 무제(武帝)가 태초(太初) 1년(104)부터 실시한 역법으로, 등평(鄧平)이 처음 만들었다. 태초력의 1삭망월은 29와 43/81일, 1회귀년은 365와 385/1539일이다.『사기』「역서(曆書)」와『한서』「율력지(律曆志)」에 의하면, 한나라 초기 이래 답습해 쓰던 진(秦)나라의 전욱력을 사마천(司馬遷)과 낙하굉(落下閎) 등이 주도하여 태초력으로 개력했다고 한다. 개력의 주요 내용은 10월을 세수(歲首)로 하였던 것을 정월 세수로 바꾼 것, 동지를 11월로 고정시킨 것, 중기(中氣)가 있는 달을 윤달로 하는 방법을 채택한 것 등이다.

없는 말이라고 여겨 "우선 큰소리를 쳐서 백성들을 위로한 것이다."[29]라고
하였다. 이러한 견해는 편파적 경향이 있는 듯하다. 진나라 말기에 전쟁으로
혼란스러웠던 점을 고려한다면 전쟁 기간에 복잡한 제도를 없애 간단하게
만드는 것은 정치를 하는 방법이다. 더구나 진나라의 복잡하고 가혹한 형법
이 진나라 말기의 혼란을 초래한 직접적인 원인이었다. 이 때문에 "법을
세 조항으로 제정한" 이후에 "진나라 사람들이 매우 기뻐하여 너도나도 소고
기, 양고기, 술, 음식을 가지고 와 군사들에게 제공하였다.[秦人大喜, 爭持牛羊酒
食獻饗軍士.]"[30] 한나라가 건국 과정에서 삼장(三章)의 법률로 진나라의 법률을
대체하기는 하였지만, 한나라가 건국한 이후에 "삼장의 법으로는 간악한 행
위를 막을 수 없다는 것"을 깨닫게 되었다. 이에 상국 소하가 곧바로 진나라
의 법전을 수습하고 "당시 상황에 적합한 것을 취하여 『구장률』을 만들었
다." 건국 이후의 한나라 왕조는 진나라의 부패한 풍속과 초나라·한나라
전란의 결과를 이어받았으므로 새로운 사회의 정합(整合)이 필요하였는데,
바로 법률제도를 제대로 건립하는 것이 매우 절실한 사회적 요구였다. 게다
가 "말 위에서 천하를 얻은[馬上得天下]" 한나라 왕조는 나라를 다스린 경험이
부족하였다. 그래서 옛 왕조의 법전을 기초로 새로운 법률인 『구장률』을
정리한 것은 이상할 것이 없다. 다만 새로운 법률은 결국 "당시 상황에 적합
한 것을 취한 것"으로 한나라 법률은 진나라 법률과 차이가 있을 수밖에
없었다. 한나라 초기에 정권이 공고해짐에 따라 한나라 법률도 매우 크게
바뀌었다. 여후(呂后, B.C.241~180)[31] 원년(187)에 '삼족(三族)'을 연좌하여 처벌

. . . .

29 《원주》『사기회주고증(史記會注考證)』에서 양옥승(梁玉繩)의 말을 인용하여 "한나라가
   건국한 뒤에 법을 세 조항으로 간략히 제정하였다. …… 그렇다면 진나라의 법을 일찍이
   다 제거하지 않았다는 것이니, 삼장은 빈말일 뿐이다. 『속고금고(續古今考)』에서 말한 '일시
   적으로 일단 큰소리쳐서 백성들을 위로한 것이다.'라는 것이다. 대체로 삼장으로는 간악한
   행위를 금지할 수 없었다. 이에 소하(蕭何)가 재상이 되어 진나라 법률을 채집하여 『구장률
   (九章律)』을 만들었으니, 아마도 이 조항들은 모두 구장 내에 있을 것이다. 태사공은 단지
   처음 함곡관에 들어가 법을 간략히 제정한 것만 기재하였을 뿐이다."라고 하였다.
30 《원주》『사기』권8 「고조본기(高祖本紀)」

84

하는 죄'와 '요언령(妖言令)'[32]을 폐지하였고,[33] 문제(文帝) 원년(B.C. 179)에는 '처자식까지 연좌시키는 율령[收孥相坐律令]'을 폐지하였으며, 2년에는 '비방하는 자를 멸족시키는 비방률(誹謗律)'과, 13년에는 '육형(肉刑)'[34]을 역시 폐지하였다.[35] 고조에서부터 문제와 경제(景帝)[36]에 이르는 시기는 한나라의 법률제도가 수립되는 중요한 시기였으니 "이 기간에 이루어진 가장 중요한 개혁으로는 문제 때에 육형을 없앤 것, 형도(刑徒)의 형기(刑期)를 규정한 것, 처자식을 연좌하던 법을 없앤 것 등을 들 수 있다. 육형을 없앤 것은, 선진(先秦) 이후 묵(墨)·의(劓)·월(刖)·궁(宮)·대벽(大辟)을 근간으로 한 전통적 '오형(五刑)'의 체제를 끝내고 수(隋)·당(唐) 이후 태(笞)·장(杖)·도(徒)·유(流)·사(死)의 새로운 '오형'의 체제를 수립하는 데에 기준을 만들어 내었다. 형도의 형기를 확정한 것은 이 이전의 형도들이 종신토록 복역하던 제도를 고친 것이며, 처자식을 연좌하는 법을 없앤 것은 가족까지 연좌하던 범위를 축소시킨 것이었다. 이 몇 가지 조처는 전통적인 형벌체제의 혁신을 대대적으로 촉진시킨 것으로, 복잡하고 가혹했던 진나라 법률과 비교하면 한 단계 진보

．．．．．．．．．．．．

31 한고조의 황후인 여치(呂雉)로, 혜제(惠帝) 사후 궁중의 한 아이를 혜제의 아들로 삼아 황제로 올리고 정권을 장악하였다.
32 『한서』「고후기(高后紀)」에 "원년(B.C. 187) 봄 정월에 조칙을 내리기를, '전일 효혜황제가 삼족을 멸하는 죄와 요언령(妖言令)을 없애고 싶다고 말하였는데, 논의만 하고 결정짓지 못한 채 붕어하였다. 이제 그 법을 없애라.'[元年春正月, 詔曰：前日孝惠皇帝言欲除三族罪、妖言令, 議未決而崩, 今除之.]"라고 하였다. 요언령은 일종의 유언비어 유포죄로, 백성들이 황제의 과실을 이러쿵저러쿵 논의하는 것을 가리킨다. 이 죄를 범했을 때에는 기시형(棄市刑)에 처해졌다.
33 ≪원주≫ 『한서』 권3 「고후기(高后紀)」
34 신체의 어떤 부분을 손상시키는 형벌로, 묵(墨), 의(劓), 월(刖), 궁(宮), 대벽(大辟)의 총칭이다.
35 ≪원주≫ 『한서』 권4 「문제기(文帝紀)」
36 한 경제 유계(劉啓)로 문제의 장자이다. 경제는 중국 전한의 제6대 황제(재위 B.C.157~B.C.141)인데 문제의 아들로 어머니는 두황후이다. 경제가 즉위하여 어사대부 조착(鼂錯)의 건의에 따라 황제 일족의 영지 삭감을 시도했다. 이에 오(吳)·초(楚) 등 7국이 반란을 일으켰으나, 태위(太尉) 주아부(周亞夫)의 힘으로 이를 진압하였다. 군국제 성격을 개정하고, 무제 이후의 중앙집권적 군현제도 확립의 기초를 닦았다.

한 것이다."[37] 한나라의 법률과 비교할 때 진나라의 법률은 옛 법률 체제의 연속이었고, 진나라의 법률과 비교할 때 한나라의 법률은 하나의 새로운 법률체제의 탄생을 여는 것이었다. 비록 "진시황(秦始皇)에 이르러 전국(戰國)을 병합하고 마침내 선왕의 법을 무너뜨리기는"[38] 하였지만, 진나라 법률의 기본적인 틀과 주요 내용은 여전히 옛 법률체제를 근본으로 하였고, 아울러 기타 6국(國)의 변법개혁(變法改革)의 경험을 계승한 것이었다. 그렇지만 엄하고 가혹한 형벌의 제정은 진나라 말기의 전란을 야기한 직접적인 원인으로 보인다. 이러한 진률과 한률의 차이점과 공통점에 대한 대략적인 논의를 통하여 "한나라가 진나라의 제도를 답습하였다."는 정확한 의미를 파악할 수 있다.

한나라가 진나라의 제도를 답습한 사실이 가장 분명하게 드러난 것은 관제(官制) 방면이다. 『한서』「백관공경표」에는 진나라와 한나라의 각 등급의 직관(職官)에 대한 상세한 해설이 있다. 한나라 관제가 진나라 관제에 근원을 두었음을 일일이 주석을 달아 밝히고 있다. 「백관공경표」에서 밝히고 있는 한나라의 관제는 대부분 진나라의 관제와 동일하다. 예컨대, 상국(相國), 승상(丞相), 태위(太尉), 어사대부(御史大夫), 봉상(奉常), 박사(博士), 낭중령(郎中令), 위위(衛尉), 태복(太僕), 정위(廷尉), 전객(典客), 종정(宗正), 치속내사(治粟內史), 소부(少府), 중위(中尉), 장작소부(將作少府), 첨사(詹事), 전속국(典屬國), 주작중위(主爵中尉), 호군도위(護軍都尉), 군수(郡守), 관도위(關都尉), 현령(縣令), 장(長) 등이 그것이다. 작제(爵制)도 한결같이 진나라를 모방하였다. 한나라 건국 초기 제도를 만들어야 할 때 국가가 관료체계를 건립하면서 전대를 모방하는 것은 당연하다. 이것이 진나라와 한나라의 관제가 동일한 이유이다. 그러나 동시에 이 두 관제의 서로 다른 측면이 분명히 있다.

37 위전보(于振波), 『진한법률여사회(秦漢法律與社會)』 제2장 「한대법률고술(漢代法律考述)」, 호남인민출판사, 200년 3월, 제1판.
38 《원주》『한서』권23 「형법지(刑法志)」

우선 한대의 직관 명칭은 세 가지 유래가 있다. 첫째는 진나라의 직관에서 유래한 것이고, 둘째는 고대의 직관 및 주나라의 직관에서 유래한 것이고, 셋째는 한나라가 직접 제정한 것이다. 진나라의 직관에 대해서는 위에서 이미 조목조목 나열하였으므로 일단 논외로 하겠다. 고대의 직관에서 유래한 것에 대해 『한서』「백관공경표」를 근거하면 다음의 몇 가지가 있다.

> 태부(太傅) : 고대의 관명으로 고후(高后) 원년에 처음 설치하였고 금인(金印)
> 과 자수(紫綬)를 주었다.[太傅, 古官, 高后元年初置, 金印紫綬.]

> 태사(太師)・태보(太保) : 모두 고대의 관명으로 평제(平帝) 원시(元始) 원년에
> 모두 처음 설치하였고 금인과 자수를 주었다.[太師・太保, 皆古
> 官, 平帝元始元年皆初置, 金印紫綬.]

> 태자태부(太子太傅)・태자소부(太子少傅) : 고대의 관명이다.[太子太傅・少傅,
> 古官.]

주나라의 직관에서 유래한 것에 대해 「백관공경표」를 근거하면 다음의 몇 가지가 있다.

> 전장군, 후장군, 좌장군, 우장군 : 모두 주나라 말기의 관명이다.[前後左右將
> 軍, 皆周末官.]

> 내사(內史) : 주나라의 관명으로 진나라가 계승하였다. 경사(京師)를 다스리는
> 일을 관할한다.[內史, 周官, 秦因之, 掌治京師.]

> 사예교위(司隸校尉) : 주나라의 관명으로 무제(武帝) 정화(征和) 4년에 처음 설
> 치하였다.[司隸校尉, 周官, 武帝征和四年初置.]

한나라가 직접 제정한 직관에 대해「백관공경표」를 근거하면 다음의 몇 가지가 있다.

> 수형도위(水衡都尉) : 무제 원정(元鼎) 2년에 처음 설치하였다. 상림원(上林苑)을 관할하며 부관(副官)으로 5명의 승(丞)이 있다.[水衡都尉, 武帝元鼎二年初置, 掌上林苑, 有五丞.]

성문교위(城門校尉)는 경사(京師) 성문의 둔병(屯兵)을 관할하며, 부관으로 사마(司馬)와 12성문(城門)의 후(候)가 있다. 중루교위(中壘校尉)는 북군루(北軍壘) 문내(門內)의 둔병을 관할하고 밖으로 서역(西域)을 관할한다. 둔기교위(屯騎校尉)는 기사(騎士)를 관할한다. 보병교위(步兵校尉)는 상림원문의 둔병을 관할한다. 월기교위(越騎校尉)는 귀화해 온 월인(越人)의 기병을 관할한다. 장수교위(長水校尉)는 귀화해 온 장수(長水) 선곡(宣曲)[39]에 주둔한 호인(胡人)의 기병을 관할한다. 또 호기교위(胡騎校尉)가 있는데 지양(池陽)에 주둔한 호인의 기병을 관할하며, 상설하지는 않는다. 사성교위(射聲校尉)는 대조사성사(待詔射聲士)[40]를 관할한다. 호분교위(虎賁校尉)는 병기(兵車)를 관할한다. 모두 8명의 교위인데 모두 무제 때에 처음 설치되었다.…… 서역도호가관(西域都護加官)은 선제(宣帝)[41]

. . . .

39 안사고는 "장수(長水)는 오랑캐 이름이고, 선곡(宣曲)은 관문의 이름이니, 선곡에 주둔한 오랑캐 기병을 말한다."라고 하였다.

40 복건(服虔)은 "활을 잘 쏘는 자이다. 어두컴컴한 곳에서 소리를 듣고 쏘아 맞추기 때문에 이렇게 이름한 것이다."라고 하였고, 응소(應劭)는 "조칙으로 내린 명을 기다려 활을 쏘기 때문에 '대조사(待詔射)'라고 하는 것이다."라고 하였다.

41 선제는 중국 전한의 제10대 황제(재위 B.C.74~B.C.49)로 휘는 순(詢)이고 자는 차경(次卿)이다. 무제의 증손이며, 여태자(戾太子)의 손자이다. 조부 여태자가 무고의 난에서 죽었기 때문에 갓 나서부터 민가에서 자랐다. B.C.74년 소제가 죽은 뒤, 한때 영립된 창읍왕 유하(劉賀)가 곽광(霍光)에 의해 폐위되자 18세로 황위를 이었다. 처음에는 곽광이 섭정하였으나, B.C.68년 곽광이 병들어 죽은 뒤에는 곽씨 일족을 멸망시키고 친히 정사를 맡았다. 지방행정제도를 정비하고, 처음으로 상평창(常平倉)을 설치하여 빈민구제를 도모하는 한편, 대외적으로는 흉노의 쇠퇴함을 틈타 오손(烏孫)과 손잡고 흉노를 격파하였다. 그리고 정길(鄭吉)을 서역도호(西域都護)로 하여 소위 서역 36국을 복속시켜 마침내 흉노는 분열되고, B.C.51년 남흉노도 한나라에 복속하기에 이르렀다. 선제 1대는 무제 이후 한제국의 위세가 최고도에 달하였으므로, 전한의 여러 황제 중에서도 현제(賢帝)로 꼽히고 있다.

지절(地節) 2년에 처음 설치되었다. …… 무기교위(戊己校尉)는 원제(元帝)[42] 초원(初元) 원년에 설치되었다.[城門校尉, 掌京師城門屯兵, 有司馬・十二城門候. 中壘校尉, 掌北軍壘門內, 外掌西域. 屯騎校尉, 掌騎士. 步兵校尉, 掌上林苑門屯兵. 越騎校尉, 掌越騎. 長水校尉, 掌長水宣曲胡騎. 又有胡騎校尉, 掌池陽胡騎, 不常置. 射聲校尉, 掌待詔射聲士. 虎賁校尉, 掌輕車. 凡八校尉, 皆武帝初置. …… 西域都護加官, 宣帝地節二年初置. …… 戊己校尉, 元帝初元元年置.]

이를 통해 한대 직관의 명칭은 유래가 비교적 넓어 전통을 계승한 경우가 있고 직접 직관의 명칭을 제정한 경우도 있음을 알 수 있다. 그래서 한나라가 진나라의 제도를 답습했다고 한마디로 결론짓는 것은 무리가 있다.

또한 한대의 직관 가운데 진나라와 명칭이 동일했던 것은 일정한 시간이 지난 뒤 다른 명칭으로 바뀌었다. 이전의 학자들은 모두 이 시기에 한왕이 '독존유술(獨尊儒術)'하였기 때문이라고 생각한다. 하지만 실제로 전한에서 처음으로 관직의 명칭을 대규모로 바꾼 것은 경제 6년 "12월에 여러 관명을 바꾼 것"[43]이다. 이때 명칭을 바꾼 것으로 다음의 몇 가지 예가 있다. 봉상(奉常)을 태상(太常)으로 개칭하고, 원래 봉상의 속관(屬官)이었던 태축(太祝)도 사사(祠祀)로 개칭하였다. 정위(廷尉)를 대리(大理)로 개칭하고,[44] 전객(典客)을 대

42 원제는 중국 전한의 제11대 황제. 유교를 중시하는 정책을 폈으나 재정을 악화시켜 황후 왕씨(王氏) 일족 왕망의 찬탈요인을 제공하였다. 후한의 역사가 반표(班彪)는 그 치세를 우유부단으로 하여 선제의 업적이 쇠약해졌다고 평가하고 있다. 이름은 유석(劉奭)이다. 중국 전한의 제10대 황제 선제의 장남으로 허평군(許平君)의 소생이다. 선제는 유석이 죽은 애첩인 사마씨(司馬氏)를 그리워해 한탄하고, 이상주의적인 유교에 심취하는 등 너무나 서정적인 성격이어서, 장래의 통치 능력에 의문을 가져 한때는 황태자의 폐위도 검토했다. 그러나 조강지처인 허황후(許皇后)와의 사이에 태어난 아들이라는 점으로 폐립까지 도달하지는 않았다. B.C.49년에 제11대 황제로 즉위하면서 현실주의자였던 아버지 선제와 달리 유교를 중시한 정책을 실시하였다. 황태자 시대의 박사인 소망지 등 유생을 등용했지만, 아버지 시대부터 측근으로서 중용되고 있던 환관인 홍공(弘恭), 석현(石顯)과 대립해 실각했다. 이후 원제의 치세는 환관에 의해 마음대로 결정되었다.
43 ≪원주≫『한서』권5 「경제기(景帝紀)」
44 ≪원주≫ 무제 건원(建元) 4년에 다시 정위(廷尉)로 개칭하고, 애제(哀帝) 원수(元壽) 2년에 다시 대리(大理)로 개칭하였고, 왕망(王莽)은 작사(作士)로 개칭하였다. 이 내용이『한서』권

행령(大行令)으로 개칭하였으며,[45] 치속내사(治粟內史)를 대농령(大農令)으로 개칭하고,[46] 장작소부(將作少府)를 장작대장(將作大將)으로 개칭하였다. 장행(將行)을 대장추(大長秋)로 개칭하고, 주작중위(主爵中尉)를 도위(都尉)로 개칭하였다.[47] 경제 6년에 고친 관명은 주로 경사의 직관이었는데 실제 지방의 경우는 경제 2년에 이미 이러한 작업이 시작되었다. 예컨대 군수(郡守)를 태수(太守)로 고치고 군위(郡尉)를 도위(都尉)로 고친 것이 이에 해당한다. 전한에서 직관을 개칭한 것은 주로 세 시기에 집중되어 있는데, 첫째는 경제 6년을 대표로 하는 시기이고, 둘째는 태초(太初) 원년을 대표로 하는 무제 시기이며, 셋째는 왕망(王莽) 시기이다. 「백관공경표」를 살펴보면 한나라가 계승한 진나라의 직관은 경제 이후 모두 다른 명칭으로 바뀌었음을 알 수 있다. 관직의 명칭에 입각해 논한다면, 이는 한나라 제왕이 이미 형식상 진나라 관제와의 경계선을 명백히 긋기 시작했음을 설명하는 것이다. 사실상 한나라 건국 초기부터 시작해서 결코 진나라 관료제도의 체제를 전부 수용한 것은 아니었다. 예를 들면, 감어사(監御史)라는 직관은 진나라 때에는 군현에 대한 감찰을 담당하였는데 한나라 때에는 이 직관을 없애 "승상이 관리를 파견하여 각각 주(州)를 다스리게 하였는데 항상 설치하지는 않았다.[丞相遣史分刺州, 不常置.]"[48] 그러다가 무제 원봉(元封) 5년에 "처음으로 부자사(部刺史)[49]를 두었으니, 13주(州)

• • • • • • • • • • • • •

19 「백관공경표」에 보인다.

45 《원주》 무제 태초(太初) 원년에 대홍려(大鴻臚)로 개칭하였고, 왕망 때에 전악(典樂)으로 개칭하였다. 이 내용이 『한서』 권19 「백관공경표」에 보인다.

46 《원주》 이는 고후 원년의 일이다. 무제 태초 원년에 대사농(大司農)으로 개칭하였고, 왕망 때에 의화(義和)로 개칭하였다. 이 내용이 『한서』 권19 「백관공경표」에 보인다.

47 《원주》 무제 태초 원년에 우부풍(右扶風)으로 개칭하였다. 이 내용이 『한서』 권19 「백관공경표」에 보인다.

48 《원주》 『한서』 권19 「백관공경표」

49 한나라 때 중앙에서 지방에 파견한 감찰관으로, '주자사(州刺史)'라고도 한다. 한 무제가 지방에 대한 중앙의 감찰과 제재를 강화하기 위해서 원봉(元封) 5년(B.C. 106)에 부자사제를 만들었다. 삼보(三輔)·삼하(三河)·홍농(弘農)의 7군(郡) 외에 전국을 기주(冀州)·연주(兗州)·청주(靑州)·서주(徐州)·양주(揚州)·형주(荊州)·예주(豫州)·익주(益州)·양주(涼

였고[初置部刺史, 十三州.]",50 "조서를 받들어 조목조목 각 주의 상황을 감찰하여 보고하게 하였으니[奉詔條察州]"51 이는 특히 한나라가 지방에 대한 감찰제도를 새롭게 만든 것이었다. 또 예를 든다면, 승상이라는 직관은 진나라 때에 좌상(左相)과 우상(右相)이 있어 모두 금인(金印)과 자수(紫綬)를 찼다. 그런데 "고제(高帝)가 즉위해서는 승상 1명을 두었고, 11년에 가서는 상국(相國)으로 개칭하고 녹수(綠綬)를 찼다.[高帝卽位, 置一丞相, 十一年更名相國, 綠綬.]"52 진나라가 좌상과 우상을 둔 것은 본래 제후국의 전통을 계승한 것이었다. 『한서』「백관공경표」의 이 내용에 대한 순열(荀悅)의 주석에 "진나라는 본래 차국(次國)이므로 경(卿) 2명을 두도록 명하였다. 그래서 좌상과 우상을 두었고 삼공(三公)의 직관은 없었다.[秦本次國, 命卿二人, 是以置左右丞相, 無三公官.]"라고 하였으니, 순열의 설명은 정확하였다.

진나라와 한나라 제도의 미세한 부분에서 양자 간의 다른 점을 검토한다면 당연히 "한나라가 진나라의 제도를 답습하였다."라는 설에 대해 이의를 제기할 수 있다. 그렇지만 진나라와 한나라 제도의 기본 틀이라는 측면에서 양자의 차이를 논한다면, 반고(班固)의 "진나라가 천하를 겸병한 뒤에 황제의 칭호를 사용하고 백관의 관직을 수립하였는데, 한나라는 그대로 답습하고 고치지 않았다."라는 말도 나름대로 일리가 있다. 선진(先秦)의 벽돌형(土坯型, 지방분권형의 봉건제) 정치체제와 진한(秦漢) 이후의 뼈대형(框架型, 중앙집권형의 군현제) 정치체제가 지니는 각각의 특성에 대해 상술하였다. 진나라와 한나라의 정치체제는 모두 중앙집권형 정치체제의 일종으로 귀납할 수 있기 때문에

....

州)·유주(幽州)·병주(並州)·교지(交趾)·삭방(朔方)의 13부(部)로 나누어 각 부에 자사(刺史) 1인을 두어 몇 개의 군국(郡國)을 나누어 관할하게 하였다. 자사의 주요 직무는 제후왕(諸侯王), 군수(郡守), 지방호족을 감찰하여 제후왕의 동정을 감시하는 황제의 이목의 노릇을 하는 것이었다.

50 ≪원주≫ 『한서』 권6 「무제기」
51 ≪원주≫ 『한서』 권19 「백관공경표」
52 ≪원주≫ 『한서』 권19 「백관공경표」

한나라가 진나라의 제도를 답습했다는 설은 문제가 되지 않는다. 실제로 진나라 왕조의 정치체제와 한나라 왕조의 정치체제는 모두 중앙집권형 구조의 정치체제에 속하므로, 중국의 전제제도(專制制度) 하에서 관료체제를 세우고 완비한 것은 모두 이 역사 시기에 시작된 것이다. 그렇지만 자세히 분석해 보면 양자의 차이를 쉽게 발견할 수 있으며 어떤 차이는 본질적인 것이다. 진 왕조의 정치체제는 전국시기 각국이 변법(變法) 이후에 취했던 정치체제를 종합한 것이며, 법가(法家) 이론을 기초로 창건된 전제주의 정치체제이다. 이 정치체제의 틀은 긴밀하면서도 엄밀하다. 그러나 이상과 현실은 항상 괴리가 있어 아무리 완벽한 이론일지라도 현실에서 그 결함을 드러낼 수밖에 없다. 교통과 통신이 미비했던 역사 시대였고, 임금을 복위시키려는 마음을 지닌 구 귀족세력들이 제거되지 않은 사회적 상황이었으며, 새로운 정치제도를 집행함에 있어 거울로 삼을 만한 경험이 부족했던 현실적 배경 하에서 긴밀하면서도 엄밀한 정치체제 구조는 융통성이 부족하여 시대상황에 맞게 신속히 대처할 수 없었다. 비록 진시황이 "직접 문서를 작성하였고 낮에는 옥사를 처결하고 밤에는 문서를 처리하였다. 처리할 일의 분량을 스스로 정하였는데 하루에 120근 되는 죽간의 문서였다.[躬操文墨, 晝斷獄, 夜理書, 自程決事, 日縣石[53]之一.]"고는 하지만, 여전히 "간사하고 부정한 사람들이 아울러 출현하고 법을 범하는 자들이 도로에 가득하여 감옥의 숫자는 시장처럼 많아졌고 천하 사람들이 근심하고 원망하여 진나라를 배반하게 되는[奸邪幷生, 赭衣塞路, 囹圄成市, 天下愁怨, 潰而叛之]"[54] 상황을 면치 못하였다. 이 때문에 한나라는 통일 후에 정치체제를 세우는 과정에서 분봉제(分封制)와 군국제(郡國制)를 병존하는 건국원칙을 채택한 것이다.[55] 한나라 초기에는 "진나라가 고립되어 번

. . . .

53 石은 dàn으로 읽는다. 중량(重量)의 단위로, 120근(斤)이 1석이다.
54 ≪원주≫ 『한서』 권23 「형법지(刑法志)」
55 ≪원주≫ 일부 학자들은 항상 군현제와 군국제를 가지고 진나라와 한나라의 정치 제도를 구별한다. 필자는 이러한 견해는 혼동을 가져오기 쉽다고 생각한다. 군국제의 설이 비록 한

국(藩國)이 없었던 것에 자극을 받았다. 그래서 동성(同姓)의 자제를 대대적으로 봉하여 천하를 진무하였다.[激秦孤立亡藩輔, 故大封同姓, 以塡天下.]"[56] 고조는 진 왕조가 급속히 멸망한 원인은 바로 자제(子弟)를 분봉하여 왕으로 삼는 분봉제를 시행하지 않았기 때문이라고 인식하여, 동성(同姓)의 제후왕(諸侯王)[57]을 대대적으로 봉하였다. 뒤에 연왕(燕王) 유단(劉旦)[58]은 한 소제(漢昭帝, B.C.94~B.C.74)[59]에게 올린 상소에서 이러한 목적을 더욱 분명하게 밝혔다.

　　고황제께서 진나라의 멸망 과정을 보시고 잘잘못을 살피시어 진나라가 정치 체제를 수립한 것이 잘못되었음을 아셨습니다. 그래서 그 길을 바꾸시어 토지를 규획하고 성을 건립하여 자손들을 왕으로 포진시키셨습니다. 이 때문에 종실이 번성하게 되어 이성(異姓)의 열후(列侯)가 틈을 엿보아 난을 일으킬 수 없었습니

- - - - - - - - - - - - -

대의 군현(郡縣)과 봉국(封國)이 병존한 이 새로운 특징을 지적해 내는 데에는 유리하지만, 또한 그 이전에 있었던 분봉제와의 공통적인 본질을 쉽게 모호하게 만들기도 한다.

56 ≪원주≫『한서』권38 「고오왕전(高五王傳)・찬(贊)」

57 주대에는 공(公)・후(侯)・백(伯)・자(子)・남(男)의 다섯 등급의 봉작(封爵)이 있었지만, 한대에는 실제상 왕(王)과 후(侯) 두 등급의 봉작만 있었다. 황자(皇子)는 왕(王)에 봉하였는데 선진(先秦) 때의 제후(諸侯)에 해당한다. 이 때문에 통칭하여 '諸侯王'이라고 하였다. 한초에는 이성(異姓)도 왕에 봉했으나, 후에 "유씨가 아니면 왕으로 삼지 않는다.[非劉氏不王]"라고 하였으므로 이성으로 봉해진 자는 통칭하여 '열후(列侯)'라고 하였다. 한 무제 이후에 제후왕은 왕국(王國)의 경내(境內)에서 서자(庶子)를 분봉하여 후(侯)로 삼았는데, 또한 열후의 성격으로, 이를 '왕자후(王子侯)'라고 일컬었다.

58 한 무제의 셋째 아들로, 한 원수(元狩) 6년(B.C.117)에 한 무제는 아들 유단을 봉하여 연왕으로 삼았다. 유단은 박학하고 다재하였고 천하의 현사들을 널리 초치하였다. 유단에게 찬탈의 야심이 있는 것을 눈치 채고는 유단을 하옥시켰다. 한 소제(漢昭帝)가 즉위한 뒤에 석방시켰다. 원봉(元鳳) 원년(B.C.80)에 장공주(長公主), 좌장군(左將軍) 상관걸(上官桀), 어사대부(御史大夫) 상홍양(桑弘羊)과 결탁하여 소제를 죽이고 황제에 오르려는 음모를 꾸몄는데, 일이 발각되자 자살하였다.

59 소제는 중국 전한의 제8대 황제. B.C.81년 여러 군국의 현량을 등용하여 무제시대의 여러 정책의 개폐를 논하였다. 다음해 연왕 유단, 좌장군 상관걸, 어사대부 상홍양 등은 곽광을 물리치려는 모반을 일으켰으나 실패하고 모두 주살되었다. 이름은 유불릉(劉弗陵)이고 무제의 여섯째아들이다. 선왕의 유언에 따라 8세에 즉위하였다. 때문에 대사마대장군(大司馬大將軍) 곽광(霍光)이 보좌하였다. 소제가 죽자, 후가 없었기 때문에 곽광은 무제의 손자 창읍왕(昌邑王) 유하(劉賀)를 제위에 앉혔으나, 27일 만에 폐하고 민간으로부터 선제(宣帝)를 영입하여 즉위시켰다.

다.[高皇帝覽踪跡, 觀得失, 見秦建本非是. 故改其路, 規土連城, 布王子孫, 是以支葉扶疏, 異姓不得間也.][60]

분봉제는 주나라의 제도이고 군현제는 진나라의 제도이다. "진나라가 정치체제를 수립한 것이 잘못되었음을 알고는 그 길을 바꾸었는데", 그 결과는 바로 분봉제와 군현제의 병존이었다. 후한 광무제(光武帝)[61] 때에 황제의 아들을 분봉한 일로 논쟁이 발생하였다.

종전에 파촉(巴蜀)을 평정한 뒤 대사마(大司馬) 오한(吳漢)이 상서(上書)하여 황제의 아들을 봉할 것을 청하였는데, 허락하지 않았다. 여러 해에 걸쳐 거듭 아뢰자 이해 3월[62]에 마침내 명을 내려 신하들에게 논의하게 하였다. 대사공(大司空) 두융(竇融), 고시후(固始侯) 이통(李通), 교동후(膠東侯) 가복(賈復), 고밀후(高密侯) 등우(鄧禹), 태상(太常) 등(登) 등이 주의(奏議)하기를, "옛날에는 분봉하여 제후를 세워 경사(京師)의 울타리로 삼았습니다. 주나라 800 제후를 분봉하여 동성(同姓)의 여러 희씨(姬氏)들이 모두 제후국으로 세워져서[63] 왕실을 보호하고 전자를 공경하여 오랫동안 국운을 유지하고 후세의 본보기가 되었습니다. 그래서 『시경(詩經)』에 '너의 강토를 크게 개척하여 주나라의 보필이 되라.' 라고 하였습니다. 고조께서 훌륭하신 덕으로 천하를 널리 소유하시고 또한 친친(親親)에 힘써서 형제 및 여러 아들을 제후왕으로 봉하여 과거의 전장(典章)을 어기지 않았습니다. 폐하께서 덕이 천하에 충만하시어 종통(宗統)을 다시 일으키시고 덕 있는 자를 포상하고 공 있는 자를 장려하시어 구족(九族)과 친목하시니, 공신과 종실이 모두 봉작(封爵)을 입어 대부분 넓은 토지를 하사받았고 혹

• • • • • • • • • • • •

60 《원주》『한서』 권63 「무오자전(武五子傳)」
61 유수(劉秀 B.C.6~A.D.57)로, 신국(新國) 왕망(王莽)의 정권을 타도하고 많은 지방 할거세력을 제거한 뒤 후한 왕조를 건립하였다. 통일 후에는 "군사 활동을 멈추고 문치(文治)와 교화(教化)에 힘쓰는[偃武修文]" 정책을 실시하였고, 생산력을 발전시키고 유학(儒學)을 크게 일으켰다.
62 광무제 15년(390) 3월을 말한다.
63 우(虞), 초(焦), 활(滑), 곽(霍), 양(楊), 한(韓), 위(魏) 등의 나라가 모두 희성(姬姓)이었다.

여러 현(縣)에 아울러 봉해지기도 하였습니다. 지금 황자(皇子)가 하늘의 도움으로 성년의 의관을 착용하고 나아가 배알하는 예의를 행할 수 있게 되었습니다. 폐하께서 겸손하시고 사양하시는 자질을 지니시고도 신하들을 억누르신 채 황자의 분봉을 상의하는 일에 동의하지 않으시니 신하들과 백성들치고 실망하지 않는 사람이 없습니다. 제후를 분봉하기 좋은 계절인 3월[64]에 맞추어 봉호와 작위를 정하여 중앙정권의 울타리와 보좌를 널리 세움으로써 친족을 돌보시는 전하의 마음을 밝히시고 종묘를 높이고 사직을 존중하셔야 합니다. 이렇게 하시는 것이 옛날의 전통과 제도에 부합하는 것이어서 백성들의 마음을 만족시킬 수 있습니다. 신은 폐하께서 대사공(大司空)으로 하여금 여지도(輿地圖)를 올리게 하고 태상(太常)으로 하여금 길일을 택하게 하여 의식을 준비하시기를 청합니다.”라고 하니 그렇게 하라고 명하였다.[初, 巴蜀旣平, 大司馬吳漢上書請封皇子, 不許. 重奏連歲, 三月, 乃詔群臣議. 大司空融・固始侯通・膠東侯復・高密侯禹・太常登等奏議曰：“古者封建諸侯, 以藩屛京師. 周封八百, 同姓諸姬並爲建國, 夾輔王室, 尊事天子, 享國永長, 爲後世法. 故『詩』云：‘大啓爾宇, 爲周室輔.’ 高祖聖德, 光有天下, 亦務親親, 封立兄弟諸子, 不違舊章. 陛下德橫天地, 興復宗統, 褒德賞勳, 親睦九族, 功臣宗室, 咸蒙封爵, 多受廣地, 或連屬縣. 今皇子賴天, 能勝衣趨拜. 陛下恭謙克讓, 抑而未議, 群臣百姓, 莫不失望. 宜因盛夏吉時, 定號位, 以廣藩輔, 明親親, 尊宗廟, 重社稷. 應古合舊, 厭塞衆心. 臣請大司空上輿地圖, 太常擇吉日, 具禮儀.” 制曰：“可.”][65]

위에 인용한 주의(奏議)에서 다음의 사실을 알 수 있으니, 즉 황제의 아들을 분봉하는 것이 “옛날의 전통과 제도에 부합하는 것이고” “옛날의 전장(典章)에 어긋나지 않는다.”라는 점이다. 우리들이 습관적으로 “한나라는 진나라의 제도를 답습하였다.”라는 말로 진나라와 한나라의 제도를 설명할 때, 이러한 진나라 제도와 한나라 제도의 본질적인 차이를 망각해서는 안 된다.

전한이 건국한 초기에 제후왕을 분봉하였다. 제후왕은 봉지(封地) 내에서 독립성이 매우 강한 권력을 지녔다. "당시에 제후들은 한나라 조정(중앙정부를 말함)과 마찬가지로 자체적으로 어사대부(御史大夫) 및 여러 경(卿) 이하 백관들을 임명하였다. 한나라 조정에는 유독 승상(丞相)을 두었다."[66] 제후왕은 바로 제후국의 최고 통치자로, 각각 기년(紀年)이 있었고 왕의 인장도 '새(璽)'라고 호칭하였다.[67] "궁실과 백관은 경사와 그 제도가 같았다."[68] 이러한 상황에 대하여 한나라 초기에 가의(賈誼)는 일찍이 서술한 바 있다.

천자의 상(相)은 승상(丞相)이라 하고 황금(黃金)의 인장을 차며, 제후의 상은 승상이라 하고 황금의 인장을 차니, 존귀에 차등이 없으며 그 질급은 2천 석(石)[69] 이상이 더해진다. 천자의 열경(列卿)[70]은 그 질급이 2천 석이고 제후의 열경도 2천 석으로, 천자의 신하와 제후의 신하가 동등한 지위를 갖는다. 임금은 신하보다 높아 존귀한 것인데 현재 신하의 지위가 이미 같으니 천자의 신하와 제후의 신하를 대우하는 법을 어떻게 동일하게 하지 않을 수 있겠는가. 천자의 위어(衛御)는 태복(太僕)이라 하고 은인(銀印)을 차며 그 질급은 2천 석이다. 제후의 위어도 태복이라 하고 은인을 차며 2천 석으로, 천자의 위어와 제후의 위어가 이미 동등한 지위를 갖는 것이다. 위어에 대한 대우가 이미 또한 동일하다면 거마와 그에 따른 물품을 어떻게 동일하게 하지 않을 수 있겠는가. ······ 천자의 궁문(宮門)을 관할하는 관원을 사마(司馬)라 하고 난입한 자는 처벌로 4년의 성역(城役)에 투입하였다. 제후의 궁문을 관할하는 관원도 사마라 하고 난입한 자는 처벌로 4년의 성역에 투입하였다. 전문(殿門)을 천자나 제후나 모두 전문이라 하고 난입한 죄는 모두 기시(棄市)[71]로 다스렸다. 궁장(宮墻)의 문위

· · · · · · · · · · · · · ·

66 《원주》『한서』권38 「고오왕전(高五王傳)」
67 《원주》무제 원수(元狩) 4년 이후에 '印'이라 개칭하여 이후에는 모두 '印'이라고 칭하였다. '璽'는 대부분 도금하였고, '印'은 대부분 구리 재질이었다. 진직(陳直)『한서신증(漢書新證)』제126쪽 참조하였다.
68 《원주》『한서』권14 「제후왕표(諸侯王表)」
69 진나라와 한나라 때의 녹봉의 등급으로, 모두 세 등급이 있었다. 중이천석(中二千石)은 월급 180곡(斛)(1石은 10斗)이고, 이천석은 월급 120곡이며, 비이천석(比二千石)은 월급 100곡이 있다.
70 '九卿'을 말한다. 전한 초에는 '구경'이라는 명칭이 없었고 무제 때에 가서야 사용하였다.

(門衛)는 명칭이 동일하였고 숙위의 삼엄한 정도도 동일하였고 처벌도 동일하였다.[天子之相, 號爲丞相, 黃金之印, 諸侯之相, 號爲丞相, 黃金之印, 而尊無異等, 秩加二千石之上. 天子列卿二千石, 諸侯列卿秩二千石, 則臣已同矣. 人主登臣而尊, 今臣旣同, 則法惡得不齊? 天子衛御, 號爲太僕, 銀印, 秩二千石, 諸侯之御, 號爲太僕, 銀印, 秩二千石, 則御已齊矣. 御旣亦齊, 則車飾具惡得不齊? …… 天子宮門曰司馬, 闌入者爲城旦,[72] 諸侯宮門曰司馬, 闌入者爲城旦. 殿門俱爲殿門, 闌入之罪亦俱棄市. 宮墻門衛同名, 其嚴一等, 罪也鈞矣.][73]

전한 초년에 각 제후왕들은 정치권력이 중앙정부와 대략 동일했을 뿐만 아니라 경제권력도 매우 흡사하였다. 한나라 초기의 제후왕은 자신의 봉지 내에서 한나라 조정에서 규정한 각종 세금을 징수할 수 있었다. 태사공(太史公)이 말하기를 "고조 때에 제후들은 모두 자체적으로 세금을 징수하였다.[高祖時, 諸侯皆賦.]"[74]라고 하였다. 『한서』「고제기(高帝紀)」에도 고조 12년에 "모두 제후왕들로 하여금 스스로 관리를 두어 세금을 징수하게 하라.[皆令自置吏, 得賦斂.]"라고 하였다. 제후국의 세금 징수는 중앙 정부와 동일하여 지세(地稅)의 경우 15분의 1을 징수하는 법을 시행하였다.[75] 한나라 초의 인구세(人口稅)

....

71 시장에 버리는 것으로, 사형에 처하는 것을 말한다. 『예기』「왕제(王制)」에 "죄인이 시장이 있는 것은 대중 앞에 버려지는 것이다.[刑人於市, 與衆棄之.]"라고 한 데에서 나온 말이다.
72 고대의 형벌 가운데 하나로, 성을 축조하기 위해 4년 동안 노역을 바치는 것을 말한다. 후에는 도형(徒刑)을 가리키는 말로 사용되었다.
73 ≪원주≫ 『신서(新書)』「등제(等齊)」
74 ≪원주≫ 『사기』 권59 「오종세가(五宗世家)」. 『사기집해』에서 서광(徐廣)의 말을 인용하여 "제후국에서 나오는 세금은 모두 제후국의 수입으로 귀속되었다."라고 하였다.
75 『한서』「식화지(食貨志)」에 "전조를 가볍게 해주어 15분의 1을 거두었다.[輕田租, 什五而稅一.]"라고 하였다. 『한서』「혜제기」에 "전조를 경감하여 다시 15분의 1을 거두었다.[減田租, 復十五稅一.]"라고 하였다. 이에 대한 주석으로 등전(鄧展)은 "한 중앙정부는 초기에 15분의 1을 지세로 거두었지만, 흉년이 들어 주왕실을 본받아 10분의 1을 거두었다. 하지만 이를 폐하여 지금은 (15분의 1을 거두는 것을) 되돌아갔다.[漢家初十五稅一, 儉於周十稅一也. 中間廢, 今復之也.]"라고 하였고, 여순(如淳)은 "진이 아방궁을 지을 때, 3분의 2이상의 부를 거두어들였는데, 그대로 따르다가 지금에 이르러서 15분의 1을 거두는 것을 부활시켰다.[秦作阿房之宮, 收太半之賦, 遂行, 至此乃復十五而稅一.]"라고 하였으며 안사고는 "등전의 설이 정확하다.[鄧說是也.]"라고 하였다. ≪원주≫ 경제 원년에 30분의 1로 세금을 징수하는 것으

는 "산부(算賦)"와 "구부(口賦)"[76]로 나누어진다. 성인은 매년 1인당 120전(錢)의 산부를 바쳤고 미성년은 매년 1인당 20전의 구부를 바쳤는데[77] 중앙정부와 제후국이 동일하였다. 제후국에서 징수하는 세금은 관리의 녹봉이나 공급하는 물품 등 제후국의 공적인 비용에 지출되었다. 그 밖의 일정 부분의 산천원지(山川園池)와 시정(市井)에서 거두는 세금은 제후왕의 사적 경비로 사용되었다. 이 밖에 제후국의 요역이나 병역도 한나라 조정과 동일하였다.

한나라 초의 각 제후왕들이 지녔던 정치권력과 경제권력을 살펴 보면, 한나라 중앙정부가 정치체제를 선택하는 과정에서 왜 주저할 수밖에 없었는지 알아낼 수 있다. 한나라 중앙정부는 주대 분봉의 중반친리(衆叛親離)를 알았고, 항우(項羽)의 초(楚)나라 정권이 분봉에 실패한 것을 경험하였다. 또한 진나라의 새로운 정치체제가 무너져 내린 것을 목도하였다. 이 때문에 한나라 초의 정치체제는 벽돌형[土坯型, 지방분권형의 봉건제] 구조와 뼈대형[框架型, 중앙집권형의 군현제] 구조의 혼합체로 바뀌었다. 분봉제를 시행한 것은 형식상에 불과하지만 한나라 초의 통치자는 진나라의 실패한 교훈을 매우 중요하게 생각하였다. 이 문제에 대한 요즘 학자들의 종합적인 서술이 또한 매우 상세하고 분명하기는 하지만,『한서』「제후왕표(諸侯王表)」서문에 있는 내용에 대해서는 그다지 주목하지 않고 있다.

진나라는 우월한 지세에 의지하고 날랜 군사를 동원하여 전쟁을 벌여 산동의 6국을 병탄하고 단번에 승리를 취하였다. 이로 인해 능숙함을 과시하고 사사로운 지혜를 자임하여 삼대(三代)를 비방하고 고대의 법도를 모조리 제거하였다. 또한 황제의 칭호를 외람되이 사용하고 자제들을 평민으로 삼아서 안으로는

· · · · · · · · · · · ·
　　로 바꾸었다.『한서』권5「경제기」에 보인다.
76 중국 고대의 인구세(人口稅)로, 한대에는 구부(口賦)와 산부(算賦)의 구분이 있었다. 7세부터 14세까지 1인당 매년 20전을 내어 천자에게 바쳤는데 이것이 구부이고, 15세부터 56세까지 1인당 매년 120전을 내었는데 이것이 산부이다.
77 《원주》 '口錢'으로도 되어 있다.

뿌리를 같이 하는 골육의 도움이 없었고 밖으로는 토지를 가진 제후국의 호위가 없었다. 진승(陳勝)과 오광(吳廣)이 몽둥이를 들고서 봉기하고 유방과 항적이 뒤이어 일어나 진나라를 멸망시켰다. 이 때문에 "주나라는 국운이 매우 길었고 진나라는 일반적으로 누리는 국운에도 미치지 못하였으니, 이는 국가의 형세가 그렇게 만든 것이다."라고 말하는 것이다.[秦據勢勝之地, 騁狙詐之兵, 蠶食山東, 壹切取勝. 因矜其所習, 自任私知, 姍笑三代, 蕩滅古法. 竊自號爲皇帝, 而子弟爲匹夫, 內亡骨肉本根之輔, 外亡尺土藩翼之衛. 陳. 吳奮其白挺, 劉. 項隨而斃之. 故曰 : "周過其曆, 秦不及期, 國勢然也."]

어쩌면 진나라가 "안으로 뿌리를 같이 하는 골육의 도움이 없고 밖으로 토지를 가진 제후국의 호위가 없었던[內亡骨肉本根之輔, 外亡尺土藩翼之衛]" 것이 "진나라의 국운이 일반적으로 누리는 기한에도 미치지 못할 정도로 짧았던[秦不及期]" 주된 요인이라고 느꼈는지 모른다. 이 때문에 한 왕조의 창립자는 비로소 "고립무원으로 인해 패망한 진나라의 허실을 경계하여 강토를 쪼개어 왕(王)과 후(侯) 두 등급의 작위를 세워, 공신으로 후에 봉해진 자들이 100여 개 읍이나 되었고, 왕실의 자제로서 왕에 봉해진 자들이 크게 9국(國)[78]을 개척하게 되었다.[懲戒亡秦孤立之敗, 於是剖裂疆土, 立二等之爵, 功臣侯者百有餘邑, 尊王子弟, 大啓九國.]"[79]

물론 항우의 초나라가 분봉에 실패했던 점도 한 왕조가 절실하게 느낀

. . . .

78 왕실의 자제로서 왕에 봉해진 9개 나라로, 연(燕) · 대(代) · 제(齊) · 조(趙) · 양(梁) · 초(楚) · 형오(荊吳) · 회남(淮南) · 장사(長沙)이다. 각국의 강토의 크기는 『한서』 「제후왕표 서(諸侯王表序)」에 보이니, 그 내용은 다음과 같다. "안문에서 그 동쪽으로 요양에 이르기까지 연국과 대국이 되었고, 상산 이남에서 태행의 좌측으로 황하와 제수를 건너 바다와 만나는 곳이 제국과 조국이 되었으며, 곡과 사를 지나 구와 몽 지역에 이르기까지 양과 초가 되었다. 동쪽으로 강과 호수에 이어져 회계까지 형오국이 되었다. 북쪽으로 회, 여와 형 지역을 아울러 회남국이 되었다. 한의 물줄기를 따라 구억까지 장사국이 되었다.[自鴈門以東, 盡遼陽, 爲燕 · 代. 常山以南, 太行左轉, 度河 · 濟, 漸于海, 爲齊 · 趙. 穀 · 泗以往, 奄有龜 · 蒙, 爲梁 · 楚. 東帶江 · 湖, 薄會稽, 爲荊吳. 北界淮瀨, 略廬 · 衡, 爲淮南. 波漢之陽, 亘九嶷, 爲長沙.]"
79 ≪원주≫ 권14 「제후왕표 서」

것이었다. 비록 한초에는 항우의 초나라가 실패한 교훈에 대해 별로 언급하지는 않았지만 분봉한 이후에 즉시 이성 제후왕에 대한 토벌을 개시하였다. 이에 대해『한서』「한팽영로오전(韓彭英盧吳傳)」의 찬(贊)에 다음과 같이 기재되었다.

　　종전에 고조가 천하를 평정한 뒤에 공신 가운데 이성으로 왕에 봉해진 나라가 8개 국이었다.[80] 장이(張耳)·오예(吳芮)·팽월(彭越)·경포(黥布)·장도(臧茶)·노관(盧綰)과 두 개국을 소유한 한신(韓信)은 모두 당시의 시세를 따르면서 임기응변을 행하여 간사함과 무력으로 공을 세워 모두 봉지를 떼어 받고 남면(南面)하여 왕이 되었다. 세력이 강대하여 조정의 의심을 받아 마음이 편치 못하였고 형세가 궁박해지자 끝내 반역을 도모하여 결국 멸망하게 되었다. 장이는 지혜로 자신을 보전하였지만 자식에 이르러 또한 봉국을 잃었다. 오예만은 처음부터 정도를 잃지 않았기 때문에 5대까지 왕호를 전할 수 있었으니, 후사가 없어 끊어지기는 했지만 복택은 지손(支孫)들에게 전해졌다.[昔高祖定天下, 功臣異姓而王者八國. 張耳·吳芮·彭越·黥布·臧茶·盧綰與兩韓信, 皆徼一時之權變, 以詐力成功, 咸得裂土, 南面稱孤. 見疑彊大, 懷不自安, 事窮勢迫, 卒謀叛逆, 終於滅亡. 張耳以智全, 至子亦失國. 唯吳芮之起, 不失正道, 故能傳號五世, 以無嗣絶, 慶流支庶.]

　한 고조가 건국한 전후로 7년 동안 이성의 왕들을 소멸시킴으로써 초나라의 전철을 밟는 것을 피하였다. 그렇지만 이성의 왕들을 소멸시킨 뒤에도 여전히 동성의 왕들을 분봉하였다. 이 때문에 한초의 정치 체제는 결코 온전한 의미의 뼈대형[框架型, 중앙집권형의 군현제] 구조의 정치체제가 아니어서

80『사기』「혜경간후자년표(惠景間侯者年表)」의 "공신 가운데 이성제후가 봉해진 나라는 8개 국이었다.[功臣非同姓疆土而王者八國]"에 대해『사기집해』에서는 "이성제후왕은 오예·영포·장이·장도·한왕신·팽월·노관·한신이다.[異姓國八王者, 吳芮·英布·張耳·臧茶·韓王信·彭越·盧綰·韓信也.]"라 하였고,『사기색은』에서는 "제왕(齊王) 한신(韓信), 한왕(韓王) 한신, 연왕(燕王) 노관(盧綰), 양왕(梁王) 팽월(彭越), 조왕(趙王) 장이(張耳), 회남왕(淮南王) 경포(黥布), 임강왕(臨江王) 공오(共敖), 장사왕(長沙王) 오예(吳芮)"라고 하였다.

중앙과 왕국의 관계는 어느 정도 맹주제(盟主制)의 혈연공동체와 흡사하였고, 형식상 벽돌형[土坯型, 지방분권형의 봉건제] 구조의 정치체제에 더 가까웠다. 이러한 점에서 본다면 "한나라가 주나라의 제도를 답습하였다."라고 말할 수 있다. 그렇지만 이는 단지 형식상으로만 유사한 것으로 중앙정권에서 직접 통치하는 지역과 왕국의 봉지는 모두 군현제를 시행하였다. 이런 점에서 볼 때 한나라 초에 창건된 "낡은 병에 새 술을 담았던" 정치체제는 본래 어쩔 수 없는 상황에서 나온 것이고 임시방편의 계책이었다. 그렇지만 공교롭게도 이러한 정치체제는 당시의 혼란했던 사회현실에 딱 들어맞았다. 전란 이후 사회의 안정이 가장 중요한 정치적 임무였는데, 분봉제는 민심을 모으는 데에 유리하였고 특히 유씨(劉氏) 집단과 제업(帝業)을 함께 도모했던 6국(國)의 구 귀족들의 부활하고 싶어 하는 욕망을 만족시켜 주었다. 새로운 군현제가 전제통치에 유리하기는 하였지만 당시는 행정경험의 축적과 총결이 여전히 요구되던 때였다. 또한 교통과 통신 등의 조건이 성숙되지 못한 상황에서 온전한 의미의 전제통치는 단지 비교적 작은 규모의 구역에서나 실현될 수 있었다. 통일 이후 한나라 왕조는 영토가 광활해지고 인구가 많아졌으니, 전국적인 범위에서 진나라의 뼈대형[框架型, 중앙집권형의 군현제] 구조의 정치체제를 계승한다는 것은 결코 현명하고 지혜로운 일이 아니었다. 이 때문에 "낡은 병에 새 술을 담는" 방식의 이중(二重)의 정치체제 구조는 지방에 대해 일정 부분의 자치권을 부여한다면 정령을 시행하고 국가를 안정시키는 데에 있어 더욱 유리한 것이었다. 중앙정부는 단지 제도와 정책의 제정자일 뿐이었고 각 왕국은 집행자였다. 왕국이 제도와 기구의 설립 및 직관의 명칭을 한결같이 중앙의 정치체제를 모방했던 점을 이해할 수 있으며, 마찬가지로 제후국이 법을 집행만 할 수 있지 제정할 수는 없었던 점도 쉽게 이해할 수 있게 된다.

한나라 왕조가 안정과 통일의 국면이 형성되고 국가기구의 설립이 완비되며 행정경험이 축적됨에 따라, 한나라의 중앙정권은 점차 제후국의 권력을 약화시키는 정책을 시행하기 시작하였고, 이중구조의 정치제제는 뼈대형의 정치체제로 전환되기 시작하였다.

　이상의 논의를 종합하면 "한나라가 진나라를 답습하였다."라는 반고의 견해는 적지 않은 문제를 지니고 있고, 또한 후대의 사학가들에게 끼친 영향이 매우 크고 깊었음을 알 수 있다. 『후한서』「백관지(百官志)」 첫머리에서 요지를 밝히면서 이 말을 인용하여 "한나라가 처음 일어났을 때 큰 혼란을 이어받아 전쟁이 완전히 끝나지 않았기 때문에, 법도를 처음 만들 때 대체로 진나라 제도를 따랐다.[漢之初興，承繼大亂，兵不及戢，法度草創，略依秦制.]"라고 하였고, 『진서(晉書)』「직관지(職官志)」에서도 첫머리에 말하기를 "진나라에 이르러서는 주나라의 관제를 바꾸었고, 한나라는 진나라의 옛 제도를 따랐다.[及秦變周官，漢遵嬴舊.]"라고 하였다. 지금의 학자들은 이 설을 더욱 자유자재로 인용하고 있다. "한나라가 진나라의 제도를 답습하였다.[漢因秦制]"라는 설은 한나라 제도와 진나라 제도 사이의 차이를 혼동하기 쉬우므로 정확한 표현법이라 할 수 없다. 그렇기 때문에 이와 관련된 서술을 할 때 이 용어의 사용은 피해야 한다. 만약 굳이 사용해야 한다면, 또한 반고가 원래 했던 말을 잘 살펴서 몇 구절을 더 인용하여 적어도 독자에게 "한나라가 진나라의 제도를 따르기는 했지만 답습한 부분도 있고 개혁한 부분도 있다.[漢迪于秦，有因有革.]"는 것을 밝혀야 한다.

　진나라 제도와 한나라 제도는 이후 각 왕조들이 전제정치체제를 수립하는 데에 모델을 제공하였다. 이 문제를 논할 때에 마땅히 진나라 제도와 한나라의 정치를 연결지어 언급하는 것이 좋다. 제도에 있어서는 진나라의 공헌이 적지 않았지만, 정치를 시행하는 방도에 있어 제도 속에 경학(經學)을 혼합시키고 행정 속에 경서의 뜻을 장식한 점에서는 한나라의 공헌이 매우 컸다. 진나라의 제도와 한나라의 정치는 바로 다음 부분에서 논의할 과제이다.

제5절 진(秦)나라의 제도와 한(漢)나라의 정치

이상의 논의를 통해 우리는 진한과 진한 이래의 정치체제가 뼈대형[框架型] 구조의 정치체제에 속한다는 것을 알았다. 이 시기의 뼈대형 구조의 정치체제는 두 가지 분명한 특징을 가지고 있다. 그 첫째는 전제(專制)로, 권력이 황제를 중심으로 하는 중앙정부에 집중되어 있다. 그 둘째는 관료집단으로, 사회통합의 수요와 정치체제 구조의 완정(完整)을 위해 방대한 관료체계가 정치체제의 주요한 구조를 형성하였다. 그러므로 중국의 이러한 역사 시기의 뼈대형 구조의 정치체제를 전제관료정치체제라고 할 수 있다.

전제관료정치체제의 출현으로 권력의 집중과 황제의 권력 독점이 실현가능하게 되었다. 황제를 중심으로 하는 관료 이익집단은 곧 사회의 공공 이익의 대표이자 공공권력의 상징이었다. 벽돌형[土坯型] 구조의 시대에는 모종의 의미에서 재산의 형식은 공유제이고 권력은 사유적이다. 씨족부락에서 막 탈변한 정치체제는 그 씨족정치체제에 비하여 권력의 형식이 사유적이기 때문이다. 공유적인 재산 형식은 흔히 사유적인 권력구조를 만들어 낸다. 이는 역설적이지만 역사적 사실의 서술에서 고찰해보면 이해하기 어려운 것도 아니다. 뼈대형 정치체제의 시대에서 재산의 형식은 사유제이고 권력은 공유적이다. 왜냐하면 모든 사유 단위는 소가족 단위의 규모와 세력의 크기와 관계없이 정체 사회에 대하여 약소하고 고립적이기 때문이다. 이러한 사유제 질서는 공공권력의 건립과 강화가 가능하고 필요하다는 전제 하에서 유지가 된다. 사유재산 형식은 일반적으로 공유의 권력구조를 만들어 낸다. 이는 역설적이지만 역사적 사실을 통해 쉽게 이해할 수 있다.

진한 이래 중국 전통 사회의 정치체제는 당연히 뼈대형 정치체제에 속한다. 일반적인 의미에서 황제를 중심으로 조직하여 건립된 전제관료정치체제는 당연히 국가의 공공 권력기관이라고 말할 수 있다. 그러나 특수한 역사적 조건 속에서 황권의 사권(私權)적 성질이 종종 두드러질 때가 있다. 그렇기 때문에 중국의 전통 정치체제에서 황권은 일반적으로 사권으로 이해되며, "백관의 장이자 관료들의 우두머리[百官之長, 群僚之首]"인 승상의 상권(相權)은 공권(公權)으로 해석되었다.[1] 중국의 전통적인 정치체제는 이중적인 특징을 띠고 있는데, 사유권의 불완전성과 그 형식상의 곡해는 완전한 사유제 성질을 갖추지 못한 채, 황제를 대표로하는 관료집단이 각종 이유를 들어 보통 공민의 재부와 자유를 박탈할 수 있는 사회로 만들었다. 마찬가지로, 불완전한 사유권은 국가 권력의 공공성을 확정짓지 못하게 한 주요 원인이었다.[2] 사회가 동요하고 왕조가 교체되는 시기, 새로운 정치체제의 건립 방향도 이중성을 갖게 되었다.

진나라가 통일한 후, 정치체제의 구조는 기본적으로 통일 이전 진나라 정치체제의 연속이자 확대였다. 진의 정치체제는 법가이론의 사회실천적 산물이고, 춘추전국시기에 각국의 변법 경험의 총합이었다. 진이 건립한 뼈대형 정치체제구조에서 공공 권력은 독립적 혹은 반 독립적인 사유 소가족의 사회적 수요에 맞게 변화하였고, 소가족이 씨족 공동체로부터 분리될 수 있게 하였다. 그 관료체계도 분산되어 있는 소가족 사회를 통합시켜야 한다는 요구에 맞추어 새로운 사회질서를 정돈하고 안정시키는 데 전제조건이

· · · · · · · · · · · ·

1 《원주》 졸저, 『심재문학집』 제5편 "지성이 되는 과정의 역사(作爲知性過程的歷史)" 제6절 "정체 : 군권여상권(政體 : 君權與相權)" 단결출판사, 1993년 제1판
2 《원주》 "불완전한 사유권[不完整的私有權]"에 관한 것은 내가 오랫동안 사고한 문제로 추후에 전문적으로 논의할 것이므로 여기서는 장황하게 서술하지 않는다.

되었다. 이론적으로 진나라 정치체제의 구조적 건립과 제도적인 설치는 합리적이다. 중앙군주전제(中央君主專制)는 삼공구경(三公九卿)이 그 직책에 따라 업무를 분담하고, 지방에서는 군현제를 실행하여 지역에 따라 거주민을 관리하였다. 성문법을 제정하여 법률에 따라 판결을 공평하게 하고, 상비군을 설치하여 외국의 침해를 막았으며, 요역과 부세는 모두 정해진 제도가 있고 문자와 도량형도 법규가 있었다. 이러한 질서정연한 정치체제와 제도의 설계구조는 상당히 완벽하였다. 그러나 완벽한 구조는 진나라가 "2대, 3대로 계속하여 만대까지 무궁하게 제위를 전하도록[二世三世至于萬世, 傳之無窮]"[3] 하지 못하였고, 진이 통일한 지 20년도 채 되지 않아 완벽한 정치체제는 곧 무너져 내렸다. 한이 진을 대신하여 건국한 뒤에 정치체제의 선택은 "한나라가 처음 천명을 받아 건국했을 때에 제후가 각자 독자적으로 다스리도록 하였는데, 이성을 왕으로 분봉하는 제도는 항우(項羽)로부터 세워져서 모두 열여덟 성(姓)의 제후가 있었다.[漢初受命, 諸侯并政, 制自項氏, 十有八姓.]"[4] 사회 국면이 조금 안정된 이후에 한고조(漢高祖)는 곧 차례차례 여러 이성 제후왕을 제거하였고,[5] "(고조 때의 개국공신은) 보신(輔臣)으로 임명받았고, 유씨(劉氏)의 방계 자손

• • • • • • • • • • • • •

3 《원주》『사기』권6「진시황본기」

4 《원주》『한서』권100「서전 하(書傳下)」

5 《원주》 고조가 나라를 세운 뒤에 이성 제후왕을 세운 것이 여덟이었다. 고조는 차례로 7년의 시간 동안 대체로 이성 제후왕을 소멸하여 평정하였는데, 오직 장사왕(長沙王) 오예(吳芮)만이 세력이 약하고 죄가 없었기 때문에 스스로 보전할 수 있었다. 『한서(漢書)』「한팽영노오전(韓彭英盧吳傳)」에는 다음과 같이 기재되어 있다. "옛날 고조가 천하를 평정하니, 공신 중에 유씨가 아닌데 왕에 봉해진 것이 여덟 나라였다. 장이, 오예, 팽월, 경포, 장도, 노관과 두 한신이니, 모두 당시의 시세와 기미의 변화를 구하여 속임수와 힘으로 공을 이루어, 모두 땅을 분봉 받아 남면하여 고(孤)를 칭하며 왕이 될 수 있었다. 강대했기 때문에 의심을 받아 마음에 스스로 편안하지 못했으니, 사세가 궁박해지자 마침내 반역을 도모하다가 끝내 멸망하였다. 장이는 지혜를 써서 보전하였으나 아들 때에 이르러 봉국을 상실하였다. 오직 오예만이 시작부터 정도를 잃지 않았기 때문에 왕호를 5대 동안 전하다가 후사가 없어서 끊어졌고, 복택이 지손과 서손에게 까지 미칠 수 있었다.[昔高祖定天下. 功臣異姓而王者八國. 張耳・吳芮・彭越・黥布・臧茶・盧綰與兩韓信, 皆徼一時之權變, 以詐力成功, 咸得裂土, 南面稱孤. 見疑强大, 懷不自安, 事窮勢迫, 卒謀叛逆, 終於滅亡. 張耳以智全, 至子亦失國. 唯吳芮之起, 不失正道, 故能傳號五世, 以無嗣絶, 慶流支庶.]"

은 한 왕조를 호위하는 번병(藩屛)이라 하여 제후왕에 봉해져서 모두 높은 지위를 얻었다.[啓立輔臣, 支庶藩屛, 侯王幷尊.]"[6] 이성의 여러 왕을 멸망시킨 뒤에 고조는 완전히 진제(秦制)를 선택하지 않고 주제(周制)를 써서 동성의 여러 왕을 봉하였다. 분봉제 하의 군현과 봉국이 병존하는 현상은 한제(漢制)가 진제와 구별되는 기본적인 지표이다. 때문에 진제를 한제와 동일시하는 견해는 옳지 않다.

진제가 비록 진의 천자의 자리를 "무궁하게 전하도록[傳之無窮]" 할 수는 없었지만 전통 중국에 대한 영향은 거대하였다. 관료 전제를 주요 내용으로 하는 뼈대형 정치체제는 한제에 거대한 영향을 끼쳤을 뿐만 아니라, 이를 계승한 각 왕조가 본받는 모범이 되었다. 제도적 측면에서 진제의 영향은 한제보다 컸다.

이상의 논의를 통해 이미 "한은 진제를 답습했다.[漢因秦制]"는 주장에 집착하지 않게 되었다. 그러나 하나의 새로운 의문이 생겨나는데, 진의 정치체제는 효과적이고 완전하며 후세에 대한 영향이 지대함에도, 무엇 때문에 이러한 제도가 도리어 진의 국운을 장구하게 하지 못하였는가? 한의 제도는 고제(古制)·주제·진제를 섞어 사용하여 새로운 의의가 전혀 없는데도 어찌하여 한의 국운은 4백여 년을 누리어 중국 고대의 한당성세(漢唐盛世)을 이루었는가? 이 문제에 대해 앞 절에서 진제와 한제의 차이점과 공통점을 논할 때, 간략하게 나마 살펴보았다. 본 절에서 다른 각도에서 이 문제를 깊이 논의해 보겠다.

당대(唐代)의 유종원(柳宗元 773~819)[7]은 「봉건론(封建論)」에서 "가혹한 형벌

••••••••••••

6 《원주》『한서』권100 「서전 하」
7 하동(河東) 해(解)땅 출신이다. 자는 자후(子厚). 798년 박사굉사과(博學宏士科)에 급제하였다. 왕숙문(王叔文)의 발탁으로 예부원외랑(禮部員外郎)이 되어 신정(新政)에 참여하였으나, 실패하여 영주사마(永州司馬)로 폄직되었다. 이후 13년간 변경을 전전하다가 815년 유주자사(柳州刺史)로 옮겼다. 한유(韓愈), 유우석(劉禹錫) 등과 교유하였고, 고문운동(古文運動)을 선도하였다. 대표작으로는 「비국어(非國語)」·「천설(天說)」·「봉건론(封建論)」 등이 있고, 저서

과 괴로운 노역으로 모든 사람이 질시하게 만든 것은 잘못이 정치에 있고 제도에 있지 않으니, 진나라의 일이 그러한 경우이다.[酷刑苦役, 而萬人側目, 失在于政, 不在于制, 秦事然也.]" 유종원이 '제도(制)'와 '정치(政)'를 구별하여 진이 단명한 원인을 논의한 것은 아주 바람직한 것이다. 진의 제도는 법가 일파의 영향을 크게 받았다. 진이 통일하기 전에 진의 제도와 행정은 성공적이었다고 말할 수 있다. 병화(兵火)가 사방에서 일어나고 전란이 끊이지 않았던 시기에, 법가가 추진하여 실행한 것은 하나의 군국주의적인 방략으로 중앙의 군주 전제는 사회적 모순을 조화롭게 하는 데 유리하고, 지방의 군현제는 사회의 통합을 더욱 강화하는 데 유리하였다. 법을 엄격하게 적용하고 정치를 위압적으로 시행하는 것은 사회질서를 안정시키는 데 적합하였고, "정전을 폐하고 천맥을 쪼개어 나누어 주는[廢井田, 開阡陌]" 토지정책은 사회생산을 발전시키는 데 유리하였으며, 농경과 전쟁의 장려와 군공에 따른 작위 수여 등의 여러 정책의 시행은 진의 군국주의적 특징을 더욱 강화시켰다. 그렇기 때문에 군민동심(君民同心), 정령일체(政令一體)의 진나라가 관중의 6국을 격멸하고 중국을 통일한 것은 당연하다. 그러나 진나라가 통일 후 이러한 전시에 사용하던 군국주의적인 정치체제를 계속해서 시행하는 것은 불가하였다. 통일 후 진나라의 주요한 임무는 사회생산을 회복하고 발전시키는 것이었다. 사회생산을 회복시키고 발전시키는 것은 안정된 사회질서를 보증하는 데 필요한 것이었다. 전란이 계속되던 때에는 각종 사회적 문제들이 모두 가려져 있었기 때문에, 엄정한 법과 위압적인 정치는 사회질서를 정돈하는 데 유익하였다. 그러나 전란이 끝난 후 각종 사회적 문제들이 점차 드러나는 상황에서 다시 엄정한 법과 가혹한 정치로 사회질서를 정돈한다는 것은 시의적절하지 않을뿐더러 가능하지도 않았다. 하물며 통일 후의 서로 다른 강역과 풍속 습관과 각종 문제점들은 이전 군국주의적인 간단한 책략으

• • • • • • • • • • • •

로는 『유하동집(柳河東集)』 등이 있다.

로는 분명히 대응할 수 없는 것이었다. 그저 사회질서의 혼란과 왕조의 쇠퇴만 야기할 뿐이었다. 이렇게 본다면 법가가 진을 흥성시켰고 또한 진을 망하게 했다는 주장은 타당성이 있다.

그밖에 진나라의 장성 수축을 통해, 진나라가 통일한 이후에도 계속해서 이전의 군국주의 전통을 이어갔음을 볼 수 있다. 장성의 수축은 주로 북방의 흉노의 침입을 막기 위한 것이지만, 이때 흉노의 침략은 진왕조의 정권을 전복시키기에는 부족하였음에도 크게 요역을 징발하여 장성을 수축한 것은 진의 군국주의 행정방법의 연장이었다. 맹강녀(孟姜女)의 곡소리가 무너뜨린 것은 장성뿐만 아니라 진왕조도 있었다.

한왕조가 건립된 후에 정치를 행하는 방법에 논쟁이 있었다. 바로 육가(陸賈, ?~B.C.170)[8]와 고조의 "말 위에서 천하를 얻은 것과 말 위에서 천하를 다스리는 데 대한 논쟁[馬上得天下與馬上治天下之爭]"이다. 이 논쟁에 관하여 학자들은 많은 토론을 하였다.[9] 이 역사적 사실에 대해 『한서』는 상세하게 기재하였다.

육가(陸賈)가 수시로 황제의 앞에 나서서 『시(詩)』와 『서(書)』를 인용하자 고제가 꾸짖으며 말하였다. "내가 말 위에서 무력으로 천하를 얻었는데 『시』와 『서』가 내게 무슨 소용이 있겠느냐?" 육가가 말하였다. "말 위에서 무력으로 천하를 얻으셨지만 어떻게 말 위에서 천하를 다스릴 수 있겠습니까? 또 상나라 탕왕(湯王)과 주나라 무왕(武王)은 역으로 취하여 순리에 따라 지키셨으니, 문치

. . . .

8 초나라 출신이다. 객경(客卿)의 신분으로 한 고조를 도와 중국통일에 공헌했다. 변설에 뛰어나 여러 차례 사자로 파견되어 남월왕(南越王) 조타(趙佗)를 항복시키는 등 활약했다. 『시(詩)』·『서(書)』에 조예가 깊었다. 문무병용(文武倂用)과 왕도정치(王道政治)를 주장하여 고조의 명령으로 「도기(道基)」·「술사(術事)」·「보정(輔政)」·「무위(無爲)」·「변혹(辨惑)」·「신미(愼微)」·「도집(資執)」·「지덕(至德)」·「회려(懷慮)」·「본행(本行)」·「명계(明誡)」·「사무(思務)」 등 12편으로 구성된 『新語』를 저술하였다.
9 《원주》 린간첸(林甘泉), 「"말 위에서" 천하를 얻을 수는 있지만, 말 위에서 천하를 다스릴 수는 없다["馬上"得天下, 不能馬上治天下.]」, 『중국사회과학원연구생원학보(中國社會科學院研究生院學報)』 1997년 제1기.

108

(文治)와 무공(武功)을 병용하는 것이 나라를 장구하게 이어갈 수 있는 방법입니다. 옛날 오왕 부차(夫差)와 진(晉)의 지백(智伯)은 무력만 쓰다가 망하였고, 진나라는 형법대로만 해서 바꾸지 않다가 끝내 조씨(趙氏)를 멸망시켰습니다.[10] 만일 진(秦)나라가 천하를 병탄했을 적에 인과 의를 행하며 전대의 성왕들을 본받았다면 폐하께서 어떻게 천하를 소유할 수 있었겠습니까?" 고제가 기뻐하지 않고 부끄러워하는 기색을 띠며 육가에게 말하였다. "나를 위해 한 번 진나라가 천하를 잃은 이유와 내가 천하를 얻은 이유 그리고 옛날의 성공하고 실패했던 나라들에 대한 글을 지어 주시오." 그리하여 육가가 모두 12편을 지었는데, 완성된 한 편을 상주할 때마다 고제는 항상 훌륭하다고 칭찬하였고 좌우의 신하들은 만세를 불렀으며 그 책을 '『신어(新語)』'라고 명명하였다.[賈時時前說稱『詩』・『書』, 高帝罵之曰: "乃公居馬上得之, 安事『詩』・『書』!" 賈曰: "馬上得之, 寧可以馬上治乎? 且湯武逆取而以順守之, 文武并用, 長久之術也. 昔者吳王夫差・智伯極武而亡; 秦任刑法不變, 卒滅趙氏. 鄉使秦以并天下, 行仁義, 法先聖, 陛下安得而有之?" 高帝不懌, 有慙色, 謂賈曰: "試爲我著秦所以失天下, 吾所以得之者, 及古成敗之國." 賈凡著十二篇, 每奏一篇, 高帝未嘗不稱善, 左右呼萬歲, 稱其書曰『新語』.][11]

육가의 고조에 대한 답변은 "어떻게 말 위에서 천하를 다스릴 수 있겠습니까?[寧可以馬上治乎]"라는 반문에서부터 전개되며, "역으로 취하여 순으로 지킨다.[逆取而以順守之]"는 말로 천하를 얻는 방법과 천하를 다스리는 방법의 다름을 서술하였다. 문치와 무공의 병용을 나라를 다스리는 근본 원칙을 삼고 "형법대로만 해서 바꾸지 않음[任刑法不變]"을 진이 멸망한 원인으로 삼았다. 육가는 "무력으로 천하를 다스리는 것[馬上治天下]"에 대해 부정하여 고조의 찬동을 얻었는데, 이것은 또한 한나라 초기의 행정이 전란 시대의 무도(武道)로부터 평화 시대의 문도(文道)로 전향한 것을 나타내는 지표이다.

• • • • • • • • • • • • •

10 ≪원주≫ 본주(本注)에는 정씨(鄭氏)의 설을 인용하여 다음과 같이 말하였다. "진의 선조 조보(造父)는 조성(趙城)에 분봉되었는데, 그 후손이 이를 성으로 삼았다.[秦之先造父封於趙城, 其後以爲姓.]"
11 ≪원주≫ 『한서』 권43 「육가열전(陸賈列傳)」

한나라 제도 속에 적잖은 진나라 제도의 내용이 있다고는 해도 통치 방법은 크게 달랐다. 가령 진제가 후세에 끼친 영향이 매우 크다고 할 수 있다면 한정(漢政)은 도리어 이후 각 왕조가 본받은 모범이었다.

육가를 제외하고도 한대 진정(秦政)의 득실에 대한 논의는 매우 많이 있다. 한 문제 때 가산(賈山, ?~?)[12]은 치란(治亂)의 도를 말하면서 곧 "진의 경우를 빌려와 비유하였다.[借秦爲喩]" 그가 지은 『지언(至言)』에는 주정(周政)과 진정(秦政)의 성패를 서로 비교하여 한정(漢政)의 방향에 대해 논의하였다.

진나라에 이르러서는 그렇지가 않습니다. 귀하기로는 천자가 되었고 부유하기로는 천하를 소유하여 부세를 많이 과중하게 자주 거두고 백성은 역사로 피폐하여 붉은 옷을 입은 죄인이 길 가는 사람의 절반일 정도로 많고 도적들이 산에 가득하니, 천하의 사람들로 하여금 눈을 멀리 바라보며 화란이 생겼다는 소식이 없나 귀를 기울이게 했습니다. 한 사내가 크게 부르짖자 천하가 메아리 치듯 호응하였으니, 진승이 바로 이러하였습니다. …… 문왕의 시대에는 뛰어난 사(士)가 모두 자신의 지혜를 다하고 꼴 베고 나무하는 사람이 모두 자신의 힘을 다하였으니, 이것이 주나라가 흥성하게 된 원인이었습니다. …… 진나라 왕은 탐욕스럽고 포학하여 천하의 사람들을 해치고 만민을 곤궁하게 하여 자신의 욕망을 이루었습니다. 옛날에 주나라 때에는 천팔백 국(國)이 있었습니다. 하지만 구주(九州)의 백성이 천팔백 국의 군주를 봉양하는 데, 백성의 힘을 쓰는 것이 한 해에 3일을 넘지 않았고 십일세의 조법(助法)을 썼는데도 군주는 남는 재화가 있었으며 백성은 남는 힘이 있어서 왕의 성덕을 칭송하는 소리가 일었습니다. 진시황은 천팔백 국의 백성으로 자신을 봉양하게 하였는데 힘은 피폐해져서 그 요역을 감당할 수 없었고, 재화는 소진되어 그 요구를 감당할 수 없었습니다.[至秦則不然. 貴爲天子, 富有天下, 賦斂重數, 百姓任罷, 赭衣半道, 群盜滿山, 使天

---

12 전한(前漢) 영천(潁川) 출신이다. 본래 영양후(潁陽侯) 관영(灌嬰)의 급사(給事)로, 언사(言辭)가 직설적이고 격렬하면서도 힘이 있어 사리의 논증에 뛰어났다. 문제 때 진(秦)의 흥망을 비유로 들어 치란(治亂)의 도리를 언급하고 현신의 임용, 부세의 경감 등을 주장했는데, 이를 「지언(至言)」이라고 한다. 후에 문제의 '주전령(鑄錢令)'이 발표되자 글을 올려 중지할 것을 건의하기도 하였다.

下之人戴目而視, 傾耳而聽. 一夫大謼, 天下嚮應者, 陳勝是也. …… 文王之時, 豪俊之
士皆得竭其智, 芻蕘採薪之人皆得盡其力, 此周之所以興也. …… 秦王貪狼暴虐, 殘賊
天下, 窮困萬民, 以適其欲也. 昔者, 周蓋千八百國, 以九州之民養千八百國之君, 用民
之力不過歲三日, 什一而籍, 君有餘財, 民有餘力, 而頌聲作. 秦始皇以千八百國之民自
養, 力罷不能勝其役, 財盡不能勝其求.]

진정의 득실에 대한 논의는 가의(賈誼 B.C.201~B.C.169)[13]의 논증이 비교적
전면적이다. 문제 때는 "천하가 처음 평정되어 제도가 소략했는데[天下初定.
制度疏闊]" 가의는 "여러 차례 상소를 올려 정사에 대해 진달하니 대부분 실책
을 바로잡고 제절(制節)을 수립하고자 한 것으로[數上疏陳政事, 多所欲匡建]" 이
러한 상소는 『한서』에 대략적으로 기재되어 있다.

상군(商君)이 예(禮)와 의(義)를 놓고 인(仁)과 은(恩)을 버리면서 변법을 하여
부국강병을 도모하는 데에 한마음 한뜻으로 행한지 2년이 되자 진의 풍속이
날로 쇠락하여졌다. 그러므로 진나라 사람은 부유한 집의 자식이 장성하면 나가
서 분가(分家)하였고, 가난한 집의 자식이 장성하면 나가서 데릴사위가 되었다.
부친에게 곰방메와 괭이를 빌리면서 은덕으로 여기는 기색을 지녔고, 모친이
키와 빗자루를 가져다 사용하면 바로 욕하였다. 그 자식을 안아 먹일 때는 그
시아비와 나란히 걸터앉았고, 며느리와 시어미는 서로 좋아하지 않아 반목하여
서로 계교를 꾸몄다. 그 자식을 총애하고 이익을 탐하였으니 짐승과 다른 점이
거의 없었다. 그런데도 한마음으로 노력하여 오히려 6국을 거꾸러뜨리고 천하
를 겸병하자고 말하였다. 공명은 성취되었으나, 끝내 부끄러워하는 절조와 인의

• • • • • • • • • • • •

13 전한 초기의 저명한 정론가(政論家)이자 문학가이다. 하남성(河南省) 낙양인(洛陽人). 시문
(詩文)에 뛰어나고 제자백가에 정통하였다. 문제(文帝)의 총애를 받아 20세에 박사가 되었고,
1년도 되지 않아 태중대부(太中大夫)가 되었다. 진(秦) 이래의 율령・관제・예악 등의 제도
를 개정하고 관제를 정비하기 위한 많은 의견을 상주하였다. 주발(周勃) 등 군신(群臣)의 시
기를 받아 장사왕(長沙王)의 태부(太傅)로 좌천되었고, 4년 뒤 문제의 소환을 받아 양(梁) 회
왕(懷王)의 태부(太傅)가 되었으나 왕이 낙마하여 죽자 이를 애도하다 33세로 죽었다. 저작
으로는 『신서(新書)』, 「과진론(過秦論)」, 「복조부(鵩鳥賦)」, 「조굴원부(弔屈原賦)」 등이 있다.

의 도타움으로 되돌릴 줄을 몰랐다. 겸병하는 법을 펼쳐 진취적 사업을 이루자 천하가 크게 쇠퇴하였다. 세력이 큰 자가 세력이 작은 자를 막고, 똑똑한 자가 어리석은 자를 속이며, 용맹한 자가 겁 많은 자를 위협하고, 장성한 자가 쇠약한 자를 능멸하니 그 혼란이 지극하였다. 이 때문에 크게 현능한 자가 일어나, 위엄이 온 나라를 진동시켰고 은덕이 천하를 따르게 하였다.[商君遺禮義, 棄仁恩, 并心於進取, 行之二歲, 秦俗日敗. 故秦人家富子壯則出分, 家貧子壯則出贅. 借父耰鉏, 慮有德色; 母取箕掃, 立而詆語, 抱哺其子, 與公併倨, 婦姑不相說, 則反脣而相稽. 其慈子耆利, 不同禽獸者亡幾耳. 然并心而赴時, 猶曰蹶六國, 兼天下. 功成求得矣, 終不知反廉愧之節, 仁義之厚. 信并兼之法, 遂進取之業, 天下大敗; 衆掩寡, 智欺愚, 勇威怯, 壯陵衰, 其亂至矣. 是以大賢起之, 威震海內, 德從天下.][14]

가의는 상앙(商鞅 ?~B.C. 338)의 변법 후 진나라의 풍속이 쇠락한 것을 시작으로, 진나라 멸망의 원인에 대해 자세하게 서술하였다. 여기서 가의의 논술은 모순이 있는 것 같다. 상앙의 변법이 "진나라의 풍속을 날로 쇠락하게[秦俗日敗]"하였지만, 진은 여전히 "6국을 거꾸러뜨리고 천하를 겸병[蹶六國, 兼天下]"하였는데 이것을 어떻게 이해해야 할 것인가? 사실 가의가 진나라의 정치를 서술한 목적은 당시 한나라의 정치를 평술하기 위한 것이었다. 그는 상앙의 변법이 진나라가 "천하를 겸병[兼天下]"할 수 있게 한 거대한 공헌을 보았고, 마찬가지로 진나라 통일 이후 법가의 정치가 사회질서를 안정시키고 사회 생산력을 발전시키는 방면에서 실패한 것도 보았다. 다만 주된 취지에 방해가 되기 때문에 췌언하지 않았을 따름이다. 가의는 진의 풍속이 날로 쇠락한 원인과 정황에 대해 논술을 마친 뒤에 즉시 한 당시의 사회 풍속을 진과 비교하여 명확하게 "지난번에 진이 되었던 것이 지금은 바뀌어 한이 되었다.[曩之爲秦者, 今轉而爲漢矣.][15]고 제시하였다. 아울러 한나라 초기 정치의 잘못을 비평하여 한이 진이 망한 전철을 밟지 않도록 "풍속을 바꾸어

· · · · · · · · · · · ·

14 ≪원주≫ 『한서』 권48 「가의열전(賈誼列傳)」
15 ≪원주≫ 『한서』 권48 「가의열전」

천하의 사람들로 하여금 마음을 돌려 도를 지향하도록[移風易俗, 使天下回心而鄉道]"[16] 하고자 하였다. "회심향도(回心鄉道)"의 "도(道)"는 무엇일까? 이것은 "대개 속리가 할 만한 것이 아닌 것[類非俗吏之所能爲也]"[17]으로, 진과는 다른 새로운 한나라의 정치 곧 덕정(德政)을 말하는 것이다.

가의가 창도한 덕정은 예를 시작으로 삼고 예를 사회질서를 정돈하는 준칙으로 삼는 것이다.

> 대저 군신 관계를 수립하여 상하의 등급을 정하고, 부자간에 따를만한 예가 있고 육친(六親)간에 따를만한 기강이 있으니, 이것은 하늘이 하는 바가 아니고 사람이 세우는 것이다. 대저 사람이 세우는 것은 하지 않으면 서지 않고 세우지 않으면 쓰러지며 닦지 않으면 무너진다. 관자는 말하였다. "예, 의, 염, 치를 치국의 네 가지 강령이라고 한다. 네 가지 강령이 펼쳐지지 않으면 나라가 이에 망하게 된다." 만일 관자가 어리석은 사람이라면 그만이거니와, 관자가 국가를 통치하는 강령을 알았다면 어찌 한심하지 않을 수 있겠는가! 진이 네 가지 강령을 버리고 펴지 않았기 때문에 군신관계가 어지러워졌고 육친이 살육당하고 간사한 사람들이 동시에 일어났고 만민이 이반하여 도합 13년 만에 사직이 폐허가 된 것이다.[夫立君臣, 等上下, 使父子有禮, 六親有紀, 此非天之所爲, 人之所設也. 夫人之所設, 不爲不立, 不植則僵, 不修則壞. 管子曰 : "禮義廉恥, 是謂四維 ; 四維不張, 國乃滅." 使管子愚人也則可, 管子而少知治體, 則是豈可不爲寒心哉! 秦滅四維而不張, 故君臣乖亂, 六親殃戮, 姦人並起, 萬民離叛, 凡十三歲, 社稷爲虛.][18]

예를 사회관계를 조정하는 준칙으로 삼은 뒤에 다시 바로 태자의 교육 문제를 주제로 하여 효도를 언급하였다. 효자의 도를 가족 내의 질서를 세우는 준칙으로 삼았다.

---

16 ≪원주≫ 『한서』 권48 「가의열전」
17 ≪원주≫ 『한서』 권48 「가의열전」
18 ≪원주≫ 『한서』 권48 「가의열전」

어찌하여 삼대의 군주는 훌륭한 통치를 하여 장구히 이어가고 진은 훌륭한 통치를 하지 못하여 포악하고 잔혹하였는가? 그 까닭은 알만하다. 고대의 왕자는 태자가 처음 태어나면 본래 예에 따라 가르치고 길러서 사(士)로 하여금 업게 하고, 유사는 단정하게 현단복(玄端服)과 대관(大冠)을 착용하고서 남교에서 알현하고 하늘에 제사지냈다. 궁궐을 지나갈 때에는 수레에서 내리고 종묘를 지나갈 때에는 종종걸음으로 가는 것은 효자의 도리이다. 때문에 갓난아기 때부터 교육이 자연히 행해진 것이다.[何三代之君有道之長, 而秦無道之暴也? 其故可知也. 古之王者, 太子乃生, 固擧以禮, 使士負之, 有司齊肅端冕, 見之南郊, 見于天也. 過闕則下, 過廟則趨, 孝子之道也. 故自爲赤子而教固已行矣.][19]

진정과 덕정이 야기한 결과에 대해 가의는 역점을 두어 명백히 밝혔다.

대체로 예라는 것은 아직 그렇게 되기 전에 금하는 것이고 법이라는 것은 이미 그렇게 된 후에 금하는 것이니, 이런 까닭에 법의 용처는 쉽게 보이나 예가 생겨난 까닭은 알기 어렵다. …… 예의로 다스리는 자는 예의를 쌓고 형벌로 다스리는 자는 형벌을 쌓는다. 형벌이 쌓이면 백성이 원망하고 이반하며 예의가 쌓이면 백성이 화합하고 친해진다. 그러므로 군주가 백성을 선하게 하고자 하는 것은 같지만 백성을 선하게 하는 방법은 간혹 다르다. 어떤 이는 덕교로 백성을 인도하고 어떤 이는 법령으로 백성을 매질한다. 덕교로 백성을 인도하면 덕교가 널리 퍼져 백성이 즐거워지고, 법령으로 백성을 매질하면 법령이 지극히 엄하여 백성이 슬퍼진다. 슬프고 즐거움의 느낌에 재앙과 복이 응한다. …… 탕왕과 무왕이 인·의·예·악을 천하에 두어 은택이 넘쳐 금수와 초목이 많아지고, 사방의 이민족이 은덕을 입어 자손 수십 세대에 이어졌으니, 이것은 천하의 모든 사람들이 모두 들은 것이다. 진왕이 법령과 형벌을 천하에 두어 은택이 하나도 있지 않아 원망과 해독이 세상에 가득하게 되어 아랫사람들이 원수와 같이 증오하여 재앙이 자신에게 미쳐 자손이 주멸되었으니, 이것은 모든 사람들이 모두 본 것이다.[夫禮者禁於將然之前, 而法者禁於已然之後, 是故法之所

19 ≪원주≫『한서』권48「가의 열전」

用易見, 而禮之所爲生難知也. …… 以禮義治之者, 積禮義; 以刑罰治之者, 積刑罰. 刑罰積而民怨背, 禮義積而民和親. 故世主欲民之善同, 而所以使民善者或異. 或道之以德敎, 或毆之以法令. 道之以德敎者, 德敎洽而民氣樂; 毆之以法令者, 法令極而民風哀. 哀樂之感, 禍福之應也. …… 湯武置天下於仁義禮樂, 而德澤洽, 禽獸草木廣裕, 德被蠻貊四夷, 累子孫數十世, 此天下所共聞也. 秦王置天下於法令刑罰, 德澤亡一有, 而怨毒盈於世, 下憎惡之如仇讎, 禍幾及身, 子孫誅絶, 此天下之所共見也.]

    진이 천하를 잃은 원인에 대한 탐구는 양한 시기의 역사서에 많이 등장한다. 진이 천하를 잃은 것은 모두 진나라 정치가 실패했기 때문이다. 이 실패한 진나라 정치는 한나라가 덕정을 창건하고 완전하게 하는 데 귀중한 경험을 제공하였다. 선제(宣帝) 때 노온서(路溫舒)[20]는 글을 올려 다음과 같이 말하였다.

    신이 들으니 진나라는 열 가지 실책이 있었는데 그 중 하나는 아직도 남아 있으니, 소송을 심리하는 관리가 바로 그것입니다. 진나라 때에는 문학을 부끄럽게 여기고 무용을 좋아하였으며 인의가 있는 선비를 천시하고 소송을 심리하는 관리를 중시하였습니다. 바른 말하는 사람은 비방한다고 하고 잘못을 저지하는 사람은 요사스런 말을 한다고 하였습니다. 그러므로 예복을 차려 입은 선생이 세상에 쓰이지 않아 진실하고 절실한 말은 모두 가슴 속에 쌓일 뿐이었고, 칭찬하고 아첨하는 소리만 날마다 귀에 가득하였습니다. 가식적인 아름다움이 마음을 물들이지만 실은 재앙이 가득 차는 것이었으니 이것이 진나라가 천하를 잃은 까닭입니다. [臣聞秦有十失, 其一尙存, 治獄之吏是也. 秦之時, 羞文學, 好武勇, 賤仁義之士, 貴治獄之吏; 正言者謂之誹謗, 遏過者謂之妖言. 故盛服先生不用於世, 忠良切言皆鬱於胸, 譽諛之聲日滿於耳. 虛美熏心, 實禍蔽塞, 此乃秦之所以亡天下也.][21]

20 전한의 저명한 사법관이다. 자는 장군(長君)이며, 하북(河北) 거록(鉅鹿) 출신이다. 유가 학설을 신봉하고 율령을 익혀 현옥리(縣獄吏), 군결조사(郡決曹史) 등을 지냈다. 후에 『춘추(春秋)』를 연구하였고, 효렴(孝廉)에 선발되어 정위주조연(廷尉奏曹掾), 수정위사(守廷尉史), 군태수(郡太守) 등을 지냈다. 선제(宣帝)가 즉위하자 상소하여 형벌을 엄중하게 집행하고 치옥관(治獄官)을 중용하는 정책을 개혁할 것을 주장하였다.

노온서는 당시의 소송을 다루는 관리가 "상하가 서로 매질하고, 각박한 것을 현명하다고 생각하는[上下相敺, 以刻爲明]"고질적인 습관을 서로 답습한 것이 진나라 정치의 잘못이라고 생각했다. 한나라 정치는 옥사를 다스리는 근본을 마땅히 『상서(尚書)』에서 이른 "죄 없는 이를 죽이기보다는 차라리 법도를 지키지 않는 잘못을 하는 것이 낫다.[與其殺不辜, 寧失不經.]"고 말한 것을 따라야 한다고 생각했다. 이렇게 보면 진나라 정치의 근본은 법인데 법치가 강조하는 것은 인민에 대한 관리였기 때문에 통치방법이 가혹했다. 반면 한나라 정치가 근본으로 삼아야 할 것은 마땅히 덕이었다. 덕치가 강조하는 것은 인민의 자치이기 때문에 통치방법이 관대하다.

진과 한의 형법에 대해 논하면 진과 한이 법률을 제정하고 집행하는 근본 원칙도 서로 달랐다. 비록 대다수의 학자가 대부분 진과 한의 법률 조문으로 부터 진과 한의 법률의 일치성을 고증하였지만, 근본적인 원칙으로부터는 양자의 차이를 논의하는 것은 없는 듯하다. 우리는 진법의 근본원칙이 인민에 대한 관리를 강조하는 데 있고, 한법의 근본원칙이 인민의 자치를 더욱 강조함을 알았다. 한나라가 일어난 초기 고조가 관중에 진입하였을 때 곧 법을 삼장으로 간단히 하여[約法三章] "번잡하고 가혹한 법률을 없애니 백성이 크게 기뻐하였다.[鏑削煩苛, 兆民大說.]"[22]

고조가 통일한 후 당시의 정치 상황의 수요로 말미암아 소하(蕭何 ?~B.C.193)[23]는 진법에 의거하여 "진법 가운데 당시에 적합한 것을 취하여 9장(章)의 법률을 지었다.[取其宜于時者, 作律九章.]" 비록 구장법에는 적지 않은

・・・・・・・・・・・・・

21 ≪원주≫ 『한서』 권51 「노온서열전(路溫舒列傳)」
22 ≪원주≫ 『한서』 권23 「형법지(刑法志)」
23 패군(沛郡) 풍현인(豐縣人)이다. 한(漢) 고조(高祖)의 개국공신(開國功臣). 진(秦)의 서리 출신, 고조 유방이 거병하자 이에 가담하였고, 함양(咸陽)에 입성하자 진(秦) 승상부(丞相府)의 도적문서(圖籍文書)를 확보하여 한(漢) 왕조 경영의 기초를 다졌다. 초(楚)·한(漢)의 쟁패(爭霸) 때 관중(關中)에 머물며 후방 보급을 담당하여 큰 공을 세워 통일 후에 찬후(酇侯)로 봉해졌고, 뒤에 상국(相國)에 제수되었다. 진의 법률을 취사(取捨)하여 『구장률(九章律)』을 편찬하였다.

진법의 내용이 있었지만, 법률 제정의 근본이 다르기 때문에 법률의 집행도 판이하게 달랐다. "소하와 조참이 재상이 되어 무위(無爲)를 중시하여 백성의 욕구에 따라 시끄럽고 어지럽지 않았으니, 이 때문에 입고 먹는 것이 증식되고 형벌이 드물게 쓰였다.[蕭·曹爲相, 塡以無爲, 從民之欲, 而不擾亂, 是以衣食滋殖, 刑罰用稀.]" 문제 때에 이르러 "진나라가 멸망하게 된 정치를 교훈으로 삼아 죄를 확정하는 논의는 관대하게 하는 데 힘썼으며 남의 과실을 말하는 것을 부끄럽게 여기니 천하에 교화가 행해졌다. 남의 사적인 비밀을 고자질하는 습속이 바뀌었고 관리는 자신의 직임을 편안히 여겼으며 백성은 자신의 생업을 즐겼다. 비축이 해마다 증가하고 호구가 점차 불어났다. 풍속의 교화가 돈독하고 법령이 간략하였다. 장석지(張釋之)를 뽑아 연위(延尉)로 삼아 죄를 확정하기 어려운 자는 민심에 따라 처벌을 정하였기 때문에 형벌을 쓰는 일이 크게 줄어서 심지어 한 해에 죄를 판결받은 사람이 사백 명으로 줄었으니, 형벌을 두고도 쓰지 않는 풍조가 있었다.[懲惡亡秦之政, 論議務在寬厚, 恥言人 之過失, 化行天下. 告訐之俗易, 吏安其官, 民樂其業. 畜積歲增, 戶口浸息. 風流篤厚, 禁網疏 闊. 選張釋之爲延尉, 罪疑者予民, 是以刑罰大省, 至于斷獄四百, 有刑錯之風.]"[24] 진법과 비교해 보면 한대의 법률은 비교적 가벼웠다. 더욱이 문제 때에는 육형(肉刑)을 폐지하고, 경제 때에는 태형(笞刑)을 경감하였는데 이렇게 법률제도가 변경된 원인도 관대한 한정의 요구로부터 나온 것이다.

진나라 정치와 한나라 정치의 주요 차이는 인민의 자치에 대한 부정과 긍정에 있다. 학자들은 이 문제를 소홀히 다루고 한나라 초기 통치자의 지도사상에 대한 부분에만 집착하는 것 같다. 전한 초기에 통치자의 행정 지도사상은 황로술(黃老術)일까 아니면 유가일까, 법가일까? 물론 황로술의 "무위(無爲)" 사상을 한나라 초기 통치사상의 핵심으로 여기는 것이 주류 견해이며 한나라 초기의 정치는 황로정치라고 여긴다. 이러한 논의 자체는 큰 의의가

• • • • • • • • • • • •
24 ≪원주≫ 『한서』 권23 「형법지」

없다. 한나라 초기의 통치자가 아직 자신의 정치에 꼬리표를 붙이기 전부터 몇몇 통치자는 "천성이 황로를 좋아하여[性好黃老]"[25] "그 정치의 요체는 황로술을 쓰는 것[其治要用黃老術]"[26]이었지만, 역시 이를 가지고 한나라 초기의 정치가 곧 황로정치였다고 여기기엔 부족하다.[27]

한 고조가 건국한 후에 국가를 통치하는 방법과 관련하여 일찍이 육가와 의견이 달랐는데, 이는 바로 말 위에서 천하를 얻은 것과 말 위에서 천하를 다스리는 것에 대한 논쟁으로 본문의 앞부분에서 이미 서술하였다. 육가는 일찍이 고조의 면전에서 『시』·『서』를 말하였고, 아울러 고조와의 논쟁을 통해 고조의 국가를 통치하는 방법에 대한 관점을 바꾸었다.[28] 이 단락의 내용에서 보면 한나라는 초기에 『시』·『서』에 따라 천하를 통치하였으니

．．．．．．．．．．．．．

25 《원주》 『후한서(後漢書)』 권32 「번준 열전(樊準列傳)」에는 다음과 같이 말하였다. "옛날 효문제와 두후는 천성이 황로를 좋아하여 청정의 교화가 경제와 무제 연간까지 흘렀다.[昔 孝文·竇后性好黃老, 而淸靜之化流景武之間.]"

26 《원주》 『사기』 권23 「조상국세가(曹相國世家)」에는 다음과 같이 말하였다. "조참이 제나라의 승상이 되어 제나라의 70개 성을 통합하였다. 천하가 막 평정되었을 때 도혜왕은 연소하였고, 조참은 장로와 여러 유생을 전부 불러들여 백성을 안정시키는 방법을 물었는데 제나라에는 원래 백 명을 헤아리는 유생이 있어 주장이 사람마다 달라서 조참이 결정할 바를 몰랐다. 조참은 교서에 개공이라는 사람이 황로의 학설에 능통하였다는 것을 듣고 사람을 보내 후한 폐물로 그를 오도록 청하였다. 개공을 만났는데, 개공이 그를 위하여 정치하는 도는 청정을 중요하게 여기며 그렇게 하면 백성은 자연히 안정된다고 말하고, 이것을 미루어 말을 갖추었다. 조참이 이에 정당을 양보하여 개공을 머무르게 하였다. 그의 정치를 하는 요체는 황로술이었다. 그리하여 제나라 승상이 된 지 9년만에 제나라가 안정되었고, 어진 승상이라고 크게 일컬어졌다.[參之相齊, 齊七十城. 天下初定, 悼惠王富於春秋, 參盡召長老諸生, 問所以安集百姓, 如齊故諸儒以百數, 言人人殊, 參未知所定. 聞膠西有蓋公, 善治黃老言, 使人厚幣請之. 旣見蓋公, 蓋公爲言治道貴淸靜而民自定, 推此類具言之. 參於是避正堂, 舍蓋公焉, 其治要用黃老術, 故相齊九年, 齊國安集, 大稱賢相.]"

27 《원주》 종조붕(鍾肇鵬)의 「논황로지학(論黃老之學)」이라는 글에서는 18인의 황로를 존숭한 인물을 나열하였다. 『세계종교연구(世界宗敎硏究)』 1981년 제2기에 나온다.

28 《원주》 한나라 초기에 육가가 지은 『신어(新語)』는 어떤 의미에서는 한나라 초기의 행정 규범으로 볼 수 있다. 『한서』 「고제본기(高帝本紀)」에는 다음과 같이 말하였다. "천하가 평정되자 소하에게 율령을 편찬하도록 하고, 한신에게 군법을 자세히 서술하도록 하며, 장창에게는 율력과 도량형을 제정하도록 하고, 숙손통에게는 예의를 만들도록 하며, 육가에게 『신어』를 짓도록 하였다.[天下旣定, 命蕭何次律令, 韓信申軍法, 張蒼定章程, 叔孫通制禮儀, 陸賈造『新語』.]"

한나라 초기의 정치는 오히려 유가정치라고 말할 수 있을 듯하다. 사실 이러한 견해는 한나라 초기의 정치를 황로정치라고 여기는 것과 마찬가지로 비교적 편파적인 것이다.

한나라 초기 행정원리의 형성은 역사상 각 왕조의 흥망에 대한 교훈을 연구한 결과이다. "망(亡)"은 주로 진나라 정치의 실패를 지칭하고, "흥(興)"은 주로 진나라 이전 고대 정치의 성공을 지칭한다. 진나라 멸망에 대한 교훈은 이미 한나라 초기에 많이 연구되어 진나라의 전철을 면할 수 있었으며, 한 초의 정치가들은 진나라가 흥성하기 전 각 왕조에서 역사적 경험을 찾았다.

한 고조 11년(B.C.196) 2월 부세(賦稅)를 줄이는 문제를 논의할 때 고조는 조령(詔令)을 내려 다음과 같이 말하였다. "대저 들으니 왕자는 주나라 문왕보다 뛰어난 이가 없고 패자는 제나라 환공보다 뛰어난 이가 없는데 모두 현인에 의지하여 이름을 떨쳤다고 한다.[蓋聞王者莫高于周文, 伯者莫高于齊桓, 皆待賢人而成名.]"29 한 문제 원년(B.C. 179) 정월 태자를 세우는 일에 관해 문제는 신료들과 의견이 충돌하였다. 신료는 옛 정치[古政]를 근거로 "고대에 은과 주가 나라를 세워서 잘 다스리고 사회가 안정되어 모두 천년을 이어갔는데, 고대에 천하를 통치한 왕조가 이보다 장구하게 이어 나간 경우는 없었으니, 은과 주가 태자를 일찍 세우는 방법을 썼기 때문입니다. 후사를 세울 때 반드시 자식으로 하는 것은 유래가 이미 오래되었습니다.[古者殷周有國, 治安皆且千歲, 有天下者莫長焉, 用此道也. 立嗣必子, 所從來遠矣.]"30 라고 하였다. 문제는 신료들의 권고를 따라 마침내 유계(劉啓)를 세워 태자로 삼았는데 이 사람이 바로 뒤의 경제(景帝)이다. 문제 2년 10월 열후(列侯)에게 봉국(封國)으로 가게 한 일에 관해서는 조령(詔令)에 다음과 같이 말하였다. "짐이 들으니 고대에 제후가 건립한 나라가 천여 개였는데, 각각 자신의 봉지를 지키고 제때에 입조하여

29 《원주》『한서』권1「고제본기(高帝本紀)」
30 《원주》『한서』권4「문제본기(文帝本紀)」

공물을 바쳐서 백성들은 수고롭지 않았고 윗사람과 아랫사람의 마음이 유쾌하고 도덕에 어긋나는 일이 없었다. 지금의 열후는 대부분 장안에 거주하여 식읍이 멀어 관리와 병사들이 물자를 운송하는 데 비용이 들고 고생스러우며 열후도 봉지의 백성을 지도할 길이 없다. 열후들에게 명하여 봉국으로 가게 하되, 조정의 경대부가 되었거나 머물러 있도록 허락한 열후들의 경우에는 태자를 보내도록 하라.[朕聞古者諸侯建國千餘, 各守其地, 以時入貢, 民不勞苦, 上下歡欣, 靡有違德. 今列侯多居長安, 邑遠, 吏卒給輸費苦, 而列侯亦無縣敎訓其民. 其令列侯之國, 爲吏及詔所止者, 遣太子.]"[31] 옛 정치를 근거로 열후들에게 봉국으로 가도록 명령하였으니 한나라 정치의 경험이 옛 정치에서 내원하였음을 알 수 있다. 문제 시기에 고대 행정 경험을 가지고 한대 행정의 본보기로 삼은 예는 많이 보인다. 문제 2년 5월 요언죄(妖言罪)를 폐지하고 다음과 같이 조령을 내린 적이 있었다.

고대의 제왕이 천하를 다스릴 적에 조정에 계책을 진언하는 정기(旌旗)와 조정을 비평하는 방목(謗木)을 두었는데, 정치의 방법을 소통시키고 간언하는 사람을 초치(招致)하기 위한 것이었다. 지금의 법에는 조정을 비평하고 요언을 퍼뜨리는 데에 대한 죄목이 있으니, 신하들이 하고자 하는 말을 감히 하지 못하도록 하여 군주가 자신의 잘못을 들을 길이 없다. 이래서야 장차 어떻게 먼 지역의 뛰어나고 어진 사람을 오도록 할 수 있겠는가? 이런 죄목을 없애야 할 것이다.[古之治天下, 朝有進善之旌, 誹謗之木, 所以通治道而來諫者也. 今法有誹謗訞言之罪, 是使衆臣不敢盡情, 而上無由聞過失也. 將何以來遠方之賢良? 其除之.]"[32]

"인과 의를 행하고 고대의 성왕을 본받아[行仁義·法先聖]"[33] 옛 정치로부터

31 《원주》『한서』 권4 「문제본기」
32 《원주》『한서』 권4 「문제본기」
33 《원주》『신어(新語)』 「도기(道基)」

행정방법을 찾는 것은 한나라 정치가 지향하는 가치였다. 이러한 상황 속에서 간략함을 따르는 정사와 청정무위(淸靜無爲)는 황로정치의 주장과 은연중에 일치한다. 덕으로써 정치하고, 형벌을 가볍게 적용하며, 부세를 경감하는 것은 또 유가정치의 규범과 완전히 부합된다. 한나라 초기의 행정원리는 한편으로 통치자의 주관적인 가치 지향에 따른 결과이고, 다른 한편으로 한나라 초기의 객관적인 사회 현실에 따른 필연적인 것이다. 각도를 바꾸어 논하자면 황로학의 통치방법과 유학의 통치방법 사이에는 일정한 차이가 있지만 이러한 차이는 결코 그들과 법가 학설 사이의 거리만큼 크지는 않다. 황로학설은 자신의 통치방법을 상세히 논술할 때 말에 반드시 옛일을 일컬었고 유학의 경우도 그러했는데, 이는 말을 할 때 반드시 지금의 일을 일컫는 법가학설과는 판이하게 달랐다. 그렇기 때문에 "법령을 교화의 주요 내용으로 삼고 법률에 밝은 관리를 스승으로 삼는[以法爲敎, 以吏爲師]" 진나라 정치와는 달리, 한대 초기의 행정원리는 옛 정치의 연속이었으며 적어도 고대의 정치적 이상에 대한 계승이었다.

한대 초기의 행정원리는 당시의 사회 현실에 적합했다. "인민의 생활을 안정시켜 생산능력을 회복시키고 발전시키는[休養生息]" 정책의 본질은 인민의 일정한 자치권을 인정하는 것이기 때문에, 인민의 자치권에 대한 긍정은 옛 정치의 가장 기본적인 특징으로 해석된다. 한나라 정치는 진나라 정치와 서로 다르다. 중앙집권을 가지고 말하자면 한나라는 봉국(封國)과 군현(郡縣)이 병존하는 정책을 실행하였는데, 중앙권력의 분할은 정치체제상으로 지방에 상대적인 자치권을 보증한 것이었다. 사회 기층에는 "호구수의 비율에 따라 삼노·효제·역전의 상임 향관을 두어 각각 자신의 의지대로 백성을 이끌도록 하였다.[以戶口率置三老·孝悌·力田常員, 令各率其意以道民焉.]"[34] 향촌으로부터 호구의 많고 적음에 따라 향관을 선발하고 아울러 "각각 자신의

· · · · · · · · · · · · ·

34 ≪원주≫ 『한서』 권4 「문제본기」

의지대로 백성을 타일러 이끌도록 하였다.[令各率其意以道民]"는 것은 한나라 초기 행정에서 사회 기층에 대한 상대적인 자치권의 승인 및 제도적 보증을 설명한다. 한나라 정치에서 지방에 대한 자치권의 긍정은 한나라 초기 사회적 현실을 반영한 것으로, 동성제후왕국의 설립은 한편으로 한나라 중앙정권이 사회질서를 규범화 시키는 데 부족한 힘을 보충해 주었고, 다른 한편으로 중앙정권의 지방에 대한 정치 경제적인 스트레스를 경감시켜 주었다. 이 시기의 왕국은 변압기의 기능을 하였다. 곧 중앙집권체제의 정책적 관성이 왕국을 통해 완충되고 감압(減壓)된 것이다. 한나라 정치에서 향촌자치권에 대한 긍정은 옛 혈연관계를 이용해 혼란한 사회질서를 안정시킬 수 있었고 사회생산의 회복과 발전에 유리한 사회환경을 만들 수 있었다. 향촌자치 정책을 통해 지연이 기초가 되는 편호제민 사회관계를 향촌의 혈연관계를 중심으로 다시 통합하는 것이 한나라 정치의 중요한 내용이었다. 여기서 혈연과 지연관계가 교체되면서 조성된 질서의 혼란과 신구질서의 변화가 만들어 낸 사회적 동요가 비교적 좋게 해결되었고, 새로운 융합과 적응은 새로운 질서와 안정을 가져왔다. 향촌 사회의 자치권에 대한 긍정은 이후 전통 중국의 각 왕조에서도 계속되었다.

한나라 정치의 기본 특징과 내용은 한나라 초기에 형성되었으며 한나라 통치자의 역사적 경험의 총합이었다. 그렇기 때문에 한나라 정치를 하나의 정치사상 학설의 산물로 보는 것은 합당하지 않다. 한나라 정치의 사상이론적 근원은 다원적이다. 한 문제는 비록 "도가의 학문을 좋아하여[好道家之學]" 유학은 "예를 번잡하게 하고 외관을 꾸미는 것은 다스림에 무익하다.[繁禮飾貌, 無益於治]"[35]고 여겼으나, 그가 육형(肉刑)을 폐지하는 조서에서는 『시경(詩經)』을 인용하여 이론적 근거로 삼았다.[36] 바로 『신어(新語)』「술사(術事)」에서

. . . .

35 《원주》『사기』권23 「예서(禮書)」
36 《원주》『한서』권23 「형법지」의 문제 13년 조(詔)에 『시경』「대아(大雅)・동작(洞酌)」시의 "화락하고 온화한 군자여, 백성이 부모처럼 존경하고 친애하도다.[愷弟君子, 民之父母.]"라

"일을 처리하는 사람은 일의 규율에 따라야 하고, 약을 복용하는 사람은 약의 효과에 따라야 한다. 좋은 책이 반드시 중니(仲尼)의 문하에서만 나오는 것은 아니고 좋은 약이 반드시 편작(扁鵲)의 처방에서만 나오는 것은 아니니, 도에 합치되는 것이면 선하고 모범으로 삼을 수 있으니, 시대의 변화에 따라 저울질하여 행하면 됩니다.[制事者因其則, 服藥者因其良, 書不必起仲尼之門, 藥不必出扁鵲之方, 合之者善, 可以爲法, 因世而權行.]"고 말한 것과 같다. 그리고 『사기』「유림열전(儒林列傳)」에서는 또 다음과 같이 말하였다. "효 문제는 본래 형명학의 설을 좋아하였다.[孝文帝本好刑名之言.]"[37] 한나라 정치가 경학과 융화된 것은 전한 중기로, 한 무제가 "백가의 학설을 배척하고 유술만 중시한 것[罷黜百家, 獨尊儒術]"이 바로 한나라 정치가 경학과 융합된 지표이다. 경학과 융합된 한나라 정치는 이론적인 해석과 지지를 얻어 성숙해 갔다. 그러나 이 시기의 경학은 이미 전통의 유학이 아니라, 현실 황권 정치와 타협하여 실용성을 갖춘 것이었다. 현실 민간 사회에 대한 타협은 전형적인 시대적 특징을 띤 것으로, 다른 사상 유파로부터 영양분을 흡수하여 백가정신이 융합된 특징을 갖게 하였다. 비록 사마담(司馬談)은 「논육가요지(論六家要指)」에서 당시의 유학에 대해 "관심의 폭은 광범위하지만 제시하는 요체는 적고 노력은 많이 들지만 성과는 적다.[博而寡要, 勞而少功.]"[38]고 하였다. 그러나 사마담 이후, 이 학설의 흥성은 그 "왕교의 전적으로 선대의 성왕이 천도를 밝히고 인륜을 바로잡으며 지극한 태평성대를 이룬 성법[王敎之典籍, 先聖所以明天道, 正人倫, 致至治之成法也]"[39]이 되었다.

진나라 제도와 한나라 정치는 중국 전통 사회제도와 행정의 기초를 다졌

....

는 구절을 인용하였다.
37 ≪원주≫ 어떤 학자는 여기의 "형명(刑名)"은 바로 황로(黃老)라고 여겼는데, 다소 억지스러운 것 같다.(웅철기(熊鐵基) 『진한신도가논고(秦漢新道家論稿)』, 상해인민출판사, 1984년 판, p.184)
38 ≪원주≫ 『사기』 권130 「태사공자서(太史公自序)」
39 ≪원주≫ 『한서』 권88 「유림전(儒林傳)」

고, 하드웨어와 소프트웨어 상에서 후대의 각 왕조의 제도와 행정기구 설립에 기본적인 모범을 제공하였다. 경학과 정치의 융합은 전통사회의 주류 사상체계를 이루었고, 중국 전통사회에 큰 영향을 끼쳤다. 앞으로 경학이 한나라 제도와 행정 속에서 맡은 역할을 좀 더 이해하고, 그 실제적인 효과를 고찰하기 위해서 경학 형성의 특수한 사회적 배경을 논의함과 동시에 경학의 문화적 연원에 대해서도 분류하여 상세히 논술하고자 한다.

2장

전통적 문화와 문화적 전통

— 한대 경학의 문화적 연원

제1절 경서(經書)

경서에 대한 명칭은 상당히 많은데, 육경(六經)·육예(六藝)의 학설이 있었고, 오경(五經)·칠경(七經)·십삼경(十三經)의 학설도 있었다.

육경에 대한 설은 『장자(莊子)』「천운편(天運篇)」에 보인다. "『시(詩)』·『서(書)』·『예(禮)』·『악(樂)』·『역(易)』·『춘추(春秋)』를 익힌 지 스스로 오래되었다고 여긴다.[丘治『詩』·『書』·『禮』·『樂』·『易』·『春秋』六經, 自以爲久矣.]"[1]라고 하였다.

한대 사람들은 대부분 육경을 일컬어 육예라고 하였다. 가의의 『신서(新書)』「육술(六術)」에 이르기를 "『시』·『서』·『역』·『춘추』·『예』·『악』 여섯 가지 학술을 '육예'라 한다.[『詩』·『書』·『易』·『春秋』·『禮』·『樂』六者之術謂之 '六藝'.]"라고 하였다.

『사기』 가운데 「백이열전(伯夷列傳)」, 「이사열전(李斯列傳)」, 「유림열전(儒林列傳)」, 「골계열전(滑稽列傳)」 등은 모두 이와 같았고,[2] 『한서』에서도 그대로

....

1 원서에는 "丘治詩書禮樂易春秋, 自以爲久矣"으로 되어 있으나, 교감대본으로 삼은 『장자집석(莊子集釋)』에는 "丘治詩書禮樂易春秋六經, 自以爲久矣"으로 되어 있어 고쳤다. [[청]] 곽경번(郭慶藩), 『장자집석』 권5하, 「천운(天運)」, 중화서국점교본(中華書局點校本), 1961, p.531)
2 「백이열전」 권61에는 "夫學者載籍極博, 猶考信於六藝"라고 하였고(『사기』, p.2121), 「이사열전」 권87에는 '육예'라는 말은 보이지 않고, 승상 이사가 순우월의 견해를 논박하면서 올린 상소에 "臣請諸有文學詩書百家語者蠲除去之"의 구절이 보인다.(『사기』, p.2546) 「유림열전」 권121에 "及至秦之季世, 焚詩書, 坑術士, 六藝從此缺焉"으로 되어 있다.(『사기』, p.3116) 「골

사용하였다. 전한 말에 유흠(劉歆 B.C. 53~B.C. 23)이 여러 책들을 종합해서 『칠략(七略)』을 편찬하였는데, 그 중 하나가 「육예략(六藝略)」이다.[3] 물론 고대의 육예에도 의미가 있지만,[4] 이것은 여기에서 연구해야 할 문제는 아니다.[5]

한대 사람들이 육경을 일컬어 육예라고 한 것은 나름대로 근거가 있었다. 『집운(集韻)』「제운(祭韻)」에 "예(埶)는 『설문』에 '심는 것'이다. 어떤 본에는 예(藝)라고 되어 있다.[埶, 『說文』: '種也.' 或作藝.]"라고 하였다. 곧 심고 재배하는 것이 예(藝)의 본래 의미이다. 『상서(尙書)』「금등(金縢)」에 "인에 의지하며, 예에서 노닐어야 한다.[予(依)于仁, 游于藝]"[6]라고 하였다. 또 『논어(論語)』「옹야(雍也)」에 "염구(冉求)는 재능이 많다.[求也藝.]"라고 하였다. 이 세 곳에서 예(藝)가 이미 재능(才能), 기예(技藝)의 뜻으로 인신[轉引]되었다. 그러므로 『집운』「제운」에서 설명하기를 "예(藝)는 재능이다.[藝, 才能也.]"라고 한 것이다. 예를 재능 혹은 기예라고 말하였는데, 고대인들은 사람의 기능을 여섯 가지로 종합하였다. 즉, 예(禮)·악(樂)·사(射)·어(御)·서(書)·수(數)[7]이다. 사람의 가장 기본적인 기능을 기록한 책에서 이것을 육예(六藝)라고 칭한 것도

계열전」, 권126에는 "孔子曰六藝於治一也"라고 되어 있다.(『사기』, p.3197)

3 장백잠 외 저, 최석기 외 옮김, 『유교경전과 경학』, 경인문화사, 2002, p.7에 의하면 "한나라 때 육경을 '육예'라고 칭한 것으로는―『사기』·『한서』에 모두 이와 같이 되어 있다. 유흠의 『칠략』과 『한서』「예문지」의 육예략은 경부(經部)의 책들을 기록해 놓은 것이다.― 이 자료가 최초인 듯하다."라고 하였다.

4 《원주》『주례(周禮)』「지관(地官)·보씨(保氏)」에 "보씨는 왕의 잘못을 간하는 일을 관장하였고, 국자(國子)들을 도(道)로서 길렀다. 국자(國子)를 육예로 가르쳤는데, 첫 번째는 오례(五禮), 두 번째는 육악(六樂), 세 번째는 오사(五射), 네 번째는 오어(五馭), 다섯 번째는 육서(六書), 여섯 번째는 구수(九數)[保氏掌諫王惡, 而養國子以道. 乃敎之六藝: 一曰五禮, 二曰六樂, 三曰五射, 四曰五馭, 五曰六書, 六曰九數.]"라고 하였다.

5 장백잠은 『주례』에 보이는 '육예'는 육경을 '육예'라 한 것과 다르다고 보았다. (장백잠 같은 책 p.7 참고.)

6 『상서』「금등」에는 구절이 보이지 않음.(『십삼경주소』정리위원회정리, 『상서정의(尙書正義)』, pp.392~402.) 이 문구는 『논어』「술이」에 "도에 뜻을 두며, 덕을 굳게 지키며, 인에 의지하며, 예에 노닐어야 한다.[志於道, 據於德, 依於仁, 游於藝.]"라는 형태로 보인다.(『십삼경주소』「논어주소(論語注疏)』, p.94)

7 《원주》『주례』「지관·보씨」

또한 이상할 것이 없다. 육예를 육경이라고 대신하여 칭한 것에서 한대 사람들의 경서에 대한 기본 태도를 볼 수 있다. 『한서』「예문지(藝文志)」서(序)에는 육예를 아홉 종으로 삼았다.

육예는 103가 3123편이다. 육예의 문으로 『악』은 정신을 기쁘게 하는 것으로, 인(仁)의 표현이다. 『시』는 언어를 바르게 하는 것으로 의(義)의 운용이다. 『예』는 명확하게 규범을 짓는 것이니 명확한 것은 드러나기 때문에 풀이할 수 없다. 『서』는 도덕을 미루어 넓힌 것이니 지혜를 구하는 방법이다. 『춘추』는 문제를 판단하고 처리하는 것이니 신(信)의 표지(標識)이다. 다섯 가지는 오상의 도로서 서로 필요로 하여 갖추어지는데, 『역』이 그것들의 근본이 된다. 그러므로 말하기를 "『역』을 알지 못하면 건곤은 아마도 거의 멈추게 될 것이다."라고 하였으니, 천지와 함께 시작과 끝이 됨을 말한 것이다. 오학에 이르러서는 시대마다 변하였으니, 오행이 번갈아 가며 일을 행하는 것과 같다. [凡六藝一百三家, 三千一百二十三篇. 六藝之文 : 『樂』以和神, 仁之表也; 『詩』以正言, 義之用也; 『禮』以明體, 明者著見, 故無訓也; 『書』以廣聽, 知之術也; 『春秋』以斷事, 信之符也. 五者, 蓋五常之道, 相須而備,[8] 而 『易』爲之原. 故曰 : "『易』不可見, 則乾坤或幾乎息矣." 言與天地爲終始也. 至于五學, 世有變改, 猶五行之更用事焉.]

반고(班固)는 여기에서 오행(五行)을 오학(五學)으로 번갈아 설명하였고,[9] 『역』을 육예의 근본으로 여겼다.[10] 다시 오상(五常)을 오학으로 배치한 것을 보면, 한대는 육예를 사람의 기본 재능을 기르는 가장 중요한 서적으로 삼았다. 반고의 「한지(漢志)」는 본래 유흠 부자의 『칠략』[11]을 저본으로 삼은

• • • • • • • • • • • • •

8 『한서』중화서국점교본에 의거하여 '相須而備'로 고쳤다.(『한서』「예문지(藝文志)」p.1723)
9 ≪원주≫ 이 오학은 윗글의 『역』을 제외한 오종(五種)을 가리킨 것이니, 『대대례(大戴禮)』「보부(保傳)」・『한서』권48 「가의전(賈誼傳)」에 삼대(三代)에 걸쳐 전해온 태학(太學)에다 동(東)・남(南)・서(西)・북(北)을 더한 오학(五學)과는 다르다.
10 장백잠에 따르면 반고는 『역경』이 왜 『시』・『서』・『예』・『악』・『춘추』의 근원이 되는지 그 이유를 말하지 않았다고 하였는데, 저자인 순샤오도 여기에 대해서는 별다른 설명을 하고 있지 않다.(장백잠 같은 책, p.11)

것이다.[12] 그리고 유씨 이전에는 육예의 활용과 관계된 기재가 적지 않았다. 『사기』 「태사공자서(太史公自序)」에서 다음이 보인다.

『역』은 천지, 음양, 사시, 오행을 기술하였기 때문에 변(變)에 뛰어나고, 『예』는 인륜의 기강이기 때문에 행(行)에 뛰어나며 『서』는 선왕의 일을 기술하였기 때문에 정(政)에 뛰어나고, 『시』는 산천, 계곡, 금수, 초목, 빈모 자웅을 기술하였기 때문에 풍유(諷諭)에 뛰어나며 『악』은 음악에서 서기 때문에 조화에 뛰어나고, 『춘추』는 시비를 분별하였기 때문에 인사를 처리하는 데 뛰어나다. 이 때문에 『예』는 사람을 절제시키고, 『악』은 조화를 계발하였으며, 『서』는 정사를 말하였고, 『시』는 사람의 마음을 나타내었으며, 『역』은 조화를 말하였고, 『춘추』는 의리를 말하였다.[『易』著[13]天地・陰陽・四時・五行, 故長于變; 『禮』經紀人倫, 故長于行; 『書』記先王之事, 故長于政; 『詩』記山川・溪谷・禽獸・草木・牝牡・雌雄, 故長于風; 『樂』樂所以立, 故長于和; 『春秋』辨是非, 故長于治人.是故 『禮』以節人, 『樂』以發和, 『書』以道事, 『詩』以達義, 『易』以道化, 『春秋』以道義.]

「태사공자서」의 육예에 대한 품평은 『장자』 「천하편(天下篇)」과 상당히 유사하다.[14] 『역』은 원래 옛 사람의 자연과 사회에 대한 기본 인식이었기 때문에 변화를 가지고 조화를 말한 것에 가까웠다. 『예』는 원래 전장제도(典

. . . .

11 장백잠은 반고의 『한서』는 유흠의 칠략에 근거한 것이라고 하면서, 유흠의 설에 의심스러운 점이 있다고 지적하였다.(장백잠 같은 책, p.11)
12 《원주》 『한서』 「예문지」에서는 "유흠이 이에 여러 서적들을 종합해서 『칠략』을 이루었다. 그러므로 「집략(輯略)」, 「육예략(六藝略)」, 「제자략(諸子略)」, 「시부략(詩賦略)」, 「병서략(兵書略)」, 「술수략(術數略)」, 「방기략(方技略)」이 있었다. 지금은 그 요점을 간추려서 서적을 갖추었다.[歆于是總群書而奏其 『七略』, 故有「輯略」, 有「六藝略」, 有「諸子略」, 有「詩賦略」, 有「兵書略」, 有「術數略」, 有「方技略」今刪其(要), 以備篇籍。]"라고 하였다.
13 원서의 '者'는 『사기』 중화서국점교본에는 '著'로 되어 있기 때문에 이에 의거해 고쳤다.(『사기』 「태자공자서」 p.3297)
14 《원주》 『장자』 「천하편」에 "『시』는 뜻을 말하고, 『서』는 일을 말하며, 『예』는 실천을 말하고, 『악』은 조화를 말하며, 『역』은 음양을 말하고, 『춘추』는 명분을 말한다.[『詩』以道志, 『書』以道事, 『禮』以道行, 『樂』以道和, 『易』以道陰陽, 『春秋』以道名分。]"라고 하였다. 하지만 장백잠은 두 책 간의 육경의 효용을 논한 것이 일치한다고 보았다.(장백잠, 같은 책, p.11)

章制度)를 근본으로 하고 있기 때문에. 인륜을 관리할 수 있었으며 개인의 행위를 규범할 수 있었다. 『서』는 원래 사적(史籍)으로 선왕의 성공 실패에 대한 경험이었기 때문에 한대의 정치에 응용되었다. 『시』는 원래 풍유(諷喩)에 뛰어나 사물에 의탁하여 뜻을 드러냈기 때문에 시의 의미를 이해한 다음 내포하고 있는 뜻을 말할 수 있었다. 『악』은 원래 성률(成律)을 배합해서 음악을 만든 것이기 때문에 조화를 계발(啓發)시킬 수 있었다. 『춘추』의 경우에는 원래 시비 판단에 장점이 있었기 때문에 구체적인 행정에 응용하여 의리를 말하고 사람을 다스릴 수 있었다.

육예는 한대 사람들이 육경을 부르던 말로, 육경의 교육에 대해 당시 사람들은 비교적 긍정적인 평가를 하였다. 『소대예기(小戴禮記)』「경해(經解)」에서는 먼저 육경 각각의 특징에 대해 기술하였다.

> 공자께서 말씀하셨다. "그 나라에 들어가면 그 나라의 가르침을 알 수 있다."[15] 그 사람됨이 온유하고 돈후한 것은 『시』의 가르침이고, 정사에 통달하고 멀리까지 내다볼 줄 아는 것은 『서』의 가르침이며, 학식이 넓고 소탈하며 진실한 것은 『악』의 가르침이고, 심성이 맑고 의리가 정미한 것은 『역』의 가르침이며, 공손하고 검소하며 엄숙하고 삼가는 것은 『예』의 가르침이고, 글을 지어 역사적 사실에 비유한 것은 『춘추』의 가르침이다. [孔子曰 : "入其國, 其教可知也." 其爲人也, 溫柔敦厚, 『詩』教也; 疏通知遠, 『書』教也; 廣博易良, 『樂』教也; 潔靜精微,[16] 『易』教也; 恭儉莊敬, 『禮』教也; 屬辭比事, 『春秋』教也.']][17]

....

15 그 나라의 풍속을 관찰해 보면, 그 나라의 교육을 알 수 있다. (『십삼경주소』, 『예기정의(禮記正義)』, p.1597)
16 원서에는 '潔靜精微'이지만, 『십삼경주소』에는 '絜靜精微'으로 되어 있어 고쳤다.(『십삼경주소』『예기정의』, p.1597)
17 장백잠은 여기에 다음과 같은 분석을 내놓았다."溫柔敦厚・疏通知遠・廣博易良・潔靜精微・恭儉莊敬・屬辭比事라는 말들은 육경의 교육적 효과인 동시에 육경의 가르침이 교육받는 사람들에게 미친 좋은 영향이다."(장백잠 같은 책, pp.8~9)

『소대예기』에서 육경 교육의 특징을 서술한 다음에, 각자의 부족한 점과 장점들을 동시에 지적하였다.

　　그러므로『시』를 제대로 배우지 않으면 어리석어지고,『서』를 제대로 배우지 않으면 거짓되게 되며,『악』을 제대로 배우지 않으면 사치스러워지고,『역』을 제대로 배우지 않으면 상도(常道)를 해치게 되며,『예』를 제대로 배우지 않으면 번거로워지고,『춘추』를 제대로 배우지 않으면 어지러워진다. 그 사람 됨이 온유하고 돈후하면서도 어리석지 않으면『시』의 뜻을 깊이 이해한 자이고, 정사에 통달하고 멀리까지 내다볼 줄 알면서도 거짓되지 않으면『서』의 뜻을 깊이 이해한 사람이며, 학식이 넓고 소탈하며 진실하면서도 사치스럽지 않으면『악』의 뜻을 깊이 이해한 사람이고, 심성이 맑고 의리가 정미하면서도 상도를 해치지 않으면『역』의 뜻을 깊이 이해한 자이며, 공손하고 검소하며 엄숙하고 삼가면서도 번거롭지 않으면『예』의 뜻을 깊이 이해한 자이고, 글을 지어 역사적 사실에 비유하면서도 어지럽지 않으면『춘추』의 뜻을 깊이 이해한 자이다. [故『詩』之失[18], 愚;『書』之失, 誣;『樂』之失, 奢;『易』之失, 賊;『禮』之失, 煩;『春秋』之失, 亂.其爲人也, 溫柔敦厚而不愚, 則深[19]于『詩』者也; 疏通知遠而不誣, 則深于『書』者也; 廣博易良而不奢, 則深于『樂』者也; 絜靜精微而不賊,[20] 則深于『易』者也; 恭儉莊敬而不煩, 則深于『禮』者也, 屬辭比事而不亂, 則深于『春秋』者也.][21]

　　이상으로 육경에 대해 좀 더 깊은 연구를 진행하였다. 이상의 인용문을 종합해 보면, 육경의 배열에도 다른 점이 있다는 것을 발견할 수 있다.

· · · · · · · · · · · ·

18 '失'은 정현의 주에 "실(失)은 그 가르침을 절도있게 하지 못함을 이른 것이다.[失謂不能節其教者也]"라고 하였다.(『십삼경주소』『예기정의』, p.1597)
19 '深'은 정현의 주에 "심(深)이라고 말한 것은 가르칠 수도 있고, 그 잃는 것을 방지할 수도 있다는 것이다.[言深者, 旣能以教, 又防其失]"이라고 하였다.(『십삼경주소』, 『예기정의』, p.1597)
20 원서에는 '潔靜精微而不賊'으로 되어 있지만, 『십삼경주소』본에는 '絜靜精微而不賊'으로 되어 있어 고쳤다.(『십삼경주소』, 『예기정의』, p.1597)
21 장백잠은 위에서 언급한 愚·誣·奢·賊·亂을 육경의 교육이 잘못되어 학습자들에 발생하는 폐단으로 보았다.(장백잠 같은 책 p.9 참고)

『사기』「태사공자서」에 배열된 순서는 『역』·『예』·『서』·『시』·『악』·『춘추』이다.

『사기』「골계열전」에 배열된 순서는 『예』·『악』·『서』·『시』·『역』·『춘추』이다.

『장자』「천하편」에 배열된 순서는 『시』·『서』·『예』·『악』·『역』·『춘추』이다.

『소대례기』「경해」에 배열된 순서는 『시』·『서』·『악』·『역』·『예』·『춘추』이다.

물론 한대의 경적 속에도 육경의 배열에 대한 서로 다른 견해가 있다. 후대 경학가(經學家)의 견해에 따르면, 주로 배열된 순서에는 두 가지가 있다. 그 첫 번째는 『장자』「천하편」의 순서이고, 그 두 번째는 『한서』「예문지」의 순서로, 『역』·『서』·『시』·『예』·『악』·『춘추』이다. 금문학가들은 육경을 공자가 만들었다고 여기고 배열 순서를 내용의 깊이에 따라서 정했기 때문에 첫 번째 견해에 동의한다.[22] 그러나 고문학가들은 육경은 바로 주공

----

22 금문학가들이 『시』·『서』를 앞쪽에 배치한 이유는 이 텍스트들이 문자적 교육으로 교과 수준이 비교적 얕다고 보았기 때문이고, 『예』·『악』은 인간의 행위와 사람의 품성을 도야시키는 교재인 까닭에 『시』·『서』에 비해서 진일보한 것으로 보았고, 『역』·『춘추』는 인생 철학과 공자의 정치주장을 대변하는 것으로 앞의 교재에 비해서 수준이 매우 높은 것으로 보았기 때문이라는 것이다.(장백잠, 같은 책, pp.12~13)

금문문학(今文文學)의 차이(임동석 저, 『중국학술개론』, 전통문화연구회, 2002, p.275)

금문학	고문학
① 공자를 숭봉함.	① 주공을 받듦.
② 공자를 높여 천명(天命)을 받은 인물이라 함	② 공자를 선사(先師)로 봄.
③ 공자를 철학가, 정치가, 교육가로 봄.	③ 공자를 사학파(史學派)로 봄.
④ 공자가 고제(古制)를 부활했다고 함.	④ 공자는 옛것을 좋아했을 뿐 저작은 남기지 않았다고 함.
⑤ 육경을 공자의 작(作)이라고 봄.	⑤ 육경은 고대의 사료에 불과하다고 봄.
⑥ 춘추공양전(春秋公羊傳)을 높이 봄.	⑥ 주례를 높이 봄.
⑦ 경학파(經學派)	⑦ 사학파

(周公)의 옛 전적으로 각 책의 만들어진 시대의 선후를 가지고 순서를 정했기 때문에 두 번째 견해에 동의한다.

고대 학자들이 육경의 본질·특징·득실·순서를 논술한 것은 현대학자들보다 훨씬 명백하다. 여기서 계속해서 논의하고자 하는 문제는 육경 외에도 오경이 존재하는 이유이다.[23] 오경은 사실상 『악경』을 제외한 다섯 부분의 경(經)을 가리킨다. 한대에 『악경』은 이미 보이지 않았다. 『한서』「예문지」에서 고서(古書)를 저록(著錄)할 때에 『악경』을 제외하고 우선적으로 다섯 가지를 "경(經) 약간 권"이라고 하였지만, 오직 『악』만은 일부(一部), "『악기』 23편[『樂記』二十三篇]"뿐이라고 하였다. 여기에 대해서는 『한지』에 아래와 같은 설명이 있다.

> 『역』에 이르기를 "선왕이 음악을 만들고 덕을 숭상하여 상제(上帝)에게 성대하게 바치고서 조상에게 제사드렸다."라고 하였다. 그러므로 황제(黃帝)로부터 삼대(三代)에 이르기까지 음악에는 저마다 명칭이 있었다. 공자께서 말씀하시길 "임금을 편하게 하고 백성을 다스리는 것은 『예』만한 것이 없고, 풍속을 변화시키는 것은 『악』만한 것이 없다."라고 하셨다. 두 가지는 병행되었는데 주나라가

. . . .

⑧ 경의 전수자들의 계통이 확실함.	⑧ 전수자들이 확실치 않은 경우가 많음.
⑨ 전한 때 학관에 세워짐.	⑨ 전한 때 민간에 유행함.
⑩ 전한 때 성행.	⑩ 후한 때 성행.
⑪ 고문경전은 유흠의 위작이라고 배척함.	⑪ 금문경은 진화(秦火)의 잔결(殘缺)이어서 불완전한 것이라고 배척함.
⑫ 현재 남아 있는 것은 『의례』, 『공양전』, 『곡량전』, 『대대례기』, 『한시외전』 등 보임.	⑫ 현재까지 전하는 것은 『모시』, 『좌전』, 『주례』임.
⑬ 위서(緯書)를 믿음.	⑬ 위서는 무망(誣妄)한 것이라고 배척함.
⑭ 미언대의를 해석하여 경을 통한 치용(致用)을 주장	⑭ 훈고명물(訓詁名物)을 중시하여 치학(治學)을 위한 순수학문을 주장함.

23 장백잠은 여기에 대해서도 언급을 해두었다. 그의 견해에 따르면 육경이 여섯 종류의 경서라는 점이 밝혀졌으면서도 다시 '오경'의 설이 제기된 것은, 실제로 『악경』이란 책이 없기 때문이라고 하였다.(장백잠, 같은 책, p.13)

쇠미해지자 둘 다 무너졌고, 음악은 더욱 보잘 것 없게 되었다. 음율(音律)로
절제함이 또한 정나라와 위나라 (음악)에 의해 어지럽혀졌기 때문에 후세에
남겨진 법이 없게 되었다.[『易』曰: "先王作樂崇德, 殷薦之上帝, 以享祖考." 故自黃
帝下至三代, 樂各有名. 孔子曰: "安上治民, 莫善于『禮』; 移風易俗, 莫善于『樂』."
二者相與并行.周衰俱壞, 樂尤微眇, 以音律爲節, 又爲鄭·衛所亂, 故無遺法.]

　　육경의 순서와 같이 반고는 여기에서도 고문학가의 견해를 채용하였다.
그러나 서술이 비교적 모호하다. 고문학가들은 『악경』이 있었지만, 진나라
의 분서(焚書)로 인하여 소실되었다고 여겼다. 금문학가들은 상반된 주장을
제기하였는데, 바로 고본(古本)에는 『악경』이 없고, 『악』은 『시』와 『예』 안
에 있다는 것이다.[24]

　　사실 육경은 일종의 견해일 뿐이다. 『악경』은 본래 없었을 수도 있고 산실
되었을 수도 있다. 어쨌든 남아 있던 것이 다섯 가지였기 때문에 "오경"의
학설이 나왔다. 전한 때에 오경에는 모두 각각 박사(博士)를 두어[25] "오경박사
(五經博士)"라 불렀기 때문에 "오경"의 명성은 더욱 알려지게 되었다. 이것은
오경과 관련된 일반적인 견해이다. 그러나 『백호통덕론(白虎通德論)』「오경
(五經)」에는 이와는 다른 독자적인 해석이 있다.

　　경에 다섯 가지가 있는 것은 어째서인가? 경(經)은 변하지 않는다는 뜻이니,
　오상의 도가 있기 때문에 '오경'이라고 한다. (오상은) 『악』의 인(仁)이고, 『서』의
　의(義)이며, 『예』의 예(禮)이고, 『역』의 지(智)이며, 『시』의 신(信)이다.[經所以有五
　何? 經, 常也; 有五常之道, 故曰五經. 『樂』仁, 『書』義, 『禮』禮, 『易』智, 『詩』信也.]

- - - - - - - - - - - -

24 '악(樂)'은 본래 『시경』에 붙어 있던 일종의 악보(樂譜)일 뿐 애초에 경(經) 자체는 없었다고
　장백잠은 주장하고 있다.(장백잠, 같은 책, p.13)
25 "무제(武帝) 때에 이르러서는 유술(儒術)의 표장(表章)을 위해 정식으로 오경박사제도를 설
　치하여 『역』, 『서』, 『시』, 『춘추』, 『예』의 유가경전에 대해 연구와 전습을 도와 드디어 경학
　연구의 대풍을 진작시켰다. 이러한 박사제도는 무제 후에 선제(宣帝), 원제(元帝), 평제(平帝),
　광무제(光武帝)를 거치면서 수시로 증감되기도 하였다."(임동석, 같은 책, p.267)

『백호통』에서는 무엇 때문에 『춘추』를 빼버렸는가? 그 원인은 여전히 알 수 없다. 그러나 오상을 『오경』에 배치한 것은 한대 사람들의 기본적인 사상이다.

옛 사람의 경(經)에 대한 명칭에는 이밖에도 또한 칠경(七經)[26] · 구경(九經)[27] · 십삼경이 있다.[28]

• • • • • • • • • • •

26 《원주》『후한서(後漢書)』「장순전(張純傳)」이현(李賢)의 주(注)를 참고하기 바란다.
27 《원주》 송대(宋代) 판각본 본문에 구경(九經)에 대한 설명이 있으니,『역』·『서』·『시』·
　　『춘추』·『좌전』·『예기』·『주례』·『효경』·『논어』·『맹자』이다.
28 《원주》 남송(南宋) 광종(光宗) 소희(紹熙 1190~1194) 연간에『십삼경주소』의 합간본(合刊本)이 있었고, 십삼경 합집(合輯)은 이것을 우선으로 삼았다.

제2절 유학을 벗어난 경학

이름만 보고 뜻을 생각하면, 경학이란 경문(經文)을 중심으로 연구하는 학문이다. 이 때문에 여러 가지 경전을 위해 지은 전설(傳說)·전(箋)·주소(注疏)·훈고(訓詁) 등과 혹은 경의 의리(義理)를 드러내거나 경의 핵심을 상세히 밝혀서 서술한 것들을 전부 경학이라 일컫는다. 이것은 경학의 일반적인 의미이다. 만약 이것으로 경학의 범위를 한정짓는다면 여전히 편파적인 것이다. 전통사회에서 경은 결코 유가의 저작만 일컫는 것은 아니다. 불교(佛敎)에는 『불경(佛經)』이 있고 도가(道家)에도 『도경(道經)』이 있듯이, 경으로 높여지는 저작들이 셀 수 없이 많다. 선진시대(先秦時代) 여러 전적으로 말하자면, 제자백가의 이론들 또한 모두 경이라 일컬을 수 있다. 『묵자(墨子)』 속에는 「경설(經說)」 2편이 있고, 『순자(荀子)』 속에도 『도경』을 인용한 적이 있다. 심지어 『한서』「예문지」에 보면 종합적으로 서술된 저작들을 모두 경이라고 일컬은 경우가 적지 않다. 『노자(老子)』와 관련하여 『전씨경설(傅氏經說)』 37편과 『서씨경설(徐氏經說)』 6편이 있고, 또 『산해경(山海經)』 13편도 있다. 『황제내경(皇帝經徑)』 18권·『외경(外經)』 12권·『백씨내경(白氏內經)』 38권·『외경(外經)』 36권 등이 있다.[1] 또 『국어(國語)』「오어(吳語)」의 상기(常旗)를 수레

---

1 《원주》 이상 삼가(三家)는 모두 내경과 외경으로 나뉘어 있다. 중화서국점교본에서는 종류별로 줄바꿈을 하여 독자들로 쉽게 알아볼 수 있게 하였다.

에 꽂고 전고(戰鼓)를 매달아 세우며 병서[經]를 끼고 북채를 잡게 했다.[建旌提鼓, 挾經秉枹.]"[2]에 대한 주에서 "경은 병서(兵書)이다.[兵書也.]"고 하였다. 이상의 여러 예를 참조하여 이해해 보면 여기서 논의하고자 하는 경학의 의미에는 모순이 있다. 그래서 '경(經)'자에 대해 설명할 필요가 있다.

경은 금문(金文)에서 '巠',[3] '巠',[4] '經'[5] 등으로 쓰이고 있는데, 『설문해자(說文解字)』에서 "경(經)은 직(織)의 뜻이다. 이는 계(系)를 구성요소로 하고, 소리는 경(巠)이다.[經, 織也. 從系, 巠聲.]"라고 하였다. 요문전(姚文田, 1758~ 1827)[6]과 엄가균(嚴可均)[7]이 교감을 하면서 의논하기를 "경(經)에 대하여 『어람(御覽)』권826에서 인용하여 '실을 종으로 짜는 것이다'라고 하였으니, '종사' 두 글자가 빠졌다. '從'은 '縱'과 같다.[經 『御覽』卷八百二十六引作, '織從絲也.' 此說 '從絲'二字. 從與縱同.]"고 하였다. 서호(徐灝)의 『설문해자주전(說文解字注箋)』을 보면 "아래 글에서 말하길 위(緯)는 실을 횡으로 짜는 것(織橫絲也)이니 곧 여기서는 마땅히 '종사(從絲)' 두 글자가 있어야 하는 것 같다.[下文云 : 緯, 織橫絲也, 則此似當有 '從絲'二字.]"고 하였다. 『옥편(玉篇)』에서도 "날줄과 씨줄로 비단을 만든다.[經緯以成繒布也.]"고 하였다. 경의 본뜻을 찾아보면 본래 위(緯)와 병칭되어 작물을 가로 세로로 짜는 선을 뜻하였다.[8] 경은 곧 세로로 짜는

· · · · · · · · · · · · ·

2 원서에는 '載常建鼓, 挾經秉枹.'이라고 되어 있으나, 『국어집해(國語集解)』에는 '建旌提鼓, 挾經秉枹.' 되어 있어 고쳤다. ([청] 서원고(徐元誥), 『국어집해』(수정본), 中華書局點校本, 2002, pp.548~550)

3 ≪원주≫ 괵계자백반(虢季子白盤)

4 ≪원주≫ 모공정(毛公鼎)

5 ≪원주≫ 제진만궤(齊陳曼簠)

6 요문전(姚文田)은 청(淸)나라 귀안(歸安, 지금의 浙江省 吳興) 사람으로, 자는 추농(秋農)이고, 호는 매의(梅漪)이며, 청(淸)나라 가경 기미 4년(1799)에 진사에 일등으로 급제했다. 저서로는 『설문성계(說文聲系)』 등이 있다.

7 엄가균(嚴可均)의 저서로는 『설문성류(說文聲類)』가 있다.

8 직물(織物)은 두 올의 직사(織絲)가 서로 가로와 세로의 실이 일정한 법칙에 의해서 직각으로 교차되면서 짜여 진 천이다. 직물의 기본은 평직(平織)·사문직(斜文織)·유자직(襦子織)의 3가지가 있다.

선으로 남북으로 난 도로를 가리키는 말로 가차되기도 하였다.[9] 남북으로 난 길은 자연히 상도(常道)로 여겨졌기 때문에 또 상규(常規)라는 말로 가차되어 천하를 경륜(經綸)한다는 뜻으로 쓰였다.[10] 『역경(易經)』「둔괘(屯卦)」상(象)에서 "구름[11]과 우레가 둔이니 군자는 이로써 경륜한다.[雷震屯, 君子以經綸.]"라고 말하였고, 『주례(周禮)』「천관(天官)·태재(太宰)」에서 "이로써 나라를 경영한다.[以經邦國.]"에 대한 주에서 "경은 법이니, 왕은 이를 예경이라 이르며 이것을 항상 붙잡고 세상을 통치하고, 국가의 관부[12]는 이를 예법이라 이르며 이것을 항상 지켜서 법식을 만드니, 상은 상급자나 하급자들 모두에게 통용되는 이름이다.[經也, 法也. 王謂之禮經, 常所秉以治天下也; 邦國官府謂之禮法, 常所守以爲法式也. 常者, 其上下通名.]"고 하였다. 경은 이미 상규로도 쓰인 적이 있기 때문에 또한 상전(常典)으로도 인신(引伸)되어 쓰일 수 있었다. 『순자(荀子)』「권학(勸學)」편에서 "학문의 방법은 『시(詩)』을 외는 것으로 시작하고 『예(禮)』를 읽는 것으로 끝낸다.[數則始乎誦『經』, 終乎讀『禮』.]"의 주에서 "경은 『시경』과 『서경』을 말한다.[經謂『詩』·『書』.]"고 했다. 또한 『석명(釋名)』[13]에서도 "경은 곧은 길의 의미로 이는 곧 변함없는 법전을 뜻한다. 예컨대 곧은 길은

. . . .

9 《원주》『주례(周禮)』「고공기(考工記)·장인(匠人)」, "경도구궤(經涂九軌)"에 대한 소(疏)에서 "남북으로 난 길이 경이다.[南北之道爲經]"고 하였다.
10 《원주》『상서(尙書)』「대우모(大禹謨)」 "무고한 자를 죽이느니 차라리 법도를 잃어 실패하는 것이 낫다.[與其殺不辜, 寧失不經.]"에 대한 전(傳)에서 "경(經)은 상(常)이다.[經, 常.]"라고 하였다. 『춘추좌씨전(春秋左氏傳)』선공(宣公) 12년에서는 "약한 여럿이 힘을 합하여 강한자를 대적하는 것은 무(武)의 훌륭한 법도입니다.[兼弱攻昧, 武之善經也.]"라고 하였다.
11 원문의 '震'자는 『주역周易』 '운뢰둔(雲雷屯)'에 근거하여 '雲'자로 바꾸었다.
12 관부(官府)는 조정이나 정부를 이르는 말이다.
13 『석명(釋名)』은 후한(後漢) 말 유희(劉熙)가 지은 책으로, 같은 음을 가진 말로 어원을 설명하였다. 내용에 의해서 석천(釋天)·석지(釋地)·석산(釋山)으로 시작하여 석질병(釋疾病)·석상제(釋喪制)에서 끝나는 27편의 분류방법은 『이아(爾雅)』와 같으나, 소리가 비슷한 말은 의미에도 많은 관련이 있다는 성훈(聲訓)의 입장에서 해설을 한 점이 특색이다. 억지에 불과하다는 설도 있으나 어원을 해설한 점에서 중요한 자료이다. 또한 오늘날에는 그 실물을 알 수 없는 기물(器物)과 가구(家具)에 관해 귀중한 기록이 적지 않다. 청나라의 왕선겸(王先謙)이 편찬한 『석명소증보(釋名疏證補)』는 이 책의 훌륭한 연구서로 꼽힌다.

막힘없이 통하는 것이니, 언제든지 사용할 수 있다는 의미와 같다.[經, 徑也, 常典也. 如徑路無所不通, 可常用也.]"고 하였다.『문심조룡(文心雕龍)』「종경(宗經)」의 해석에서 "경이라는 것은 항구불변의 극진한 도이고 불멸의 큰 가르침이다.[經也者, 恒舊之至道, 不刊之鴻教也.]"라고 명확하게 말하였다.

경은 베를 짤 때에 실을 세로로 짠다는 뜻으로 시작하여 상전(常典)의 의미로 인신되었다. 이는 한 단계 한 단계 파생된 것이다. 그러나 어떤 학자들은 이 문제에 대해 색다른 추론을 제시하고 있다. 근대 고문학의 권위자인 장태염(章太炎)은 경은 실을 사용하여 죽간을 엮는 형태로, 원래는 서적의 범칭(凡稱)으로 쓰였다고 하였다.[14] 이 설은 많은 후학들이 받아들이고 있다. 천옌지에(陳延杰) 또한 이 설을 지지하면서 다음과 같이 말하였다.

> 경의 뜻을 미루어보면, 본래는 씨줄 위(緯)와 나란히 일컬어졌는데 지금은 전적의 이름으로만 가차되고 있다. 이는 아마도 대쪽(簡冊; 簡書)들이 이리저리 흩어지기 쉽기 때문에 반드시 실로 엮어 놓아야 했다.『사기』에서 "공자(孔子)는『역경』을 읽다가 가죽 끈이 세 번 끊겼다."고 말하고 있으며 허신(許愼, 30~124)[15]은 "책은 크기가 길고 짧은 대나무를 중간에 두 번 엮은 형태를 본 딴 것이다."라고 하였으니 죽간을 엮은 것을 처음에는 책이라고 명명하였다. 『남사(南史)』「왕승건전(王僧虔傳)」에서도 "도굴꾼이 초나라 왕의 무덤을 파헤쳐 푸른 실로 엮어진 죽간서(竹簡書)[16]을 얻었다."고 전하고 있으니 이는 곧 죽책들을 얽어매어 책으로 만들 적에 실로 꿰매어서 연결하기 때문에 종사의 이름을 빌려서 전적의 호칭으로 삼았던 것이다. 하나라 유자들이 경을 상도로 해석한 것은 인신된 뜻을 따른 것이지 그 본 뜻을 따른 것은 아니었다. [推經之

14 장태염,『국학강연록(國學講演錄)』「경학약술(經學略說)」화동사범대학교출판사(華東師範大學出版社), 1995
15 허신은 중국 후한의 학자로, 자는 숙중(叔重)이다. 고문학을 배우고 육서를 구명하였다. 저서로는『설문해자(說文解字)』,『오경이의(五經異義)』등이 있다
16 죽간서는 옛날에 대나무를 얇게 깎아서 가죽 끈으로 엮어 이은 죽간을 말하는데, 이곳에 글을 쓰거나 기록들을 남겼다.

意, 本以緯幷稱, 今借爲載籍之名者, 蓋以簡冊渙散, 須從(縱)絲編連之者也. 『史記』云, "孔子讀『易』, 韋編三絶." 許愼說, "冊, 象其札一長一短, 中有二編之形." 亦以連編諸 簡, 始名爲冊也. 『南史』「王僧虔傳」"有盜發楚王冢, 獲竹簡書靑絲編", 則編冊用書, 連綴用絲, 故借從(縱)絲之名爲典籍之號, 漢儒經訓爲常道, 乃引申之義, 而非經之本意 也].[17]

이러한 추론은 비교적으로 문제점이 많다. 첫째, 죽간을 꿰는 끈은 가죽으로 된 것도 있고 실로 된 것도 있겠지만, 비교적 이른 시기에는 분명 가죽 끈을 썼을 것이다. 나중에 발견된 간책에서는 모시를 사용하였는데, 모시는 곧 삼으로 만든 끈이다.[18] 둘째, 경은 세로줄(縱絲)의 뜻인데 세로줄로 세로로 늘어선 죽간을 꿰매는 것은 상식적으로 맞지 않는다. 셋째, '경'이라는 글자가 가차되고 인신되는 과정에 대해 논한다면, '상전'의 뜻으로 쓰인 것은 비교적 늦어서 가장 이른 것이 『춘추좌씨전(春秋左氏傳)』과 『순자(荀子)』 등의 책에 나타나는 것이다. 그러나 경이 '상도' 혹 다스린다는 뜻의 '치리', 계획한다는 '책획(策劃)' 등의 뜻으로 인신되어 쓰인 것이 좀 더 일찍 나타나고 있다. 앞에서 예로 든 것 외에도, 『시(詩)』 「대아(大雅)·영대(靈臺)」에는 "영대(靈臺)의 역사(役事)를 일으키시어 땅을 재고 푯말을 세우시더니.[經始靈臺, 經之營之.]"라는 내용이 있고, 『주례』 「천관(天官)·총재(冢宰)」에도 "국과 야의 구역을 구획한다.[體國經野.]"[19]라는 글귀가 있다. 이 예는 장태염과 다른 학자들의 설로는 설명하기 어렵다.

경이 이미 떳떳한 법전의 뜻으로 "바뀌지 않는 명칭[不易之稱]"[20]이 된 것은

• • • • • • • • • • • • •

17 ≪원주≫ 진연걸(陳延杰)의 『경학개론(經學槪論)』, 상무인서관(商務印書館) 민국(民國) 19년판.

18 ≪원주≫ 시(枲)자는 『거연한간(居延漢簡)』 甲918에 보인다.

19 『주례(周禮)』 「천관(天官)·총재(冢宰)」 "대저 왕이 도성을 건설함에 있어서는, 방향을 분별하여, 왕궁의 위치를 제정한다. 국과 야의 구역을 구획하고, 각 관직을 나누어 설치한다.[惟王建國, 邊方正位, 體國經野, 設官分職.]"(『십삼경주소』, 『주례주소(周禮注疏)』, pp.2~6)

20 ≪원주≫ 정현(鄭玄)의 『효경(孝經)』주(注)

일반 사람들이 정한 것이 아니다.『박물지(博物志)』에서 "성인이 제작한 것을 경이라 말하고 현인이 저술한 것을 전이라 말한다.[聖人制作曰經, 賢人著述曰傳.]"고 했으니 그렇다면 왜 성인이 제작한 것을 경이라 했을까? "대개 경은 다른 뜻이 아니라 곧 천하(天下)의 공변된 도리(公理)일 뿐이다.[蓋經者非他, 卽天下之公理而已.]²¹" 여기서 '경'은 이미 상전의 뜻이 아니라 주공(周公)의 옛 전장제도(舊典)²² 혹은 공자가 산정(刪定)(혹은 공자의 제작물)한 유학의 저작만을 가리키는 것[專指]이다. 이러한 뜻에서의 "전지(專指)"는 진한 이후에 나온 것이다.

선진시대 성인의 옛 전장제도을 모두 경이라 일컫지는 않았다.『주례』에 따르면 춘관종백(春官宗伯)²³에 소속된 외사(外史)²⁴는 삼황오제(三皇五帝)²⁵의 서(書)를 관장한다고 하였다. 그렇다면 무엇을 삼황오제의 책이라 말하는가?『좌전』소공(昭公) 12년 조에 따르면 초(楚)나라 좌사(左史)인 의상(倚相)은『삼분(三墳)』²⁶·『오전(五典)』·『팔삭(八索)』²⁷·『구구(九邱)』²⁸ 등을 능숙하게 읽

· · · · · · · · · · · ·

21 《원주》『사고전서(四庫全書)』,「경부총서(經部總敍)」
22 구전(舊典)은 예전의 법전(法典)이나 제도(制度)와 문물(文物) 등을 말한다.
23 이는 주대(周代)의 소사(少師)·소부(少傅)·소보(少保)·천관총재(天官冢宰)·지관사도(地官司徒)·춘관종백(春官宗伯)·하관사마(夏官司馬)·추관사구(秋官司寇)·동관사공(冬官司空) 등 아홉 가지 벼슬 중에 하나를 말한다.
24 외사(外史)는 왕기 이외의 지역에 대한 왕의 명령을 전파하고, 사방의 지지(地誌)를 장관하였다.
25 삼황오제(三皇五帝) 가운데 삼황은 보통 복희씨(伏羲氏)·신농씨(神農氏)·여와씨(女媧氏)를 말하며 천황(天皇)·지황(地皇)·인황(人皇) 또는 태황(泰皇)으로 기록하기도 한다. 또한 삼황 가운데 여신인 여와씨 대신 수인씨(燧人氏) 혹은 축융씨(祝融氏)가 기록된 경우도 있다. 복희씨는 사람들에게 물고기 잡는 법을 전수해 주었으며, 신농씨는 농사법을 전해주었다. 여와씨는 인간을 창조하였다고 한다. 오제는 황제(黃帝) 헌원(軒轅)·전욱(顓頊) 고양(高陽)·제곡(帝嚳) 고신(高辛)·제요(帝堯) 방훈(放勳, 陶唐氏)·제순(帝舜) 중화(重華, 有虞氏)이며, 별도로 소호(少昊) 등을 드는 경우도 있어 일정하지 않다.
26 삼분(三墳)은 중국 고대의 삼황(三皇) 즉 복희(伏羲) 산분(山墳)·신농(神農) 기분(氣墳)·황제(黃帝) 형분(形墳)의 사적을 적은 책이라고 하나, 지금은 전해지지 않는다.
27『팔삭(八索)』의 색(索)은 구한다[求]는 뜻인데, 팔괘(八卦)에 대한 설명이다.
28『구구(九丘)』의 구는 모음[聚]이라는 뜻인데, 구주(九州)의 토지에서 생산하는 물건과 그 지방 풍속들이 전부 이 글에 모여졌다는 뜻을 말한다.

있다고 한다. 이 단락에 대한 주석과 『상서(尙書)』 소(疏)에서 가규(賈逵, 175?~228)[29]의 주를 인용한 것을 종합적으로 살펴보면 다음과 같다.

복희(伏羲)・신농(神農)・황제(皇帝)의 책을 삼분(三墳)이라 하는데 이것은 대도(大道)를 말한 것이다. 소호(小皞)・전욱(顓頊)・고신(高辛)・당우(唐虞)의 책을 오전(五典)이라 하는데 이것은 상도(常道)를 말한 것이며, 우(虞)・하(夏)・상(商)・주고(周誥) 등의 깊은 뜻은 일규(一揆)[30]에 귀속되고 팔괘지설(八卦之說) 등을 팔삭(八索)이라 하는데 이것은 팔오(八五)의 법(法)을 말한다. 구주(九州)에 대해 기록한 것을 구구(九邱)라 하는데 이는 구주의 토양에 잘 맞는 것, 그 지방의 특산물, 알맞은 풍속[風氣]들이 모두 이 책에 모여 있다.[伏羲・神農・皇帝之書, 謂之三墳, 言大道也. 小皞・顓頊・高辛・唐虞之書, 謂五典, 言常道也; 虞・夏・商・周誥奧義, 其歸一揆, 八卦之說, 謂之八索, 言八五之法. 九州之志, 謂之九丘, 九州所宜, 土地所生, 風氣所宜, 皆聚此書.]

선진유가(先秦儒家)에서 성인의 구전(舊典)를 경이라 일컫게 된 것은 한나라 유자의 공로였다. 선진유가의 구전은 그 작자와 책의 편찬, 그리고 그 연대 등에 대해 많은 쟁론이 있지만, 공자 및 그 후학 일파의 저작으로 보는 것에는 의심하지 않는다. 공유일파(孔儒一派)는 선진시대에 단지 제자의 반열에 머물러 있었고, 그 이론도 문자에만 국한되어 있었을 뿐 그 대부분은 실행되지 못했다. 전국 말에서 진한시기 그 영향력은 심지어 도가의 수준에도 미치지 못했다. 『여씨춘추(呂氏春秋)』・『관자(管子)』・『회남자(淮南子)』 등은 모두 이 시대의 작품으로 비록 그 내용들은 다소 방잡하긴 하지만, 모두 도가를

• • • • • • • • • • • • • •

29 가규(賈逵)는 지금의 산서성(山西省) 하동군 양릉현 출신으로, 자는 양도(梁道)이다. 어렸을 때의 이름은 구(衢)였으나 성장하여 규(逵)로 개명하였다. 위(魏)나라 때 조조의 신하였으며 마초 토벌 전에서 공을 세워 두각을 나타내었다. 그는 제방을 쌓고 저수지를 만드는 한편 운하를 건설하고 개통하여 가후거(賈侯渠)라 칭하였다. 병이 들어 55세에 사망하였으며 사후 숙후의 시호가 내려졌다.
30 일규(一揆)는 같은 경우나, 또는 경로나 변하지 않는 한결같은 법칙을 말한다.

계승하는 경향이 있었다. 사마천이 제자백가를 서술할 때에도 또한 먼저 황로(黃老)를 말한 다음에 육경을 말하였다. 유가의 옛 전적이 본격적으로 경전으로 여겨진 것은 바로 무제시기였다. 바로 유가가 독보적인 지위를 차지한 이후의 일이다. 멍원통(蒙文通, 1894~1968)[31]은 일찍이 다음과 같이 논하였다.

> 육예경전의 일에 대해서는 대체로 다음과 같이 지적할 수 있다. 각 학자들의 이론을 취합하여 그들의 핵심만을 유가(儒家)쪽으로 모아놓은 것이다. 도가를 높이는 자들은 제자백가의 설을 종합하여 그 뜻을 잘라내어 순전히 공허한 말로 만들고, 유가를 높이는 경우에는 제자백가의 설을 종합하여 그 제도를 갖추어 모두 실용적으로 사용하였다. 유가를 높이는 경술은 도가를 높이는 잡가를 이어 점차 흥성하다가 마침내 그 자리를 빼앗아 대신하게 된 것이다. 그래서 공씨(孔氏)만이 백세(百世)토록 독존하였던 것이다. "백가를 몰아내고 육경을 드러내자[罷黜百家 表彰六經]"는 동중서의 설과 건원(建元 : 연호 제정)의 일이 어찌 우연이겠는가? 가만히 논해 보건대 육예의 문장이 아무리 추노(鄒魯) 지방의 고전(故典)이라 하여도, 편장(篇章)의 길고 짧음[盈缺]과 문구의 차이를 보면 반드시 수사(洙泗, 공자)의 책으로만 볼 수 없다. 왜냐하면 후학자의 교정에 의하여 출현된 책들이 간간이 있었기 때문이다. 그러므로 경(經)과 전기(傳記)는 바퀴와 바퀴살처럼 의존하는데, 이는 한(漢)나라로 들어선 이후 유자가 백가의 학문과 육예(六藝)의 글에서 버릴 것은 버리고 그 순수한 것만을 모아 그 설을 정묘(精妙)한 데로 미루어 극진히 하였기 때문이다. 그 지닌 뜻은 이미 제자백가보다 더 뛰어났다. 특히 한(漢) 나라 신유학(新儒學)의 논지는 순자나 맹자보다 더 우수했으니 어찌 선진(先秦)과 백대(百代)에서 어깨를 나란히 할 자가 있겠는

......

31 자는 이달(爾達), 이름은 문통으로, 사천성(四川省) 염정현(鹽亭縣) 사람. 청말(청말)의 국학 대사(國學大師) 야오핑(廖平)과 유사배(劉師培)에게 사사하였다. 경사(經史)·제자(諸子)에 능통하였고, 불도(佛道) 및 송명청(宋明清)의 철학에 조예가 깊었으며, 중국고대사 및 고대학술문화에 대한 학문적 성취가 높았다. 저서에 『고사견미(古史甄微)』, 『집교이영노자주(輯校李榮老子注)』, 『집교성현영노자의소(輯校成玄英老子義疏)』, 『경학부원(經學扶原)』 등이 있다.

가! [六藝經傳之事, 蓋以類此. 匯各家之學, 而綜其旨要于儒家, 宗道者綜諸子以斷其義, 純爲空言, 宗儒者綜諸子而備其制, 益切于用. 自宗儒之經術, 繼宗道之雜家而漸盛, 遂更奪其席而代之. 于是孔氏獨尊于百世. "罷黜百家, 表彰六經", 仲舒之說, 建元之事, 其偶然耶. 竊嘗論之. 六藝之文, 雖曰鄒魯之故典. 而篇章之盈缺, 文句之異同, 未必洙泗之書. 將或出于後學者之所定也. 故經與傳記, 輔車相依, 是入漢而儒者于百家之學, 六藝之文, 棄駁而集其純, 益推致其說于精渺. 持義已超絶于諸子. 獨爲漢之新儒學, 論且有優于荀孟, 詎先秦百代所能抗行者哉!][32]

유가가 한대에 이르러 독존적인 지위를 차지한 후, 이때의 유학은 이미 선진유학과는 달랐다. 이를 한대 경학(漢代經學)이라고 일컬을 수 있다.[33] 한대 경학은 결국 사회정치와 사회생활에서 실제적인 영향을 끼치게 되었다. 유학의 저작들은 사회정치 생활의 '경'으로 간주된 것도 또한 이상할 것이 없었다. '공허한 말'과 '제도의 완비'는 선진유학과 양한경학의 중요한 차이점이다. 선진유학과 양한경학의 차이에 대해 한 단계 더 연구하기 위해 다음 몇 가지 방면으로 분류해 논의해 보도록 하겠다.

첫째, 경학은 한대의 유학이다. 시대마다 학술은 그 시대적 제약을 받지 않을 수 없고 아울러 시대적인 영향을 받는다. 양한시기에 이르러서 유학은 다른 학설이 부러워하는 독존의 지위를 얻었기 때문에 이러한 영향도 자연히 더욱 깊어졌다. 바로 멍원퉁이 말한 것과 마찬가지로, 한대의 유학 저작들은 편장의 길고 짧음이 있기 때문에 이미 수사(洙泗)의 책으로만 치부할 수 없다. 글자를 더하여 경문을 풀거나 경문의 뜻을 미루어 부연하는 것은 한대 학자

. . . .

32 ≪원주≫ 멍원퉁(蒙文通)『유학오론(儒學五論)』, 노명서점(路明書店) 민국33년판
33 ≪원주≫ 경학을 연구하는 학자들 가운데 한나라 유학을 신유학이라 말하는 학자들도 있는데 필자는 타당하지 않다고 생각한다. 한나라 유학을 신유학이라 일컫고, 송대 유학도 신유학이라 일컬으며, 현대도 또한 신유학일파가 있기 때문에 명칭이 난잡해져서 보고 들을 때 오해가 생기기 쉽다. 한나라 유학은 양한의 유학을 가리키는 것으로, 한나라 때에는 새로운 것이었겠지만, 지금 봐서는 옛것이다. 그러므로 "한경학"이라 일컫는 것이 비교적 타당하다고 생각한다.

들이 원하기도 하였고 뛰어나기도 했던 일이었다. 『한서』「유림전(儒林傳)」에
는 다음과 같은 내용이 있다. "예관(倪寬)이 처음 무제를 만나 뵙고 경학에
대해 말했는데 황제께서 '나는 처음에 『상서(尙書)』를 소박한 학문[樸學][34]이
라 여겨서 좋아하지 않았다. 예관의 말을 듣고 나서 깨달은 바가 있어, 이에
예관을 따라 한 편(篇)을 읽었다.'[初見武帝, 語經學. 上曰: '吾始以尙書爲樸學, 弗好,
及聞寬說, 可觀. 乃從寬問一篇.']"고 하였다. 『상서』는 바로 옛날 역사서로 본래
박학(樸學)에 속함은 당연한 것이다. 그러나 이것은 고대의 고명(誥命)[35]과 당
안(檔案)의 문서로, 예관의 설명을 들은 이후 새로운 뜻을 얻게 되어 실천할만
한 가치를 얻은 것이다.

선진의 옛 전적들은 양한시대까지 전해 내려오면서 연대가 오래되어 저작
당시 상황과 양한시대의 상황이 많이 달려진데다 탈루(脫漏; 빠져서 없어짐)가
생기고 심하게 뒤섞였다. 그래서 한대의 경사(經師)[36]들은 경문의 난해한 부분
을 만나면 항상 자신의 의견을 적곤 하였는데 글자를 더하여 경을 풀다가
이 경설(經說)이 경문에 어긋나는 현상이 나타나기도 하였다. 『논형(論衡)』
「본성편(本性篇)」에서 다음과 같이 말하고 있다.

> 미자(微子)[37]가 "옛날에 아이에 대해 말하기를 왕자를 내쫓지 않으면"이라고
> 말했는데 이는 주(紂)가 어렸을 때 미자가 그의 좋지 못한 성격을 본 것이다.
> 성품이 나쁜데다가 일반 사람[衆庶]보다 뛰어나지 못하니 장차 청년이 되어서
> 난동을 부리며 (이런 성격은 절대) 변하지 않을 것이다. 그래서 말한 것이다.
> [微子曰 "我舊云孩子, 王子不出", 紂爲孩子時, 微子睹其不善之性, 性惡不出衆庶, 長
> 大[38]爲亂不變, 故云也].[39]

. . . .

34 박학은 경학과 유교를 달리 이르는 말이다.
35 중국의 황제가 제후나 오품 이상의 벼슬아치에게 주던 임명장을 말한다.
36 경학을 외우거나 읽을 줄 아는 지식인으로, 당시의 박사 또는 전공자를 말한다.
37 미자는 중국 商나라의 마지막 임금인 주왕(紂王)의 이복형으로서 상이 멸망한 뒤에 주나라
　성왕에게 송의 제후로 봉해졌다. 비간(比干)·기자(箕子)와 함께 상 말기의 세 명의 어진 사
　람으로 꼽힌다.

왕충(王充, 25~220)[40]이 기록한 일은 『상서』「미자(微子)」[41]의 글을 인용한 것으로, '刻子'를 '孩子'로 하였다. 인용문만 놓고 보면, 주(紂)의 난폭한 면이 보이지 않는다. 그러나 한나라 때 주(紂)와 걸(桀)이 이미 잔악하고 난폭한 군주의 화신처럼 변화되었기 때문에 『논형』의 해석도 한나라 사람들의 상식에 기초한 것으로 글자를 더하여 경문을 해석한 것은 결코 왕충만의 뛰어난 점은 아니었다. 현재 볼 수 있는 한나라 경사들의 전(傳)과 주(注)가 모두 이러하기 때문에 이루 다 거론할 수 없다. 한나라 경사들이 이렇게 한 목적은 동시대 사람들에게 옛 전적을 이해시키기 위한 것으로 당연히 사문(師門)을 빛내고 가학(家學)[42]의 명성을 높이려는 의도도 배제할 수 없다. 이런 까닭에 한대 경설은 갈수록 더 번잡해졌다.

『한서』「하후승전(夏侯勝[43]傳)」에 다음과 같은 내용이 실려 있다.

> 종부(從父) 아들 건(建)은 자가 장경(長卿)으로 하후승(何候勝)과 구양고(歐陽高)[44]를 사사하여 두 사람의 장점을 익히고, 또[45] 오경(五經)을 익히는 여러 유생

----

38 본문의 '不'자는 『논형(論衡)』에 근거하여 '大'로 바꾸어서 번역했다. (이주행 역, 『논형』, 소나무, 1996.)

39 이주행 번역본에서는 "나는 언젠가 어린 왕자인 紂를 평가하여 그다지 뛰어나지 못하다."고 번역하였다. (이주행 역, 『논형』, 1996)

40 왕충은 후한 시대의 유물론자이다. 사회적으로 불우한 생애를 보내고, 또 최근까지 이단시되어 정당한 평가가 내려지지 못했는데, 그것은 공자나 맹자를 비판했기 때문이었다. 그는 당대에 유행한 천인상관설(天人相關說)이나, 미신적 예언설인 참위설(讖緯說)을 비판하고 부정하였으며, 자연으로서의 天과 모든 현상은 '기(氣)'의 작용에 의해 필연적으로 일어난다고 하는 유물론을 주장하였다.

41 원서의 '酒誥'는 『십삼경주소』본에 근거하여 '微子'로 바꾸어서 번역했다.(『십삼경주소』『상서정의(尚書正義)』, pp.313~314)

42 가학은 한 집안에 대대로 전하여 오는 학문을 말한다.

43 하후승은 한나라 선제 때의 유학자로, 선제가 즉위하여 무제의 덕을 기리고자 무제의 묘악(廟樂)을 만들도록 명하였는데, 유독 하후승만이 무제가 사이(四夷)를 물리치고 국경을 개척하는 등 공은 많으나 선비를 많이 죽였고 사치스러워 백성을 괴롭히는 등 덕이 없다고 하여 반대하였다. 이것으로 인해 탄핵을 입어 하옥되었다가 후에 사면되었다. 『상서』와 『예기』에 밝았다고 한다.

44 구양고는 전한 천승군(千乘郡, 지금의 廣饒縣) 사람으로, 자가 자양(子陽)이고 구양생(歐陽

들에게 『상서』의 차이에 대해 묻고, 여러 설을 인용하여 장구를 조절하고, 윤색하였다. 하후승이 이를 비난하여 말하기를 "하후건이 이른바 장구라고 한 것은 (식견이) 좁은 선비나 하는 짓으로 이는 큰 도리를 자잘하게 부수는 행위"라 하였다. 하후건도 또한 하후승을 비난하면서 학문이 엉성하고 소략하여 토론에 응하기 어렵다고 하였다. 하후건은 마침내 스스로 경학을 전공한 끝에 이름을 떨쳤다.[勝從父子建字長卿, 自師事勝及歐陽高, 左右采獲, 又從『五經』諸儒問與『尙書』相出入者, 牽引以次章句, 具文飾說. 勝非之曰 : "建所謂章句小儒, 破碎大道." 建亦非勝爲學疏略, 難以應敵. 建卒自顓門名經.]

그 사승(師承)[46]관계를 고찰해 보면 하후건은 장산부(張山拊)에게서 배웠고 장산부는 진연군(공)(秦延君(恭))에게서 배웠다는 것을 알 수 있다. 『한서』「유림전」 "공(秦恭)이 사법(師法)[47]에 대해 더한 내용이 백만 마디 말에 이른다.[恭增師法至百萬言.]"의 보주(補注)에서 심흠한(沈欽韓)의 말을 인용하여 "『어람(御覽)』「학부(學部)」에 환담(桓譚)의 『신론(新論)』을 인용하여 '진연군이 왈약계고(曰若稽古)에 대해 한 말이 이만 마디에 이른다.[秦延君說曰若稽古至二萬言.]'고 하였고, 『문심조룡(文心調龍)』「논설편(論說篇)」에서는 '진연군이 「요전(堯典)」에다 주를 단 것이 십여 만 글자나 된다.[秦延君注『堯典』十餘萬字.]'고 하였다. 경설의 이러한 번잡한 경향은 한나라 때에 이미 비판을 받기도 하였다. 『한서』「예문지」에 다음과 같은 내용이 실려 있다.

옛날 학자들은 밭을 일구고 또 교양도 쌓아 3년 후에 한 가지 경[藝]에 통하고 그 경의 대체적인 내용들을 체득한 후에야 경문을 연구했다. 그렇기 때문에 짧은 기간 동안에 많은 덕을 쌓아 30세에는 오경에 정통하였다. 하지만 후세의

. . . .

生)의 증손이다. 구양생에게 『상서』를 전수 받았고 또한 박사로 임명되어 태학의 학관이 되었다.
45 원문의 '不從'의 '不'자는 『한서』「하후승전」에 근거하여 '又'자로 고쳤다.(『한서』, p.3159)
46 사승은 스승에게 학문이나 기예 등을 배워서 이어 받음을 말한다.
47 사법은 스승으로서 지켜야 할 도리를 본받아 배움을 말한다.

148

경과 전은 그 내용들이 이미 어그러져서 박학한 자들도 또한 많이 듣고 의심나는 것은 뺀다는 의미를 생각하지 않고, 뜻만 파고들면서 힐난을 회피해 버리고 편벽된 말로 교묘하게 말을 꾸며 기존의 경전을 파괴하면서 다섯 자를 푸는데 이삼십만 자의 말을 하였다. 후학들은 이럴 더욱 추종하였다. 그래서 아이들은 한 가지 경을 익히다가 백수(白首)가 된 이후에야 말을 할 수 있다. 그 익히는 것을 편하게 여기면서 그 보지 못하는 것에 훼방을 놓으며, 끝내 그것을 감추려고만 한다. 이는 배우는 자들의 큰 근심이다.[古之學者耕且養, 三年而通一藝, 存其大體, 玩經文而已, 是故用日少而畜德多, 三十而五經立也. 後世經傳旣已乖離, 博學者又不思多聞闕疑之義, 而務碎義逃難, 便辭巧說, 破壞形體; 說五字之文, 至於二三萬言. 後進彌以馳逐, 故幼童而守一藝, 白首而後能言; 安其所習, 毀所不見, 終以自蔽. 此學者之大患也.]

위의 여러 사례들을 종합하여 서술해 보면 유학과 경학이 경문 방면에서 차이가 있음을 볼 수 있다. 경학은 한대의 유학으로 한대의 특색을 띠는 것이 당연하다.

둘째, 경학은 신성화(神聖化)된 유학이다. 경학은 한대의 유학으로 황제의 총애를 입게 되면서 신유가(新儒家)는 신성화된 특징을 얻게 되었고 유학의 창신자인 공자 또한 성인(聖人)과 소왕(素王)[48]의 지위를 얻게 되었다. 『법언(法言)』「학행(學行)」에서 "하늘의 도가 중니에게 있지 아니한가? 중니가 전한 학설을 전수받은 자가 이 유자에 있지 아니한가! 만약 그 말한 바를 다시 전하고자 한다면 모든 유자들로 하여금 목탁[金口木舌][49]이 되게 하는 것 만한 것이 없다.[天之道不在仲尼乎? 駕說者也; 不在玆儒乎? 如將復駕其所說, 則莫若使諸儒金口而木舌.]"고 하였다. 『잠부론(潛夫論)』「고적(考績)」에서도 다음과 같이 말하고 있다. "대저 성인(聖人)은 하늘의 입이고, 대저 현인(賢人)은 성인의 말을 풀어

48 소왕은 왕자다운 덕이 있어 왕이 될 자격을 갖춘 사람으로 즉 공자를 말한다.
49 김구목설은 훌륭한 언설(言說)로 사회를 가르치고 이끌어 나가는 사람을 비유적으로 이르는 말이다.

제2장 전통적 문화와 문화적 전통 149

내는 자이다. 이러한 까닭에 성인의 말은 하늘의 마음이고, 현인이 말한 것은 성인의 뜻이다.[夫聖人爲天口, 夫賢人爲聖譯. 是故聖人之言, 天之心也; 賢者之所說, 聖人之意也.]"[50]

『사기』에서는 공자를 세가(世家)에 위치 지웠고 기타 여러 백가들을 모두 열전(列傳)에 배치하였다. 사마천은 결코 공자를 존중하지 않았다. 그렇지만 공자를 세가에 놓은 것은 공유일파(孔儒一派)가 사마천의 시대에 이미 사회적으로 영향을 끼치고 있었다는 것을 볼 수 있다. 『사기』「공자세가(孔子世家)」에서 다음과 같이 말하였다.

> 태사공(太史公)이 말하였다. "『시』에 이런 말이 있는데 '높은 산을 사람이 우러르고, 큰 길을 사람이 따른다네.' 하였으니, 비록 그 경지에 도달할 수 없더라도 마음만은 그 곳을 향하리라. 공자의 책들을 읽다가 그 사람의 됨됨이를 상상해 보았다. 그리고 노(魯)나라에 가 공자의 묘당(廟堂)과 거복(車服)과 예기(禮器) 등을 보았고, 여러 문하생들이 때때로 그 집에서 예를 익히는 광경을 보고 나서 나는 머뭇거리며 이곳을 떠날 수가 없었다. 천하에 임금으로부터 현인에 이르기까지 많은 이들이 그 당시에 영화를 누렸으나 죽으면 그 뿐이었다. 공자는 벼슬 없이 살았으나 3백여 년이 지난 지금 학자들의 종주가 되었다. 천자와 왕후로부터 중국 내에서 육예를 말하는 자들은 공자를 절충하였으니 가히 지극한 성인이라 말할 수 있겠다.[太史公曰, 『詩』有之, '高山仰止, 景行行止.' 雖不能至, 然心向往之. 余讀孔氏書, 想見其爲人. 適魯, 觀仲尼廟堂·車服·禮器, 諸生以時習禮其家, 余祗回留之不能去云. 天下君王, 至于賢人, 衆矣, 當時則榮, 沒則已焉. 孔子布衣, 傳十餘世, 學者宗之 自天子王侯, 中國言六藝者, 折中於夫子, 可謂至聖矣.]"

공자는 이미 성인이 되었고 공자가 남긴 저작이 자연스럽게 한나라 때

---

50 『잠부론』은 후한 말에 王符가 지은 책으로 자(子)·류(類)·유(儒)·모(蒙)로 분류되어 있다. 특히 유교주의의 정치론을 가지고 그때의 폐정(弊政)을 논하였는데, 모두 10권 35편으로 되어있다.

경전으로 군림하게 되었다.

『춘추공양전(春秋公羊傳)』 애공(哀公) 14년 "군자(君子; 공자)께서 왜『춘추(春秋)』를 지으셨는가? 어지러운 세상을 다스리고 모든 것을 바른대로 돌리는 데는 『춘추』만큼 가까운 것이 없다.[君子曷爲『春秋』? 撥亂世, 反諸正, 莫近諸『春秋』.]"고 말했다. 하휴(何休, 129~182)[51]는『공양전해고(公羊傳解詁)』에서 춘추와 관련된 위서인『연공도(演孔圖)』의 내용을 인용하여 다음과 같이 말하였다. "기린을 획득한 이후 하늘이 혈서를 노나라 단문(端門)[52]에 내렸다. 그 혈서에 말하길 '법이 만들어짐에 따라 공성(孔聖)이 몰락하고 주희(周姬)가 멸망할 것이다. 혜성이 동쪽에서 나타나니 진나라 정치가 발흥하고, 호(胡)가 목탁(여기서는 공자의 학문을 가리킴)을 파괴할 것이라. 책과 기록이 흩어질 것이나 공자의 학문은 끊어지지 않을 것이라.'라고 하였다. 자하(子夏)가 다음날 가서 보니, 혈서는 날아가 붉은 새가 되었다가 다시 흰색으로 변하였다. 이를『연공도』라 하였다. 그 속에는 책을 만들고 법을 제정하는 형상이 그려져 있었다. 공자가 고개를 들어 천명을 미루어 짐작해 보고 고개를 숙여 때의 변화를 관찰해 보니, 오히려 미래가 보이면서 무궁한 앞날을 미리 알 수 있었으니, 한나라가 큰 혼란을 이을 것을 아시고, 혼란을 다스리는 법을 지어서 전수해 준 것이다.[得麟之後, 天下降血書魯端門, 曰: '趨作法, 孔聖沒, 周姬亡. 彗東出, 秦政起, 胡破木. 書記散, 孔不絶'. 子夏明日往視之, 血書飛爲赤鳥, 化爲白書, 曰『演孔圖』. 中有作圖制法之狀. 孔子仰推天命, 俯察時變, 却觀未來, 豫解無窮, 知漢當繼大亂之後, 故作撥亂之法以授之.]"

· · · · · · · · · · · · ·

51 하휴는 중국 후한 말의 사상가로, 자는 소공(邵公)이고 산동성(山東省) 제녕현(濟寧縣) 사람이다. 소박 근엄한 학자로, 젊어서 관리가 되었으나 곧 사퇴하고, 각고의 15년 만에 명저 『춘추공양해고(春秋公羊解詁)』를 완성했다. 당시에는 마융·정현을 중심으로 하는『춘추좌씨전(春秋左氏傳)』이 성행하고『춘추』의 기사를 사실로서 상술하는 학풍이 성행하였는데, 하휴는『춘추공양전』을 거론하여 그 기사의 사상적 의미를 취하고 이를 공자의 정신을 잇는 것이라 해 존경하였다.
52 단문은 궁전(宮殿)의 정전(正殿) 앞에 있는 정문을 말한다.

한대의 비각(碑刻) 속에 보인 이런 설법(說法) 또한 매우 보편적인 것들이다. 한칙(韓敕)이 제작한 「공묘예기비(孔廟禮器碑)」에는 "공자는 성스러움에 가까운 분으로 이는 한나라를 위하여 법도를 정했다.[孔子近聖, 爲漢定道.]"고 말했고, 「사신비(史晨碑)」에는 "서쪽에서 사냥하여 기린을 잡았다고 말하자 한나라를 위하여 법도를 제정했다.[西狩獲麟, 爲漢制作.]"[53]고 말했다. 『상서』라는 이름도 『위공서(僞孔序)』의 정의(正義)에서 정현(鄭玄, 127~200)[54]의 주를 인용하여 말하길 "상(尙)이라는 것은 높다[上]는 뜻으로 높이고 중하게 여기기를 마치 천서(天書)[55]와 같이 해야 하니, 그러므로 『상서』라 이름지은 것이다.[尙者上也, 尊而重之, 若天書然, 故曰『尙書』.]"라고 하였다.

셋째, 경학은 참위화(讖緯化) 된 유학이다. 양한 경학을 논할 때 경학이 참위화 사조(思潮)에 주의해야 한다. 사상사를 연구하는 대다수 학자들은 참위사조를 이단으로 취급하거나 혹은 신비주의와 통속미신(庸俗迷信) 등의 부류로 일컬어 왔다. 이 때문에 현대 학자들 중 경학의 참위화에 대해 연구하는 사람이 비교적 적은 편이다.

참위의 명칭과 관련해, 대만 학자 천반(陳槃)은 다음과 같이 말하였다. "지금 참(讖)·위(緯)·도(圖)·후(候)·부(符)·서(書)·록(錄) 등을 보면, 비록 명칭이 같지 않지만 실제로는 참위일 뿐이며, 위(緯) 자도 또한 참(讖)에서 나왔기 때문에 참·위·도·후·부·서·록 등의 일곱 가지 명칭은 어쩌면

· · · · · · · · · · · ·

53 《원주》 [송(宋)] 홍적(洪適), 『예석(隸釋)』 권1
54 정현는 산동성(山東省) 고밀(高密) 사람으로 자는 강성(康成)이다. 시종 재야의 학자로 지냈고, 훈고학·경학의 시조로 깊은 존경을 받았다. 젊었을 때부터 학문에 뜻을 두었고, 경학의 금문과 고문 외에 천문·력수에 이르기까지 광범한 지식욕의 소유자였다. 마융 등에게 사사하여, 『역』·『서』·『춘추』 등의 고전을 배운 뒤 40세가 넘어서 귀향하였다. 그가 낙양을 떠날 때, 마융이 "나의 학문이 정현과 함께 동쪽으로 떠나는구나."하고 탄식하였을 만큼 학문에 힘을 쏟았다. 환관들이 학자 등 반대당을 금고한 '당고(黨錮)의 화'를 입고, 집안에 칩거하여 연구와 저술에 몰두하였다. 현재 그의 『논어』 주석의 일부가 최근 신장(新疆) 위구르(維吾爾) 자치구의 당나라 시대의 무덤에서 출토되기도 했다.
55 천서는 하늘의 계시를 적은 책을 말한다.

한나라 사람들이 공통적으로 일컫는 호문(互文)이라 하여도 아무런 문제가 되지 않는다. 대체로 점험(占驗)에서 말하는 것은 참이라 하고, 부경(附經)에서 말하는 것은 위와 서와 록이라 하며, 점후(占候)[56]에서 말하는 것은 후라고 하고, 서응(瑞應)[57]에서 말하는 것은 부라고 말하니, 본질은 같으나 명칭이 다를 뿐인데, 어떻게 이런 것들에 구애받겠는가?"[58]

참위는 비교적 이른 시기에 기원하여 양한시기에 유행하였는데 특히 전한 말부터 후한시기까지 성행하였다. 위서(緯書)의 위자는 베를 짤 때 가로로 놓는 실로 경서(經書)의 경(經)자와 상대적인 것이다. 참서(讖書)라는 말이 가장 먼저 전적에 보이는 책은 바로 『후한서(後漢書)』「장형전(張衡傳)」이다. 내용은 다음과 같다.

앞에 한 말들이 후에 그대로 증험되니 그러므로 지혜로운 사람은 이를 귀중히 여겨서 이를 참서(讖書)라 하였다.[立言于前, 有證于後, 故智者貴焉, 謂之讖書.]

위서라는 말이 가장 먼저 기록된 책은 바로 순열(荀悅, 148~209)[59]의 『신감(申鑒)』「속혐(俗嫌)」이다. 내용은 다음과 같다.

세상에서 위서라 일컫는 것은 공자가 지은 책이다.[世稱緯書爲仲尼所作.]

• • • • • • • • • • • • •

56 점후는 구름의 모양이나 빛, 움직임 따위를 보고 길흉을 점침을 말한다.
57 서응은 세상을 태평하게 다스린 임금의 선정(善政)이 하늘에 달하여 나타난 길한 징조를 말한다.
58 ≪원주≫ 진반(陳槃), 「참위명명급기상관지제문제(讖緯命名及其相關之諸問題)」, 『사어소집간(史語所集刊)』 21本 1分
59 순열은 지금의 하남성(河南省) 영음(穎陰) 사람으로, 자는 중예(仲豫)이다. 일족에 조부 숙(淑), 숙부 상(爽), 도제(從弟) 욱(彧) 등의 저명한 사람이 많았다. 12세에 『춘추』에 통하였으나, 성장해서는 병약하여 세상에 나가기를 싫어하였다. 후에 조조(曹操)의 부름을 받고 황문시랑(黃門侍郎)이 되어 헌제(獻帝)에게 강의를 하였고, 밀사감시중(秘書監侍中)에 올랐다. 때마침 조조가 실권을 잡고 후한 왕조가 쇠퇴하였으므로, 인의를 바탕으로 하여 시폐(時弊)를 구제하려는 정책을 논한 『신감(申鑒)』 5편을 저술하였다.

비록 이미 한대의 수많은 사람들은 위서를 성인의 작품으로 믿지는 않지만 위서가 공자에게서 나왔다는 설은 많이 알려져 있다. 『수서(隋書)』 「경적지(經籍志)」에서도 이러한 설을 따르고 있다. "설자(說者)가 또 말하길 '공자가 이미 육경을 서술하여 하늘과 사람의 도리를 밝혔으나, 후세 사람들이 그 뜻을 이해할 수 없을 것을 알고서 따로 위서와 참서를 만들어 세상에 남긴 것이다.[說者又云, 孔子旣敍六經, 以明天人之道, 知後世不能稽同其義, 遂別立緯及讖, 以遺來世.]"

참위가 양한시기 사상적으로 아주 중요했기 때문에 현대 학자들도 참위를 한나라 시기 사상적 기초로 여기고 있다.[60] 효 무제가 유학을 독존의 지위에 올려놓은 이후 참위사상은 점차 경학 속으로 뒤섞여 융합되었고 아울러 통치 집단의 의식형태를 구성하는 중요한 부분이 되었다. 전한 말엽 왕망(王莽, B.C. 45~23)[61]이 한나라를 대신할 적에도 바로 참위에서 터득했던 '부명혁명(符命革命)'[62]을 이용하였고, 광무제(光武帝)가 신(新)나라 왕망을 물리치고 후한 왕조를 건립할 적에도 또한 '도참혁명(圖讖革命)'[63]을 일컬었다. 광무제는 한나라 왕실을 부흥시킨 이후로도 더욱 참위를 존중했고 아울러 도참(圖讖)을 천하에 선포하였다.[64]

----

60 ≪원주≫ 야스이 코야마(安居香山), 『위서여중국신비사상(緯書與中國神秘思想)』, 일본 『철학연구(哲學研究)』 제548호, 소화(昭和) 58년

61 왕망은 산동(山東) 사람으로 한나라 원제의 왕후인 왕씨 서모의 동생인 왕만(王曼)의 둘째 아들이다. 갖가지 권모술수를 써서 최초로 선양혁명(禪讓革命)에 의하여 전한의 황제권력을 빼앗았다. 왕후의 아들 성제가 즉위하자, 왕망의 큰아버지 왕봉(王鳳)이 대사마대장군령상서사(大司馬大將軍領尙書事)가 되어 정치를 한 손에 쥐었다. 왕망은 불우하게 자랐으나 유학을 배웠고, 어른을 잘 섬겼으므로 왕봉의 인정을 받았다. B.C.33년 황문랑(黃門郞)이 되고, B.C.16년에는 봉읍 1,500호를 영유하는 신야후(新野侯)가 되었다. 그 뒤 왕씨 일족의 두령으로서 지위를 굳히고, B.C.8년 38세로 재상이라 할 수 있는 대사마(大司馬)가 되었다. 그는 평제의 어머니를 비롯한 외척세력을 모두 숙청하였고 자신의 아들 왕우(王宇)도 독살하였다.

62 부명은 하늘이 제왕이 될 만한 사람에게 내리는 상서로운 징조를 말한다.

63 도참은 미래의 길흉에 관하여 예언하는 술법이나, 또는 그러한 내용이 적힌 책을 말한다.

64 ≪원주≫ 『후한서(後漢書)』 권1 「광무제기(光武帝紀)」

정현은 한대경학에 공헌이 큰 학자로 그는 경서에 대한 주석에서 위서(緯書)의 내용들을 많이 인용하였다. 일본 학자인 이케다 슈죠오(池田秀三)는 정현의 학설 속의 참위 내용에 관심을 갖고 연구를 진행하였다. 그는 다음과 같이 말했다. "정현이 생각했을 때 위서는 경학의 기초를 구성하는 것으로, 만약 위서에 정통하지 못한다면 육예를 진정으로 이해할 수 없다."[65]

넷째, 경학은 음양오행화된 유학으로서, 경문에 참위를 결합시킨 것은 한나라 사람들의 경전 연구에 대한 큰 공헌이며 경의(經義)에 음양오행을 결합시킨 것은 한나라 사람들의 경전 연구에 대한 또 다른 특징이었다. 진한시기 음양오행설(陰陽五行說)은 비교적 보편적인 영향력을 갖고 있던 "과학미신(科學迷信)"이다. 여기서 음양오행을 과학미신이라 일컬은 것은 현대인이 봤을 때는 용속하고 미신적이겠지만 이것은 한나라 사람들의 가장 기본적인 과학 학설이었고 우리가 알다시피 역사가 유구한 음양오행학설은 고대인들이 자연사회를 인식하는 데 가장 기본적인 방식이었기 때문이다.

고대인들이 인식했던 자연관은 현대인과 비슷하다. 모두 알고 있는 것에서 알지 못한 것을 추론해 내고, 다시 알지 못한 것에서 알지 못하는 것을 추론해 내는 …… 이것은 경험사물(經驗事物)에 근거하여 미경험사물(未經驗事物)을 추론하는 이론적 방법이다. 이런 방법은 자연계에 적용할 수 있을 뿐만 아니라 사회와 인사(人事)에도 적용할 수 있다. 이것이 바로 『주역(周易)』에서 말한 "하늘이 형상을 드리워 길흉을 나타내니 성인이 이를 본받으니 하수에서 도(圖)가 나오고 낙수에서 서(書)가 나오자 성인이 이것을 본받았다."는 것이다.

오행사상 모델의 형성은 천문학의 오성운행(五星運行) 지식과 관련이 있다고 한다.[66] 만약 이러한 관점이 성립된다면 오행학설도 중국 고대의 가장

· · · · · · · · · · · · ·

65 《원주》 이케다 슈죠오(池田秀三). 『위서정씨학연구서설(緯書鄭氏學硏究序說)』, 일본 『철학연구(哲學硏究)』 제548호, 소화 58년
66 《원주》 "오행설은 먼저 오감의 운행을 근본으로 삼다가, 아울러 연상유추의 방법으로

기본적인 과학사유 모델이 되기 때문에 오행사상을 용속한 미신이라고 배척하는 것은 현대인들의 자부심이 만들어 낸 우매한 태도에 불과하다.

음양과 오행은 본래 서로 다른 두 가지 사유방식인데 이 두 학설은 선진시기 추연(鄒衍)[67]일파 때에 합쳐져 하나로 되었다. 진한시기 음양오행설의 영향은 비교적 광범위했는데 『여씨춘추(呂氏春秋)』와 『회남자(淮南子)』 두 책만 놓고 봐도 알 수 있다. 음양오행설을 경문과 통합시킨 일등공신은 단연코 동중서(董仲舒)이다. 『한서』「오행지(五行志)」에 한나라 때 음양오행학이 경설(經說)과 합류된 정황을 다음과 같이 기술하고 있다.

한나라가 일어나, 학문을 멸한 진나라의 뒤를 이었는데, 경제(景帝, B.C. 188~B.C.141)와 무제(武帝, B.C.156~B.C.87) 시기에 동중서가 『공양춘추(公羊春秋)』를 연구하여, 처음으로 음양의 이치를 미루어 유가의 종주가 되었다. 선제(宣帝, B.C. 91~B.C. 49)와 원제(元帝, B.C. 76~B.C. 33) 이후로는 유향(劉向, B.C.79?~B.C.8?)[68]이 『곡양춘추(穀梁春秋)』을 연구하여 그 화복(禍福)을 혜

• • • • • • • • • • • •

형성된 것이다. 그래서 오행설은 오성의 운행의 지식은 상호 보완적이라 할 수 있다. 그 기원은 천문학의 건립과도 분명 일치하는 것이다." 이이지마 타다오(飯島忠夫),『중국고대사와천문학(中國古代史和天文學)』소화 14年, p.32.

67 추연은 중국 전국시대의 사상가로 추연(騶衍)이라고도 한다. 맹자보다 약간 늦게 등장하여 음양오행설을 제창하였다. 세상의 모든 사상(事象)은 토(土)·목(木)·금(金)·화(火)·수(水)의 오행상승(五行相勝) 원리에 의하여 일어나는 것이라 하였다. 이에 의하여 역사의 추이(推移)나 미래에 대한 예견을 하였다. 이것은 오행상생설(五行相生說)과 더불어 중국의 전통적 사상의 기초가 되었다. 『추자(鄒子)』49편, 『추자시종(鄒子始終)』56편 등의 저서가 있었으나 전하지 않는다.

68 유향은 자가 자정(子政)인데 처음 이름 경생(更生)이다. 한나라 고조의 배다른 동생 유교(劉交, 楚元王)의 4세손이다. 젊었을 때부터 재능을 인정받아 선제(재위 B.C.74~B.C.49)에게 기용되어 간대부(諫大夫)가 되었으며, 수십 편의 부송(賦頌)을 지었다. 신선방술에도 관심이 많았으며, 황금 주조를 진언하고 이를 추진하다가 실패하여 투옥되었으나, 부모형제의 도움으로 죽음을 면하였다. 재차 선제에게 기용되어 석거각(石渠閣, 궁중도서관)에서 오경을 강의하였다. 다음 황제인 원제·성제 때에는 유씨의 족장으로서 외척과 환관의 횡포를 막으려고 노력하였다. 성제 때에 이름을 향으로 고쳤으며, 이 무렵 외척의 횡포를 견제하고 천자의 감계(鑑戒)가 되도록 하기 위하여 상고로부터 진·한에 이르는 부서재이(符瑞災異)의 기록을 집성하여 『홍범오행전론(洪範五行傳論)』11편을 저술하였다. 그 밖의 편저로는 『설

아려 『홍범(洪範)』을 전수했지만 동중서와 어긋났다. 그 아들 유흠(劉歆, B.C.53?~25)[69]이 『춘추좌씨전(春秋左氏傳)』을 연구할 때에는 그 『춘추』의 뜻도 또한 이미 많이 달라졌고, 「오행전(五行傳)」을 말할 때도 많이 달랐다. 그래서 동중서를 인용하고 유향과 유흠을 변별하며, 휴맹(眭孟)·하후승·경방(京房)·곡영(谷永)·이심(李尋) 등의 무리가 펼친 일로부터 왕망에 이르기까지 모두 12세의 일을 『춘추』에 붙여서 편장을 저술한다.[漢興, 承秦滅學之後, 景·武之世, 董仲舒治『公羊春秋』, 始推陰陽, 爲儒者宗, 宣·元之後, 劉向治『穀梁春秋』, 數其禍福, 傳以『洪范』, 與仲舒錯, 至向子歆治『左氏傳』, 其『春秋』意亦已乖矣; 言五行傳, 又頗不同. 是攝以仲舒, 別向·歆, 傳載眭孟·夏侯勝·京房·谷永·李尋之徒所陳行事, 訖於王莽, 擧十二世, 以傳春秋, 著於篇.]

음양오행이 유가학설과 합쳐진 것은 한나라 경학의 또 하나의 선명한 특징이라 할 수 있다.

다섯째, 한대 경학은 경전을 통하여 그 실용성을 극대화시킨 유학이다. 이것은 선진유학과는 다르다. 한나라 때의 유학은 강렬한 목적성을 가졌는데 이것이 바로 경전을 통하여 그 실용성을 극대화해야 한다는 것이었다. 피시루이(皮錫瑞)는 다음과 같이 말하였다.

　　무제와 선제 연간에 경학이 크게 번성하여 가수(家數)가 분리되지 않았고

. . . .

원(說苑)·『신서(新序)』·『열녀전(烈女傳)』·『전국책(戰國策)』과 궁중도서를 정리할 때 지은 『별록別錄』 등이 있다. 그의 아들 劉歆은 이 책을 이용하여 『七略』을 저술하였으며, 『한서』 「예문지」에 거의 그대로 수록되어 전한다.
69 유흠은 중국 전한 말기의 유학자로, 자는 자준(子駿)이다. 나중에 이름을 수(秀), 자를 영숙(穎叔)으로 고쳤다. 아버지 유향과 궁정의 장서를 정리하고 육예(六藝)의 군서(群書)를 7종으로 분류하여 『칠략(七略)』이라 하였다. 이것은 중국 최초의 체계적인 서적목록이다. 『한서』 「예문지」가 대체로 그에 의해서 엮어졌다. 『좌씨춘추』·『모시』·『일례(逸禮)』·『고문상서(古文尙書)』를 특히 존숭하여 학관에 이에 대한 전문박사를 설정하기 위하여 당시의 학관 박사들과 일대 논쟁을 벌였으나 성사하지 못하고 하내태수(河內太守)로 전출되었다. 그 후 왕망이 한왕조를 찬탈한 후 국사(國師)로 초빙되어 그의 국정에 협력하였다. 만년에는 왕망의 포역(暴逆)에 반대하여 모반을 기도하였으나 실패하여 자살하였다.

순수하고 올바름이 뒤섞이지 않았다. 이 때문에 그들 학문은 지극히 정교하여 쓰일 데가 많았다. 「우공(禹貢)」에 근거해 하수(河水)를 다스리고 『홍범』에 근거해 변화의 조짐을 관찰하며 『춘추』에 근거해 옥사를 결정하고 삼백오편(三百五篇)의 『시경(詩經)』에 근거해 임금을 간하는 상소문을 지었는데 경 하나를 제대로 연구하면 하나의 정치적인 성과를 얻는다는 유익한 점이 있었다.[武 · 宣之間, 經學大昌, 家數未分, 純正不雜. 故其學極精而有用. 以'禹貢'治河, 以『洪範』察變, 以『春秋』決獄, 以三百五篇當諫書, 治一經得一經之益也.][70]

피시루이의 주장은 잘못되지 않았다. 한나라 경사들은 바로 경전을 통하여 그 실용성을 극대화하는 방면에서 아주 열심히 노력하였다. 피시루이가 열거한 여러 가지 항목들은 한대의 사적(史籍) 중에서 구체적인 예증들을 모두 찾아낼 수 있다. 『한서』 「평당전(平當傳)」에서 이렇게 말했다. "평당(平當)은 경학인 『상서』 「우공(禹貢)」의 내용에 밝았기 때문에 그로 하여금 하수를 다스리게 하려고 기도위(騎都尉)로 삼아 하수의 둑을 관리하게 하였다.[當以經明「禹貢」, 使行河, 爲騎都尉, 領河隄.]" 안사고(顔師古)는 주(注)에서 "『상서』 「우공」에는 우(禹) 임금이 치수한 순서와 산천의 높고 낮음이 실려있는데, 평당이 이 경전에 밝았기 때문에 그로 하여금 하수를 다스리게 한 것이다.[『尙書』 「禹貢」載禹治水次第, 山川高下, 當明此經, 故使行河也.]"라고 하였다.

『홍범(洪範)』에 근거해 변화의 조짐을 살핀 일에 대한 전형적인 사례가 『한서』 「하후승전(夏候勝傳)」에 보인다. "그때 마침 소제(昭帝, B.C.94~B.C. 74)가 붕어하고 창읍왕(창읍왕)이 계승하였는데, 자주 나가 놀았다. 하후승이 황제가 탄 수레 앞을 막고 간했다. '하늘이 오래도록 구름만 자욱하고 비가 내리지 않으니 신하 중에서 천자를 꾀하는 자가 있습니다. 폐하(陛下)께서는 대궐을 나가 어디로 가려 하십니까?'…… 이 당시 곽광(霍光, ?~B.C.68)[71]이

• • • • • • • • • • • • •

70 《원주》 피시루이(皮錫瑞), 『경학역사(經學歷史)』 3, 사현서국(思賢書局)본
71 곽광은 하동 平陽(지금의 山西省 臨汾縣) 사람으로 자는 자맹(子孟)이고, 전한의 정치가이다. 표기장군(驃騎將軍) 곽거병(霍去病)의 이복 동생으로, 10여 세 때부터 무제를 측근에서

거기장군(車騎將軍) 장안세(張安世)와 함께 창읍왕을 폐위하려고 기획했던 터라 곽광은 장안세가 누설했다고 여겨서 그를 질책했다. 하지만 장안세는 이런 말을 누설한 적이 없었다. 이에 하후승을 불러 물었더니 하후승이 말하기를 '『홍범전(洪範傳)』에 '황제가 법도에 따르지 않으면 그 벌로 항상 날이 흐리다, 때가 되면 아랫사람 중에서 윗사람을 내치는 자가 있다.'고 했습니다. 조용조용 말하는 것을 꺼려하기 때문에 신하 중에 모반을 계획할 자가 있다고 한 것입니다.'라고 말하자 곽광과 장안세는 크게 놀랐다. 이로 인해 경술을 전공한 선비를 더욱 중요하게 여기게 되었다.[會昭帝崩, 昌邑王嗣立, 數出. 勝當乘輿前諫曰: '天久陰而不雨, 臣下有謀上者, 陛下出欲何之?' …… 是時, 光與車騎將軍張安世謀欲廢昌邑王, 光讓安世以爲泄語. 安世實不言. 乃召問勝, 勝對言: "在『洪範』傳曰, '皇之不極, 厥罰常陰, 時則下人有伐上者'. 惡察察言, 故云臣下有謀." 光·安世大驚, 以此益重經術士.]"

『춘추』에 근거해 옥사를 판결했다고 한 경우는 당연히 동중서를 가리킨다. 『한서』「예문지·육예략(六禮略)」에서 춘추가(春秋家)의 저록 가운데 공양동중서결옥(公羊董仲舒決獄) 15편이 기록되어 있다. 왕선겸(王先謙, 1842~1917)[72]

· · · · · · · · · · · · · ·

섬기다가, 무제가 죽을 무렵에는 대사마대장군(大司馬大將軍)·박륙후(博陸侯)가 되었으며, 김일제(金日磾)·상관걸(上官桀)·상홍양(桑弘羊) 등과 함께 후사를 위탁받았다. 무제가 죽자 8세로 즉위한 소제를 보필하여 정사를 집행하였으며, B.C.80년 소제의 형인 연왕 단(旦)의 반란을 기회 삼아 상관걸·상홍양 등의 정적을 타도하고(김일제는 이미 병사했다), 실권을 장악하였다. 소제가 죽은 후에는 그를 계승한 창읍왕(昌邑王)의 제위를 박탈하고, 앞서 무고(巫蠱)의 난 때 죽은 여태자(戾太子)의 손자를 옹립하여 선제로 즉위하게 하였으며, 그 공으로 증봉(增封)되었다. 또한 황후 허씨(許氏)를 독살하고 자신의 딸을 황후로 만듦으로써 일족의 권세를 강화하였다. 그러나 선제는 곽광이 죽은 후 그의 일족을 반역죄로 몰아 모두 죽여 버렸다.

72 왕선겸은 중국 청나라 말기의 학자이다. 호는 규원(葵園)이고 자는 익오(益吾)이며, 호남성(胡南省) 장사(長沙) 출생이다. 1865년 진사가 되고 한림원편수(翰林院編修)·국자감제주(國子監祭酒) 등을 역임하였다. 그의 학문은 한학과 송학을 종합한 것으로서 다방면에 걸친 저술활동을 하였다. 1889년 관직을 사임한 후 향리에서 인재양성에 진력하였으며, 그 후 내각학사(內閣學士)의 직위를 수여하였다. 신해혁명 후에는 이름을 遯으로 고치고 이름과 같이 은둔생활로 일관하였다. 『동화록(東華錄)』·『동화속록(東華續錄)』·『황청경해속편(皇淸經解續編)』 등을 편집하였으며, 『한서보주(漢書補註)』·『후한서집해(後漢書集解)』·『순자집해

은 보주(補注)에서 "『후한서(後漢書)』「응소전(應劭傳)」에는 '예전 교서(胶西) 동중서는 노환을 이유로 관직에서 사임하였는데, 조정에서 정의(政議)가 발생할 때 여러 차례 정위(廷尉:사법장관)인 장탕(張湯)을 그의 집에 보내어 해결 방법[得失]을 물었고 이에 『춘추결옥(春秋決獄)』232건의 일을 지었다.[『後漢書』「應劭傳」: 故膠西董仲舒老病致仕, 朝廷每有政議, 數遣廷尉張湯親至陋巷問得失, 於是作『春秋決獄』二百三十二事.]"고 하였다.

『시』에 근거해 상소문을 지었다는 것은 아주 유명한 일이다. 『한서』「유림전」에 다음과 같은 내용이 실려있다.

> 왕식(王式)의 자는 옹사(翁思)이고 동평(東平) 신도(新桃) 사람으로, 면중(免中) 사람 서공(徐公)과 허생(許生)을 스승으로 섬겼었다. 왕식은 창읍왕의 태사(太師)가 되었는데, 소제가 붕어하자 창읍왕이 계승해지만 음란한 짓을 한다는 이유로 폐위당했다. 창읍왕을 따르던 많은 신하들이 모두 하옥되어 죽음을 당했다. 그러나 유독 중위(中尉) 왕길(王吉)과 낭중령(郎中令) 공수(龔遂)만이 창읍왕에게 자주 간했다는 이유로 사형에서 감면받았다. 왕식도 옥사에 계류되어 죽음을 당하게 되었는데, 이 사건을 맞게 된 담당자가 책문하길, "태사께서는 어찌하여 간하는 상소문이 없습니까?"라고 묻자, 왕식이 대답하길, "신은 『시』305편에 근거해 밤낮으로 왕에게 가르치다가, 충신과 효자 편에 이르게 되면 일찍이 반복하여 외우지 않는 적이 없었고, 위태로워져 도를 잃는 군주 편에 이르게 되면 일찍이 눈물 흘려 왕을 위해 깊이 진언하지 않는 적이 없었습니다. 신은 『시』305편에 근거해 항상 간했기 때문에 간하는 상소문이 없습니다."라고 하였다. 담당자가 이것을 받아들여 그 또한 사형에서 감면받아 집으로 돌아갔지만 (다른 사람을) 가르치지는 않았다.[王式字翁思, 東平新桃人也. 事免中徐公及許生. 式爲昌邑王師. 昭帝崩, 昌邑王嗣立, 以行淫亂廢. 昌邑羣臣皆下獄誅. 唯中尉王吉・郎中令龔遂以數諫減死論. 式繫獄當死, 治事使者責問曰: "師何以亡諫書?" 式對曰: "臣以詩三百五篇朝夕授王, 至於忠臣孝子之篇, 未嘗不爲王反復誦之也; 至於危亡

失道之君, 未嘗不流涕爲王深陳之也. 臣以三百五篇諫, 是以亡諫書." 使者以聞, 亦得減
死論, 歸家不敎授.]

여섯째, 경학은 이한률고(以漢律古)의 유학이다. 어느 시대건 간에 당시의
학술은 그 시대상황을 깊이 반영하기 마련이다. 한나라 때에 이르러 경학으
로 변화된 유학도 당연히 이것을 피할 수 없었다. 양한 시기 학자들은 경학을
신성화하는 동시에 경의를 해석할 때 습관적으로 한대의 상식을 가지고 비부
(比附)하곤 하였다.

『상서』「요전(堯典)」에 보면 희씨(羲氏)와 화씨(和氏)에게 명하여 때(時)를 장
관하게 하셨다. 제요(帝堯)가 말씀하기를 "누가 잘 순종하여 등용할 만한가?
[疇咨若時登庸.]"라고 하였다.

장수절(張守節)은 『사기정의(史記正義)』에서 "이 말은 장차 등용할 자에게
왕위를 계승하려 함이다.[言將登用之嗣位.]"고 말했다. 사실은 장수절의 이 말
은 양웅(揚雄, B.C.53~A.D.18)[73]이 지은 『미신(美新)』의 "폐하께서는 지극히
성스런 덕망을 가진 분으로 왕업을 일으킬 인물을 등용하실 겁니다.[陛下以至
聖之德, 龍興登庸.]"는 말에 근본하고 있다.

한대 사람들은 등용(登庸)의 의미를 제왕의 자리에 오르는 것으로 여겼다.
마융(馬融, 79~166)[74]과 정현 때에는 윗 문장과 아래 문장을 부회(部會)하여

• • • • • • • • • • • •

73 사천성(四川省) 성도(成都) 사람으로 자는 자운(子雲)이다. 청년시절에 동향의 선배인 사마
상여(司馬相如)의 작품을 통하여 배운 문장력을 인정받아, 성제(成帝) 때 궁정문인의 한 사
람이 되었다. 성제의 여행에 수행하며 「감천부(甘泉賦)」・「하동부(河東賦)」・「우렵부(羽獵
賦)」・「장양부(長楊賦)」 등은 화려한 문장이면서도 성제의 사치를 꼬집는 풍자도 잊지 않았
다. 시대에 적응하지 못한 자신의 불우한 원인을 묘사한 『해조(解嘲)』・『해난(解難)』도 독특
한 여운을 주는 산문이다. 학자로서 각 지방의 언어를 집성한 『방언』・『역경』에 기본을 둔
철학서 『태현경(太玄經)』・『논어』의 문체를 모방한 수상록 『법언』 등을 저술하였다. 왕망
(王莽)이 정권을 찬탈한 뒤 새 정권을 찬미하는 문장을 썼고 괴뢰정권에 협조하였기 때문에,
지조가 없는 사람으로 송학 이후에는 비난의 대상이 되기도 하였으나, 그의 식견은 한나라
를 대표하였다.
74 마융은 섬서성(陝西省) 무릉(茂陵) 사람으로, 자는 계장(季長)이다. 중국 후한의 유가로, 안제

하나의 일로 여겼다. 마융은 "희씨와 화씨는 경관(卿官)에 임명되었지만 요임금 말년이라서 모두 늙어서 죽게 되었고 그들의 여러 가지 업적도 대부분이 사라졌다. 그러므로 사시(四時)의 직무를 잘 따를만한 현자를 찾아 그에게 희씨와 화씨의 임무를 대신하게 하고자 한 것이다.[羲和僞卿官, 堯之末年皆以老死, 庶迹多闕. 故求賢順四時之職, 欲用代羲和.]"고 말했다. 이에 대해 정현은 『상서대전(尙書大傳)』의 주(注)에서 "요임금께서 처음 희씨와 화씨를 얻을 적에 그들을 명하여 육경(六卿)으로 삼았지만 이들은 얼마 뒤에 죽게 되었다. 그래서 환두(驩兜)와 공공(共工)에게 이 직무를 대신하게 했던 것이다.[堯始得羲和, 命爲六卿, 後稍死. 驩兜·共工等代之.]"고 말하였다. 곧 마융과 정현은 모두 희씨와 화씨를 육경으로 해석하고, 새로운 인물을 등용하여 희씨와 화씨를 대신하게 한 것으로 해석하였다.[75] 사실상 요 시대의 왕위와 육경에 대한 존재 여부는 여전히 알 수 없다. 한나라 사람은 경전을 읽을 적에 이러한 종류의 문제를 만나면 한대의 사실(事實)과 제도(制度)로써 견강부회하였다. 이런 부류인 이한률고(以漢律古)의 일은 한나라 사람의 경전(經傳) 가운데 매우 흔하게 보인다. 『상서』「고요모(皐陶謨)」의 "사방 동료들을 공경하라.[欽四鄰]"는 말과 『상서』「낙고(洛誥)」의 "다스려 사보(四輔[76]가 될지어다.[亂爲四輔]"라는 말이 있다. 『상서대전』에서 "옛날 천자는 반드시 사방에 신하를 두었는데 앞쪽의 신하를 의(疑)라 하고 뒤쪽의 신하를 승(丞)이라 하며 왼편의 신하를 보(輔)라 하고 오른편의 신하를 필(弼)이라 한다.[古者天子必有四鄰, 前曰疑, 後曰丞, 左曰輔, 右曰

· · · · · · · · · · · ·

및 환제에 사관(仕官)하여 태수가 되었다. 수경(數經)에 통달하여 노식(盧植), 정현 등을 가르쳤다. 『춘추삼전이동설(春秋三傳異同說)』을 지었다. 『효경』·『논어』·『시경』·『주역』·『삼례』·『상서』·『열녀전』·『노자』·『회남자』·『이소(離騷)』등을 주석했다. 문집 21편이 있었으나 지금은 그 단편만이 남아 있다.

75 ≪원주≫『십삼경주소』, 『상서주소』「요전」, 주에 보인다.

76 사보는 좌보(左輔)·우보(右輔)·전의(前疑)·후승(後丞)의 네 신하로 보기도 하나 여기서는 사린(四隣) 즉 사방의 가까운 고을로 종주(宗周)인 호경(鎬京)에 인접한 고을을 가리킨 것이다. 한나라 때에는 도성인 장안의 부근에 있는 경조(京兆)·풍익(馮翊)·부풍(扶風)의 세 고을을 삼보(三輔)라 하였다.

弱.]"고 하였다.

『대대예기(大戴禮記)』「보부편(保傅篇)」에서 다음과 같이 말했다.

「명당지위(明堂之位)」의 조목에서 말하였다. "돈후하고 인자하며 배우기를 좋아하고 식견이 풍부하면서도 신중히 말하며 천자가 의문이 있으면 곧바로 여쭙고 무궁하게 응하는 것을 도(道)라 말한다. 도라 함은 천자를 도로써 인도해 주는 것인데 항상 맨 앞에 서며 이는 주공(周公)[77]이었다. 성실한 태도로 서서 과감하게 판단하고 좋은 일을 돕고 의리를 보좌한 것을 충(充)이라 한다. 충이라 함은 천자의 의지를 충만케 한 것인데, 항상 좌측에 선 이는 태공(太公)[78]이었다. 결백하고 청렴하며 진실하고 정직하여 (왕의) 잘못됨을 바로잡고 사악함을 간하는 것을 필이라 말한다. 필이라 함은 항상 우측에 서며 이는 소공(召公)[79]이었다. 식견이 폭넓고 기억력이 뛰어나서 민첩하게 잘 대하는 것을 승이라 말한다. 승이라 함은 천자의 잊어버린 기억을 이어서 (알려준) 것인데, 항상 맨 뒤에 서며 이는 사일(史佚)이었다. 그러므로 성왕(成王)[80]이 중심에 서서 조회를 경청할 수 있었던 것이니, 이는 곧 이들 네 명의 성인들이 보좌했기 때문에 (성왕의) 생각에는 잘못된 계획이 없었던 것이고 (성왕의) 행동에도 잘못된 일들이 없었던 것이다."[「明堂之位」曰 : "篤仁好學, 多聞而道愼, 天子疑則問, 應而不窮者, 謂之道. 道者, 導天子以道者也. 常立於前, 是周公也. 誠立而敢斷, 輔善而相義者, 謂之充. 充者, 充天子之志者也. 常立於左, 是太公也. 洁謙而切直, 匡過而諫邪者, 謂之弼. 弼者, 常立於右, 是召公也. 博聞强記, 接給而善對者, 謂之承. 承者, 承天子之遺忘者也, 常立於後, 是史佚也. 故成王中立而聽朝, 則四聖維之, 是以慮無失計, 而擧無過事."]

• • • • • • • • • • • • •

77 주공은 이름은 단(旦)이고, 주나라 왕조를 세운 문왕의 아들이며 무왕의 동생이다. 무왕과 무왕의 아들 성왕을 도와 주 왕조의 기초를 확립하였다.
78 태공의 성은 강(姜)이고 이름은 상(尙)이다. 그의 선조가 여(呂)나라에 봉하여졌으므로 여상(呂尙)이라 불렸고, 강태공이라는 별칭으로 더 알려져 있다.
79 소공(召公)은 성은 희(姬)이고, 이름은 석(奭)이다. B.C. 11세기 때의 사람으로 주나라 왕실의 일족이다.
80 성왕은 중국 주나라의 제2대 왕(?~?)으로 이름은 송(誦)이다. 어려서 즉위하였기 때문에 처음에는 숙부 주공단(周公旦)이 섭정하였으나, 후에 소공(召公)·필공(畢公) 등의 보좌를 받아 주나라의 기초를 쌓았다.

한나라 학자들의 사린(四隣)과 사보(四輔)에 대한 풀이가 아주 많지만 여전히 결론의 일치를 보지 못하였다. 그들이 서술한 삼대의 일은 더욱 믿을 수 없는 것이다. 피시루이의 다음과 같은 한 마디는 바로 그 정곡을 찔렀다. "한 시대에는 그 시대의 제도가 있지만 후대의 것을 근거로 전대의 것과 같다고 억지를 부려서는 안 된다. 한 시대에는 그 시대의 사실이 있는데 억측을 가지고 억지로 바꾸려 해서는 안 된다."[81]

왕충은 『논형(論衡)』「정설편(正說篇)」에서도 경서(經書)의 편수(篇數)를 성수(星宿)와 서로 배합시켰는데, 『상서』 29편은 북두(北斗)와 28수(宿)의 수를 본 보기로 하여 28수는 28편에 해당시키고 나머지 하나는 북두에 해당시켜 모두 합쳐 29편이라고 하였다. 이한률고는 이러한 황당한 지경까지 이르렀다.

· · · · · · · · · · · ·

81 ≪원주≫ 피시루이(皮錫瑞), 『경학통론(經學通論)』 권1 "논고문상서설변역금문난당우삼대지사실(論古文尙書說變易今文亂唐虞三代之事實)"에 보인다.

제3절 자연질서와 사회질서 : 경학과 도학(道學)

유학은 한대에 이르러 경학으로 변하였다. 그 원인은 여러 방면에 있으며 문화의 연원도 다중적이다. 이는『역경』「계사(繫辭)」의 "천하는 하나이지만 생각은 여러 갈래이며 귀착점은 같지만 가는 길은 다르다.[天下一致而百慮, 同歸 而殊途.]"에서 말하는 이치와 은연중에 일치하는 것 같다. 태사공은 "폭은 넓으나 요체가 적은[博而寡要]" 것이 유학 일파의 중요한 결점이라고 인식하 였다. 그렇지만 태사공은 이러한 결점이 동시에 유학의 우수한 점으로서 유학이 포용성을 갖추게 되었다는 것을 알지 못했다. 새로운 사회배경 아래 에서 "폭은 넓으나 요체는 적은" 유학은 비교적 쉽게 다른 각 파의 우수한 점을 흡수하고 받아들여 새로운 지식을 융합하였다. 또한 유학은 스스로 변화하여 시대에 발맞추어 나아가 현학(顯學)이 되고 제왕의 스승이 되기에 이르렀다. 이 때문에 유학이 경학으로 변화한 것은 자각적이면서도 자각적이 지 않은 하나의 과정이었다. 이러한 변화 과정은 학술 발전의 이론심화・외 적확산[內純致治]법칙의 진행을 통해 해석할 수 있다.

경학의 형성은 선진시대 제자백가의 학술이 성취한 결과를 종합한 것이다. 학술이 지니고 있는 이론심화의 역량은 유학이 자체의 기본 개념에 대한 탐색을 멈추지 않게 하였고 학술적인 외적확산의 방향은 유학이 현실과 더 결합하여 현학(顯學)이 될 수 있게 하였다. 유학이 경학으로 변하는 과정은 다른 각 파의 학술 성과를 종합하는 과정이었다. 이것은 바로 경학의 경전인 『중용(中庸)』에서 "그러므로 군자는 덕성을 받들고 묻고 배우는 것을 따르며 광대함을 다하면서도 정미함을 다하고 고명을 지극히 하면서도 중용을 따르고 옛것을 익혀 새것을 알고, 돈독하고 두터이 하여 예를 존중한다.[故君子尊德性而道問學, 致廣大而盡精微, 極高明而道中庸, 溫故而知新, 敦厚以崇禮.]"라고 말한 의미와 같다.

유학과 도학은 대립하는 양대 학술유파이다. 춘추시대에는 유가와 묵가의 학문이 흥성하였으며 당대의 현학이었다. 전국시기에 이르러 도학이 점차 확산되어 사회 발전에 일정한 영향을 끼쳤다.[1] 도학의 형성과 발전은 중국의 지역문화가 전향(轉向)되었다는 것을 나타내는 지표이다. 어떤 의미에서 선진시대 제자백가의 형성은 지역문화 발전의 산물이었다고 말할 수 있다. 따라서 문화가 전파되기 어려웠다는 점과 문화의 지역성에 한정하여 각 문화의 연원을 깊이 탐구하면 지방문화적인 특징을 찾을 수 있다. 사마담(司馬談)의 「논육가요지(論六家要指)」는 각 파의 직업과 습성에서 각 파의 학술적 특징을 천술(闡述)하고 있다. 「논육가요지」의 서술은 매우 일리가 있지만 편파적인 경향이 있는데 그 원인은 각 파가 형성된 시기의 지역성과 문화적인 영향을 간과하였기 때문이다.

일반적으로 말해서 선진시대의 문화는 대체로 동(東)과 서(西)의 문화이다. 당시 중국 역사의 판도로 말한다면 황제(黃帝)가 치우(蚩尤)를 공격하여 무너뜨린 것은 서방이 동방과의 싸움에서 이긴 것이다.[2] "황제가 붕어한 후 교산

. . . .

1 《원주》 도가 일파가 형성된 시기에 대해서는 학자들의 논쟁이 자못 많다. 주요한 논쟁은 『노자』의 작자가 춘추시대 노담(老聃)인가 아니면 전국시대 이이(李耳)인가 하는 것이며, 노담과 이이가 동일한 인물인지 아닌지 하는 것이다. 그렇지만 지금까지 전해오는 『노자』를 통해 논하면 이 책의 사회배경은 당연히 전국시대임은 의심할 여지가 없고, 더구나 이 책이 유가・묵가・법가에 대해 평하는 말이 많으므로 이 일파의 형성은 당연히 유가・묵가 보다 후대이다. 후와이뤼(侯外廬) 등은 『중국사상통사(中國思想通史)』 제8장 「노자사상」에서 한 걸음 더 나아가 제기하기를 "노자의 유업을 계승한 장자는 조금도 거리낌 없이 한층 더 '유가와 묵가를 표박(剽剝)하였다."라고 하였다. 이로 인해 저자는 노자 사상이 공자와 묵자 보다 후대에 나왔다고 보고 있으며, 당연히 비교적 믿을 만한 견해라고 본다.
2 《원주》 『국어(國語)』 「진어(晉語)」에 이르기를 "황제는 희수로 이루었다.[黃帝以姬水成.]"라고 하였다. 희수(姬水)는 지금의 협감(陝甘) 위수(渭水)와 황수(湟水) 사이를 가리킨다. 그

166

에 장사지냈다. 황제의 손자이자 창의의 아들인 고양이 제위에 올랐으니 이가 바로 전욱이다.[黃帝崩, 葬橋山. 其孫昌意之子高陽立, 是爲帝顓頊也.]"[3]라고 하였다. 전욱(顓頊)이 황제를 대신하여 제위에 앉은 것은 또한 동방의 승리라고 볼 수 있다. 전욱은 동방 부락의 수령이었다. 『산해경(山海經)』「대황동경(大荒東經)」 신화에 "소호가 동해에서 전욱을 길렀다.[少昊孺顓頊于東海.]"라고 말한 것에 의하면 그는 동이(東夷)인 소호(少昊)의 후손으로 형성된 부족의 수령이었다.[4] 또 『좌전』「소공(昭公) 17년」에 "위나라는 전욱이 살던 곳이었으므로 제구(帝丘)라고 하였다.[衛, 顓頊之虛也, 故爲帝丘.]"라는 말이 실려 있다. 제구는 지금의 하남성(河南省) 내황현(內黃縣)이다. 전설시대 제왕들의 계통이 비교적 혼란스럽긴 하지만 단편적인 자료를 통해 여전히 동서문화가 교체되고 융합된 것을 엿볼 수 있다. 오제 이후의 하나라는 서방 민족이었으며 우(禹)는 고대 치수(治水)의 영웅이며 고대 부락 중에서 서방의 강융(羌戎)이 종신(宗神)으로 존숭하였다. 그런데 상나라가 하나라를 멸망시킨 것은 또한 동방이 서방과의 싸움에서 이긴 것이며 무왕이 주왕을 쳐서 승리를 거둔 것은 또한 서방이 거듭 흥기한 것이다. 서주 말기 동방의 경제·문화적인 흥성은 주나라 왕조가 도읍을 옮기도록 만들었으며 정치의 중심은 동쪽으로 옮겨갔다. 주나라의 천도는 동주의 시작이었으며, 동방의 복벽(復辟)이다. 진나라가 중국을 통일한 것은 의심할 여지없이 서방이 동방을 멸망시킨 것이고 한나라의 통일은 동방이 서방을 멸망시킨 것이다. 진한 이전에 중국의 정치문화는 동방과 서방의 문제였으며, 진한 이후에 중국의 정치문화는 남방과 북방의 문제로 변하였다. 이러한 전향은 매우 의미 있고 연구할 가치가 있지만 여기에서는 본문의 제목에 한정하도록 한다.

. . . .

리고 치우(蚩尤)는 구설(舊說)에 동방(東方) 구려부락(九黎部落)의 추장이라고 하는데 관련된 전설(傳說)이 지금의 산동(山東) 서부지구(西部地區)에 많이 전한다.
3 《원주》『사기』권1「오제본기(五帝本紀)」
4 《원주》『국어』「초어(楚語)」

초나라는 도가의 온상지이다. 전국시기 도가문화의 흥기는 남방문화가 이미 동서문화를 밀어내고 자신의 자리를 차지하기 위해 각축을 벌이고 있음을 보여준다. 전국시기를 국력에 입각해서 논하자면 진나라에 대적할 만한 나라는 초나라가 유일했다. 도가문화의 발흥은 초나라의 국력이 강성했다는 것을 반영한다. 동시에 발흥한 도가일파는 그 사상의 깊은 곳에 초나라 지역문화의 흔적이 남아 있었다. 사마담은 도가일파를 인정한 사람으로서 그의 도가에 대한 평가도 매우 높았다.

도가(道家)는 사람의 정신을 전일하게 하고, 행동이 무형(無形)의 도에 맞도록 하며, 만물에 만족하게 한다. 그 가르침은 자연에의 순응을 가르치는 음양가의 주장도 따르고 유가와 묵가의 장점을 채택하였으며 명가와 법가의 주요한 장점도 받아들여, 시세에 따라 행동하고 사물에 응하여 변화하도록 가르치니 풍속을 세우고 일을 처리하는 것이 마땅하지 않은 것이 없고, 원리가 간단하고 실천하기 쉬워 수고로움은 적으나 공이 크다. …… 도가는 무위(無爲)를 주장하면서도 또 "하지 않는 것이 없다."라고 말하는데 그 실제를 행하기는 쉬우나 그 말은 알기 어렵다. 그 학술은 허무(虛無)를 근본으로 하고 (자연과 시간의 변화에) 순응하는 것을 행동의 원리로 삼는다. 성세(成勢)도 없고 상형(常形)도 없으므로 만물의 정(情)을 통찰할 수 있다. 만물에 앞서려고도 하지 않고 뒤처지려고도 하지 않으므로 만물의 주인이 될 수 있다. 법이 있으면서도 마치 없는 것 같이 시간의 변화에 따라 행하며 규범이 있으면서도 마치 없는 것 같이 사물에 따라 맞추어 나간다. 그러므로 (도가는) 이렇게 말한다. "성인(聖人)이 불후(不朽)한 것은 때에 따라 변하고 때에 따라 지키기 때문이다. 허(虛)는 도(道)의 항상됨이요 그것을 따르는 것은 군주가 지켜야 할 기본원칙이다."[道家使人精神專一, 動合無形, 贍足萬物. 其爲術也, 因陰陽之大順, 采儒墨之善, 撮名法之要, 與時遷移, 應物變化, 立俗施事, 無所不宜, 指約而易操, 事少而功多. …… 道家無爲, 又曰無不爲, 其實易行, 其辭難知. 其術以虛無爲本, 以因循爲用. 無成勢, 無常形, 故能究萬物之情. 不爲物先, 不爲物後, 故能爲萬物主. 有法無法, 因時爲業, 有度無度, 因物與合. 故曰 "聖人不朽, 時變時守. 虛者道之常也, 因者君之綱也."][5]

도학 일파는 '허무' 개념을 기본으로 하여 "무명지박(無名之樸)"[6]을 추앙하였다. "소국과민(小國寡民)"을 사회이상으로 하여 "큰 나라를 다스리는 것은 작은 생선을 삶는 것과 같으므로[治大國者, 若烹小鮮]" 무위(無爲)로 다스려야 한다는 치국의 도 등을 제창하였으니 이 모든 것은 초나라의 지역문화와 관계가 있다. 『사기』「화식열전(貨殖列傳)」에서 사마천은 당시에 볼 수 있던 사료들을 종합하여 초나라의 풍물과 인정 및 사회상황에 대해 매우 잘 묘사하고 있다.

이상의 내용을 총괄하면 초(楚)·월(越) 지역은 땅은 넓으나 인구는 희박하고, 쌀로 밥을 짓고 생선으로 국을 끓여 먹으며, 화경(火耕)·수누(水耨)[7]하는 지역도 있고 열매[8]와 어패류는 매매를 하지 않아도 풍족하며, 지세(地勢)가 좋아 먹을 것이 풍부하여 굶주릴 걱정이 없기 때문에 게으르고 구차히 살아가고 모아 놓은 것이 없어 가난한 사람이 많다. 이런 까닭에 양자강과 회수(淮水) 이남은 추위에 떨거나 굶주리는 사람도 없지만 또한 천금의 재산을 가진 사람도 없다.[總之, 楚越之地, 地廣人稀, 飯稻羹魚, 或火耕而水耨, 果隋蠃蛤, 不待賈而足, 地勢饒食, 無飢饉之患, 以故呰窳偸生, 無積聚而多貧 是故江淮以南, 無凍餓之人, 亦無千金之家.]

허무의 학파는 남방에서 흥기하였는데 그들이 살던 땅의 자연 지리 상황과 관계가 있다. "땅은 넓으나 인구는 희박하고[地廣人稀]" "지세가 좋아 먹을 것이 풍부하여 굶주릴 걱정이 없다.[地勢饒食, 無飢饉之患]"는 것은 확실히 "소

5 ≪원주≫ 『사기』 권130 「태사공자서(太史公自序)」
6 ≪원주≫ 『노자』 제1장 : "무(無)는 천지의 시작이고 유(有)는 만물의 근원이다.[無, 名天地之始, 有, 名萬物之母.]" 제32장 : "도는 언제나 이름이 없다.[道常無名]"
7 수확 후 남은 고근(枯根)을 불태운 후에 갈아서 파종하고, 여름에는 곡식 싹이 일정한 크기에 달하면 물을 대어 키가 작은 잡초를 죽이는 농법이다.
8 원문 '果隋'는 과라(果蓏) 즉 열매를 뜻한다. (박기수·이경룡·하원수·김경호 역주, 『사료로 읽는 중국고대사회경제사』, 청어람, 2005.)

국과민(小國寡民)"이라고 하는 사회이상의 기초이다. 노자의 도학은 개인의 품덕 면에서 '귀유(貴柔)'[9]·'지족(知足)'[10]·"감히 천하에 앞서지 않음[不敢爲天下先]"[11]등을 추구하였는데 이러한 성품 수양에 대한 요구는 "양자강과 회수(淮水) 이남은 추위에 떨거나 굶주리는 사람도 없지만 또한 천금의 재산을 가진 사람도 없다.[江淮以南, 無凍餓之人, 亦無千金之家.]"라고 한 사회상황과 은연 중에 일치한다.

도학일파가 흥기하였을 때 그들의 학술 관점은 다른 각 파와 엄연히 대립하였다. 특히 그 당시의 현학이던 유가일파에 대해서는 한층 더 비판적인 태도를 취하였다. 『노자(老子)』 38장에서 다음과 같이 말하였다.

> 최상의 덕(德)은 덕이 있다고 여기지 않기 때문에 덕이 있게 된다. 낮은 덕은 덕을 잃지 않으려고 하기 때문에 덕이 없게 된다. 최상의 덕은 무위하되 그렇게 하려고 하는 마음이 없고, 낮은 덕은 유위하되 그렇게 하려고 하는 마음이 있다. 최상의 인(仁)은 유위하되 그렇게 하려고 하는 마음이 없고, 최상의 의(義)는 유위하되 그렇게 하려고 하는 마음이 있다. 최상의 예(禮)는 유위하되 응대함이 없으면 팔을 휘두르고 서로 잡아당긴다. 그러므로 도(道)를 잃은 뒤에 덕(德)이 생겨났고, 덕을 잃은 뒤에 인이 생겨났으며, 인을 잃은 뒤에 의가 생겨났고, 의를 잃은 뒤에 예가 생겨났다. 무릇 예라는 것은 진심과 신의가 엷어진 데서 생겨난 것으로 어지러움의 시초가 된다.[上德不德, 是以有德. 下德不失德, 是以無德. 上德無爲而無以爲, 下德爲之而有以爲. 上仁爲之而無以爲, 上義爲之而有以爲. 上

....

9 《원주》『여씨춘추(呂氏春秋)』「불이(不二)」 "노담은 부드러움을 귀하게 여겼다.[老聃貴柔.]"『노자』 76장 "사람이 살아 있을 때는 몸이 유연하나, 죽어서는 곧 뻣뻣하게 변한다. …… 강대한 것은 낮은 자리에 처하고 유약한 것은 위에 처한다.[人之生也柔弱, 其死也堅强, …… 强大處下, 柔弱處上.]"

10 《원주》『노자』 46장 "화(禍)는 만족할 줄을 모르는 것보다 더 큰 것이 없고, 재앙은 얻으려고 하는 것보다 더 큰 것은 없다. 그러므로 만족할 줄 아는 이러한 만족이야말로 항상 된 만족이다.[禍莫大于不知足, 咎莫大于欲得. 故知足之足常足矣.]"

11 《원주》『노자』 67장 "나에게는 세 가지 보물이 있으니 지키고 보존하고 있다. 첫째는 자애로움이고 둘째는 검소함이고 셋째는 감히 천하에 앞서지 않으려고 하는 것이다.[我有三寶, 持而保之. 一曰慈, 二曰儉, 三曰不敢天下先.]"

170

禮爲之而莫之應, 則攘臂而扔之. 故失道而後德, 失德而後仁, 失仁而後義, 失義而後禮.
夫禮者, 忠信之薄而亂之首.]

　노자는 무위(無爲)의 원칙으로 유가의 인(仁)·의(義)·예(禮)·신(信)에 대하
여 체계적인 비판을 진행하였다. 노자의 논술을 통해 도, 즉 무위는 상덕(上德)
의 근본이고 상덕은 도로써 법을 삼는다는 것을 알 수 있다. 상덕의 아래가
바로 인인데 유위(有爲)하되 그렇게 하고자 하는 마음이 없는 인이 모든 덕의
으뜸이다. 인 아래가 의인데 유위(有爲)하되 또 생각으로도 의도함이 있는
것이다. 맨 아래가 예인데 도와 덕에 대한 배반이다. 여기에서 노자의 예에
대한 비판은 대단히 유머러스하다. "최상의 예(禮)는 유위하되 응대함이 없으
면 팔을 휘두르고 서로 잡아당긴다.[上禮爲之而莫之應, 則攘臂而扔之.]"라는 말은
예를 중시하는 사람은 상대방을 예로 대할 때 똑같이 상대방도 자신에게
예로 공경하기를 요구한다는 뜻이다. 만약 상대방이 그렇게 하지 않으면
곧바로 손을 뻗어 그를 끌어당겨 반드시 싸움이 일어나게 될 것이라는 뜻이
다.

　유가가 제창한 인·의·충·효에 대해 도가는 인간의 성품이 본래 가지
고 있는 것이 아니라고 지적하였다. 『노자』 18장에서 "큰 도가 없어지고서
야 인의가 나타난다. 지혜가 나오고서야 큰 거짓이 있게 된다. 육친[12]이 화목
하지 못하게 되어서야 효도나 자애라는 것이 있게 된다. 국가가 혼란하고서
야 충신이 있게 된다.[大道廢, 有仁義. 智慧出, 有大僞. 六親不和有孝慈, 國家昏亂有忠
臣.]"라고 말하였다. 도의 본성은 인의로 교화하여 생기는 것이 아니라 "인을
끊고 의를 없애[絶仁去義]"야만 비로소 백성들이 본래의 무욕무위(無欲無爲)한
본성으로 되돌아갈 수 있다는 것이다. 그래서 노자는 "성인은 인하지 않으니
백성을 추구(芻狗)[13]로 여긴다.[聖人不仁, 以百姓爲芻狗.]"[14]라고 말하였다. 동일

. . . .

12 부자(父子), 형제(兄弟), 부부(夫婦)를 가리켜 육친이라 한다.

한 관점이 장자(莊子)에게도 보인다.

　　무릇 큰 도는 칭할 수 없고 큰 말은 말로 하지 못하고 큰 인은 인하지 않고
큰 청렴은 겸양하지 않으며 큰 용기는 (남을) 해치지 않는다. 도가 뚜렷이 드러
나면 (참된) 도가 아니고 말이 유창하게 표현되면 (참된 뜻에) 미치지 못하며,
인이 고정되면 이루어지지 않고 청렴은 결백만으로는 믿지 못하게 되고 용기는
(남을) 해치면 이룰 수 없다. 이 다섯 가지는 둥근 것이지만 모난 것이 되기
쉽다.[夫大道不稱, 大辯不言, 大仁不仁, 大廉不嗛, 大勇不忮. 道昭而不道, 言辯而不
及, 仁常而不成, 廉淸而不信, 勇忮而不成. 五者圓而幾向方矣.][15]

　선진시기 도학일파 자체도 분화 발전의 과정이 있었다. 초나라의 문화
또는 신도가를 연구하는 학자들은 노자보다 이른 시기의 전설적인 인물 육자
(鬻子)[16]를 도학의 창시자로 보는 경향이 더 강하다.[17] 그렇지만 일반적인 설
은 노자를 선진도가의 창시자로 본다. 노자 이후로 도가는 양대 유파로 분화
하였는데, 하나는 장자가 제창한 노장일파로 지역문화적인 면에서 보아 남방
도학이라고 할 수 있고, 또 다른 하나는 제(齊)나라 도가가 제창한 황로(黃老)
학파로 북방도학이라고 할 수 있다.

　남방일파의 도학이 당연히 도학의 정종(正宗)이며 '무위'를 근본으로 한다.
장자 이후 이 유파는 유가·묵가·명가·법가 등을 통합하는 경향을 띠었
고, 학술의 내순화 과정도 매우 분명히 드러났다.『장자』「잡편(雜篇)·천하

- - - - - - - - - - - - -

13 천지와 성인이 불인(不仁)하다는 증거로 내세운 추구에 대해선 여러 설들이 있으나 대체로
　옛날 제사 때 시위(尸位에 모시던 짚으로 만든 짐승을 말한다. 제사 준비를 할 때는 정성스
　레 그것을 만들어 옷도 입히고 장식도 하지만, 일단 제사가 끝나면 내다버려 다시 흩어지게
　한다. (김충열,『김충열 교수의 노자강의』, 예문서원, 2004.)
14 《원주》『노자』제5장
15 《원주》『장자』「제물론(齊物論)」
16 주(周)나라 육웅(鬻熊)이다.
17 《원주》 장정밍(張正明),『초문화사(楚文化史)』제4장, 상해인민출판사 1987년 제3판을 참
　고하였다.

(天下)」에서 말하였다.

> 도의 본원에서 떠나지 않는 자를 천인(天人)이라고 한다. 도의 정수에서 떠나
> 지 않는 자를 신인(神人)이라고 한다. 도의 본진에서 떠나지 않는 자를 지인(至
> 人)이라고 한다. 하늘을 본원으로 삼고 덕을 근본으로 삼으며 도를 문으로 삼아
> 만물의 변화를 살피는 자를 성인(聖人)이라 한다. 인을 은혜로 삼고 의를 이치로
> 삼고 예를 행위로 삼고 음악을 화합으로 삼아서 그윽하게 향기를 뿜듯이 인자함
> 을 베푸는 자를 군자라 한다. 법으로 질서를 세우고 명칭으로 질서를 나타내며
> 비교하여 시험하고 고찰하여 결정하니 그 (정연함이) 숫자 1,2,3.4와 같이 모든
> 관리가 이것을 따라 서로 순서를 정한다.[不離於宗, 謂之天人. 不離於精, 謂之神人.
> 不離於眞, 謂之至人. 以天爲宗, 以德爲本, 以道爲門, 兆於變化, 謂之聖人. 以仁爲恩,
> 以義爲理, 以禮爲行, 以樂爲和, 薰然慈仁, 謂之君子. 以法爲分, 以名爲表, 以參爲驗,
> 以稽爲決, 其數一二三四是也, 百官以此相齒.]

이 단락에서 도덕(道德)은 각 가(家)를 통섭하는 기초이다. 도가가 제창하는
도덕적 기초 위에서 유학일파인 공자의 인, 맹자의 의, 순자의 예 등을 골고
루 각자의 순서를 따라 적재적소에 배치하였고 법가·명가·음양술수의 각
가도 각기 쓰임새를 지녔다. 유가를 제자의 앞에 배열하여 글자를 아끼지
않고 천술하였는데 이는 유학에 대한 존중을 표명하는 것이다. 또한 전국
후기에 유가와 도가의 학설이 합류(合流)하는 문화 추세였음을 설명하고 있는
것이다. 이렇게 볼 때 사마천이 "세상에 노자를 배우는 자는 유학을 배척하
고, 유학 역시 노자를 배척하였다.[世之學老子者則絀儒學, 儒學亦絀老子.]"라고 한
설명은 논의할 필요가 있다.

북방도학은 제(齊)나라에서 연원하여 법가와 합류한 것으로 인해 또 황로
형명지학(黃老刑名之學)이라고도 불렸다. 이 유파의 도학은 "하는 것이 없고
하지 않음도 없음[無爲而無不爲]"을 근본으로 하여 사회정치 활동에 적극적으
로 참여하였으며 학술의 외적확산이 비교적 분명히 드러났다. 외적확산에는
힘을 쏟았으나 자아통찰을 할 겨를은 없었기 때문에 이 유파는 뒤에 일어난

법가일파에게 인몰되었다. 그래서 현재 학자들은 신도(愼到), 신불해(申不害), 한비자(韓非子)를 도가에 귀속시키고 법가에 귀속시키지 않기도 한다.

사마천은 『사기』에서 노자와 한비자를 합해서 「노자한비열전老子韓非列傳」으로 하였는데 일리가 있다. 북방도학의 기원은 당연히 제나라의 직하(稷下) 학파와 관계가 있는데, 그 사승관계(師承關係)가 『사기』에 보인다.

> 화성군은 악의의 손자이다. 악씨의 종족에는 악하공·악신공이 있었는데 조(趙)나라가 진(秦)나라에게 멸망할 때 제나라의 고밀(高密)로 달아났다. 악신공은 황제·노자의 말을 잘 알아서 제나라에서 이름이 높았고 훌륭한 스승으로 칭송되었다. 태사공이 말하였다. "당초 제나라의 괴통과 주보언은 악의가 연왕에게 답한 글을 읽을 때는 글을 덮고 울지 않은 적이 없었다고 한다. 악신공은 황제·노자의 학설을 배웠으며, 그의 본래의 스승은 하상장인이라고 불렀는데 그의 내력은 알 수 없다. 하상장인은 안기생을 가르쳤고, 안기생은 모흡공을 가르쳤고, 모흡공은 악하공을 가르쳤고, 악하공은 악신공을 가르쳤으며, 악신공은 개공을 가르쳤다. 개공은 제나라 고밀·교서에서 가르쳤으며 조상국(?~B.C.190)[18]의 스승이 되었다."[華成君, 樂毅之孫也. 而樂氏之族有樂瑕公·樂臣公, 趙且爲秦所滅, 亡之齊高密. 樂臣公善修黃帝·老子之言, 顯聞於齊, 稱賢師. 太史公曰: "始齊之蒯通及主父偃讀樂毅之報燕王書, 未嘗不廢書而泣也. 樂臣公學黃帝·老子, 其本師號曰河上丈人, 不知其所出. 河上丈人敎安期生, 安期生敎毛翕公, 毛翕公敎樂瑕公, 樂瑕公敎樂臣公, 樂臣公敎蓋公. 蓋公敎於齊高密·膠西, 爲曹相國師."][19]

사마천의 서술에 근거하여 북방 황로학파의 전수 상황을 다음과 같이 배열해 보면 그 상황을 한눈에 분명히 알 수 있다.

---

18 조참(曹參)으로 전한의 개국공신이다.
19 《원주》『사기』 권80 「악의열전(樂毅列傳)」

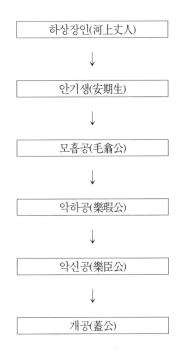

1. 하상장인(河上丈人)에 대해 『사기』에서는 "그 내력을 알 수 없다.[不知其所出.]"라고 하였다. 사승전수(師承傳受) 시기에 근거하여 판단해 보면 분명 전국시기 말엽 사람이다. 진(晉)나라 갈홍(葛洪)의 『신선전(神仙傳)』에 하상공(河上公)이 나오는데 이렇게 보면 이 기록은 아마도 억지로 끌어다 쓴 것이다. "하상공은 그 이름이 알려지지 않았다. 한나라 문제 때 하수(河水) 가에 풀을 엮어 암자를 짓고 살았다. 문제가 『노자』를 읽고 자못 좋아하였는데 …… 몇 가지 이해가 되지 않는 부분이 있었다. 당시 사람 가운데는 해답을 해줄 자가 없었는데 하상공이 『노자』의 의미를 잘 풀이한다고 말하는 소리를 듣고 사람을 보내 해결하지 못한 문제를 물어보았다.[河上公者, 莫知其姓字, 漢文帝時, 公結草爲庵于河之濱. 帝讀『老子經』, 頗好之, …… 有所不解數事. 時人莫能道之, 聞時皆稱河上公解『老子經』義旨, 乃使齎所不決之事以問.]"[20] 『수서(隋書)』「경적지(經籍志)」에는 하상공이 『노자』

주석을 저술했다는 말이 실려 있지만 『한서』 「예문지」에는 보이지 않는다. 이 책은 육조(六朝)시대 사람이 위탁(僞托)한 것이 분명하다.

2. 안기생(安期生)도 선진시대 인물이다. 『사기』 「봉선서(封禪書)」에 무제(武帝)가 방사(方士)인 이소군(李少君)의 말에 따라[21] "몸소 조왕신을 제사하기 시작했으며 방사를 바다로 보내 봉래산의 안기생 등을 찾도록 하였다.[始親祠竈, 遣方士入海, 求蓬萊安期生之屬.]"라고 기재하고 있다. 안기생이 어떤 사람인지에 대해 이소군의 말에 의하면 "안기생은 신선인데 봉래산을 왕래하면서 (뜻이) 맞으면 사람을 만나고 맞지 않으면 숨어 버립니다.[安期生, 仙者, 通蓬萊中, 合則見人, 不合則隱.]"라고 하였다. 이로써 안기생은 도학을 한 인물이기보다는 민간 방사에 더 가깝다는 것을 알 수 있다.[22] 도학이 제나라에 전해져 당시의 민간문화와 융합하였는데 이 때문에 북방도학은 방사문화적인 특징을 더욱 갖게 되었다.

3. 모흡공(毛翕公)에 대해서는 현존하는 사료를 가지고는 살펴볼 길이 없다. 이 사람은 전국시대 때 조(趙)나라의 처사 모공(毛公)일 가능성이 있다. 진(秦)나라가 위(魏)나라를 공격했을 때, 설공(薛公)과 함께 월나라에 기거하던 신릉군(信陵君)에게 고국으로 돌아가 구원할 것을 권하여 진나라를 무찌른 적이 있었다.[23] 『한서』 「예문지」에서는 명가(名家)에 '모공 9편[毛公九篇]'이라고 기재하고 있다. 그 주석에 "조나라 사람으로 공손룡

• • • • • • • • • • • • •

20 《원주》 갈홍(葛洪) 『신선전(神仙傳)』 3
21 『사기』 「봉선서(封禪書)」에 의하면, 이소군은 심택후(沈澤侯)의 사인(舍人, 가신)으로 약방을 담당하던 자이다. 그는 나이와 경력을 숨기고 항상 70세라고 주장하였고 귀신을 부려 불노불사할 수 있다고 떠벌이고 다녔다. 한 무제에게도 조왕신을 제사하면 귀신을 불러올 수 있고, 귀신이 찾아오면 단사(丹沙)를 황금으로 변화시킬 수 있으며, 그렇게 만든 황금으로 그릇을 만들어 먹고 마시면 수명을 연장할 수 있어서 바다에 있는 봉래산의 신선을 만날 수 있고 그리하여 불사를 얻을 수 있다고 말하였다.
22 《원주》 안기생에 관한 상세한 고석(考釋)으로는 다음 자료가 참고할 만하다. 조익(趙翼), 『해여총고(陔餘叢考)』 34, "安期生浮九伯".
23 《원주》 이 일은 『사기』 권77 「위공자열전(魏公子列傳)」

등과 평원군 조승의 집에서 교유하였다.[趙人, 與公孫龍等, 并游平原君趙勝家.]"라고 하였다. 안사고의 주석에서는 이 사람이 곧 신릉군 문하의 모공이라고 하였다. 그런데 한대『모시(毛詩)』전수자 또한 모공이라고 불리며 같은 조나라 사람이다.[24] 이것은 우연의 일치 같지는 않다. 아무래도 이 두 모공(毛公) 사이에는 어떤 관계가 있을 것이다. 만약 이상의 생각이 어느 정도 일리가 있다면, 북방 도학 일파가 전국시대 말기에 이르러 이미 기타 각 가와 혼합되기 시작하였다는 것을 알 수 있다.

4. 악하공(樂瑕公)·악신공(樂臣公) :『사기』「악의열전(樂毅列傳)」에 기재된 내용에 의하면 악의(樂毅)의 후손으로 모두 황로학의 전인(傳人)들이며 진(秦)나라가 조나라를 멸망시킨 이후 두 사람은 제나라의 고밀로 도망갔다.『사기』에 보이는 사승관계를 근거로 하면 악하공은 당연히 악신공보다 연장자이고 진(秦)나라 때 주로 생활하였다. "법으로써 교리를 삼고 관리로써 스승을 삼던[以法爲敎, 以吏爲師]" 진(秦)나라 때였으므로 악하공이 악신공에게 전수할 때에는 비밀리에 서로 주고받았을 것이다. 그런데 악신공은 주로 한(漢)나라 초기에 생활하였으므로『사기』에서는 악신공에 대해서만 기록하여 "제나라에서 이름이 높았고 훌륭한 스승으로 칭송되었다.[顯聞於齊, 稱賢師.]"라고 하였다. 악신공은 또 악거공(樂巨公)으로도 되어 있다.『사기』「전숙열전(田叔列傳)」에 "전숙은 조(趙)나라 형성(陘城) 사람이다. 그의 조상은 제나라 전씨(田氏)의 후예이다. 전숙은 검술을 즐겼고 악거공에게 황로술을 배웠다.[田叔, 趙陘城人也. 其先, 齊田氏苗裔也. 叔喜劍, 學黃老術於樂巨公所.]"라고 싣고 있다.『한서』「전숙전(田叔傳)」에는 또 '距'로 되어 있는데 아마도 모두 '신(臣)'자의 오류로 생각된다.「전숙전」을 전체적으로 살펴 봤을 때, '황로술'을 배운 전숙

---

24 ≪원주≫『한서』권88「유림전(儒林傳)」"모공은 조나라 사람으로,『시』에 능통하여 하간 헌왕 때 박사가 되었다.[毛公, 趙人, 治『詩』爲河間獻王博士.]"

의 품성과 행동이 도학 일파의 인물과는 판이하게 다르며 완전히 협객의 풍모와 재능을 지녔다는 점을 알 수 있다. 이는 진한 이래로 도학의 내용이 아주 복잡해졌음을 분명히 드러내는 것 같다.

5. 개공(蓋公)과 관련 있는 기록으로는 『사기』「조상국세가(曹相國世家)」에 가장 먼저 보인다. "조참이 제나라의 재상이 되자 제나라 70개 성을 가지게 되었다. 천하가 막 평정되었을 때 도혜왕(悼惠王)은 나이가 어렸으므로 조참이 장로(長老)·제생(諸生)을 모두 불러서 백성들을 편안하게 할 방법을 물었다. 제나라의 옛 땅의 유생들 백여 명은 각기 다른 말을 하니 참이 어떻게 해야할 지를 알지 못했다. 그러다가 교서(膠西)에 개공(蓋公)이란 자가 있는데 황로(黃老)를 잘 안다는 말을 듣고 사람을 시켜 폐백을 후하게 가지고 그를 청하게 하였다. 이윽고 개공을 만나자 개공이 말하기를 다스리는 방법으로는 청정(淸靜)을 귀하게 여기면 백성들이 저절로 안정될 것이라고 하였고 나머지도 모두 이런 식으로 말하였다. 조참이 이에 정당(正堂)에서 나와 개공에게 집을 지어주었다. 그 다스림의 요체는 황로의 방법을 쓰는 것이었다. 따라서 제나라의 재상이 된 지 9년에 제나라는 안정되니 어진 재상이라고 크게 칭송을 받았다.[參之相齊, 齊七十城. 天下初定, 悼惠王富於春秋, 參盡召長老諸生, 問所以安集百姓. 如齊故(俗), 諸儒以百數, 言人人殊, 參未知所定. 聞膠西有蓋公, 善治黃老言, 使人厚幣請之. 旣見蓋公, 蓋公爲言治道貴淸靜而民自定, 推此類具言之. 參於是避正堂, 舍蓋公焉. 其治要用黃老術. 故相齊九年, 齊國安集, 大稱賢相.]" 『한서』에 실려 있는 내용도 『사기』와 동일하다. 기타 개공에 대한 기록은 진(晉)나라 황보밀(皇甫謐)의 『고사전(高士傳)』에서 볼 수 있다. 개공이 제창한 청정을 근본으로 하는 정치의 도는 도가의 이론이 실제로 정치 영역에 운용된 것이었다.

전국시대 말부터 진한에 이르는 도가 일파의 전승 속에서 이론심화와 외적확산의 학술 발전 과정을 간파할 수 있는데 다른 각 학파의 사상 내용과 지역 문화적 정수를 끊임없이 받아들여 취한 것이 북방도학일파의 특징이다.

어쩌면 북방도학이 학술의 외적확산에 너무 얽매였기 때문에 그 학술 자체에 이미 변화가 일어난 것인지도 모른다. 황제의 개념을 끌어들여 도학은 황로학으로 변해 버렸고 유가와의 결합은 한대에 『도덕경(道德經)』을 『덕도경(德道經)』으로 변하게 하였으며 법가・명가와의 혼합은 황로학이 형명지학(刑名之學)으로도 불렸다. 그러므로 북방도학일파는 한대에 이르러 학술적인 분화의 추세가 분명히 드러나게 되었다.

진나라 말기 사회적 큰 동란을 계승한 전한 초년에는 경제가 고갈되고 질서가 혼란한 때였으므로 맨 먼저 당면한 일은 사회를 안정시키고 생산력을 회복하는 일이었다. 이러한 사회 국면에 처해 도가의 "청정무위(淸靜無爲)"하는 정치의 도는 어느 정도 사회에 영향을 끼쳤다.

한나라 초기의 정치・사상에서 중요한 양대 인물은 육가(陸賈)와 가의(賈誼)인데 사상사나 철학사를 연구하는 학자들은 습관적으로 이들 둘을 도가나 유가 혹은 법가에 귀속시키고 그들이 각기 자기 학파에 기본적으로 속하면서 다른 학파의 영양분을 흡수하였다고 논술하고 있다.

역사적인 인물에 대한 이러한 논술 방식은 마치 색안경을 끼고 역사를 바라보는 것과 같아서 논란의 여지가 생긴다. 육가에 관하여 역사서에 명확히 기재되어 있기로는 그가 고조의 면전에서 『시』와 『서』를 말했다고 하므로 당연히 유가에 속하는 인물이라고 말해야 한다. 일부 학자들, 특히 '한대신도학(漢代新道學)'을 연구하는 학자들은 "도가는 유씨가 천하를 얻는 것을 도왔다.[道家助劉氏得天下.]"라는 굉론에 집착하여 그를 도가에 넣는 경우도 있다. 가의에 대해서는 "나이 열여덟에 『시』와 『서』를 외울 수 있었으며 글을 잘 지어 군에서 칭송되었다.[年十八, 以能誦詩書, 屬文稱於郡中.]"[25]라고 한 것으로 볼 때 설령 그가 유가에 속하는 인물이 아니었더라도 유가문화의 영향을 매우 깊이 받았음을 알 수 있다. 경학고문파(經學古文派)는 가의를 『좌씨춘추

. . . .

25 ≪원주≫ 『한서』 권48 「가의전(賈誼傳)」

(左氏春秋)』의 전인(傳人)으로 열거하였다.[26] 더군다나 가의는 본래 하남(河南) 군수 오공(吳公)의 문인이었다. 오공은 "옛날에 이사와 같은 읍에 살았는데 일찍이 그에게 학문을 배웠으니[故與李斯同邑, 而嘗學事焉]" 가의는 자연스럽게 법가와 인연이 닿았을 것이다. 그래서 가의를 도학 일파의 인물로 보는 것은 억지스럽다.

실제로 육가와 가의를 어느 일정한 학파에 귀속시키는 것은 모두 정확하지 않다. 두 사람은 한나라 초기의 정치가였기 때문에 그들에게서 학술은 생업의 근본도 아니었고 이상도 아니었다. 육가는 "옛것을 잘 말하는 자는 그것을 현재에 합치시키며 멀리 있는 것을 능숙하게 할 수 있는 자는 그것을 가까운 것과 견주어 본다.[善言古者, 合之于今, 能術遠者, 考之以近.]"[27] 라고 말하였는데 그 공리적인 목적이 확연히 드러나는 말이다. 가의 같은 경우는 더욱 학술보다는 정치를 지향하였다. 그래서 유향(劉向)은 그에 대해 칭하기를 "가의는 하·은·주 삼대(三代)와 진나라의 치란(治亂)의 뜻을 말하였는데 그 논의가 매우 훌륭하고 나라를 다스리는 원칙을 통달하고 있어 비록 옛날의 이윤이나 관중 같은 이라도 그를 뛰어넘을 수 없을 것이다. 만약 그가 당시에 등용되었더라면 그 공이 반드시 컸을 것인데, 용렬한 신하들에 의해 모함을 당했으니 참으로 통탄스럽다.[賈誼言三代與秦治亂之意, 其論甚美, 通達國體, 雖古之伊管未能過也. 使時見用, 功化必盛, 爲庸臣所害, 甚可悼痛.]"라고 하였다. 두 사람이 업적을 세우는 것이 정치에 근본을 두었기 때문에 각 파의 사상은 단지 그들 자신의 정치적인 도를 천술하는 재료에 불과하였다. 그들의 정치 주장은 절합시용(切合時用)과 백가의 혼합이었으며, 그들은 실용적인 태도로 각 파의 방법을 융합하여, 훗날 독존 지위로 발전 및 그 지위를 획득한 한대 경학의 본보기가 되었다. 그러므로 그들을 양한 경학의 개창자라고 말하는 것은

<hr />

26 ≪원주≫ 『한서』권30 「예문지(藝文志)」·권88 「유림전(儒林傳)」, 당(唐)나라 육덕명(陸德明) 『경전석문(經典釋文)』을 참조하였다.
27 ≪원주≫ 『신어』「무위(無爲)」

결코 지나친 말이 아니다.

육가의 사적(事迹)과 사상(思想)은 주로 『사기』・『한서』의 본전과 그가 저술한 『신어(新語)』에 보인다. 현재 전하는 『신어』의 진위에 대해 학자들 간에 논쟁이 많다. 『사기』에서는 육가가 12편을 저술하여 존망의 징조를 간략히 기술하였다고 하면서 "그 책을 『신어』라고 부른다.[號其書曰, 『新語』.]"라고 하였다. 『한서』「육가전」에 기재된 내용도 『사기』와 동일하며 다만 문자 서술이 조금 차이가 나는데 『한서』가 『사기』의 내용을 그대로 옮겨온 것을 알 수 있다. 이 10편의 『신어』를 안사고의 주석에서 "그 책은 지금에도 전한다.[其書今見存.]"라고 하여 당대(唐代)에도 여전히 전해 온다고 설명하였다. 그런데 『한서』「예문지」에서는 유학일파를 열거하면서 육가의 저술에 대해 "이십삼편(二十三篇)"이라고 주를 달아 밝혔는데 본전에서 12편이라고 한 것과 맞지 않는다. 이러한 모순에 대해 반고(班固)는 아무런 설명을 하지 않았다. 그래서 후세 사람들은 『신어』를 당나라 이전 사람이 의탁한 저작이라고 인식하기도 하였다. 『신어』에 관하여 다음 몇 가지 의견으로 정리할 수 있다. 첫째, 육가가 저술한 『신어』는 모두 12편이라고 역사서에 분명히 기재되어 있으므로 당연히 의심할 여지가 없다. 둘째, 『한서』「예문지」에 기재된 "육가이십삼편(陸賈二十三篇)"은 『신어』라고 언급한 것이 아니므로 『신어』가 포함된 육가의 저술 전부를 포괄하여 말한 것이지 『신어』만을 지칭한 것은 아니다. 셋째, 『신어』가 전해 오는 과정에서 산실되었을 수도 있고 후대인의 수정을 거쳤을 수도 있겠지만 육가의 중요한 사상은 담겨져 있다고 볼 수 있다.

『신어』는 상하 2권으로 나뉜다.[28] 상권의 구성은 제1편 도기(道基), 제2편 술사(術事), 제3편 보정(輔政), 제4편 무위(無爲), 제5편 변혹(辨惑), 제6편 신미(慎

- - - - - - - - - - - - -

28 《원주》 명(明)나라 만력(萬曆) 연간에 신안(新安) 정영(程榮)이 편집한 『한위총서(漢魏叢書)』에 보인다.

微)로 되어 있고, 하권은 제7편 자질(資質), 제8편 지덕(至德), 제9편 회려(懷慮), 제10편 본행(本行), 제11편 명계(明誡), 제12편 사무(思務)로 되어 있다. 이 책 권목만 보더라도 책의 사상이 잡다하고 시무(時務)에 부합하는 것을 기본원칙 으로 삼고 있으며 특정 학파의 언설이 아니란 것을 알 수 있다. 「도기」편이 이 책의 권수(卷首)인데, 표면적으로 보면 '道'를 기틀으로 삼고 있기 때문에 육가가 "도가 사상을 종주로 하였다.[以道家思想爲主]"는 것은 의심할 여지가 없다.[29] 그러나 이 편을 상세하게 읽으면 문제점이 많다. 이 편 첫머리에 요지를 밝혀 설명하였다.

> 전(傳)에 이르기를 "하늘이 만물을 낳고 땅이 만물을 기르고 성인이 만물을 완성하니 공덕 셋이 합하여 도술이 생겨난다."라고 하였다. 그러므로 "해와 달을 베풀고 별들을 늘어놓고 사시(四時)의 순서를 매기고 음양을 조화롭게 하고 기(氣)를 펼쳐 성(性)을 다스리고 차례로 오행을 두었다."[傳曰 : "天生萬物, 以地養之, 聖人成之, 功德參合而道術生焉." 故曰 : "張日月, 列星辰, 序四時, 調陰陽, 布氣治性, 次置五行."]

이 문단을 인용하는 학자는 항상 "전왈(傳曰)"이라는 두 글자를 생략하였기 때문에 전(傳)에서 하는 말을 육가가 한 말로 여겼다. 실제로 전에서 인용한 말은 『역전(易傳)』으로부터 유래한 것이며 도학 일파로부터 유래한 말이 아 니다. 하늘이 만물을 낳고 땅이 만물을 기르고 성인이 선천법칙(先天法則)에 따라서 인간 세상의 질서를 규획하는 것, 이것이야말로 도술이 발생하는 본원이라고 말하고 있다. 육가가 말한 것은 도술(道術)이지 도가 아니라는 것에서 그의 공리주의적인 태도가 그대로 드러난다. 가장 중요한 것은 이

· · · · · · · · · · · ·

29 《원주》 육가사상에서 도가가 그 주를 이룬다는 학자들이 많다. 여기서는 더 서술하지 않겠다.(주뤼카이(祝瑞開), 『양한사상사(兩漢思想史)』 제3장, 상해고적출판사 1989. 탕즈쥔(湯志鈞) 등 저, 『전한경학과 정치(西漢經學與政治)』, 상해고적출판사, 1994)

짧은 문단에서 그가 '성인(聖人)'의 개념을 제기하였다는 점이다. 노자의 도학에서는 "성인은 인(仁)하지 않으니 천지를 추구(芻狗)로 여긴다.[聖人不仁, 以天地爲芻狗.]"라고 하였지만 공자의 유학 일파에게 성인은 가장 핵심적인 개념 가운데 하나였다. 육가의 도는 도가의 도라고 말하기 보다는 차라리 유가 일파의 도라고 하는 편이 낫다. 천지(天地), 성인(聖人) 도술(道術)을 논한 뒤에는 바로 음양(陰陽) 오행(五行)이라는 일련의 이론이 잇따른다.

「도기」편에서 육가는 공자의 인(仁) 개념과 맹자의 의(義) 개념도 도술의 핵심 개념으로 제창하고 있다.

무릇 일을 도모할 때 인의를 아우르지 않으면 이후에 반드시 패하며, 단단하지 못한 뿌리를 심고 높은 기단을 세운다면 이후에 반드시 무너질 것이다. 그러므로 성인은 경으로 어지러움을 막으며 뛰어난 공인은 준승(準繩)[30]으로 굽은 것을 바르게 한다. 덕이 성한 자는 위세가 넓어지고 힘이 성한 자는 교만함이 많아진다. 제나라 환공은 덕을 숭상하여 패자가 되었고 진(秦)나라 이세(二世)는 형벌을 숭상하여 패망했다. 그러므로 행동을 모질게 하면 원망이 쌓이고 덕이 퍼지면 공(功)이 일어난다. 백성은 덕으로써 의지하고, 골육은 인으로써 친해지며, 부부는 의로써 화합하고, 친구는 의로써 믿으며 임금과 신하는 의로써 질서가 서고, 모든 관리는 의로써 받든다. 일찍이 민자건은 인으로 큰 효도를 이루었고 백희(伯姬)는 의로써 지극한 정절을 세웠다. 나라를 지키는 자는 인으로써 견고해지고 임금을 보좌하는 자는 의로써 기울어지지 않는다. 임금은 인으로 다스리고 신하는 의로 바르게 한다. 향당은 인으로 순순(恂恂)하고 조정은 의로 편편(便便)하다. 미녀는 정절로 그 행실이 빛나고 열사(烈士)는 의로 그 이름을 드러낸다. 양기(陽氣)는 인으로 생겨나고 음절(陰節)은 의로 내려온다. 녹명(鹿鳴)은 인으로 그 무리를 찾고 관저(關雎)는 의로 그 짝을 찾는다.[31] 춘추(春秋)는 인의로 폄절(貶絶)하고 시(詩)는 인의로 존망(存亡)한다. 건곤(乾坤)은 인으로 화합하고 팔괘(八卦)는 의로 서로 받든다. 서(書)는 인으로 구족(九族)을 서술하고

· · · · · · · · · · · ·

30 수준기와 먹줄이다.
31 녹명(鹿鳴)과 관저(關雎)는 모두 『시경』에 실려 있는 시이다.

임금과 신하는 의로 충성을 제어한다. 예는 인으로 진절(盡節)하고 악은 예로 오르내린다. 인이란 도의 벼리이고 의란 성인의 학문이다. 그것을 배우는 자는 밝아지고 그것을 잃는 자는 어두워질 것이고 그것을 배반하는 자는 망할 것이다. …… 『곡량전(谷梁傳)』에 이르기를 "인으로 육친을 다스리고 의로 연장자를 이롭게 하면 만세토록 어지럽지 않을 것이니 인의가 다스리기 때문이다."라고 하였다.[夫謀事不幷仁義者後必敗, 殖不固本而立高基者後必崩. 故聖人防亂以經, 藝工正曲以準繩. 德盛者威廣, 力盛者驕衆. 齊桓公尙德以霸, 秦二世尙刑而亡. 故虐行則怨積, 德布則功興. 百姓以德附, 骨肉以仁親, 夫婦以義合, 朋友以義信, 君臣以義序, 百官以義承. 曾閔以仁成大孝, 伯姬以義建至貞. 守國者以仁堅固, 佐君者以義不傾. 君以仁治, 臣以義平. 鄕黨以仁恂恂, 朝廷以義便便. 美女以貞顯其行, 烈士以義彰其名. 陽氣以仁生, 陰節以義降. 鹿鳴以仁求其群, 關雎以義鳴其雄. 春秋以仁義貶絶, 詩以仁義存亡. 乾坤以仁和合, 八卦以義相承. 書以仁敍九族, 君臣以義制忠. 禮以仁盡節, 樂以禮升降. 仁者, 道之紀, 義者 聖之學. 學之者明, 失之者昏, 背之者亡. …… 『谷梁傳』曰 : "仁者以治親, 義者以利尊, 萬世不亂, 仁義之所治也."]

이 문단을 통독하면 인을 도의 벼리로 삼고 의를 성인의 학문으로 삼아 인간질서는 모두 인의를 규칙으로 삼았고 유가의 저술은 모두 인의를 근본으로 삼았다고 보기 때문에 육가가 흡사 유학의 자사(子思)·맹자(孟子)일파의 전인(傳人)인 듯하다. 그리고 뒤에 『곡량전』을 인용하고 있는데 육가가 『곡량』파와도 관련이 있는 것 같다. 육가를 유학의 한 사람이라거나 유학의 전인이라거나 하는 말들은 당연히 근거가 없는 것이다. 그렇지만 육가의 정치사상 가운데 유가의 영향이 짙다는 것은 사실이다.

어쩌면 육가가 한나라 초기의 정치인이었기 때문에 사회참여 의식이 매우 강했을 지도 모른다. 이는 노장학파에서 제창한 출세간(出世間) 사상과는 맞지 않는다. 『신어』제2편은 「술사」이고 제3편은 「보정」이며 제4편은 「무위」인데 모두 정치의 도리를 해설하고 있다. 백가의 학설은 정치에 이익이 되기만 하면 종법·문파를 막론하고 모두 융합·관통하였다. 육가는 "그러므로 일을 처리하는 사람은 그 규칙에 따르고 약을 복용하는 사람은 그 효력에 따른다. 책이 반드시 중니의 문하에서만 나오는 것은 아니고 약이 반드시 편작의 처방에서만 나오는 것도 아니니 그 내용이 합당하고 좋다면 법으로 삼을 수 있다.[故制事者因其則, 服藥者因其良. 書不必起仲尼之門, 樂不必出扁鵲之方, 合之則善, 可以爲法.]"[32]라고 말하였다. 육가 자신은 어느 일정한 문파에 귀속시킨 적이 없었다.

'무위'란 본래 도가의 주장이다. 『신어』도 이 말을 끼워 넣어 책의 강목으로 삼았다. 육가는 "무릇 도는 무위보다 큰 것이 없고 행동은 삼가고 공경하는 것보다 큰 것이 없다.[夫道莫大于無爲, 行莫大于謹敬.]"라고 하였다.[33] 이 편에서 육가는 우순(虞舜)·주공(周公)을 무위지치의 성공 사례로 열거하였다. 「지덕」편에서도 무위지치의 효과에 대하여 생동감 넘치는 묘사를 하였다. "그러므로 군자의 다스림은 가만히 있어 마치 아무 일이 없는 듯하고 고요하여 마치 아무런 소리가 없는 듯하고 관청에는 마치 관리들이 없는 듯하고 촌락에는 마치 백성들이 없는 듯하고 마을 사람들은 큰 길에서 싸우는 일이 없고 늙은이와 어린이가 집안에서 근심하는 일이 없다. …… 조정에 있는 자는 임금에게 충성하고 집에 있는 자는 부모에게 효도한다.[是以君子之爲治也, 塊然若無事, 寂然若無聲, 官府若無吏, 亭落若無民, 閭里不訟于巷, 老幼不愁于庭. …… 在朝者忠于君, 在家者孝于親.]" 그가 말한 무위는 사회에 대한 자연질서적인 인식과 같으며 진(秦)나라 왕조처럼 형벌을 가혹하게 사용해 사회질서의 파괴를 초래해서는 안 됨을 말한다. 「무위」에서 육가가 부정적인 사례로 열거한 것은 유위자(有爲者)가 아니라 사회질서의 파괴자에 대한 것이다. 주나라 양왕(襄王)은 의붓어머니를 효도로 섬기지 못하여 중반친리(衆叛親離 : 민심을 잃고 고립되다) 하는 결과를 낳았고, 진시황의 교사미려(驕奢靡麗)는 천하 부호(豪富)들의 사치가 정도를 넘도록 만들었고 제나라 환공(桓公)이 여색을 밝힌 것은 사회의 음란을 초래하였고 초나라 평왕(平王)의 방자함은 윗사람이 아랫사람을 다스

....

32 ≪원주≫ 『신어』 「술사(術事)」
33 ≪원주≫ 『신어』 「무위(無爲)」

리지 못하는 상황을 초래하였다. 이로 인해 알 수 있는 사실은 무위의 주요 내용이 곧 사회자치에 대한 승인, 즉 "관서를 숭상하고[尙寬舒]" "중화를 행한 다[行中和]"는 것이다. 유가의 인의 사상 가운데 관후(寬厚)·중화(中和)가 도가의 지유(持柔)·허무(虛無)사상과 공교롭게도 하나로 결합된 것이다. 이 때문에 어떤 의미에서 육가의 무위는 정치를 행하는 원칙이 아니라 수단이며 이러한 수단은 전란 이후의 사회질서를 안정시키고 사회생산력을 회복하는 데 크게 기여했다.

전국시대 말부터 진말·한초까지 도가의 도 개념은 이미 유가일파에 의해 변화되어 쓰였다. 도가의 도 개념에 대한 해설은 아마도 백 개를 넘을 것이지만 여기에서 논의할 문제는 아니다. 일반적으로 말해 도가의 도는 응당 최고의 자연법칙을 가리킨다. 그러므로 도가의 철학적인 색채는 매우 짙다. 공유(孔儒) 일파도 도를 해설하였다. 다만 유가의 도가 가리키는 것은 인간세상의 도리이므로 최고의 사회법칙이라고 보아야 한다. 그렇기 때문에 "선생님께서 성과 천도를 말씀하시는 것은 들어보지 못했다.[夫子之言性與天道, 不可得而聞也.]"[34]라고 한 것이다. '천도(天道)'란 곧 자연법칙인데 유가의 창시자는 거기에 별 흥취를 느끼지 못하였다. 그러나 전국시대 말에 이르러 도가의 도는 점점 유가 일파에게 받아들여졌고 아울러 천도를 선천법칙으로 여기게 되어 인도(人道)는 단지 이 선천법칙에 따라서 일을 처리한다는 의미가 되었다. 근래 출토된 곽점초간(郭店楚簡) 가운데 유가와 도가의 문헌이 뒤섞여 함께 보관되어 있는데 당시 유가와 도가가 융합된 현상을 볼 수 있다. 곽점초간에 대한 학자들의 연구가 많이 이루어지고 있으므로,[35] 여기에서는 곽점초간에 반영된 유가와 도가의 관계에 대해서는 더 이상 서술하지 않겠다.

· · · · · · · · · · · ·

34 《원주》『논어』「공야장(公冶長)」

35 《원주》다음의 자료를 참조하라. 이존산(李存山), 「종곽점초간간조기도유관계(從郭店楚簡看早期道儒關係)」; 백해(白奚), 「곽점유간여전국황로사상(郭店儒簡與戰國黃老思想)」, 『도가문화연구(道家文化硏究)』, 삼련서점(三聯書店) 1999년판에 실려 있음.

『신어』에서 도는 이미 자연지도(自然之道)와 사회지도(社會之道)를 의미하는 이중적 성격을 가지고 있었으며 이러한 사상은 이후의 경학가들에게도 영향을 주었다. 동중서가 『현량대책을 제시하다[擧賢良對策]』에서 말하기를 "도의 큰 근원은 하늘에서 나오는데 하늘은 변하지 않으며 도 역시 변하지 않는다.[道之大原出于天, 天不變, 道亦不變.]"[36]라고 하였다.

육가는 제자백가로부터 경학에 이르는 과도기의 중요한 인물로 그의 적극적인 세상 참여정신과 겸용병축(兼容幷蓄)의 사상은 경학가, 특히 금문 경학파(今文經學派)에게 큰 영향을 주었다.

육가의 뒤를 이어 유가와 도가의 융합을 촉진한 또 다른 중요한 한 인물이 바로 가의이다. 가의는 고조(高祖) 7년(B.C. 200년)에 출생하여 문제(文帝) 12년(B.C. 168년)에 생을 마쳤다. 주요 사상은 『사기』・『한서』의 본전과 『신서(新書)』에 보인다. 『신어』와 마찬가지로 『신서』의 진위(眞僞)도 문제시 되었다. 가의가 저술한 일에 대해서는 『사기』 「가의열전」에 실려 있지 않다. 『한서』 「가의전」 찬(贊)에서 이르기를 "대체로 저술한 글이 58편인데 세상의 일에 절실한 것만을 선택해서 전기에 기록하는 바이다.[凡所著述五十八篇, 撥其切于世事者, 著于傳云.]"라고 하였다. 「예문지」 유가의 저록에서도 "가의 58편[賈誼五十八篇]"이라고 하였다. 『신서』의 서명은 후대인이 『신어』의 서명을 모방하여 붙였을 가능성이 있다. 한대 사람의 저술은 항상 '신(新)'자를 앞세우는데 그렇게 함으로써 고인(古人)과 구별하려고 한 것 같다.[37] 『신서』 58편은 지금

. . . .

36 《원주》 『한서』 권56 「동중서전(董仲舒傳)」
37 《원주》 육가의 『신어』, 가의의 『신서』 이외에도 또 유향(劉向)의 『신서(新序)』, 환담(桓譚)의 『신론(新論)』 등에서도 볼 수 있다. '신(新)'으로 명명함으로써 옛날(舊)과 구별할 수 있다. 한 대(漢代)는 선진(先秦)시대에 비해 당연히 새로웠고, 고전(古典)의 장구(章句)를 고수하지 않는 저술이었으므로 자연히 신학(新學)으로 보였다. 『한서』 「장우전(張禹傳)」에 "신학이 조금씩 생겨나 도를 어지럽히고 사람을 그르치니 마땅히 써서는 안 된다.[新學小生, 亂道誤人, 宜無信用.]"라고 하였다. 신(新)과 구(舊)의 구분이 매우 분명하다. 『북당서초(北堂書鈔)』 삼국시대 위(魏)나라의 응거(應璩)가 왕자 옹(雍)에게 보낸 글에 "그대가 저서를 쓰지 않고 있지만, 입으로 전한 것이 수만 마디나 됩니다. 말을 고쳐서 정할 수 없지만, 일이 고전에 부합

3편이 일실되었다.[38] 『수서(隋書)』「경적지(經籍志)」에서 "가자 10권[賈子十卷]"
이라고 하였는데 현재 전하는 『신서』 10권과 같다. 현행본은 가의 본전에
실린 글을 많이 취했고 그 단락을 잘라서 순서를 뒤바꾸어 놓았으므로 위작
이라고 인식하는 사람이 있었다. 그러나 어떤 학자는 "가의의 『신서』가 자구
(字句)에는 오류가 있지만 내용은 믿을 만하다."라고 여긴다.[39] 『한서』에 기재
된 내용에 입각하면 가의가 58편을 저술하였다는 것은 사실이다. 현존하는
『신서』가 「가의전」에서 가려 뽑은 것이라고 의문을 품을 것을 역으로 「가의
전」이 『신서』[40]에서 잡다한 것을 추려 뽑은 것일 가능성도 염두에 두어야
한다. 실제로 이런 생각에 대한 답안은 매우 간단하다. 반고가 이미 명백히
이의를 제기하고 있기 때문이다. 즉 그는 "대체로 저술한 글이 58편인데
세상의 일에 절실한 것만을 선택해서 전기에 기록하는 바이다.[凡所著述五十八
篇, 撰其切于世事者, 著于傳云.]"라고 말하였다. 『신서』가 위작이라고 인식하는
학자는 위에 서술한 뒷 구절의 내용에 충분히 유의하고 있지 못하고 있는
것뿐이다. 「가의전」은 『한서』에서 비교적 긴 전기 중의 하나인데 풍부한
재료를 기초로 하지 않았다면 만들어 낼 수 없는 것이다. 당연히 우리는
『신서』가 확실히 가의의 기본 사상을 반영할 수 있다는 것을 인정함과 동시
에 아래 두 가지 점에도 마땅히 주의를 기울여야 한다. 첫째는 『사기』에는
가의가 어떠한 저술을 했는지를 기재하지 않았기 때문에 『신서』를 가의가

· · · · · · · · · · · · ·

됩니다.[足下著書不起草, 占授數萬言, 言不改定, 事合古典.]"이라고 하였다. '고(古)'와 '신
(新)'은 당시 학술 사상에서 현저히 다른 개념이다. 손이양(孫詒讓)의 『찰이(札迻)』 권7 「가자
신서(賈子新書)」에 "신서(新書)란 대체로 유향(劉向)이 주서(奏書) 할 때 표제를 아직 교정하
지 않는 것은 고서(故書)라고 하고 이미 교정해서 선사(繕寫)할 수 있는 것은 신서라고 하였
다[新書者, 蓋劉向奏書時所題, 凡未校者爲故書, 已校定可繕寫者爲新書.]"라고 하였다. 그런
데 손이양이 무엇에 근거한 것인지는 알 수 없다.
38 ≪원주≫ 『한위총서(漢魏叢書)』본은 '과진론(過秦論)'을 나누어 2편으로 하였으므로 56편이
된다.
39 ≪원주≫ 런지요우(任繼愈), 『중국철학사(中國哲學史)』제2책 제4장. 고증(考證)을 보지 못하
여 판본은 모른다.
40 원문에는 『신어』로 되어 있으나 앞뒤 문맥으로 보아 『신서』의 오류로 보인다.

직접 편찬했는지의 여부가 의문인데 아마도 후세 사람들이 편집한 것으로 보인다. 가의가 죽은 뒤에야 가학(家學)이 유전(流傳)되었기 때문이다.[41] 둘째는 이 책이 오류가 비교적 많고 소실된 내용도 많은데 지금까지 전해져 오는 과정에서 후학들의 편집과 정리를 거치지 않았다고 보증할 수 없다.

가의는 한나라 초기의 정치인으로서 살아 있을 당시에는 불우한 처지로 뜻을 이루지 못했지만 그 정치사상은 후대에 지대한 영향을 끼쳤다. 육가와 마찬가지로 그의 정치적인 주장은 적극적인 현실참여를 위주로 하였으며 실제적인 방법은 많았고 이론적인 공상은 별로 없었다. 각 파의 사상에 대하여 실제 정치적인 요구를 근본으로 하여 나래주의(拿來主義)[42] 태도를 견지하였다. 이러한 무실(務實)사상은 전한 초년 학술사상의 주요한 특징이다.

『신서』의 편목은 혼란스러운데 대다수가 후대인이 붙인 것이다. 이 책의 주요한 목적은 멸망한 진(秦)나라의 교훈을 총결하고 당시의 정치를 바로잡고 돕는 것이다. 유가·도가를 융합한 것이 이 책에서 더욱 확실하게 드러난다.

가의 사상에 있어서 도의 개념은 『신서』에서 여러 차례 볼 수 있다.

> 또한 대저 천지가 화로라면 조화는 장인이며 음양이 숯이라면 만물은 구리이다. 그것들이 모였다 흩어지고 줄고 불어나는데 어찌 일정한 법칙이 있겠는가? …… 지인(至人)은 만물에서 벗어나서 홀로 도와 함께하도다. 뭇 사람들은 미혹에 빠져 좋아하고 미워하며 마음을 쌓아두지만 진인(眞人)은 담담해서 홀로 도와 더불어 쉰다. 지혜를 풀어버리고 형상을 벗어나서 초연히 나조차도 잃고 휑하니 텅 빈 채로 도와 더불어 높이 날아오른다.[且夫天地爲爐, 造化爲工, 陰陽爲

. . . .

41 ≪원주≫『한서』권48「가의전」 "효무제가 처음 즉위하여 가의의 자손 두 사람을 등용하여 군수에 임명했다. 그 중 가가(賈嘉)는 가장 학문을 좋아해서 그의 가학을 이었다.[孝武初立, 擧賈生之孫二人至郡守. 賈嘉最好學, 世其家.]"
42 전통시대의 문화유산을 그대로 받아들이지 않고 자신의 입장에 서서 취사선택하여 수용·계승하려는 사고방식이다. 본래 노신(魯迅)의 말이다.

炭, 萬物爲銅, 合散消息, 安有常則? …… 至人遺物, 獨與道俱. 衆人惑惑, 好惡積意, 眞人恬漠, 獨與道息. 釋智遺形, 超然自喪, 廖廓忽荒, 與道翱翔.][43]

염제(炎帝)는 황제(黃帝)의 친동생으로 각각 천하를 반씩 차지하고 있었다. 황제는 도를 행하였으나 염제는 듣지 않았으므로 탁록(涿鹿)의 들판에서 전쟁을 벌였다.[炎帝者, 黃帝同父母弟也, 各有天下之半. 黃帝行道, 而炎帝不聽, 故戰涿鹿之野.][44]

무릇 풍속을 바꾸어 천하가 마음을 돌려 도로 향하도록 하는 것은 속된 관리들이 할 수 있는 일이 아니다.[夫移風易俗, 使天下回心而鄕道, 類非俗吏之所能爲也.][45]

어찌하여 삼대(三代)의 임금은 도를 지니고 있는 것이 길었는데 진나라는 도를 잃어버리는 것이 빨랐는가? 그 까닭은 알 수 있다. 옛날의 제왕은 태자가 처음 태어나면 반드시 예에 의해 기르고 …… 대궐을 지날 때에는 수레에서 내리고, 종묘를 지날 때에는 잰 걸음으로 지나서 (공경을 표하니), 이는 효자(孝子)가 행해야 할 도이다.[何三代之君有道之長, 而秦無道之暴也? 其故可知也. 古之王者, 太子乃生, 固擧以禮, …… 過闕則下, 過廟則趨, 孝子之道也.][46]

「명당지위(明堂之位)」[47]에서 말하기를 "인을 두터이 하고 배움을 좋아하며 견문을 넓히고 유순함에 따른다. 천자가 의심이 나면 묻고 이에 응답하여 막힘이 없는 사람을 '도'라고 한다. 도는 천자를 도로써 인도하는 사람이다."[明堂之位曰 : "篤仁而好學, 多聞而道順. 天子疑則問, 應而不窮者謂之道. 道者, 道天子以道者

· · · · · · · · · · · ·

43 《원주》『한서』권48 「가의전(賈誼傳)」
44 《원주》『신서』「제부정(制不定)」
45 《원주》『한서』권48 「가의전」.『신서』「속격(俗激)」에서는 '回心'이 '移心'으로 되어 있다.
46 《원주》『한서』권48 「가의전」.『신서』「보부(保傅)」에도 보인다.
47 『예기(禮記)』에 「명당위(明堂位)」편이 있으나, 해당 인용문은 없다. 아마도『예고경(禮古經)』의 편명으로 보인다.(박미라 역,『신서』, 소명출판, 2007.)

190

회왕(懷王)이 가의에게 물었다. "사람들이 도를 아는 자를 선생(先生)이라고 부르는 것은 무엇 때문이오?" 이에 가의가 대답하였다. "이는 스승에 대한 호칭입니다. 큰 의미로는 군주를 그렇게 부르고 중간 의미로는 경대부를 그렇게 부르며 아래로는 벼슬이 없는 선비도 그렇게 부릅니다. 그러나 그 올바른 호칭은 선생이 아니고 선성(先醒)입니다. 세간의 군주가 도리를 배우지 않으면 이해득실에 어둡고 ……" [懷王問於賈君曰 : "人之謂知道者爲先生, 何也?" 賈君對曰 : "此博號也. 大者在人主, 中者在卿大夫, 下者在布衣之士. 乃其正名, 非爲先生也, 爲先醒也. 彼世主不學道理, 則嘿然惛於得失 ……"]⁴⁹

묻기를 "도라는 말을 여러 차례 들었으나 아직 그 실질을 모르겠다. 청하여 묻건대 도라는 것은 무엇을 말하는 것인가?" 대답하길 "도란 거기에 따라서 사물을 접하는 것이다. 그 근본은 허(虛)라 하고 그 말단은 술(術)이라고 한다. 허(虛)는 그 정미(精微)함을 말하는데 평범하고 소박하며 아무것도 펼치는 것이 없다. 술이란 거기에 따라서 사물을 조절하는 것인데 움직이고 머무는 이치이다. 대체로 이런 것이 모두 도이다. …… 무릇 도의 자세한 내용은 다 말할 수가 없다." 묻기를 "청하여 묻건대 각종 선(善)의 대체는 어떠한가?" 대답하길 "부모가 자식을 사랑하고 이롭게 하는 것을 자애로움[慈]이라고 하고 자애로움의 반대되는 것이 완악함이다. 자식이 부모를 사랑하고 이롭게 하는 것을 효성스러움이라 하고 효의 반대되는 것은 비뚤어짐이라고 한다. 사랑하고 이롭게 하려는 마음이 속에서 우러난 것을 충성스러움이라 하고 충성에 반대되는 것은 배신이라 한다. …… 그러므로 도를 지키는 사람을 선비라고 하고, 도를 즐기는 사람을 군자(君子)라 한다. 도를 아는 이를 밝다고 하고, 도를 행하는 이를 어질다고 한다. 밝기도 하고 어질기도 한 이를 성인(聖人)이라 한다."[曰 : "數聞道之名矣, 而未知其實也. 請問道者何謂也?" 對曰 : "道者, 所從接物也. 其本者謂之虛, 其末者謂之術. 虛者, 言其精微也, 平素而無設施也. 術也者, 所從制物也, 動靜之數也,

---

48 ≪원주≫ 『신서』 「보부(保傅)」
49 ≪원주≫ 『신서』 「선성(先醒)」

凡此皆道也. …… 夫道之詳, 不可勝述也." 曰 : "請問品善之體何如?" 對曰 : "親愛利子謂之慈, 反慈爲嚚. 子愛利親謂之孝, 反孝爲孽. 愛利出中謂之忠, 反忠爲倍. …… 故守道者謂之士, 樂道者謂之君子. 知道者謂之明, 行道者謂之賢. 且明且賢, 此謂聖人.][50]

　　도는 덕의 근본이다. 덕은 만물을 낳고 또 기르니 만물이 편안한 것이 덕의 이치이다. 모든 생물은 다 덕이 생겨나게 한 것이다. 덕을 형상한 이는 오직 군왕이다. …… 도는 형상이 없으며 평화롭고 신비하다. 도는 만물을 실어주는 것으로, 모두 이치에 맞고 조화롭게 운행한다. …… 만물을 이끌어 시작하게 하는 것을 도라 하고 만물이 얻어서 생겨난 것을 덕이라 한다. 덕이 있는 것은 도를 근본으로 삼기 때문이다. 그러므로 "도는 덕의 근본이다."라고 말한다. 덕은 만물을 낳고 또 기르니 만물은 편안하고 이롭다. 만물을 편안하고 이롭게 하는 것은 인자한 행동인데 인자한 행동은 덕에서 나오므로 "인은 덕의 표현이다."라고 말한다. 덕이 이치를 낳는데 이치가 세워지면 올바르게 되니 적절한 것을 의라고 한다. 의는 이치이다. 그러므로 "의는 덕의 이치다."라고 말한다. 덕은 만물을 낳고 또 길러주기를 잠시도 멈추지 않으며 만물을 편안하고 이롭게 한다. 덕이 충실하고 후덕하게 만물을 대하므로 "충은 덕의 두터움이다."라고 한다. 덕이 충실하고 후덕하며 미덥고 견고해 바뀌지 않으니 이것이 덕의 항상됨이다. 그래서 "믿음은 덕의 견고함이다."라고 말한다. 덕은 도에서 생겨나서 이치가 있는데 이치를 지키면 도에 합치되어 도와 밀착되어 떨어지지 않는다.
[道者, 德之本也. 德生物又養物, 則物安德之理也. 諸生者, 皆生于德之所生. 而能人象德者, 獨王也. …… 道者無形, 平和而神. 道有載物者, 畢以順理和適行. …… 物所道始謂之道, 所得以生謂之德. 德之有也, 以道爲本. 故曰 : "道者, 德之本也." 德生物又養物, 則物安利矣. 安利物者, 仁行也, 仁行出于德, 故曰 : "仁者, 德之出也." 德生理, 理立則有宜, 適之謂義. 義者, 理也. 故曰 : "義者, 德之理也." 德生物, 又養長之而弗離也, 德以安利. 德之遇物也忠厚. 故曰 : "忠者, 德之厚也." 德之忠厚也, 信固而不易, 此德之常也. 故曰 : "信者, 德之固也." 德生于道而有理, 守理則合于道, 與道理密而弗離也.][51]

　· · · · · · · · · · · ·

50 《원주》『신서』「도술(道術)」

이상에서 인용한 도에 관한 가의의 논술을 통하여 도의 개념이 자연지도(自然之道)와 사회지도(社會之道), 즉 천도(天道)와 인도(人道)를 포괄하고 있음을 간파할 수 있다. 「복조부(鵩鳥賦)」에서 말한 것처럼 "도와 함께 높이 비상하는 [與道翺翔]" 가의의 정신은 한없이 자유로웠다. '초연히 자신을 잃고[超然自喪]' '형상을 벗어난다[遺形]'는 것은 노장 도학의 출세간(出世間)적 형상의 표현이며, 중국 전통 지식인이 내심(內心)에서 추구하던 것이었다. 그러나 일단 세상에 참여하자 이러한 추구는 모두 사라지고 '무형(無形)'의 도는 사회도덕의 본체로 변해 버리고 신비한 영성을 갖추게 되었다. 인·의·예·지·신·락도 곧 도의 사회표현 형식이 되었다. 자연질서와 사회질서는 통일되기 시작하였다.

가의의 사상은 모순되고 복잡한 까닭은 가의가 환로에 어려움이 많았고 젊은 나이에 병으로 요절했던 불우한 삶과 관계가 있다. 관계(官界)에서 실의를 겪고 난 뒤에 지은 부(賦)와 조정에서 지은 대책(對策)에 나타난 강직한 발언은 그의 인격을 형상적으로 그려 내었다. 현존하는 자료에 입각하여 논하자면 가의의 사상이 비록 도가 일파와 모종의 연원이 있다 하더라도 그 사상의 주체는 맹자와 순자의 유가 일파이다. 가의가 해설한 군도(君道), 왕도(王道), 사도(師道), 효도(孝道)는 모두 사회지도(社會之道)이며 설령 자연지도(自然之道)를 말하더라도 곧바로 덕과 연계시켜 맹자 학문 일파의 '사단(四端)'(인·의·예·지) 이론을 병용하여 해석을 더하였다. 자연지도(自然之道)를 탐구하는 목적은 사회지도(社會之道)의 합리적 근거를 찾기 위한 것이었으니 그 목적론적 색채가 매우 짙다. 만물 생성에 대한 해석에서 가의의 관점은 순자와 동일하였으며 천지 만물을 음양 조화의 작품으로 보았다. 아울러 '기(氣)' 개념을 제출하여 "만물은 형체가 있는데 도와 덕의 신묘함이 전일하여 하나의 기가 되었다.[物有形, 而道德之神專, 而爲一氣.]"[52]라고 하였다. 이러한

· · · · · · · · · · · ·

51 《원주》『신서』「도덕설(道德說)」

사상은 경학의 대사(大師) 동중서(董仲舒)의 '정기(精氣)'이론의 전주곡이었다.

육가가 해설한 '도'가 여전히 도가 사상의 본래 의미가 있었고 청정무위의 내용이 존재하였다고 한다면 가의가 해설한 '도'는 경학일파가 해설하는 '도'와 더욱더 비슷하고 "평화롭고 신비[平和而神]"하여, "하지 않음이 없음[無不爲]"의 내용이 많았다. 이것은 한대사상이 제자백가학으로부터 "최고의 권위를 지니는[定于一尊]" 경학으로 변화하는 실제 상황을 반영하였다. 가의가 말한 "강간약지(强干弱枝)"는 집권통치를 강화하고 아울러 윤리교화를 중시하는 정치주장이었으며 이 주장은 나중에 발흥하는 경학 정치사상에 더욱 잘 반영되었다.

전한 초년에 육가와 가의의 유가와 도가를 조화한 사상은 몇 가지 방면에서 경학의 형성과 안정화의 기초를 만들었다. 아마도 두 사람이 정치인으로 세상과 호응하여 실용적인 것을 추구하는 태도를 견지하였기 때문에 비로소 학파 사상의 합류를 촉진할 수 있었을 것이다. 그렇지만 몇몇 가훈(家訓)과 사도(師道)를 엄격히 고수하는 학술인으로 그들이 사상의 한계선을 넘어가기는 매우 어렵다. 유가와 도가가 묘당에서 논쟁을 벌인 일이 『사기』「유림열전(儒林列傳)」에 실려 있다.

> 청하왕(清河王)의 태부(太傅)인 원고생(轅固生)은 제(齊)나라 사람이다. 시(詩)를 잘하여 효제(孝帝)·경제(景帝) 때 박사가 되었다. 경제 앞에서 황생(黃生)과 논쟁을 벌인 일이 있었다. 황생이 말하길 "탕왕과 무왕은 천명을 받은 것이 아니라 시해한 것이오"라고 하였다. 원고생이 말하길 "그렇지 않소 걸(桀)·주(紂)가 잔인하고 어지러워 천하의 마음이 모두 탕왕과 무왕에게로 돌아간 것이니 탕왕과 무왕이 천하의 마음과 함께하여 걸주를 벤 것이오 걸주의 백성들이 그들(걸·주)을 위해 일하지 아니하고 탕왕과 무왕에게로 귀의하여 탕왕과 무왕은 어쩔 수 없이 제위에 앉은 것이니 천명을 받은 것이 아니라면 무엇이란

· · · · · · · · · · · ·

52 《원주》『신서』「도덕설(道德說)」

말이오?"라고 하였다. 황생이 말하길 "관은 비록 떨어졌어도 반드시 머리에 써야 하고, 신은 비록 새 것이라도 반드시 발에 신어야 하는 것이오 왜 그런가 하면 상하의 분별 때문이오 걸·주가 비록 도를 잃었어도 임금이고 탕·무가 비록 성인이라도 신하요 무릇 주인이 행실을 잘못하면 신하가 바른 말로 잘못을 바로잡아 천자를 존숭하지는 못할망정 도리어 잘못을 핑계삼아 그들을 베고 대신 제위에 앉았는데 시해가 아니고 무엇이란 말이오?"라고 하였다. 원고생이 말하길 "정말 말한 바와 같다면 고제(高帝)가 진(秦)나라를 대신하여 천자의 자리에 즉위한 것도 잘못이오?"라고 하였다. 이에 경제가 말하길 "고기를 먹어도 말의 간을 먹지 않았다고 고기 맛을 모른다고 하지는 않는다.[53] 학문을 논하는 자가 '탕·무의 수명(受命)'을 논하지 않는다고 해서 어리석다고 할 수는 없을 것이다."라고 말하여 드디어 끝이 났다. 이후로 학자들은 감히 수명과 방살(放殺)의 문제를 분명하게 논하는 사람이 없었다.[淸河王太傅轅固生者, 齊人也. 以治詩, 孝景時爲博士. 與黃生爭論景帝前. 黃生曰: "湯武非受命, 乃弑也." 轅固生曰: "不然. 夫桀紂虐亂, 天下之心皆歸湯武, 湯武與天下之心而誅桀紂, 桀紂之民不爲之使而歸湯武, 湯武不得已而立, 非受命爲何?" 黃生曰: "冠雖敝, 必加於首, 履雖新, 必關於足. 何者, 上下之分也. 今桀紂雖失道, 然君上也, 湯武雖聖, 臣下也. 夫主有失行, 臣下不能正言匡過以尊天子, 反因過而誅之, 代立踐南面, 非弑而何也?" 轅固生曰: "必若所云, 是高帝代秦卽天子之位, 非邪?" 於是景帝曰: "食肉不食馬肝, 不爲不知味, 言學者無言湯武受命, 不爲愚." 遂罷. 是後學者莫敢明受命放殺者.]

경제(景帝)시기 사회생산이 어느 정도 발전하자 전란으로 인해 피폐했던 사회경제가 회복될 수 있었다. 이 때문에 "백성과 더불어 휴식[與民休息]"하던 '무위(無爲)'의 통치자가 변하여 진정한 통치를 위한 첫 발걸음을 내딛고자 하였다. 이로서 유가의 치국평천하(治國平天下) 이론은 점점 역량을 발휘할 수 있게 되었다. 한나라 초기 문인·학자들은 모두 당시 정치에서 총애를 얻지 못하였으니 숙손통(叔孫通)이 한나라를 위해 제정한 의례에서 태상(太常)

· · · · · · · · · · · ·

53 말의 간은 독성이 있어 먹지 않는다고 한다.

·에까지 오른 경우는 거의 없었다. "그래서 박사들은 단지 자리만 지키며 자문에 응할 뿐 중용된 사람은 없었다.[故諸博士具官待問, 未有進者.]"⁵⁴ 경제시기 당시 실권을 장악했던 두태후는 황로술을 좋아하였고 경제는 유학일파 쪽으로 마음이 끌리고 있었다. 당시의 대유학자들이 문제 때에는 단지 박사에 머물 수밖에 없었지만 경제 때에 이르러서는 태자소부(太子少傳), 제왕(諸王)의 태부(太傳)⁵⁵가 될 수 있었다. 유학자가 태자와 제왕의 스승이 됨은 이후 유학이 독존의 지위를 차지하는 조건이 되었다. 황생과 원고생의 논쟁은 경제시기에 발생하였고 두 사람은 모두 박사였다. 황생은 『태사공자서』에서 "황자에게서 도론을 익혔다.[習道論于黃子]"라고 한 '황자(黃子)'이다. 이 논쟁을 통해 알 수 있는 사실은 당시 도학일파의 대표적인 인물인 황생이 유가의 '수명(受命)'이론을 혐오하였고 황자가 인용한 관과 신발에 대한 예증⁵⁶을 통하여 그가 이 논쟁을 미리 준비했다는 것을 알 수 있다. 그런데 원고생의 성격이 강직하여 애가 탄 나머지 고조가 진(秦)나라를 대신하여 건국한 이야기를 끄집어내어 학술적인 논쟁이 정치적인 시비로 발전되었다. 이러한 상황에서 경제는 바로 논쟁을 맺어 버렸다.

원고생의 강직함은 또한 그가 두태후를 대하는 태도에서 표현되었는데 이는 그에게 죽음을 자초하게 하였다. 두태후는 『노자』를 좋아하던 터라 원고생을 불러 『노자』에 대한 의견을 물어보았다. 원고생은 말하기를 "이것은 (천한) 가인(家人)의 말일 뿐입니다.[此是家人言耳.]"라고 하였다. 두태후가 크게 노하여 "사공(司空)의 성단(城旦)하는 책⁵⁷으로 어찌 알 수 있겠는가?[安得

· · · · · · · · · · · · ·

54 《원주》『사기』권121「유림열전」
55 《원주》왕장(王臧)은 경제의 태자소부였고, 원고생(轅固生)은 청하왕(淸河王) 태부였고, 한생(韓生)은 상산왕(常山王) 태부였다. 이 일은 『사기』권121「유림열전」에 보인다.
56 《원주》『한비자(韓非子)』「외저설좌하(外儲說左下)」, 태공(太公)『육도(六韜)』
57 사공(司空)은 옥을 관리하는 관리를 뜻하고, 성단(城旦)은 형벌의 일종인데, 변방 지역에서 낮에는 변방을 지키고 밤에는 성을 쌓는 무거운 형벌에 해당한다. 두태후는 유가의 저작에 대해 형벌을 담당하는 관리인 사공이 죄수에게 처벌하는 방편으로 야간에도 성을 쌓게 하는 성단과 같은 책이라고 폄하하여 말하고 있다.

196

司空城旦書?]"라고 하였다. 다행히 경제의 도움을 받아 겨우 죽음을 면하였다.[58] 그런데 두태후가 유가의 저작을 배척하며 "사공성단서(司空城旦書)"라고 한 것은 매우 의미심장하다. '사공성단서(司空城旦書)'는 본래 법률 문서를 가리키는데 두태후가 유가의 사상을 '사공성단서(司空城旦書)'로 비유한 것이다. 진나라는 가혹한 형벌 때문에 멸망하였다는 것이 한나라 초기 사람들의 일반적인 인식이었는데 유가의 저술은 진나라 정치 방법과 다름이 없다는 두태후의 꾸짖음은 응당 매우 혹독한 것이었다. 여기에서 하나의 새로운 문제가 나오게 된다. 즉, '한대의 유가학파와 법가학파의 연원은 도대체 어떠한가?'라는 문제이다. 이것이 바로 다음 부분에서 논의할 문제이다.

．．．．．．．．．．．．

58 《원주》『사기』권121「유림열전」

제4절 사회학설과 국가학설 : 경학과 법가(法家)

한대의 정치를 언급하면서 어떤 학자는 한무제가 제자백가를 배척하고 오로지 유학을 높였다는 논리를 세워 한대의 정치는 바로 경학화(經學化)된 정치라고 하고, 어떤 학자는 한 선제(宣帝)가 패도와 왕도를 섞었다는 논리를 세워 한대의 정치는 바로 잡가화(雜家化)된 정치라고 하였다. 또한 어떤 학자는 법가사상이 한대정치이고 실제 작용을 연구하여 한대의 정치는 바로 예와 법이 종합된 것이라 '외유내법(外儒內法)'·'유표법리(儒表法裏)'·'양유음법(陽儒陰法)'·'예표법리(禮表法裏)' 등으로 말한다. 이러한 논설은 모두 근거가 있다. '독존유술'은 사실이고 '패도와 왕도를 섞었다'는 것은 한대정치의 구체적인 특징이다. 외유내법 식의 행정법은 무수한 구체적인 사례를 찾을 수 있기 때문에 유생(儒生)과 문관(文官)의 융합은 중국전통 사대부정치의 전형이라고 할 수 있다.[1] 이상의 세 종류의 관점에 대해서 옳은 것과 그른 것으로 판단하는 것은 할 수도 없고 또한 해서도 안 된다. 대개 학자들이 자기의 지식 영역에 기반을 두고 흥미와 취향을 가지고 지향해 나가기 때문에 모두 독특한 풍격과 선명한 개성이 있고 역사 사실에 대한 어떤 한 방면의 정확한 설명이다. "왕창령(王昌齡)을 산채로 껍데기를 벗겨내고, 곽정일(郭正

· · · · · · · · · · · ·

1 《원주》 옌푸커(閻步克)의 『사대부정치연생사고(士大夫政治演生史稿)』 제10장, 북경대학출판사, 1996년 제1판.

—)을 살아 있는 것을 통째로 삼키는[活剝王昌齡, 生吞郭正—]"식의 저작과 서로 비교해 보면 더욱 존중하고 소중하게 여길 만한 가치가 있는 것이다.

사상 혹은 사상유파를 기점으로 삼아 한대의 정치를 연구해 보면 일정 측면에서 한나라 정치의 본질을 밝혀 낼 수 있다. 그러나 연구 과정 중에 정치사상과 정치가 나누어지는 것을 주의해야 한다. 논리상으로 말하면 이것은 서로 예속될 수 없는 두 가지의 개념이다. 실제 정황으로 분석해 보면 한대의 정치는 통치자가 전장제도(典章制度)와 정책법규를 통해서 국가의 행정을 다스리는 것으로 이것은 이미 나타난 역사적 사실이다. 그러나 정치사상은 사상가들의 몇몇 생각과 이론으로 이러한 생각과 이론이 운용이 되었는지 아닌지와 운용이 된 후에 효과가 있었는지 없었는지 좀 더 고찰해 봐야한다. 사상사에 입각하여 한대의 정치를 연구할 때 한 학설 혹은 한 유파의 정치사상이 미친 실제 영향에 대해서 정리하고 분석해야 한다.[2]

조금도 의심할 것 없이 경학이 한대 정치에 미친 영향력은 거대하다. 앞으로 한 장(章)을 할애하여 이 부분에 대해 전면적으로 논의할 것이므로 여기에서는 더 이상 서술하지 않겠다. 경학이 이러한 작용을 할 수 있었던 까닭은 바로 경학의 본질 때문이다. 양한의 경학은 선진유학의 변종으로 유학이 진화하여 출현한 것이다. "양단을 헤아려서 그 중(中)을 잡는다.[叩其兩端, 而執其中]"는 유학은 생길 때부터 『중용』의 조화를 학술정신으로 갖추고 있었기 때문에 진화 과정 중에 여러 학문을 흡수하여 장대하게 발전할 수 있었다. '시중(時中)'의 유학은 다른 사상에 비해서 권변(權變)에 능통하였고 시의적절할 수 있었으며 현실주의적이었다. 유학이 한대에 와서 변화하여 경학이 된 것은 이미 기타 학파의 내용을 흡수하였기 때문이다. 이론심화와 외적확

· · · · · · · · · · · ·

2 《원주》 장광후이(姜廣輝)는 유학을 나누어 원전유학(原典儒學)과 한위경학(漢魏經學) 등으로 삼고, 또 해석학적 방법으로 경학과 경설을 분석할 것을 제창하면서, "중국 전통적 해석"에 도달한 비교적 좋은 시도였다. 그의 글 「傳統的詮釋與詮釋學的傳統」, 『중국철학』 제22집에 보인다.

산의 학술 발전 규칙으로 볼 때 유학이 경학으로 진화한 과정은 좋은 표준이 된다.

유가와 법가는 그 사상이 뚜렷하게 대립되는 학파이다. 유가의 사상은 사회에 편중되어 있기 때문에 관계와 조화의 법칙을 중시하며 백성을 근본으로 삼았다. 하지만 법가의 사상은 국가에 편중되어 있기 때문에 율령과 제도의 법칙을 중시하여 임금을 근본으로 삼았다. 이 때문에 사회를 강조하는 것은 유가의 특징으로 교화를 중요시하고 형법을 가볍게 여겼다. 국가를 강조하는 것은 법가일파의 특징으로 형법을 중시하고 교화를 가볍게 여겼다. 장태염이 말하기를 "책을 저술하여 법을 정하는 것이 법가가 된다.[著書定律爲 法家]"[3]고 하였는데 이는 법가사상의 본질을 정확하게 파악하지 못한 것이다.

양한 경학은 시대가 요구하는 것에 맞추어 발전하면서 그 사상의 내용 가운데 법가의 국가 학설을 융합시켰다. 비록 전한 초기의 사상가들은 진나라가 망한 주요원인이 엄격하고 준엄한 형법이라고 하였지만, 목맨다고 먹지 않을 수 없는 것처럼 형법의 작용을 경시하지 않았다. 가의가 말하기를 "예는 그렇게 되기 전에 막는 것이고, 법은 이미 그렇게 된 뒤에 막는 것이다. 그러므로 법이 쓰이는 것은 쉽게 볼 수 있으나 예가 생겨나는 것은 알기 어렵다. 상을 줘서 선을 권하고 형법을 써서 악을 징계하는 것과 같다. 선왕은 이것을 정사에 집행할 때에는 쇠와 돌처럼 견고해야 하고, 이것을 명령으로 행할 때에는 사시(四時)와 같이 신뢰가 있어야 하며, 이것을 공정함에 의거하여 천지와 같이 사심이 없게 해야 할 뿐이니 어찌 도리어 쓰지 않을 수 있겠는가.[夫禮者禁於將然之前, 而法者禁於已然之後. 是故法之所用易見, 而禮之所爲生難知也, 若夫慶賞以勸善, 刑罰以懲惡, 先王執此之政, 堅如金石, 行此之令, 信如四時, 據此之公, 無私如天地耳, 豈顧不用哉.]"[4]라고 하였다. 전한 초기에 정치사상가가 '덕치(德治)'

3 《원주》『장씨총서(章氏叢書)』의 『검론(檢論)』권3
4 『한서』권48 「가의전(賈誼傳)」 p.2252

와 '예치(禮治)'에 대하여 강조한 것은 바로 '법치'에 대한 반작용으로 이해할 수 있다. 그러나 한나라 왕조의 정치적인 실천 가운데에는 많은 법가사상의 내용을 포함하고 있다. 가의 이후 조조(晁錯, B.C.200~B.C.154)는 진왕조의 멸망보다 합리적으로 이해하고 있었다.

조조의 학설은 유가와 법가를 한데 모은 것이다. 『사기』「조조전(晁錯傳)」에 말하기를 "조조는 영천(穎川) 사람으로 신불해(申不害)와 상앙(商鞅)의 형명학을 지현(軹縣)의 장회(張恢) 선생에게서 배웠다.[晁錯者, 穎川人也, 學申商刑名于軹張恢先所.]"라고 하였다. 『한서』「조조전」은 『사기』의 구절에 근본을 둔 것이지만 조금 다른 것이 있는데 바로 "조조는 영천 사람으로 신불해와 상앙의 형명학을 지현의 장회선생에게서 배웠다.[晁錯, 穎川人也, 學申商刑名于軹張恢生所.]"라고 한 것이다. 이 문장은 이해하기 어렵지 않다. 신상(申商)은 곧 신불해(申不害)와 상앙(商鞅)이고, 형명(刑名)은 바로 '명칭에 따라 실제를 구하고, 상벌을 엄격하고 공정하게 한다.'는 치국(治國) 학설이다. 『사기』와 『한서』가 같지 않은 점은 『사기』에서는 조조의 스승인 장회를 일컬어 '선(先)'이라고 하였으나, 『한서』에서는 '생(生)'이라고 한 것이다. '선'과 '생'은 모두 '선생'을 짧게 일컬은 것이다. 그러나 한나라의 문화적 배경 하에서는 뜻에 차이가 있다. 한나라 때는 이미 죽은 사람의 존칭으로 '선'자를 많이 쓴다. 예를 들면 '선군(先君)', '선제(先帝)', '선엄(先嚴)' 등이다. 『한서』에서 숙손통에 대하여 서술하면서 간략하게 '선'이라고 명칭 하였다.[5] '생'은 한대에 있어서는 재주와 학식이 있는 사람에 대해 전적으로 쓰는 칭호로, 유생 중에 '생'으로 부르는 사람이 많았다. 『사기』「유림전(儒林傳)」에 "『예』를 말한 것은 노나라의 고당(高堂) 선생으로부터이다.[言『禮』自魯高堂生.]"라고 기재되어 있고, 색은(索隱)에 "한나라 이후로부터 유자들이 모두 '생'이라고 불렀으니 '선생'을

. . . .

5 ≪원주≫ 『한서』「매복전(梅福傳)」에 "대저 숙손의 선인은 불충하지 않았다.[夫叔孫先非不忠也.]"라고 하였다. (『한서』, p.2918)

글자를 생략하여 부른 것일 뿐이다.[自漢以來儒者皆號‘生’, 亦‘先生’省字呼之耳.]"
라고 하였다. '선'과 '생'의 명칭을 통해 『사기』에서 법가의 장회라고 인식했
던 것을 『한서』에서는 '유자'로 만들어 버렸다. 그러므로 안사고(顏師古)의
주에서 "지현의 유생은 성이 장이고 이름이 회이니, 조조가 그를 좇아 신불
해와 상앙의 법을 전수받았다.[軹縣之儒生姓張名恢, 錯從之受申商法也.]"[6]라고 한
것이다. 유가와 법가의 융합을 엿볼 수 있다. 조조는 본래 장회로부터 신불해
와 상앙의 학문을 배웠고, 관직에 들어서는 복생(伏生)에게 『상서(尙書)』를
전수받기도 하였다.[7]

조조의 학설은 유가와 법가의 영향을 깊이 받았기 때문에 진나라가 망한
것에 대한 그의 견해 또한 당시의 기타 사상가들과 완전히 같지는 않았다.
전한 초기의 정치 사상가들은 일반적으로 엄격하고 준엄한 형법이 진나라가
멸망하게 된 주요 원인 중의 하나라고 믿었다. 그러나 조조는 "간사한 관리
가 문란한 법을 타고 그 위엄을 이루고 옥관(獄官)이 주관으로 판단하여 살리
고 죽이는 것을 마음대로 하였다. 그러므로 상하가 와해되어 각각 스스로
제도를 만들었다.[奸邪之吏, 乘其亂法, 以成其威, 獄官主斷, 生死自恣. 上下瓦解, 各自爲
制.]"[8]라고 한 것을 보면 진나라의 제도는 비록 문제가 있었지만 "천하가
크게 무너지고 제사가 끊어지는 것[天下大潰, 絶祀亡世.]"을 초래한 원인은 아니
다. 진나라가 망한 근본 원인은 정치문제이지 제도문제가 아니라는 것이다.
진나라의 문제는 즉 법가가 진왕조를 도와 설계한 하드웨어 시스템(제도)에서
가 아니라 소프트웨어 시스템(정치를 행하는 방법)에서 나왔다는 것이다. 한나
라는 진나라가 멸망한 역사적 교훈을 종합하여 새로운 소프트웨어 시스템을

· · · · · · · · · · · ·
6 《원주》『한서』 권49 「조조전(晁錯傳)」
7 《원주》『한서』 「조조전」에 "효문제 때 천하에 『상서』를 연구하는 자가 없었다. 홀로 제나
  라에 복생이 있는데, 옛 진(秦)나라의 박사로서, 『상서』를 연구하였고, 나이가 90여세로 늙
  어서 부를 수가 없다는 것을 듣고, 이에 태상(太常)에게 조서를 내려 사람을 보내 전수받게
  하였는데, 태상이 조조를 보내어 복생에게서 『상서』를 전수받게 하였다."라고 하였다.
8 《원주》『전한문(全漢文)』 「현량문학대책(賢良文學對策)」

만들어야 했다. 이러한 시스템은 바로 조조가 복생에게서 전수받은 유가의 방법이다. 조조가 말하기를 "법을 세우는 것은 백성을 괴롭게 하고 피해를 끼쳐 함정을 만들려는 것이 아니라 그것으로 이익을 일으키고 해를 제거하여 황제를 존중하고 백성을 편안하게 하여 포학하고 어지러운 것을 구원하려는 것이다.[其立法也, 非以苦民傷衆而爲之機陷也, 以之興利除害, 尊王安民而救暴亂也.]"[9]라고 하였다. 입법정신의 개혁은 법률을 법률 그 자체가 요구하는 목적에 쉽게 도달할 수 있게 하였다.

조조 일생의 사적(事迹)인 상서(上書)와 대책(對策)을 통해 유가의 사회학설과 법가의 국가학설이 그의 사상 가운데에서 잘 융합되었음을 알 수 있다. 조조가 복생에게 전수받은 이후 태자사인(太子舍人)·문대부(門大夫)로 임명되었고 오래지 않아 승진하여 박사가 되었는데 그의 상서(上書)에서 다음과 같이 말하였다.

> 임금이 높고 밝은 공명을 만대의 뒤에 드날리는 것은 술수를 알기 때문입니다. 그러므로 임금이 신하를 제어하여 그 대중을 다스리는 방법을 안다면 모든 신하들이 두려워하여 복종할 것이요 말을 듣고 일을 수용할 줄 알면 속거나 가려지지 않을 것이요 만민을 편안하고 이롭게 하는 것을 알면 천하가 반드시 따를 것이요 충효로써 윗사람을 섬길 줄 알면 신하들의 행실이 갖추어질 것입니다.[人主所以尊顯功名揚於萬世之後者, 以知術數也. 故人主知所以臨制臣下而治其衆, 則群臣畏服矣; 知所以聽言受事, 則不欺蔽矣; 知所以安利萬民, 則海內必從矣; 知所以忠孝事上, 則臣子之行備矣.][10]

이 단락에서 관건은 바로 '술수(術數)'이다. 장안(張晏)의 주에 "술수는 형명서(刑名書)이다.[術數, 刑名之書也.]"라고 하였고 신찬(臣瓚)이 말하기를 "술수는

9 《원주》『의림(意林)』「조조신서(晁錯新書)」
10 《원주》『한서』권49「조조전」

법제를 말하니 나라를 다스리는 방법이다.[術數謂法制, 治國之術也.]"라고 하였다. 안사고가 말하기를 "신찬의 설이 옳다. 공손홍(公孫弘)은 '살리고 죽이는 힘을 장악하여 막힌 길을 통하게 하고 경중의 수(數)를 저울질하여 득실의 도를 논하여 멀고 가까운 사람 할 것 없이 진정과 거짓이 반드시 상(上)에게 드러나게 하는 것을 술이라고 한다.'라고 하였으니 이것은 조조가 말한 것과 같은 것이다.[瓚說是也. 公孫弘云, '擅生殺之力, 通壅塞之途, 權輕重之數[11], 論得失之道, 使遠近情偽必見於上, 謂之術.' 此與錯所言同耳.]"라고 하였다. 술수를 법가의 형명학으로 나라를 다스리는 술(術)이라고 보는 것은 정확한 것이다. 그러나 이 술수의 범주 속에는 유학의 내용이 많다. 조조의 정치이론은 법가의 국가이론으로 골격을 삼고 유가의 사회이론으로 살을 붙인 것으로 "신하를 제어하여 그 대중을 다스리고[臨制臣下而治其衆]" 말을 듣고 일을 하는데 "속임수[欺蔽]"를 당하지 않으며 "만민을 편안하고 이롭게[安利萬民]"하여 신자(臣子)인 백성이 "충효(忠孝)"의 행실을 갖추게 하는 것이다. 통치자는 덕으로 정사를 다스려야 하기 때문에 "신이 들으니 제왕의 도는 바다와 같이 포용하고 봄과 같이 기르는 것이라 합니다.[臣聞帝王之道, 包之如海, 養之如春.]"[12]라고 하였다.

한나라가 진나라로부터 계승한 가장 큰 유산은 국가제도를 설립한 것이다. 그렇다면 양한의 경학이 법가로부터 가장 많이 얻은 것은 바로 국가이론이다. 한대의 유자들은 이 두 가지 이론을 잘 섞어서 한나라 통치자에게 제대로 갖추어진 국가사회적 정치이론을 제공하였다. 이러한 정황은 조조 때에 이미 볼 수 있었다.

천하가 그 정사를 즐거워하고, 그 덕에 귀의하여 부모처럼 바라보고 흐르는 물처럼 따르며 백성이 화친하고 국가가 안정되어 명위(名位)를 잃지 않고 후세

- - - - - - - - - - - - -

11 원서에는 '輕重之術'로 되어 있는데, 중화서국점교본(中華書局點校本)에 근거하여 '輕重之數'로 수정하였다. (『한서』, p.2616.)

12 ≪원주≫ 『문선(文選)』의 「반맹견답빈희(班孟堅答賓戱)」 이선(李善) 주

에까지 베풀어질 것이니 이것이 인정(人情)의 시작과 끝에 밝은 공효입니다.[天下樂其政, 歸其德, 望之若父母, 從之若流水; 百姓和親, 國家安寧, 名位不失, 施及後世. 此明於人情終始之功也.][13]

여기에 보이는 유가의 사회도덕이론이 변하여 국가정치윤리가 되었다. 국가 개념에 대하여 강화, 군주의 존엄에 대하여 강화, 대일통(大一統) 관념의 강화, 국가의 제도와 법규의 강화가 법가 정치학설의 특징이다. 한대에 이르러 경학에 융합되었고 아울러 그 자체가 정치이론의 중요한 구성 부분이 되었다. 동중서(董仲舒)가 말하였다.

나라를 다스리는 사람은 현자를 모으는 것을 도로 삼아야 합니다. 몸은 마음으로 근본을 삼고 나라는 임금을 주인으로 삼으니 정기(精氣)가 근본에 축적이 되면 혈기가 서로 순환이 되고 현자가 임금에게 모이면 상하가 서로 절제되고 부릴 수 있을 것입니다.[治國者以積賢爲道, 身以心爲本, 國以君爲主, 精積於其本, 則血氣相承受. 賢積於其主, 則上下相制使.][14]

신이 삼가 『춘추』에서 말한 '일원(一元)'의 뜻을 살펴 보건대 일(一)은 만물이 시작되는 것이고 '원(元)'은 사(辭)에 이른 바, 크다는 것입니다. '일'을 '원'이라고 한 것은 크게 시작하여 근본을 바르게 하고자 함을 보인 것입니다. 『춘추』에서는 그 근본을 깊이 탐구하고 근본으로 돌아와 귀한 사람으로부터 시작하는 것입니다. 그러므로 임금이 마음을 바르게 하여 조정을 바르게 하고 조정을 바르게 하여 백관들을 바르게 하고 백관들을 바르게 하여 만민을 바르게 하고 만민을 바르게 하여 사방을 바르게 하는 것입니다.[臣謹案 『春秋』謂一元之意, 一者, 萬物之所從始也, 元者, 辭之所謂大也. 謂一爲元者. 視大始而欲正本也. 『春秋』深探其本, 而反自貴者始. 故爲人君者, 正心以正朝廷, 正朝廷以正百官, 正百官以正萬民, 正萬民以正四方.][15]

....

13 ≪원주≫『전한문』「현량문학대책」
14 ≪원주≫『춘추번로(春秋繁露)』「통국(通國)」

신이 듣건대, 제도와 문채와 폐백으로 꾸미는 것은 존비(尊卑)를 분명하게 하고 귀천을 달리하여 덕이 있는 사람을 권면하는 것이라고 합니다. 그러므로 『춘추』에 "명을 받아 앞에서 통제하는 사람이 정삭(正朔)을 고치고 복색(服色)을 바꾸는 것은 하늘에 응하는 것이다."라고 하였으니 그렇다면 궁실과 정기(旌旗) 같은 제도는 법도가 있어서 그렇게 한 것입니다.[臣聞制度文采玄黃之飾, 所以明尊卑, 異貴賤, 而勸有德也. 故『春秋』受命所先制者, 改正朔, 易服色, 所以應天也. 然則宮室旌旗之制, 有法而然者也.][16]

『춘추』에서 '일통(一統)'을 크게 여기는 것은 천지의 떳떳한 경이고 고금의 보편적인 법칙이기 때문입니다. 지금에는 스승은 도를 다르게 하고 사람들은 논리를 달리하며 제자백가들이 방향을 달리하여 주장하는 뜻이 같지 않습니다. 이로써 위에서 일통을 지킬 수가 없어서 법제가 자주 변하므로 아래에서는 지킬 바를 알지 못하는 것입니다.[『春秋』大一統者, 天地之常經, 古今之通誼也. 今師異道, 人異論, 百家殊方, 指意不同, 是以上亡以持一統, 法制數變, 下不知所守.][17]

또한 『한시외전』에서는 다음과 같이 말하고 있다.

큰 충성이 있고 다음가는 충성이 있으며 낮은 충성이 있고 나라의 도적이 있으니 도를 가지고 임금을 덮어서 교화시키는 것을 큰 충성이라 한다. 덕으로 임금을 다스려 보필하는 것 이것을 다음가는 충성이라고 하고 잘못을 간하여 원망하는 것 이것을 낮은 충성이라고 한다.[有大忠者, 有次忠者, 有下忠者, 有國賊者, 以道覆君而化之, 是謂大忠也; 以德調君而輔之, 是謂次忠也; 以諫非君而怨之, 是謂下忠也.][18]

『경씨역전(京氏易傳)』에서는 건괘(乾卦)를 말하면서 다음과 같이 말하였다.

· · · · · · · · · · · ·

15 《원주》『한서』권56「동중서전」
16 《원주》『한서』권56「동중서전」
17 《원주》『한서』권56「동중서전」
18 《원주》『한위총서』,『한시외전(韓詩外傳)』권4

건(乾)은 순양(純陽)이 일을 주관하고 상(象)은 하늘과 배합하며 금(金)에 속하니 곤(坤)과 더불어 서로 비복(飛伏)이 되고 세상에 거처한다. 『주역』에 이르기를 "용구(用九)는 여러 용을 보되 앞장서지 않으면 길하리라."라고 하였으니 구삼(九三)의 삼공(三公)과 응(應)이 된다. 건건(乾乾)과 석척(夕惕)의 근심이 닮았고 갑(甲)과 임(壬)은 안팎으로 두 상과 짝을 이룬다. 적산(積算)이 기사(己巳) 화(火)에서 일어나 무진(戊辰) 토(土)에 이르러 돌아서 다시 시작된다. 오성(五星)이 자리로부터 진성(鎭星)을 일으키고 삼수(參宿)가 자리로부터 임술(壬戌)을 일으킨다. 자(子)를 세워 잠룡을 일으키고 사(巳)를 세워 극주(極主) 항위(亢位)에 이르러 인사(人事)에 배합하면 수장이 되고 임금과 부친이 된다. …… 인사의 길흉이 그 상에 나타나고 조화가 유무(有無)에서 나뉜다. 여섯 자리가 순양이나 음의 상이 그 가운데 있다. 양은 임금이 되고 음은 신하가 되며 양은 백성이 되고 음은 일이 되며, 양은 실하고 음은 허하니 밝고 어두운 상으로 음양을 알 수 있다.[乾, 純陽用事, 象配天, 屬金, 與坤爲飛伏, 居世. 『易』云: "用九, 見羣龍无首, 吉", 九三三公爲應. 肖乾乾夕惕之憂.[19] 甲壬配外內二象, 積算起己巳火, 至戊辰土, 周而復始. 五星從位起鎭星, 參宿從位起壬戌. 建子起潛龍. 建己至極主亢位, 配於人事爲首, 爲君父. …… 人事吉凶見乎其象, 造化分乎有無. 六位純陽, 陰象在中. 陽爲君, 陰爲臣; 陽爲民, 陰爲事, 陽實陰虛, 明暗之象, 陰陽可知.][20]

선진유가 이론의 중요한 점은 사회관계를 조절하는 것에 있다. 일반적으로 유가의 창시자인 공자의 사상체계 중에서 '인'이 바로 사회윤리규범의 핵심이다. '인'자를 분해하면 '두 사람[二人]'으로 공자학설의 처음은 사람과 사람의 관계로부터 시작된다. '인'에 관해서 공자가 말한 것은 매우 많은데 『논어』한 책에 '인' 자가 100여 곳이나 된다. 그러나 모두 '인'의 외적인 속성 부분을 말하고 대부분 그 안에 담긴 뜻은 서술하지 않았다. 그러므로 후대인들이 '인' 자에 대해 서로 다른 해석을 내리는 것이다. 혹자는 '인은 곧 마음의

· · · · · · · · · · · ·

19 원서에는 '肖乾乾夕惕之尤'로 되어 있는데, 『사고전서』본을 참고하여 '肖乾乾夕惕之憂'로 수정하였다.
20 ≪원주≫ 『한위총서』, 『경씨역전(京氏易傳)』 권上

덕[仁乃心之德]'으로 개인의 마음의 품성라고 하였고, 혹자는 '인은 다른 사람을 사랑한다[仁者愛人]'는 것으로 백성에게 널리 베풀어 능히 대중을 구제하는 성왕의 일이라고 하였고,[21] 혹자는 '인을 온전한 덕을 가리키는 명칭'이라고 하였다.[22]

공자의 학설 중에 '인'의 위치가 매우 높기 때문에 공자가 가볍게 인으로서 다른 사람을 판단하지 않았다.[23] 공자가 또 말씀하시기를 "자기의 사심을 이겨 예에 회복하는 것이 인을 하는 것이다.[克己復禮爲仁][24]"라고 하였다. 예 또한 중요한 개념으로 개인이 사회관계 속에 처한 바의 역할에 대한 규정을 가리킨다. "예의 사용에서 조화가 중요하니 선왕의 도는 이것을 아름답게 여겼다.[禮之用, 和爲貴; 先王之道, 斯爲美.][25]라고 하였다. 공자는 친친(親親)·화화(和和)·존존(尊尊)의 방법으로 인을 실현해야 함을 말하고 있는데 이는 공자의 학설이 사회에 대하여 중시하고 있음을 설명한다.

공자의 뒤를 맹자가 계승하여 발전시킨 유학은 사회관계의 윤리규범에 대한 탐구에 치중하였다. 아울러 공자의 학설 가운데 중요한 윤리 개념인 의를 인과 동등한 위치로 끌어올려서 "친친은 인이고 경장(敬長)은 의이다.[親親仁也; 敬長義也.][26]라고 하였다. 곧 인의는 사회관계를 조절하는 최고의 준칙이고 도덕은 인류사회 생활의 본질이다. 인과 의의 관계에 대해 맹자가 말하

· · · · · · · · · · · · ·

21 《원주》『논어』「옹야(雍也)」
22 《원주》『논어』「양화(陽貨)」에 말하였다. "자장(子張)이 공자에게 인을 물었는데, 공자께서 말씀하셨다. '공손하고 관대하고 신의가 있고 민첩하고 은혜롭게 하는 것이니, 공손하면 업신여기지 않고 관대하면 대중을 얻고 신의가 있으면 사람들이 귀의하고 민첩하면 공이 있고 은혜로우면 다른 사람을 부릴 수 있느니라.'[子張問仁於孔子. 孔子曰, '能行五者於天下爲仁矣.']"
23 《원주》『논어』「공야장(公冶長)」 "어떤 사람이 '옹은 인하기는 하나 말재주가 없다.'라고 하자 공자께서 답하시기를, '…… 그가 인한지는 모르겠지만 어찌 말재주를 쓰겠는가?'라고 하였다.[或曰, '雍也仁而不佞.' 子曰, '…… 不知其仁, 焉用佞?']"
24 『논어』「안연(顔淵)」
25 《원주》『논어』「학이(學而)」
26 《원주》『맹자』「진심 상(盡心上)」

기를 "인은 사람의 편안한 집이고 의는 사람의 바른 길이다. 편안한 집을 비워두고 거처하지 않으며 바른 길을 버리고 말미암지 않으니 애처롭구나! [仁, 人之安宅也; 義, 人之正路也. 曠安宅而弗居, 舍其路而弗由, 哀哉!][27]"라고 하였다. 또한 "인은 사람의 마음이고 의는 사람의 길이다. 그 길을 버리고 말미암지 않으며 그 마음을 놓아 버리고 구할 줄을 알지 못하니 애처롭구나![仁, 人心也; 義, 人路也. 舍其路而弗由, 放其心而弗知求, 哀哉!][28]"라고 하였다. 곧 인은 마음의 수양이고 의는 실천의 방식이다.

공맹(孔孟)의 유학은 일종의 사회이론이기 때문에 사회의 행위규범 체계를 건설하는 데 힘을 쓰고 개인의 도덕과 사회윤리에 대한 탐구에 치중하였다. 현대의 서양학자들은 유학을 일종의 도덕체계로 보았고 철학체계는 아니라고 파악하고 있다. 개인의 수양과 행위규범과 교화 등의 방법으로 사회질서의 안정에 도달하는 것이 공맹의 유학의 기본 사고 방향이며, 이러한 특징을 한나라 경학이 계승하였다. 공맹의 유학이 사회를 해결하는 총체적인 사고는 그들이 처한 시대 환경의 영향을 깊이 받는다. 종법제도가 이미 무너지고 "예가 무너지고 악이 붕괴되었지만[禮壞樂崩]" 여전히 사회의 기본조직형식과 사회질서는 기존 사회의 토대에 의지하고 있었다. 춘추전국시대에는 주나라 왕실이 쇠미해지고 제후국이 패권을 다투는 겸병전쟁으로 사회가 혼란해지자 열강들이 병립하여 항쟁하였기 때문에 통일국면의 장래가 암담하였다. 이 때문에 공맹의 유가가 사회질서를 통합하는 것을 시작으로 국가의 통합에 도달하려고 한 것은 매우 자연스럽다. 유가가 사회를 국가보다 우선시한 관점 또한 여기에서 형성된 것이다. 그러나 이 관점이 후대의 전통사상에 끼친 영향은 매우 크다. 진(秦)나라부터 청(淸)나라까지 유가의 학자들은 모두 국가와 사회의 관계에 대해 분명하게 밝히지 못하였다. 『대학』에서 제시한

- - - - - - - - - - - - -

27 『맹자』「이루 상(離婁上)」에 보인다. (『십삼경주소』『맹장주소(孟子注疏)』pp.235~236)
28 『맹자』「고자 상(告子上)」에 보인다. (『십삼경주소』『맹자주소』p.365)

'수신·제가·치국·평천하[修身齊家治國平天下]'의 강목은 바로 사회질서의 안정을 치국의 뒤에 두어 종극의 목적으로 삼은 것이고 송나라 유자들이 추앙한 "만대를 위하여 태평시대를 여는[爲萬世開太平]" 이상은 태평 사회 실현을 노력의 목표로 삼은 것이다.

유가와는 달리 전국 말기에 일어난 법가사상은 국가를 사회보다 우선시하여 사회를 다스리는 것으로 시작하여 국가의 통합과 질서의 안정에 이르고자 하였다. 법가에서 사회문제를 해결하는 사고 방향은 유가와 마찬가지로 그처한 역사시대의 환경과 관계가 있다. 전국 말기, 제국 통일의 추세가 처음으로 나타나자 법가는 시대에 맞게 유가사상과는 상반되는 사회문제 해결 이론을 제시하였다. 통일된 국가를 기초로 삼고 법규와 제도를 강목으로 삼아 이론적 방안을 설계하였다.

이 시기 유가, 예컨대 순자(荀子)는 법가의 이론 속에서 영감을 받았다. 유가와 법가의 융합은 순자 때에 이미 시작되었다.

순자는 전국시대 말기 유가 최후의 대사(大師)이다. 순자는 조나라 사람으로 "50세에 처음으로 제나라에 유학(遊學)하였다." 그가 직하학궁(稷下學宮)에서 유학하면서 강학(講學)하고 각 학사(學士)들 사이에서 명망이 탁월해 세 번이나 제주(祭酒)를 역임하였기 때문에,[29] 그의 학설은 다른 학파의 영향을 깊이 받게 되었다. 순경(荀卿)의 학설은 공자에게서 나왔지만 경전에 대해서는 더욱 공이 있었다.[30] 한대의 여러 경전의 전승관계로 본다면 대다수가 순자로부터 시작하기 때문에, 순자는 선진유학과 양한 경학 사이의 중요한 인물이다. 순자의 학설과 한대 경학 각 파의 관계에 관해서는 다음 장에서 논의하겠다. 여기서 연구하려고 하는 것은 유학의 순자학설이 법가학설을 어떻게 비판적으로 흡수를 했는가이다.

· · · · · · · · · · · · ·

29 ≪원주≫ 『사기』 권74 「순경열전(荀卿列傳)」
30 ≪원주≫ 청나라 왕중의 『순경자통론』

순자의 학설이 법가사상의 내용을 포함하고 있다는 것은 이전의 학자들이 이미 연구하였다. 예컨대 후와이뤼(侯外廬) 등이 저술한 『중국사상통사(中國思想通史)』에서는 다음과 같이 말하였다.

> 순자는 바로 후기 유가의 위대한 대표자이니 그는 시종 유가의 입장을 벗어나지 않았다. 그가 당시 칠웅(七雄)의 다툼이 날로 뜨거워지고 진나라가 중국을 통일하는 추세가 날로 강해지는 것을 보았는데 이른바 예악이란 것도 이미 비로 먼지 쓸어버린 듯 남아 있는 것이 없었다. 이로 인하여 그는 예의 기원을 설명하지 않을 수 없었는데 (공자의 시대에는 이러한 것이 필요하지 않았고, 다만 간단하게 예냐 혹은 예가 아니냐만 설명하면 충분하였다.) 증명을 통하여 전쟁을 피하기 위해서는 반드시 예악을 진흥시켜 '분별(類別)'과 '조화(調和)'를 구별하여 밝혀야 했다. 그밖에도 그는 또 예의 함축된 뜻을 확대하여 법에 접근하였다.[荀子是后期儒家的偉大代表, 他始終沒有離開儒家的立場. 他看到當時七雄的 斗爭日烈, 秦國統一中國的傾向日强, 所謂禮樂已經掃地無存了. 因此, 他不能不說明禮 的起源 (在孔子時代, 這是不必要的, 只簡單說 "禮也" 或 "非禮也" 就夠了) 借以證明, 要避免爭亂, 就必須振興禮樂以辨明 '別' (類別) 與 '和' (調和); 另一方面, 他又擴大了 禮的涵義, 接近于法.][31]

주보쿤(朱伯崑)의 『선진윤리학개론(先秦倫理學槪論)』에 다음과 같이 말하였다.

> 맹가(孟軻)는 법가를 배척하였으나 순황(荀況)은 법가의 학설을 수용하였다. 정치문제는 말할 것도 없고 철학문제·윤리학문제도 모두 법가의 관점을 흡수하였다.[孟軻排斥法家, 而荀況則容納了法家的學說. 無論是政治問題, 還是哲學問題、倫理學問題都吸收了法家的觀點.][32]

‥‥‥‥‥‥‥

31 ≪원주≫ 『중국사상통사(中國思想通史)』 제15장
32 ≪원주≫ 『선진윤리학개론(先秦倫理學槪論)』 제1장, 제1절

양롱궈(楊榮國)이 편수한 『간명중국철학사(簡明中國哲學史)』에 말하였다.

> 순자가 이른바 '예'는 실제로 '법'의 의미를 띠고 있다.[荀子所謂 '禮', 實際上 帶有 '法' 的意味.][33]

물론 이 문제를 언급한 학자는 많지만 여기에서 일일이 열거하지 않겠다. 이러한 견해는 비록 순자학설 가운데 유가와 법가가 융합된 이론양상을 명확히 가리키지만 유가와 법가가 융합된 진정한 원인을 명확하게 밝히지는 못하였다.

위에서 제시한 공맹의 유학은 바로 사회로부터 시작하여 사회문제를 해결하는 것이었지만 근본적으로 시대적 한계에 구애받았다. 순자는 국가로부터 사회문제를 해결할 수 있는 가능성을 보았다. 이러한 모든 것은 시대적 변화와 법가사상의 계발로 인한 것이었다. 그래서 순자의 학설 가운데 유가의 사회이론과 법가의 국가이론이 유기적으로 결합되어 있는 듯 하고 아울러 완전한 사회문제의 해결 방법을 제시해 주고 있는 듯하다. 그러나 그 본질을 탐구해 보면 순자의 학설은 모순된 결합체이다. 근본으로 유가사상을 삼고 그 방법으로 법가사상을 삼았는데 이것이 순자를 난처하게 하였다. 이것이 순자사상의 취약점이면서 순자학설의 특징이기도 하다.

공자가 '인'을 말하면서 강조한 것은 바로 개인의 수양을 통하여 혼란한 사회질서를 통합하여 조정하는 것이었다. 맹자는 '인정(仁政)'을 말하면서 통치자가 자신을 바르게 함을 통하여 다른 사람을 바르게 하는 데까지 도달하여 사회질서가 안정되게 하는 것을 강조하였다. 순자는 '예'를 가장 기본이 되는 사회규범으로 삼았다. '예'는 원래 공자학설의 중요한 개념으로 사람과 사람의 관계를 규범화하는 법칙이다. 그러나 순자의 사상 속에서 '예'는 유가

---

33 ≪원주≫ 양영국의 『간명중국철학사』 제1장, 인민출판사 1973년판, 제60항

와 법가사상을 융합하는 도구로 사용되어 유가의 사회학설과 법가의 국가학설을 조절하고 융합하여 도덕생활을 사회정치와 통일시킨 것이다.

공자는 "예는 조화가 중요하다.[禮貴于和]"라고 주장하였는데 예의 실질은 바로 '존존(尊尊)'과 '친친(親親)'이다. 그러나 순자는 "예는 귀천의 등급이 있고 장유(長幼)의 차이가 있으며 빈천과 경중이 모두 질서가 있는 것이다.[禮者, 貴賤有等, 長幼有差, 貧富輕重皆有稱者也.]"[34]라고 하였다. 공자가 말한 '예'는 오래된 자연적인 혈연관계에 근본을 두고 사회 관습에 대한 인가(認可)로부터 나오는 것이요, 각 계층 간의 조화를 실현하기 위해서는 대립하는 쌍방이 똑같이 책임이 있는 것이라고 하였다.[35] 순자가 말한 '예'는 새로운 현실의 사회관계에 근본을 두고 등급의 차별에 대한 긍정을 통하여 사회의 안정을 지키는 것을 강조하므로 순자의 '예'는 사회강제의 의미가 있다.

순자는 예로써 몸을 수양하고 나라를 다스리는 근본으로 삼았다. "사람이 예가 없으면 살 수 없고 일을 처리 하는 데에 예가 없으면 이루어지지 않으며 국가에 예가 없으면 편안해지지 않는다.[故人無禮則不生, 事無禮則不成, 國家無禮則不寧.]"[36]라고 하였다. 곧 사람들의 일상적인 행위도 예에 의거해서 행해야 한다는 것이다.

천지는 생의 시작이고 예의는 다스림의 시작이며 군자는 예의의 시작이다. 그것을 학습하고 익숙하게 하고 쌓아서 지극히 좋아하는 것이 군자의 시작이다. 그러므로 천지는 군자를 낳고 군자는 천지를 다스리니 군자는 천지에 참여하며 만물의 총수이자 백성의 부모이다. 군자가 없으면 천지가 다스려지지 않고 예의에 계통이 없어 위에는 임금과 스승이 없고 아래에는 아버지와 자식이 없어지니 이것을 지극히 어지럽다고 하는 것이다. 군신·부자·형제·부부가 시작하면

· · · · · · · · · · · ·

34 《원주》『순자』「부국(富國)」
35 《원주》『논어』「팔일(八佾)」에 "임금은 예로 신하를 부리고, 신하는 충으로 임금을 섬겨야한다."라고 하였다.
36 《원주》『순자』「양신(養身)」

마치고 마치면 시작하여 천지와 이치를 함께하며 만대(萬代)와 더불어 유구하니 이것을 대본(大本)이라고 한다.[天地者, 生之始也; 禮義者, 治之始也; 君子者, 禮義 之始也. 爲之, 貫之, 積重之, 致好之者, 君子之始也. 故天地生君子, 君子理天地; 君子 者, 天地之參也, 萬物之總也, 民之父母也, 無君子則天地不理, 禮義無統, 上無君師, 下無父子, 夫是之謂至亂. 君臣·父子·兄弟·夫婦, 始則終, 終則始, 與天地同理, 與 萬世同久, 夫是之謂大本.][37]

순자의 학설 속에는 예는 단순히 사람과 사람이 교제하는 일종의 의례·의식·예절태도가 아니라 최고의 사회규범이다. "예는 법의 큰 분수이며 유(類)의 기강이다. 그러므로 학문은 예에 이르러 그치는 것이니 이것을 도덕의 극치라고 하는 것이다.[禮者法之大分, 類之綱紀也. 故學至乎禮而止矣. 夫是之謂道德之極.]"[38]라고 하였다. 여기에서의 예는 바로 사회의 법칙이며 바로 사물을 헤아리는 준칙이다. 그러므로 순자의 예는 사회관습법칙이 아니라 사회강제법칙이다. 『순자』「대략(大略)」에 다음과 같이 말하였다.

물을 건너는 자가 깊은 곳에 푯말을 세우면 사람들이 빠지지 않게 할 수 있고 백성을 다스리는 사람이 어지러운 것에 표준을 세우면 사람들이 잘못되게 않게 한다. 예는 표준이다. 선왕은 예로 어지러운 천하에 표준을 세우셨으니 지금 예를 폐하는 자는 그 표준을 버리는 것이다.[水行者表深, 使人無陷; 治民者表 亂, 使人無失. 禮者, 其表也. 先王以禮表天下之亂, 今廢禮者, 是去表也.]

순자의 예치(禮治)는 예의 기원에 대한 탐구가 기반이 되었다. 순자는 인간의 정욕으로부터 예의 기원과 정욕의 관계에 대해 집중적으로 탐구하였다.

예는 어디에서 일어나는가? 사람이 태어남에 욕망이 있으니 욕망이 있는데

37 《원주》 『순자』 「왕제(王制)」
38 《원주》 『순자』 「권학(勸學)」

얻지 못하면 구하지 않을 수 없고 구하면서 분수와 한계를 헤아리지 않으면 다툴 수밖에 없다. 다투면 어지러워지고 어지러워지면 극에 달하게 된다. 선왕이 그 어지러움을 싫어하셨기 때문에 예의를 제정해서 구분을 지어 사람들의 욕망을 기르고 사람들이 구하는 것을 충족시키셨다. 욕망이 반드시 재물에 다 채워지지 않게 하고 재물이 반드시 욕망에 의해 다 쓰이지 않게 하여 두 가지가 서로 지키면서 오래되면 여기에서 예가 일어난다. 그러므로 예는 욕망을 기르는 것이다."[禮起於何也? 曰人生而有欲, 欲而不得, 則不能無求, 求而無度量分界, 則不能不爭. 爭則亂, 亂則窮. 先王惡其亂也, 故制禮義以分之, 以養人之欲, 給人之求. 使欲必不窮乎物, 物必不屈於欲, 兩者相持而長, 是禮之所起也. 故禮者養也.][39]

이것은 사람이 태어나면서 욕망이 있는데 욕망은 한계가 없고 사회의 재물은 한계가 있다. 그러므로 제왕이 예의를 제정하고 한계를 규정하여 사회가 안정될 수 있게 하였다. 같은 관점으로 순자는 다음과 같이 천술하였다.

> 귀하기로는 천자가 되고 부유하기로는 천하를 소유하는 것은 인정(人情)이 함께하고 싶어 하는 것이다. 그러한즉 사람의 욕망을 따르면 세력이 수용할 수가 없고 재물이 충분할 수가 없다. 그러므로 선왕이 헤아려 예의를 제정해서 구분을 하여 귀천의 등급과 장유의 차등과 지혜롭고 어리석음과 능하고 능하지 못한 분수가 있게 하여 모두 사람들이 그 일을 행할 때 각각 마땅하게 할 수 있도록 하셨다. 그러한 뒤에 곡록(穀祿)의 많고 적음과 후박(厚薄)이 걸맞게 된다. 이것이 무리지어 살면서 조화롭고 통일되게 하는 도이다.[夫貴爲天子, 富有天下, 是人情之所同欲也. 然則從人之欲, 則勢不能容, 物不能瞻也. 故先王案爲之制禮義以分之, 使有貴賤之等, 長幼之差, 知賢·愚能不能之分, 皆使人載其事而各得其宜, 然後使穀祿多少厚薄之稱. 是夫群居和一之道也.][40]

사회등급의 차별은 바로 예의로 규정하였다. 귀천(貴賤)과 친소(親疏)와 장

• • • • • • • • • • • • •

39 《원주》『순자』「예론(禮論)」
40 《원주》『순자』「영욕(榮辱)」

유(長幼)에 대하여 모두 예로써 질서를 배열해야 한다는 것이다. "친친(親親)·고고(故故)·용용(庸庸)·노노(勞勞)는 인의 감쇄이고 귀귀(貴貴)·존존(尊尊)·현현(賢賢)·노노(老老)·장장(長長)은 의의 윤리이니, 그것을 행하면서 절도를 얻으면 예(禮)의 질서이다.[親親故故庸庸勞勞仁之殺也. 貴貴尊尊賢賢老老長長, 義之倫也. 行之得其節, 禮之序也.]"[41] 라고 하였다. 순자의 귀귀(貴貴)·존존(尊尊)의 예는 공맹의 친친(親親)·화화(和和)의 예와 확연히 달라졌다. 순자는「왕제(王制)」편에서 이 관점에 대하여 한걸음 더 나아가 다음과 같이 말하였다.

> 분수가 균등하면 치우치지 않고 세력이 같으면 하나로 되지 못하고 대중이 동등해지면 부려지지 않는다. 하늘이 있고 땅이 있어 상하에 차이가 있고 밝은 왕이 비로소 서서 나라를 다스림에 제도가 있는 것이다. 동등하게 귀한 두 사람은 서로 섬길 수 없고 동등하게 천한 두 사람은 서로 부릴 수 없으니 이것은 천수(天數)이다. 세력과 지위가 같으면서도 같은 것을 하고자 하는 것을 싫어하는데 재물이 충분하지 않으면 반드시 다투게 되고 다투면 반드시 혼란스러워지고 혼란스러워지면 곤궁하게 된다. 선왕이 그 혼란스러움을 싫어하셨기 때문에 예의를 제정하고 구분지어 빈부귀천의 등급을 두어 서로 다스릴 수 있게 하였으니 이것이 천하를 기르는 근본이다. 『서경』에 "고르게 하려면 고르지 않아야 한다.[維齊非齊][42]"는 것이 이것을 말한 것이다.[分均則不偏, 勢齊則不一, 衆齊則不使. 有天有地而上下有差, 明王始立而處國有制. 夫兩貴之不能相事, 兩賤之不能相使, 是天數也. 勢位齊, 而欲惡同, 物不能澹, 則必爭. 爭則亂, 亂則窮矣. 先王惡其亂也, 故制禮義以分之, 使有貧·富·貴·賤之等, 足以相兼臨者, 是養天下之本也. 『書』曰 : "維齊非齊." 此之謂也.]

빈부에 대한 종합적인 견해에 있어서는 순자는 공자의 견해와 확연히 다르다. 공자가 말하기를 "내가 듣자니, 국가를 소유한 사람은 재물이 적은

. . . .

41 ≪원주≫『순자』「대략」
42 ≪원주≫ 이 말은 『상서』「여형(呂刑)」에 보인다.

것을 걱정할 것이 아니라 균등하지 못한 것을 근심하고 빈곤한 것을 근심하지 않고 편안하지 않은 것을 근심해야 한다고 하니 대개 균등하면 빈곤이 없고 조화로우면 재물이 적지 않고 편안하면 나라가 무너지지 않는다.[聞有國有家者, 不患寡而患不均, 不患貧而患不安. 蓋均無貧, 和無寡, 安無傾.]"[43]라고 하였다. 공자가 빈부를 해결하는 방안은 바로 재부를 균등하게 하는 것으로 사회관계의 조화와 안정에 도달하는 것이다. 그러나 순자의 이상사회는 등급이 엄격한 사회이다. 그는 『상서』의 '유제비제(維齊非齊)'라는 이 구절의 말을 빌려자기의 논증에 대하여 좋은 결론을 만들었다. 바로 균등하게 하려면 반드시균등하지 않은 것을 써서 실현해야 한다는 것이다.

순자의 예의 기원에 대한 탐구는 그의 '성악(性惡)' 이론을 토대로 삼았다. 성악론은 바로 순자 인성론의 기본 관점으로 이것이 그 '예치' 학설의 가장기본적인 이론적 근거이다. 유가 안에서 공자는 다만 '성품이 서로 가깝다[性相近]'라고 하여 인성의 선악에 대해서 깊은 탐구를 하지 않았다. 맹자는 성선론자(性善論者)이다. 순자는 맹자의 성선론에 대해 비판하여 "태어나면서 타고나는 것을 성이라고 한다.[生之所以然者謂之性.]"[44]라고 제시하였는데 사람의본성은 바로 악하다는 것이다. 그는 『성악』 한 문장 안에서 그 요지를 설명하였다.

> 지금 사람의 성품은 태어나면서 좋아하고 이롭게 여기니 이것을 따르기 때문에 쟁탈이 생겨나고 사양하는 것이 없다. 태어나면서 미워하고 싫어하는 것이있으니 이것을 따르기 때문에 해치는 것이 생겨나고 충신(忠信)이 없어지게된다. 태어나면서 귀와 눈의 욕구가 있어서 음악과 여색을 좋아하니 이것을따르기 때문에 음란함이 생겨나고 예의와 문리(文理)가 없어진다. 그렇다면 사

· · · · · · · · · · · ·

43 ≪원주≫ 『논어』 「계씨(季氏)」. 전인들의 해석에 근거해보면 위 문장의 첫 번째 '寡'자는 '貧'으로 써야 하고 첫 번째 '貧'자는 '寡'로 써야한다.
44 ≪원주≫ 『순자』 「정명(正名)」

람의 성품을 따르고 사람의 정을 따르면 반드시 쟁탈하는 것을 넘어서서 분수를 어기고 이치를 어지럽혀 포학하게 하는 데에로 돌아가게 된다.[今人之性, 生而有好利焉, 順是, 故爭奪生而辭讓亡焉; 生而有疾惡焉, 順是, 故殘賊生而忠信亡焉. 生而有耳目之欲, 有好聲色焉, 順是, 故淫亂生而禮義文理亡焉. 然則從人之性, 順人之情, 必出於爭奪, 合於犯分亂理而歸於暴.]

법가는 성악론을 따른다. 순자는 성악론을 따름으로서 학술적 관점에서 법가와의 융합을 밝혔다. 그러므로 어떤 학자는 순자의 성악론이 제나라의 법가에서 왔다고 하는데 이것은 일리 있는 견해이다.[45] 사람의 성품이 악하기 때문에 불가피하게 예의를 베풀어 교화하고 법률을 두어 다스려야 한다고 하였다.

사람의 성품은 악하다. 그러므로 옛날에 성인은 사람의 성품이 악하기 때문에 편협하고 음험하여 바르지 않고 도리에 어긋나서 다스려지지 않는다고 여겼다. 그러므로 그들을 위하여 군상(君上)의 세력을 세우고 다스리게 하여 예의를 밝혀 교화시키고 법과 정사를 일으켜 다스리고 형벌을 무겁게 하여 금지시켜 천하가 모두 다스려지는 것을 넘어서서 선에 합하게 하였다. 이것이 성왕의 다스림이고 예의로 교화하는 것이다. 지금 시험 삼아 군상의 세력을 버리고 예의로 교화함이 없고 법과 정사의 다스림을 버리고 형벌로 금하는 것이 없이 그 상황에서 천하의 백성이 서로 더불어 사는 것을 본다면 강자가 약자를 해쳐서 빼앗고 많은 자가 적은 자에게 포학하게 하여 반란을 일으킬 것이니 천하가 도리에 어긋나고 어지러워져서 서로 망하게 되는 것은 경각을 기다리지 않을 것이다.[人之性惡. 故古者聖人以人之性惡, 以爲偏險而不正, 悖亂而不治. 故爲之立君

. . . .

45 ≪원주≫ 주보쿤이 말하기를 "윤리학에서 말하면 순자의 성악론은 곧 제나라의 법가에서 기원한 것이다. 예컨대 『관자(管子)』「추언(樞言)」의 '사람의 마음이 사납기 때문에 법을 만들었다', '처자가 있으되 부친에게 효가 쇠하였다.', '작록은 충분한데 임금에게 충성이 쇠하였다.' 등의 말이 『순자』「성악」에 보인다. 제나라의 법가는 법을 추숭하였을 뿐만 아니라 예도 추숭하였으니, 예법을 나란히 중시하였다고 할만하다."라고 하였으니, 『선진윤리학개론』 제1장 제3절에 보인다.

上之勢以臨之, 明禮義以化之, 起法正以治之, 重刑罰以禁之, 使天下皆出於治而合於善
也. 是聖王之治而禮義之化也. 今當試去君上之勢, 無禮義之化, 去法正之治, 無刑罰之
禁, 倚而觀天下民人之相與也, 若是, 則夫彊者害弱而奪之, 衆者暴寡而譁之, 天下之悖
亂而相亡, 不待頃矣.][46]

예와 법을 아울러 거론한 것은 바로 순자 학설의 두드러진 특징으로 유가
의 사회학설과 법가의 국가학설을 융합하였다는 증거이다. 그러나 순자가
예와 법을 말하면서 예를 법보다 우선시하여 예의가 바로 법을 세우는 정신
이라고 하였는데,[47] 이것은 순자 본인이 아직 유가를 철저하게 등지지 않았
음을 표명하는 것이다. 그러나 동시에 '예치' 사상은 예와 법을 나란히 거론
한 관점으로 그 관점을 가지고 그의 제자들을 계도하였다. 그의 제자인 한비
자는 이 하나의 학설을 가지고 발전시켜 유가와 완전히 다른 법가의 길로
향하였다.

예와 법을 아울러 거론한 것에 대해서는 『순자』「성상(成相)」에 많이 기재
되어 있다. 「성상」은 바로 순자가 만년에 난릉(蘭陵)으로 쫓겨나 거처할 때
민가의 운율 형식을 이용하여 쓴 장편시이다.[48] 「성상」에 다음과 같이 말하
였다.

다스리는 법은 예와 형법이니, 군자는 이로써 몸을 수양하여 백성을 편안하
게 하네.[治之經, 禮與刑, 君子以修百姓寧.]

• • • • • • • • • • • •

46 《원주》『순자』「성악」
47 《원주》『순자』「권학」에 "예가 융성하면 비록 밝진 않아도 사를 본받는다."라고 하였다.
48 《원주》「성상」에 순자에게서 나왔나 아니냐에 관해서는 논란이 많다. 『한지(漢志)』에 『
성상잡사(成相雜辭)』 11편이 기재되어 있었는데, 지금에는 이미 망실되었다. 명나라 방이지
(方以智)의 『통아(通雅)』 3과 청나라의 유월(兪越)의 『제자평의(諸子評議)』 15, 순자 4에서 참
고할 수 있다. 후와이뤼(侯外廬) 등의 『중국사상통사』 제1권에는 " 「성상」 속의 증거로 이편
이 순자의 저작임을 확정할 수 있다. 이 때문에 우리들은 각 편에 흩어져 보이는 그의 이
사상을 표현한 어구를 안심하고 인용할 수 있는 것이다."라고 하였다. 그 책의 제557항에
보인다.

임금의 법이 밝고 논리가 떳떳함이 있어야 한다, 표본이 이미 베풀어지면 백성이 살아갈 방향을 알고 등용하고 물리침에 법칙이 있으면 함부로 귀천을 얻을 수 없을 것이니 누가 왕에게 사사로이 아첨하리오[君法明, 論有常, 表儀旣設民知方, 進退有律, 莫得貴賤執私王.]

형법이 도에 걸맞아 그 한계를 지키면 아래에서 가볍게 쓸 수 없어 사사로운 가문은 가볍게 여겨질 것이며 죄를 판결함에 규칙이 있으면 함부로 가볍게 하고 무겁게 할 수 없어 위엄이 분산되지 않으리라.[刑稱陳, 守其銀, 下不得用輕私門, 罪禍有律, 莫得輕重威不分.]

「성상편」 이외에도 이러한 내용이 많이 기재되었다.[49] 순자학설 중에 예와 법을 나란히 거론한 것은 다만 '이례치국(以禮治國)'과 '이법치국(以法治國)'뿐인데 '예치'와 '법치'는 모종의 의미상에서 서로 통한다. 이러한 학설은 공맹의 유학이 개인의 수양과 사회교화를 강조하고 사회로부터 시작하여 사회통합에 도달한다는 주장과는 다르다. 순자의 학설은 이미 국가의 강제에 입각하여 사회질서를 통합하는 것을 강조하기 시작하였다.

유학에서 순자의 학설은 양한 경학에 큰 영향을 끼쳤는데 그 후학들은 순자를 여러 경전의 중요한 전수자로 여겼다. 순자의 "경을 전수[傳經]"한 공헌은 유학에서 그를 뛰어넘을 사람이 없다. 청나라 왕중(汪中)의 『순경자통론(荀卿子通論)』의 고증을 보면 『시경』·『춘추』·『예경(禮經)』·『역경』의 전수는 모두 순자와 관계가 있다. 『노시(魯詩)』는 순자가 전수한 것이고 『한시(韓詩)』중에도 순자가 인용하여 『시경』을 설명한 것이 모두 44곳이나 된다. 『모시(毛詩)』 또한 순자로부터 대모공(大毛公, 毛亨)에 이른 것이다. 『춘추경』의 『곡량(穀梁)』·『좌씨(左氏)』 두 권도 순자가 전수하였다. 『역경』 또한 순자

· · · · · · · · · · · ·

49 《원주》 예컨대 『순자』 「대략」에 또한 "임금이 된 자가 예를 높이고 어진 사람을 존중하면 왕도가 되고, 법을 중시하고 백성을 사랑하면 패도가 되며, 이익을 좋아하고 속임수를 많이 쓰면 위태로워진다."라고 한 것과 같은 것이다.

와 관계가 있고[50] 『예』같은 경우는 순자와 밀접한 관계가 있다. 『순자』속의
「예론(禮論)」·「악론(樂論)」은 『예기』속의 「악기(樂記)」·「삼년문(三年間)」·
「향음주(鄕飮酒)」에 보이고, 『순자』속의 「수신(修身)」·「대략(大略)」은 『대대
례기(大戴禮記)』「증자입사(曾子立事)」편에 보인다. 그래서 현대 학자들은 "한
나라 사람이 편찬한 『예기』는 순자의 이론을 대량으로 채용한 것이다. 이로
부터 유가의 예론은 몇몇의 주소(注疏) 작업을 할 수밖에 없었고, 더 이상의
새로운 발전은 없었다."[51]라고 하였다.

위에서 서술한 것을 종합해 보면 예 사상은 바로 순자 학설의 핵심이다.
순자는 "학문은 어디에서 시작하고 어디에서 마치는가? 그 순서는 경전을
암송하는 것에서 시작하고 예서를 읽는 것에서 마친다.[學惡乎始, 惡乎終, 曰
: 其數, 則始乎誦經, 終乎讀禮.]"[52]라고 하였다. 순자의 학설 가운데 예 사상과
예치의 관점에서 볼 수 있듯이 후대 유자들은 그 학설에 대해 핵심적 자아반
성의 과정으로 여겼다. 예를 중시함으로서 사회질서 혼란의 원인에 합리적
해석을 제공하였고, 또 사회질서를 통합하는 계획에 실행 가능한 방안을
내놓았다. 순자의 학설은 유가에서 근원한 것이다. 그가 살았던 시대는 공자
와 달랐고 그의 예치학설도 또한 유가에서 법가로 가는 관문이었다. 그러므
로 순자의 제자들은 순자학설 가운데 '예'를 '법'으로 고치기 시작하여 참신
하고 완전한 '법치'이론을 형성시켰다.

순자학설은 양한 경학이 계승하였다. 유가를 근본으로 삼고 법가를 그
실행 방법으로 삼았다. 양한의 경학 가운데 순자의 예치는 대일통(大一統)의
통합사상과 등급관념 등 각종 형식을 통해 보존되어 계승되었다. 그러나

· · · · · · · · · · · ·

50 《원주》 한나라 유향(劉向)의 『서록(敍錄)』에 말하기를 "순경은 『역』을 잘하였으니, 그 뜻
　이 또한 「비상(非相)」과 「대략」편에 보인다.[荀卿善爲 『易』, 其義亦見 「非相」·「大略」二篇.]"
　라고 하였다.
51 《원주》 후와이뤼 등의 『중국사상통사』 제1권, 인민출판사 1957년 제1판, 제576항
52 『순자』「권학」에 보인다.

222

순자학설의 성악론적 관점에 대해 한나라 유자들은 대부분 유예적인 태도를 보였다. 『역경』에서는 "이치를 궁리하고 성품을 다하여 명에 이른다.[窮理盡性以至于命]"[53]라고 하였다. 동중서는 다음과 같이 말하였다.

> 사람이 하늘에서 명을 받아 선을 선하게 여기고 악을 미워하는 성품이 있으므로 기를 수는 있어도 고칠 수는 없으며 예방할 수는 있어도 제거할 수 없으니 형체가 살찌기도 하고 여위기도 할 수 있지만 (형체 자체를) 바꿀 수 없다. 그러므로 비록 지극한 현인이라도 임금이나 부친을 위하여 그 악을 숨겨줄 수는 있어도 임금과 부친을 위하여 악이 없게 할 수는 없다. 『서』에 말하기를 "임금이 임금답지 못하면 그 잘못을 제거한다."고 하였다.[人受命於天, 有善善惡惡之性, 可養而不可改, 可豫而不可去, 若形體之可肥 臞, 而不可得革也. 是故雖有至賢, 能爲君親含容其惡, 不能爲君親令無惡. 『書』曰 : "厥辟去厥祇."][54]

동중서는 사람의 성(性)은 하늘이 부여한 것이기 때문에 선악이 이미 고정되어 있어 바꿀 수 없는 것으로 보았다. 하늘에는 음양의 속성이 있으므로 사람의 성도 탐욕스럽고 어진 두 종류의 품성이 있다. "하늘은 음과 양 두 가지의 작용이 있고 몸도 또한 탐욕스럽고 어진 두 가지의 성이 있다.[天兩, 有陰陽之施; 身亦兩, 有貪仁之性.]"라고 하였고 "선은 성에서 나오지만 성이 완전히 선할 수는 없다.[善出性中, 而性未可全爲善也.]"[55]라고 하였다. 그러므로 사람의 성은 선과 악 두 가지 모습을 모두 가지고 있으며 선한 방향으로 계도하기 위해서는 오히려 교화가 필요한 것이다. 그래서 동중서는 다음과 같이 말하였다.

> 하늘이 명령한 것을 명(命)이라고 하니 명은 성인이 아니면 행할 수 없다.

---

53 《원주》『역경』「설괘전(說卦傳)」
54 《원주》『춘추번로』「옥배(玉杯)」
55 《원주》『춘추번로』「심찰명호(深察名號)」

질박한 것을 성(性)이라고 하니 성은 교화가 아니면 이룰 수 없다. 인욕을 정(情)
이라고 하니 정은 제도가 아니면 절제할 수 없다.[天令之謂命, 命非聖人不行;
質朴之謂性, 性非敎化不成; 人欲之謂情, 情非制度不節.][56]

순자의 예는 교화적인 내용이 있으나 "치(治)"에 주안점을 두었다. 동중서
가 말한 예는 "치"의 내용이 있으나 교화에 주안점을 두고 있다. 성악론에서
성에는 선이 있고 악이 있다는 절충안에 이르렀고 예치로부터 예교(禮敎)로의
변화를 통하여 경학가들이 순자학설에 대한 지양을 볼 수 있다.

마찬가지로 빈부의 차이를 긍정하고 재산의 평균 분배에 반대하는 순자의
학설에 대해 한나라 유자들은 반대 입장을 견지하였다. 순자는 "분수가 균등
하면 치우치지 않고[分均則不偏]", "세력과 지위가 같으면 같은 것을 하고자
하는 것을 싫어하는데 재물이 충분하지 않으면 반드시 다투게 된다.[勢位齊而
惡欲同, 物不能澹, 則必爭]"[57]고 하였다. 이것은 순자가 공맹의 분배균등사상에
대해 반대한 것이다. 이에 대해 한유들은 공맹의 기본 입장으로 돌아갔다.

공자가 말하기를 "가난을 근심하지 않고 균등하지 못한 것을 근심한다."고
하였다. 그러므로 재산을 쌓은 사람이 있으면 재산이 비는 사람이 있다. 크게
부유하면 교만해지고 너무 가난하면 근심이 생긴다. 근심스러우면 도둑질을
하고 교만해지면 포학하게 된다. 이것은 대중들의 정(情)이다. 성인은 대중의
성에서 혼란이 생겨나는 것을 보았다. 그러므로 사람의 도리를 제정하여 상하에
차등을 둔 것이다. 부유한 자로 하여금 귀하게 여겨져도 교만에 이르지 않게
하고 가난한 자로 하여금 생을 길러서 근심에 이르지 않게 하여 이것으로 법도
를 삼아 조화롭게 한 것이다. 이로써 재물이 다하지 않게 되어 상하가 서로
편안한 것이다. 그러므로 다스리기가 쉬운 것이다.[孔子曰 : "不患貧而患不均."
故有所積重, 則有所空虛矣. 大富則驕, 大貧則憂, 憂則爲盜, 驕則爲暴, 此衆人之情也.

56 ≪원주≫ 『춘추번로』 「거현량대책(擧賢良對策)」
57 ≪원주≫ 『순자』 「왕제」

聖者則於衆人之情, 見亂之所從生, 故其制人道而差上下也. 使富者足以示貴而不至於
驕, 貧者足以養生而不至於憂, 以此爲度, 而調均之. 是以財不匱而上下相安, 故易治
也.][58]

한대 경사(經師)의 관점은 빈부의 사이에서 하나의 합리적인 척도를 찾고
그 척도로 표준을 삼아 재산을 균등하게 하는 것이다. 이와 같이 해야 비로소
상하가 서로 편안하고 사회가 쉽게 다스려지게 할 수 있다는 것이다. 경학의
순자학설에 대한 지양은 이상의 두 가지 방면에서 살펴볼 수 있다.

양한의 경학에는 법가의 국가학설이 가장 잘 융합되고 흡수될 수 있었다.
비록 '법가가 진나라를 망하게 하였다.[法家秦亡]'는 역사적 교훈과 학파간의
다툼 때문에 경학가들은 법가학설과 공통점이 있다고 표명하기를 원하지
않았다. 하지만 그들이 법가의 국가학설에서 영양분을 찾아 유학의 이론심화
와 외적확산에 힘쓰는 것을 꺼리지는 않았다. 그래서 양한의 경학 저작 중에
서 "대일통(大一統)" 국가사상은 그들이 사회질서를 규범화하고 통합하는 데
가장 중심이 되는 선택이었다. '각각 그 적절함에 처한다.[各處其宜]'는 등급관
념은 그들이 혈친관계로 해석하여 그 의미가 많이 가려지기는 했지만 여전히
그 학설의 중요한 구성 부분이었다. '일은 사방에 있고 요체는 중앙에 있으니
성인이 요체를 잡음에 사방이 와서 본받는다.[事在四方, 要在中央, 聖人執要, 四方
來效]'[59]는 등의 중앙전제집권과 유사한 서술은 한나라 유자들의 저작 속에
자주 보이고 국가로 근본을 삼아 사회를 다스리는 법가학설도 또한 경학가의
이론 속에 자주 나타난다. 양한 시대에 이르러 법가학설은 표면적으로 보면
비록 이미 쇠퇴하였지만 학설의 정화(精華)는 경학 속에 여전히 녹아져 있다.

그러나 지적해야 할 것은 경학의 근본은 여전히 선진의 유학이고 법가학
설에 대한 흡수는 국부적이고 제한적이었다. 예를 들면 법가학설의 이론적

· · · · · · · · · · · · ·

58 《원주》『춘추번로』「도제(度制)」
59 《원주》『한비자(韓非子)』「양권(揚權)」

기초인 성악론은 경학에서 지양되었다. 사회교화의 작용과 효과는 예로 나라를 다스리는 것보다 법으로 나라를 다스리는 것이 크게 나타났다. 하지만 법으로 나라를 다스리는 것으로 사회문제를 해결한다는 원칙은 여전히 사회를 근본으로 해야 했고 국가적 강제는 보조 작용만 할 뿐이었다. 물론 학설의 출발점에서 한대 경학가들은 여전히 모순적이었는데 이는 사회와 국가를 동시에 학설의 근본으로 삼았기 때문이다. 사회를 학설의 근본으로 삼아 백성을 중시하는 민본사상(民本思想)이라고 말할 수 있지만, 국가를 학설의 근본으로 삼아 임금을 중시하는 군본사상(君本思想)이라고도 말할 수 있기 때문이다. 경학가의 모순은 스스로에게 원인이 있었다.

국가적 통일국면의 형성과 군주전제집권의 출현은 기정사실이었고 이를 위해 임금의 권력을 강화하고 국가의 작용을 강화하는 방안은 경학이 반드시 갖춰야 할 조건이었다. 또한 중앙집권을 향한 향촌사회 자치화의 도전과 사회학설로서 작용하던 유학의 전통이 경학가들에게 경학이 추구해야 하는 방향을 고뇌하게 하였다. 경학가들의 심리가 모순적이고 유예적이므로, 경학이 반영하는 사상도 또한 모순적이고 유예적이 되었다. 사회의 이중성은 경학이 이중성을 갖게 된 근본적인 원인이었다.

제5절 공유제 사상과 하늘의 인격화 : 경학과 묵학(墨學)

선진시기에 유학과 묵학은 현학(顯學)이었다. 묵가를 창시한 사람은 바로 묵적(墨翟 B.C. 407?~B.C. 391?)[1] 으로 공자보다 조금 늦게 태어났으며 대체로 춘추시대와 전국시대의 교체기 사람이라고 볼 수 있다.[2] 묵자는 "천인(賤人)"으로 일찍이 목공일에 종사했는데 기술이 좋아서 당시의 이름난 공장(工匠)인 노반(魯班)[3]과 함께 이름을 드날렸다.[4] 『회남자(淮南子)』「요략훈(要略訓)」에 다음과 같은 내용이 기재되어 있다. "묵자는 유가의 학문을 배웠고, 공자의 학술을 전수받았으나 유학의 예는 번거롭고 간단하지 않으며, 호화로운 장례는 재물을 낭비하게 해서 백성들을 가난하게 만들고 상복을 입는 것은 산

. . . .

1 청대 이후로『묵자』에 관한 수많은 연구가 진행되었으나 여러 가지 견해가 제시 되었을 뿐 누가 작자인지 단정 하기는 어렵다. 거의 모든 제자서(諸子書)들이 그러하듯이 『묵자』도 묵자가 지은 책이라고 보통 말하고 있지만, 실은 묵자가 직접 쓴 것은 한 편도 없는 듯하다. 루성(魯勝), 비웬(畢沅), 량치차오(梁啓超) 등은 일부분만 묵자가 저술하였고 「경설」 상하는 묵자의 구술을 기록한 것을 후학들이 증보한 것이라고 설명하였다. 호적(胡適), 손이양(孫詒讓) 등은『묵자』는 절대로 묵자 자신의 저작이 아니라고 주장하고 있다. (염정삼, 「묵경(墨經) 연구의 의미」,『한국중국어문학회』, Vol. 61, 2009, p.17~18)
2 ≪원주≫ 묵자의 생졸 연대는 고증가들의 논란이 지금까지 계속되는 부분으로, 아직 확실한 견해가 없다. 관련 있는 각가의 고증은 후와이뤼(侯外盧) 등의 『중국사상통사』 제1권 제7장 제1절을 참고해 볼 수 있다.
3 이름은 공수반(公輸盤) 으로 노나라의 뛰어난 장인이다. 초나라를 위해 배를 만들어 월나라를 패퇴시켰고, 운제(雲梯)라는 무기를 만들어 송나라를 침공하려 하였다.
4 ≪원주≫『묵자』의 「노문(魯門)」편과 「공륜(公輸)」 2장 참고하였다.

사람들을 상하게 하고 생업에 피해를 준다고 여겨서 주(周)나라 도를 버리고
하(夏)나라 정책을 수용하였다.[墨子學儒者之業, 受孔子之術, 以爲其禮煩擾而不說, 厚
葬靡財而貧民, 服傷生而害事, 故背周道而用夏政.]" 만일 『회남자』에 있는 이 내용대
로라면 묵가는 원래 유가에서 갈라져 나온 반대학파로 그 연원은 본래 유가
에 있었다고 할 수 있다.

한비자가 말하기를 "세상의 현학(顯學)은 유가와 묵가이다.[世之顯學, 儒·墨
也.]"[5]라고 하였다. 묵학이 당시에는 현학(顯學)이었으나 묵자는 제자백가 중
에도 끼지 못하여 사마천의 『사기』에는 그의 전기(傳記)조차 남지 않았다.
사마천은 어째서 묵자에 대한 전(傳)을 전혀 쓰지 않은 것인지 그 원인을
자세히 알 수 없지만 『사기』 가운데 묵자에 대해 쓴 것이 흩어져 보인다.
사마담(司馬談 ?~B.C.110)[6]은 「육가요지에 대해 논함(論六家要指)」[7]에서 묵가에
대해 다음과 같이 말하고 있다.

묵자도 요순의 도를 숭상하여, 요순의 덕행에 대해 이렇게 말했다. "집의
높이는 세 자 정도이고 흙으로 만든 섬돌은 세 계단이며, 띠로 얹은 지붕은
다듬지 않았으며 참나무 서까래는 꾸미지 않았다. 흙으로 만든 그릇에 담아

• • • • • • • • • • • •

5 《원주》『한비자』「현학」
6 하양(夏陽 : 지금의 산시성(陝西省) 한성(韓城) 남쪽) 사람이다. 태사령(太史令)을 지냈으며,
  천문·역법을 주관하고 황실의 전적을 관장했다. 그가 지은 「논육가요지 論六家要旨」는 한
  초의 황로학(黃老學)을 추숭한 반면, 유가(儒家)·묵가(墨家)·명가(名家)·법가(法家)·음양
  가(陰陽家)에 대해서는 비판적이다. 『국어(國語)』·『세본(世本)』·『전국책(戰國策)』·『초한
  춘추(楚漢春秋)』 등에 근거하여 사서를 편찬했는데, 그가 죽은 후 아들 사마천이 이어받아
  『사기』를 지었다.
7 중국 전한 사마담의 저서이다. 사마담은 이 글에서 음(陰)·양(陽)·유(儒)·묵(墨)·명(名)·
  법(法)·도(道) 등 육가의 요지와 장단점을 평가하고 있다. 전체 내용은 소서(小序)·경(經)·
  전(傳)으로 구성되어 있다. 소서에서 그는 육가의 학을 한결같이 정치를 위한 '위치(爲治)'로
  평가하였다. 그렇지만 깊이 성찰하면 각각 다른 부분도 있기 때문에 학설이 달랐다는 점도
  지적하고 있다. 이 책은 선진·진·한초 사상을 연구하는 데 중요한 자료이다. 특히 이 저서
  는 처음으로 학파를 연구의 대상으로 삼았을 뿐 아니라 계통적으로 한 시대의 학파를 연구
  했다는 점에서 높이 평가할 수 있다.

먹고 토형에 담아 마시고 기장밥 먹고 명아주와 콩잎으로 끓인 국을 먹었다. 여름에는 갈옷을 입고 겨울에는 사슴가죽옷을 입고 장사(葬事)를 지낼 때 두께 가 3촌(寸)인 오동나무 관을 쓰고 곡(哭)을 할 때는 지나치게 슬퍼하지 않았다. 상례(喪禮)를 가르칠 때 반드시 이것으로 만민의 법으로 삼았다. 만일 천하 사람 들이 이것을 본받는다면 세상에 존비(尊卑)의 구별이 없어지게 된다. 세상이 달라지고 시대가 변하여 일삼는 것이 꼭 같지는 않을 것이다. 그러므로 '검약한 것이지만 따라 하기가 어렵다'고 말한다. 요컨대 근본에 힘쓰고 아껴 쓰는 것은 바로 사람과 집안을 넉넉하게 해주는 도이다. 이것이 묵자의 장점이니 묵가가 비록 백가(百家)이기는 하지만 무시 할 수 없는 점이다."[墨者亦尙堯舜道, 言其德 行曰: "堂高三尺, 土階三等, 茅茨不剪, 采椽不刮. 食土簋, 啜土刑, 糲粱之食, 藜藿之 羹. 夏日葛衣, 冬日鹿裘, 其送死, 桐棺三寸, 擧音不盡其哀. 敎喪禮, 必以此爲萬民之率. 使天下法若此, 則尊卑無別也. 夫世異時移, 事業不必同. 故曰 '儉而難遵'. 要曰强本節 用, 則人給家足之道也. 此墨子之所長, 雖百家不能廢也."]

반고의 『한서』「예문지」에도 묵가에 대해 다음과 같이 말하고 있다.

묵가의 유파는 종묘를 지키는 관리로부터 나왔다. 띠 풀로 지붕을 이고 통나 무로 서까래를 얹어서 검소함을 귀하게 여겼으며 노인들을[三老五更][8] 부형의 예로써 공양하여 겸애를 주장하였다. 대사례로 훌륭한 선비를 선발하여 능력 있는 사람을 숭상하였으며 엄부를 사당에서 제사 지내 귀신을 높였다. 사시의 흐름에 따라 정사를 행하여 숙명론을 부정하였으며 효를 천하에 보여주어 평등 을 숭상하였다. 이것이 묵가의 장점이다. 그러나 어리석은 사람이 이것을 행한 다면 검약의 이익만보고 이로 말미암아 예를 부정하게 되며 겸애의 정신을 확장하다가 친함과 소원함을 구별하지 못하게 된다.[墨家者流, 蓋出于淸廟之守, 茅屋采椽, 是以貴儉; 養三老五更, 是以兼愛; 選士大射, 是以上賢; 宗祀嚴父, 是以右鬼; 順四時而行, 是以非命; 以孝視天下, 是以上同. 此其所長也. 及蔽者爲之, 見儉之利,

8 삼로(三老), 오경(五更)은 주대(周代)에 늙어서 벼슬에서 물러난 신하를 임금이 부형(父兄)의 예(禮)로 대접하던 일로서 삼덕(三德)인 정직(正直)・강극(剛克)・유극(柔克)과 오사(五事)인 모(貌)・언(言)・시(視)・청(聽)・사(思)를 겸비한 늙은이란 뜻이다.

因以非禮, 推兼愛之意, 而不知別親疎.]

현존하는『묵자』는『도장(道藏)』[9]에서 나왔다. 전통학자들은 묵가에 대해 그다지 중시하지 않았고 심지어 경시하기까지 해서[10] 묵학에 관련된 논술이 많지 않다. 오직 청말 손이양(孫詒讓 1848~1908)[11]의『묵자한고(墨子閒詁)』만 이 묵가에 대한 자료들을 자세하게 정리하였는데 이것이 묵학을 연구한 중요한 저작이다.

근현대 학자들은 묵학을 비교적 중시하였고 계급 분석의 방법으로 묵자를 평론하였다. 어떤 사람은 묵자를 '왕공대신(王公大臣)'[12] · '국민계급'[13] · '중간계급'[14] · '노예제의 압박에서 벗어난 영세 생산자계층의 요구'를 대표한다고 여기기도 하였다.[15] 이런 종류의 견해는 매우 많다. 이상 여러 학자들의

· · · · · · · · · · · ·

9 황제의 후원을 받아 집대성되었다. 중국 송대(宋代 : 960~1279)에 도교를 숭상한 황제들이 펴낸 원본은 약 5,000권으로 이루어져 있었으나, 원대(元代 : 1271~1368) 때 황제의 명령으로 많은 부분이 산실되었다. 오늘날 1,000여 권이 남아 있는「도장」은 도교의 묵상과 연단술(鍊丹術) 및 천기(天機)에 대한 사변철학(思辨哲學)적 저술과 비전(秘傳)의 작품들을 비롯하여 다양한 문헌으로 이루어져 있다.

10 《원주》 청대 왕중(汪中)이『묵자』서문을 지어 당시 유가들에게 "명교"의 죄인으로 배척당했다.

11 자 중용(仲容). 호 주고(籀膏). 저장성[浙江省] 출생. 1885년 형부주사(刑部主事)가 되었다가 곧 퇴관, 그 뒤 평생 동안 임관하지 않았다. 아버지 의언(衣言)이 학문을 즐겨 학자 유월(兪樾) 등과 친교가 있었으므로 학문적인 분위기 속에서 성장하여 10세경에 본격적인 학구생활로 들어갔다. 경학(經學) · 제자학(諸子學) · 문자학(文字學) 등 학문 영역이 넓어,『주례정의(周禮正義)』『묵자한고(墨子閒詁)』를 비롯하여『대대례기각보(大戴禮記斠補)』『상서변지(尙書駢枝)』『주서각보(周書斠補)』『주고술림(籀膏述林)』또는 목록학(目錄學)의『온주경적지(溫州經籍志)』등에 미치고, 당시 성행하기 시작한 금석문(金石文)의 연구에서도 탁월한 견해를 보여『고주습유(古籀拾遺)』『고주여론(古籀餘論)』『명원(名原)』과 새롭게 학계에서 주목을 끌기 시작한 은허(殷墟)에서 출토된 갑골문에 대해 처음으로 조직적인 연구를 시도했다[『계문거례(契文擧例)』]. 그의 학문은 청조 고증학에서 한걸음 나아가 왕궈웨이(王國維) 등의 새로운 고전(古典) · 사학 연구의 출발점이 된 것으로, 의의가 크다.

12 《원주》 궈모뤄,『십비판서(十批判書)』

13 《원주》 후와이뤼(侯外廬) 등,『중국사상통사』

14 《원주》 판원란(范文瀾),『중국통사간편』

15 《원주》 주보쿤,『선진논리학개론』

관점과 관련된 논증을 비교하여 『묵자』를 살펴보면 묵자가 선진제자 가운데 비교적 평민의식을 갖춘 사람임을 알 수 있다. 그러므로 묵학을 평민의 사회 학설로 해석하는 것이 비교적 타당하다.

아마도 묵가는 유가에서 나왔을 것이다. 그러므로 묵학은 유가와 동일한 근원에서 나왔으며 사회로부터 출발해서 사회문제를 해결한다는 점에 입각하고 있기 때문에 이것은 일종의 사회이론이다. 유가와 서로 비교해 보면 묵학의 사회화 경향은 더욱 강하다. 그는 "사랑하는 데는 차등이 없다[愛無差等]"는 '겸애(兼愛)'를 주장 하였으며 "천하의 뜻을 하나로 한다.[一同天下之義]"는 '귀의(貴義)'를 주장하였다. '절검(節儉)'과 '절용(節用)'을 제창하였고 인의와 이익은 상호 통일적이라는 의리합일(義利合一)과 행위의 동기와 효과는 상호 통일적이라는 지공합일(志功合一)의 공리주의(功利主義)원칙을 아울러 사용하여 이론과 실제의 효과를 검증하는 표준이 되었다. 이런 것들을 통해 묵학이 사회질서를 통합 조정하는 방법이 되었다는 것을 볼 수 있다.

유학과 묵학의 합류에 관련한 선배 학자들의 논증을 살펴보면, 멍원퉁은 『유학오론(儒學五論)』에서 이에 관해 「묵학의 원류와 유묵의 회합을 논하다(論墨學源流與儒墨滙合)」라는 논문을 썼다. 이 논문은 유학과 묵학의 합류에 관해 연구한 중요한 글로 필자가 생각하기에 현재 이 문제에 대한 연구 가운데 가장 뛰어난 글이라 할 수 있다. 멍원퉁의 관점은 다음의 4가지로 귀결 될 수 있다.

1. 시자(尸子)[16]는 유학과 묵학의 합류에 있어 중요한 인물이다. "앞서 논한 한사(漢師)의 은미한 말, 이를테면 '봉선(封禪)'은 천자가 선양하는

· · · · · · · · · · · ·

16 중국 전국 시대의 학자·사상가 이름은 교(佼)이다. 진(秦)나라의 재상 상앙의 식객으로 유가·묵가·법가의 사상을 아우르는 경향을 보인다. 공자의 인의를 바탕으로 명분과 정명을 내세워 유학의 흐름 자체를 정치 쪽으로 연결시켰다. 저서에 『시자』 20편이 있었으나 2권만 전한다.

것을 말한다. '순수(巡狩)'는 제후를 출척(黜陟)하는 것을 말하며 벽옹(辟雍)에서 어진 이를 선발하고 명당(明堂)[17]에서 정사를 의논하는 것은 모두 중요한 것인데 결국 명당(明堂)으로 근본이 귀결되지 않은 것이 없으니 모두 묵자에서 끌어온 것이다. 극단적인 평등사상을 가지고 주나라와 진나라의 계급정치를 타파하려는 묵가의 요지는 한 번 변하여 유가의 큰 줄기가 되었다. 묵학에서 취하여 유학으로 만들었기 때문에 유학의 크고 뛰어남은 쫓아갈 수 없게 되었다. 한나라에 와서 묵적의 학설이 그 전함을 잃은 것이 아니라 아마도 묵학의 정신이 유학으로 들어가서 마침내 유학만이 오래도록 홀로 존숭되었을 것이다. 명당을 논하여 본의를 가장 잘 규명한 것은 바로 『시자(尸子)』이니 『시자』는 진실로 묵자를 잘 본받은 책이다. 『시자』[18]에 있는 한 편인 「지초사(止楚師)」[19]에서 공수반(公輸般)이 송나라를 공격하는 일을 다음과 같이 말하였다. "우임금이 치수할 때 언덕에서 죽은 사람은 언덕에 장사 지내고 늪에서 죽은 사람은 늪에 장사 지내며 오동나무 관의 두께는 3치이고 상기(喪期)는 3일로 규정했다. 순임금은 남파(南巴)에서 죽었는데 수의는 3벌이었다." 모두 묵자에 근본해서 만든 설(說)이다. 시자의 책이 불완전하지만 유가와 묵가를 근본으로 한 것이 열에 여덟·아홉이었으니 유가와 묵가를 아울러서 일가를 만든 사람들 가운데 시자보다

• • • • • • • • • • • • •

17 하나라에서는 '세실(世室)'이라고 칭했고 은나라에서는 '중실(中室)' 주나라에 이르러 비로소 '명당(明堂)'이라고 불렀다. 공신(功臣)에게 음식을 내리고, 노인을 봉양하며 학문을 가르치고 사(士)를 뽑는 일을 모두 여기에서 행했다. 그러므로 그 정실(正室)의 모습이 있다고 하여 태묘(太廟)라 했고 태실(太室)이라 했으며 그것이 당(堂)이라 하여 명당(明堂)이라고 했다.
18 원서에는 인명으로 되어있으나 명원통의 『유학오론(儒學五論)』 원문에 근거하여 책명으로 고쳐 번역 하였다. 『시자』는 춘추시대(春秋時代)의 진(晋)나라 사람, 시교(尸校)가 지은 책으로 20편 중(中)에서 2권이 전(傳)한다. 제가(諸家)의 설을 절충(折衷)하고 있으나 유가(儒家)에 가깝고, 의(義)한 자를 요지로 하여 수신·제가·치국·평천하의 길을 설명(說明)했다.
19 「지초사(止楚師)」는 『시자』 상권에 있는 편으로 공수반이 운제(雲梯)를 만들어 송국(宋國)을 공벌(攻伐)하려고 하자 묵자가 죄 없는 송나라를 공격하는 것은 불인(不仁)하다며 초(楚) 왕을 설득하는 내용이다.

먼저 그렇게 한 사람은 없다."

2. 『예기』「예운(禮運)」편의 '대동(大同)'이라는 말은[20] 묵학에서 나온 것인데, 명원통은 「묵자대의술(墨子大義述)」[21]에서 인용하여 다음과 같이 서술하였다.

"『예기』「예운(禮運)」편에서 쓴 '대동(大同)'이라는 말은 유가에서 말하는 것과 꽤 차이가 나서 혹시 공자가 쓴 것이 아니라 노자·장자를 배운 사람들이 섞어 넣은 것이 아닌지 학자들은 의심하지만, 이는 원래 묵자의 학설인데 유가가 인용해서 넣었을 뿐이다. 유가가 여러 대에 전해지면서 묵가의 이상인 겸애·상동(尙同) 등은 이미 세상 사람들에게 크게 중시되었다. 공자가 말했던 요순도 힘들게 여겼다는 일에 대해 묵자는 실행하기 어렵지 않다고 생각했다. 자유(子游)의 제자들은 이에 유가를 인용하여 묵가에 적용하면서 공자의 말을 인용하였다. 묵가의 겸애와 유가의 예가 서로 용납되지 못한다는 것을 잘 알고 있었기 때문에 대동과 소강(小康)의 설을 구분하였다. 우선 소강의 정치를 행하고 천천히 대동을 기대해야 된다고 말하였는데 이것은 「예운(禮運)」을 지은 까닭이다. 「예운」의 대동설은 유가의 말보다는 오히려 묵자가 쓴 뜻과 많이 부합되며 문구 역시 묵가의 내용과 크게 차이나지 않는다. (「예운」에서) "천하 위공(天下爲公)"[22]이라고 한 것은 상동(尙同)이고 현명한 이와 능한 이를 선발한다는 것은 바로 상현(尙賢)이며 신의를 강구하고 이웃나라와 화목함을 수행하는 것은 비공(非攻)이다. 자기 부모만 친애하지 않고 자기 자식만 사랑하지 않는 것은 겸애(兼愛)이다. 재화가 낭비되는 것을 싫어하고 힘이 적재적소에 쓰여지

. . . .

20 『예기』「예운(禮運)」의 "이러한 까닭에 권모술수가 근절되어 흥하지 않았고, 절도나 반란이 일어나지 않았으므로 사람들은 대문을 닫지 않고 생활했으니, 이를 일러 대동(大同)이라 하였다.[是故 謀閉而不興 盜竊亂賊而不作 故 外戶而不閉 是謂大同.]"에서 나왔다. (『십삼경주소』『예기정의』p.769)
21 원서에는 「묵자대의(墨子大義)」로 되어 있으나 명원통의 『유학오론(儒學五論)』 원문에 근거하여 책명으로 고쳐 번역하였다.
22 『예기』「예운」 원문은 "큰 도가 행해지면, 천하가 공변된다.[大道之行也, 天下爲公.]"이다. (『십삼경주소』『예기정의』p.769)

는 것은 바로 절용(節用)이며, 비명(非命)이다. 노인은 (삶을) 마칠 곳이 있고, 젊은이들은 쓰여질 곳이 있고, 어린아이는 길러질 곳이 있고 과부·고아·홀아비·버려지고 병든 이들을 돌봐줄 곳이 있다는 글에 대해, (묵자에도) 늙어서 혼자된 사람을 돌봐줘 수(壽)를 누릴 수 있게 함과 부모가 없는 어리고 약한 고아들이 의지할 곳이 있다는 글이 있다.[23] 재화를 독식해서는 안 된다는 것과 자신만을 위해 노동력을 사용하면 안 된다는 것은 여력으로 서로 돕고 남은 재화로 서로 나누며 여도(餘道)로 서로 가르친다[24]는 뜻이다. 모사가(謀事家)는 등용하지 않고 도적과 반란이 일어나지 않는다는 것도 또한 (묵자의) 도적이 없는데 누가 절취하고 누가 난을 일으키는가 하는 글에 해당된다. 이처럼 대체로『묵자』의 글에서 모은 것으로 묵가사상이 잘 드러나 있다."

또한 "이 편 하단에 성인이라야 천하를 내 집안처럼 여길 수 있고 나라 사람을 내 몸처럼 여길 수 있다고 한 것은『묵자』「상동」편[25]의 말이다."라고 하였다.

3. 묵학이 하나라를 본받았고『효경』도 하나라 법을 근본으로 하였으므로 『효경』과 묵학의 관계는 밀접하다. 명원통이 말하기를 "묵가는 하법에 의탁하였고 유가는 묵가에게서 취했으면서도 묵가를 본받았다고 말하지 않고 하법(夏法)에 의탁하였다고 하였다. 여기서 하를 본받았다는 것은 묵씨의 뜻을 따른 것이다."라고 하였다. 장매숙(章枚叔)은『효경』이 하나라 법을 근본으로 하였다는 설과 관련해서 다음과 같이 말했다.

．．．．．．．．．．．．

23 『묵자』「겸애 하(兼愛下)」에 나온다. (손이양(孫詒讓),『묵자한고(墨子閒詁)』, 중화서국점교본(中華書局點校本), 2001, p.116)
24 『묵자』「상현 하(尙賢下)」에 나온다. (손이양,『묵자한고』, pp.70~71)
25 『묵자』「상동 중(尙同中)」에 "백성들에게 바른 지도자가 없이 천하의 뜻을 하나로 하게 되면 천하가 어지러워진다. 이러한 까닭에 천하의 현량하고 성스러우며 지혜롭고 변별력 있는 사람을 선택하여 천자로 세워, 그로 천하를 하나로 같게 하는 일에 종사하게 하였다.[明乎民之無正長以一同天下之義, 而天下亂也. 是故選擇天下賢良聖知辯慧之人, 立以爲天子, 使從事乎一同天下之義.]"(손이양,『묵자한고』, p.78)

"『효경』「개종명의(開宗名義)」장에 '선왕들은 지극한 덕과 중요한 도가 있다.[先王有至德要道]' 『석문』은 정현의 말을 인용해 우(禹)임금은 삼왕 중에 제일 먼저라고 하였다. 이 뜻이 가장 널리 쓰인다. 정현이 모든 경(經)을 종합하여 우도(禹道)에 대해 서술한 것이기 때문에 왕들 가운데 가장 먼저인 자가 우라고 한 것은 억측이며 정현은 그렇게 말한 것이 아니다. 우임금의 설은 남아 있지 않아서 마땅히 묵자를 가지고 설명해야 된다. 묵자의 겸애설을 『한서』「예문지」 서문에서 묵가에 대해 다음과 같이 말하였다. '효로써 천하에 보이는 것이 바로 상동(尙同)이다.[以孝視天下, 是以尙同.]' 「삼재장(三才章)」에 다음과 같이 말했다. '(임금이) 박애로써 솔선하면 백성 중에 자기 부모를 무시하는 사람은 없을 것이다.[先之以博愛, 而民莫遺其親]' 박애가 바로 겸애이니 첫 번째 증거이다. 「감응장(感應章)」에 다음과 같이 말하였다. '그러므로 아무리 천자라고 해도 반드시 높이 섬기는 사람이 있다.[故雖天子, 必有尊也.]'라고 했는데, 부모가 있고 형제가 있다. 『원신계(援神契)』[26]에서는 삼로(三老)와 형제와 오경(五更)을 높이 섬기는 것으로 풀이했다. 『백호통의』「덕론」에서는 '삼로(三老)와 오경(五更)을 신하로 부리지 않는 것은 천하의 자제된 사람들에게 솔선을 보이고자 함이다.[不臣三老五更者, 欲率天下爲人子弟.]'라고 하였다. 『한서』「예문지」 서문에서 묵가에 대해 '삼로오경을 봉양하니 이 때문에 겸애한다.[養三老五更, 是以兼愛.]'라고 하였는데 이것이 묵가가 말한 우도(禹道)가 바로 『효경』과 같다는 두 번째 증거이다." 『묵자』에 기록된 것 이외에 『춘추좌씨전』에는 다음과 같이 말하였다. '우임금이 제후들을 도산(塗山)에서 만났는데 옥백을 잡고 있는 제후들이 만여 나라였다.[禹會諸侯於塗山, 執玉帛者萬國.]' 『이의(異義)』에서 공양전의 설을 인용하여 은나라에는 3천 제후가 있었고 주나라에는 1천 8백 제후가

. . . .

26 위서(緯書) 중 『효경위(孝經緯)』에 소속된 2권

있었으니 은나라와 주나라에는 나라가 만국이 되지 않았는데 오직 하나라에만 있었다고 하였다. 『효경』「효치(孝治)」장에 이르기를 "그러므로 만국의 환심을 얻어서 그 선왕을 섬겼다.[故得萬國之歡心, 以事其先王.]"[27] 라고 하였다. 하나라를 본받지 않았다면 어떻게 만국의 숫자가 있었겠는가. 이것도 그 증거 가운데 하나이다. 『주례(周禮)』의 5형(五刑)에는 각각 5백 장이 있어서 모두 2천 5백 장이 된다. 「곡례(曲禮)」에 이르기를 "형벌은 대부(大夫) 이상에게는 가하지 않는다.[刑不上大夫]"라고 하였다. 『정의(正義)』에서는 장일(張逸)의 말을 인용하여 다음과 같이 말하였다. "범한 죄를 하나라의 3천 조항과 주나라의 2천 5백 조항으로 처벌할 수 없다는 것을 말한 것이다.[謂所犯之罪, 不在夏三千, 周二千五百之科.]" 『상서』「여형(呂刑)」 서문에 이르기를 "여후가 천자의 사구가 되자 목왕이 명하여 하나라의 속형을 가르치게 하였는데, 오형의 종류가 삼천 가지나 되었다고 한다.[呂命穆王訓夏贖刑, 其書言五刑之屬三千.]"라고 하였다. 그렇다면 법률의 조항이 하나라와 주나라가 차이가 있었다. 『효경』「오형(五刑)」장에 "5형의 종류가 3천 가지인데 불효보다 더 큰 죄는 없다.[五刑之屬三千, 而罪莫大於不孝.]"라고 하였다. 하나라를 본받지 않았다면 이런 숫자가 있을 수 없으니 이것이 그 두 번째 증거이다.

4. 양한의 금문 경학가 가운데 묵가의 설을 취하여 그 논리를 완성한 사람이 있다. 멍원퉁는 다음과 같이 말하였다. "야오핑(廖平, 1852~1932)[28]에

· · · · · · · · · · · ·

27 『십삼경주소』「효경주소(孝經注疏)」, p.27
28 자는 계평(季平) · 등연(登延), 호는 학재(學齋)이다. 사천성(四川省) 출생으로 광서연간(光緒年間 : 1875~1907)에 과거에 합격해서 진사(進士)가 되었으나 관리가 되지 않고, 성도(成都)에서 공교부론사(孔敎扶論社)를 조직하여 학문연구와 후진교육에 진력하였다. 처음에는 송학(宋學)을 배우고 훈고고증학(訓詁考證學) · 춘추공양학(春秋公羊學)을 연구하여 청말 공양학파의 선구자가 되었다. 1887년 『금고학고(今古學考)』를 저술하고, 금학(今學)과 고학(古學) 양쪽의 가치를 인정하는 경학적 입장을 취하였으나, 다시 금문학의 길을 택하여 『벽유편(闢劉篇)』 및 『지성편(知聖篇)』을 저술하였다. 그 즈음(1889~1890)에 만난 대학자 캉유웨이(康

의하면 유가가 음양가의 학설을 취한 것이라고 여겼다. 앞에서 금문은 유가가 묵가에서 취하여 그 논리를 완성한 것으로 보았다. 세상이 변화하면서 각 가(家)의 학술이 생겨나기도 하고 없어지기도 한다. 근래 사람들은 유가의 말을 대부분 세족(世族)을 부추기고 구(舊) 사회를 옹호하는 것이라고 여긴다. 전국시대에 구 사회가 점점 붕괴되어 가고 이로 인해 유학이 인멸되었고 한나라 초기에 이르러 새로운 사회가 점차 완성되었다. 그렇지만 여기에 납득하기 어려운 부분이 있는데 유학은 구 사회가 붕괴됨에 따라 인멸되기 시작하다가 한나라가 새로운 사회로 성숙된 후에 도리어 크게 드러나게 되었다는 점이다. 한무제가 백가를 쫓아내고 육경을 크게 드러낸 것은 중국 역사상의 기적이 아닌가. 유학이 드러나게 된 것은 바로 유학이 변화되어 다른 제가들의 장점을 모두 포괄하였기 때문이다. 전국시대는 각국에서 군주의 권력을 확장하는 데 집중하였기 때문에 각국의 군주들은 단기간에 이를 이루기에 용이한 법가를 가장 선호하였다. 유가 가운데 세경(世卿)을 비난하던 춘추공양의 무리는 공맹(孔孟)의 설이 아니라 법가를 취한 공양의 무리들이다. 육왕(六王)의 시대가 끝난 뒤 전제정권이 세도를 마구 부려 진나라의 폭정이 극에 달했을 때 유자 부구자(浮丘子)의 제자들은 천하를 공가(公家)로 보아 어진 사람에게 전해야 한다는 설[官天下以傳賢][29]을 주장해서 진시황을 비난하였는데 이것은 바로 묵가의 천자를 뽑는다는 설을 이용한 것이다.

· · · · · · · · · · · · ·

有爲)에게도 커다란 영향을 끼쳤다. 그러나 그의 학문적 입장이 끊임없이 변하여 그의 학설을 5, 6회나 바꾼 탓으로 당시의 사상계를 이끌지는 못하였다. 중화민국 수립 후에 성도의 국학원(國學院) 원장을 지냈다. 저서에『오경주소(五經注疏)』,『육역관총서(六譯館叢書)』등이 있다.

29『설원교증(雪苑校證)』「지공(至公)」, "진시황이 천하를 다 삼키고 나서 …… 포백령이 대답하여 말하길, '천하의 관은 곧 현능한 자에게 선양해야 하고, 천하의 가는 대대로 전해지게 해야 합니다. 그러므로 오제는 천하를 관으로 삼았고, 삼왕은 천하를 집으로 삼았습니다.'[秦始皇旣呑天下 …… .鮑白令之對曰, '天下官 則禪賢是也 : 天下家, 則世繼是也. 故五帝以天下爲官, 三王以天下爲家.']" (『설원교증』「지공」, 중화서국점교본, 1987, p.347)

유가가 법가에서 취한 것은 그 뜻이 『춘추(春秋)』와 관계가 있고 유가가 묵가에서 취한 것은 그 제도가 예를 갖추고 있다. 법가와 묵가로부터 그 내용을 취한 유가는 다른 제자들이 미칠 수 없는 위치에 올랐다. 앞에서 봤던 공맹은 구유학(舊儒學)이라면 이것은 곧 신유학(新儒學)이다. 새로운 시대에는 반드시 새로운 사상이 필요하다는 것은 금문유학을 통해 볼 수 있다."[30]

멍원통이 유가와 묵가의 혼합을 논하면서 사용한 것은 전통 학자적인 학문연구방법으로 고증이 상세하고 추론이 정밀하고 타당했다. 아마도 멍원통의 논술이 구학을 기본으로 했기 때문에 당시 사람들로부터 존숭받지 못했을 것이다. 시자(尸子)를 유가와 묵가를 혼합시킨 중요한 인물로 여겼는데 이 추론은 대담하고 참신한 듯하다. 일반 사료에 기재된[31] 것에 근거해 보면 시자는 전국시대에 노나라 사람으로, 이름은 교(佼)이고 『시자』를 지었는데 20권이며 『한서』 「예문지」에서는 그것이 잡가로 분류됐다. 시자는 상앙의 문객이었는데 상앙이 거열형을 당한 뒤에 도망해서 촉 땅으로 들어갔다. 『시자』는 바로 촉 땅에 있을 때 완성한 책이다. 『시자』의 명당(明堂)론은 실제로 묵가사상에 가깝다. 멍원통은 시자의 명당론이 묵가의 '극단적인 평등사상[極端平等之思想]'에서 나왔다고 말했는데 이렇게 이해하는 것은 다소 불합리하다. 양한 시기에 명당은 경학가의 이론이며 이것은 일종의 정치적 실천이었다. '천자가 명당에 앉아 있다.[天子坐明堂]'라고 할 때 명당은 바로 정교(政敎)를 분명하게 선포하는 곳이다. 명당이란 원래 효의 관념형식 하에서 일종의 조상을 추모하고 제사를 올리는 곳이었는데 나중에는 정사를 의논

• • • • • • • • • • • •

30 멍원통의 『유학오론(儒學五論)』, p.81
31 『한서』 「예문지」 잡가편, "『시자』 20편, 이름은 교(佼), 노(魯)나라 사람. 진(秦) 상(相) 상군(商君)을 스승으로 섬겼다. 상앙이 죽자 교는 도망하여 촉(蜀)으로 들어갔다.[『尸子』二十篇. 名佼, 魯人, 秦相商君師之 軮死 佼逃入蜀.]"(『한서』, 중화서국점교본, p.1741.)

하는 곳이 된 것으로 생각한다. 명당의 구체적 형식과 효능에 대해서는 많은 가설이 있지만 각 학자들은 관념적으로 명당이라는 제도가 지닌 민주정치의 요소를 부인하지 않는다. 고대 학자들은 명당, 청묘(淸廟), 태묘(太廟), 태실(太室), 태학(太學), 벽옹(辟雍)을 모두 같은 것으로 취급했다.[32] 묵자는 겸애와 평등을 말하고 또한 현인정치도 말했는데 전자는 바로 사회이론이고 후자는 바로 정치이론이다. 묵자는 다음과 같이 말하였다. "지금의 왕공대인(王公大人)의 경우, 그들이 부유하게 해주고 귀하게 해준 사람들은 모두 왕공대인과 골육의 친분이 있는 사람이고 공적 없이 부귀해진 사람들이거나 얼굴이 아름다운 사람이다. …… 상은 현명한 사람에게 내려지지 않았으며 벌은 포학한 사람에게 가해지지 않았다. 그러므로 상을 받은 사람은 공이 없었으며 처벌받은 사람 역시 죄가 없었다. 백성들은 모두 마음 수행하는 것을 게을리하고 선행을 하지 않으며 팔과 다리를 움직이지 않고 서로 돕는 데 힘쓰지 않으며 재물이 남아 썩어도 서로 재물을 나누어 갖지 않고 훌륭한 도를 숨겨두고서 서로 가르치고 깨우쳐 주지 않는다.[今王公大人, 其所富, 其所貴, 皆王公大人骨肉之親, 無故富貴, 面目美好者. …… 是故以賞不當賢, 罰不當暴, 其所賞者, 已無故矣, 其所罰者, 亦無罪. 是以使百姓皆攸心解體, 沮以爲善, 垂其股肱之力, 而不相勞來也, 腐臭餘財, 而不相分資也, 隱匿良道, 而不相教誨也.]"[33] 친한 사람만을 임명하는 오래된 폐단에 대해 묵자가 정확히 간파한 것이다. 통치계층의 친분 있는 사람만을 임명하는 폐단은 사회의 상벌을 혼란스럽게 만들기 때문에 사회가 통제력을 잃고 질서가 혼란스럽게 되었다. 이러한 오래된 폐단을 혁파하기 위해 묵자는 '상현'을 핵심으로 한 '성인(聖人) 정치'의 관점을 제시하였다. 사회의 관리는 마땅히 '현인'이 담당해야 한다. "현명한 사람을 매우 존중하고 유능한

32 《원주》『회남자』「본경」, "명당지제(明堂之制)" 고유(高誘) 주석본과 채옹(蔡邕) 「명당월령론(明堂月令論)」 참조. 청대 완원(阮元)의 「명당론(明堂論)」에 비교적 고증이 자세한데 『연경실집(揅經室集)』3에 보인다.
33 《원주》『묵자』「상현 하」

사람에게 일을 맡기며 부형이라고 해서 감싸지 않고, 부귀한 사람에게 치우치지 않으며 낯빛을 잘 꾸미는 사람을 총애하지 않고 현명한 사람이라면 등용하여 높은 자리에 올려 주어 부유하고 귀하게 해주면서 관청의 우두머리로 삼는다. 무능한 사람이라면 파면시켜 가난하고 천하게 만들어 오직 노예로 부린다.[甚尊尚賢而任使能, 不黨父兄, 不偏貴富, 不嬖顔色, 賢者擧而上之, 富而貴之, 以爲官長, 不肖者抑而廢之, 貧而賤之, 以爲徒役.]"[34] 묵자가 창도한 "의롭지 못한 자는 부유하게 해주지 말아야 하고, 의롭지 못한 자는 귀하게 해주지 말아야 하며, 의롭지 못한 자는 친애하지 말아야 하고 의롭지 못한 자는 가까이하지 말아야 할 것이다.[不義不富, 不義不貴, 不義不親, 不義不近.]"[35]라는 것과 "천하의 뜻을 동일하게 한다[同一天下之義]"는 '선정(善政)'은 오직 현자에 의해서만 제정되고 감독 및 집행될 수 있는 것이다.[36] 묵자의 정치이론은 현인정치(賢人政治)이며 이 현인정치는 바로 고대 민주정치의 또 다른 면이다. 이러한 관점에서 『시자』 '명당설'의 민주정신과 묵가의 민주정치는 서로 같다. 시자는 본래 상앙(商鞅)의 문객이었는데 상앙은 바로 중앙전제 집권정치의 창도자였다. 시자는 분명 이 법가의 옹호자였을 텐데 어떻게 전제정치를 누르고 민주정치를 창도할 수 있었을까? 어쩌면 자기의 주인이 전제제도 하에서 참사를 당하는 것을 직접 보고 크게 놀랐기 때문에 결국 촉 땅으로 도망가 은둔하면서 묵가를 원용하여 유가에 접목시켜 민주정치의 설을 확장시켰을 가능성이 있다. 하지만 명당설에서 말한 민주는 묵자에서 말하는 민주와 다르다. 묵자의 민주는 '친(親)과 소(疎)를 구별'하는 것으로 바로 사회공권력 하의 민주이다. 명당설에서 설명하는 민주는 장례를 신중하게 치루고 먼 조상을 추모하는 효의 혈연관계 속에서의 민주로 바로 군권의 권위를 인정하는 조건 하에서의 민주이다. 한대의 경학가들도 약간의 민주정신을 지녔다는

· · · · · · · · · · · ·

34 《원주》『묵자』「상현 중」
35 《원주》『묵자』「상현 상」
36 《원주》『묵자』「상현 하」

것을 인정하는데 이것은 고문 경학가에게서 두드러지게 나타난다. 한대 경사의 민주정신은 대체로 묵가의 깨우침에 근원해 왔다. 그러나 정통경학은 국가 공권력의 '공'과 '사'의 문제에 대하여 하나의 표준적인 답안을 제시할 만한 용기가 없었던 듯하다. 실제로 한대 경사들에게 이러한 문제에 대해 대답하게 한다면 다소 주저하거나 곤란하게 여겼을 것이다. 그들의 스승도 회피한 문제를 그들이 어떻게 분명하게 설명할 수 있겠는가?

만일 '공권(公權)'과 '사권(私權)'을 나눠 고찰한다면 대동설이 묵자에서 나왔다고 생각하는 명원통의 설은 잘못된 것이 아니다. 「예운」편이 『예기』가운데 있는 것은 확실히 의외이다. 대동설은 유가의 정통사상과 그다지 합치되지 않다. 고대 학자들은 『예기』의 대동설이 도가의 영향을 받았다고 여기기도 하였지만, 확실한 증거는 전혀 없다. 이러한 견해에 대해 주보쿤(朱伯崑)이 다음과 같이 반증하였다. "도가에서는 유능한 인재를 선발하는 것에 대해 반대하였고 그들이 동경하는 이상사회는 바로 '무위(無爲)의 다스림'이었다. 그러나 대동설의 서두에서 '현명하고 재능 있는 사람을 뽑는다.[選賢與能]'는 것에 대해 이야기하고 있으니 분명히 도가의 이론은 아니다." 대동설의 출처에 대해서 주보쿤의 대답은 다음과 같다. "진나라와 한나라 때에 일부 유자들이 유가사상의 자료를 이용하여 농민혁명의 이상을 표현했을 가능성이 매우 높은데 그러한 관점이 『예기』「예운」편에 보존 되어 있다."[37] 주보쿤의 견해는 현대 대다수 학자들의 견해를 대표한다.[38] 더욱 심한 것은 대동설을 공자의 학설이라고 보는 것이다. 어떤 교과서에서는 대동설을 이용하여 중국 원시 공유제사회의 형태를 묘사하기도 하였다. 그 근원이 확실하지 않은 고대 사상가의 이상을 가지고 견강부회하는 것은 타당하지 못하다. 대동설이 도가에서 나왔다는 설에 대한 주보쿤의 비판은 분명하고 합당한 증거를 제시

. . . .

37 《원주》 주보쿤, 『선진논리학개론』 제1장 4절
38 《원주》 후와이뤼(侯外廬), 『중국역대대동사상(中國歷代大同理想)』; 후지창(胡寄窓) 『중국 경제사상사간편(中國經濟思想史簡編)』 제3장 제3절

하였지만 대동설의 출처에 대한 대답에서는 오히려 혼란에 빠졌다. "유자들이 유가사상 자료를 이용하여 농민혁명의 이상을 표출했을 가능성이 있다."는 말에서 첫째, 유자들이 농민의 이상을 대표했다는 것은 주보쿤의 일관된 사고와 맞지 않는다. 주보쿤은 지금까지 유자를 농민계층으로 여기지 않았고 더욱이 농민혁명의 대표하는 사람으로는 생각하지 않았다. 둘째, 유가의 사상에는 '대동설'과 유사한 이름이 전혀 없다. 이러한 종류의 이름이 전혀 없는데 어떻게 이용할 수 있겠는가? 더욱 주의해야 할 것은 대동설이 유가에서 나왔다고 주장하는 사람들은 제대로 된 논거를 제시하지 못하며 이러한 문제를 논할 때 지나치게 독단적이거나 너무 모호하다는 점이다. 상술한 '대동설'이 묵가에서 나왔다는 것에 관련해서는 구절하나 주해하나 하나에 모두 근거가 있다. 선진제자 가운데 공유제사상을 가장 많이 말 한 사람은 바로 묵자였다. 실제로 묵자의 '상동'은 바로 공유제도에 대한 설계였다. 묵자가 말한 '상동'에는 선명한 시대적 각인이 있어 그저 먼 고대 공유제사회에 대한 추억과 동경으로 이해해서는 안 된다. 묵자는 다음과 같이 말하였다.

> 백성들에게 천하의 뜻을 하나로 통일시킬 수 있는 지도자가 없으면 천하가 어지러워진다는 것을 밝혔다. 그래서 천하에서 가장 현명하고 능력 있고 성스러우며 말 잘하고 지혜로운 사람을 선택하여 천자로 세워 천하의 뜻을 하나로 만드는 일에 종사하도록 하였다.[明乎民之無正長, 以一同天下之義, 而天下亂也. 是故選擇天下賢良聖知辯慧之人, 立以爲天子, 使從事乎一同天下之義.]

> 온 나라의 백성들이 위로는 모두 천자를 받들고 화합하며 감히 아랫사람들과 사사로이 친해서는 안 된다. 천자가 옳다고 하는 것은 반드시 따라서 옳다고 하고 천자가 그르다고 하는 것은 반드시 따라서 그르다고 하여야 한다. 선하지 않은 말은 버리고 천자의 선한 말을 배우며 좋지 못한 행실을 버리고 천자의 선한 행실을 배워야 한다. 천자는 본래 그 나라에서 가장 어진 사람이다. 온 천하 사람들이 천자를 본받는다면 천하의 어떤 주장이 다스려지지 않을 수 있겠는가?[凡國之萬民, 皆尙同乎鄕長, 而不敢下比. 天子之所是, 必亦是之, 天子之所

242

非, 必亦非之. 去而不善言, 學天子之善言, 去而不善行, 學天子之善行. 天子者天下之
仁人者也, 擧天下之萬民以法天子, 夫天下何說而不治哉?]

이상의 두 단락은 모두 「상동」편에서 나왔다. 『묵자』는 "천하의 뜻을 하
나로 한다.[一同天下之義.]"는 것에 대한 설명이 매우 많이 나온다. 묵자가 자신
이 처한 전국시대의 분열을 매우 혐오했기 때문에 공유제를 기초로 하는
'천자' 전제(專制)의 정치체제 방안을 제창했다는 것을 알 수 있다. 이런 이유
에서 묵자의 '상동'은 그의 사회이론이 아니라 바로 그의 사회문제 해결방안
이다. 이러한 방안 중에 '천하의 현명한 사람을 선택해서 그를 세워 천자를
삼는다.[選擇天下之賢者, 立爲天子.]'는 말은 마치 천자를 백성들이 뽑아 (천자가)
인민의 이익을 대표하는 듯하고 아울러 '백성들이 위로는 모두 천자를 받들
고 함께 화합하며 감히 아랫사람들과 사사로이 친해서는 안 된다.[萬民上同乎
天子, 而不敢下比.]'고 하였다. 묵자가 제시한 공유제를 기초로 한 사회문제의
해결방안은 양한 경학가에게 아주 큰 영향을 끼쳤다. 이후에 금문 경학과
고문 경학에 대해 논의할 때 이러한 문제에 대해 중점적으로 연구하겠다.
공유제가 전제 정체(政體)의 기초인지 아니면 사유제가 전제 정체의 기초인지
에 대하여 고대의 사상가들은 이론적으로 이 문제를 해결하지 못하였고 정치
적으로도 명확히 실천하지 못하였다. 이로부터 군권(君權)의 '공(公)'과 '사(私)'
의 문제가 야기되었고 사회와 사상의 이중성은 원인과 결과가 되었다. 그러
나 이론적으로 사료들을 통해서도 알 수 있듯이 공유제 전제(專制)는 어쩌면
사유제 전제(專制)보다 더 잔혹할 수 있다. 왜냐하면 완전한 의의의 공유제가
진정으로 실현될 수 없고 공유는 항상 국유(國有)의 형식으로 나타나 국가의
통치계층은 국유 재산의 지배자가 되고 아울러 재산의 지배를 통해 타인의
운명을 지배하기 때문이다.

『예기』 대동설이 묵가학설이라는 점은 의심할 여지가 없다. 『예기』 「예운」
에 묘사된 대동사회의 첫 번째 구절은 "대도(大道)가 행해지던 시대에는 천하
를 공가(公家)로 여겼다.[大道之行也, 天下爲公.]"고 말하고 있다. 이것은 묵가의

'상동'과 일치한다. 또 "재화가 땅에 버려지는 것을 싫어하고 …… 노동력이 이용되지 않는 것을 싫어한다.[貨惡其棄於地也 …… 力惡其不出於身也.]"라고 말해 노동하지 않는 것을 수치로 여겼으니 이것은 묵가의 "여력을 버려두고 서로 도와주지 않는[舍餘力不以相勞]" 사람을 금수로 간주하는 관점과 서로 같다.[39] 묵자의 이상사회에서는 바로 사람들이 모두 노동을 하고 재화를 서로 나누는 것은 있지만 "노동에는 참여하지 않으면서 그 성과만 얻고 자기 것이 아닌데 가지는[不與其勞獲其實, 以非其有所取之故]"[40] 사회착취는 전혀 없다. 사람들은 남은 재화가 있으면 땅에 버리지 않고 다른 사람에게 그것을 나누어 주려고 한다. 이것은 묵자의 '분재(分財)'와 '노동' 이론이 대동설과 꽤 일치한다는 것을 보여준다. 앞에 멍원퉁이 인용한 『묵자대의(墨子大義)』에서 "재화는 땅에 버려지는 것을 싫어하고 노동력은 이용되지 않는 것을 싫어한다."는 것을 묵자의 '절용(節用)・비명(非命)' 관점의 확장이라고 생각한 것은 타당하지 않다.

묵학의 대동설은 묵자 본인의 작품이 아니라 후학들이 지은 것으로 이미 유가사상과 섞였다. 만일 대동에서 말하는 것이 묵가의 사회통치방안이라고 말한다면 대동과 대응되는 것으로 유가에서는 '소강(小康)'을 사회통치방안을 제시하였다. 현학인 유학과 묵학은 이렇게 하나로 합쳐지게 되었다. 또 어떤 학자는 「예운」편이 순자의 후학(後學)에게서 나왔다고 여기고 있는데 본문에서 "성인은 능히 천하를 내 집안처럼 여기고 나라 사람들을 내 몸처럼 여긴다.[聖人耐以天下爲一家, 以中國爲一人者]"고 언급하고 있기 때문이다. 이는 진나라 통일 이후의 사회상황을 지적한 것이다.[41] 비록 「예운(禮運)」편이 순자의 후학들에게서 나왔다고 하지만 순자의 후학들은 확실히 묵자의 영향을 받았다.

. . . .

39 《원주》『묵자』「상동 중」
40 《원주》『묵자』「상동 중」
41 《원주》주보쿤『선진논리학개론』제1장 4절 참고

대동설은 양한 경학가들에게 비교적 큰 영향을 주었고 또한 경학을 통하여 한대의 실제 정치에까지 영향을 주었다. 한대 관리 선발제도 중에 '현량방정(賢良方正)'과가 있고 '노인을 봉양하는 의리를 밝힌[申養老之義]' 완전한 사회 양로제도가 있는데 묵학사상의 영향을 받은 것이다. 한나라 황제들은 항상 홀아비·과부·고아·병든 사람들에게 쌀과 옷감을 더 주라고 했는데[42] 이 또한 묵가학설의 영향을 받았기 때문이다. 그러나 이 시기의 묵학은 이미 경학의 일부가 되어 그 특수한 작용을 발휘하였다. 이밖에도 대동설이 전통 지식인들에게 미친 영향은 매우 크다. 진한 이후로 대동설은 변화 발전하여 지식의 정화인 최고의 사회적 이상이 되었다. 그뿐 아니라 몇몇 농민봉기의 영수와 혁명가들도 대동을 최고의 이상으로 삼았는데, 홍수전(洪秀全 1814~1864)[43]부터 손중산(孫中山)에 이르기까지 모두 그러하다.

멍원통이 유가와 묵가의 혼합을 논한 것 가운데 가장 논의할만한 가치가 있는 것은 바로 『효경』이 묵가에게서 나왔다고 말한 것이다. 여기에서 멍원통이 취한 것은 효경이 하법(夏法)에 근거했다는 장매숙(章枚叔)의 견해이다. 하법(夏法), 은법(殷法), 주법(周法)에 관련해 중요한 것은 각 왕조(王祖)의 문화와 제도를 지적한 것이다. 이 문제에 대해 전통 학자들은 현대 학자들보다 더 고명하였고 분명하게 서술할 수 있었다. 현대 학자들은 고고학적인 방법을 이용하고 있지만 아직까지 하나라 도읍의 소재조차 확정짓지 못하고 있는데 어떻게 문헌 속에 언급된 '하법(夏法)'을 믿게 할 수 있겠는가. 표면적으로 『묵자』는 하법을 근본으로 삼았고 『효경』도 하법을 근본으로 삼았지만 하법의 유무는 아직까지도 문제가 되기 때문에 하법을 근본으로 삼았다는 설은

· · · · · · · · · · · · ·

42 《원주》 졸저, 「효의 관념과 한 대정치질서[孝的觀念與漢代政治秩序]」, 『중국사연구』 1988년 제3호
43 중국의 종교적 예언자, 태평천국운동(1850~64)의 지도자이다. 1853년 남경에 입성하여 태평(太平)이라는 국호를 내세우고, 자신을 천왕(天王)이라 칭했다. 2,000만 명 이상이 죽었을 것으로 추정되는 이 대규모 농민봉기는 현대 중국사의 흐름을 크게 뒤바꾸어 놓았다.

근거가 없는 말이다. 하지만 해법이 그 근본이라는 논술에도 그럴만한 이유가 있다. 선진 제자들은 자기의 학설에서 하나의 문화적 전통을 찾으려는 경향이 있었다. 공자는 "주나라를 하나라 상나라에 비교해 보니 성대하게 문채가 있구나! 나는 주나라 예를 따르겠다.[周監於二代, 郁郁乎文哉! 吾從周.]"[44]라고 하였다. 묵자도 당연히 예외가 아니었다. 묵가는 고대 역사 전설을 근거로 하법을 만들고 아울러 자기 학파의 문화적 특징을 만들었는데 크게 비난할 만한 것은 없어 보인다.

명원통은 「묵학원류와 유묵회합을 논함[論墨學源流與儒墨滙合]」에서 묵자가 하법을 따른 일에 비해 간략하게 다루면서 깊이 연구하지 않았다. 다만 묵자가 하나라를 본받았다고는 말할 수 있지만 은나라를 본받았다고 말할 수 있는 자는 없다고 말하였을 뿐이다. 비록 명원통은 자세하게 설명하지 않았지만 "묵자가 하나라를 본받았다."라는 그의 견해는 본래 『회남자』「요략」의 "(묵자는) 그러므로 주나라 도를 버리고 하나라 정책을 수용했다.[(墨子)故背周道而用夏政]"는 구절을 근거로 한 것이다. 또 『장자』「천하」편에서도 그 논거를 찾을 수 있다. 「천하」편 내용은 이렇다. 묵자는 하나라 우임금을 숭상 하였는데 우임금은 바로 성인이었지만 안일을 도모하지 않고 몸과 마음을 수고롭게 해가며 천하를 위해 일을 했다고 여겼다. 그래서 묵자는 제자들에게 모두 무명옷에 거친 밥을 먹으며 백성들을 위해 일할 것을 요구했다. 그런 모양으로 일을 하지 않으면 "묵자(墨者)"라고 부를 수 없었다.

'묵자가 하나라를 본받았다'는 말에 대해 명원통이 인용한 근거는 다음과 같다. 『효경』도 하나라를 본받았고, 『한서』「예문지」 묵가자류 서문에 "효를 천하에 보여주어[以孝視天下]"라고 말하였다. 이와 같이 말한다면 『효경』이 묵학에서 나왔다는 말에 분명 의심할 여지가 없다. 그러나 명원통이 인용한 논설을 자세히 분석해 보면 그 설이 오히려 성립되기 힘들다. 『효경』에

· · · · · · · · · · · ·

44 『논어』 권3, 「팔일(八佾)」에 보인다. (『십삼경주소』『논어주소』, p.39)

대해 전문적인 고증이 있었다. 『효경』이 "유가가 여덟 학파로 나누어진[儒分爲八]" 후의 악정자(樂正子) 무리의 작품으로 알고 있다.[45] 명원통의 논설은 다음과 같다. 첫째, '선왕'을 우왕으로 해석한 것은 완전히 견강부회한 것이다. 『효경』 형병(邢昺)은 선왕에 대한 주(注)에서 "선대 성스런 덕을 가진 임금[先代聖德之主]"이라고 말했다. 선왕관(先王觀)은 유가의 기본관념으로 삼대(三代)의 성스럽고 현명한 임금을 가리킨다. 만일 선왕을 우(禹)임금이라고 해석한다면 너무 협소해져서 유가의 본의와 합치되지 않는다. 사실은 『묵자』에서도 결코 우임금만을 추앙한 것은 아니다. "예전에 우왕·탕왕·문왕·무왕이 바야흐로 천하에 정사를 펴고 있을 때 다음과 같이 말했다. '반드시 배고픈 사람은 먹을 수 있게 하고 추운 사람은 입을 수 있게 하며 힘든 사람은 쉴 수 있게 하고 어지러운 사람은 다스려 질 수 있게 하라.'[故昔者禹湯文武, 方爲政乎天下之時, 曰：必使飢者得食, 寒者得衣勞者得息, 亂者得治.]"[46] 그렇기 때문에 '선왕'에 대한 해석은 형병의 주가 비교적 타당하다.

둘째, 『묵자』에서 '겸애'와 '상동'을 말하며 『효경』에서도 이러한 내용을 말하고 있기 때문에 『효경』이 묵학에서 나왔다고 한다. 하지만 이러한 논증은 타당성이 부족하다. 반고가 말한 "효로써 천하에 보였다.[以視孝天下]"는 문장에 대해 안사고(顏師古, 581~645)[47]는 주(注)에서 "시(視)는 시(示)로 읽는다.[視讀曰示]"고 하였다. 이것은 묵자가 현명한 사람을 뽑아서 왕으로 삼아 천하의 모범이 되게 한다는 것과 "천하의 뜻을 하나로 한다.[一同天下之義]"는 사상과 꼭 맞지만 『효경』 전체에서 말하고 있는 것은 "효로 천하를 다스린다[以孝治天下]"는 것이다.[48] '치(治)'와 '시(視)'의 자의(字義) 차이는 유가와 묵가

. . . .

45 《원주》 졸저, 『심재문학집』 「효경성서소고(孝經成書小考)」를 참고하기 바란다.

46 《원주》 『묵자』 「비명 하」

47 당나라 초기의 학자이다. 『한서』의 주석을 더하면서, 전대(前代)의 여러 주석을 집대성했다. 『한서』의 주석은 그의 문자학(文字學)·역사학의 온축(蘊蓄)으로, 오늘날도 『한서』 해석의 중요한 근거가 된다.

48 《원주》 『효경』 「효치장(孝治章)」에 다음과 같이 말하였다. "옛날에 명철한 임금이 효로

두 학파의 특징을 반영하고 있다. 멍원통의 논설은 또 『효경』「삼재(三才)」장의 '박애(博愛)'의 관점을 인용하여 박애가 곧 겸애이니 이러한 설은 묵가에서 나왔다고 인식하였다. 묵자가 말한 겸애는 바로 공유제도의 애(愛)에 기초한 것으로 '겸애'는 바로 "친한 이와 소원한 이를 구별"하는 후세 유자들이 욕하는 "부모를 무시하고 형제를 무시한다."는 "노동자의 도[役夫之道]"이다. 그러나 『효경』에서 말하고 있는 것은 "효는 부모를 섬기는 것에서 시작한다.[夫孝, 始初事親]"[49]는 것이다. 곧 『효경』에서 말한 '애(愛)'와 묵자가 말한 '애(愛)'는 기본적인 사고방향에서 전혀 같지 않다. 「삼재장」에서 '박애'를 말한 이후에 "예악으로써 인도하여 백성들이 화목하다.[導之以禮樂, 而民和睦]"고 하였지만 묵자는 '비악(非樂)'을 주장하였다. 이를 통해서도 『효경』과 묵학의 사상이 확연히 다름을 볼 수 있다.

『효경』이 유학에서 나왔다는 것은 의심할 여지가 없다. 『한서』「예문지」에서도 이것을 후기 유학자들의 저작에 열거하였다. 『효경』의 구체적인 내용과 유가의 기본사상은 일치한다. 『백호통의』에서 공자에 대해 말하면서 "나중에 왜 『효경』을 지었는가? 『효경』에서 오로지 세우려 한 올바른 규정은 무엇인가? 효는 위로는 천자에서부터 아래로 서인에 이르기까지 모두에게 적용되는 것으로 『효경』을 관통하고 있는 것은 대체로 예악인(禮樂仁)을 만든 근본이다.[後作 『孝經』何? 欲專制正於夫制作禮樂仁之本.]"[50] 『효경』에서는 등급을 말하였다. 천자·제후·서인 등 여러 장으로 구분하여 "다섯 등급의 효[五等之孝]"를 말하였는데 이것은 묵학의 "낮은 백성이라도 끝까지 천한 사람은 없다.[民無終賤]",[51] "귀한 사람이나 천한 사람이나 똑같이 누린다.[貴賤

. . . .

천하를 다스릴 적에 감히 작은 나라의 신하도 소홀히 하여 잊지 않았는데, 하물며 공, 후, 백, 자, 남이겠는가."

49 《원주》『효경』「개종명의장開宗明義章」
50 《원주》『백호통의』「오경」
51 《원주》『묵자』「상현 상」

同享]"[52]는 관념과 뚜렷한 차이가 있다. 『효경』에서는 '경(敬)'을 말하고 또 '효를 옮겨 충을 한다.[移孝爲忠]'고 말하면서 가정구성원으로 반드시 행해야 하는 가정에서의 의무를 사회구성원이 사회에서 행해야 하는 의무로 확대하였는데 이것도 묵학의 사상과 다르다. 더욱 주의해야 할 것은 묵자가 말한 '효'는 항상 '자(慈)와' 이어져 있어[53] "만일 모든 사람들에게 두루 서로 사랑하게 한다면 남을 사랑하기를 마치 자신을 사랑하듯이 할 것이니 어찌 불효하는 사람이 있겠는가? 부모와 임금 보기를 자기 자신 같이 한다면 어찌 불효를 하고, 자애롭지 않은 사람이 있겠는가? 제자와 군신 보기를 자기 자신 같이 한다면 어찌 자애롭지 않겠는가? 그러므로 불효와 자애롭지 못함은 없을 것이다.[若使天下兼相愛, 愛人若愛其身, 有不孝者乎? 視父兄與君若其身, 惡施不孝, 猶有不慈者乎? 視弟子與臣若其身, 惡施不慈, 故不孝不慈亡有.]",[54] "부모가 자신만 사랑하고 자식을 사랑하지 않는다. 그러므로 자식을 해치고 자신을 이롭게 한다. 형이 자신만 사랑하고 동생을 사랑하지 않는다. 그러므로 동생을 해치고 자신만을 이롭게 한다. …… 이것은 어째서인가 서로 사랑하지 않는 데서 기인한다.[父自愛也, 不愛子, 故虧子而自利; 兄自愛也, 不愛弟, 故虧弟而自利; …… 是何也. 皆起不相愛.]",[55] "부모된 자는 반드시 자애로워야 하고 자식된 자는 반드시 효성스러워야 한다.[爲人父必慈, 爲人子必孝.]",[56] "부모와 자식 형제가 자애롭지 못하고 효성스럽지 못하며, 어른을 공경하지 못하고 충량스럽지 못하다.[父子弟兄之不慈孝弟長貞良也.]"[57]라고 언급하였다. 자애와 효도는 상호 교환적인 것

. . . .

52 ≪원주≫ 『묵자』「명귀 상」
53 ≪원주≫ 쥐위동은 다음과 같이 말하였다. "묵자의 책 속에 '효(孝)'와 '자(慈)'를 같이 거론하는 것으로 봐서 절대 '효'에 편중된 것은 아니었는데, 이는 유가와 비슷하다." (『周子同經學史論著選集(쥐위동경학사논저선집)』, 「효와 생식기 숭배(孝與生殖器崇拜)」, 상해인민출판사(上海人民出版社), 1983.)
54 ≪원주≫ 『묵자』「겸애 상」
55 ≪원주≫ 『묵자』「겸애 상」
56 ≪원주≫ 『묵자』「겸애 하」
57 ≪원주≫ 『묵자』「명귀 하」

으로 서로 겸애해야만 부모는 자애롭고 자식은 효성스러울 수 있다. 묵자는 또 아랫사람에 대한 윗사람의 사랑을 더욱 강조하였으나 『효경』에서는 윗사람에 대한 아랫사람의 효를 절대적인 의무로 변화시켰다.[58] 『효경』의 이러한 관점은 공자가 효를 논한 관점과 궤를 같이한다.

위에서 서술한 것처럼 묵자가 하나라를 본받았다는 것은 묵학의 특징이다. 그러나 만약 『효경』도 하나라를 본받았기 때문에 『효경』이 묵학에서 나왔다고 말하는 것은 큰 문제가 있다. 실제로 선진제자의 학설이 다양하게 드러난 상황 속에서 학설 간의 토론과 융합은 자주 볼 수 있다. 그렇기 때문에 학설 간의 경계를 판단하기 위해서는 외적 증거가 필요할 뿐만 아니라 내적 증거도 찾아내야 한다. 묵자는 "귀신에 밝았다.[明鬼]" 은상시대에 귀신에 대한 미신이 성행하였는데 은문화가 묵자에게 끼친 영향은 비교적 크다. 묵가는 사회문제에 대한 분석 및 그에 상응하는 해결방법을 제시할 때 모두 사회공유제를 전제로 삼았다. 이는 유가사상과 근본적으로 달랐다. 대체로 이러한 점을 이해해야 유·묵 두 사상의 기준을 더욱 명확하게 이해할 수 있다.

멍원통은 네 번째에서 양한 경학가들 가운데 묵가를 취하여 그 논리를 완성한 사람이 있다고 하였는데 이러한 견해는 훌륭하다. 그러나 이러한 문제에 대해 멍원통은 더 전개시켜 나가지 못했고 제시한 증거에도 문제가 있었다. 멍원통은 육왕(六王)의 시대가 끝난 뒤 전제정권이 세도를 부려 진나라의 폭정이 극에 달했을 때 유자 부구자(浮丘子)의 제자들은 천하를 공가(公家)로 보아 어진 사람에게 전해야 한다는 설을 주장해서 진시황을 비난하였는데 이것은 바로 묵가의 천자를 뽑는다는 설을 이용하였다고 하였다. 이 고사는 『설원(說苑)』「지공(至公)」편에 나오는데[59] 멍원통은 고사 가운데 포백

．．．．．．．．．．．．．

58 《원주》 졸저, 「논효적관념재한대적연변(論孝的觀念在漢代的演變)」, 『공자연구』 1988년 4월 참조

59 『설원(說苑)』「지공(至公)」, "진시황이 천하를 다 삼키고 나서 …… 포백령이 대답하여 말하길, '천하의 관은 곧 현능한 자에게 선양해야 하고, 천하의 가는 대대로 전해지게 해야 합니

령(鮑白令)을 부구백(浮丘伯)[60]으로 고석하였다.[61] 아울러 묵가에서 천자를 뽑는다는 설이 실제로는 전설 속의 고대 선양(禪讓)제도를 가리키는 것이라고 여겼다. 선양은 제위를 현자에게 물려주는 것을 가리킨다. "영수에서 귀를 씻어 선양하겠다는 말을 들은 것을 부끄러워하였다.[穎陽洗耳, 恥聞禪讓.]"[62] 공영달(孔穎達)은 『요전(堯典)』 소(疏)에서 다음과 같이 말하였다. "요임금과 순임금은 성현에게 선양하였고 우임금과 탕임금은 자손에게 전수하였다.[若堯·舜禪讓聖賢, 禹湯傳授子孫.]"[63] 현자에게 선양하는 것과 현자를 뽑는 것은 같지 않다.

사실 유학에 대한 묵학의 영향은 한대 경학가들의 말 속에서 많은 예증을 찾을 수 있다. 여기에서 주로 논의할 것은 묵학의 '하늘의 인격화[天的人格化]' 이론이 경학에 끼친 영향이다.

유학의 창시자인 공자가 하늘에 대해 말한 것이 『논어』에 비교적 많이 기재되어 있다.

> "하늘에 죄를 얻으면 빌 곳이 없다.[獲罪于天 無所禱也.]",[64] "하늘이 나에게 덕을 주셨다.[天生德于予]",[65] "하늘이 장차 이 문(文)을 없애려 한다면 내가 이 문(文)에 관여할 수 없거니와 하늘이 장차 이 문(文)을 없애려 하지 않는다면 광인이 나에게 어떻게 하겠느냐.[天之將喪斯文也, 後死者不得與於斯文也 天之未喪斯文也, 匡人其如予何.]",[66] "하늘이 날 버리시는 구나! 하늘이 날 버리시는 구나!

・・・・・・・・・・・・

다. 그러므로 오제는 천하를 관으로 삼았고, 삼왕은 천하를 집으로 삼았습니다."[秦始皇既吞天下, …… 鮑白令之對曰 "天下官 則禪賢是也 : 天下家, 則世繼是也. 故五帝以天下爲官, 三王以天下爲家."] (『설원교증』, p.347)

60 부구공(浮丘公) 이라고도 하며 부구(浮丘)는 복성이다. 한나라초기의 '제(齊)'사람이다. (노신, 『한문학사강요』, p.98)

61 ≪원주≫ 멍원통, 『유학오론(儒學五論)』, "유학정치사상지발전(儒學政治思想之發展)."

62 ≪원주≫ 『후한서』 권83 「고풍전」

63 ≪원주≫ 『상서』 「요전」

64 ≪원주≫ 『논어』 「팔일」

65 ≪원주≫ 『논어』 「술이」

[天喪予! 天喪予!]"[67]

공자가 말한 하늘에 대해 현대 학자들의 의견은 두 가지로 귀납할 수 있다. 그 첫 번째는 공자가 말한 하늘이 바로 자연적인 하늘이라고 여기는 것으로 이것은 일반 학자들의 견해이다. 두 번째 견해는 다음과 같다. "공자의 '하늘'이 뜻을 가진 주재자가 아니라면 이른바 '죄를 얻었다[獲罪]', '나를 버리시는 구나[喪予]' 등을 전혀 이해할 수 없게 된다." "여기에서의 하늘은 여전히 의미 있는 인격신(人格神)이다."[68] 첫 번째 견해가 비교적 신뢰할 만하다. 공자가 하늘에 대해 말한 것을 찾아보면 공자의 '천'은 일반적으로 천도(天道)를 가리키며 그것은 사람의 의지에 의해 옮겨지는 것일 뿐만 아니라 주관적인 의지 또한 전혀 없는 것이다. 그러므로 공자는 다음과 같이 말하였다. "하늘이 무슨 말을 하던가? 사계절이 순환하고 온갖 생물이 생겨나지만 하늘이 무슨 말을 하던가![天何言哉? 四時行焉, 百物生焉, 天何言哉?]"[69] 이밖에 공자가 말한 '천'은 일반적으로 '명(命)'과 서로 연관되어 있기 때문에 공자는 '천명(天命)'을 말하기를 좋아하였다. "죽고 사는 것은 명에 달렸으며 부하고 귀한 것은 하늘에 달렸다.[死生有命, 富貴在天.]",[70] "군자가 두려워하는 것이 세 가지이니 천명을 두려워하고 대인을 두려워하며 성인의 말씀을 두려워한다. 소인은 천명을 알지 못해서 두려워하지 않고 대인에게 친압하고 성인의 말씀을 업신여긴다.[君子有三畏, 畏天命, 畏大人, 畏聖人之言.]",[71] "나는 15살에 학문에 뜻을 두었고, 30에 서고 40에 의혹하지 않았으며 50에 천명을 알았고 60에 귀가 순해졌으며 70에 마음이 하고자 하는 대로 해도 법도를 넘지 않았다.[吾

66 《원주》『논어』「자한(子罕)」
67 《원주》『논어』「선진(先進)」
68 《원주》 후와이뤼 등, 『중국사상통사』, p.153~154
69 《원주》『논어』「양화(陽貨)」
70 《원주》『논어』「안연(顏淵)」
71 《원주》『논어』「계씨(季氏)」

十有五而志于學, 三十而立, 四十而不惑, 五十而知天命, 六十而耳順, 七十而從心所欲, 不踰矩.]"[72] 천과 명을 하나로 연결해 보면 더욱 공자가 말한 천이 실제로 두 가지 함의를 지닌다는 것을 볼 수 있는데 주요 내용은 바로 일종의 불가항력적인 객관규율을 가리킨다. 동시에 운명 결정론적인 경향도 다소 드러난다.

만일 공자가 말한 천이 인격화된 천의 의미를 지녔다고 말한다면 곧 공자는 자기학설에서 종교적 귀신사상을 위해 통로 하나를 열어 놓은 셈이다. 하지만 사실상 공자는 이러한 통로를 닫아 놓았다. "공자께서는 괴이한 것, 힘쓰는 것, 어지러운 것, 귀신에 대하여 말씀하지 않으셨다.[子不語怪力亂神.]"[73] 공자는 또 말하였다. "사람이 지켜야 할 도리에 힘쓰고, 귀신을 공경하되 멀리 한다면 지혜롭다고 이를 만하다.[務民之義, 敬鬼神而遠之, 可謂知矣.]"[74] "계로(季路)가 귀신 섬기는 일에 대해 물으니 말씀하시기를 '사람을 제대로 섬기지도 못하는데 어떻게 귀신을 섬길 수 있겠느냐?'라고 하였다.[季路問事鬼神. 子曰, '未能事人, 焉能事鬼?']"[75] 그러므로 '명귀신(明鬼神)'을 말했던 묵자는 공자의 그러한 관점에 대해 반대하며 다음과 같은 말로 풍자하였다. "귀신이 없다고 여기면서 제례를 배우는 것은 마치 손님이 없다고 여기면서 손님을 대접하는 예절을 배우는 것과 같고 물고기가 없다고 여기면서 어망을 만드는 것과 같다.[執無鬼而學祭禮, 是猶無客而學客禮也, 是猶無魚而爲魚罟也.]"[76] 공자는 자기 학설이 종교화되는 것을 피하기 위해 노력하였는데 이것은 학술의 이론심화의 외재적 표현으로 유학이 이론심화와 외적확산의 학술 발전규율을 따라 발전해 나갈 수 있게 하였고 아울러 번영의 길에 들어서게 하였다.

공자가 말한 '천'과 '천명'은 확실히 꽤 인격신적인 의미를 지닐 때가 있다.

. . . .

72 ≪원주≫ 『논어』 「위정(爲政)」
73 ≪원주≫ 『논어』 「술이(術而)」
74 ≪원주≫ 『논어』 「옹아(雍也)」
75 ≪원주≫ 『논어』 「선진」
76 ≪원주≫ 『묵자』 「공맹(孔孟)」

그러나 자세히 분석해 보면 수사학적 속임수로 하늘을 숭상하고 존경하는 것을 의인화[77]하여 표현해 낸 것이다. 의인화와 인격화[78]는 별개의 문제인데 하나는 언어학에서 논의해야 할 문제이고 하나는 종교학에서 논의해야 할 문제이다. 이 두 가지는 혼란을 야기하며 학자들의 판단착오를 일으킬 가능성이 있다.

공자와 상반되게 묵자의 '천'은 인격신의 의미를 갖추고 있다. 묵자는 천을 신격화화 방법은 먼저 '천명'을 부정하는 것에서 시작한다. 그가 말하기를 "명은 포악한 왕이 만든 것으로 가난한 백성들이 그대로 따랐다.[命者, 暴王所作, 窮人所術.]"[79] 그는 이른바 '천명'은 통치집단이 가난한 백성을 속이는 수단이라고 여겼다. "운명이 있다고 주장하는 사람들은 다음과 같이 말한다. '부유할 운명이면 부유하게 되고 가난할 운명이면 가난하게 되며 많아질 운명이면 많아지게 되고 적어질 운명이면 적어지게 되며 다스려질 운명이면 다스려지게 되고 어지러워질 운명이면 어지러워지게 되며 장수할 운명이면 장수하게 되고 요절할 운명이면 요절하게 된다.'고 하니 힘이 아무리 세다 한들 무슨 도움이 되겠는가? 그들은 이런 말로 위로는 왕공대인에게 유세하고 아래로는 백성들이 노동에 종사하는 것을 막는다. 그러므로 운명이 있다고 주장하는 사람들은 어질지 못한 자들이다.[執有命者之言曰, '命富則富, 命貧則貧, 命衆則衆, 命寡則寡, 命治則治, 命亂則亂命壽則壽, 命夭則夭.' 雖强勁何益哉? 以上說王公大人, 下以驅百姓之從事. 故執有命者不仁.]"[80] 여기에서 묵자 '비명(非命)'의 주요 목적은 공자의 '천명'학설이 지닌 운명 결정론적 경향을 부정하는 것임을 알 수 있다. 또한 이론상에서 하늘이 객관적인 규율이 될 수 있다는 가능성을 부정하였다. 현대학자들은 묵자가 '천명'을 부인하면서 또 '천지(天志)'·'천

....

77 인간 이외의 무생물, 동식물, 사물 등을 사람처럼 표현하는 것을 말한다.
78 인간이 아닌 사물을 감정과 의지가 있는 인간으로 간주하는 것을 말한다.
79 ≪원주≫ 『묵자』 「비명 하」
80 ≪원주≫ 『묵자』 「비명 상」

의(天意)'를 제시한 것에 대해 자못 의아하다. 사실 자신의 의지에 의해 변화시킬 수 없는 '천명'을 부인함으로써 바로 자신의 의지에 의해 변화시킬 수 있는 '천'을 남겨 놓았다. 이렇게 해석하는 것이 분명하다.

'천명'을 부정한 묵자의 '천지'·'천의' 설은 막힘이 없다. 묵자는 다음과 같이 말하였다. "누가 지혜로운가? 하늘이 지혜롭다. 그렇다면 의로움이란 과연 하늘로부터 나오는 것이다. 지금 천하의 선비와 군자들이 의로움을 행하려고 한다면 하늘의 뜻을 따라야 한다고 말하지 않으면 안 된다.[誰爲知, 天爲知. 然則義果自天出也. 今天下之士君子之欲爲義者, 則不可不順天之意矣.]",[81] "하늘의 뜻을 따르는 사람은 모두를 서로 사랑하고 서로 이롭게 해주어 반드시 하늘의 상을 받을 것이다. 하늘의 뜻을 어기는 사람은 사람을 차별하고 서로 미워하고 서로 해쳐서 반드시 하늘의 벌을 받을 것이다.[順天意者, 兼相愛, 交相利, 必得賞, 反天意者, 別相惡, 交相賊必得罰.]"[82] 또한 "그들이 하는 행동을 보아 하늘의 뜻을 따르고 있으면 선의의 행동이라 말하고 하늘의 뜻을 어기고 있으면 선의의 행동이 아니라고 말한다.[觀其行, 順天之意, 謂之善意行反天之意, 謂之不善意行.]"[83] 묵자의 '천(天)'과 공자의 '천(天)'은 엄연히 다르다. 묵자의 천은 도덕이 있는 천이고 상과 벌을 줄 수 있는 천으로 거의 종교적 상제(上帝)에 가깝다.

묵자의 사상에서 천은 이미 인격화되었다. 그렇다면 귀신들이 한꺼번에 소리치며 몰려 들어와도 크게 비난할만한 것이 없다. 묵자가 다음과 같이 말하였다. "지금 천하 사람들로 하여금 귀신은 현명한 사람에게는 상을 주고 난폭한 자에게는 벌을 준다는 것을 믿게 한다면 천하가 어찌 어지러워지겠는가?[今者使天下之人, 偕若信鬼神之能賞賢而罰暴也, 則夫天下豈亂哉.]"[84] 그는 유가사상

· · · · · · · · · · · · ·
81 ≪원주≫ 『묵자』 「천지(天志) 하」
82 ≪원주≫ 『묵자』 「천지 상」
83 ≪원주≫ 『묵자』 「천지 중」
84 ≪원주≫ 『묵자』 「명귀(明鬼) 하」

을 비판하면서 일찍이 다음과 같이 말하였다. "유가는 하늘이 밝지 못하다고 여기고 귀신이 신령스럽지 못하다고 여겨 하늘과 귀신을 말하지 않으니 충분히 천하를 잃을 만한 이유이다.[儒以天爲不明, 以鬼爲不神, 天鬼不說, 此足以喪 天下.]"[85]

물론 비록 묵자의 학설이 하늘을 인격화하고 아울러 귀신의 관념을 끌어 들였기 때문에 묵학이 어느 정도 종교적인 색채를 띠고 있다. 하지만 여전히 묵학을 종교사상으로 볼 수는 없다. 묵학의 이러한 방식에는 일정한 공리적 목적이 있다. 묵학은 평민계층이 제시한 것을 기반으로 하여 도덕적인 수단 으로 사회문제를 해결하려는 사회이론이고 유학은 귀족계층이 제시한 것을 기반으로 하여 도덕적인 수단으로 사회문제를 해결하려는 사회이론이다. 묵 학과 유학 모두 사회문제를 해결하는 수단은 서로 같다. 동시에 또한 묵학 의 종교화 경향이 학술종교화의 길을 개척했다. 그렇기 때문에 『태평경(太平 經)』[86] 속에서도 묵학과 관련된 내용을 많이 찾을 수 있고 『묵자』가 『도장(道 藏)』 속에서 잘 보존될 수 있었다. 묵자사상의 정의(精義)는 농민운동에 줄곧 이용되었다. "사람을 죽인 사람은 죽인다[殺人者死]"는 원래 "묵학의 원칙"으 로 한대 이후 많은 농민 혁명의 간이(簡易)한 법률 조문이 되어 사람들 마음 속에 각인되었다. "평민이나 부자가 동등하고 귀하거나 천하거나 대등하다 [均平富, 等賤貴]"는 것은 농민운동이 추구하는 목표가 되어 구호로 쓰였다.

· · · · · · · · · · · · · ·

85 ≪원주≫ 『묵자』 「공맹」
86 중국의 도교 경전으로, 10부 107권으로 구성되어 있다. 『태평청령서(太平淸領西)』라고도 한다. 2세기 전반에 쓰여졌으며, 현재는 57권만 남아 있다. 발췌본으로 당대(唐代)에 이루어 진 『태평경초(太平經鈔)』 10권(이중 제1권은 후대에 증보된 것임)이 있다. 왕명(王明)이 정리 한 『태평경합교(太平經合校)』에서 원래 『태평경』의 대략적인 모습을 볼 수 있다. 내용은 번 잡하고 문체는 속되고 지루하며, 신인(神人)이 내려와서 설법하는 형식으로 되어 있다. 대체 로 하늘을 받들고 도를 본받으며 음양오행(陰陽五行)에 순응할 것을 주장하고 있다. 그리고 윤리법칙과 장수·신선·통신(通神)·치병(治病)·점험(占驗) 등과 같은 술(術)에 대해서 자 세히 밝혔다. 천지음양의 도에 순응함으로써 수신(修身)·치세(治世)하며 천하를 태평하게 함을 주지로 삼았다

묵학에 대해서는 여기까지만 논의하고, 묵학과 경학의 관계에 대해서 논의하 겠다.

묵학이 경학에 끼친 영향은 주로 하늘의 인격화 방면에서 나타난다. 동중 서는 양한 경학의 대표인물로 그의 "하늘과 인간은 서로 감응한다[天人感應]" 는 학설 곳곳에서 '천지(天志)', '천의(天意)' 같은 개념을 볼 수 있다.

> 하늘은 양으로 하여금 위에서 좋은 일을 베풀어 한해의 일을 주관하게 하고 음으로 하여금 아래로 들어가 제때에 나와 양을 돕게 하였다. 양은 음의 도움 없이는 혼자서 일 년의 일을 할 수 없다. 결국 양은 일 년의 일을 맡는 것을 명분으로 여겼다. 이것이 하늘의 뜻이다. [天使陽出佈施於上而主歲功, 使陰入伏 于下而時出佐陽；陽不得陰之助, 亦不能獨成歲. 終陽以成歲爲名, 此天意也.][87]

하늘의 뜻은 항상 음을 빈자리에 두고자 하여 부분적으로 그 힘을 보조로 삼는다. 그러므로 형벌은 덕교의 보조이고 음은 양의 보조 역활을 한다.[天之 志, 常置 陰空處, 稍取之以爲助. 故刑者德之輔, 陰者陽之助也.][88]

> 그러므로 임금은 위로 '하늘의 뜻'을 받으니 명을 따르기 위해서이다.[是故王 者上謹于承天意, 以順命也.][89]

비단 하늘만 의지를 갖추고 있는 것이 아니라 사계절의 운행에도 각각 목적이 있다.

> 봄은 사랑의 표지이고 여름은 즐거움의 표지이며 가을은 엄격함의 표지이고 겨울은 슬픔의 표지이다. 그러므로 사랑이 중요하지만 엄격함도 있어야 하고

. . . .

87 《원주》『한서』 권56 「동중서전」의 「거현량대책」
88 《원주》『춘추번로』 「천변재인(天辨在人)」
89 《원주》『한서』 권56 「동중서전」

즐거움이 중요하지만 슬픔도 있어야 하니 이것이 사계절의 특징이다. 기쁨과 성냄의 재앙이나 슬픔과 즐거움의 법도는 사람에게만 중요한 것이 아니라 하늘에게도 중요하다.[春, 愛志也, 夏, 樂志也, 秋, 嚴志也, 冬, 哀志也. 故愛而有嚴, 樂而有哀, 四時之則也. 喜怒之禍, 哀樂之義, 不獨在人, 亦在于天.][90]

동중서의 '천지(天志)'·'천의(天意)' 관념은 전통유가의 하늘에 대한 해석과 다르다. 이러한 사상은 묵가에서 비롯되었다. 만일 묵자가 인격화된 하늘의 개념을 감춘 경향이 있다고 한다면 동중서는 적나라하게 하늘을 높은 최고의 신으로 해석했다.

하늘은 모든 신들의 군주이고 왕(王)이 가장 존경하는 신이다. 가장 존경하는 하늘이기 때문에 해가 바뀔 때마다 한 해가 시작될 무렵에 교(郊) 제사를 거행한다. 교(郊) 제사는 반드시 정월 상신일(上辛日)[91]에 거행하는데 가장 존경하기 때문이다. 한 해에 하는 일 중 가장 먼저 하는 일로 매번 해가 바뀔 때마다 제일 먼저 교(郊) 제사를 지내는 이유는 가장 중요한 일을 먼저 한다는 뜻으로 하늘을 우러러 받드는 길이다.[天者, 百神之君也. 王者之所最尊也. 以最尊天之故, 故易始歲更紀, 卽以其初郊. 郊必以正月上辛者, 言以所最尊. 首一歲之事, 每更紀者以郊, 郊祭首之, 先貴之義, 尊天之道也.][92]

하늘은 모든 신의 대군이다. 하늘을 섬기는 데 제대로 갖추지 않으면 아무리 백신을 섬긴다 해도 전혀 도움이 안 된다.[天者, 百神之大君也. 事天不備, 雖百神猶無益也.][93]

이로 말미암아 본다면 하늘에 제사 지내지 않는 사람은 바로 작은 신도 섬길

90 ≪원주≫ 『춘추번로』 「천변재인」
91 정월 상순 중에서 첫 번째 신일을 가리킨다.
92 ≪원주≫ 『춘추번로』 「교의(郊義)」
93 ≪원주≫ 『춘추번로』 「교제(郊祭)」

수 없다. 교 제사를 가장 먼저 올리는데 불길하면 감히 교 제사를 지내지 않는다. 온갖 신에게 제사 지내지 않아도 교 제사만은 지내는데 교 제사가 가장 크기 때문이다.[以此觀之, 不祭天者, 乃不可祭小神也. 郊因先上, 不吉不敢郊. 百神之祭不上, 而郊獨上, 郊祭最大也.][94]

교 제사는 바로 하늘에 지내는 제사이다. 하늘은 인격을 갖추고 있으며 신격화되어 '모든 신의 군주[百神之君]'가 된 하늘의 본성은 인(仁)하다. "가장 훌륭한 인은 하늘에 있다. 하늘이 인이다.[仁之美者, 在於天. 天, 仁也.]"[95] 하늘이 하는 일은 또한 공평한 것이다.

> 하늘이 주는 것에는 분별이 있어서 이빨을 준 것에게는 뿔을 주지 않고 날개를 붙여준 것에는 다리를 두 개만 주었다. 즉 큰 이득을 얻은 것은 그 위에 작은 이득까지 얻을 수 없다. 옛날에 녹(祿)을 받은 자는 밭을 갈지 않고 공상의 일을 하지 않았다. 이것도 큰 이득을 얻은 자는 작은 이득까지 얻을 수 없는 것이니 하늘의 뜻과 같다.[夫天亦有所分予, 予之齒者去其角, 付其翼者兩其足. 是所受大者不得取小也. 故之所予祿者, 不食于力, 不動于末, 是亦受大者不得取小, 與天同意者也.][96]

이러한 학설은 묵가의 인격화된 신과 같은 양상이다. 이밖에 동중서는 또한 인격을 갖추고 있는 하늘과 사람을 하나로 연계하였는데, '인부천수(人副天數 : 사람은 하늘의 수와 닮았다.)',[97] 곧 하늘이 사람을 낳은 것은 하늘의 의지를 완전히 실현하기 위한 것이라고 하였다. 또 말하기를 "사람이 사람됨

---

94 ≪원주≫ 『춘추번로』 「교제」
95 ≪원주≫ 『춘추번로』 「왕도통삼(王道通三)」
96 ≪원주≫ 『한서』 권56 「동중서전」
97 하늘은 세월의 이치를 따라 사람의 몸을 만들었다. 그러므로 작은 골절이 366개인 것은 일년 366일의 이치와 부합하고, 큰 골절을 12개로 나눈 것은 1년 12달의 이치와 부합하며, 속에 오장이 있는 것은 오행의 이치와 부합하고, 밖에 사지가 있는 것은 4계절의 이치와 부합한다.

은 하늘에 근본하니 하늘도 사람의 증조부이다.[人之爲人, 本於天, 天亦人之曾祖父也.]"[98]라고 하였다. 사람이 만약 하늘의 의지를 위배하면 하늘은 바로 "재앙을 내려 견책할 것이고[出災害以譴告之]" 만약 듣지 않는 다면 "바로 괴이한 일을 보여서 놀라게 할 것이다.[乃見怪異以驚駭之]" 만일 다시 두려워하지 않으면 "그 재앙이 닥칠 것이다.[其殃咎乃至]"[99]

동중서의 학설은 유학을 근본으로 삼았지만 많은 다른 학파들의 사상이 섞여 있으며 묵가도 예외는 아니었다.

묵학이 하늘을 인격화한 사상은 대부분 한대 금문 경학가들에게 받아들여졌는데 이를테면 『백호통의』에서 '천'을 해석할 때 "하늘은 무엇인가, 하늘은 진정시킨다고 말하니[100] 높은 곳에 있으면서 아래 세상을 다스려 사람을 위해 진정시킨다.[天者何也, 天爲言鎭也, 居高理下 爲人鎭也.]" 묵학의 공유제도하에 명당에 포함된 민주사상과 대동설은 대부분 한대 고문 경학가들에게 받아들여져 모두 양한 경학의 주요 내용이 되었다. 묵학 가운데 선현(選賢)과 양로사상은 경학으로 옮겨지는 과정을 통하여 양한의 사회정치제도가 되었다. 이로 인해 표면상으로 볼 때 묵학은 진한 이후로 점차 자취를 감추지만 그 사상의 정수는 겉모습만 바뀌어져 보존되어 왔다.

• • • • • • • • • • • • •

98 《원주》『춘추번로』「인부천수(人副天數)」
99 《원주》『춘추번로』「필인차지(必仁且知)」
100 '진정시킨다[鎭]'은 일차적으로 '누르다'의 뜻이다. 나아가 그것은 소요나 동란을 진압하여 안정시키는 뜻을 나타낸다. 여기서 '鎭'은 물리적 군사적 계기를 완전히 배제하지 않지만 있을 수 있는 문제를 해결하여 세계를 편안하게 다스리는 데에 초점이 있다. (신정근 역주, 『백호통의』, 소명출판사, 2005, p.349)

제6절 원시적인 미신과 과학 : 경학과 미신 · 음양오행

양한 경학이 포괄하고 있는 내용은 매우 복잡하고 그 문화적 내원(來源)도 다중적이다. 음양오행설은 경학의 중요한 내용으로 이는 한대인(漢代人)들의 경 해석의 주요한 특징 중 하나이다. 그들은 원시적인 미신을 흡수하고 수용하였기 때문에 경학은 비속한 신학(神學)적 특징을 갖게 되었다. 다원적인 각도에서 진행하는 경학의 문화적 연원에 대한 연구는 경학의 본질에 대한 인식에 도움을 줄 것이다.

중국의 전통적인 문화와 사상은 중국의 전통적인 사회제도와 마찬가지로 선명한 이중성을 지니고 있다. 문화와 사상의 이중성은 문화의 창신과 수구에 대한 인식에서 드러나고 또 상층의 엘리트문화 의식과 하층의 대중문화 의식의 대립에서 드러난다. 실제로 어느 지역 어떤 국가의 문화이든지 그 원류를 찾아보고 현상을 살펴보면 모두 엘리트문화와 대중문화로 나눌 수 있다. 예컨대 현대사회에서도 어떤 사람들은 양복과 가죽구두를 착용하고 극장에 가서 오페라를 보는 것에 익숙한 반면 또 어떤 사람들은 편한 복장으로 마당에 가서 "이인전(二人轉)"[1]을 보는 데 익숙하다. 그런데 엘리트문화의

---

1 민간 설창(說唱 : 말도 하고 노래도 하는 민간 문예 형식) 문예의 한 종류이다. 흑룡강(黑龍江) · 길림(吉林) · 요녕(遼宁) 일대에서 유행한 민간 설창 문예로 '판호(板胡 : 호금(胡琴)의 일종)'와 '쇄눌(嗩吶 : 관악기의 일종)'로 반주하며, 두 사람이 춤추며 노래를 주고받는다.

옹호자들은 모두 '글을 써서 이론을 주장할 수 있는[能立言]' 문화인들이다. 그들은 자신이 옹호하는 엘리트문화를 정통문화라고 하면서 대중문화는 민간문화로 배척한다. 그래서 그들은 "군자의 덕은 바람이고 소인의 덕은 풀이니, 풀 위에 바람이 불면 반드시 눕게 된다.[君子之德風, 小人之德草, 草上之風, 必偃.]"라고 한다.[2]

정통문화와 민간문화의 관계를 통치와 굴복의 관계로 보는 것은 합당하지 않다. 이는 문화 전제주의적 논리로 현대 서양 사학가(史學家)들이 흥미진진하게 이야기하는 '문화적 패권'을 인정하는 관점이기도 하다. 문화와 문화 사이에는 상호 융합하는 관계가 존재한다. 그러나 모든 문화는 자신만의 독특한 개성을 지니고 있으므로 어떤 문화의 개성을 말살하는 것은 그 문화의 생명을 끊는 것과 같다. 중국의 전통문화에 대해 논하자면 민간문화는 곧 수많은 민중의 정신을 담고 있는 운반체이다. 민간문화의 많은 내용이 기괴하고 황당무계하다. 하지만 글자를 아예 모르거나 아는 글자가 많지 않은 대다수 민중들이 민간문화를 통해 동질감을 느끼기 때문에 민간문화는 민중의 정신생활의 한 부분이 되었다. 민간문화는 일반적으로 정통문화와 모순 없이 병행하며 사회환경의 변화 및 사회의 진보에 따라 발전하고 변화한다. 두 가지 문화는 서로 융합되어 일정한 조건 속에서 통일되었다. 때로는 민간문화가 흥성함에 따라 그 영향이 경학에까지 파급되었고 때로는 경학이 '유일지존(唯一至尊)'의 지위를 꾀하는 과정에서 민간문화적인 형식과 그 사상적인 내용을 흡수하기도 하였다.

앞으로 민간의 미신사상이 양한의 경학에 끼친 구체적인 영향에 대해 논해 보겠다.

상고시대는 원시적인 문화가 원시적인 미신과 한곳에 뒤엉켜 있었다. 신에 대한 숭배, 귀신과 도깨비 관념, 무술(巫術)과 기타 형식의 미신이 사회 속에

· · · · · · · · · · · ·

2 《원주》『논어』「안연」

262

가득 차 있었다. 현대적 학술 관점에서 보면 원시적인 미신은 당연히 황당무계한 것으로 내용은 난잡하고 형식은 무질서하다. 그러나 이것은 분명 상고시대 사람들의 "자기 인식"의 동력으로 "지성이 변화된 결과이고 인류 최초의 자아의 대한 모호함을 표현한 것"이었다.[3] 원시인들은 자신과 자연을 완전히 분리하지 못하였다. 인류의 아동기 때는 자신에 대한 인식이 가정을 통하여 완성되었다. 이러한 가정은 시간과 공간 두 방면으로 이해할 수 있다. 원시시대 사람들의 시간에 대한 인식은 만물의 생성 변화, 해와 달이 뜨고 지는 것, 자신이 생장하고 노쇠하는 현상을 통하여 형성되었다. 이는 일종의 표상[4]적인 인식과 표현이었다. 마찬가지로 공간에 대한 인식도 표상적이었다. 원시시대 사람들의 공간은 시선이 미치는 직관의 범위 안으로 한정되어 연상(聯想)과 추상(抽象)이 없었다. 공간 개념의 발전은 인류의 활동 범위의 확대에 따라 발전되어 왔다.[5]

시간상의 자기인식으로부터 영혼 관념이 생겨났다. 영혼 개념은 인류의 원시적인 사유 중에서 제일 처음으로 발생한 가장 중요하고 가장 의미가 있는 추상이었다. 이러한 각도에서 말하면 원시적인 미신은 원시적인 인문 과학이었다고 할 수 있다. 영혼 개념이 출현하자 귀신 관념이 나날이 완정해졌고 무술(巫術) 형식이 생겨났다. 귀신은 영혼의 구체적인 형식이고 무술은 인간과 귀신을 연계시키는 수단이었다.

공간상의 자기 인식으로부터 범신론(汎神論)적 관념이 발생하여 자연만물이 인격화되고 원시시대 인류의 복합신앙이 형성되었다. 인류의 자아 인식 능력이 심화되고 공간 범위가 확대됨에 따라 자연만물의 인격 관념이 점차

· · · · · · · · · · · · · · ·

3 ≪원주≫ 졸저, 『심재문학집』 제5편 '지성이 형성되는 과정의 역사[作爲知性過程的歷史]'
4 지각(知覺)에 의하여 의식에 나타나는 외계 대상의 상(像). 직관적인 것으로, 개념이나 이념과 다르다.
5 ≪원주≫ 졸저, 『심재문학집』 제5편 '지성이 형성되는 과정의 역사[作爲知性過程的歷史]'를 보라.

만물의 구성 개념으로 대체되어 나갔다. 중국에서는 음양과 오행 관념이 단적인 예이다. 음양오행 관념의 형성은 인류의 원시사유 중에서 두 번째 발생한 중요하고 의미 있는 추상이었다. 이러한 각도에서 원시적인 자연과학은 원시적인 미신 속에서 유래하였다고 할 수 있다.

중국의 미신은 민간문화의 중요한 내용으로 사회의 생산활동에 끼치는 영향이 매우 컸다. 이 점은 전통 민간문화를 연구하는 학자들이 이미 지적하였으므로 여기서는 더 이상 사족을 달지 않겠다. 중국 미신의 기원은 이른 시기에 시작되었다. 상나라 때는 귀신 관념과 무술 사조가 문화의 주요 내용으로 삼았다. "은(殷)나라 사람들은 신(神)을 높이 받들었다. 백성들을 이끌어 귀신을 섬겼으며 귀신을 중시하고 예교(禮敎)는 경시하였다.[殷人尊神, 率民以事神, 先鬼而後禮.]"6 이로 인하여 상대(商代)의 정권은 신권(神權)의 성격이었고, 신령에 대한 숭배가 극단적으로 발전하면서 사람을 제사의 희생으로 쓰는 것이 흔하게 나타나며, 희생된 인명도 매우 많았다. 은허(殷墟)의 14개 대묘(大墓)에 순장된 인원수가 3,900명 내외에 이르며7 은허의 복사(卜辭)8에는 상대 말기에 "제사에 바친 사람이 모두 13,052명이었다."9 여기서 신권정치의 잔인성을 엿볼 수 있다.

상나라의 사회는 귀신 관념이 비교적 농후하였다. 복사(내용에 의하면), 날씨·재변·농사·전쟁·질병·관원 선발·출산·사냥·출생 등의 일에

. . . .

6 ≪원주≫ 『예기(禮記)』 「표기(表記)」
7 ≪원주≫ 황전위에(黃展岳), 「중국 고대의 사람 순장과 사람 희생[中國古代的人殉和人牲]」, 『고고(考古)』 1974년 제3기
8 은(殷)나라 사람들은 점칠 때 늘 점치는 사람의 성명, 물어 보려는 말, 점치는 날짜, 결과 등을 거북 껍질이나 짐승 뼈에 새겨 놓았으며, 간혹 점과 관련된 사실을 약간 기록해 놓기도 하였다. 이러한 기록을 통칭 복사(卜辭)라고 하는데, 궈모뤄(郭沫若)는 『노예제시대(奴隸制時代)』 「고대 문자의 변증법적 발전[古代文字之辯證的發展]」에서 "이러한 글귀가 거북 껍질이나 짐승 뼈에 새겨져 있기 때문에 갑골문(甲骨文)이라고 한다. 또 주요한 내용이 점에 대한 기록이기 때문에 복사(卜辭)라고 칭하기도 한다."라고 하였다.
9 ≪원주≫ 후호우쉔(胡厚宣), 「중국 노예제사회의 사람 순장과 사람을 바친 제사[中國奴隸社會的人殉和人祭]」, 『문물(文物)』 1974년 제8기

264

대하여 점을 쳤으니 모든 일에 반드시 점을 쳤다고 할 수 있다. 또한 상나라
에는 '정인(貞人)'이 점치는 일을 전담하였다. 은나라 사람들이 지낸 제사는
그 대상이 매우 광범위하여 일월성신에 대하여 점을 친 경우도 있고 토지와
산천에 대해 점을 친 경우도 있었다. 이는 자연의 신령을 숭배한 결과이다.
그러나 복사 안에 자연신령에 대하여 점친 기록은 많지 않고 그에 대한 제사
의식도 융숭하지 않았다. 반면에 조상에 대한 복사는 많고 조상신에 대한
제품(祭品)도 매우 풍성하였다. 조상신에게 제사를 지낸 것은 조상이 자기를
돌봐주고 복을 내려 주기를 기원하기 위한 것이다.

"주(周)나라는 은(殷)나라의 예법을 인습하였기[周因於殷禮]"[10] 때문에 조상
신에 대한 숭배도 과거와 같았다. 『상서(商書)』에는 이에 대한 기록이 많이
보인다. 예를 들면 다음과 같다.

> 상나라를 이긴 2년 뒤에 왕이 병이 나서 즐겁지 못하자 두 공(公: 태공(太公)
> 과 소공(召公))이 말하였다. "우리가 왕을 위하여 점을 쳐 보겠습니다." 주공(周
> 公)이 말하였다. "이 일로 우리 선왕들께 근심을 끼쳐드려서는 안 됩니다." 주공
> 이 마침내 이 일을 자신의 일로 삼아서 하나의 터에 세 개의 단(壇)을 만들고
> 그 남쪽에 또 하나의 단을 북향(北向)으로 만들었다. 주공이 여기에 서서 벽(璧)
> 을 놓고 규(珪)를 잡고는 태왕(太王)·왕계(王季)·문왕(文王)에게 고하였다. 이
> 때 태사(太史)가 책(冊)에 다음과 같이 축문을 썼다. "당신의 원손(元孫) 아무개가
> 모질고 급한 병을 만났습니다. 당신 세 왕은 하늘에서 원자(元子)를 보호할 책임
> 이 있으니 제 몸으로 아무개의 몸을 대신하소서. 저는 아버지에게 어질고 순하
> 고 재주와 기예가 많아 귀신을 섬길 수 있으나 원손은 저처럼 재주와 기예가
> 많지 못하므로 귀신을 잘 섬기지 못할 것입니다. 당신의 원손은 상제(上帝)의
> 뜰에서 명을 받고 문덕(文德)을 펴 사방의 백성들을 도와서 당신의 자손들을
> 땅위에 안정시켰기 때문에 사방의 백성들이 모두 경외(敬畏)하고 있습니다. 아,
> 하늘이 내린 보배로운 명을 실추하지 말아야 우리 선왕(先王)들도 길이 귀의할

10 『논어』「위정」

곳이 있을 것입니다. 지금 저는 원귀(元龜)에게 나아가 명을 받겠습니다. 당신이 제 말을 수락한다면 저는 벽(璧)과 규(珪)를 가지고 돌아가 당신의 명을 기다리겠지만 당신이 제 말을 수락하지 않는다면 저는 벽과 규를 감추겠습니다."

세 거북을 가지고 점을 쳐 보니 점괘가 한결같이 길하였고 자물쇠를 열어 글을 보니 모두 길하였다. 주공이 말하였다. "점괘로 보면 왕에게 해가 없으니 나 소자(小子)는 세 왕에게 새로 명을 받아 오직 영원한 죽음을 도모하겠다. 이는 기다리던 바이니 우리 한 사람[武王]을 생각해 주셨도다." 주공이 돌아가 축책(祝冊)을 금등(金縢)의 궤 속에 넣자 이튿날 왕이 병이 나았다.[旣克商二年, 王有疾, 弗豫, 二公曰 : "我其爲王穆卜." 周公曰 : "未可以戚我先王." 公乃自以爲功, 爲三壇同墠. 爲壇于南方, 北面, 周公立焉. 植璧秉珪, 乃告大王・王季・文王. 史乃冊祝曰 : "惟爾元孫某, 遘厲虐疾. 若爾三王, 是有丕子之責于天, 以旦代某之身. 予仁若考, 能多材多藝, 能事鬼神. 乃元孫不若旦多材多藝, 不能事鬼神. 乃命于帝庭, 敷佑四方. 用能定爾子孫于下地, 四方之民, 罔不祗畏. 嗚呼! 無墜天之降寶命, 我先王亦永有依歸. 今我卽命于元龜, 爾之許我, 我其以璧與珪歸俟爾命, 爾不許我, 我乃屛璧與珪." 乃卜三龜, 一習吉. 啓籥見書. 乃并是吉. 公曰 : "體. 王其罔害. 予小子新命于三王. 惟永終是圖. 茲攸俟. 能念予一人." 公歸. 乃納冊于金縢之匱中. 王翼日乃瘳.]

위의 내용은 무왕의 병이 위독해지자 주공이 조상신, 곧 태왕(太王)・왕계(王季)・문왕(文王)을 향해 기도한 기도문 및 기도한 뒤에 세 개의 거북을 가지고 점친 일을 기록한 글이다. 조상신에 대한 숭배는 중국의 원시적인 미신의 중요한 특징이며 또한 인간의 의식 속에 혈연 종법 사회가 반영된 것이다. 그러나 주대의 원시적인 귀신과 무술의 분위기는 아무래도 상대처럼 농후하지는 않았다. 또한 주대에는 문화적 진보로 인하여 신에게 기도함과 동시에 신에게 제사 지내는 예법이 도덕적인 예법으로 변화하여 규범 사회의 규율로 작용하였다. 그러므로 "주대의 제도와 전례(典禮)가 모두 도덕적인 목적을 위하여 만들어진 것임은 주지의 사실이다.[故知周之制度典禮, 實皆爲道德而設.]"[11]

춘추전국시대에 와서는 서주의 도덕적 통치 사조가 제자백가로 확대 발전되었다. "덕이 닦여지지 않고 학문이 강마되지 않고 의(義)를 듣고도 옮겨가지 못하고 불선(不善)을 고치지 못하는 것, 이것이 나의 걱정이다.[德之不脩, 學之不講, 聞義不能徙, 不善不能改, 是吾憂也.]"[12]라는 말처럼 덕으로 천하를 다스리던 이러한 조류가 변화하여 여러 형식을 낳고 수많은 학파와 학설을 형성하였다.

덕으로 천하를 다스린다는 사상은 특히 유가에 의해 높이 평가되었다. 반면에 신에 대한 제사는 순수한 의식(儀式)으로 변화해 가는 경향이 있었다.[13] 오직 묵가만 '귀신'을 중시하였고[14] 기타 각 학파는 대부분 귀신을 언급하지 않았다.

후대인들은 도가가 귀신을 논하여 '선(仙)'의 개념으로 끌고 들어갔다고 생각한다. 그러나 표면적으로 도가와 신선가(神仙家)는 서로 맞지 않는다.[15] 『석명(釋名)』에서는 '장유(長幼)'를 해석하면서 "늙어도 죽지 않는 사람을 신선이라고 한다.[老而不死曰仙.]"라고 하였으니 신선은 민간문화 속의 신선술(神仙術)이나 양생술(養生術)과 관련이 있다. 그런데 『남사(南史)』「공기전(龔祈傳)」에는 "공기(龔祈)는 풍모와 자태가 매우 단정하고 고아하였으며 용모가 매우 보기 좋았다. 중서랑(中書郞) 범술(范述)이 그를 보고 감탄하기를 '이 사람은

. . . .

11 《원주》 왕궈웨이(王國維), 『관당집림(觀堂集林)』, 『은주제도론(殷周制度論)』.
12 《원주》 『논어』「술이」
13 《원주》 『논어』「팔일」의 "조상신에게 제사 지낼 때는 조상이 앞에 계신 것처럼 하고, 그 밖의 신에게 제사 지낼 때는 신이 앞에 있는 것처럼 해야 한다. 공자께서는 '나는 제사에 직접 참여하지 않으면 제사하지 않은 것 같다.'고 하셨다.[祭如在, 祭神如神在.子曰：'吾不與祭, 如不祭.']"라는 내용이 그 일례이다.
14 《원주》 실제적으로 묵가에서 말한 귀신은 이론상의 개념에 가까웠으니, 이는 추상적 의미의 귀신으로, 그 목적이 묵자의 "천하의 이로움을 흥성시키고 천하의 해로움을 제거하는[興天下之利, 除天下之害.]" 일을 돕는 데 있었다. 곧, 귀신은 목적을 실현하는 일종의 수단이었던 것이다.
15 《원주》 장태염(章太炎)의 『국학강연록(國學講演錄)』「제자약설(諸子略說)」에 다음과 같이 지적하였다. "신선가와 도가는 『수서』「경적지」에서도 혼재되지 않았다. 청대(淸代)에 찬수한 『사고전서(四庫全書)』에서 비로소 하나의 항목으로 혼재되었다. 그러나 실은 연단(煉丹)을 논하는 일파는 옛날에는 신선가로만 칭하였으니, 도가와는 조금도 관계가 없었다." 『장씨총서(章氏叢書)』에 보인다.

형(荊)・초(楚) 지방의 신선이로다.'라고 하였다.[祈風姿端雅, 容止可觀。中書郞范沭見之嘆曰 : '此荊楚之仙人也.']"라는 말이 실려 있다. 신선에 대한 전설은 남방문화에서 많이 성행하였다. 도가는 남방에서 기원하였으므로 당연히 남방지역의 민간문화의 영향을 받았다. 이 때문에 『장자』「소요유(逍遙遊)」에 나오는 '막고야산의 여신[藐姑射女神]'은 엄연히 신선의 느낌이 있다. 따라서 후대 학자들이 도가와 신선가를 동일시하는 것도 잘못은 아니다.

백성들의 지식 수준이 높아지면서 엘리트문화와 대중문화의 구분은 나날이 분명해져 갔다. 이 과정에서 비록 엘리트문화가 경전에 나타나고 후대에 전해졌다 하지만 이것이 민간에서 대중문화가 나날이 풍부하고 발전하는 것을 방해하지는 않았다. 고대의 경서와 사서에 이와 관련된 기록에서 당시 민간의 미신문화에 대한 다음과 같은 기본 내용을 알 수 있다.

첫째, 귀신에 대한 미신이다. 유가의 종주인 공자는 "사람을 제대로 섬기지 못한다면 어떻게 귀신을 섬길 수 있겠는가?[未能事人, 焉能事鬼.]"라고 하였으니, 비록 '귀신을 공경하면서도 멀리하는[敬鬼神而遠之]' 데에 힘을 쏟기는 하였지만 귀신의 존재를 부인하지는 않았다. 그는 우(禹)임금을 찬미할 때 "우임금은 내가 흠을 잡을 수 없도다. 자기가 먹는 음식은 박하면서 귀신에게는 효도를 다하시고 평소에 입는 의복은 조악하면서도 제사할 때 입는 불면(黻冕)은 지극히 아름답게 하시고 궁실은 낮으면서도 전답(田畓)의 구혁(溝洫)에는 힘을 다하셨으니 우임금은 내가 흠을 잡을 수 없다.[禹, 吾無間然矣. 非飮食而致孝乎鬼神, 惡衣服而致美乎黻冕, 卑宮室而盡力乎溝洫. 禹, 吾無間然矣.]"[16]라고 하였다.

경서 속에도 귀신과 관련이 있는 기록이 비교적 자주 보인다. 『시경』에는 "귀신이나 물여우라면 볼 수가 없겠지만[爲鬼爲蜮, 則不可得]"[17]이라는 시구가

· · · · · · · · · · · · ·

16 《원주》『논어』「태백(泰伯)」
17 《원주》『시경』「소아(小雅) 하인사(何人斯)」

268

있고, 『예기』에는 "뭇 생명은 반드시 죽고 죽으면 반드시 흙으로 돌아가는데, 이를 귀(鬼)라고 한다.[衆生必死, 死必歸土. 此之謂鬼.]"[18]라는 말이 있다. 이는 사람들이 보편적으로 사람이 죽은 뒤에는 영혼이 귀신으로 변하여 사람을 해치거나 해괴한 일을 일으킬 수 있다고 믿었다. 이로서 원시 미신의 귀신 관념이 경학의 문화적인 내원 중 하나라는 사실을 알 수 있다.

이 밖의 문헌에도 귀신과 관련된 기록이 적지 않다. 묵자는 귀신에 밝았다. 이 때문에 『묵자』에는 그러한 자료가 여러 번 등장한다. 다음에 든 사례는 귀신 미신이 민간에 유행했던 당시의 상황을 매우 잘 설명해 준다. "월(越)나라의 동쪽에 개목국(輆沐國)이 있다. 이 나라에서는 맏아들이 태어나면 해체하여 먹는데, 이를 '아우를 위한 일'이라고 한다. 또 할아버지가 죽으면 할머니를 업어다 버리면서 '귀신의 아내와 함께 살 수는 없다.'고 한다.[越之東有輆沐之國者, 其長子生, 則解而食之, 謂之'宜弟'. 其大父死, 負其大母而棄之, 曰'鬼妻不可與居處'.]"[19]

『한비자(韓非子)』에 기록된 다음과 같은 고사는 사람들이 즐겨 말하는 것이다. "어떤 객(客)이 제왕(齊王)을 위해 그림을 그려주었는데 제왕이 묻기를, '그림 그리기 제일 어려운 것은 무엇인가?'하자 객이 대답하기를 '개와 말이 가장 어렵습니다.'하고, '제일 쉬운 것은 무엇인가?'하고 묻자 대답하기를 '귀신과 도깨비가 가장 쉽습니다. 개와 말은 사람들이 아는 것이고 아침저녁으로 눈앞에 나타나기 때문에 닮게 그리지 않아서는 안 됩니다. 닮게 그려야 하기 때문에 어렵습니다.[20] 반면에 귀신과 도깨비는 형체가 없는 것이고 눈

. . . .

18 《원주》『예기』「제의(祭義)」
19 《원주》『묵자』「절장(節葬)」하편, 이와 똑같은 기록이 『열자(列子)』「탕문(湯問)」과 장화(張華)의 『박물지(博物志)』5에도 보인다.
20 『한비자』의 원문은 병기된 대로 "不可類之, 故難."이나, 문맥이 통하지 않는다. 그런데 『풍속통의(風俗通義)』서(序)에 이와 같은 내용의 글이 다음과 같이 실려 있다. "昔客爲齊王畫者. 王問 : '畫孰最難? 孰最易?' 曰 : '犬馬最難, 鬼魅最易. 犬馬且暮在人之前, 不類不可, 類之故難. 鬼魅無形, 無形者不見, 不見故易.'" 번역문의 표현은 『풍속통의』의 밑줄 친 부분을 참조하여 번역한 것임을 밝혀 둔다. (왕리기(王利器), 『풍속통의교주(風俗通義校注)』, 중화서국

앞에 나타나지도 않기 때문에 쉽습니다.'라고 하였다.[客有爲齊王畫者, 齊王問曰
: '畫孰最難者?' 曰 : '犬馬最難.' '孰最易者?' 曰 : '鬼魅最易. 夫犬馬, 人所知也, 旦暮罄於
前, 不可類之, 故難. 鬼魅, 無形者, 不罄於前, 故易之也.']"[21]

　굴원(屈原 B.C. 339~약 B.C. 278)의 『초사(楚辭)』 여러 편 중에 귀신과 관련된
기록은 기존의 인식을 그대로 옮겨 놓은 것이다. 그 중에 「산귀(山鬼)」는 산중
의 여자 귀신을 묘사한 것으로 문학적인 수사법(修辭法)이 극에 달한다. 「구가
(九歌)·국상(國殤)」에는 "몸은 이미 죽었어도 정신은 살아 있네. 혼백이 굳세
니 귀신 중에 영웅이로세.[身旣死兮神以靈, 魂魄毅兮爲鬼雄.]"라는 구절이 있는
데, 뒤에 '귀웅(鬼雄)'은 인간 사후(死後)의 이상적인 인격을 뜻하는 말로 수많
은 시인들이 서로 본받아 사용하였다.[22]

　춘추전국시대에 '의비전(蟻鼻錢)'이라는 화폐가 있었는데, 속칭 '귀두(鬼頭)'
라고도 하고 또 '귀검전(鬼臉錢)'이라고도 불렀다. 그 모양이 위는 좁고 아래는
넓으며 좁은 곳에 작은 구멍이 있고 판판한 면에 뭔가가 새겨져 있었다.
근세에 장사(長沙) 등지에서 자주 출토되는데 근래 사람이 고증하여 당시 초
나라에서 사용하던 전폐(錢幣)임이 밝혀졌다.[23]

　진대의 법률에는 또 '귀신(鬼薪)'이라는 명칭이 있었다. 『사기(史記)』「진시
황본기(秦始皇本紀)」9년에 "노애(嫪毐) 등이 모두 붙잡혔다. …… 거열형에
처하여 조리를 돌리고 종족을 멸하였다. 이들의 가신(家臣) 중에 죄가 가벼운
자는 귀신(鬼薪) 형에 처하였다.[盡得毐等 …… 車裂以徇, 滅其宗. 及其舍人, 輕者爲鬼
薪.]"라는 말이 있는데, 『사기집해(史記集解)』에서 응소(應劭)의 "땔나무를 종묘

· · · · · · · · · · · ·

　점교본, 1981, p.16.)
21 『한비자』「외저설좌상(外儲說左上)」에 보인다. (왕선신(王先愼), 『한비자집해(韓非子集解)』,
　　중화서국점교본, 1998, pp.270~271)
22 《원주》 송대(宋代) 이청조(李淸照)의 "살아서는 마땅히 인걸이 되고, 죽어서도 귀웅이 되
　　리.[生當爲人傑, 死亦爲鬼雄]"라는 시구가 『전당시(全唐詩)』에 보이고, 육유(陸游)의 "장사(壯
　　士)는 나이와 함께 늙어가지 않으니, 죽어서도 귀웅이 될 수 있겠네.[壯士未與年俱老, 死去
　　猶能作鬼雄]"라는 시구가 『검남시고(劍南詩稿)』권35 「서분(書憤)」에 보인다.
23 《원주》 전무구(錢無咎)의 『고전고략(古錢考略)』1을 참고하였다.

에 공급하는 것을 귀신(鬼薪)이라고 한다.[取薪給宗廟爲鬼薪也.]"라는 말을 인용하였다. 곧 종묘에 땔나무를 공급하는 형도(刑徒)를 '귀신(鬼薪)'이라고 이름한 것은 귀신 관념이 보통 사람들이 받아들인 사회적 관념이었다는 것을 알 수 있다. 이상의 사례들에서 모두 귀신 관념의 보편화 및 제자(諸子)로 대표되는 엘리트문화에 대한 귀신 관념의 영향을 볼 수 있다.

진한 이후에는 비록 유가사상이 독존의 지위를 얻어 정통문화로 인정받았지만 귀신 관념도 여전히 민간에 유행하였다. 한대 사료문헌의 기록 곳곳에 이것이 보인다.

왕일(王逸)의 「구사(九思)・애세(哀歲)」에 "신광(神光)이 밝고 귀화(鬼火)가 빛나도다.[神光兮頛頛, 鬼火兮熒熒.]"라고 하였는데 이는 귀화(鬼火)에 대한 가장 명확한 문헌상의 기록이다. 한대 초기의 도교는 '귀도(鬼道)'라고도 불렸는데 예를 들면 다음과 같다. "패국(沛國) 사람 장노(張魯)는 어머니가 자색이 있는 데다 귀도에도 밝아서 유언(劉焉)의 집과 왕래가 있었다.[沛人張魯, 母有恣色, 兼挾鬼道, 往來焉家.]"[24] 남북조 시기에 와서는 불교가 '귀교(鬼敎)'라고도 불렸다. "불자(佛者)들을 통솔하는 승려 섬(暹) 등이 이창(李瑒)이 '귀교(鬼敎)'라고 말한 것에 화가 나서 이창이 불법을 비방한다고 영 태후(靈太后)에게 눈물로 호소하였다. 태후가 이창을 꾸짖자 이창이 해명하기를 '……『예기』에 밝은 곳에는 예악이 있고 어두운 곳에는 귀신이 있다고 하였습니다. 따라서 밝게 드러나 있는 사물은 장엄하고 그윽하게 숨겨져 있는 이치는 귀교(鬼敎)가 되는 것입니다. 불교는 본디 하늘도 땅도 아닌 인간에게서 나와 세상사에 응하면서 세속 사람들을 인도하고 있습니다. 그 도가 그윽하고 심오하기에 귀라고 이름한 것이니 저는 이렇게 부르는 것은 비방이 아니라고 생각합니다.'라고 하였다.[沙門都統僧暹等忿瑒鬼敎之言, 以瑒爲謗毁佛法, 泣訴靈太后. 太后責之. 瑒自理曰 : '……『禮』曰「明則有禮樂, 幽則有鬼神.」, 是以明者爲堂堂, 幽者爲鬼敎. 佛非天非地,

• • • • • • • • • • • •

24 ≪원주≫ 『후한서(後漢書)』 권75 「유언전(劉焉傳)」

本出於人, 應世導俗. 其道幽隱, 名之爲鬼, 愚謂非謗.'」"[25]

　귀신에 대한 미신은 종교와 아주 쉽게 결합하고 증식하여 발전하였다.

　둘째, 무술(巫術)에 대한 미신이다. 원시적인 무술은 귀신을 믿는 분위기가 팽배했던 상나라 때에 가장 성행했다가 주나라에 와서는 다소 정돈되었다. 주나라 때 무의 지위는 이전만 못하였다. 『주례』에는 사무(司巫)가 중사(中士)의 반열로 사축(司祝)에 예속되었다.

　『국어(國語)』「초어·하(楚語·下)」에 "남자에게 신이 내리면 격(覡), 여자에게 신이 내리면 무(巫)라고 한다.[在男曰覡, 在女曰巫.]"라고 하였는데 그 주(注)에 이르기를 "격(覡)은 귀신을 본 사람이다. 『주례』에서는 남자도 무(巫)라고 하였다.[覡, 見鬼者. 『周禮』男亦曰巫.]"라고 하였다.

　무사(巫師)는 인간으로서 천지와 통하는 자로 귀신과 통하였다. 경서 속에는 무(巫)와 관련된 기록이 많이 보이는데 예를 들면 다음과 같다. 『역경(易經)』「손(巽)」에 "사(史)와 무(巫)를 많이 쓰면 길하고 허물이 없다.[用史巫紛若, 吉, 无咎.]"라고 하였는데 공영달(孔穎達)의 소(疏)에 이르기를 "사(史)는 축사(祝史)를 이르고 무(巫)는 무격(巫覡)을 이른다. 이들은 모두 귀신을 접하여 섬기는 사람이다.[史謂祝史, 巫謂巫覡. 幷是接事鬼神之人也.]"라고 하였다.

　『주례』「춘관(春官)·신사(神仕)」에 "무릇 신사(神仕)를 시켜 해·달·별 삼신(三辰)의 법을 관장하게 한다.[凡以神仕者, 掌三辰之法.]"라고 하였는데 가공언(賈公彦)의 소(疏)에 이르기를 "그러므로 이 신사(神仕)는 무(巫)임을 알 수 있다. …… '남자에게 신이 내리면 격(覡), 여자에게 신이 내리면 무(巫)라고 한다.'라고 하였는데, 남자는 양(陽)이라서 두 가지 호칭이 있으니 무(巫)라고도 이름하고 격(覡)이라고도 이름하는 반면에 여자는 음(陰)이라서 불변하므로 무(巫)라고만 이름하고 격(覡)이라고는 이름하지 않는다.[故知此神仕是巫, …… 在男曰覡, 在女曰巫者, 男子陽, 有兩稱, 名巫名覡, 女子陰不變, 直名巫, 無覡稱.]"라고 하였다.

・・・・・・・・・・・・・

25 ≪원주≫ 『위서(魏書)』「이창전(李瑒傳)」

이후에는 일반적으로 무(巫)를 '춤으로 신을 강림시키는 여인'으로 해석하는데, 이러한 해석은 『설문해자(說文解字)』에서 유래한다. 『설문해자』에서 '무'를 해석하기를 "무는 축(祝)이니 무형(無形)의 존재를 섬겨 춤으로 신을 강림시키는 여자이다. 사람의 양 소매가 형체가 없는 것을 형상하였으며 공(工)과 뜻이 같다. 옛날 무함(巫咸)을 애초에는 무라고 하였다.[巫, 祝也. 女能事無形, 以舞降神者也. 象人兩褎無形, 與工同意, 古者巫咸初作巫.]"라고 하였다. 이는 한대 사람들의 관점이다. 이는 한나라 때 격(覡)이 모두 방사(方士)로 변하여 무(巫)만 민간에 남아 귀신행세를 했기 때문이다.

선진시대에는 무격(巫覡)이 미신문화의 중요한 대변인(代辯人)으로 무격 문화는 당시의 문화를 구성하는 한 부분이었다. 무사(巫師)는 예관(禮官)의 일종으로 "축문과 덕담을 종축(宗祝)과 무사에게 보관해 두었다.[祝嘏辭說, 藏於宗祝巫史.]"[26] 이들은 또 법술(法術)을 서로 전수하여 국가의 재앙을 풀어 주었다. "나라에 큰 재앙이 있으면 무들을 이끌고 무항(巫恒)에게 나아간다.[國有大災, 則帥巫而造巫恒.]"라는 말의 본주(本注)에 이르기를 "항(恒)은 '오래[久]'라는 말이다. 오래된 무란 선대(先代) 무의 고사(故事)를 이른다. 이에 나아가는 것은 당연히 이들이 했던 일들을 살펴보기 위함이다.[恒, 久也. 巫久者, 先巫之故事. 造之當按視所施爲.]"라고 하였다.[27]

무사는 가무에 능하였다. "감히 궁(宮)에서 항상 춤추고 집에서 노래에 취해있는 자를 무풍(巫風)이라고 불렀다.[敢有恒舞于宮, 酣歌于室, 時謂巫風.]"라고 하였는데 그 소(疏)에 이르기를 "무는 가무로 신을 섬긴다. 따라서 춤추고 노래하는 것은 무격(巫覡)의 풍속이다.[巫以歌舞事神, 故歌舞爲巫覡之風俗也.]"라고 하

．．．．．．．．．．．．

26 《원주》『예기』「예운(禮運)」
27 《원주》『주례』「춘관(春官)·사무(司巫)」및 주(注)에 보인다. 청나라 왕중(汪中)은 다음과 판단하였다. "'恒'은 '咸'이 바뀐 말이다. 무함(巫咸)이 대대로 무사(巫師)였기 때문에 무항(巫恒)을 대대로 무술(巫術)을 익힌 사람에 대한 통칭(通稱)으로 삼은 것이다."(손이양(孫詒讓), 『주례정의(周禮正義)』권50 「사무(司巫)」)

였다.[28]

이밖에 무사의 중요한 기본 기능으로 두 가지가 있다. 첫째는 병을 치료하는 것이다. 『논어』「자로」에 "사람이 항심(恒心)이 없으면 무의(巫醫)도 될 수 없다.[人而無恒, 不可以作巫醫.]"라고 하였는데, 유월(兪樾)의 평의(評議)에 "무(巫)와 의(醫)가 옛날에는 통용되는 명칭이었으니, '무의(巫醫)도 될 수 없다'는 말의 의(醫)도 또한 무(巫)이다.[巫·醫, 古得通稱. 此云不可以作巫醫, 醫亦巫也.]" 『주례』에는 또 '무마(巫馬)'라는 관직을 들어 "병든 말을 기르고 치료하는 일을 담당한다. 의원을 도와 약으로 말의 질병을 치료하고 교인(校人)에게서 치료에 필요한 물품을 제공받는다.[掌養疾馬而乘治之, 相醫而藥攻馬疾, 受財于校人.]"라고 하였는데, 소(疏)에 이르기를 "무(巫)는 말한테 탈이 생긴 빌미를 알고 의원은 말의 질병을 안다. 질병은 약으로 치료하고 빌미는 알아내어 기도한다. 이 두 가지는 서로 도움이 된다. 그래서 무(巫)가 의원을 돕는 것이다.[巫知馬祟, 醫知馬疾, 疾則以藥治之, 祟則辨而祈之, 二者相須, 故巫助醫也.]"라고 하였다.[29] 유월의 평의는 공영달의. 소와 다르다. "무마(巫馬)는 무가 아니다. 무는 의(醫)와 같다. …… 무와 의가 옛날에는 통용되는 명칭이었으니 의(醫)도 처음에는 무라고 하였다.[巫馬非巫也. 巫, 猶醫也. …… 巫醫古得通稱, 蓋醫之先亦巫也.]" 이는 의(醫)를 처음에는 무라고 불렀다고 단정한 것으로 유월의 평의는 공영달의 소에 비해 확연히 뛰어나다. 현존하는 원시민족 사회에 대한 조사 자료를 보면 낙후한 민족에서는 무사가 곧 의사이다. 이는 유월의 관점을 증명해 준다. 이밖에 『공양전(公羊傳)』에는 "종(鍾)땅에서 무(巫)가 제사하였다.[於鍾巫之祭焉.]"라는 말이 있는데 하휴(何休)의 주에 이르기를 "무(巫)는 귀신을 섬겨 화를 풀어달라고 기도하여 병을 치료하고 복을 구하는 사람이다.[巫者, 事鬼神禱解, 以治病請福者也.]"라고 하였다.[30]

. . . .

28 《원주》『상서』「이훈(伊訓)」
29 《원주》『주례』「하관(夏官)·무마(巫馬)」
30 《원주》『공양전』「은공(隱公) 4년」

고대의 신의(神醫)도 또한 무라고 칭한 경우도 많았다. "개명(開明) 동쪽에 무팽(巫彭)·무저(巫抵)·무양(巫陽)·무리(巫履)·무범(巫凡)·무상(巫相)이 있다. 이들은 알유(窫窳: 몸은 뱀의 형체이고 사람 얼굴을 한 식인 괴물)의 시체를 끼고서 모두 불사약을 가지고 막는다.[開明東有巫彭·巫抵·巫陽·巫履·巫凡·巫相, 夾窫窳之尸, 皆操不死之藥以距之.]"라는 말의 주에 "모두 신의(神醫)이다.[皆神醫也.]"라고 하였다.[31] 『여씨춘추(呂氏春秋)』「물궁(勿躬)」에는 "무팽(巫彭)은 의원이 되고 무함(巫咸)은 점치는 사람이 되었다.[巫彭作醫, 巫咸作筮.]"라고 하였다.

둘째는 비를 내리게 하고 홍수를 다스린다. 춘추전국 시기에 이르러서는 제자(諸子)의 학술이 나타나 전통문화의 대변인이었던 무사의 역할이 제한되었다. 위로 하늘과 접하고 아래로 땅과 통하는 무사의 역할은 왕권의 전제정치에 장애가 되었기 때문에 왕권으로부터 제약 당하였고 백성들의 지식 수준이 높아져서 의학이 점차 무술(巫術)에서 분화되어 나와 독립된 학문으로 성립되었다. 그리하여 무사의 기능은 점차 비를 내리게 하고 홍수를 다스리는 쪽으로만 고정되었는데 이런 일의 성패는 결과로 나타나야 했기 때문에 매우 위험하였다. 『좌전』「희공(僖公) 21년」에는 "여름에 큰 가뭄이 들자 공이 무(巫)와 왕(尪)을 불태워 죽이려 하였다.[夏, 大旱. 公欲焚巫·尪]"라고 하였다.

서문표(西門豹)가 업(鄴)땅을 다스린 일은 잘 알려져 있다. 서문표는 전국 시대 위(魏)나라 사람이다. 위 문후(魏文侯) 때 업(鄴)의 수령이 되었는데 업땅의 삼노(三老)가 무녀와 결탁하여 백성들의 재물을 수탈하고 매년 민가에서 여자를 골라 장하(漳河)에 빠뜨리면서 하백(河伯)에게 시집보낸다고 하였다. 서문표가 와서 무녀와 삼노를 강물에 던져버리자 나쁜 풍속이 사라졌다.[32]

31 ≪원주≫ 『산해경(山海經)』「해내서경(海內西經)」
32 ≪원주≫ 『사기』「골계열전(滑稽列傳)」

이 고사는 당시에는 민간에 무술 사상의 영향이 매우 컸음과 민간의 무술 문화가 이미 상층문화에 의해 배제당하기 시작했음을 말해주고 있다. 이러한 내용은 『한비자』에서도 볼 수 있다. "지금 무축(巫祝)들이 사람을 위해 '천년만년 장수하게 하소서'라고 빌곤 하는데, 천년만년이라는 소리가 귀에 시끄럽게 들린다. 그러나 이로 인해 단 하루라도 수명이 연장되었다는 사람을 보지 못하였으니 이 때문에 사람들이 무축을 하찮게 보는 것이다. [今巫祝之祝人曰: '使若千秋萬歲.' 千秋萬歲之聲聒耳, 而一日之壽無徵於人, 此人所以簡巫祝也.]"[33]

무술문화가 비록 배척되어 정통문화로부터 "(일곱째는) 거짓되고 이상한 방술(方術)과 무고(巫蠱)를 일삼는 그릇된 유파가 상서롭지 못한 말로 선량한 백성들을 현혹하는 것이니, 임금이 반드시 금지해야 한다.[僞方異技, 巫蠱左道, 不祥之言, 幻惑良民, 王者必止之.]"[34]라는 인식을 받았다. 그러나 그 문화의 뿌리가 매우 견고하고 전통사회의 민간에 존재하는 어리석은 백성들이라는 옥토(沃土)에 기반하여 홍수가 질 때면 늘 가지와 덩굴이 엉키며 자라나 무성해지는 것을 볼 수 있는데 한대의 유명한 무고(巫蠱)의 화가 그 일례이다.[35] 한대의 금문 경학과 참위(讖緯) 속에서도 무술문화의 영향을 받은 흔적을 볼 수 있다. 이 점에 관해서는 아래에서 경학 참위화를 논하면서 다시 천술할 것이므로 여기서는 생략한다.

셋째, 신선술과 양생술이다. 고대인들의 자아 인식이 원시미신을 만들어냈으므로 원시미신은 원시문화의 주요 내용이었다. 신선술과 양생술도 원시미신의 한 가지 형식이었다. 귀신은 죽음을 이야기하고 신선은 삶을 이야기하기 때문에 신선과 귀신은 구별된다. 귀신에 대한 미신은 사람에게 삶과 죽음

------

33 ≪원주≫ 『한비자』 「현학(顯學)」
34 ≪원주≫ 『육도(六韜)』 「문도(文韜)」 상현(上賢)
35 『한서』 「무제기(武帝紀)」 정화(征和) 원년, 2년 및 『한서』 「강충전(江充傳)」에 보인다. (『한서』, 중화서국점교본, pp.208~209과 pp.2178~2179 참조.)

이 있다고 믿게 하는 데 반해 신선에 대한 미신은 사람이 죽지 않고 살 수 있다고 믿게 한다. 이 때문에 옛 사람이 "죽지 않고 사는 것을 신선이라고 한다."고 말하였다.

귀신에 대한 미신은 신선에 대한 미신에 비해 이른 시기에 발생하였다. 수많은 생명이 태어나고 죽는 것을 사람들이 직접 목격한 현상이고 사후에 영혼이 귀신으로 변하는 것은 사람들이 사후에 대하여 가지는 상상이다. 사회의 진보와 문화의 발전에 따라 사람들은 또 사후에 귀신으로 변한다는 상상에서 한 걸음 더 나아가 '사람이 죽지 않고 영원히 살 수 있을까?'라는 생각을 하게 되었다. 이러한 생각으로 신선에 대한 미신이 탄생하였다.

그런데 누구나 영생을 상상할 권리가 있는 것은 아니다. 종신토록 노동해야 하는 사람들에게 영생의 추구보다 하루 두 끼를 배불리 먹는 것이 더욱 시급한 문제였다. 따라서 신선 관념은 생활에 여유가 있는 귀족과 집권자가 추구하는 것이었다. 영생을 위해서는 그 방법을 알아야했기 때문에 신선술이 탄생하였고 죽지 않기 위해서는 양생(養生)을 해야 하므로 양생술이 탄생하였다. 과거의 무사, 특히 남성 무사들은 오직 이익만을 꾀하여 사회적 지위를 높이고자 하였는데 신과의 소통, 기우(祈雨), 병 치료 등의 기능을 버리고 오로지 신선술과 양생술만 일삼는 방사(方士)로 변신하였다.

진한시기에는 방사가 많았는데 경학이 독보적 지위에 오른 뒤에는 경사(經師)로 변모하여 벼슬길에 나아가는 자들도 있었다. 이들은 방사들 중에서도 재능이 뛰어난 자들이었다. 그러나 대다수의 방사들은 전에 하던 일을 계속하여 방술(方術)로 천자에게 총애를 받으려고 하였다. 『후한서(後漢書)』「방술전(方術傳)」에는 한대 방사들의 상황을 다음과 같이 서술하였다.

한나라는 무제가 방술을 아주 좋아하게 된 뒤로 도술을 지닌 천하의 선비들이 남김없이 간책(簡冊)을 지고 손뼉을 치며 분위기를 따라 이르렀다. 뒤에 왕망(王莽)은 부명(符命)을 가탁하여 제위에 올랐고 광무제 때는 더욱 참언(讖言)을 믿었으니 시류을 좇는 선비들이 모두 종횡으로 전적을 끌어대고 천착하며 앞

다투어 도참을 말하였다. 그래서 왕량(王梁)과 손함(孫咸)은 도록(圖錄)에 응험이 있다는 이름 때문에 파격적으로 삼공의 지위에 올랐다. 정홍(鄭興)과 가규(賈逵)는 도참을 붙좇아 찬동하여 명성이 높아졌으며 환담(桓譚)과 윤민(尹敏)은 도참술을 거스르다 몰락하였다. 이때부터 참위학을 익히고 기괴한 글을 숭상하며 기이한 도술을 중시하여 각 시기에 이를 일삼는 사람이 적지 않았다. 이 때문에 학덕이 높은 대유(大儒)들이 간악하고 망녕되어 경전에 부합하지 않는 도참을 통탄스럽게 여기고 강개한 논조로 상주문을 올려 도참을 배척해야 한다고 주장하였다. 예컨대 사마상여(司馬相如)가 '음양 방면의 서적을 보면 구속 받아 꺼리는 것이 많게 된다.'라고 한 것은 이 때문이다.[漢自武帝頗好方術, 天下懷協道蓺之士, 莫不負策抵掌, 順風而屆焉. 後王莽矯用符命, 及光武尤信讖言, 士之赴趣時宜者, 皆騁馳穿鑿, 爭談之也. 故王梁・孫咸名應圖錄, 越登槐鼎之任, 鄭興・賈逵以附同稱顯, 桓譚・尹敏以乖忤淪敗, 自是習爲內學, 尚奇文, 貴異數, 不乏於時矣. 是以通儒碩生, 忿其姦妄不經, 奏議慷慨, 以爲宜見藏摈. 子長亦云: '觀陰陽之書, 使人拘而多忌.' 蓋爲此也.]

한대의 방사와 유생에 관해서는 구지에캉의 『진한의 방사와 유생』에서의 설명이 매우 명쾌하다. 여기서 주요하게 연구하고자 하는 것은 방사의 신선술과 양생술이다.

장태염은 도가와 신선가가 서로를 알지 못하였다고 하였는데 이러한 설의 근원은 『한서』「예문지」에 있다. 『한서』「예문지」에는 도가와 신선가가 따로 배열되어 있으며 방기(方技)가 의경(醫經)・경방(經方)・방중(房中)・신선의 네 종류로 나뉘어 있다. 그러나 앞에서 지적한 것처럼 도가의 문헌 속에는 신선술과 양생술의 영향을 받은 흔적이 매우 많다.

『장자』「소요유」의 '처녀처럼 아름다운[綽約若處子]' 막고야산(藐姑射山) 위의 신녀(神女)는 선인(仙人)과 유사하고 이 밖의 편장에서 언급된 '진인(眞人)'도 훗날의 선인이다. 『장자』「대종사(大宗師)」에는 다음과 같은 말이 있다.

옛날의 진인(眞人)은 잠을 잘 때 꿈을 꾸지 않고 깨어 있을 때 근심이 없으며 음식을 먹을 때 달게 여기지 않고 숨은 깊고 깊었다. 진인의 숨은 발뒤꿈치까지 이르는데 보통 사람의 숨은 목구멍까지 이를 뿐이다.[古之眞人, 其寢不夢, 其覺無憂, 其食不甘, 其息深深. 眞人之息以踵, 衆人之息以喉.]

이와 같은 고대의 진인은 양생법을 깊이 터득하였다. 발뒤꿈치까지 숨을 들이쉬는 방법은 호흡을 느리고 깊고 길게 하여 기운이 발바닥의 용천혈에 이르게 해야 하는데 이는 현대에도 유행하는 기공 양생술(氣功養生術)과 비슷하다. 또『장자』「천지편(天地篇)」에서는 성인이 신선이 되기 위해 수련한 방법을 다음과 같이 말하였다.

성인은 메추라기처럼 일정한 거처 없이 산과 들의 자유를 즐기고 새 새끼가 어미가 주는 것을 받아먹듯 자연에 맡기며 살아가며 새처럼 자유로이 다니면서 흔적을 남김이 없습니다. 천하에 도가 있으면 만물과 함께 창성하고 천하가 무도하면 덕을 닦으면서 한가로이 삽니다. 천 년을 살다가 세상에 싫증이 나면 떠나서 위로 올라 신선이 되어 저 흰 구름을 타고 상제의 고향에 이릅니다.[夫聖人鶉居而鷇食, 鳥行而無彰. 天下有道, 則與物皆昌. 天下無道, 則脩德就閒. 千歲厭世, 去而上仙, 乘彼白雲, 至於帝鄉.]

성인이 신선이 되기 위해 수련하는 목적은 '천 년을 살다가 세상에 싫증이 나면 떠나서 위로 올라 신선이 되어' 죽지 않을 수 있기 때문이었다. 이 글은 죽지 않는 것이 신선술의 목적임을 밝히고 있다.

사람이 죽지 않고 영원히 살려면 깊이 수양하여 높은 도술을 지녀야 한다. 「추수편(秋水篇)」에 "나는 하마터면 대도(大道)를 깨달은 사람들에게 길이 비웃음을 당할 뻔했습니다.[吾長見笑於大方之家.]"라는 말이 있는데 여기에서 '방가(方家)'는 도술이 높은 사람을 가리킨다. 또 「천하편(天下篇)」에는 "천하에 도술을 추구하는 사람은 많다.[天下之治方術者多矣]"라는 말이 있는데 당나라 성현영(成玄英)의 소(疏)에 "방은 도이다.[方, 道也.]"라고 하였다. 여기에서 방사 문화가 도가에 영향을 주었음을 알 수 있다.

신선술이 추구하는 것은 영생이고 양생술은 영생을 실현하는 방법이다.

신선 양생술은 방법상 두 개의 유파로 나눌 수 있는데 첫째는 벽곡식기파(辟穀食氣派)이고 둘째는 구선단약파(求仙丹藥派)이다. 전자는 남방에서 유행하였고 비교적 이른 시기에 나타났으며 오곡(五穀)을 먹지 않고 하늘과 땅의 정기를 받아서 하늘로 올라 신선이 될 수 있다고 하였다. 굴원(屈原)이 「원유(遠遊)」에서 "육기(六氣)[36]를 먹고 안개를 마시도다.[餐六氣而飮沆瀣兮.]"라는 것과 『장자』의 막고야산의 신인이 "오곡을 먹지 않고 바람을 들이키고 이슬을 마셨다.[不食五穀, 吸風飮露]"는 것은 결코 낭만적인 신화와 환상이 아니라 전국시대 신선가들이 벽곡하고 기운을 먹었던[辟穀食氣] 실제 행위가 반영된 것이다. 마왕퇴(馬王堆) 백서(帛書) 「각곡식기편(却穀食氣篇)」에는 "햇빛과 아침놀을 먹는 방법[食陽光朝霞的方法]"[37]이 있다. 후자는 전국시대 후기에 연(燕)·제(齊) 지방에서 발생하여 진한시대에도 끊이지 않고 유행하였다. 그 방법은 바다를 항해하여 신선을 찾는 것인데 불사약(不死藥)을 구하여 신선이 되는 것 혹은 불사 단약(丹藥)을 제련하고 복용해서 영생하고 득도하여 승천하는 것이었다. 『사기』「봉선서(封禪書)」에는 이에 대한 기록이 비교적 상세하다.[38]

신선 양생술은 귀신과 무술에 대한 미신과 함께 원시적 미신의 구체적인 내용이다. 원시미신은 사람들이 시간의 각도에서 자기를 증명한(곧 자신을

· · · · · · · · · · · ·

36 자연 기후 변화의 여섯 가지 현상으로, 새벽의 기운[朝霞], 한낮의 기운[正陽], 일몰 때의 기운[飛泉], 한밤중의 기운[沆瀣], 하늘의 기운[天之氣], 땅의 기운[地之氣]이다.
37 《원주》 왕티에(王鐵), 『한대학술사(漢代學術史)』, 화동사범대학출판사 1995년 제1판, 제124쪽.
38 《원주》 『사기』「봉선서」, "송무기(宋毋忌), 정백교(正伯僑), 충상(充尙), 선문자고(羨門子高)는 모두 연(燕)나라 사람인데, 신선이 되기 위한 도술을 연구하여 육체는 사라지고 영혼은 승천하여 귀신의 일에 기대었다.[而宋毋忌·正伯僑·充尙·羨門高最後, 皆燕人, 爲方仙道, 形解銷化, 依於鬼神之事.]", "제 위왕(齊威王), 제 선왕(齊宣王), 연 소왕(燕昭王) 때부터 바다에 사람을 보내어 봉래(蓬萊), 방장(方丈), 영주(瀛洲)를 찾게 하였다. 이 세 개의 신산(神山)은 발해(勃海)에 있어 인간 세상에서 멀지 않다고 전해졌다. 또 그곳의 신선들은 인간의 배가 올 것을 염려하여 바람을 이용하여 배를 멀리 불어 버린다고 하였다. 일찍이 그곳에 간 사람이 있었는데, 여러 선인들과 불사약들이 모두 거기에 있었다고 한다.[自威·宣·燕昭使人入海求蓬萊·方丈·瀛洲. 此三神山者, 其傅在勃海中, 去人不遠; 患且至, 則船風引而去. 蓋嘗有至者, 諸仙人及不死之藥皆在焉.]"

인식한) 방법이다. 시간적 측면에서 세대를 나눈 자아 인식은 조상에 대한 숭배를 나타나게 하였고 영혼과 귀신의 관념을 생겨나게 하였다. 이어서 귀신과 연계하는 방법을 만들어 내었고 또 불사(不死)를 핵심으로 하는 신선 양생술을 탄생시켰다.

주대 이후에는 백성들의 지식 수준이 높아지자 원시미신문화에서 상층문화가 분리되어 사회에 유행하였다. 이 상층 문화가 정통문화의 대표가 되자 원시미신문화는 업악당하고 배척당하였다. 원시미신문화는 위축되어 민간으로 들어가 민간문화의 주체가 되었다.

춘추전국 시대 원시미신이 제자학설에 미친 영향은 제자학설에서 수많은 예증을 찾을 수 있다. 양한시기에 이르러 원시미신이 경학에 미친 영향은 경학의 참위화 방면에서 찾을 수 있다. 중국 전통사회에서 민간의 미신 문화는 어느 정도 체계를 갖춘 문화였다. 그 발전 과정 중에 정통문화와 상호 영향을 주고받으며 정통문화의 관념과 사상을 흡수하기도 하고 불교·도교 및 기타 종교와 섞여 다양한 민간의 종교를 형성하고 수많은 민간신앙을 만들어 냈다. 하지만 민간미신문화는 중국 전통문화의 중요한 부분으로서 그 본래의 내용은 많이 변화되지 않았고 여전히 귀신·무술·신선양생술이 그 문화의 주요 성분으로 남아있었다.

민간미신문화가 민중들 사이에 깊이 뿌리박혀 있었는데 이는 백성들의 어리석음과 관련이 있었다. 미신이란 것은 미혹(스스로 미혹되거나 다른 사람에 의해 미혹당하건 간에)되어야만 믿게 된다. 따라서 문화적 소양이 낮은 다수의 민중들이 미신문화에 빠져든 것이다. 민간미신문화가 민간을 장악하게 된 또 다른 이유는 문화에 대한 국가의 강제와 관계가 있다. 속박 당한 죄수는 족쇄를 부술 생각을 하기 마련이다. 이 때문에 민간미신문화가 어느 정도 적합한 환경을 만나면 조그마한 불씨가 들판을 태우듯 유행하여 미신문화의 조류를 형성하였다. 예로부터 지금까지 이러한 예를 적잖게 볼 수 있다.

전통사회의 각 계층에 대해 말하자면 평민은 귀(鬼)를 믿고 황제는 신(神)을 좋아하고 지식계층은 선(仙)을 좋아한다. 평민백성이 대체로 귀신을 믿는 것은 어쩔 수 없는 상황 때문이다. 생전에 하루 두 끼도 제대로 먹지 못하면서 종일토록 힘들게 일만 하기 때문에 이들에게는 죽지 않는 것이 의미가 없어 보였다. 황제와 사회지도층들이 신을 좋아하는 것은 자신의 권능으로 세상을 좌지우지할 수 있기 때문이다. 생전에 다른 사람을 마음대로 부렸기 때문에 사후에 이러한 특권이 박탈당하는 것을 바라지 않았다. 지식계층이 신선이 되기를 유독 좋아하는 것은 자신의 능력으로 할 수 있는 일과 할 수 없는 일이 모두 존재하기 때문이다. 신선은 깨끗한 마음과 자유로운 인격을 소유하고 장생불사(長生不死)하기 때문에 이는 자연히 지식 계층이 선망하는 목표가 되었다.

본 장에서 연구해야 할 두 번째 문제는 음양오행이 경학에 미친 영향이다. 음양오행에 대해 현대의 학자들은 습관적으로 저속한 미신으로 치부해 버린다.[39] 양한 경학을 연구할 때는 금문 경학이 음양오행설과 결합한 것을 경학의 저속화·미신화·신학화된 주요 요인으로 본다. 그러나 이러한 관점은 잘못되었다.

음양오행은 원시인들이 자연 세계를 인식한 일종의 가설로 이는 사람들이 공간적 측면에서 자신을 인식한 방법이었다. 따라서 음양오행을 원시과학으로 인정해야 한다. 즉 시간적 측면에서의 자아 인식은 원시 미신을 발생시켰고 공간적 측면에서의 자아 인식은 원시과학을 발생시켰다. 사마담(司馬談)의 「육가요지(論六家要指)에 대해 논함」에서는 음양가에 대해 다음과 같이 말하였다.

> 음양가는 공양·사시·팔위·12도·24절기에 대하여 각기 교령(教令)을 반포하고, 교령을 따르는 사람은 창성하고 교령을 어기는 사람은 죽거나 그렇지

• • • • • • • • • • • •

39 《원주》 예컨대 량치차오의 다음의 설과 같은 것을 이른다. "음양오행설은 이천년 전부터 이어져온 미신의 본원지로, 오늘날에 와서도 사회에 막대한 세력을 떨치고 있다." 『고사변(古史辨)』 제5책, 「음양오행설의 내력[陰陽五行說之來歷]」을 보기 바란다.

않으면 망한다고 한다. 그러나 꼭 그렇게 되지는 않으니 이 때문에 '음양가는 사람들을 속박하여 거리끼는 것이 많게 한다'라고 하는 것이다. 봄이 되면 싹이 트고 여름이 되면 성장하고 가을이 되면 수확하고 겨울이 되면 저장하는 것이 자연계의 보편 규칙이니 이를 따르지 않으면 천하의 기강을 잡을 수가 없다. 이 때문에 '사계절 변화의 큰 순서를 잃어서는 안 된다.'라고 한 것이다.[夫陰陽 · 四時 · 八位 · 十二度 · 二十四節各有教令, 順之者昌, 逆之者不死則亡. 未必然也, 故曰: '使人拘而多畏.' 夫春生夏長, 秋收冬藏, 此天道之大經也, 弗順則無以爲天下綱紀. 故曰: '四時之大順, 不可失也.']"[40]

『한서』「예문지」에서는 구류(九流) 십가(十家)[41]를 나열하면서 음양가는 천문을 관장하는 관원에서 나와 하늘과 사람을 연구하는데, 그 연원은 비교적 이르다.

음양가는 천문 역법을 담당한 관원에서 나왔다. 그들은 상천(上天)을 따라 일월성신의 운행을 관측하고 추산하여 백성들에게 농사시기를 신중히 알려주니, 이것은 그들이 잘하는 점이다. 속박하는 사람이 나와서 음양을 일삼음에 이르러서는 금기에 얽매이고 하찮은 기능을 고집하면서 인사(人事)를 버리고 귀신을 섬기는 일만 맡았다.[陰陽家者流, 蓋出於羲和之官, 敬順昊天, 歷象日月星辰, 敬授民時, 此其所長也. 及拘者爲之, 則牽於禁忌, 泥於小數, 舍人事而任鬼神.]

사마담의 「육가요지(論六家要指)에 대해 논함」은 '다스림[爲治]'을 본분으로 여겼는데 음양가를 맨 앞에 둔 것을 보면 음양가를 상당히 존중했음을 알 수 있다.[42] 위에 제시한 반고의 『한서』「예문지」의 글은 『상서』「요전」을

. . . .

40 ≪원주≫『사기』권130「태사공자서(太史公自序)」, 지금 사람들은 늘상 "음양사시(陰陽四時)"를 이어서 읽지만, 필자의 견해로는 끊어야 한다.
41 구류(九流) 십가(十家)는 중국 한나라 때의 각 학술유파를 통틀어 이른 말로, 유가(儒家), 도가(道家), 음양가(陰陽家), 법가(法家), 명가(名家), 묵가(墨家), 종횡가(縱橫家), 잡가(雜家), 농가(農家), 소설가(小說家)를 말한다.
42 ≪원주≫ 음양가를 맨 앞에 배치한 것은 당연히 사마담이 맡았던 직업과도 관련이 있을

논거로 한 것이다.[43] 희화(羲和)에 대해 「요전」의 정의(正義)에서는 "대대로 천지와 사시를 관장한 관원이다.[世掌天地四時之官.]"라고 하였다. 전국시대 남방의 신화에서는 희화를 태양을 제어하는 자라고 하였다.[44] 희화는 고대 천문관으로, 그 직능은 '음양・사시(四時 : 사계절 — 원주)・팔위(八位 : 팔방(八方) — 원주)・12도(度 : 성수의 운행 궤도 — 원주)・24절기마다 각기 교령을 내는 것[陰陽・四時・八位・十二度・二十四節各有敎令]'이었다. 중국의 원시과학 중에 비교적 체계를 갖춘 것이 천문학이다. 중국 사람은 공간적인 자아 인식에서 천상을 관찰하기 시작하여 비교적 일찍 농업사회로 진입한 민족이다. 완전한 역법(曆法)은 농업생산의 전제이며, 역법을 제정하기 위해서는 반드시 천상에 대한 관찰에 의거해야 했다.

그런데 음양가에 대한 『사기』와 『한서』의 평설을 자세히 대조해 보면 약간의 차이를 발견할 수 있다. 『사기』는 음양설에 대해 다른 사람의 입을 빌어 "음양가는 사람들을 속박하여 거리끼는 것이 많게 한다.[使人拘而多畏.]"라고 했을 뿐이다. 이에 반해 『한서』「예문지」에서는 더 나아가 "하찮은 기능을 고집하면서 인사를 버리고 귀신을 섬기는 일만 맡았다.[泥於小數, 舍人事而任鬼神.]"라고 비평하였다. 음양가와 방사의 결합에 대하여 『한서』「예문지」에 분명하게 기재되어 있다. 『사기』에서도 이 문제에 대해 관심을 기울이기도 하였다.

수 있다. "태사공은 천관(天官)을 맡아 백성들을 다스리지 않았다.[太史公旣掌天官, 不治民]"이라고 하였다. 고대의 천문관은 사관(史官)에 속했던 것이다.
43 《원주》『상서』「요전」 "이에 희와 화에게 명하시어 하늘을 공경히 따라 일월성신의 운행을 관측하고 추산하여 공경히 농사 시기를 알려주라고 하셨다.[乃命羲和. 欽若昊天. 曆象日月星辰. 敬授人時.]"
44 《원주》 굴원의 「이소(離騷)」에 "내가 희화에게 채찍질을 그치게 하니, 엄자산(崦嵫山)을 바라보면서 가까이 가지 못하도다.[吾令羲和弭節兮. 望崦嵫而勿迫.]"라고 하였는데, 그 주에 "희화는 해를 제어하는 자이다.[羲和, 日御也.]"라고 하였다.

추연(鄒衍)은 음양운행론으로 제후들 사이에서 명성이 높았다. 그러나 연나라와 제나라 등 연해 지방의 방사들은 추연의 학설을 전파하기는 하였지만 제대로 이해하지는 못하였다. 이리하여 괴이한 언어를 쓰고 시류에 영합하는 무리가 생겨나 그 수를 이루 헤아릴 수가 없었다.[騶衍以陰陽主運顯於諸侯, 而燕齊海上之方士傳其術不能通, 然則怪迂阿諛苟合之徒自此興, 不可勝數也.][45]

이 글은 방사가 음양학설을 억지로 끌어와 음양학이 괴이하고 미신적인 색채를 띠게 되었음을 지적하고 있다. 음양오행설이 경학에 끼친 영향을 보다 깊이 탐구하기 위해서는 그 뿌리와 근원을 바르고 분명하게 이해해야 한다. 음양오행설의 발전을 종합하여 여러 측면에서 논의해 보도록 하자.

음양오행설은 사람들의 천상에 대한 관찰에서 근원하였으니 이것이 이른바 "하늘이 상(象)을 드리우자 성인이 법칙으로 삼았다.[天垂象, 聖人則之.]"[46]는 것이다. 사람들의 천상에 대한 관찰은 음양과 오행 개념을 탄생시켰다. 태사공은 다음과 같이 말하였다.

처음 인류가 출현한 이래 임금들 중에 일월성신의 운행을 관측하고 추산하지 않은 이가 누가 있었겠는가? 오제(五帝)와 삼대(三代) 때에 와서는 과거의 성과를 계승하고 밝혀서 중원의 국가를 안[內]으로 삼고 오랑캐의 지역을 밖[外]으로 삼았으며 중국을 12주로 나누어 위로는 하늘에서 성상(星象)의 운행을 관찰하고 아래로는 땅에서 만물의 변화 규칙을 본받았다. 하늘에는 해와 달이 있고 땅에는 음과 양이 있으며 하늘에는 오성이 있고 땅에는 오행이 있으며 하늘에는 열수(列宿)가 있고 땅에는 주역(州域)이 있다. 일・월・성 삼광(三光)은 음양이 결합된 정기이고 정기의 근원은 땅에 있으니 성인은 이들을 총괄하여 다스린다.[自初生民以來, 世主曷嘗不曆日月星辰? 及至五家三代, 紹而明之, 內冠帶, 外夷狄,

- - - - - - - - - - - - -

45 《원주》『사기』 권28 「봉선서(封禪書)」
46 《원주》『역경』 「계사 상(繫辭上)」 "하늘이 상(象)을 드리워 길흉을 나타내자 성인이 형상하였으며, 하수(河水)에서 도(圖)가 나오고 낙수(洛水)에서 서(書)가 나오자 성인이 법칙으로 삼았다.[天垂象, 見吉凶, 聖人象之. 河出圖, 洛出書, 聖人則之.]"

分中國爲十有二州, 仰則觀象於天, 俯則法類於地. 天則有日月, 地則有陰陽. 天有五星, 地有五行. 天則有列宿, 地則有州域. 三光者, 陰陽之精, 氣本在地, 而聖人統理之.][47]

음양은 원래 해와 달이 변화하는 것을 가리키므로 오행은 천상의 오성(五星)이 지상에 반영된 것이다. 태사공은 천관(天官)을 맡았으므로 음양과 오행에 대한 이해가 정확하였다. 학자들 사이에 음양오행에 대한 해석이 제각각인데 이는 태사공의 논술에 주의를 기울이지 않았기 때문이다.

음양이 해와 달의 교체와 변화를 가리키므로 음양학은 원래 해와 달의 운행에 대한 학문이다. 『후한서』「장형전(張衡傳)」에 "장형은 교묘한 장치를 잘 만들었으며 특히 천문·음양·역법에 심혈을 기울였다.[衡善機巧, 尤致思於天文·陰陽·歷算.]"라고 하였는데, 여기서 말한 음양이 가리키는 것은 해와 달의 운행에 관한 학문이다. 음양은 본래 천문학 용어였는데 철학에 사용되면 "한 번 음이 되었다가 한 번 양이 되었다가 하는 것을 도(道)라고 한다.[一陰一陽之謂道]"[48]라고 한다. 음양이 나라를 다스리는 데에 사용되면 "이 삼공이 도를 논하여 나라를 경영함에 음양을 잘 조절하여 다스린다.[茲惟三公, 論道經邦, 燮理陰陽.]"[49]라고 하여 행정 용어가 된다. 또한 수술(數術)이론에 사용되면 "음하고 양하여 헤아릴 수 없는 것을 신(神)이라 이른다.[陰陽不測之謂神.]"[50]라고 하여 종교적 어휘가 된다. 추연의 학설에 사용되면 "추연은 음양의 운행을 주로 연구하는 학설로 인하여 제후들 사이에서 명성이 높았다.[騶衍以陰陽主運顯於諸侯.]"라고 하여 추연의 사상적 초석이 되며, 동중서의 학설에 사용되면 그를 '음양을 잘 적용하는[善推陰陽]' 경학 대가로 만들어 양한 경학의 천인지학(天人之學)적 특징을 선명하게 드러내 주기도 한다.

· · · · · · · · · · · ·

47 《원주》『사기』 권27 「천관서(天官書)」
48 《원주》『역경』「계사 상」
49 《원주》『상서』「주서(周書)」
50 《원주》『역경』「계사 상」

오행설도 또한 그러하다. 수·화·목·금·토가 원래는 오성의 이름인데 「홍범(洪範)」에서는 만물을 구성하는 원소가 되어 "오행은 첫째는 물이요, 둘째는 불이요, 셋째는 나무요, 넷째는 쇠요, 다섯째는 흙이다.[五行 : 一曰水, 二曰火, 三曰木, 四曰金, 五曰土.]"라고 하였다. 『순자(荀子)』에서는 또 오상(五常)으로 변하였으니 "과거의 학설에 의거하여 새로운 학설을 만들고 이를 오행(五行)이라고 하였다.[案往舊造說, 謂之五行.]"[51]라고 하였다. 고대에 오성을 정하고 오행을 정립하며 숫자를 헤아릴 때 다섯을 숭상하여 다섯 손가락으로 한정한 것은 지금의 '다마란 사람들의 숫자 세기[達馬拉人擧數, Damaran]'와 같다.[52]

음양·오행 개념의 광범위한 사용은 음양·오행을 기본 개념으로 객관적으로 세계를 해석할 수 있는 이론체계를 세울 수 있는 조건을 제공하였다. 음양과 오행을 사상적 용어로 사용하는 경향은 춘추시대 이후에 와서야 유행하기 시작하였다.

현대인들의 연구에 의하면 오행설은 두 개의 유파로 나뉘었는데, 하나는 「홍범」의 오행설이고 다른 하나는 『관자(管子)』의 오행설이다.[53] 「홍범」의 오행설은 양한의 경학을 연구하는 학자들에게 익숙하다. 「홍범」은 금문『상서』의 한 편으로 양한시기에 상당히 유행하였다. 동중서는 「거현량대책(擧賢良對策)」과 『춘추번로(春秋繁露)』에서 이를 많이 인용하였고 경학대사인 복승(伏勝)·유향(劉向)·허상(許商) 등이 차례로 『오행(五行)』의 전(傳)과 기(記)를 지었다.[54] 「홍범」의 오행설에 관하여 후대인들은 일반적으로 원작이 아니라 유학의 자사(子思)·맹자(孟子) 무리가 위조한 설이라고 의심하기도 한다.[55]

......

51 《원주》『순자』「비십이자(非十二子)」
52 《원주》유사배(劉師培)의 『左盦外集』 "소학(小學)과 사회학의 관계에 대해 논함[論小學與社會學的關係]"
53 《원주》유육황(劉毓璜), 『선진제자초탐(先秦諸子初探)』 15 「음양가소의(陰陽家小議)」 강소인민출판사 1984년 제1판
54 『한서』「예문지」에 "劉向 五行傳記 十一卷", "許商 五行傳記 一篇"이 저록되어 있고, 『구당서』「경적지」에 "尚書洪範五行傳 十一卷 劉向撰"이 저록되어 있다. (각각,『한서』, 중화서국점교본, p.1795과『구당서』, 중화서국점교본, 1975, p.1969 참조)

오행설 가운데 관자 무리는 장태염의 영향을 받은 것이다. 장태염은 다음과 같이 말하였다. "옛날의「홍범」구주(九疇)는 오행을 인간사에 억지로 끌어다 붙여 의미가 선명하게 드러나지 않았다. 처음에 자사는 잘 적용하였는데 곁에 있던 연나라와 제나라의 기괴한 선비들이 과장하고 얼버무려 신비롭고 기묘하게 만들어서 세상에 자랑하고 사람들을 속였다. 이는 자사에게서 시작된 것이다.[古者『鴻(洪)范』九疇, 擧五行附會人事, 義未彰著, 子思始善附會, 旁有燕齊怪迂之士, 侈搪此說, 以爲神奇, 耀世誣人, 自子思起.]"[56] 자사의 오행설은 노학(魯學)에 속하고 '연나라와 제나라의 기괴한 선비들[燕齊怪迂之士]'의 오행설은 제학(齊學)에 속하였다. 후자가『관자』에 반영되었다. "『관자』에서 음양오행설은 주로「유관(幼官 : 玄宮)」·「유관도(幼官圖)」·「사시」·「오행」 등의 편에 보인다. '하늘은 시(時)를 내고 땅은 재(財)를 낸다.[天生時而地生財.]'는 전통적 관념이 '사계절의 크게 순조로움[四時之大順]'(사마담의「논육가요지」)이라는 개념으로 변화하기 시작하여 일정한 틀을 갖춘 절기의 순서로 규정되어, 실천경험으로부터 이론적 체계가 잡히게 되었다. 이러한 상황은「홍범」의 오행설이 여러 학설을 인용하여 현실과 전혀 부합하지 않는 경향과는 정반대의 발전적인 움직임이었다.'[57]

음양과 오행은 원래 두 개의 서로 상관없는 개념이었는데 이는 사람들의 천문현상에 대한 관찰과 만물의 구성에 대한 해석에 근원한 것이었다. 그런데 서주(西周) 말년에 태사(太史) 백양보(伯陽父)가 음양과 오행을 함께 논하였다. 백양보가 태사가 되어 음양과 오행을 논한 것은 이해하기 어렵지 않다. 그의 이론에서 음양과 오행은 각기 독립적인 것이다. 사서에 보면 주 유왕(周幽王) 2년, "경수(涇水)·위수(渭水)·낙수(洛水) 일대에 모두 지진이 발생하였

- - - - - - - - - - - - - -

55 ≪원주≫ 궈모뤄(郭沫若)의『금문총고(今文叢考)』,「청동시대(靑銅時代)」 "선진시대의 천도관의 진전[先秦天道觀之進展]"을 참고하기 바란다.
56 ≪원주≫『장씨총서(章氏叢書)』 "자사와 맹자의 오행설[子思孟軻五行說]"
57 ≪원주≫ 유육황(劉毓璜),『선진제자초탐(先秦諸子初探)』15「음양가소의(陰陽家小議)」

는데[三川皆震]" 백양보는 지진의 원인을 '양기가 엎드린 채 나오지 못하고, 음기가 가로 막고 있어 양기가 위로 올라가지 못하기 때문[陽伏而不能出, 陰迫而不能蒸]'이라고 하였다.[58] 음양은 자연현상을 해석하는 개념으로 이는 일종의 자연관이다. 이와 동시에 백양보는 또 "선왕이 토(土)를 금(金)·목(木)·수(水)·화(火)와 섞어서[先王以土與金·木·水·火雜]"라는 비유를 들어 정 환공(鄭桓公)의 질문에 답하여 '서로 다른 것이 조화를 이루면 물(物)을 만들어 낼 수 있지만 동일한 것끼리 만나면 계속 재생산되지 못한다.[夫和實生物, 同則不繼.]'는 이치를 말하였다.[59] 이는 자연에 대한 해석으로 인간사를 설명하는 경향이 시작된 것이다.

음양과 오행을 합류시켜 자연현상을 인간사에 끌어다 쓰는 방법을 완전한 이론체계로 창립한 사람은 전국시대의 추연이다. "추연은 근세의 유가와 묵가가 드넓은 천지와 밝고 밝은 도를 알지 못하고 한 굽이를 가지고 온갖 곡절을 다 말하려 하고 한 모퉁이를 지키면서 만방을 다 알려고 하는 것을 싫어하였다.[鄒子疾晚世之儒墨不知天地之弘昭曠之道, 將一曲而欲道九折, 守一隅而欲知萬方]"[60] 추연의 음양오행체계는 '오덕종시설(五德終始說)'을 핵심으로 하는데, 이는 그가 "음양이 줄어들고 커지는 현상을 깊이 관찰하여[深觀陰陽消息]"[61] 터득한 것이었다. 추연의 '오덕종시설'에 관한 학자들의 연구성과가 아주 많기 때문에 여기서는 간단하게 보도록 하겠다.

오덕종시설은 자연을 사회에 끌어다 써서 자연관과 사회 역사관을 혼합한 것이다. 그 방법은 "반드시 먼저 작은 사물에서 시험해 보고 이를 미루어 확대해서 무한한 데까지 이르는 [必先驗小物, 推而大之, 至於無垠.]"[62] 것이다.

· · · · · · · · · · · · · ·

58 《원주》『국어』「주어(周語)」
59 《원주》『국어』「정어(鄭語)」
60 《원주》『염철론(鹽鐵論)』
61 《원주》『사기』 권74 「맹자순경열전(孟子荀卿列傳)」
62 《원주》 상동

이러한 방법 때문에 이 이론은 술수적 성질을 지니게 되었다. 일반인들은 술수를 미신으로 생각한다. 확실히 현대과학의 눈으로 보면 운명론을 전제로 하는 수술은 미신적 색채가 농후하다. 하지만 초기의 술수는 과학이 자연을 인식하는 방법으로 성수(星宿)의 운행, 사계절의 확정, 사시의 교체, 음양의 변화 등을 모두 술수로 삼았다.

물론 자연과학의 방법을 인간사에 적용하여 길흉을 예측한다는 것은 매우 황당한 일이다. 하늘과 사람의 관계에 대한 이론은 추연이 확립하였지만 그 이론에 정통하지 못한 연나라와 제나라의 방사들을 통해 전수되다가 양한 시기에 와서 매우 흥성하였다. 『한서』 「예문지」에 음양가는 20가(家) 369편, 오행가는 31가 652권으로 기재되어 있는데, 이 둘을 종합하면 유가의 53가 836편과 우열을 가리기 어렵다. 양한시기 경설(經說)의 관점에서 보면 음양오행 및 이로부터 파생된 술수가 경학에 미친 영향은 강력하였다.

음양오행설을 사회에 적용시킨 양한 경학의 중요한 특징은 음양오행이 경학에 공헌한 것이다. "한나라의 건국은 진나라가 학술을 철저하게 파괴한 바로 뒤에 이루어졌다. 경제(景帝)와 무제(武帝) 때에 동중서가 『춘추공양전』 을 연구하여 처음으로 음양의 이치를 깊이 연구해서 유자들의 존숭을 받았다.[漢興, 承秦滅學之後, 景·武之世, 董仲舒治 『公羊春秋』, 始推陰陽, 爲儒者宗.]"[63] '음 양의 이치를 깊이 연구하는 것[推陰陽]'은 한대의 경사들이 경(經)을 연구하는 기본적인 방법이었다. 『춘추번로(春秋繁露)』에는 이와 관련된 예가 아주 많다.

> 하늘의 규칙은 운행이 끝에 이르면 다시 시작하는 것이다. 이 때문에 북방(北 方)은 하늘의 끝이자 시작점이고 음기와 양기가 합하고 나뉘는 곳이다.[天之道, 終而複始. 故北方者, 天之所終始也, 陰陽之所合別也.][64]

· · · · · · · · · · · ·

63 《원주》『한서』 권27상 「오행지(五行志)」
64 《원주》『춘추번로』 「음양종시(陰陽終始)」

천지의 운행규칙은 한 번 양이 되었다가 한 번 음이 되었다가 하는 것이다. 양은 하늘의 덕이고, 음은 하늘의 형벌이다.[天地之常, 一陰一陽. 陽者天之德也, 陰者天之刑也.][65]

하늘의 가장 큰 원칙은 상반되는 것이 동시에 출현할 수 없는 것이니 음과 양이 그것이다. 봄에는 양기를 내보내고 음기를 들이며 가을에는 음기를 내보내고 양기를 들이며 여름에는 양기를 오른쪽의 높은 자리에 있게 하고 음기를 왼쪽의 낮은 자리에 있게 하며 겨울에는 음기를 오른쪽에 있게 하고 양기를 왼쪽에 있게 한다. 음기가 나오면 양기는 들어가고 양기가 나오면 음기는 들어가며 음기가 오른쪽에 있으면 양기는 왼쪽에 있고 음기가 왼쪽에 있으면 양기는 오른쪽에 있게 된다.[天道大數, 相反之物也, 不得俱出, 陰陽是也. 春出陽而入陰, 秋出陰而入陽, 夏右陽而左陰, 冬右陰而左陽. 陰出則陽入, 陽出則陰入; 陰右則陽左, 陰左則陽右.][66]

장부(丈夫)는 아무리 천해도 모두 양(陽)에 속하고 부인은 아무리 귀해도 모두 음(陰)에 속한다. 음 중에도 또 상대적으로 음인 것이 있고 양 중에도 또 상대적으로 양인 것이 있으니, 위에 있는 것은 모두 그보다 아래에 있는 것에 대해 양이 되고, 아래에 있는 것은 각기 그보다 위에 있는 것에 대해 음이 된다.[丈夫雖賤皆爲陽, 婦人雖貴皆爲陰. 陰之中亦相爲陰, 陽之中亦相爲陽. 諸在上者皆爲其下陽, 諸在下者各爲其上陰.][67]

『춘추번로』에는 음양을 설명한 내용이 비교적 많다. 그 중에 편명에 '음양'을 직접 사용한 것으로는 「양존음비(陽尊陰卑)」·「음양위(陰陽位)」·「음양종시(陰陽終始)」·「음양의(陰陽義)」·「음양출입(陰陽出入)」 등 5편이다. 그리고 편명에 '음양'을 사용하지는 않았지만 전편에서 설명한 주된 내용이 음양인

---

65 ≪원주≫ 『춘추번로』「음양의(陰陽義)」
66 ≪원주≫ 『춘추번로』「음양출입(陰陽出入)」
67 ≪원주≫ 『춘추번로』「양존음비(陽尊陰卑)」

것도 아주 많은데 예컨대 「천도무이(天道無二)」 등이 그것이다.

음양은 동중서 학설의 기본 개념으로 "천지의 운행규칙은 한 번 양이 되었다가 한 번 음이 되었다가 하는 것이다.[天地之常, 一陰一陽]"라고 한 것처럼 '상반된 것[相反之物]'을 천도(天道)와 인도(人道)를 해석하는 기초로 삼았다. 천도를 인도에 적용한 측면에서 동중서는 선진시대 음양가와 일맥상통한다. 그러나 동중서가 말한 음양은 변화에서 시작하여 고화(固化)로 귀결되었는데 그가 말한 음양의 종결은 '양은 높고 음은 낮다[陽尊陰卑]'·'음은 양을 따른다[陰從陽]'는 것이었다. 이는 한대의 통치질서가 '천리(天理)'에 부합된다는 해석을 부여하기 위한 것이었고 또한 불평등한 사회의 등급제도를 유지하기 위한 것이었다. 이로 인하여 음양의 요지를 논한 뒤에 동중서의 '삼강(三綱)'·'오상(五常)'이라는 사회윤리규범이 당당하게 등장하여 전통 사회의 도덕적 강령이 되었다. 따라서 동중서의 음양설이 논한 것은 바로 존비(尊卑)였다.

동중서의 학설에서 오행은 음양처럼 중요한 또 하나의 이론 개념이다. 『춘추번로』에서 편명에 오행을 사용한 것으로는 「오행대(五行對)」·「오행지의(五行之義)」·「오행상승(五行相勝)」·「오행상생(五行相生)」·「오행역순(五行逆順)」·「치수오행(治水五行)」·「치란오행(治亂五行)」·「오행변구(五行變救)」·「오행오사(五行五事)」 등이 있다. 이들 편장의 주요 내용은 오행의 상생과 상극이론을 통하여 오행과 인간사의 관계를 논한 것으로 다음과 같다.

하간헌왕이 온성 동군에게 물었다. "『효경』에 '효는 하늘의 근본이요 땅의 준칙이다.'라고 하였는데 무슨 뜻인가?" 대답하기를 "하늘에 오행이 있으니 목·화·토·금·수가 그것입니다. 목은 화를 낳고, 화는 토를 낳고 토는 금을 낳고 금은 수를 낳습니다. …… 따라서 아비가 출생시킨 것을 자식이 장성시키고 아비가 장성시킨 것을 자식이 길러주고 아비가 길러준 것을 자식이 완성시킵니다. 아비가 하는 모든 일을 그 자식이 다 받들어 계속 행해서 감히 아비의 뜻이 실현되지 못하는 일이 없게 하여 사람의 도리를 다해야 하는 것입니다. 따라서 오행은 다섯 가지 품행이니 이로 보면 아비가 전수해 주고 자식이 받아들이는 것은 본디 하늘의 원칙입니다."라고 하였다.[河間獻王問溫城董君曰 : "『

孝經』曰: '夫孝, 天之經, 地之義.'何謂也?" 對曰: "天有五行, 木火土金水是也. 木生火, 火生土, 土生金, 金生水, …… 是故父之所生, 其子長之; 父之所長, 其子養之; 父之所養, 其子成之. 諸父所爲, 其子皆奉承而續行之, 不敢不致如父之意, 盡爲人之道也. 故五行者, 五行也. 由此觀之, 父授之, 子受之, 乃天之道也."][68]

목(木)은 사농(司農)에 속한다. 사농이 간악하여 붕당을 지어 임금의 눈을 가리고 어진 선비를 물리쳐 임금을 보필할 공경(公卿)을 멸절시키고 …… 목(木)은 농사이고 농사짓는 사람은 백성이다. 이들이 순종하지 않는 것은 반역하는 것과 같으니 사도(司徒)에게 명하여 우두머리를 처벌하게 한다. 그래서 "금이 목을 이긴다."고 하는 것이다. 화(火)는 사마(司馬)에 속한다.[木者, 司農也. 司農爲奸, 朋黨比周, 以蔽主明, 退匿賢士, 絕滅公卿 …… 木者, 農也, 農者, 民也, 不順如叛, 則命司徒誅其率正矣. 故曰金勝木. 火者, 司馬也.][69]

오행의 변화가 극에 달하면 덕행으로 구제해야 한다. 덕행이 천하에 베풀어지면 죄과가 면제된다. 덕행으로 구제하지 않으면 3년을 넘지 않아서 하늘에서 운석이 떨어진다. 나무에 변고가 발생하여 봄에 잎이 마르고 가을에 꽃이 피며 가을에 나무가 얼고 봄에 비가 많이 오면 이는 요역이 과중하고 세금이 무거워 백성들이 궁핍하다 못해 배반하여 떠나고 길에는 굶주린 사람이 도처에 있기 때문이다. 이를 구제하려면 요역을 줄이고 세금을 경감하고 창고의 곡식을 풀어 가난한 백성들을 진휼해야 한다.[五行變至, 當救之以德 施之天下, 則咎除. 不救以德, 不出三年, 天當雨石. 木有變, 春凋秋榮. 秋木冰, 春多雨. 此繇役衆, 賦斂重, 百姓貧窮叛去, 道多饑人. 救之者, 省繇役, 薄賦斂, 出倉穀, 振困窮矣.][70]

오행을 인간사에 억지로 끌어다 사용한 점은 동중서의 오행론이 음양오행가와 동일하다. 그러나 다른 점도 있다. 음양오행가는 오행의 상생 상극을

68 《원주》『춘추번로』「오행대(五行對)」
69 《원주》『춘추번로』「오행상승(五行相勝)」
70 《원주》『춘추번로』「오행변구(五行變救)」

가지고 왕조의 흥망에 대한 학설을 만들어 내었다. 곧 오덕종시설은 자연과
학을 기초로 한 것으로 왕조의 흥망과 제도 수립을 위한 이론적 근거가 되었
다. 반면에 동중서의 오행론은 오행의 변화와 재이(災異) 및 상생(相生)에 중점
을 두었으며 방법도 방사의 술수에 가깝다. 따라서 동중서의 오행설이 논한
것은 재이라고 할 수 있다.

　음양을 가지고 존비를 논하고 오행을 가지고 재이를 논한 점이 동중서의
음양오행론의 특색이며 이 점이 바로 동중서의 학설을 선진시대 음양오행가
의 이론과 구별되는 점이다. 양한의 경학 저작 중에 『춘추번로』에서만 음양
과 존비, 오행과 재이를 논한 것은 아니다. 다른 한인(漢人)의 경설에서도
이러한 내용이 자주 보인다. 동중서의 관점에 대하여 한대의 경학 저작인
『백호통덕론(白虎通德論)』[71]은 이를 계승하고 한층 더 질서화시켰다.

> 오행이란 무엇을 이른 것인가? 금·목·수·화·토를 이른다. "행함"이라
> 고 한 것은 하늘에 기가 유행한다는 뜻을 말하기 위한 것이다. 땅이 하늘을
> 받드는 것은 아내가 남편을 섬기고 신하가 임금을 섬기는 것과 같으므로 그
> 지위가 낮다고 하는 것이다. 지위가 낮은 사람은 자신이 직접 일을 처리한다.
> 이 때문에 …… 오행이 왕을 바꾸는 까닭은 무엇인가? 서로 돌려가며 상생하기
> 때문에 시종(始終)이 있는 것이다.[五行者, 何謂也? 謂金·木·水·火·土也. 言
> 行者, 欲言爲天行氣之義也. 地之承天, 猶妻之事夫, 臣之事君也, 謂其位卑. 卑者親視
> 事. 故 …… 五行所以更王何? 以其轉相生, 故有終始也.][72]

> 성정이란 무엇을 이른 것인가? 성은 양이 베풀어진 것이고 정은 음이 변화한
> 것이다.[性情者, 何謂也? 性者, 陽之施; 情者, 陰之化也.][73]

. . . .

71 『백호통』 또는 『백호통의(白虎通義)』라고도 한다. 후한 건초(建初) 4년(79)에 한 장제(漢章
　帝)가 백호관(白虎觀)에 경사(經師), 유생, 관리 등 수십 명을 모아 오경(五經)의 동이(同異)를
　강하도록 하였는데, 뒤에 반고(班固) 등이 기록에 근거하여 이를 정리하여 만든 책이다.
72 ≪원주≫ 『백호통덕론(白虎通德論)』 「오행(五行)」
73 ≪원주≫ 『백호통덕론』 「정성(情性)」

삼강(三綱)이라고 칭한 까닭은 무엇인가? 한 번 음이 되었다가 한 번 양이 되었다가 하는 것을 도라고 이른다. 양은 음을 만나서 완성되고 음은 양을 만나서 질서가 잡히므로 강한 것과 부드러운 것이 서로 짝한다. 이 때문에 여섯 사람[74]이 삼강이 되는 것이다.[所以稱三綱何? 一陰一陽謂之道. 陽得陰而成, 陰得陽而序, 剛柔相配, 故六人爲三綱.][75]

사람들이 서로 절하는 까닭은 무엇인가? 정을 표하고 뜻을 나타내기 위하여 허리를 굽히고 몸을 낮추어 남을 높이고 섬기는 것이니 "절"은 복종을 뜻한다. 반드시 두 번 절하는 까닭은 무엇인가? 음양을 본받은 것이다.[人所以相拜者何? 所以表情見意, 屈節卑體, 尊事人者也, 拜之言服也. 所以必再拜何? 法陰陽也.][76]

양한의 경사는 음양오행으로 경을 해석하였는데 음양은 존비를 나타내고 오행은 재이를 나타내므로 정치이론의 측면에서 보면 이는 군권을 높이면서 또 군권을 억제한 것이라고 할 수 있다. '양은 높고 음은 낮다'는 것은 현실 정치질서를 승인하는 것이므로 이는 군권(君權) 전제(專制)를 긍정한 것이다. 오행으로 재이를 논한 것은 재이를 가지고 황제에게 경계를 보여서 덕치(德治)를 창도한 것이니 '오행의 변화가 극에 달하면 덕행으로 구제해야[五行變至, 當救之以德]' 하기 때문이다. 재이론의 본질은 무소불위의 황권에 대한 제한이었다.

전제정치의 양한시대에 경사가 재이를 논한 것은 부득이한 일이었으며 또한 지혜로운 일이었다. 이는 현실 정치에서 임금을 높이고자 하는 심리와 이상적인 민주정치(民主政治)를 갈망하는 심리의 이중성이 경사의 학설 속에 구체적으로 반영된 것이다. 그러나 재이로 군권을 억제하는 이론은 결국 대부분 통치자의 기대에 부응하지 못하였는데 동중서는 재이론을 설파하다

· · · · · · · · · · · · ·

74 군신, 부자, 부부를 이른다.
75 《원주》『백호통덕론』「삼강육기(三綱六紀)」
76 《원주》『백호통덕론』「성명(姓名)」

가 하마터면 목숨을 잃을 뻔하였다.[77]

동중서의 학설 중에 음양을 연구하고 재이를 말한 것은 군권을 억제하기 위한 방법이었다. 그러나 한대의 경사, 특히 금문 경사들은 음양과 재이를 자주 말하고 아울러 이를 가지고 경을 해석하였는데, 방법이 목적을 변화시켰다. 또 음양오행이 방사의 수술과 융합되어 음양을 연구하고 재이를 말하는 것이 한층 더 수술과 가까워졌다.

중국의 술수학은 원시과학에서 기원한 것으로 공간적 측면에서 자신을 인식하는 방식이다. 술수가 비록 음양오행과 연원이 깊지만 이것이 발전하면서는 나름대로 체계를 갖추어 양한시기에도 여전히 흥성하였다. 『사기』 「일자열전(日者列傳)」에 다음과 같은 내용이 보인다. "예로부터 천명을 받아야 왕이 될 수 있었으니 제왕이 일어날 때 복서(卜筮)의 방법으로 천명을 물어 결정하지 않은 적이 있었던가? 이러한 일은 주나라 때 특히 흥성하였고 진(秦)나라 때에도 찾아볼 수 있다. 대왕(代王)이 제위를 이을 때에도 점치는 사람에게 판단을 맡겼다. 태복관(太卜官)이 일어난 것은 한나라가 건국되면서부터였다.[自古受命而王, 王者之興何嘗不以卜筮決於天命哉! 其於周尤甚, 及秦可見. 代王之入, 任於卜者. 太卜之起, 由漢興而有.]"[78] 이 글의 대왕(代王)은 한문제(漢文帝)를 가리킨다. 당시에 주발(周勃) 등이 사자를 파견하여 대왕을 맞이하여 황제로 삼았는데 그때 대왕(代王)이 주저하며 결정하지 못하자 점치는 사람에게 거북 껍질로 점을 쳐 달라고 청하였다. 그 결과 '대횡(大橫)'이라는 점괘가 나왔는데, 점사(占辭)에 "대횡은 견고하고 강하니 내가 천왕이 되리라.[大橫庚庚, 余爲天王]"라고 하였다. 이리하여 대왕이 조정에 들어가고 태복관(太卜官)도 따라서 지위가 높아졌다.

양한의 점복은 유파가 매우 많았다. 그래서 오행가가 비교적 황제의 중시

---

77 《원주》 『한서』 권56 「동중서전(董仲舒傳)」
78 《원주》 「일자열전」을 비록 저소손(褚少孫)이 보충한 작품으로 인정한다 하더라도 거기에 기록된 사실의 진실성에는 문제가 없다.

를 받았다. 무제 때 저소손(褚少孫)이 낭관으로 있을 때에 태복대조(太卜待詔)로 낭관이 된 자와 함께 관청에서 업무를 보고 있었는데 그들이 다음과 같이 하는 말을 들었다. "효무제 때 점복가들을 소집하여 '아무 날에 아내를 맞이 해도 되겠는가?'하고 묻자, 오행가(五行家)는 '괜찮습니다', 감여가(堪輿家)는 '안 됩니다', 건제가(建除家)[79]는 '불길합니다', 총신가(叢辰家)[80]는 '크게 흉합 니다', 역가(曆家)는 '조금 흉합니다', 천인가(天人家)는 '조금 길합니다', 태일 가(太一家)[81]는 '크게 길합니다'라고 하여 논쟁이 끊이지 않았다. 이러한 정황 을 황제에게 보고했더니 황제가 제명(制命)을 내리기를 '각종 흉한 일과 꺼림 칙한 일을 피할 때는 오행가의 견해가 가장 중요하다.'라고 하였다.[孝武帝時, 聚會占家問之 : '某日可取婦乎?' 五行家曰'可', 堪輿家曰'不可', 建除家曰 '不吉', 叢辰家曰 '大凶', 曆家曰'小凶', 天人家曰'小吉', 太一家曰'大吉', 各家爭論不止. 把情況上報皇上. 皇 上制曰 : '避諸死忌, 以五行爲主.']" 저소손은 이 일에 대해 "사람들이 오행가의 설을 취하였다.[人取於五行者也]"[82]라고 하여 사람들이 오행가의 의견을 취할 만하다고 생각했다. 이 사료는 두 가지 정보를 담고 있다. 첫째는 양한 수술 가의 각 유파는 방법의 차이로 인하여 동일한 사물에 대한 견해가 달랐다는 점이고, 둘째는 무제 때 수술가 중에 오행가가 상대적으로 더 중시되었다는 점이다.

　오행가가 더 중시 받은 원인은 매우 명백하다. 경학가가 오행수술을 경학 속으로 변화시켜 넣었기 때문이다. 상술했던 동중서가 음양오행을 변화시켜 사용한 것이 그 증거이다. 동중서가 경학에 음양오행을 제대로 통합시킨 것 외에 무제 때의 하후시창(夏侯始昌)도 이러한 일에 능하였다. "효무제 때 하후시창이 오경(五經)에 통달하고「오행전(五行傳)」을 미루어 밝히기를 잘하

- - - - - - - - - - - - -

79 고대에 천상을 관측하여 나온 점괘로 인사의 길흉화복을 예측하는 일을 직업으로 삼았던
　사람.
80 고대의 술수가의 한 유파이다.
81 고대의 술수가의 한 유파이다.
82 ≪원주≫『사기』권127「일자열전」

였는데 학술을 족자(族子)인 하후승(夏侯勝)에게 전수하였다. 그 뒤에는 또 아래로 허상(許商)에게 전수하였으니 어진 제자들에게 모두 가르쳐 주었다.[孝武時, 夏侯始昌通五經, 善推五行傳, 以傳族子夏侯勝, 下及許商, 皆以教所賢弟子.]"[83]

진한시대에는 수술이 매우 흥성하였다. 현재 출토된 진한의 간독 중에는 많은 일서(日書)와 성점서(星占書)가 들어 있다. 수호지(睡虎地) 진묘(秦墓)와 천수(天水) 방마탄(放馬灘)의 「일서(日書)」는 모두 잘 정리되어 있는데 여기에서 진한시대에 술수학의 기풍이 팽배했음을 알 수 있다. 아울러 『사기』·『한서』 등의 문헌 사료와 참조하여 확신할 수 있다. 예컨대 방마탄의 「일서」는 포함 범위가 비교적 광범하여 건제(建除)·길흉·택일·금기·생자(生子) 등의 내용이 있다.[84]

학자들의 연구에 따르면, "한대와 그 이후 어느 정도 기간에는 술수 가운데 귀신 관념이 아주 희미하였다. 부양(阜陽) 여음후묘(汝陰侯墓)에서 출토된 한초의 육임식반(六壬式盤)에는 28수(宿)만 있고 월장(月將)과 귀신(貴神)은 없다. 「경우둔갑부응경(景祐遁甲符應經)」에 고서(古書)가 인용되어 있는데 둔갑식반(遁甲式盤)에 구궁(九宮)·팔문(八門)·구성(九星) 등 삼반(三盤)만 있고 뒤에 나온 팔신(八神) 일반(一盤)은 없다."[85] 술수가 미신과 다른 것은 그 문화적 내원이 다르기 때문이다. 무술은 원시미신에서 나왔고 술수는 원시과학에서 나왔다. 방마탄의 「일서」 34조에 무술과 관련된 기록이 있는데, 다음과 같다.

진(辰)은 충(虫)에 해당한다. 물건을 도난당했는데, 도둑질한 자는 동쪽에서 왔다가 그쪽으로 나갔다. 잃어버린 물건은 골짜기나 구덩이에 숨겼다. 외부인의 소행이다. 그 생김새는 목이 길고, 머리와 눈은 작다. 여자와 남자의 이름이

. . . .

83 《원주》 『한서』 권27의 중지상(中之上) 「오행지(五行志)」
84 《원주》 진간(秦簡) 정리 소조의 「천수방마탄진간갑종'일서'석문(天水放馬灘秦簡甲種'日書'釋文)」, 『진한간독논문집(秦漢簡牘論文集)』, 감숙인민출판사 1989년 제1판을 보기 바란다.
85 《원주》 왕티에(王鐵), 『한대학술사』제2장, 화동사범대학출판사 1995년 제1판

298

무(巫)와 축(祝)이다.

[辰·蟲矣. 以亡盜者, 從東方入, 有從出取者, 臧豁谷窖內中, 外人矣. 其爲人長頸, 小首, 小目. 女子爲巫, 男子爲祝名.]

이 조항은 택일하고 도망자를 체포하는 내용의 간문(簡文)으로, 글 속의 무(巫)와 축(祝)은 목이 길고 머리가 작고 눈이 작은 사람으로 묘사되었다. 「일서」의 작자는 무(巫)와 자신을 동류로 말하지 않았다. 현대의 낙후된 지역에서 보아도 점복술과 무녀·박수무당은 두 가지 민간미신의 체계로, 서로 어울리지 않는다.

술수과 음양오행의 결합은 결국 양한시기 경사들이 경을 해석하는 중요한 방법을 만들었는데, 『한서』「오행지」와『속한서(續漢書)』「오행지」에 이러한 기록이 매우 많다.

원시 미신과 원시 과학은 양한 경학의 중요한 문화적 내원으로 양한의 경학에 풍부하고도 신선한 자료를 제공해 주었다. 학술 발전의 이론심화와 외적확산의 관점에서 말하면 양한시기 유학의 이론심화 과정은 사실상 음양오행의 중요 개념을 적용시키는 데에서 득을 보았다. 유학은 이로서 인도(人道)에 대한 논의를 위주로 하는 단순한 사회도덕 학설에서 천도와 인도를 하나로 합한 천인지학(天人之學)으로 변화하게 되었다. 원시과학에 기원을 둔 음양오행학이 유학가들에게 공간과 자연의 측면에서 자신의 이론을 천술(闡述)하도록 도와준 것이다.

유학의 외적확산도 마찬가지로 귀신학설의 형식을 모방하면서 이익을 얻었다. 이로 인해 유학의 도덕적 권위가 강화되었다. 물론 원시미신에서 문화적 영양분을 섭취한 양한의 경학은 전한 말년에 즉시 경학의 참위화를 초래하기도 하였다. 참위화된 경학은 경학의 저속화·신학화 경향을 피할 수 없었다. 그러나 경학의 참위화와 동시에 일어난 고문경학의 반동 아래 전통 유학의 순결한 이론적 핵심은 보존되어 그 결과 유학의 신학화 경향은 후한 말에 이르러 자연히 바로잡게 되었다.

본 장에서는 양한 경학의 문화적 연원을 유가·도가·법가·묵가·음양오행가의 각파로 나누어서 살펴보았다. 양한의 경학은 선진유학의 변종으로, 그 골간·정의(精義)·형식은 모두 유학에 근원을 두고 있다. 양한 경학은 양한이라는 역사시기에 표현된 유학의 형식이다.

마찬가지로 경학이 양한시기에 독존적인 지위를 획득할 수 있었던 까닭은 첫째, 경학이 포용력이 커서 다른 각 학파의 장점을 잘 흡수했기 때문이다. 둘째, 경학이 부지불식간에 학술 발전의 이론심화와 외적확산 법칙을 계승하여 이론적 핵심을 순결하게 보존함과 동시에 자기이론의 현실사회에서의 작용을 강화하였기 때문이다. 셋째, 경학의 중용(中庸)과 평화를 추구하는 사상체계가 신질서와 구제도가 병존하는 양한의 사회현실과 부합하여 불완전한 중앙 전제정치[86]의 필요에 부합하였기 때문이다.

이상 각 절의 분석으로부터 다음과 같은 사실을 알 수 있었다. 경학은 도가의 도 개념을 사용하면서 선왕관(先王觀)을 천도관(天道觀)과 혼합하여 양쪽에 모두 '도'를 말함으로써 이론의 핵심을 강화하였다.

경학은 법가에 대해서는 국가학설을 차용하면서 사회이론을 국가이론과 혼합하여 자신의 학설을 한 층 더 현실정치와 가깝게 함으로써 이론의 실천응용성을 더욱 강화하였다. 경학은 묵학으로부터는 천지·천의·천덕·대동의 사상을 취득하여 자신의 학설에 신성화의 색채를 갖춤으로써 사람들을 현혹시켰다. 경학은 민간문화와 음양오행가의 사상에 대해서는 원시미신과 전통과학의 장점을 흡수하였다. 그러면서 자신의 경사들이 공간적 각도에서 경의를 새롭게 살펴보고 해석할 수 있게 도움으로서 각 방면에서 경학의 내용을 풍부하게 하였다.

양한 이후에 경학은 독존의 지위에 오르고 선진의 제자는 쇠퇴하였는데 이는 학술 발전의 이론심화와 외적확산 법칙에 비추어서도 다음과 같이 이해

---

86 《원주》 중앙 전제가 향촌 자치와 결합되어 있었다.

할 수 있다.

도가는 너무 모호하고 법가는 너무 명백하였다. 도가의 이론에서 진체(眞諦)를 얻은 사람은 은사(隱士)가 되고 형식을 얻은 사람은 도사(道士)가 되었다. 도가 일파가 나중에 종교로 변화한 것은 모두 '도'라는 말이 그럴듯했지만 실제와 맞지 않았고, 또 잔약한 것을 안고 이지러진 것을 지킬 뿐 시대에 맞추어가지 못했기 때문이다. 이 때문에 학설의 원 개념이었던 '도'가 고명한 부분이 있었으나 도사들에 의해 인격을 갖춘 종교의 원신(元神)으로 개조되었고 도가의 시조도 교주(敎主)로 변하였다. 도가의 사상은 이론심화 과정은 충분하였으나 외적확산이 부족하였으니 망하지 않을 수 없었다.

법가의 학설에서 진체(眞諦)를 얻은 사람은 순리(循吏)가 되고 형식을 얻은 사람은 혹리(酷吏)가 되었다. 이 때문에 법가의 사람들은 대부분 각박하고 박덕하여 인품이 준엄하고 경직되었다. 법가의 사상은 경학으로 융합되어 들어온 뒤에 쇠퇴하고 단절되었다. 그 원인은 법가가 현실만 알고 과거는 알지 못하며 새로운 것만 알고 옛것은 알지 못하며 가까운 것만 알고 원대한 것은 알지 못하며 임금만 알고 백성은 알지 못하며 법률만 알고 교화는 알지 못하며 국가만 알고 사회는 알지 못하였기 때문이다. 결국은 총명함 때문에 잘못된 것이다. 법가 사상은 이론심화는 부족하고 외적확산만 충분하였으니 망하지 않을 수 없었다.

묵가의 학설은 지나치게 평민화되었고 음양오행은 지나치게 저속화되었다. 왕충(王充, 27~약 97)과 환담(桓譚) 등 묵학의 진체를 얻은 자들은 대체로 사회비판의 선구가 되었고 곽해(郭解)와 극맹(劇猛) 등 묵학의 형식을 얻은 자들은 은혜와 원수를 갚는 협객이 되었다. 묵학은 이론심화도 부족하고 외적확산에도 강하지 못하였으니 쇠퇴하는 것이 필연적이었다.

음양오행가의 진체를 얻은 자들은 지혜로운 사람(과학자)이 되었고 그 형식을 얻은 자는 방사가 되었다. 이 학설의 이론심화 과정은 비교적 잡박하였고 외적확산 과정도 신비로워 검증하기 어려우니 오랜 시간 민간에 유행하기는 하였으나 끝내 주요 지위에 오르지는 못하였다.

3장

경학의 전승과 경서의 해석

제1절 사법(師法)·가법(家法)과 경서 해석의 방법

양한의 사상문화는 실로 말할 만한 것이 없다. 선진제자의 학문이 지녔던 폭넓고 풍부한 사상 및 그 자유롭고 활발함에 비한다면 양한의 사상문화는 백가(百家)가 일제히 침체되어 활기가 전혀 없는 것처럼 보인다. 멍원퉁은 후한의 경학에 대하여 말하기를, "후한의 학문은 기탄없이 자신의 의견을 말하지 않았으니 신중하고 고루한 기풍이 일어나 크고 넓은 기풍은 쇠미해지게 되었다.[是後漢之學不爲放言高論, 謹固之風起而恢宏之至衰.]"[1] 라고 하였다.[2] 그렇지만 사상문화의 발전사라는 측면에서 보면 기탄없이 자신의 의견을 말하는 데에 과감했던 전한의 학문도 선진시대에 비할 바가 못 된다. 그 첫 번째 원인은 한나라가 유학을 독존의 위치를 차지하고 백가를 배척하였는데 이러한 정치상의 전제(專制)가 문화를 전제의 하수인으로 전락시켰기 때문이다. 둘째 원인은 유학이 본질적으로 유약하고 전통을 고수하여 기탄없이 자신의 의견을 말하는 것은 본래 유파의 특징이 아니라는 점이다. 장태염은 "경전은 대부분 사실을 말하였고 제자는 대부분 의리를 밝혔다.[經多陳事實, 諸子多明義理.]"[3]고 말하였는데 이런 관점에서 본다면 선진과 비교하여 양한의 사상문화

• • • • • • • • • • • • • •

1 《원주》 멍원퉁(蒙文通), 「논경학삼편(論經學三篇)」, 『중국문화(中國文化)』, 삼련서점(三聯書店), 1991년 제4기
2 원서에는 '這是就兩漢經學而論'인데, 전후 문맥을 살펴 '兩漢'의 '兩'을 '後'로 고쳐서 번역하였다.

는 언급할 만한 새로운 측면이 결코 없었다. 이는 선진과 시대배경이 서로 달랐다는 점 외에도 학술 자체에서 그 원인을 찾을 수 있다.

한대의 사상문화는 내세울 만한 것이 없다. 그렇지만 양한의 학술은 나름대로 특색을 지녔다. 한대의 학자는 사법과 가법을 중시하여 백발이 되도록 경서를 연구하였고 장구의 해석을 주된 목적으로 삼아 사실을 토대로 진리를 탐구하였다. 이러한 점은 마침내 후대의 모범이 되었고 특히 청나라 건륭(乾隆 1736~1795)·가경(嘉慶 1796~1820) 연간의 학자들[4]에게 추앙되었다. 한대의 사상문화·학술·사회정치가 가지는 관계를 통해 국가의 통일과 번성이 사상문화의 진보에는 도움이 되지 않지만 이런 태평성세가 학술의 발전에는 좋은 환경을 제공한다는 사실을 알 수 있다.

양한의 경학은 사법과 가법을 엄격히 지킨 학술이다. 따라서 경학의 각 유파의 전승관계를 논의하고 경서 해석이 지닌 시대적 의의를 논술하려면 우선 사법과 가법의 함의를 분명히 해야 한다. 사법과 가법은 경학 전승의 구체적 형식인 것이다.

사법과 가법에 대해서는 학자들 간의 견해가 매우 다르다. 천옌지에(陳延杰)는 다음과 같이 말하였다.

한나라 사람들의 경서 연구는 사법과 가법이 있었다. 『주역』에 대한 연구자로 시수(施讎)·맹희(孟喜)·양구하(梁丘賀)가 있는데 이들은 모두 전왕손(田王孫)을 스승으로 받들었으니 이것이 사법이다. 시가(施家)에는 장우(張禹)·팽선(彭宣)의 학이 있고 맹가(孟家)에는 적목(翟牧)·백광(白光)의 학이 있고 양구가(梁丘家)에는 사손장(士孫張)·등팽조(鄧彭祖)·형함(衡咸)의 학이 있었으니, 가

• • • • • • • • • • • • •

3 《원주》 장태염(章太炎), 「여장행엄론묵학(與張行嚴論墨學)」, 『화국월간(華國月刊)』, 제2기
4 건가박학(乾嘉樸學)을 말한다. 건가학파는 중국 청대의 학술유파 중의 하나로, 건륭(乾隆)과 가정(嘉靖) 연간에 가장 흥성했기 때문에 붙여진 이름이며, '한학(漢學)' 또는 '고거학파(考據學派)'라고도 한다. 혜동(惠棟), 대진(戴震), 전대흔(錢大昕), 단옥재(段玉裁), 왕염손(王念孫), 왕인지(王引之)가 대표적인 인물이다.

법(家法)이다. 『춘추(春秋)』에 대한 연구자로 엄팽조(嚴彭祖)와 안안락(顔安樂)은 모두 휴맹(眭孟)을 스승으로 받들었으니 사법이다. 안가(顔家)에는 냉풍(冷豊)·임공(任公)의 학이 있고 관로(筦路)·명도(冥都)의 학이 있었으니 가법이다. 경서를 연구할 때에는 반드시 사법이 있었으니, 그런 뒤에야 일가(一家)의 학설을 이룰 수 있었다. 사법은 그 근원을 거슬러 올라가는 것이고 가법은 그 흐름을 따라 내려가는 것이다.[漢人治經, 有師法, 有家法. 『易』有施讎·孟喜·梁丘賀, 同師田王孫, 師法也. 施家有張·彭之學, 孟有翟·孟·白之學,[5] 梁丘有士孫·鄧·衡之學, 則家法也. 『春秋』嚴彭祖·顔安樂同師眭孟, 師法也. 顔家有冷·任之學, 有筦[6]·冥之學, 則家法也. 治經必有師法, 然後始能成一家之言. 師法, 溯其源, 家法者, 衍其流也.][7]

그리고 청쉰잉(程舜英)은 다음과 같이 말하였다.

한나라 초기에 경학은 모두 구두(口頭)로 전수되었다. 이로 인해 한나라 사람들은 스승이 없는 학문이 없었으니 스승이 전수한 것을 제자가 학습할 때에는 단 한 글자도 감히 차이가 있어서는 안 되었다. 전한은 사법을 중시하고 후한은 가법을 중시하였다. 먼저 사법이 있고 그런 뒤에야 일가의 말을 이룰 수 있다. …… 다시 말하면 사법은 근원이고 가법은 지류이며 사법은 줄기이고 가법은 가지이다.[漢初經學, 都賴口頭傳授, 因此漢人無無師之學, 老師所傳授的, 弟子所學習的一個字都不敢有出入. 前漢重師法, 後漢重家法. 先有師法, 然後才能成一家之言.

. . . .

5 ≪원주≫ 『한서』 「유림전」의 "맹희(孟喜)는 같은 고을에 사는 백광(白光) 소자(少子 백광의 자(字))와 패(沛) 땅의 적목(翟牧) 자황(子兄 적목의 자)에게 전수하였는데, 이들은 모두 박사(博士)가 되었다. 이로 말미암아 적(翟)·맹(孟)·백(白)의 학문이 있게 되었다.[喜授同郡白光少子·沛翟牧子兄, 皆爲博士. 由是有翟·孟·白之學.]"라는 내용에 대한 왕선겸(王先謙)의 주(注)에, "'맹가는 백·적의 학이 있게 되었다.'라고 해야 한다.[當云孟家有白翟之學.]"라고 하였다.

6 원서에는 '管'으로 되어 있는데, 자형이 비슷하여 생긴 전사 과정의 오자로 보아 '筦'으로 고쳤다. (『한서』, 중화서국점교본, 1962, p.3617)

7 ≪원주≫ 천옌지에(陳延杰), 『경학개론(經學槪論)』 제10장에 "한대훈고학급사법가법(漢代訓詁學及師法家法)", 민국(民國) 19년(1930), 초판(初版). 진연걸의 원래의 책에는 등(鄧)·형(衡)을 한 사람으로 잘못 보았는데, 여기서는 수정하였다.

…… 就是說師法是源, 家法是流, 師法示幹, 家法是枝.][8]

이상 두 가지 설은 내용이 대체로 동일한데 사실은 모두 피시루이(皮錫瑞 1850~1908)의 『경학역사(經學歷史)』에서 나왔다.

사법이란 근원을 거슬러 올라가는 것이고 가법이란 흐름을 따라 내려가는 것이다. 사법과 가법의 구분은 예컨대 『주역』에 시수·맹희·양구하의 학이 있는 것은 사법이며 시가에 장우·팽선의 학이 있고 맹가에 적목·백광의 학이 있고 양구하의 학에 사손장·등팽조·형함의 학이 있는 것은 가법이다. 가법은 사법에서 갈라져 나온 것으로, 시수·맹희·양구하의 사법은 또한 전왕손이라는 하나의 스승으로부터 갈라져 나온 것이다.[師法者, 溯其源, 家法者, 衍其流也. 師法·家法所以分者, 如『易』有施·孟·梁丘之學, 是師法, 施家有張·彭之學, 孟有翟·孟·白之學, 梁丘有士孫·鄧·衡之學是家法. 家法從師法分出, 而施·孟·梁丘之師法, 又從田王孫一師分出者也.][9]

이와 다른 견해는 왕티에(王鐵)이 『한대학술사(漢代學術史)』에서 제시한 것이다.

한대의 경전 전수는 사법(師法)과 가법(家法)을 중시하였다. 전인들은 한대의 경학을 연구하면서 혹 사법과 가법은 의미가 대략 동일하다 말하기도 하고 혹 사법은 근원이고 가법은 지류라 말하기도 하였다. 실은 이렇게 분별한다면 '가법이 근원이고 사법이 지류'라고 말해야 한다. 『한서』와 『후한서』에서 말하는 사법은 모두 '스승으로부터 전수 받은 법'을 가리킨다. 『한서』 「유림전」으로 증명한다면 아무 경에는 아무 씨의 학문이 있다고 말하는 것은 대체로 모두 가법을 가리켜 하는 말이다.[漢代傳經, 講究師法和家法. 前人研究漢代經學, 或說師

....

8 《원주》 청쉰이(程舜英), 『양한교육제도사자료(兩漢敎育制度史資料)』, 제2장, 북경사범대학 출판사, 1983년판
9 《원주》 피시루이(皮錫瑞), 『경학역사(經學歷史)』 4 "경학극성시대(經學極盛時代)"

法家法意義略同, 或說師法爲源家法爲流. 實則如此分辨, 應該說家法爲源師法爲流. 前後漢書中所說的師法, 都是指所從受業之師之法. 以『漢書』「儒林傳」證之, 凡說某經有某氏之學者, 大抵都是指家法.][10]

사법과 가법 가운데 어느 것이 원류이며 어느 것이 지류인지에 대해서는 연구자들의 의견이 서로 엇갈린다. 실제로 이 문제에 대해 피시루이는 보충 견해를 내놓았다.

한나라 때에는 가법을 따르지 않는 것에 대한 경계가 매우 엄격하였다. 그렇지만 사법은 따로 가법으로 갈라져 나가고 가법은 또 저마다 전문가로 갈라져 나간다. 이는 마치 줄기가 가지를 치고 그 가지가 다시 또 다른 가지를 쳐서 가지와 잎이 무성하여 점차 그 뿌리를 잃어버리는 것과 같으며, 또한 아들이 손자를 낳고 손자가 그 손자를 낳아 먼 후손에 이르러 점차 그 조상을 잊어버리는 것과 같다. 후대의 스승을 옳다고 하고 옛날의 스승을 그르다고 하며, 후대의 학설은 인용하고 선대의 학설은 폐기하니 미언대의(微言大義)[11]의 괴리는 바로 근원이 멀고 말단이 분기하는 데에서 비롯된 것이다.[漢時不修家法之戒, 蓋極嚴矣. 然師法別出家法, 而家法又各分專家, 如幹既分枝, 枝又分枝, 枝葉繁滋, 浸失其本,[12] 又如子卽生孫, 孫又生孫, 雲仍曠遠, 漸忘其祖. 是末師而非往古, 用後說而舍先傳, 微言大義之乖, 卽自源遠末分始矣.][13]

• • • • • • • • • • • •

10 ≪원주≫ 왕티에(王鐵), 『한대학술사(漢代學術史)』, 제5장 제2절 "경학의 해설과 전수"
11 미언(微言)은 정미하고 미묘한 말이고, 대의(大義)는 원래는 『시경』·『서경』·『예기』 등 여러 경전의 요지를 가리키는 말이었는데, 후대에는 정미한 말 속에 포함된 깊은 뜻을 가리키게 되었다. 이 말은 한나라 유흠(劉歆)의 「이서양태상박사(移書讓太常博士)」의 "부자(夫子)께서 돌아가시자 미언이 끊겼고, 칠십자(七十子)가 죽자 대의가 어그러졌다.[及夫子沒而微言絶, 七十子終而大義乖.]"에서 유래하였다.(『한서』, p.1968.) 청대의 전겸익(錢謙益)은 「급고각모씨신각십칠사서(汲古閣毛氏新刻十七史序)」에서 "옛날 육경의 학문은 전문적인 이름난 가(家)가 있어서 각기 사설(師說)을 지켰다. 성현의 미언대의는 그물의 벼리를 집어 올리면 그물의 작은 구멍이 자연히 열리는 격이었다.[古者六經之學, 專門名家, 各守師說, 聖賢之微言大義, 綱擧目張.]"이라고 하였다.(전겸익, 『목재유학집(牧齋有學集)』 권14, pp.679~680)
12 원서에는 '木'으로 되어 있는데, 자형이 비슷하여 생긴 전사 과정의 오자로 보아 피시루이의 『경학역사』(藝文印書館, 民國48年, 初版) 57쪽에 근거하여 '本'으로 고쳤다.

피시루이의 보충설명이 사법과 가법의 경계를 상세히 설명하기는 하였지만 여전히 양자의 관계를 분명히 이해하기는 어렵다. 양한의 사료를 자세히 살펴보고 학자들의 관점을 비교 대조해 보면 사법과 가법은 큰 차이가 없다는 사실과 사법에 대한 설은 전한 때에 보이고 가법에 대한 설은 후한 때에 보인다는 사실을 발견할 수 있다. 『한서』「유림전」에 다음과 같은 말이 있다. 즉 맹희(孟喜)는 전왕손(田王孫)에게 『주역』을 배웠는데 자화자찬하기를 좋아하여 음양(陰陽)·재변(災變)에 관해 점칠 때 사용하던 책 1권을 구해서는 작고한 스승 전왕손이 임종시에 자신에게만 전수한 책이라고 거짓말을 하였다. 그렇지만 이 일은 동문인 양구하(梁丘賀)에 의해 밝혀지는데 양구하는 "전 선생님께서는 시수(施讎)의 수중에서 돌아가셨다. 그때 맹희는 동해(東海)로 돌아가 있었으니 어찌 그런 일이 있을 수 있겠는가.[田生絶于施讎手中, 時喜歸東海, 安得此事.]"라고 하였다. 후에 "박사(博士)에 결원이 생겨 많은 사람들이 맹희를 천거하였으나 원제(元帝)는 맹희가 사법을 고쳤다는 말을 듣고는 끝내 맹희를 임용하지 않았다.[博士缺, 衆人薦喜, 上聞喜改師法, 遂不用喜.]" 맹희는 사법을 고쳤기 때문에 임용되지 못했다.[14] 이와 상반된 예증으로 장우(張禹, ?~B.C.5)[15]는 "사법이 있어서[有師法]" 임용되었다. "감로(甘露 한나라 선제(宣帝) 때의 연호 B.C.53~B.C.50) 연간에 유자들이 장우를 천거하자 태자태부 소망지(蕭望之, B.C.106~B.C.47)[16]에게 명하여 장우의 학식 수준을 시험하게 하였다.

· · · · · · · · · · · ·

13 ≪원주≫ 피시루이, 『경학역사』 4 "경학극성시대(經學極盛時代)"
14 맹희의 학문이 사법(師法)이 없는 것은 아니었지만, 결코 전왕손의 학통을 정통으로 이은 사람은 아니었다. 그는 음양과 재변을 점치는 역가서(易家書)의 책을 구하여 음양과 재이로 『주역』을 해설하였다. 이것이 박사로 천거되었지만 끝내 임용되지 못한 이유이다.
15 자는 자문(子文)으로, 경학에 능통하여 박사가 되었다. 원제(元帝) 때에 태자에게 『논어』를 가르치고 성제(成帝) 때에는 사부(師傅)로 존중되었다. 안창후(安昌侯)에 봉해졌다.
16 소망지는 중국 전한 때의 학자이자 관리로, 자가 장천(長倩)이고 지금의 산동성 사람이다. 농민 출신이나, 추거(推擧)되어 장안에서 학업을 닦아 유명해졌다. 곡물 납입에 의한 속죄제(贖罪制)에 반대하는 등 도덕주의적 입장에 서서 홍공(弘恭)·석현(石顯) 등 환관의 전횡을 막아 제도를 개혁하려 했으나 반대로 모함에 빠져 벌을 받게 되자 자살하였다. 당시의 실력자 곽광에게 압박을 받았으나 곽씨몰락 후에는 선제에게 신임을 얻어 지방장관·법무장관·

310

장우가 『주역』과 『논어』의 대의(大義)를 대답하니 소망지가 극찬하고는 '장우는 경학에 정통하고 사법이 있으니 한번 등용하여 벼슬을 맡길 만합니다.'라고 아뢰었다.[甘露中, 諸儒薦禹, 有詔太子太傅蕭望之問. 禹對『易』及『論語』大義, 望之善焉, 奏禹經學精習, 有師法, 可試事.]"[17] 맹희는 "사법을 고쳐" 등용되지 못했고 장우는 "사법이 있어" 등용되었다. 이를 통해서 사법은 바로 스승에게 전수받은 학문을 가리키는 것임을 알 수 있으니 가법을 근원으로 여기고 사법을 지류로 여기는 견해는 잘못된 것이다. 이밖에도 문헌사료에서 가법에 대해 언급한 것도 극히 적으니 사법을 근원으로 여기고 가법을 지류로 여기는 견해도 근거 없는 말이다. 전한 초년에 경학이 흥성하면서 경사들이 경을 전수하였는데 "대체로 입과 귀로 전승하여 또한 오류가 없을 수 없었다."[18] 제자들은 스승의 가르침을 엄격히 지켜야 하고 고칠 수 없었으니 이렇게 삼가고 당연한 것이다. 마치 맹희의 유파가 경문에 술수학를 혼합하여 경문의 순수성이 훼손된 것처럼 경전이 전수되는 기간이 비교적 길어지면서 소실된 부분도 있고 오류도 있었다. 이 때문에 전한의 경사들은 대부분 하나의 경전을 전공하였다. 신공(申公, B.C.219~B.C.135)[19]이 『시경』과 『춘추』에 아울러 정통했던 것은 이미 흔치 않은 일이었고[20] 하후시창(夏侯始昌)[21]이 오경

· · · · · · · · · · · ·

황태자 교육관 등을 역임하였다.

17 《원주》『한서』 권 81 「장우전(張禹傳)」
18 《원주》 뤼스몐(呂思勉), 『경자해제(經子解題)』, "논독경지법(論讀經之法)", 화동사범대학 출판사, 1995.
19 이름은 배(培). 신배공(申培公)으로도 불린다. 노(魯, 지금의 곡부) 사람이다. 전한시기 금문 시학인 "노시학(魯詩學)의 창시자로 젊었을 때 부구백(浮邱伯)에게 시를 배웠다. 『시경』에 전(傳)을 지었는데, 이를 『魯詩』라 부른다.
20 《원주》『한서』 권88 「유림전」
21 하후시창에 대한 사적이 『한서』 「하후시창전(夏侯始昌傳)」에 보이는데, "노나라 사람이다. 오경에 두루 통달하여, 제시(齊詩)와 상서(尙書)를 교수하였다. 동중서와 한영이 죽고 난 후, 무제는 시창을 얻었는데, 심히 중시하였다. 시창은 음양에 밝아, 박량대(柏梁臺)의 재일(災日)을 먼저 말한 적이 있는데, 그 날이 이르자 과연 재해가 있었다. 당시 창읍왕이 작은 아들로 사랑을 받고 있을 때 주상이 스승을 뽑았는데, 시창을 태부로 삼았으나 이미 연로하여 사직으로 고하였다. 족자(族子)인 승(勝)이 또한 유학으로 이름을 알렸다.[魯人也. 通五經, 以

(五經)에 정통했던 것은 극히 드문 일이었다.[22] 후한에 이르러서는 풍조가 바뀌었다. 윤민(尹敏)[23]은 『구양상서(歐陽尙書)』를 연구하였고 『모시(毛詩)』·『곡량춘추(穀梁春秋)』·『좌씨춘추(左氏春秋)』에도 아울러 뛰어났다. 경란(景鸞)[24]은 『제시(齊詩)』[25]·『시씨역(施氏易)』에 능통하였고 도참위서(圖讖緯書)[26]인 『하도(河圖)』와 『낙서(洛書)』를 연구하였고 『예내외설(禮內外說)』[27]을 저술하였다. 육경에 정통한 자로 하휴(何休)가 있고, 오경에 정통했던 자로 허신(許愼)과 채현(蔡玄) 등 여러 사람들이 있었다.[28] 후한의 경사들은 하나의 경만을 고수

· · · · · · · · · · · · ·

齊詩、尙書教授. 自董仲舒、韓嬰死後, 武帝得始昌, 甚重之. 始昌明於陰陽, 先言柏梁臺災日, 至期日果災. 時昌邑王以少子愛, 上爲選師, 始昌爲太傅. 年老, 以壽終. 族子勝亦以儒顯名.]"이라고 하였다.(『한서』, p.3154.)

22 ≪원주≫ 『한서』, 권75 「하후시창전(夏侯始昌傳)」

23 후한 남양(南陽) 도양堵陽) 사람으로, 자는 유계(幼季)이다. 처음에는 『구양상서(歐陽尙書)』를 연구하고 후에 고문상서를 전수받았다. 아울러 『모시(毛詩)』·『곡량전(穀梁傳)』·『춘추좌씨전(春秋左氏傳)』에 정통했다. 무제(武帝) 때 참위서를 교수하게 하였는데, 윤민이 참위서는 성인이 저술한 것이 아니라고 대답한 바 있으나 받아들여지지 않았다.

24 자는 한백(漢伯)으로, 후한 광한(廣漢) 재동(梓潼) 사람이다. 어려서 스승을 따라 경학을 배우면서 일곱 주를 두루 돌아다녔다. 능히 『제시(齊詩)』와 『시씨역(施氏易)』을 다스릴 줄 알았으며, 『하(河)』·『낙(洛)』의 도참과 위서도 겸하여 전수받았다. 『역설(易說)』 및 『시해(詩解)』를 지으면서, 『하(河)』·『낙(洛)』에서 문구를 취하기도 하여, 비슷한 것을 한데 모았는데, 이름을 『교집(交集)』이라 하였다. 또 『예내외기(禮內外記)』를 편찬하여 이름을 『예략(禮略)』이라 하였다.[少隨師學經, 涉七州之地. 能理『齊詩』, 『施氏易』, 兼受『河』『洛』圖緯, 作『易說』及『詩解』, 文句兼取『河』『洛』, 以類相從, 名爲『交集』. 又撰『禮內外記』, 號曰『禮略』.](『한서』, p.2572.)

25 수서(隋書)』 「경적지(經籍志)」에 이르기를, "한나라 초기에 노나라 사람 신공(申公)이 부구백(浮丘伯)에게서 『시경』을 전수받고 『고훈(詁訓)』를 지었는데 이것이 『노시(魯詩)』이고 제나라 사람 원고생(轅固生)이 또 『시경』에 전(傳)을 지었는데 이것이 『제시(齊詩)』이며, 연(燕)나라 사람 한영(韓嬰)이 『시경』에 전을 지었는데 이것이 『한시(韓詩)』이다."라고 하였다.

26 '참위(讖緯)'로 약칭하기도 한다. 도참은 곧 술수점험(術數占驗)의 말을 교묘히 은어(隱語)로 만들어 길흉의 조짐을 예견하는 것이고, 위서는 경서(經書)를 늘여 해석하는 것으로 내용이 잡되고 문란하여 반은 경서에 대한 해석이고 반은 황당무계한 술수의 말로, 『시경』, 『서경』, 『예기』, 『악기』, 『주역』, 『춘추』, 『효경』의 7경에 대한 위서가 있었는데, 이것이 곧 칠위(七緯)이다. 참위설은 공양학을 중심으로 한 유학에서 파생된 것으로 보고 있으며, 전한 말과 후한 초에 걸쳐 정권교체의 이론적 근거로 자주 이용되었다. (장영백 외 역해, 『경학개설』, 청아출판사, 1999, p.88 참조.)

27 『후한서』 권109 「유림열전」에는 "또 『예내외기(禮內外記)』를 편찬하여 이름을 『예략(禮略)』이라 하였다.[又撰禮內外記, 號曰禮略.]"이라 하여 '說'이 '記'로 되어 있다.

하지 않았으며 연구가 활발하였고 지파도 많았다. 그래서 후한에서는 대부분 가법을 말하고 사법은 말하지 않았다.

안제(安帝) 원초(元初) 4년(117)에 "황제가 경전의 글에 바르게 정해지지 않은 것이 많다고 생각하여 통유(通儒)인 알자(謁者)[29] 유진(劉珍) 및 박사(博士)・우수한 사관(史官)을 선발하여 동관(東觀)에 보내 저마다 가법(家法)을 교수(校讐)[30]하게 하였으며 채륜(蔡倫)에게 그 일을 감독하게 하였다.[帝以經傳之文多不正定, 乃選通儒謁者劉珍及博士良史詣東觀, 各讐校家法, 令倫監典其事.]"[31] 이 문장 속의 '륜(倫)'은 바로 환관(宦官)인 채륜(蔡倫)으로 안제가 채륜에게 강의의 정본(正本)을 만들 것을 명하였다. 『후한서』「좌웅전(左雄傳)」에는 "지금부터 효렴(孝廉)은 나이 40세가 안 된 자는 선발하거나 천거할 수 없게 하며, 모두 먼저 관부에 나오게 하여 제생(諸生)에게 가법을 시험보게 하고 문서 담당하는 관리에 대해서는 문서 작성을 가지고 시험보게 하소서.[請自今孝廉年不滿四十, 不得察擧, 皆先詣公府, 諸生試家法, 文吏課箋奏.]"라는 내용이 기재되어 있고 『후한서』「질제기(質帝紀)」 본초(本初) 원년(146)에 "군국(郡國)에서 경서에 밝은 자를 천거하게 하고 …… 각각 가법을 따르게 하였다.[令郡國擧明經 …… 各令隨家法]"라는 내용이 기재되어 있다. 좌웅이 올린 글은 효렴을 천거할 때 가법에 대한 시험을 보여야 함을 강조하였고 질제의 조령은 경서에 정통한 사람을 선발하여 가법을 따르게 해야 함을 강조하였다. 이러한 조치는 모두 가법이 날로 엄격해지는 상황에서가 아니라 가법이 날로 혼란스러워지는 상황에서 나온 것이다. 화제(和帝) 영원(永元) 14년(102)에 서방(徐防)이 올린

---

28 ≪원주≫ 『후한서』 권109 「유림전」
29 관명(官名)으로, 춘추전국 시대에 처음 설치하였고, 진나라와 한나라가 그대로 계승하였다. 주로 전례를 거행할 때 천자를 인도하여 의식을 행하는 일을 맡았다. 당나라 때에는 통사사인(通事舍人)으로 개칭하였다.
30 각각 다르게 전래된 판본을 수집하고 문자의 이동을 비교하여 착오를 정정하고 중복된 것을 제거하며, 편장의 차서를 검토하고 확정하여 사본을 제작할 수 있도록 고본(稿本)을 완성하는 것을 말한다.
31 ≪원주≫ 『후한서』 권78 「채륜전(蔡倫傳)」

글에서 그 내용을 엿볼 수 있다.

> 태학에서 박사제자(博士弟子 태학생)에게 시험 보이는 것을 삼가 보니 모두 자의적으로 해석하여 가법을 따르지 않고 있습니다. 사사로이 용인하고 덮어주어 간사한 무리들에게 길을 열어주고 있습니다. 책시(策試)[32]가 있을 때마다 번번이 서로 쟁론하여 논의가 분분하고 서로 비판하고 질책합니다. …… 지금 장구에 의거하지 않고 함부로 천착하며 스승 따르는 것을 옳지 않다고 여기고 자의적으로 해석하는 것을 이치에 맞는다고 여겨서 유가의 학술을 업신여기는 것이 점차 습속이 되었습니다. …… 신의 생각에는 박사 시험 및 갑을과의 책시는 각 가(家)의 장구를 쫓아야 한다고 여기니 논란이 될 만한 50개 문제를 출제하여 그들에게 시험 보이소서.[伏見太學試博士弟子, 皆以意說, 不修家法, 私相容隱, 開生姦路. 每有策試, 輒興諍訟, 論議紛錯, 互相是非. …… 今不依章句, 妄生穿鑿, 以遵師爲非義, 意說爲得理, 輕侮道術, 寖以成俗. …… 臣以爲博士及甲乙策試, 宜從其家章句, 開五十難以試之.][33]

사법과 가법은 원래 전한과 후한에서 경학의 전승에 대해 지녔던 서로 다른 견해인데 전한과 후한 때 나름의 견해를 고수할 수밖에 없었던 이유는 경학이 처한 상황이 서로 달랐기 때문이다. 그러므로 사법과 가법은 단지 선후(先後)를 논할 수 있을 뿐 원류(源流)는 논할 수 없다. 『한서』와 『후한서』는 각각 그 뜻을 가지고 고유의 용어로 표시하였는데, 오히려 후학들이 그것을 재단하고 크고 작은 것을 비교하면서 그 원류를 논하다가 분명했던 사실을 모호하게 만들었다.

다음은 한나라 때 경전 해석의 방법에 대해 전문적으로 논의해 보겠다. 고대에는 경전을 해석하는 방식이 매우 많아 전(傳)·설(說)·장구(章句)·훈

· · · · · · · · · · · ·

32 경의(經義)나 혹은 정사(政事) 등의 문제를 내어 해답을 요구하는 방식으로 선비에게 시험을 보이는 것을 가리킨다.
33 《원주》『후한서』 권44 「서방전(徐防傳)」

고(訓詁)·전(箋)·주(注)·소(疏) 등이 있는데 이들을 통칭하여 "경설(經說)"이라고 한다.

　'전(傳)'에 대해서는 『사기』 「태사공자서(太史公自序)」에서 "유가는 육예[34]를 준칙으로 삼는다. 육예의 경문과 전문(傳文)은 그 분량이 매우 많아서 여러 대에 걸쳐 연구해도 그 학문에 정통할 수 없고 일평생 종사해도 그 예의를 상세히 연구해 낼 수 없다.[夫儒者以六藝爲法. 六藝經傳以千萬數, 累世不能通其學, 當年不能究其禮.]"라고 하였다. 이른바 '전'은 경문이 간략하고 심오하여 뜻을 분명히 알기 어렵기 때문에 전을 지어 그 뜻을 밝힌 것이라고 인식하고 있다. '전'은 문자로 드러내는 것이니 『공양전(公羊傳)』 「정공(定公) 원년」의 "당시의 임금이 『춘추』를 읽고서 그 해석을 묻는다면[主人習其讀而問其傳]"에 대한 하휴(何休)의 주에 "전은 훈고를 말한다.[傳謂訓詁.]"라고 하였다.[35] 이렇게 볼 때 '전'은 문자를 사용하여 간략하고 심오한 경문의 뜻을 밝히는 것이다. 이러한 견해에 대해 다소 이의를 갖게 된다. 이른바 전의 본의(本意)는 "중간에서 전달해 주는[轉授轉送]" 것이다. 『논어』 「학이」에서 "전수받은 것을 익히지 않았는가?[傳不習乎.]"라고 하였다. 『맹자』 「공손추 상(公孫丑上)」에서 "역마로 명을 전달하는 것보다 빠르다.[速於置郵而傳命]"[36]라고 하였다. 여기에서 '전'은 발음이 chuán이다. '전'의 본의를 가지고 살펴보면, 예컨대 『좌씨전(左氏傳)』·『곡량전(穀梁傳)』·『공양전(公羊傳)』·『시전(詩傳)』·『역전(易傳)』과 같은 이른바 경전(經傳)은 실제상 경문에 대한 선사(先師)들의 전술(傳述)로 보아야 하니 본래는 입과 귀로 전수되다가 후대에 비로소 문자로 정리된

· · · · · · · · · · · · · ·

34 육예(六藝)는 육경(六經), 즉 『예기』, 『악기』, 『서경』, 『시경』, 『주역』, 『춘추』 등 6종의 유가 경전을 가리킨다.
35 『춘추공양전』 정공 원년의 "主人習其讀而問其傳"에 대한 하휴의 주에 "'독'은 경(經)을 이르고, '전'은 훈고(訓詁)를 이른다. '주인'은 정공(定公)이다.[讀謂經, 傳謂訓詁, 主人謂定公.]"라고 하였다.
36 원서에는 '連於置郵而傳命'으로 되어 있는데, 자형이 비슷하여 생긴 전사 과정의 오류로 보아 '連'을 '速'으로 고쳐서 번역하였다.(『십삼경주소』, 정리위원회정리(整理委員會整理), 『춘추공양전주소(春秋公羊傳注疏)』, 북경대학출판사(北京大學出版社), 2000, p.627)

것이다. 문자로 쓰어진 chuán만 zhuàn으로 발음한다는 것만을 추측할 수 있다.[37] 경서에 '전'이 있는 것은 전국시대 말기에 시작되었다. 『순자(荀子)』「대략(大略)」에서 『시경』「국풍(國風)」에 남녀가 서로 사랑하는 내용을 읊은 편장(篇章)이 있는데 고서(古書)에서는 다음과 같은 해석을 하였다. "이 시는 이성에 대한 욕구로 충만하지만 그 행동을 잘못하게 하지는 않는다. 그 진실한 애정은 황금과 보옥에 비할 수 있고 그 음악은 종묘에서 연주할 수 있다. [盈其欲而不愆其止, 其誠可比於金石, 其聲可納於宗廟.]"라고 하였다.

'설(說)'에 대해서는 어떤 학자들은 전문에 대한 해석으로 보고 있는데 타당치 않다. '설'은 경문을 해석하는 또다른 표현양식이다. 만약 이렇게 이해하지 않는다면 『한서』「예문지(藝文志)」에 기재된 『주역』에 대한 오록충종(五鹿充宗)의 『약설(略說)』,[38] 『시경』에 대한 『노설(魯說)』·『한설(韓說)』 등에 대해 해답을 하기가 어렵게 된다. '전(傳)'과 비교하여 '설'은 경문을 해석한 것일 뿐만 아니라 또한 전문을 해석한 것이다. 경문을 해석하는 표현양식으로서의 '설'은 '전'에 비해 늦게 출현하였다. 원래 대부분 입으로 전수하고 귀로 들은 것이어서 내용은 '전'과 비교해 많고 복잡하지만 통속적이고 알아듣기 쉬웠다. 그러다가 뒤에 경학이 흥성해지면서 대사(大師)의 '설'도 간독(簡牘)에 기재되었던 것이다. 다음은 『한서』「오행지(五行志)」에 실린 경·전·설을 예시한 것인데, 전·설이 경과 어떤 관계를 지니는지 밝힐 수 있다.

경(經)에 이르기를 "다섯 가지 일을 공손히 행해야 한다. 다섯 가지 일이란 첫째는 용모이고 둘째는 말이고 셋째는 눈으로 보는 것이고 넷째는 귀로 듣는

. . . .

37 《원주》 이 문제에 대해 나는 일찍이 뇌장양(賴長揚) 선생과 토론하면서 많은 것을 얻었다.

38 전한의 저명한 유학자로, 오록(五鹿)은 씨(氏)이고 충종(充宗)은 이름이다. 위(衛)나라 오록 사람으로, 지명을 성씨로 삼았다. 홍성자(弘成子)에게 수학하였고, 『제논어(齊論語)』와 『양구역(梁丘易)』을 전승한 사람이다. 대표 저작인 『약설(略說)』 3편이 『한서』「예문지(藝文志)」에 저록되어 있다.

316

것이고 다섯째는 생각하는 것이다. ……"라고 하였다.[經日: "羞用五事. 五事:
一日貌, 二日言, 三日視, 四日聽, 五日思. ……"]

　　전(傳)에 이르기를 "용모가 공손치 않은 것을 엄숙하지 않다고 하니 그 잘못
은 광망한 데에 있고 그 벌로 큰 비가 계속 내리고 그 결과는 매우 엄중하다.
어떤 때는 이상한 복식을 하는 재앙[39]으로 나타나기도 하고 어떤 때는 거북이가
많이 나오는 재앙[40]으로 나타나기도 하며 어떤 때는 닭에게 전염병이 도는
재앙으로 나타나기도 하고 어떤 때는 하체에 생길 것이 상체에서 자라나는
재앙[41]으로 나타나기도 하며 어떤 때는 청색의 물건이 나오는 재앙[42]이 나타나
기도 한다. 이는 오직 금(水)이 수(水)를 해친 결과이다.[43]"라고 하였다.[傳日:
"貌之不恭, 是謂不肅, 厥咎狂, 厥罰恆雨, 厥極惡. 時則有服妖, 時則有龜孽, 時則有雞
禍, 時則有下體生上之痾, 時則有靑眚靑祥. 唯金沴."]

　　설(說)에 이르기를 "무릇 초목의 부류에 출현하는 재이를 '요(妖)'라 하니
'요'는 바로 요태(夭胎)로 아직 미미하여 드러나지 않음을 말한다. 벌레의 부류
에 출현하는 재앙을 '얼(孽)'이라 하니 '얼'은 바로 아얼(牙孽)이다. 재앙이 육축
(六畜)에 미치는 것을 '화(禍)'라 하니 드러난 것을 말한다. 사람의 몸에 발생하
는 것을 '아(痾)'라 하니 '아'는 병든 모양으로 상태가 점점 심해짐을 말한다.
심지어는 이물(異物)이 생기기도 하는데 이것을 '생(眚)'이라 한다. 이물이 외부
로부터 오는 것을 '상(祥)'이라 하니 '상'은 바로 정(禎)이다. 기(氣)가 서로

39　옛날 사람들은 기이한 복장을 하는 것을 천하에 변고가 일어날 예시라고 보았다.
40　옛날 사람들은 장마가 지려면 거북이가 많이 나온다고 보았다.
41　이에 대한 위소(韋昭)의 주에 "예컨대, 소의 발이 도리어 등 위에 나온 것은 아랫사람이
　　윗사람을 치려고 하는 재앙이다.[若牛之足反出背上, 下欲伐上之禍也.]"라고 하였다.
42　고대의 오행가들은 청색의 물건이 생산되는 것을 재앙이 발생할 징조를 미리 보여주는
　　괴이한 현상이라고 여겼다. 『한서』「오행지중지상(五行志中之上)」의 "당시 푸른 생(眚)과 푸
　　른 상(祥)이 있었다. 금(金)이 목(木)을 침해하였다.[時則有靑眚靑祥. 唯金沴木.]"에 대한 안사
　　고(顏師古)의 주에서 이기(李奇)의 설을 인용하여 "안으로 부터는 '생'이라 하고, 외부로 부
　　터는 '상'이라 한다.[內日眚, 外日祥.]"라고 하였다.(『한서』, 중화서국점교본, p.1352)
43　이에 대해 복건(服虔)은 "'려'는 해치는 것이다.[沴, 害也.]"라 하였고, 여순(如淳)은 "'려'의
　　음은 '불려(拂戾)'의 '려'이다. 음도 또한 같다.[沴音拂戾之戾, 義亦同.]"이라 하였다.(앞의 책,
　　p.1353)

침해하는 것을 '려(沴)'라 하니 '려'는 바로 재이가 닥쳐 화목하지 못하다는 뜻이다. 모든 상황에 대해 '시즉(時則)'으로 결말을 맺었으니 꼭 모두 이런 상황에 이르는 것은 아니어서 혹 있기도 하고 혹 없기도 하며 혹 사전에 나타나기도 하고 혹 사후에 나타나기도 함을 말한 것이다."라고 하였다.[說曰 : "凡草物之類謂之妖. 妖猶夭胎, 言尙微. 蟲豸之類謂之孽. 孽則牙孽矣. 及六畜, 謂之禍, 言其着也. 及人, 謂之痾. 痾, 病貌, 言浸深也. 甚則異物生, 謂之眚, 自外來, 謂之祥. 祥猶禎也. 氣相傷, 謂之沴. 沴猶臨莅, 不和意也. 每一事云時則以絶之, 言非必俱至, 或有或亡, 或在前或在後也."]^44

'장구(章句)'는 경전 해석의 또 다른 하나의 체재로 설과 비슷하다. 한 장(章) 한 구(句)의 뜻에 더욱 치중하여 경전의 장절(章節)과 구두(句讀)를 분석하는 것이다. 장구학(章句學)은 전한 때에 이미 있었으니 『상서』에는 구양(歐陽) · 대소하후(大小夏侯)^45의 장구가 있었고, 『춘추』에는 공양(公羊) · 곡량(穀梁)의 장구가 있었다. 『한서』「하후승전(夏侯勝傳)」에 다음과 같은 기록이 있다. "하후승의 종부(從父 숙부와 백부)의 아들 가운데 이름이 건(建)이고 자가 장경(長卿)인 자 있었다. 그는 하후승 및 구양고(歐陽高)를 스승으로 섬긴 뒤부터 여기저기에서 의심스러운 부분을 찾아 물었다. 또한 오경을 연구하는 여러 유자들에게 배우면서 『상서』와 서로 다른 부분을 그들에게 물었으며 장구를 인용하고 배열하여 형식만 잘 갖추고 말만 그럴싸하게 꾸몄다. 이에 하후승이 그를 나무라면서 '하후건은 이른바 장구의 어휘만을 추구하는 소유(小儒)로, 유학의 대도(大道)를 파괴하였다.'라고 말하였다." 장구학은 전한말기부터 후

· · · · · · · · · · · ·

44 《원주》『한서』권27(中之上)「오행지(五行志)」
45 대소하후(大小夏侯)는 하후승(夏侯勝 B.C.152~B.C.61)과 하후건(夏侯建)이다. 하후승은 자는 장공(長公)이며 산동(山東) 동평(東平) 사람이다. 하후시창(夏侯始昌)에게 『상서(尙書)』·『홍범오행전(洪範五行傳)』을 배웠으며 『상서대소하후장구(尙書大小夏侯章句)』·『논어노하후설(論語魯夏侯說)』등을 지었으나 현전하지 않는다. 하후건은 생몰년 미상이며, 자는 장경(長卿)으로 산동(山東) 동평(東平) 사람이다. 하후승(夏侯勝)·구양고(歐陽高)를 사사하여 『상서』를 배웠으며, 석거각회의(石渠閣會議 B.C.51)에 참가하여 경전을 토론했다.

한 때까지 흥성하였다. "왕망(王莽) 때에 오경(五經)의 장구를 산정(刪定)하였는데 각 경서마다 모두 20만 자였다. 박사제자 곽로(郭路)는 밤마다 오경의 옛 해석을 산정하다가 등촉 밑에서 죽었다.[王莽之時, 省五經章句皆爲二十萬, 博士弟子郭路夜定舊說, 死於燭下.]" 장구학은 비교적 자질구레하고 번거로운 작업이다. 하나의 경서에 대한 해석이 많게는 1백만 자나 되어 복잡하기만 하고 핵심이 없어 경서의 심오한 뜻이 드러나지 않는다. 그래서 후한 때에 큰 뜻을 품었던 선비들은 대부분 장구 작업을 가치가 없다고 여겼다.[46]

　'훈고(訓詁)'는 장구학과 함께 또 다른 하나의 경전 해석의 표현양식이다. 예컨대, 『한서』「양웅전(揚雄傳)」에 "양웅은 어려서 학문을 좋아하였는데 장구를 연구하지 않고 어휘를 해석하여 통하게 할 따름이었다.[少而好學, 不爲章句, 訓詁通而已.]"라고 하였다. 『후한서』「환담전(桓譚傳)」에 "환담은 오경을 두루 익혔는데 모두 대의를 해석하였고 장구는 연구하지 않았다.[遍習五經, 皆詁訓大義, 不爲章句.]"라고 하였으니 훈고는 경전의 고자(古字)의 자의(字義)에 대한 해석이다. 한대의 문헌에는 훈고가 '훈고(訓故)'로도 되어 있다. 『설문해자』에 의하면 "훈은 설명하고 가르치는 것이다.[訓, 說敎也.]", "고는 옛말을 해석하는 것이다.[詁, 訓故言也.]"라고 하였다. 『한서』에 기록된 『서경』에 대한 『대소하후해고(大小夏侯解故)』, 『시경』에 대한 『제후씨고(齊后氏故)』·『제손씨고(齊孫氏故)』·『노고(魯故)』·『한고(韓故)』[47] 등은 모두 훈고학의 작품이다.

. . . .

46 《원주》 예컨대 환담(桓譚)의 "장구(章句)를 하지 않았다.[不爲章句]", 왕충(王充)의 "광범위하게 책 읽는 것을 좋아하였지만 장구를 지키지는 않았다.[好博覽而不守長句]", 반고(班固)의 "장구를 하지 않고 그 대의만 들었을 뿐이다.[不爲章句, 擧大義而已]", 노식(盧植)의 "자세하게 연구하는 것을 좋아하였지만 장구를 지키지는 않았다.[好硏精而不守章句]", 순숙(荀淑)의 "넓게 배웠지만 장구를 알지 못했다.[博學而不知章句]" 등이 이에 해당하는데, 『후한서』 본전에 각각 보인다.

47 이들은 모두 『한서』「예문지」에 저록된 삼가시(三家詩)의 주본(注本)이다.

제2절 『시(詩)』학

　『시(詩)』는 바로 『시경(詩經)』으로, 춘추시대 공자와 묵자 때에 이미 '시삼백(詩三百)'이라 일컬었다. 그 내용이 포괄하는 역사적 시대는 비교적 길다. 『시』는 공자가 산삭(刪削)한 이후로 유가 경전이 되었고 후세의 유가 제자들이 전습(傳習)하고 연구하는 주요 학문이 되었다고 한다.

　『시』학은 『시』에 관해 전습하고 해설하는 학문이다. 한대에 『시』를 연구하는 것을 업으로 삼은 비교적 이름이 난 유파로는 노(魯)·제(齊)·한(韓) 삼가(三家)가 있었다. 이 삼가의 『시』는 금문경(今文經)에 속하는데 한대에는 독존유술(獨尊儒術)을 제창하였기 때문에 삼가를 학관(學官)으로 세우고 박사를 두었다. 또 『모시(毛詩)』 일가가 있었는데 『좌씨춘추』·『고문상서(古文尙書)』 등과 함께 고문학으로 간주되었다. 전한 말부터 후한 때에 이르면서 고문학은 사랑을 받았기 때문에 『모시』 학파가 마침내 흥성하게 되었다. 지금 보는 『시경』은 바로 『모경(毛經)』이다. 『제시(齊詩)』·『노시(魯詩)』는 삼국시대(三國時代)와 서진(西晉) 때 없어졌고 『한시(韓詩)』는 당송(唐宋) 때까지는 남아 있었으나 결국 북송(北宋) 때에 역시 없어졌다.[1]

　한대 『시』학에 관한 연구는 양한 학술 과목 중에서 비교적 낯선 분야에

. . . .

1 《원주》 송나라 왕응린(王應麟)의 『시고(詩考)』와 청나라 진교종(陳喬樅)의 『삼가시유설고
　(三家詩遺說考)』 참조.

속하는데 그 원인은 두 가지이다. 첫째는 양한의 『시』학과 관련된 자료가 비교적 적고 볼 수 있는 현존 자료들은 아직 그 진위(眞僞)의 문제가 남아 있다. 둘째는 현대의 학과 분류에 따르면 『시경』은 문학사(文學史)의 과제에 속하는데 『시』학은 문학과 사학의 사이에 끼여 있기 때문에 관심을 보이는 사람이 적었다.

양한의 『시』학을 연구할 자료는 또 둘로 나눌 수 있다. 첫째는 『사기』・『한서』 및 『속한서(續漢書)』[2]・『동관한기(東觀漢記)』 등의 각 「전」과 「지」에서 언급한 자료들이다. 둘째는 후대인들이 찬집한 양한 시학 대가들의 산실된 작품인데 이런 종류가 비교적 많기는 하지만 대부분 온전히 믿을 수는 없다.

(1) 노시(魯詩)

- 저자가 한나라 신배공(申培公)으로 되어 있는 것 3종(種).

  『시설(詩說)』 : 『한위총서(漢魏叢書)』에 보인다.

  『노시전(魯詩傳)』 : 『한위유서초(漢魏遺書鈔)』에 보인다.

  『노시고(魯詩故)』 : 『옥함산방집일서(玉函山房輯佚書)』에 보인다.

- 저자가 한나라 위현성(韋玄成)으로 되어 있는 것 1종.

  『노시위씨설(魯詩韋氏說)』 : 『속옥함산방집일서(續玉函山房輯佚書)』에 보인다.

(2) 제시(齊詩)

- 저자가 한나라 원고생(轅固生)으로 되어 있는 것 1종.

  『제시전(齊詩傳)』 : 『한학당총서(漢學堂叢書)』에 보인다.

- 저자가 한나라 후창(后蒼)으로 되어 있는 것 1종.

  『제시전(齊詩傳)』 : 『옥함산방집일서』에 보인다.

. . . .

2 『속한서』는 진(晉)나라 사마표(司馬彪)가 찬(撰)한 책으로 80편이다.

(3) 한시(韓詩)

- 저자가 한나라 태부(太傅) 한영(韓嬰)으로 되어 있는 것 6종.

  『한시(韓詩)』:『소학수일(小學蒐佚)』에 보인다.

  『봉룡자(封龍子)』:『제자회함(諸子匯函)』에 보인다.

  『한시설(韓詩說)』:『옥함산방집일서』에 보인다.

  『한시내전(韓詩內傳)』:『속옥함산방집일서』에 보인다.

  『한시외전(韓詩外傳)』:『한위총서』에 보인다.

  『한시고(韓詩故)』:『속옥함산방집일서』에 보인다.

- 저자가 한나라 후포(侯苞)로 되어 있는 것 1종.

  『한시익요(韓詩翼要)』:『옥함산방집일서』에 보인다.

- 저자가 한나라 조욱(趙煜)으로 되어 있는 것 1종.

  『한시조씨학(韓詩趙氏學)』:『속옥함산방집일서』에 보인다.

- 저자가 한나라 설한(薛漢)으로 되어 있는 것 1종.

  『설군한시장구(薛君韓詩章句)』:『옥함산방집일서』에 보인다.

(4) 모시(毛詩)

- 저자가 한나라 모형(毛亨)으로 되어 있는 것 1종.

  『모시(毛詩)』:『십삼경고주(十三經古注)』에 보인다.

- 저자가 한나라 마융(馬融)으로 되어 있는 것 1종.

  『모시마씨주(毛詩馬氏注)』:『옥함산방집일서』에 보인다.

- 저자가 한나라 가규(賈逵)로 되어 있는 것 1종.

  『모시가씨의(毛詩賈氏義)』:『속옥함산방집일서』에 보인다.

- 저자가 한나라 유정(劉楨)으로 되어 있는 것 1종.

  『모시의문(毛詩義問))』:『옥함산방집일서』에 보인다.

- 저자가 한나라 위굉(衛宏)으로 되어 있는 것 1종.

  『모시서(毛詩序)』:『십삼경고주』에 보인다.

- 저자가 한나라 정중(鄭衆)으로 되어 있는 것 1종.

『모시선정의(毛詩先鄭義)』:『속옥함산방집일서』에 보인다.

• 저자가 한나라 정현(鄭玄)으로 되어 있는 것 3종.

『모시보(毛詩譜)』:『남청서원속경해본(南菁書院續經解本)』에 보인다.

『모시고문훈전전(毛詩古文訓傳箋)』:『건양서방(建陽書房)』에 보인다.

『시보(詩譜)』:『수진십삼경주(袖珍十三經注)』에 보인다.

한대의 『시』를 연구한 저작물은 양한 이후부터는 훨씬 많이 나타난다. 요즘 사람들이 한대 『시』학을 연구할 때 항상 인용하여 근거자료로 삼는 것으로는 이하 몇 종이 있다.

『오경통의(五經通義)』・『오경이의(五經異義)』, 한(漢) 허신(許愼)의 저작이라 전한다.[3]

『모시박(毛詩駁)』・『모시신정의(毛詩申鄭義)』, 위(魏) 왕숙(王肅) 저.[4]

『시고(詩考)』, 송(宋) 왕응린(王應麟) 집(輯).

『삼가시습유(三家詩拾遺)』, 청(淸) 범가상(范家相) 집(輯).[5]

『삼가시의집소(三家詩義集疏)』, 청 왕선겸(王先謙) 저.

『삼가시유설고(三家詩遺說考)』, 청 진교종(陳喬樅) 저.

『시고미(詩古微)』, 청 위원(魏源) 저.[6]

『삼가시보주(三家詩補注)』, 청 정안(丁晏) 저.

『삼가시이문소증(三家詩異文疏証)』, 청, 풍등부(馮登府) 저.[7]

『삼가시보유(三家詩補遺)』, 청 완원(阮元) 저.[8]

• • • • • • • • • • • •

3 《원주》『한위유서초』와 『속옥함산방집일서』에 보인다.
4 《원주》 이상은 『옥함산방집일서』와 『한학당총서』에 보인다.
5 《원주》『영남유서(嶺南遺書)』에 보인다.
6 《원주》 이상 3종은 『속청경해(續淸經解)』에 보인다.
7 《원주》 이상 2종은 『청경해(淸經解)』에 보인다.
8 《원주》『관고당총서(觀古堂叢書)』에 보인다.

왕숙이 금문과 고문의 가법을 어지럽힌 후부터 시의 삼가와 사가(四家)의 이동(異同)은 정현과 왕숙의 다툼으로 변하였다.[9] 그래서 후세의 『시』학을 연구하는 사람들은 대부분 이것을 주된 맥락으로 삼았다. 청대에는 금문 『시』에 대한 집일(輯佚) 작업을 매우 세세하게 하였고 고증도 비교적 치밀하게 하였다. 청대의 『시』학 연구로, 쥐위동(周予同)은 "진(陳)・왕(王)・위(魏) 삼가가 비교적 중요하다."[10]고 하였다. '진'은 당연히 진교종(陳喬樅) 부자(父子)를 가리킨다. '왕(王)'은 왕선겸(王先謙)으로, 왕씨의 『삼가시의집소』는 성서(成書) 시기가 상당히 늦은데 앞사람들의 연구를 토대로 하여 새로 밝힌 것이 많다. '위(魏)'는 위원(魏源)으로 위원의 『시고미(詩古微)』에 대해서는 후대 학자들의 평가가 일치하지 않는다. 장태염은 "위원이 지은『시고미』는 전적으로 삼가의 설을 위주로 한다. 삼가의 시는 서(序)가 없고 그 설이 전해지는 것도 적어서 모두 합해도 30편을 넘지 않으니 『고미』라고 한 것은 사실은 억설일 뿐이다."[11]라고 하였다. 반면에 뤼스멘은 "위원의 책에서 모공과 정현을 논박한 것은 매우 명쾌한 부분이 있다."[12]라고 하였다. 두 사람의 관점이 서로 다른데 실제로는 모두 학술상의 주된 취지가 다르기 때문이다. 장태염은 고문경(古文經)을 중시하는 고문파(古文派)였기 때문에 금문 『시』

⋯⋯⋯⋯⋯⋯

9 정현이 금문과 고문을 다 연구하면서 가법(家法)을 혼란시키자, 왕숙(195-256)이 여기에 불만을 품고 위서를 만들어 정현을 공격하였는데,『공자가어(孔子家語)』와 『공총자(孔叢子)』 등 다섯 책을 위조하여 자신의 학설을 그럴 듯하게 꾸며대면서 그것으로 정현을 반박하였다. 정현이 경전에 주석을 달 때 금문설을 쓰면 자신은 고문설을 채용하고 정현이 고문설을 쓰면 자신은 금문설을 채용하기도 하였다. 이처럼 왕숙이 정현을 공격한 것은 단지 고의적으로 맞서기 위해서이지 학술상으로 다른 견해가 있었던 것은 아니었다.(조길혜(趙吉惠) 등 공저, 김동휘 옮김, 『中國儒學史』, 신원문화사, 1997.)

10 ≪원주≫ 주유쟁(朱維錚)이 편집한 『쥐위동경학사논저선집(周予同經學史論著選集)』의 "군경개론(群經槪論)-『시경(詩經)』"에서 그렇게 말하였다.

11 ≪원주≫ 장태염(章太炎)의 『국학강연록(國學講演錄)』에 실린 "경학약설(經學略說)"에서 그렇게 말하였다.

12 ≪원주≫ 뤼스멘(呂思勉)의 『경학해제(經學解題)』의 "시(詩)"에 그렇게 말하였다. 물론 뤼스멘도 위원의 책에 대해 "그의 논설 역시 근거로 삼을 수 없을 만한 것도 있다."고 하였다.

에 대해 편견을 가지고 있었다. 진교종이 연구한『시』학의 저서는 매우 공을 많이 들인 책으로 후인들의 인정을 많이 받고 있다. 그런데 장태염은 도리어 "진교종은 견강부회하기를 좋아하여『의례(儀禮)』에서 인용한『시』는 모두『제(齊)』설(說)이라 하고 또『이아(爾雅)』가『노시(魯詩)』의 학문이라고 하는데, 그런 것 같지 않다.[13]"라고 하였다.[14] 장태염과 달리 뤼스몐은 금문경을 중시하는 쪽으로 치우쳐 있기 때문에 그의 지론은 과격하고 극단적인 장태염의 설과는 달랐다.

청말 경학의 대가인 야오핑(廖平)의『금문시고의증소범례(今文詩古義證疏凡例)』및 류스페이(劉師培)의『모시찰기(毛詩札記)』, 마기창(馬其昶)의『시경모씨학(詩經毛氏學)』또한 항상 후대인들이 인용하여 증거로 삼는다. 근현대에 이르러서는『모시』를 연구한 저작물이 흔히 보이지만 양한의『시』학을 종합적으로 연구한 저술은 많지 않다. 후쿤다(胡坤達)의『양한경학원류(兩漢經學源流)』[15]와 쉬빙창(徐炳昶)의『전한경사전수계통표(西漢經師傳授系統表)』[16]에서 일찍이 전한의『시』학을 다루었지만 양한의『시』학을 연구 목적으로 한 것으로는, 대만(臺灣) 학자인 황전민(黃振民)의『한노·제·한·모사가시학고(漢魯·齊·韓·毛四家詩學考)』[17] 한 편이 겨우 보인다.

『시』학에 관해 연구한 저술은 대부분 각 파의 전승과 장구의 차이를 논술하는 것을 위주로 하는데 공통적인 결점은 이전 사람들의 자료에 대해 지나치게 믿고 의문을 제기한 부분이 적다는 것이다. 그 결과 각 파의 사승(師承) 관계라는 것을 보면 후대인들이 이전 사람들에 비해 상세하고도 분명하여『한서』에서 연원을 거슬러 올라가 찾은 것이『사기』보다 앞서며,『경전석문

---

13 원서는 '恐皆末然'으로 되어 있으나, 의미상 '末'은 '未'가 되어야 한다.
14 《원주》 장태염의『국학강연록』의 "경학약설(經學略說)"에서 그렇게 말하였다.
15 《원주》『복단학보(復旦學報)』1935년 제2기.
16 《원주》『북대국학주간(北大國學周刊)』1926년 제14기.
17 《원주》『중화문화부흥월간(中華文化復興月刊)』1972년 제7·9기.

(經傳釋文)』에서는 윤곽을 그려낸 것이 더욱 상세하고 완전한 체계를 갖추었다. 이런 모든 것이 후대인들이 억측으로 꾸며낸 것인지 아니면 실제로 근거가 있는지는 대부분 알 수가 없다. 게다가 『시』학을 논할 때에는 각 파의 장구 차이를 논하는 것을 위주로 하였지 각 파가 처한 특수한 정치 환경이나 각 파의 이론에 대한 사회의 반응, 학술 유파가 정치 집단으로 전환하는 것, 『시』가 예언서와 같이 비속화 되는 등의 문제에 대해서는 전혀 다루지 않았다.

근현대 역사서에서 양한의 『시』학을 언급할 때에는 항상 한나라 때의 『시』 삼가 『노시』·『제시』·『한시』라는 한 마디 말로 표현하거나 간혹 『모시』를 넣어 『제시』·『노시』·『한시』·『모시』라고 칭하기도 하는데 이는 대부분 『사기』와 『한서』에 실린 「유림전」의 오류를 답습한 것이다.

『한서』「예문지」에는 다음과 같이 기록되어 있다.

『시』는 모두 6가(家)로 416권(卷)이다.[凡詩六家, 四百一十六卷.]

『한서』「예문지」에서 열거한 『시』학에 관한 저술은 모두 14종으로 총 359권이며 『한서』「예문지」에서 언급한 『시』학의 유파는 『제시』·『노시』·『한시』를 제외하면 겨우 『모시』가 있을 뿐이다. 그렇다면 그밖의 양가(兩家)와 그 나머지 57권은 어떻게 된 것인지 알 수가 없다.

『한서』「예문지」에서는 또 이렇게 말하고 있다.

『상서』에서는 "시는 뜻을 말로 드러내는 것이고 노래는 말을 길게 읊조리는 것이다."라고 말한다. 그러므로 슬프고 즐거운 마음이 느껴지면 이를 노래하고 길게 읊조리는 소리가 나오게 된다. 그것을 말로 나타낸 것을 시라고 하며 그 소리를 길게 내는 것을 노래라고 한다. 그러므로 옛날에는 시를 채록(採錄)하는 관리가 있었으니 왕이 그것을 통해 풍속을 살피고 정치의 득실을 알아내서 고정(考正)을 하였다. 공자는 순수하게 주나라의 시를 취하고 위로 은나라의 시에서부터 아래로 노나라의 시까지 취한 것이 모두 305편이다. 진(秦)나라의 분서갱유를 만나고서도 이것이 온전히 보전될 수 있었던 것은 시는 외우고 읊조리는 것이어서 죽간과 비단에 기록되어 있기만 한 것은 아니었기 때문이다. 한나라가 들어서자 노나라의 신공(申公)은 『시』를 훈고(訓詁)하였고 제나라의 원고(轅固)와 연나라의 한생(韓生)은 모두 여기에 전(傳)을 달았다. 간혹 『춘추』를 취하거나 잡설을 채록하기도 하는데 모두 그 본의는 아니다. 부득이 본의와 가장 가까운 『시』를 쓴다면 『노시』가 가장 가깝다. 삼가는 모두 학관에 배열되었다. 또 모공의 학이 있는데 스스로 자하(子夏)가 전한 것이라고 말한 것으로, 하간헌왕(河間獻王)이 좋아하였으나 학관에 세워지지는 않았다.[書曰：“詩言志, 歌詠[18]言.” 故哀樂之心感, 而歌詠之聲發. 誦其言謂之詩, 詠其聲謂之歌. 故古有采詩之官, 王者所以觀風俗, 知得失, 自考正也. 孔子純取周詩, 上采殷, 下取魯, 凡三百五篇, 遭秦而全者, 以其諷誦, 不獨在竹帛故也. 漢興, 魯申公爲『詩』訓故, 而齊轅固 · 燕韓生皆爲之傳. 或取『春秋』, 采雜說, 咸非其本義. 與不得已, 魯最爲近之. 三家皆列於學官. 又有毛公之學, 自謂子夏所傳, 而河間獻王好之, 未得立.]

반고의 이러한 깊이 있는 견해는 대체로 한대 사람들이 『시』를 이해한 것과 서로 일치된다. 반고가 여기서 언급한 "모공의 학[毛公之學]"은 『사기』에는 보이지 않는다. 『사기』에서 언급한 『시』학의 유파는 삼가(三家)이다. 『사기』 「유림열전」에 다음과 같은 기록이 있다.

금상(今上)[19]이 즉위하였을 때, 조관(趙綰)과 왕장(王臧)이 유학에 밝았는데 상 또한 그것에 경도되었다. 이에 방정하고 현량한 문학의 선비를 초빙하게 되었다. 이후로 『시』를 언급할 때 노나라에서는 신배공(申培公), 제(齊)나라에서는 원고생(轅固生), 연(燕)나라에서는 한태부(韓太傅)를 일컫게 되었다.[及今上即位, 趙綰 · 王臧之屬明儒學, 而上亦鄉[20]之, 於是招方正賢良文學之士. 自是之後, 言

· · · · · · · · · · · ·

18 원서에는 '咏'이라고 나와 있으나, 『한서』 「예문지」에 의거하여 '詠'으로 고쳤다.(『한서』 p.1708)
19 한무제(漢武帝)를 가리킨다.
20 원서에는 '向'이라 나와 있으나, 『사기』 「유림열전」 원문(p.3118)을 참고하여 '鄉'으로 고쳤다.

『詩』於魯則申培公, 於齊則轅固生, 於燕則韓太傅.]

　그러나『사기』의 이 기록에서도 결코 삼가 외에 다른 유파가 있을 가능성을 배제한 적은 없다. 그렇다면 반고의『한서』「예문지」에서 일컬은 '육가(六家)'는 그가 황실의 비각(秘閣) 중에서 볼 수 있었던 여러 유파를 배열하여 작성한 것이다.『노시』·『제시』·『한시』·『모시』를 제외한 나머지 두 가(家)는 아마도 앞의 사가(四家)의 후학들이 만든 학파일 것이다. 사가의 후학이 만든 학파는『사기』와『한서』안에 누차 언급되어 있다.『한서』「유림전」에 "(왕식(王式))의 제자인 장생(張生)·당생(唐生)·저생(楮生)은 모두 박사이다. 장생은 석거각(石渠閣)의 논의[21]에 참여하였고 회양중위(淮陽中尉)에까지 이르렀다. 당생은 초(楚)의 태부(太傅)이다. 이로부터『노시』에는 장생·당생·저생의 학이 있게 되었다.[(王式)之弟子, 張生·唐生·楮生皆爲博士. 張生論石渠, 至淮陽中尉. 唐生楚太傅. 由是魯詩有張·唐·楮氏之學.]"라고 하였다. 또한『제시』의 전승을 기록할 때에 뒤의 제자들을 언급하였는데 각각 분명한 자취를 기록하여 "이로부터『제시』에는 익봉(翼奉)·광형(匡衡)·사단(師丹)·복리군(伏理君)의 학이 있게 되었다.[由是齊詩有翼·匡·師·伏之學.]"라고 하였다. 물론 이것은 단지 일종의 추측일 뿐이다. 아마도 남은 이 두 유파는 한나라 초기에는 있었는데 후학이 변변찮아서 유포되지 못한 것이다. 부양쌍고퇴(阜陽雙古堆) 1호(號) 한묘(漢墓)에서 출토된 것 중에『시경』간편(簡片) 170여 조(條)가 있는데, 한문제 15년(B.C. 165년)까지 기록되어 있으며 내용은『풍』과『소아』의 잔구(殘句)와 편명(篇名)이 포함한, 총 65수이다. 이에 대해 우선『부시(阜詩)』

．．．．．．．．．．．．．．

21　석거각(石渠閣)은 한(漢)나라 때 장서각(藏書閣)의 이름이다. 소하(蕭何)가 만들었는데, 각의 아래에 돌을 쌓아 물을 끌어들였으므로 그런 명칭이 붙여졌다. 석고각의 논의란 선제(宣帝)가 유생들을 석거각에 모아 오경(五經)을 비롯하여 여러 책을 강론하게 한 회의를 말하는데, 당시 학문적 이상과 정치적 현실 사이에서 금고문 경학의 위치를 논하는 과정에서 학자들 사이에 갈등과 반목이 생기자, 춘추『공양전』과『곡량전』의 상이점을 논의함으로써 그러한 갈등을 해결하기 위해 소집되었다.

라고 하면 『부시』와 『모시』는 『노시』·『제시』·『한시』 삼가와 차이가 있다. 『부시』를 이상 사가 외의 별도의 한 유파로 볼 수도 있지 않을까?

한대 시학에서 『노시』는 신배공을 종주(宗主)로 삼는다. 『사기』「유림열전」에 다음과 같이 기록되어 있다.

신공(申公)은 노(魯)나라 사람이다. 고조(高祖)가 노나라에 들렀을 때에 신공이 제자의 신분으로 스승을 따라 고조를 노나라 남궁(南宮)으로 들어가 뵈었다. 여태후 때에 신공이 장안(長安)에 유학하여 유영(劉郢)과 더불어 같은 스승을 섬겼는데 나중에 유영이 초왕(楚王)이 되어 신공으로 하여금 태자 무(戊)의 스승이 되게 하였다. 무는 배우기를 좋아하지 않고 신공을 미워하였다. 초왕 영이 죽고 무가 초왕으로 즉위하자 신공을 노역장으로 보냈다. 신공이 그것을 부끄럽게 여겨 노나라로 돌아가서 집에서 후학을 가르치면서 종신토록 문밖을 나오지 않았다. 빈객을 사절하고 오직 왕이 그를 불렀을 때만 나아갔다. 제자들이 멀리에서 와서 배우는 자가 100여 명이었다. 신공은 오직 『시』경에 훈고하는 것을 가르쳐서 전(傳)을 단 것은 없으며 의심스러운 경우에는 남겨두고 전수하지 않았다.[申公者, 魯人也. 高祖過魯, 申公以弟子從師, 入見高祖于魯南宮. 呂太后時, 申公游學長安, 與劉郢同師. 已而郢爲楚王, 令申公傅其太子戊. 戊不好學, 疾申公. 及王郢卒, 戊立爲楚王, 胥靡申公. 申公恥之, 歸魯, 退居家教, 終身不出門, 復謝絶賓客, 獨王命召之乃往. 弟子自遠方至受業者百餘人. 申公獨以『詩』經爲訓以敎, 無傳, 疑者則闕不傳.]

『한서』「유림전」에는 다음과 같이 말하였다.

신공은 노나라 사람이다. 젊어서 초나라 원왕(元王) 유교(劉交)와 함께 제(齊)나라 사람 부구백(浮丘伯)을 사사(師事)하여 『시』를 전수받았다. 한나라가 일어서고 고조가 노나라에 들렀을 때 신공은 제자의 신분으로 스승을 따라 노나라 남궁(南宮)에서 고조를 뵈었다. 여태후 때에 부구백이 장안에 있자 초나라 원왕은 아들 유영(劉郢)을 보내어 신공과 함께 학문을 마치게 하였다. 원왕이 죽고 유영이 왕위를 이어 초나라 왕이 되자 신공을 태자 무(戊)의 스승으로 삼았다. …… 멀리에서 와서 배우는 제자들이 1000여 명이었는데 신공은 오직 『시경』

훈고하는 것을 가르쳐서 전을 단 것은 없으며 의심스러운 경우에는 남겨두고 전수하지 않았다.[申公, 魯人也. 少與楚元王交俱事齊人浮丘伯受『詩』. 漢興, 高祖過魯, 申公以弟子從師人見于魯南宮. 呂太后時, 浮丘伯在長安, 楚元王遣子郢與申公俱卒學. 元王薨, 郢嗣立爲楚王, 令申公傅太子戊. …… 弟子自遠方至[22]受業者千餘人, 申公獨以『詩經』爲訓故以敎, 亡傳, 疑者則闕弗傳.]

『사기』와 『한서』의 내용을 비교하면 그 기록이 조금 다르다. 『사기』에서는 고조가 노나라에 들렀을 때에 신공이 제자의 신분으로 들어가 배웠다고 하면서 그 스승이 누구인지를 말하지 않았다. 뒤에 또 신공이 장안에서 유학하여 유영과 같은 스승을 섬겼다고 말하여 결코 초나라 원왕(元王) 유교를 언급하지 않았다. 여기에서 신공이 기예를 배운 스승이 결코 한 사람이 아니며 그가 배운 것도 한 가지 기예, 즉 『시』는 아니었다. 그리고 『한서』에서는 신공이 먼저는 원왕과 함께 부구백(浮丘伯)에게서 공부를 하였다고 하고 뒤에는 부구백이 또 장안에 있을 때 원왕이 학문을 마치지 못한 것을 염려하여 아들 유영으로 하여금 계속 이어 배우게 하였다고 말하였다. 『사기』를 보면 『한서』의 내용에 의문이 생기는 것을 알 수 있다. 즉 『사기』의 이 부분 기록은 사실인 반면 『한서』의 기록은 허구이다. 태사공이 이 일을 말할 때는 그 시기가 그리 멀지 않으므로 분명 착오가 없었을 것이나, 반고 때에는 『노시』가 관학(官學)에 세워진 지 이미 오래되었기 때문에 후학들이 견강부회한 것이 비교적 많다. 그리고 신공에게 "와서 배운 제자가 100여 명이다."라고 하고 "학업을 배운 자가 1000여 명이다."라고 하는 등의 차이가 나는 점에서도 더욱 『한서』의 설이 사실적이지 않다.

『한서』는 부구백을 인용하였는데 부구백이란 사람은 어떤 사람인가?『한서』에서는 많이 서술되어 있는 것 같지는 않다. 『한서』에 기재된 경학 전승 체계 중에서 부구백은 『시』를 전했을 뿐만 아니라 『곡량(穀梁)』도 전하였다.

22 원서에는 없으나, 『한서』「유림전」에 의거하여 '至'를 넣었다.(『한서』 p.3608)

『염철론(鹽鐵論)』에서는 일찍이 부구백에 대해 다음과 같이 언급하였다.

　　백(伯)은 제(齊)나라 사람이다. 일찍이 이사(李斯)와 함께 순경(荀卿)을 섬겼는
　　데 후에 이사는 진(秦)나라 재상이 되었으나 부구백은 마, 쑥, 명아주 등을 먹으
　　면서 초가집에서 수도(修道)를 하면서 자기 뜻을 즐겼다.[伯, 齊人也. 嘗與李斯俱
　　事荀卿, 旣而李斯相秦, 而伯則飯麻蓬藜, 修道白屋之下, 以樂其志.][23]

　　명원통은 일찍이 「부구백전(浮丘伯傳)」을 지었는데, 주로 『한서』의 「유
림전」과 「초원왕전(楚元王傳)」, 『설원(說苑)』의 「지공편(至公篇)」, 『염철론』의
「훼학편(毀學篇)」, 『세설신어(世說新語)』의 「자질편(資質篇)」에서 소재를 취하
였다. 그는 부구백은 바로 포구(鮑丘)로, 부구(浮丘)·포구(包丘)·포백령(鮑白
令) 혹은 포구(鮑丘)의 문인(門人)이라고 생각하였다. 명원통의 글은 비록 짧
은 글이지만 부구백과 관련된 모든 자료를 총집합하고 있다.
　　『사기』와 『한서』에서 신공과 관계된 기록 중 차이가 나면서도 더욱 중요
한 부분이 있다. 즉 『한서』에서는 『곡량전(穀梁傳)』의 중요한 전수자를 신공
의 제자라고 하면서 "신공이 마침내 『시』와 『춘추』를 전수해 주니, 하구강
공(瑕丘江公)이 이것을 모두 제대로 전하여 그 무리가 가장 번성하였다."라고
하였다. 실제로 『한서』의 기록은 은연중에 하나의 역사적 사실을 내포하고
있다. 바로 한 무제 때 노학(魯學) 안의 『노시』 학파와 『곡량』 학파가 정치
집단으로 바뀌어 가는 과정에서 합류하였다는 것이다. 이것이 제나라의 『공
양(公羊)』 학파와 다투게 된 필연적인 이유이다.
　　『한서』 「유림전」에 다음과 같이 기록되어 있다.

　　하구강공(瑕丘江公)은 『곡량춘추(穀梁春秋)』 및 『시』를 노나라 신공에게서
　　수학하였고 이를 아들에게 전하여 손자에 이르러서는 박사가 되었다. 무제 때에

‥‥‥‥‥‥‥‥‥

23 《원주》『염철론』 「훼학편(毀學篇)」에 보인다.

강공은 동중서와 이름을 나란히 하였다. 동중서는 오경에 통달하여 자신의 주장을 잘 펼쳤고 글을 잘 지었다. 강공은 말이 어눌하였으므로 임금이 동중서와 함께 의논하게 하면 논설이 동중서만 못하였다. 그런데 승상(丞相) 공손홍(公孫弘)은 본래 『공양(公羊)』학을 한 사람이어서 이들의 의론을 모아 비교한 뒤 마침내 동중서를 등용하였다. 이에 임금은 『공양』가를 존숭하여 태자에게 『공양춘추』를 수업하라는 조서를 내렸다. 이때부터 『공양』이 크게 흥성하게 되었다. 태자는 『공양춘추』에 통달하자[24] 다시 사사로이 『곡량춘추』를 배웠는데, 이를 좋다고 여겼다. 그러나 그 후로는 쇠락해져서 오직 노나라의 영광왕손(榮廣王孫)과 호성공(晧星公) 두 사람만이 그것을 전수받았다. 영광은 『시경』과 『춘추』를 모두 전할 수 있었다. 재주가 뛰어나고 민첩하여 『공양』의 대가인 휴맹(眭孟) 등과 변론하면서 여러 번 이들을 곤란하게 하였다. 이 때문에 학문을 좋아하는 사람들은 다시 『곡량』을 전수받는 사람이 많아졌다. 패(沛) 지역의 채천추 소군(蔡千秋少君), 양(梁) 지역의 주경 유군(周慶幼君), 정성 자손(丁姓子孫)[25]은 모두 영광에게 전수받았다. 천추는 또 호성공을 사사하였는데 학문이 가장 독실하였다. 선제(宣帝)는 즉위하여 위(衛)나라 태자가 『곡량춘추』를 좋아한다는 소문을 듣고 승상 위현(韋賢), 장신소부(長信少府)인 하후승(夏侯勝) 및 시중(侍中) 낙릉후사고(樂陵侯史高)에게 물었는데, 이들은 모두 노나라 사람들이었다. 이들은 곡량자(穀梁子)는 본래 노(魯)나라 학이고 공양씨(公羊氏)는 제(齊)나라 학이니, 마땅히 『곡량』을 일으켜야 한다고 말하였다. 이때에 천추(千秋)는 낭(郞)이 되었는데, 임금의 부름을 받고 『공양』학파와 논설하였다. 임금은 『곡량』의 설을 좋게 여겼다. …… 마침내 오경(五經)의 명유(名儒)이자 태자의 태부(太傅)인 소망지(蕭望之) 등을 궁궐에 불러서 대대적으로 의논하여 『공양』과 『곡량』의 차이를 고르게 하되, 각각 경(經)으로써 옳고 그름을 처리하게 하였다. 이때에 『공양』은 박사 엄팽조(嚴彭祖), 시랑(侍郞) 신만(申輓), 이추(伊推), 송현(宋顯) 등이, 『곡량』은 의랑(議郞) 윤경시(尹更始), 대조(待詔) 유향(劉向), 주경(周慶), 정성(丁姓) 등이 함께 의논하였다. 『공양』 학파는 대부분 찬성을 얻지 못하자 시랑

· · · · · · · · · · · · ·

24 원서에는 '太子郞通'으로 되어 있으나, 『한서』 「유림전」 원문에 의거하여 '郞'을 '旣'로 바로잡아 번역하였다.(『한서』 p.3617)
25 한나라 양(梁) 사람이다. 정성이 이름이고 자가 자손이다. 노나라 영광(榮廣)에게 『곡량춘추』를 배웠고 벼슬이 박사, 중산태부(中山太傅)에 이르렀다.

허광(許廣)을 이 논의에 참여시켜 줄 것을 청하였다. 그러자 사자(使者)는 또 동시에 『곡량』학파의 일원인 중랑(中郞) 왕해(王亥)를 이 논의에 참여시켜 각각 5인이 30여 개의 일을 의론하도록 하였다. 소망지 등 11인은 각각 경의 뜻을 가지고 의론하고 대답하였는데, 대부분 『곡량』을 따랐다. 이때부터 『곡량』학이 크게 성행하였다.[瑕丘江公受『穀梁春秋』及『詩』於魯申公, 傳子至孫爲博士. 武帝時, 江公與董仲舒並. 仲舒通五經, 能持論, 善屬文. 江公吶於口, 上使與仲舒議, 不如仲舒. 而丞相公孫弘本爲『公羊』學, 比輯其議, 卒用董生. 於是上因尊『公羊』家, 詔太子受『公羊春秋』. 由是『公羊』大興. 太子旣通, 復私問『穀梁』而善之. 其後浸微, 唯魯榮廣王孫·皓星公二人受焉. 廣盡能傳其『詩』·『春秋』, 高材捷敏, 與『公羊』大師眭孟等論, 數困之. 故好學者頗復受『穀梁』. 沛蔡千秋少君·梁周慶幼君·丁姓子孫皆從廣受. 千秋又事皓星公, 爲學最篤. 宣帝卽位, 聞衛太子好『穀梁春秋』, 以問丞相韋賢·長信少府夏侯勝及侍中樂陵侯史高, 皆魯人也. 言 穀梁子本魯學, 公羊氏乃齊學也, 宜興『穀梁』. 時千秋爲郎, 召見, 與『公羊』家並說. 上善『穀梁』說 …… 乃召五經名儒太子太傅蕭望之等, 大議殿中, 平『公羊』·『穀梁』同異, 各以經處是非. 時『公羊』博士嚴彭祖·侍郎申輓·伊推·宋顯, 『穀梁』議郎尹更始·待詔劉向·周慶·丁姓並論. 『公羊』家多不見從, 願請內侍郎許廣. 使者亦並內『穀梁』家中郎王亥, 各五人, 議三十餘事. 望之等十一人各以經誼對, 多從『穀梁』. 由是『穀梁』之學大盛.]

　　『공양』과 『곡량』의 다툼은 학술적 차이로 인한 한나라 유학자 집단 내부의 모순이면서 정치적 투쟁이기도 하였다. 이상의 자료를 통해 알 수 있는 것은 『노시』 학파와 『곡량』 학파가 한 무제 때 이미 합류하였는데 그 종사(宗師)가 서로 같다는 것이다. 전수한 사람 또한 이 두 가지 학에 모두 통달하였다는 것이다. 한 무제 때 『공양』 학파가 창성하자 제나라의 『공양』 학파에 맞서기 위하여 노학(魯學)의 각 대가들이 단결하여 동맹하였을 것이라는 것은 이해하기 어렵지 않다.

　　『노시(魯詩)』 학파 중에서 당시의 정계에 상당히 영향력을 끼친 설로는 위현(韋賢) 부자(父子)가 창시(創始)한 『노시』 위씨학(韋氏學)이 있다. 『한서』 「위현전(韋賢傳)」에 다음과 같은 말이 있다.

위현은 자가 장유(長孺)로 노나라 추(鄒) 땅 사람이다. 그의 선조는 위맹(韋孟)인데 본래 팽성(彭城)에 살았다. 초(楚)나라 원왕(元王)의 사부였으며 또 아들인 이왕(夷王) 및 손자인 유무(劉戊)의 사부였다. 유무가 황음무도하여 도를 따르지 않자 위맹이 시를 지어 풍간(諷諫)하였다. 뒤에 위맹은 벼슬을 버리고 떠나 집을 추 땅으로 옮겼다. …… 위맹으로부터 위현에 이르기까지 모두 5대를 전하였다. 위현은 사람됨이 소박하고 욕심이 적었다. 학문에 뜻을 돈독히 두어『예』와『상서』에도 능통하였고『시』를 전수하여 추·노 지역의 대유(大儒)라고 불렀다.[韋賢字長孺, 魯國鄒人也. 其先韋孟, 家本彭城, 爲楚元王傅, 傅子夷王及孫王戊. 戊荒淫不遵道, 孟作詩諷諫. 後遂去位, 徙家於鄒. …… 自孟至賢五世, 賢爲人質朴少欲. 篤志於學, 兼通『禮』·『尙書』, 以『詩』敎授, 號稱鄒魯大儒.]

위현의 아들 위현성(韋玄成)과 손자 위상(韋賞)[26]이 모두『노시』를 연구하여 현달(顯達)하였다.『노시』학은 가학의 기풍이 있어서 위현으로부터 명맥을 전하며 대대로 박사를 지냈다. 이 외에『노시』가 비록 금문학에 포함되기는 하지만 노학의 "깊이 숨기고 말하지 않는다.[諱莫如深]", "조심스럽게 경을 지키다.[拘謹守經]", "감히 고상한 의론을 함부로 말하지 않는다.[不敢放言高論]"라고 평가받은 학풍이 변하지 않았기 때문에『한서』「예문지」에는 "부득이 본의와 가장 가까운『시』를 쓴다면『노시』가 가장 가깝다.[與不得已, 魯最爲近之]"라고 결론지었다.

『노시』는 전해져 오다가 후한에 이르러 박사를 세우고 관학의 반열에 서게 되었다. 그런데 후한 시대에는 비교적 고문경(古文經)이 중시된 까닭에 점차 쇠미하게 되었다.『노시』의 전승에 대한 설 가운데 신공 이후로는 믿을 만하다.『춘추곡량전(春秋穀梁傳)』「서(序)」의 양사훈(楊士勳)의 소에 실린『곡량』학의 전승에 관한 논설에 "곡량숙(穀梁淑)이 손경(孫卿)에게 전하고 손경이 노나라 사람 신공에게 전하였다.[穀梁淑傳孫卿, 孫卿傳魯人申公]"라는 말이 있다.

---

26 위현성의 형의 아들이다.

지금의 학자들은 『노시』의 가보(家譜)를 열거할 때면 손경에서부터 부구백으로 이어졌고 부구백에서 신공에게 이르렀다고 하는데 이것은 믿을 만한 근거가 없다.

『노시』와 비교해보면 『제시(齊詩)』는 '제학(齊學)'의 일종으로서 더욱더 금문학파(今文學派)의 특징을 갖추고 있다. 고증할 수 있는 『제시』의 시종(始宗)은 원고생(轅固生)이다. 『사기』 「유림열전」의 기록에 의거하면 원고생은 바로 제나라 사람이다. 『시』를 연구하여 한나라 경제(景帝) 때 박사가 되었다. 일찍이 도가(道家)의 황생(黃生)과 조당(朝堂)에서 '탕무혁명(湯武革命)'의 일에 대해 논쟁[27]하였다. 이 논쟁은 종종 사상사를 연구하는 학자들에 의해 인용이 되곤 한다. 두태후가 『노자』를 좋아했기 때문에 원고생은 조정에서 총애를 받을 수가 없었다.[28] 여기에서 알 수 있는 것은 원고생이 『노시』의 시종인 신공과 동시대 사람인데 둘 다 일찍이 '백가를 배척하고 오직 유술만을 존숭[罷黜百家, 獨尊儒術]'하기 위한 중요한 기초 준비 작업을 했다.

제학(齊學), 특히 『공양』학은 일찍이 무제의 '독존유술' 정책에 큰 공로를 세워 『공양』학을 필두로 한 제학 역시 전한 중기에 풍미하게 되었다. 그러나 제학 집단의 내부는 전혀 단결이 되지 않았는데 이것은 제학과 노학의 중요한 구별점이 된다.

『사기』 「유림열전」에는 다음과 같이 기록되어 있다.

· · · · · · · · · · · · ·

27 경제(景帝) 때에 황로학파(黃老學派)와 유가(儒家) 사이에 벌어진 논쟁이다. 원고생과 황생의 논쟁으로 은나라 탕왕(湯王)과 주나라 무왕(武王)이 천명을 받았는가의 여부 문제를 놓고 논쟁을 벌인 것이다. 황생은 이들이 천명을 받은 것이 아니라 군주를 시역한 것이라고 하였고 원고생은 하나라의 걸왕(桀王)과 은나라의 주왕(紂王)이 잔혹하고 난폭했기 때문에 천하의 민심이 탕왕과 무왕에게 쏠린 것이므로 천명을 받은 것이라고 보았다.

28 『사기』 권121 「유림열전」에 보면, "원고생이 『노자』를 '이것은 무식한 종놈과 중년들의 수작에 불과하다.'고 말하자, 두태후가 이 말을 듣고 대노하여 원고생을 짐승 우리에 잡아넣고는 멧돼지와 싸우게 하였다. 경제는 두태후의 명령을 철회할 수 없다고 생각하고 원고생에게 단검을 빌려주었다. 원고생은 짐승 우리에 들어가 돼지의 심장을 찔러 쓰러뜨렸다. 태후는 원고생에게 다른 죄를 더 줄 수도 없었으므로 더 이상 그를 괴롭히지는 않았다."라는 기록이 있다. (『사기』 pp.3122~3123)

금상(今上)[29]은 막 즉위하자 다시 원고생(轅固生)을 현량(賢良)으로 불렀다. 아첨이나 떠는 여러 유생들이 대부분 원고생을 질시하여 "원고생은 늙었습니다."라고 하자 마침내 파직하여 그를 고향으로 돌려보냈다.[30] 당시 원고생은 이미 90여 세였다. 원고생을 부를 때 벽(薜) 땅 사람 공손홍(公孫弘)도 불렸는데 공손홍이 원고생을 곁눈으로 흘끔거리자 원고생은 "공손 선생께서는 바른 학문으로 일을 논하려고 힘써야 할 것입니다. 곡학아세(曲學阿世)하지 마십시오."[31] 라고 하였다. 이후로 제(齊) 지역에서 『시』를 말하는 이는 모두 원고생을 근본으로 하였고 여러 제(齊) 지역 사람들 중에 『시』로 인해 현달한 사람들도 모두 원고생의 제자였다.[今上初卽位, 復以賢良徵固. 諸諛儒多疾毁固, 曰: "固老", 罷歸 之. 時固已九十餘矣. 固之徵也, 薜人公孫弘亦徵, 側目而視固. 固曰: "公孫子, 務正學 以言, 無曲學以阿世!" 自是之後, 齊言 『詩』皆本轅固生也. 諸齊人以 『詩』顯貴, 皆固 之弟子也.][32]

공손홍은 『공양』학파의 중요한 일원으로 한나라가 '독존유술'을 추진할 때에 중요한 역할을 하였다. 제학 중에서도 단지 『제시』와 『공양』학파 사이에만 불협화음이 있었던 것이 아니라, 『공양』학 내부적으로도 분란이 있었다. "공손홍은 『춘추』 연구에 있어서는 동중서만 못하였다. 그러나 공손홍은 세속과 영합하여 권력을 휘둘렀고 지위가 공경(公卿)에까지 이르렀다. 따라서 동중서는 공손홍을 아첨하는 인물로 여겼다. 공손홍은 동중서를 미워하여 …… 이에 공손홍은 상에게 이르기를, '오직 동중서만이 교서왕(膠西王)의 재상으로 삼을 만한 인물입니다.'라고 하였다. 교서왕은 동중서가 대유(大儒)라는 말을 듣고 잘 대우하였다.[公孫弘治 『春秋』不如仲舒, 而弘希世用事, 位至公卿. 仲舒以弘爲從諛, 弘嫉之. …… 弘乃言於上曰 : '獨董仲舒可使相膠西王.' 膠西王聞仲舒大儒,

‧ ‧ ‧ ‧ ‧ ‧ ‧ ‧ ‧ ‧ ‧ ‧ ‧

29 한 무제(漢武帝)를 가리킨다.
30 원서에는 "固老, 罷歸之"라 하여 '罷歸之'까지를 아뢰는 내용으로 보았으나, 일반적으로 '固老'까지만 아뢰는 내용으로 보는 설이 통용되므로 이에 의거하여 번역하였다.
31 『사기』「유림열전」의 내용에 의거하여 따옴표 일부를 조정하였다.(『사기』p.3113)
32 인용문의 맨 마지막에 붙은 인용부회[”]는 불필요한 것이므로 삭제하고 번역하였다.

善待之.]"[33] 이외에 위에서 인용한『곡량』과『공양』이 정계에서 논쟁할 때 공손홍은『제시(齊詩)』의 대가인 소망지(蕭望之)가 처음 평론하는 인물이 되었 다. 소망지가『공양』을 폄하했던 태도는 이런 문제점을 더욱 잘 보여준다.

『제학』과『노학』의 차이는 양한 때 두 지역의 민간 풍습의 차이점을 통해 이해할 수 있을 듯하다. "주나라 초기에 분봉(分封)하였을 때 태공(太公)이 묻 기를 '노나라는 어떻게 다스립니까? 하니, 주공(周公)이 답하기를, '높은 이를 높이고 친한 이를 친히 대합니다.'[周公始封, 太公問 : "何以治魯?" 周公曰 : "尊尊而 親親.]"[34] 하였다. 주공이 묻기를 "제나라는 어떻게 다스립니까?" 하니 태공이 답하기를 "현자(賢者)를 등용하고 공이 있는 이를 높입니다.[周公問 : "何以治 齊?" 太公曰 : "擧賢而上功."]"[35]라고 하였다. 노나라 백성의 풍습을 말할 때는 "노나라가 지금 성인시대와의 거리가 멀고 주공이 남긴 교화도 쇠미해져서 공자의 가르침도 쇠락하였다. 땅은 좁은데 백성 수는 많으며 농업에 종사하 는 사람은 많은데 산림과 택지의 풍부함은 없다. 그 풍속은 인색하고 재물을 아끼고 상업을 붙쫓으며 매도하고 비난하기를 좋아하며 교묘하게 꾸미거나 위선적인 경우가 많다. 상례(喪禮)나 제례(祭禮)에 형식적인 것은 잘 차리나 실제가 없다. 그러나 학문하기를 좋아하는 풍습은 다른 곳에 비해 낫다.[今去 聖久遠, 周公遺化銷微, 孔氏庠序衰壞. 地陿民衆, 頗有桑麻之業, 亡林澤之饒. 俗儉嗇愛財, 趨 商賈, 好訾毁, 多巧僞. 喪祭之禮文備實寡. 然其好學猶愈於它俗.]"[36]라고 하였다. 제나라 백성의 풍습을 말할 때는 "제나라는 이 때문에 지금까지도 경술(經術)을 좋아 하는 선비가 많고 공명(功名)을 긍지로 여기며 관대하고 도량이 넓으며 지혜 가 풍부하다. 단점은 사치하기를 좋아하고 붕당(朋黨)을 지으며 말과 행동이 맞지 않고 허위가 많아 진심을 드러내지 않는다. 위급하면 흩어지고 평온할

．．．．．．．．．．．．

33 《원주》『한서』권56「동중서전」에 보인다.
34 『한서』권28「지리지」 p.1662
35 『한서』권28「지리지」 p.1661
36 『한서』권28「지리지」 p.1663

때에는 방종한다.[故至今其土多好經術, 矜功名, 舒緩闊達而足智. 其失夸奢朋黨, 言與行 繆, 虛詐不情, 急之則離散, 緩之則放縱.]"[37]라고 하였다.

노나라와 제나라 백성들 풍습의 차이는『노시』와『제시』의 차이를 해석 하는 데에도 쓸 수 있다.『제시』의 특징은 실용성(實用性)에 있다.『공양』학과 마찬가지로 재이(災異)나 미신(迷信)을 인용하여『시』를 해석하는 경우가 많 다. 이렇게 볼 때 한대의『시』는 이미 선진의 민가(民歌)도 예가(禮歌)도 아닌 전제주의 이론의 중요한 구성 성분이었다.

원고생의 뜻을 가장 잘 전한 사람은 하후시창(夏侯始昌)이다. 하후시창은 후창(后蒼)에게 전하였다. 하후시창은『오경』에 정통했다. 후창 역시『시』와 『예』에 정통하여 박사가 되었고 소부(少府)에까지 이르렀다. 학문을 익봉(翼 奉), 소망지, 광형(匡衡)에게 전수하였다. 익봉은 간대부(諫大夫)가 되었고 소망 지는 전장군(前將軍)이 되었고 광형은 승상이 되었는데, 모두 개인 열전이 있다. 광형은 낭아(琅邪)의 사단(師丹), 복리유군(伏理斿君), 영천(穎川)의 만창군 도(滿昌君都)에게 전수하였다. 군도는 첨사(詹事)가 되었고 복리는 고밀 태부(高 密太傅)가 되어 대대로 가업을 전하였다. 단은 대사공(大司空)이 되었고 열전이 있다. 이로 인해『제시』에는 익봉, 광형, 사단, 복리의 학문이 있다. 만창(滿昌) 은 구강(九江)의 장감(張邯), 낭아(琅邪)의 피용(皮容)에게 전수하였는데 모두 높 은 관직에 이르렀고 따르는 문도(門徒)가 더욱 성대하였다.

『한서』「익봉전」에는 다음과 같이 기록되어 있다.

　　익봉은『제시』를 연구하여 소망지, 광형과 같은 스승에게서 배웠다. 세 사람 　　은 모두 다 경술(經術)에 밝았는데 광형은 후진(後進)이었고 소망지는 경술을 　　정사에 시행하였다. 익봉은 부지런히 학문만 하고 벼슬하지 않았으며 율력(律 　　曆)과 음양(陰陽)의 점술을 좋아하였다. 원제(元帝)가 처음 즉위하였을 때 여러

37 『한서』 권28 「지리지」 p.1668

유자들이 그를 천거하자 그를 정식 임명 전에 조령(詔令)을 기다리는 사람들이 머무는 관서로 부른 다음 자주 소견(召見)하여 국사에 대한 조언을 들었는데 천자가 그를 공경하였다. 그때 평창후(平昌侯) 왕림(王臨)이 선제(宣帝)의 외척으로 시중(侍中)이었는데 조령이라 일컬으며 익봉에게 경술을 배우고자 하였다. 익봉은 그와 이야기를 나누고 싶지 않아서 밀봉한 장주(章奏)를 올리기를, "신이 스승에게 들으니 치도(治道)의 관건은 아랫사람의 사정(邪正)을 파악하는 데에 달려 있다고 하였습니다. 참으로 단정한 품성을 추구하는 사람이면 아무리 어리석어도 등용하지만 만약 간사한 마음을 품고 있으면 그의 지식이 많더라도 해가 큰 것입니다. 그런데 아랫사람을 파악하는 방법은 육정(六情)[38] 십이율(十二律)에 달려 있습니다. 북방(北方)의 정(情)은 '애호[好]'인데 애호하는 마음이 있으면 이리와 같은 탐욕을 부리게 되며 방위(方位)로는 신(申)과 자(子)가 그것을 관장합니다. 동방(東方)의 정은 '분노'인데 노기가 있으면 음기(陰氣)로 어떤 것을 해치게 되며 방위로는 해(亥)와 묘(卯)가 그것을 관장합니다. 이리와 같은 탐욕은 반드시 음기로 어떤 것을 해치려는 마음이 있을 때 드러나고 음기로 어떤 것을 해치려는 마음은 반드시 이리와 같은 탐욕스런 마음이 있을 때 행해지는 것이니, 이 두 개의 음(陰)이 아울러 행해지기 때문에 왕이 된 자는 자(子)와 묘(卯)의 방위를 꺼리는 것입니다. 『예경』에서도 이것을 피하고 있고 『춘추』에서도 이것을 기휘(忌諱)하였습니다. 남방(南方)의 정은 '증오'인데 미움이 있으면 모나고 꼿꼿하게 행동하게 되며 방위로는 인(寅)과 오(午)가 그것을 관장합니다. 서방(西方)의 정은 '기쁨'인데 기쁘면 관대하게 행동하게 되며 방위로는 사(巳)와 유(酉)가 그것을 관장합니다. 두 개의 양(陽)이 아울러 행해지기 때문에 왕이 된 자는 오(午)와 유(酉)를 길하게 여기는 것입니다. 그래서 『시』에도 '길일(吉日)은 경오일(庚午日)이다'라고 한 것입니다. 상방(上方)의 정은 '쾌락'인데 쾌락이 있으면 간사한 일을 행하게 되며 방위로는 진(辰)과 미(未)가 그것을 관장합니다. 하방(下方)의 정은 '애상'인데 애상이 있으면 공정하게 행하게 되며 방위로는 술(戌)과 축(丑)이 그것을 관장합니다. 진과 미는 음(陰)에 속하고 술과 축은 양(陽)에 속하는데 만물은 각각 동류끼리 서로 호응하게 되어 있습니다. 지금 폐하께서는 성명(聖明)하시니 겸허하고 안정된 마음으로 자연스럽게 사물

---

[38] 인간이 지닌 희(喜)·노(怒)·애(哀)·낙(樂)·호(好)·오(惡)의 여섯 가지 감정을 말한다.

이 이르기를 기다리신다면 세상일이 비록 많으나 무엇을 들은들 명료하지 않겠습니까. 더구나 십이율을 써서 육정을 제어하는 것이야 말해 무엇 하겠습니까. 폐하께서 만약 아랫사람의 사정(邪正)을 잘 알아서 실제적인 통치에 참고하신다면 또한 매우 여유로우실 것이며 만에 하나라도 잘못하지 않으려 하신다면 자연(自然)의 도(道)에 맡기는 것이 좋을 것입니다. 정월(正月) 계미일(癸未日)은 방위로는 신(申)인데 그날 폭풍우가 서남쪽에서 불어왔습니다. 방위로 미(未)는 간사(奸邪)함을 주관하고 신(申)은 이리와 같은 탐욕을 주관하는데 폭풍우가 대음(大陰)의 아래에서 그 방위의 전면(前面)에 이르렀으니 이는 황상(皇上)의 좌우 신변에 간사한 신하의 기운이 있는 것입니다. 그리고 평창후(平昌侯)가 연달아 세 차례 신을 찾아왔는데 모두 바른 일진(日辰)에 간사한 시(時)가 더해지는 때였으니 일진이 손님이고 시(時)가 주인이 됩니다. 십이율을 써서 사람의 육정을 아는 것은 왕이 된 자의 비법이니 어리석은 신은 진실로 감히 그 비법으로 간사한 사람에 대해 고(告)하지 못하겠습니다."라고 하였다.[治齊詩, 與蕭望之·匡衡同師. 三人經術皆明, 衡爲後進, 望之施之政事, 而奉悖學不仕, 好律曆陰陽之占. 元帝初卽位, 諸儒薦之, 徵待詔宦者署, 數言事宴見, 天子敬焉. 時 平昌侯王臨以宣帝外屬侍中, 稱詔欲從奉學其術. 奉不肯與言, 而上封事曰: "臣聞之於師, 治道要務, 在知下之邪正. 人誠鄕正, 雖愚爲用; 若乃懷邪, 知益爲害. 知下之術, 在於六情十二律而已. 北方之情, 好也; 好行貪狼, 申子主之. 東方之情, 怒也; 怒行陰賊, 亥卯主之. 貪狼必待陰而後動, 陰賊必待貪狼而後用, 二陰並行, 是以王者忌子卯也. 『禮經』避之, 『春秋』諱焉. 南方之情, 惡也; 惡行廉貞, 寅午主之.³⁹ 西方之情, 喜也; 喜行寬大, 巳酉主之. 二陽並行, 是以王者吉午酉也. 『詩』曰: '吉日庚午.' 上方之情, 樂也; 樂行姦邪, 辰未主之.⁴⁰ 下方之情, 哀也; 哀行公正, 戌丑主之.⁴¹ 辰未屬陰, 戌丑屬陽, 萬物各以其類應. 今陛下明聖虛靜以待物至, 萬事雖衆, 何聞而不諭. 豈況乎執十二律而御六情! 於以知下參實, 亦甚優矣, 萬不失一, 自然之道也. 乃正月癸未日加申, 有暴風從西南來. 未主姦邪, 申主貪狼, 風以大陰下抵建前, 是人主左右邪臣之氣也. 平昌侯比三來見臣, 皆以正辰加邪時, 辰爲客, 時爲主人. 以律知人情, 王者之祕道也, 愚臣誠不敢以語邪人."]

- - - - - - - - - - - -

39 원서에는 '寅午主子'로 되어 있으나 『한서』「익봉전」의 원문에 의거하여 '主子'를 '主之'로 바로잡았다. (『한서』 p.3168)
40 『한서』「익봉전」의 원문에 의거하여 '主之'로 바로잡았다.(『한서』 p.3168)
41 『한서』「익봉전」의 원문에 의거하여 '主之'로 바로잡았다.(『한서』 p.3168)

익봉이 스스로 "감히 간사한 사람에게 말할 수 없다."라고 하였지만 왕자(王者)의 비법(秘法)을 가르친 것이다. 이른바 '비법'이라는 것은 오행(五行), 오덕(五德), 천간(天干), 지지(地支)를 각 시에다 적용하여 『시』의 육정을 창조해 내는 것이다. 익봉의 『제시』학 가운데에서 시는 육정만 있는 것이 아니라 또 오성(五性)도 있다.

『한서』「익봉전」에 또 다음과 같은 기록이 있다.

상(上)[42]이 익봉을 중랑(中郞)으로 삼고 한 번 익봉을 소견(召見)하여 묻기를 "오는 사람은 좋은 날 나쁜 시(時)가 좋은가, 아니면 나쁜 날 좋은 시가 좋은가?" 하였다. 익봉이 대답하기를 "사법에는 일진이라고 하지 날이라고 하지 않는데, 일진이 손님이고 시가 주인이 되는 것입니다. 현명한 군주를 뵙게 되면 군주의 좌우에서 모시는 사람이 주인이 됩니다. 일진이 좋고 시가 나쁘면 군주를 뵙는 사람이 정직한 사람이고 좌우에서 모시는 사람이 간사한 사람이며, 일진이 나쁘고 시가 좋으면 군주를 뵙는 사람이 간사하고 좌우에서 모시는 사람이 정직한 사람입니다. 충성스럽고 정직한 사람을 조견(朝見)할 때에는 군주의 좌우에서 모시는 사람이 비록 간사해도 일진과 시가 모두 좋으며, 크게 간사한 사람을 조견할 때에는 군주의 좌우에서 모시는 사람이 비록 정직해도 일진과 시가 모두 나쁜 것입니다. 만약 군주의 좌우에서 모시는 자가 간사하다는 것을 알고 있는데 시가 나쁘고 일진이 좋으면 군주를 뵙는 사람이 도리어 간사한 기운에 침탈을 당하게 되며, 만약 군주의 좌우에서 모시는 사람이 정직하다는 것을 알고 있는데 시가 좋고 일진이 나쁘다면 군주를 뵙는 사람이 도리어 정직한 기운에 영향을 받게 됩니다. 일진은 일상적인 상황이고 시는 일시적인 상태입니다. 일진은 소략하고 시는 정밀하나 그 효과는 똑같으니 반드시 서로 참고하고 살펴본 연후에 실체를 알 수 있습니다. 그래서 '그 연원을 살펴보고 그 경과를 살펴보되, 육합(六合)과 오행을 참고한다면 인성(人性)을 볼 수 있고 인정(人情)을 알 수 있다.'고 한 것입니다. 외면을 통해서 살피기는 어렵고 내면에서 나오는 것은 매우 분명하기 때문에 『시(詩)』라는 학문은 순전히 성정(性情)에 입각하

· · · · · · · · · · · ·

42 원제(元帝)를 말한다.

는 것이라 할 수 있습니다. 오성은 서로 저촉되지 않고 육정은 번갈아 일어나고 소멸하는데 일력(日曆)으로 성(性)을 관찰하고 십이율로 정(情)을 살펴보는 것은 현명한 군주만이 혼자 사용해야 하는 것이지 두 사람이 함께 공유하기 어려운 것입니다. 그래서 '인을 드러내되 그 사용은 은밀해야 한다.'고 하는 것입니다. 그것이 노출되면 영험하지 못하고 혼자 행하면 자연스럽기 때문입니다."라고 하였다.[上以奉爲中郎, 召問奉: "來者以善日邪時, 孰與邪日善時?" 奉對曰: "師法用辰不用日, 辰爲客, 時爲主人. 見於明主, 侍者爲主人. 辰正時邪, 見者正, 侍者邪; 辰邪時正, 見者邪, 侍者正. 忠正之見, 侍者雖邪, 辰時俱正; 大邪之見, 侍者雖正, 辰時俱邪. 卽以自知侍者之邪, 而時邪辰正, 見者反邪; 卽以自知侍者之正, 而時正辰邪, 見者反正. 辰爲常事, 時爲一行. 辰疏而時精, 其效同功, 必參五觀之, 然後可知. 故曰'察其所繇, 省其進退, 參之六合五行, 則可以見人性, 知人情.' 難用外察, 從中甚明, 故『詩』之爲學, 情性而已. 五性不相害, 六情更興廢. 觀性以曆, 觀情以律, 明主所宜獨用, 難與二人共也. 故曰: '顯諸仁, 臧諸用.' 露之則不神, 獨行則自然矣."]

이러한 '현명한 군주만이 혼자 사용해야 할' 이론이란 실제로 강호(江湖)의 방사들이 하는 말과 다르지 않다. 제(齊) 지역은 원래 방사를 많이 배출하였다. 방사는 정치를 하면서 살길을 찾았고 대부분이 유가의 제자로 변하였는데, 익봉도 그 중의 일원으로 첨가할 수도 있지 않을까? 익봉의 학설에는 '육정'과 '오성'[43]만 있는 것이 아니라 또 '오제(五際)'[44]의 설이 있다.

· · · · · · · · · · ·

43 익봉이 말하는 오성(五性)은 오장(五臟)의 성질을 말하는데, 『한서』 「익봉전」의 "오성은 서로 해치지 않고 육정은 번갈아 일어나고 소멸한다.[五性不相害, 六情更興廢]"라는 구절에 대한 안사고(顔師古)의 주(注)에, "익봉이 말한 오성은 다음과 같은 것이다. 간장(肝臟)의 성질은 조용한데 조용한 것은 인(仁)에 해당되고 방위로는 갑(甲)과 기(己)가 주관하며, 심장(心臟)의 성질은 조급한데 조급한 것은 예(禮)에 해당되고 방위로는 병(丙)과 신(辛)이 주관하며, 비장(脾臟)의 성질은 힘찬데 힘찬 것은 신(信)에 해당되고 방위로는 무(戊)와 계(癸)가 주관하며, 폐(肺)의 성질은 견고한데 견고한 것은 의(義)에 해당하고 방위로는 을(乙)과 경(庚)이 주관하며, 신장(腎臟)의 성질은 지혜로운데 지혜는 경(敬)에 해당하고 방위로는 정(丁)과 임(壬)이 주관한다.[肝性靜, 靜行仁, 甲己主之. 心性躁, 躁行禮, 丙辛主之. 脾性力, 力行信, 戊癸主之. 肺性堅, 堅行義, 乙庚主之. 腎性智, 知行敬, 丁壬主之也.]"라고 하였다.(『한서』 p.3170.)

44 오제(五際)는 묘(卯)·유(酉)·오(午)·술(戌)·해(亥)를 말한다.

원제 초원 2년(B.C. 47년)에 두 차례 지진(地震)이 났는데 원제가 자신을 허물하는 조령을 내리자 익봉이 상서(上書)하여 다음과 같이 말하였다.

신이 스승에게 들으니, "…… 『역(易)』에서는 음과 양을 강구하였고 『시』에서는 오제(五際)를 강구하였으며 『춘추』에서는 재이(災異)를 강구하였는데 모두 종시(終始)를 열거하고 득실(得失)을 미루어서 하늘의 뜻을 살폈으며 그것으로 왕도(王道)의 안위를 말하였다. 그런데 진(秦)나라에 이르러서는 이상(以上)의 설을 말하지 않고 법(法)으로 모든 것을 해쳤으므로 이 때문에 대도(大道)가 통하지 않게 되어 멸망에 이르게 되었다."라고 하였습니다. …… 신이 스스로 『제시』를 연구하면서 오제의 요점이 「시월지교(十月之交)」 편에 있음을 들었는데 일식(日蝕)과 지진의 결과를 보고 명확하게 이를 알게 되었습니다.[臣聞之於師曰 : …… 『易』有陰陽, 『詩』有五際, 『春秋』有災異, 皆列終始, 推得失, 考天心, 以言王道之安危. 至秦乃不說, 傷之以法, 是以大道不通, 至於滅亡. …… 臣奉竊學 『齊詩』,[45] 聞五際之要 「十月之交」篇, 知日蝕地震之效昭然可明.][46]

이러한 '오제' 설은 오행과 간지를 『시』의 각 편에 반영하여 재이나 미신을 유학의 경의(經義)와 결합한 것이다. 이때 원제가 유생들을 상당히 좋아하였기 때문에 여러 정사를 모두 경례(經禮)로 행하였고 동시에 박사 제자를 널리 초빙하였다. 이 때문에 조야에는 유학을 연구하는 선비가 점차 많아졌다. 제왕에게 총애를 받았기 때문에 그 학설에도 새롭게 발전이 있었다. 익봉이 연역해 낸 『제시』의 이러한 이론은 양한의 정치사상에 큰 영향을 미쳤다. 『제시』는 『공양』학과 마찬가지로 양한 시대에 참위 미신과 정치사조가 범람하는 데에 중요한 작용을 하였다. 오늘날 우리의 사상사나 유학사 연구들은 익봉과 같은 인물에 대해 홀시하는데 이는 옳지 않다.

현대 사람들의 연구에 의하면 익봉의 이러한 이론은 실제로 풍각수술(風角

• • • • • • • • • • • •

45 『한서』 「익봉전」을 참고하여 '臣奉竊學'로 고쳤다.
46 《원주》 『한서』 권75 「익봉전」에 보인다.

數術)에서 유래하였는데[47] 풍각(風角)은 일종의 술수이다. 그 내용은 사방(四方) 네 모퉁이의 바람을 살펴 길흉(吉凶)을 점치는 것이다. 당(唐)나라 이순풍(李淳風)은 "익봉 이후로부터 풍각의 서책이 거의 100권에 가깝다."라고 하였다.[48] 그 주요한 방법은 육정과 십이율로 점을 치는 것이다.

『제시』를 전한 세 사람은 익봉·소망지·광형이다. 소망지는 정사에 힘을 쏟았고, 익봉은 학설을 발전시키는 데에 공헌이 지대하였으며, 광형은 후진(後進)으로서 『제시』 학파의 전승에 힘을 쏟았다. 광형의 제자 가운데 후대에 두드러지는 사람은 사단(師丹), 유군(㭼君), 만창(滿昌)이다. 만창은 또 피용(皮容)과 장감(張邯)에게 전하였다.

양한의 『한시(韓詩)』 학파의 시종(始宗)으로 고증할 수 있는 사람은 한생(韓生)이다.

『사기』「유림열전」의 기록에 다음과 같은 내용이 보인다.

> 한생은 연(燕)나라 사람이다. 문제 때에 박사가 되었고, 경제 때에 상산왕(常山王)[49]의 태부(太傅)가 되었다. 한생은 『시』의 뜻을 추론하여 『한시외전(韓詩外傳)』과 『한시내전(韓詩內傳)』 수만 자를 지었는데, 그 말들이 『제시』와 『노시』의 해석과는 많이 달랐으나 그 귀결되는 뜻은 같았다. 회남(淮南)의 비생(賁生)이 그것을 전수받았다. 이후로 연나라와 조나라 사이에 『시』를 말하는 사람은 한생으로 말미암은 것이다. 한생의 손자 한상(韓商)은 금상(今上)의 박사이다.[韓生者, 燕人也. 孝文帝時爲博士, 景帝時爲常山王太傅. 韓生推『詩』之意而爲內外傳數萬言, 其語頗與齊·魯間殊, 然其歸一也. 淮南賁生受之. 自是之後, 而燕趙間言『詩』者由韓生. 韓生孫商爲今上博士.]

한생(韓生)에 대한 기록은 『사기』와 『한서』의 내용에 큰 차이가 없다. 『한

47 《원주》 왕티에(王鐵)의 『한대학술사(漢代學術史)』 제2장 제2절 "풍각(風角)" 참조.
48 《원주》 『을사점(乙巳占)』 권10에 보인다.
49 경제의 아들 유순(劉舜)을 가리킨다.

서』에서는 진일보하여 한생의 이름이 영(嬰)이라는 것까지 분명하게 밝히고
있다.

> 한생은 또한 『역』을 사람들에게 전하였는데, 『역』의 뜻을 미루어 전을 만들
> 었다. …… 선제 때 탁군(涿郡)의 한생이 그 후손인데, 『역』에 정통하다는 이유
> 로 부름을 받아 궁전에서 조령을 기다릴 때에 "제가 전수받은 『역』은 바로
> 선태부(先太傅)께서 전한 것입니다. 일찍이 『한시』를 배웠는데 한생의 『역』이
> 지닌 의미심장함만 못하여 태부께서 전문적으로 『역』을 전해준 것입니다."라
> 고 하였다. 그리고 사록교위(史錄校尉) 갑관요(蓋寬饒)는 본래 『역』을 맹희(孟喜)
> 에게서 배웠는데 탁군 한생의 『역』설을 듣고는 좋아하여 곧바로 그에게 수학하
> 였다.[韓生亦以『易』授人, 推『易』意而爲之傳. …… 孝宣時, 涿郡韓生其後也, 以『易』
> 徵, 待詔殿中, 曰 : "所受『易』卽先太傅所傳也. 嘗受『韓詩』, 不如韓氏『易』深, 太傅故
> 專傳之." 司隸校尉蓋寬饒本受『易』於孟喜, 見涿韓生說『易』而好之, 卽更從受焉.][50]

 한영이 전한 학문은 『시』 이외에도 『역』이 있음을 알 수 있다. 이로써
『한시』 학파의 특색이 『제시』와 대체로 동일하다는 것을 알 수 있다. 한영의
또 다른 제자 중에 중요한 인물은 조자(趙子)이다. 조자는 채의(蔡誼)에게 전하
고, 채의는 왕길(王吉)과 식자공(食子公)에게 전하였다. 식자공은 율풍(栗豐)에
게 전하였고 율풍은 장취(張就)에게 전하였다. 왕길은 장손순(張孫順)에게 전하
였고 장손순은 단복(段福)에게 전하였다.[51] 『노시』와 『제시』가 후한에 이르러
점차 그 추세가 쇠미해진 것과는 달리 『한시』는 후한에서 유명한 사람들이
계속 배출되었는데 『후한서(後漢書)』 「유림전」에 기록되어 있다. 대대로 『한
시』를 익힌 자로는 설한(薛漢), 두무(杜撫), 장광(張匡), 양인(楊仁) 등이 있다.
동시에 『한시』의 학술적 특색 또한 보전되어 내려오게 되었다.
 『후한서』 「유림전」에 기록된 내용은 다음과 같다.

. . . .

50 ≪원주≫ 『한서(漢書)』 권88 「유림전(儒林傳)」에 보인다.
51 ≪원주≫ 『후한서(後漢書)』 권79 「유림전(儒林傳)」에 보인다.

설한(薛漢)은 자가 공자(公子)이고 회양(淮陽) 사람이다. 대대로『한시』를 익혀 부자가 장구의 분석으로 이름이 났다. 설한은 어릴 때부터 아버지의 학업을 전수받았는데 특히 재이와 참위에 대한 논술에 뛰어났으며 늘 수백 명의 제자들을 가르쳤다. 건무(建武) 초에[52] 박사가 되었고 조령을 받들어 도참서(圖讖書)를 교정하였다.[薛漢, 字公子, 淮陽人也. 世習韓詩, 父子以章句著名. 漢少傳父業, 尤善說災異讖緯, 教授常數百人. 建武初, 爲博士, 受詔校定圖讖.]

양한 때 이상의 삼가『시』이 외에 별도로 가장 영향을 끼친 유파로는 당연히『모시』를 첫 번째로 꼽아야 한다.『모시』가 고문 경학에 속하는지 아니면 금문 경학에 속하는지에 관해서는 다양한 견해가 존재한다.『모시』의 전승에 대해『한서』「유림전」에서는 다음과 같이 설명하였다.

모공(毛公)은 조(趙)나라 사람이다.『시』를 연구하여 하간헌왕(河間獻王)의 박사가 되었고 같은 나라의 관장경(貫長卿)에게 전수하였다. 관장경은 해연년(解延年)에게 전수하였다. 해연년은 아무영(阿武令)이 되었는데 서오(徐敖)에게 전수하였다. 서오는 구강(九江)의 진협(陳俠)에게 전수하였는데 서오는 왕망(王莽)의 강학대부(講學大夫)가 되었다. 이때부터『모시』를 말하는 사람들은 서오의 설에 근본을 두었다.[毛公, 趙人也. 治『詩』, 爲河間獻王博士, 授同國貫長卿. 長卿授解延年. 延年爲阿武令, 授徐敖. 敖授九江陳俠, 爲王莽講學大夫. 由是言『毛詩』者, 本之徐敖.]

여기에서 말하는 모공은『사기』에는 언급된 적이 없다.『한서』에서도 역시 전승만 개괄적으로 말하고서 다시 "『모시』를 말하는 사람들은 모두 서오[53]의 설에 근본을 두었다.[言『毛詩』者, 本之徐敖.]"는 말로 확정하였다.『한서』에서는 단지 '모공'이라고만 말하였는데 이것이 전해지면서 후한말기 정

52 원서에는 '至是'로 되어 있으나『후한서』「유림전」에 '建武初'로 되어 있으므로 이에 의거해서 보충하여 번역하였다.
53 원서에는 '許敖'로 되어 있으나 '許'는 '徐'의 오자이다.

제3장 경학의 전승과 경서의 해석 347

현의 『시보(詩譜)』에 와서는 또 대모공(大毛公)과 소모공(小毛公)을 구분하였다. 삼국시대 이후로는 또 대모공의 이름을 '장(長)' 또는 '형(亨)'이라 하였고, 소모공의 이름은 '장(萇)'이라 하였는데 이는 대부분 뒷사람들이 견강부회하여 전해진 것이다.

이와 달리 『모시』는 전한에서 결코 고문경이 아니었다. 이상 『한서』「유림전」에서 말한 것에도 『모시』를 고문경으로 돌린 부분은 없다. 『한서』「하간헌왕전(河間獻王傳)」에 헌왕이 얻은 구서(舊書) 기록 중에도 『모시』는 없다. 유흠(劉歆)의 『이양태상박사서(移讓太常博士書)』에서 언급한 고문은 겨우 『일례(逸禮)』, 『상서』, 『좌전』의 세 종류뿐이고, 『모시』는 그 속에 포함되어 있지 않다. 『한서』「예문지」에서는 "또 모공의 학문이 있었는데 스스로 자하에게서 전수받은 것이라고 하였다. 하간헌왕이 『모시』를 좋게 여겼으나 학관에 세워지지는 못했다.[又有毛公之學, 自謂子夏所傳, 而河間獻王好之, 未得立.]"라고 말하였다. 이는 『모시』를 금문학의 일종으로 본 것이다.

이를 통해서 『모시』가 고문학으로 인식된 것은 후한 이후의 일임을 알 수 있다. 양한 시기에 『모시』의 지위는 『좌씨춘추』와 상당히 비슷하여 비록 오랫동안 민간에 전해졌지만 역시 우연히 관학의 반열에 들었다. 후한시기에 금문학파가 전한 학문이 대부분 문을 닫고 스스로를 지키기만 했을 뿐 아니라 또 사회의 비속한 사조와 결합하였기 때문에 학자들 대부분이 고문학을 대표로 하는 소박한 민간학파로 전향하였다. 이러한 경향은 후한초기 가규(賈逵)의 치학(治學)에서부터 이미 그 징조가 보였는데 한나라말기 정현 때에 이르러서 마침내 하나의 풍조가 되었다. 『모시』는 대개 이렇게 고문 경학으로 간주되게 되었다. 『후한서』「장제기(章帝紀)」 8년(B.C. 83년) 조에 다음과 같은 조령이 기록되어 있다.

오경에 대한 분석이 성인의 시대와 갈수록 거리가 멀어지고 있어 장구에 남긴 말들이 잘못되고 의심스러워 바로잡기가 어렵다. 그래서 선사(先師)의 미언대의(微言大義)가 마침내 장차 끊기게 생겼으니, 이것은 계고(稽古)를 중하게

348

여기고 도의 진수를 구할 방법이 아니다. 여러 유학자들로 하여금 우등생을 뽑아『좌씨』,『곡량춘추』,『고문상서(古文尙書)』,『모시』를 가르쳐서 미언대의의 학문을 부지하고 다른 의론들을 넓히도록 하라.[五經剖判, 去聖彌遠, 章句遺辭, 乖疑難正. 恐先師微言將遂廢絶, 非所以重稽古, 求道眞也. 其令羣儒選高才生, 受學『左氏』·『穀梁春秋』·『古文尙書』·『毛詩』, 以扶微學, 廣異義焉.]

조령을 반포한 뒤에 "이로 말미암아 사경(四經)[54]이 마침내 세상에 행해지게 되었다. 황제는 가규가 뽑은 제자 및 문도들을 모두 천승 왕국(千乘王國)의 낭(郞)을 삼아 조석으로 황문서(黃門署)에서 수업을 하게 하니 학자들이 모두 기뻐하면서 부러워하였다.[由是四經遂行於世. 皆拜逵所選弟子及門生爲千乘王國郎, 朝夕受業黃門署, 學者皆欣欣羨慕焉.]"[55] 이것은 양한의 학술이 유가의 학술을 위주로 하였다는 것이다. 유학의 학술은 선진시대부터 전해졌고 계승해 내려온 유가 전적(典籍)을 벗어나지 않는다. 유학의 전적이 경으로 정해진 것은 한무제가 '독존유술'을 표방한 이후의 일이다.『시』가 유학의 기본 전적이 되어 한대 학술 중 비교적 중요한 지위를 차지한 만큼 양한『시』학의 전승과 각자 학술의 특색이 있는 논술 중에서 우리는 다음과 같은 결론을 얻을 수 있다.

1. 한대의『시』학은 크게 금문 경학의 계열에 속한다. 전한 중기에 이르러 유학이 존숭됨으로 인하여『시』학의 유파가 비로소 형성되었다. 한나라 때『시』의 유파는 삼가도 아니고 사가도 아니며 어쩌면『한서』「예문지」에 실려 있는 육가에 국한되지도 않았을 것이다. 한나라 초기에 일부『시』학의 유파는 당시의 정치에서 인정을 받지 못함으로 인하여 점차 소멸되어갔다. 한나라 때『시』의 각 유파의 학문 연구 방법은

· · · · · · · · · · · · ·

54 사경(四經)은『좌전』,『곡량춘추』,『고문상서』,『모시』를 가리킨다.
55 ≪원주≫『후한서』권66「가규전(賈逵傳)」에 나오는 말이다.

대체로 해설을 하거나 전이나 장구를 만드는 것을 위주로 하였다. 이것
은『서』와『춘추』등의 유파의 학문 연구 방법과 동일하고 후세의 학술
연구 방법에도 지대한 영향을 끼쳤다.

2. 한나라『시』는 금문학에 속한다. '금(今)' 의 의의는 두 가지 방면에서
구현된다. 첫째는 한나라 때의『시』각 파의『시』의 의미에 대한 해석
이 대부분 고대 정치와 결합되었을 뿐만 아니라 아울러 이를 통해 현실
정치를 은근히 풍자하고 규간(規諫)하였다. 금문학은 중국고대의 '학문
을 하여 정사에 쓴다.[學以致用]'는 이념을 체현하기에 가장 적합한 것이
었다. 이것은 현존하는『모시』및 노(魯)·제(齊)·한(韓) 삼가의『시』와
관련된『시』문헌들에 있는『시』의 뜻에 대한 해석 속에서 분명하게
볼 수 있다.「관저(關雎)」는『시경』의 첫 번째 편인데 후한 위굉(衛宏)의
「모시서(毛詩序)」에서 "관저는 후비(后妃)의 덕을 말한 것이다. 풍(風)의
시작이니 천하를 교화하고 부부(夫婦)를 바르게 하는 것이다. 그러므로
향인(鄕人)에게도 사용하고 나라에서도 사용한다. …… 이 때문에「관저」
는 요조숙녀를 얻어 군자의 배필로 삼는 것을 즐거워한 것이니, 근심이
현자(賢者)를 진용(進用)시키는 데에 있었고 여색에 빠져 음란하게 군 것
이 아니었다. 요조숙녀에 대한 애틋한 마음과 어진 인재를 생각하면서
도 선(善)을 해치는 마음이 없다. 이것이「관저」의 뜻이다.[關雎, 后妃之德
也. 風之始也, 所以風天下而正夫婦也. 用之鄕人焉, 用之邦國焉. …… 是以關雎樂得淑
女以配君子, 憂[56]在進賢, 不淫其色, 哀窈窕, 思賢才, 而無傷善之心焉. 是關雎之義也.]"
라고 하였다. 본래에는 한 수(首)의 서정시(抒情詩)였는데 의기투합한 정
치인들에 의해 이렇게 해석되었다. 이로서 한나라 유학자들이 어떻게

---

56 원서에는 '愛'로 되어 있으나「모시서」에는 '憂'로 되어 있으므로 이에 의거하여 바로잡았
다.

고대의 것을 한대화(漢代化)했는지 알 수 있다. 두 번째는 한나라 때『시』의 유파로는『제시』와『한시』가 가장 우월하였는데 이들은『시』에 술수를 접목시켰다. 이러한 새로운 해석과 변화는『시』를 편리하게 정치에 사용할 수 있도록 하였다.

3. 『시』가 현존하는 것으로는 겨우『모시』가 있을 뿐 다른 각 시가(詩家)의『시』는 일편(佚篇)만 볼 수 있다.『모시』는 한대에 민간에서 유행한 것으로 그 전수한 계통과 사승 관계를 모두 믿을 수가 없다. 모씨(毛氏)의 경설(經說)은 비록 그 훈고가 간략하고 요약되어 다른 삼가처럼 번잡하지는 않지만 한대의 특징이 비교적 잘 드러나 있다. 여기서 그 두 가지 예를 들어 간략히 설명해 보겠다.『시』 소남(召南)에「추우(騶虞)」라는 시가 있다.『노시(魯詩)』와『한시(韓詩)』의 설은 똑같이 추우를 천자를 위해 조수(鳥獸)를 관장하는 관직으로 보았다. 그런데 모씨의 설은 이와 달라서 "추우는 의로운 짐승으로 백호(白虎)와 같은 형상에 검은 무늬가 있으며 생물(生物)을 먹지 않는다. 인군(人君)에게 지극한 성신(誠信)의 덕이 있으면 감응(感應)하여 나타난다.[騶虞, 義獸, 白虎黑文, 不食生物, 人君有至信之德則應之.]"라고 하였다. 천인감응설이 한대에 유행하였는데 모씨의 설에는 한대의 특징이 분명하여 쉽게 파악할 수 있다. 또 결맹(結盟)을 할 때 희생(犧牲)을 사용하는 것에 관하여『한시』는 "천자와 제후는 소·돼지를 쓰고 대부(大夫)는 개를 쓰고 서인(庶人)은 닭을 쓴다.[天子, 諸侯以牛·豕, 大夫以犬, 庶人以鷄.]"라고 하였는데,『모시』는 "군주는 돼지를 신하는 개를 백성은 닭을 쓴다.[君以豕, 臣以犬, 民以鷄.]"라고 하였다.『한시』는 계급의 칭호를 천자·제후·대부·서인으로 차례를 삼은 것으로 선진시대의 종법제도와 일치하며『모시』는 군주·신하·백성으로 차례를 삼아 진한의 전제제도와 합치된다.[57]

4. 이미『시』가 정치적으로 쓰이게 된 이상 유학의 분위기가 비교적 만연

된 한대에는 『시』가 주의(奏議)나 조서(詔書) 중에 항상 인용되거나 논거로 삼는 기본 전적이 되었다. 이러한 정황은 전한중기 이후로 자주 볼수 있다. 『염철론』에서는 쟁론하는 쌍방이 『시경』을 수십 차례나 인용하였다. 예를 들면 「비호(備胡)」편에서 사병(士兵)의 원정(遠征)에 "노모는 눈물을 흘리고 안식구는 슬피 탄식[老母垂泣, 實婦悲恨]"하는 모습을 말할 때 『시』를 인용하여 "'옛적 내가 출정 나갈 때에는 버들이 한껏 휘늘어졌더니 지금 내가 돌아올 때에는 함박눈이 펄펄 내리는구나.[昔我往矣, 楊柳依依, 今我來思, 雨雪霏霏]……"[58]라고 하였다. 즉 옛 성인이 이와같음을 불쌍히 여기고 오랫동안 부모와 처자를 떠나 들에서 이슬을 맞으며 춥고 고생스러운 곳에 거처하게 될 것을 마음 아파한 것이다." 『제시』의 경우, 대사(大師)가 제왕에게 '비서(秘書)'를 가르친 데에서 『시』 학파의 정치적 의도와 작용을 더욱 잘 볼 수 있다.

5. 한나라 때 『시』를 연구한 각 학파의 뜻은 정치 참여에 있었지 『시』를 해석하는 것에 있지 않았다. 그래서 『시』학 유파별로 정치 집단화되기 시작하였다. 상술한 바와 같이 『노시』와 『곡량』학이 결맹하여 함께 제나라 『공양』학에 대항한 데에서 그 한 단면을 볼 수 있다. 그러므로 한대의 학술사상을 논할 때에는 그 사상 유파와 문화 배경을 분명하게 살펴봄과 동시에 학술과 정치가 서로 결합한 상황도 고려해야 한다. 이런 과정을 통해서야 한대 학술의 진면목과 한대 유학의 정수를 발견할 수 있다.

· · · · · · · · · · · ·

57 《원주》 이상의 두 가지 예(例)는 『한위유서초(漢魏遺書鈔)』와 허신(許愼)의 『오경이의(五經異義)』에 보인다.

58 『시경』「소아(小雅)·채미(采薇)」에 보인다. (『십삼경주소』 정리위원회정리(整理委員會整理), 『모시정의(毛詩正義)』, 북경대학출판사, 2000, p.696)

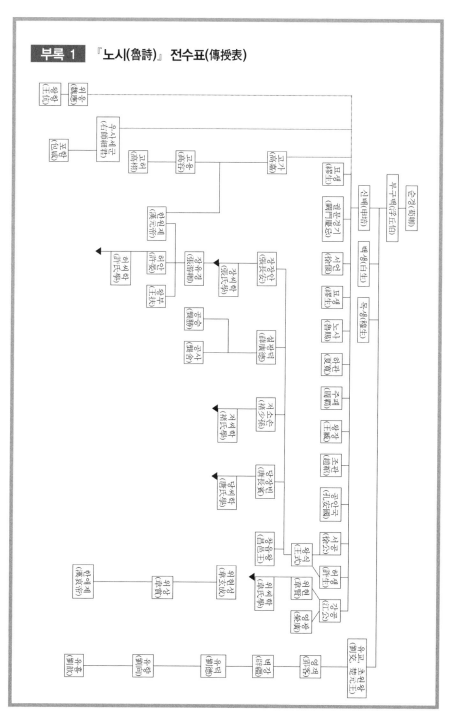

『제시(齊詩)』 전수표

```
                        원고생
                       (轅固生)
                          │
                        하후시창
                       (夏侯始昌)
                          │
                        후창
                       (后蒼)
              ┌───────────┼───────────┐
            광형         익봉        소망지
           (匡衡)       (翼奉)      (蕭望之)
              │           │
              │        익씨학
              │       (翼氏學)
              │           ▼
    ┌────┬─────────┼──────────┐
  광함   만창      복리군      사단
 (匡咸) (滿昌)    (伏理君)    (師丹)
          │          │          │
          │       복씨학      사씨학
          │      (伏氏學)    (師氏學)
       ┌──┴──┐      ▼          ▼
      피용   장한   복담
     (皮容) (張邯) (伏湛)
                     │
                   복암
                  (伏黯)
                     │
                   복공
                  (伏恭)


                                        임말
                                       (任末)


                                              경란
                                             (景鸞)
```

한영
(韓嬰)

탁한생
(涿韓生)

분생
(賁生)

한상
(韓商)

조자
(趙子)

채의
(蔡誼)

왕길
(王吉)

식자공
(食子公)

양인
(楊仁)

설한
(薛漢)

소순
(召馴)

장손순
(張孫順)

율풍
(栗豊)

한백고
(韓伯高)

담대경백
(澹臺敬伯)

두무
(杜撫)

장손씨학
(長孫氏學)

장취
(張就)

두군법
(杜君法)

발복
(發福)

장광
(張匡)

조엽
(趙曄)

『모시(毛詩)』 전수표

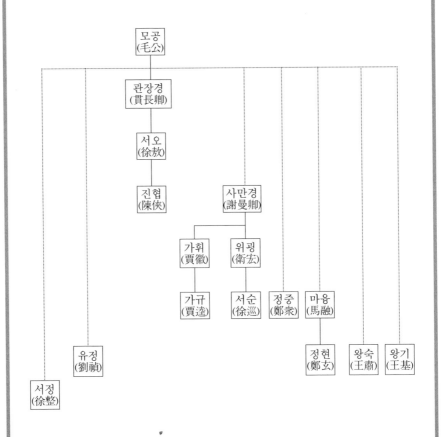

제3절 『상서(尙書)』학

　중국의 경학은 언제나 사상과 학술의 시비를 포함하고 있다. 유학은 한나라 무제에 의해 독보적인 지위를 얻고 나서 진정한 의미의 경학이 되었다. 각 학파의 경학가들은 스승과 학파의 가르침에 얽매이기도 하고 벼슬길에 매몰되기도 하였고 경서의 크고 작은 문제에 대하여 모두 자신의 견해를 가지고 논쟁을 전개하였다. 『상서』학의 측면에서 보면 명칭, 편목(篇目), 금고문의 문제에서부터 「서서(書序)」에 이르기까지 모두 다르기 때문에 현대인들이 경서를 읽을 때에 무엇을 따라야 할지 몰라 막막한 느낌을 갖게 한다. 그러므로 문화는 소중한 유산이면서 또 무거운 부담이다.

　『상서』는 『서(書)』라고도 하고 『서경(書經)』이라고도 부른다. 『상서』의 이름을 『상서』라고 하는 것은 본래 아무런 문제도 되지 않는다. 그러나 경학이 흥성한 한대에는 '상서'라는 의미 자체가 문제가 되었다. 『묵자』 「명귀편(明鬼篇)」에 "『상서』와 『하서(夏書)』 다음은 상(商)과 주(周)의 서(書)이다.[『尚書』· 『夏書』, 其次商·周之書.]"라고 하며, 여기에서 이미 『상서』를 상고의 기록이라고 명백히 말하였다. 이에 대해 판원란(范文瀾, 1893~1969)은 다음과 같이 말하였다. "『상서』라고만 말하고 왕조의 이름인 하(夏)·상(商)·주(周)를 명칭으로 삼지 않은 이유는 「요전(堯典)」편 등은 시대의 측면에서 보면 가장 오래되었고 덕업의 측면에서 보면 도가 삼왕(三王)보다 으뜸이기 때문이다."[1]

　그러나 도리어 한대 사람들은 대부분 『상서』의 "상(尙)"을 공자가 존숭의 의미로 덧붙인 것이라 인식하였다. 정현은 『서찬(書贊)』에서는 "공자가 『서』

를 찬술한 뒤에 이를 존숭하여 『상서』로 명명하였다. '상(尙)'은 '상(上)'의 의미이니 천서(天書)와 같다고 말한 것이다.[孔子撰『書』, 乃尊而命之曰『尙書』, 尙者上也, 蓋言若天書然.]"라고 하였다. 『상서위선기령(尙書緯璿璣鈐)』에서는 "그러므로 '서(書)'라고 하였고 '상(尙)'을 더하여 높인 것이다.[因而謂之'書', 加 '尙'以尊之.]"라고 하였다. 왕충(王充, 27~96)[2]은 『상서』에 대하여 "위에서 행한 것을 아래에서 기록한 것이다.[上所爲, 下所書.]"라고 하였고,[3] 왕숙(王肅)[4]은 「서주서(書注序)」에서 또 말하기를 "위에서 말한 것을 아래의 사관이 기록한 것이다. 그러므로 『상서』라고 하는 것이다.[上所言, 下爲史所書, 故曰『尙書』也.]"라고 하였다. 정강성(鄭康成)의 설은 『위서(緯書)』에서 착안되었는데 타당하지 않으며 왕충과 왕숙의 설은 "좌사(左史)는 말을 기록하고 우사(右史)는 일을 기록하니 일을 기록한 것이 『춘추』이고 말을 기록한 것이 『상서』다.[左史記言, 右史記事; 事爲『春秋』, 言爲『尙書』]"라는 말에 얽매인 것이다.[5] 그러나 이상의 여러 설들 이외에 한대에도 『상서』를 상고의 기록이라 보는 견해도 있었다. 『상서』에 대한 공안국(孔安國)[6]의 서문에서는 "제남(濟南)의 복생(伏生)이 나이 90이 넘었는데 원래의 경전을 잃어버려 구술을 통해 전수하여 20여 편을 편차하였다. 상고의 기록이었기에 『상서』라 이름하였다.[濟南伏生, 年過

. . . .

1 ≪원주≫ 판원란, 『군경개론(群經槪論)』 제3장 제1절, 북경 박사(北京 樸社), 민국22년판
2 후한시대의 학자이다. 자는 중임(仲任)이다. 반표(班彪)를 사사했으며 저서에 『논형(論衡)』, 『주역왕씨의(周易王氏義)』가 있다.
3 ≪원주≫ 왕충 『논형(論衡)·수송편(須頌篇)』 "혹설에 『상서』에 대하여 상(尙)은 상(上)이라고 하였으니, 위에서 행한 것을 아래에서 기록한 것이다. 아래는 누구인가? 신하를 말한다. 그렇다면 신하가 위에서 행한 것을 기록한 것이다.[或說『尙書』曰 : 尙也, 上也, 上所爲, 下所書也. 下者誰也? 曰臣子也. 然則臣子書上所爲矣.]"
4 약195~256. 삼국시대 위(魏)나라의 학자. 자는 자옹(子雍), 시호는 경후(景侯)이다. 가규(賈逵), 마융(馬融)의 고문 경학을 존중하였다. 『상서박의(尙書駁議)』, 『공자가어(孔子家語)』 등의 저술이 있다.
5 ≪원주≫ 장백잠(蔣伯潛) 장조이(蔣祖怡), 『경여경학(經與經學)』 제5장, 상해서점출판사, 1997.
6 중국 전한 때의 학자이다. 공자의 제11대손으로, 공자가 살던 옛집에서 발견된 『상서』·『예기』·『논어』·『효경』 따위의 책을 해독하고 그 책들의 주석을 남겼다고 한다.

358

九十, 失其本經, 口以傳授, 裁二十餘篇, 以其上古之書, 謂之『尙書』.]"라고 하였다. 공안국이『상서』의 진위 여부 논란에 연루되어 그의 서문이 줄곧 세상 사람들에게 중시 받지 못하였다. 하지만 고문『상서』의 진위 여부를 떠나 공안국의 서문만을 놓고 고찰해 볼 때 공안국의『상서』라는 명칭의 해석은 일리가 있다. 복생이『서』를 전수했다는 사실은『사기』와『한서』에 모두 기록되어 있으며 구술로 전수하는 것은 선진시대 경전을 전수하는 형식과 비교적 부합하며『상서』를 상고의 기록으로 해석하는 것도 과장된 말이 아니다. 후대 학자들은 공안국 서문의 진위를 확정하지는 않았지만 그들은『상서』가 상고의 기록이라는 관점을 갖고 있었기 때문에 공안국의 의견을 인정한 셈이다. 마융(馬融, 79~166)[7]은「서경서(書經序)」에서 "상고에 우씨(虞氏)의 기록이 있었기 때문에『상서』라 하였다.[上古有虞氏之書, 故曰『尙書』.]"라고 하였다. 육덕명(陸德明)은『경전석문(經典釋文)』「서록(叙錄)」에서 "상고의 기록이기 때문에『상서』라 하였다.[以上古之書, 謂之『尙書』.]"라고 하였다.

『시경』의 전수는 한대에 이르기까지 다행히 온전하여 금문 삼가와『모시』의 경전 내용이 차이가 있지만 편목은 큰 차이가 없다. 그러나『상서』의 경우는 금문, 고문, 위고문(僞古文)으로 구별할 수 있는데 편목에 현격한 차이가 있다.

한대의 금문『상서』계통은 역사서에 다음과 같이 복생에 의해 전수되었다고 실려 있다. "진나라가 책을 모두 불태울 때에 복생이 벽에 책을 감추었고 그 후 전쟁이 크게 일어나 피난을 떠났다. 한나라로 접어들어 세상이 안정되자 복생이 그 책을 찾았는데 망실된 것이 수십 편이고 29편만 얻게 되었다. 그것으로 제와 노에서 가르쳤다.[秦時焚書, 伏生壁藏之, 其後兵大起, 流亡漢定, 伏生求其書, 亡數十篇, 獨得二十九篇 卽以敎于齊魯之間.]"[8] 복생에 관한 기록이

. . . .

7 후한시대의 학자이다. 정현(鄭玄) 등이 그에게 수학하였다.『효경』,『논어』,『시경』,『주역』 등을 주석하였다.
8 《원주》『사기』권121「유림전(儒林傳)」

실려 있는 『한서』「유림전」과「예문지」는 모두『사기』에 근거하고 있다. 문제 때에 『상서』를 가르칠 수 있는 경사를 초빙하였는데 천하에 아무도 없었다. 후에 복생이 『상서』를 가르칠 수 있다는 말을 듣고 부르려 하였는데 당시 복생의 나이가 90이 넘어 노쇠하였기 때문에 움직일 수가 없었다. 이 때문에 부득이 태상시(太常寺)에서 장고(掌故) 조조(晁錯)을 파견하여 그에게 가서 배우게 하였다.[9] 조조가 복생에게 『상서』를 배움으로서 후대인들에게 『상서』이해를 위한 상당한 도움을 주었다. "복생이 늙어 말을 잘할 수 없고 그 말이 명확하지 않아 그의 딸을 시켜 조조에게 전하도록 하였는데, 제 지방의 말이 영천(穎川)과는 달라 조조가 알아듣지 못한 것이 열에 두셋은 되어 대략 그 의미로 읽었을 뿐이다.[伏生老, 不能正言, 言不可曉也, 使其女傳言教錯. 齊人語多與穎川異,[10] 錯所不知者凡十二三, 略以其意屬讀而已.]"[11]라는 기록이 있다. 또한『경전석문』「서록」에는 "복생이 본래의 경전을 잃어버려 입으로 29편을 외워 전수하였다.[伏生失其本經, 口誦二十九篇傳授.]"라고 하였다. 29편의 편목을 나누어 기술하면 다음과 같다.

1	요전(堯典)	2	고요모(皐陶謨)	3	우공(禹貢)
4	감서(甘誓)	5	탕서(湯誓)	6	반경(盤庚)
7	고종융일(高宗肜日)	8	서백감려(西伯戡黎)	9	미자(微子)
10	목서(牧誓)	11	홍범(洪範)	12	금등(金縢)
13	대고(大誥)	14	강고(康誥)	15	주고(酒誥)
16	재재(梓材)	17	소고(召誥)	18	낙고(洛誥)
19	다사(多士)	20	무일(無逸)	21	군석(君奭)

• • • • • • • • • • • • •

9 《원주》 이 사실은『사기』권121「유림전」에 보인다. 왕충의『논형』「정설편(正說篇)」에는 조조가 복생에게 『상서』를 배운 것이 경제(景帝) 때라고 하였다.
10 원서에는 "伏生老不能正言, 使其女傳言教錯. 齊人語多與穎川異"라고 나와 있으나, 『한서』 중화서국교점본에 의거하여 고쳐서 넣었다.(『한서』p.3603)
11 《원주》『한서』「유림전」의 주에서 인용한 위굉(衛宏)의「상서서(尚書序)」

22	다방(多方)	23	입정(立政)	24	고명(顧命)
25	강왕지고(康王之誥)	26	비서(費誓)	27	여형(呂刑)
28	문후지명(文侯之命)	29	진서(秦誓)		

또 어떤 사람들은 복생이 전한 『상서』가 28편이라고도 하는데 「강왕지고
(康王之誥)」를 「고명(顧命)」과 합한 것이다.[12] 금본 위고문 『상서』에는 「서서(書
序)」가 각 편 첫머리에 나뉘어져 있는데, 구본(舊本)에는 합쳐져 한 편으로
되어 있었다. 또 원래의 28편 이외에 후대에 또 「진서(秦誓)」 한 편이 발견되
어 「미자(微子)」와 「목서(牧誓)」 사이에 편차하여 29편으로 만들었다는 의견
도 있다. 또 "한나라 선제 본시(本始, B.C.73~B.C.70) 연간에 하내(河內)의 어떤
여자가 「진서」 한 편을 찾아 바치자 복생이 왼 것과 합쳐 30편으로 만들어
한나라 시대에 통행되었다.[漢宣帝本始中, 河內女子得 「秦誓」一篇, 獻之, 與伏生所誦
合三十篇, 漢世行之.]"[13]라는 의견도 있다. 「진서」에 대한 문제는 비교적 크다.
육덕명의 의견은 한나라 선제 때에 찾은 것이라는 것이며 유향(劉向, B.C.
77~B.C. 6)[14]은 "무제(武帝) 말에 백성 중에 벽에서 「진서」를 찾은 사람이
있었는데 박사에게 바쳤다.[武帝末, 民有得 「秦誓」書於壁內者, 獻之與博士.]"[15]라고
하였으나 양쪽의 기재 연대에 차이가 있다. 그러므로 육덕명은 「진서」를
29편에 포함해서는 안 된다고 여겼다. "그러나 「진서」의 연월은 「서서」와
서로 맞지 않고, 『좌전』, 『국어』, 『맹자』 등의 책에서 인용하고 있는 「진서」
와도 같지 않아 마융, 정현, 왕숙 등의 학자들이 모두 그것을 의심하였다.[然

----

12 ≪원주≫ 청나라 강유위(康有爲), 『위경고(僞經考)』 "서서변위(書序辨僞)"
13 ≪원주≫ 당나라 육덕명(陸德明), 『경전석문』 「서록」
14 전한시대의 학자이다. 궁중의 여러 서적을 교수하여 『별록(別錄)』을 완성하여, 중국 교수학
  과 목록학의 비조가 되었다.
15 ≪원주≫ 『상서』서문의 소(疏)에서 인용한 유향의 『별록(別錄)』, 유흠(劉歆)의 『칠략(七略)』
  과 「이양태상박사서(移讓太常博士書)」에도 비슷한 견해가 있다.

「秦誓」年月不與「書序」相應, 又不與「左傳」·「國語」·「孟子」衆書所引「秦誓」同, 馬·鄭·王肅諸儒皆疑之.]"[16]

『한서』「예문지」에서는 "경문 29권"이라고 하였다. 그러나 유흠이 고문을 학관에 세우려고 했을 때에 금문을 연구한 여러 박사들은 수긍하지 않고 『상서』는 오직 28편이라고 하였다. 따라서 『한서』「예문지」에서 말한 29권과 위에서 말한 29개 편목이 일치하는지는 알 수가 없다.

고문 『상서』 계통도 그 흔적을 찾아볼 수 있다. 『한서』「유림전」에 말하기를 "공안국에게 고문 『상서』가 있었는데 공안국이 금문 글자로 읽었다.[孔氏有古文『尚書』, 孔安國以今文字讀之.]"라고 하였다. 고문 『상서』의 유전과 편목에 대해 사마천은 많은 설명을 하지 않았다. 『한서』「예문지」에서는 『서』류의 처음에 "고문경(古文經) 46권[『尚書』古文經四十六卷]"이라고 적고 자주(自注)에 "57편이다.[爲五十七篇]"라고 하였다. 고문 『상서』에 대한 반고의 설명은 다음과 같다.

　　무제 말기에 노(魯)의 공왕(共王)이 공자의 집을 허물고 자신의 궁전을 넓히려고 하다가 고문 『상서』와 『예기』, 『논어』, 『효경』 등 수십 편을 얻었는데 모두 고문으로 쓰여 있었다. 공왕이 그 집에 들어가자 금슬(琴瑟)과 종경(鐘磬)을 연주하는 소리가 들렸다. 이에 두려운 마음에 작업을 중지하고 집을 허물지 않았다. 공안국은 공자의 후손인데 그 책을 모두 얻어 29편을 고찰하고 16편을 더 얻었다. 공안국이 바쳤으나 무고(巫蠱)의 일을 만나 학관에 편입되지 못하였다. 유향이 궁중의 고문상서로 구양(歐陽)과 대소 하후(夏候) 삼가의 경문과 비교하였는데 「주고(酒誥)」에 탈간(脫簡)이 하나, 「소고(召誥)」에 탈간이 둘이었다. 대체로 25자가 적힌 간(簡)은 탈자도 25자이며 22자가 적힌 간은 탈자도 22자였다. 글자가 다른 것은 7백여 자이고 탈자는 수십 자였다. 『서』라는 것은 옛날에 대중에게 명령하는 것이니 말이 갖추어지지 않으면 듣고 시행하는 자가 제대로 이해하지 못한다. 고문을 읽을 때는 당시의 말로 읽었으니 고문과 금문의 말을

· · · · · · · · · · · ·

16 《원주》 당나라 유덕명, 『경전석문』「서록」

이해해야 알 수가 있었다.[武帝末, 魯共王壞孔子宅, 欲以廣其宮, 而得古文『尚書』及『禮記』·『論語』·『孝經』凡數十篇, 皆古字也. 共王往入其宅, 聞鼓琴瑟鍾磬之音. 於是懼, 乃止不壞. 孔安國者, 孔子後也, 悉得其書, 以考二十九篇, 得多十六篇. 安國獻之, 遭巫蠱事, 未列于學官. 劉向以中古文校歐陽·大小夏侯三家經文,「酒誥」脫簡一,「召誥」脫簡二. 率簡二十五字者, 脫亦二十五字, 簡二十二字者, 脫亦二十二字. 文字異者七百有餘, 脫字數十.『書』者, 古之號令, 號令於衆, 其言不立具, 則聽受施行者弗曉. 古文讀應爾雅, 故解古今語而可知也.]¹⁷

노 공왕이 공자의 집을 허물어 『상서』와 여러 책을 얻은 일은 『사기』 중의 「유림전」과 「오종세가(五宗世家)」에 모두 기록되어 있지 않고 오직 반고의 기록만 상세하기 때문에 이는 고문 『상서』를 주장하는 무리가 스스로 편찬한 가계도에 근거한 것인지도 알 수가 없다. 공안국이 얻었다는 16편의 고문 『상서』는 다음과 같이 목록이 남아 있다.

1	순전(舜典)	2	골작(汩作)	3	구공(九共)
4	대우모(大禹謨)	5	기직(棄稷)	6	오자지가(五子之歌)
7	윤정(胤征)	8	탕고(湯誥)	9	함유일덕(咸有一德)
10	전보(典寶)	11	이훈(伊訓)	12	사명(肆命)
13	원명(原命)	14	무성(武成)	15	여오(旅獒)
16	필명(畢命)				

『한서』 「예문지」에 "고문경 46권"이라고 하였으니 원래의 금문 29편에 위에서 말한 16편을 더하고 또 나중에 얻은 「진서」를 더하면 모두 46권이 된다. 마융은 「서전서」에서 "일문(逸文) 16편에는 결코 사설(師說)이 없다.[逸文六篇, 絶無師說.]"라고 하였다.¹⁸ 고문 16편은 후에 망실되었다. 이로 인하여

‥‥‥‥‥‥
17 ≪원주≫ 『한서』 권30 『예문지』
18 ≪원주≫ 고문 16편에 사설(師說)이 있는지 없는지에 대해 쟁론이 매우 많다. 고문파는 사

후세에서 공안국 고문『상서』의 진위를 논하는 것은 사실상 이미 의미가 없었다.

위고문『상서』계통은 기원이 비교적 늦다. 위고문『상서』는 동진(東晋) 원제(元帝) 때에 매색(梅賾)이 헌상한 것이다.[19] "동진의 중흥기인 원제(元帝) 때에 예장내사(豫章內史)였던 매색이 공안국이 전을 붙인『상서』를 바쳤다. 「요전」 1편이 사라져 현상을 걸었으나 얻지 못하여 왕숙이 주석을 붙인 「요전」을 가져다 '신휘오전(愼徽五典)' 이하부터를 나눠 「순전(舜典)」편으로 만들었는데 배우는 이들이 마침내 많아졌다.[江左中興, 元帝時, 豫章內史梅賾奏上 孔傳古文『尙書』. 亡 「堯典」一篇, 購不能得, 乃取王肅注 「堯典」, 從'愼徽五典'以下分爲 「舜典」篇以續之, 學徒逾盛.]" "한나라 때에 비로소 구양(歐陽)의『상서』를 학관에 세우고, 선제(B.C. 73~B.C. 49)가 다시 대하후(大夏侯) 박사와 소하후(小夏侯) 박사의『상서』를 세우며 평제(平帝, B.C.1~A.D.5)가 고문『상서』를 세웠다. 영가(永嘉, 145) 연간의 혼란기에 여러 학가의 책이 모두 불탔는데 고문의 공안국 전이 비로소 흥기하여 박사를 설치하였고 정씨의 것도 박사 1명을 설치하였다. 근래에는 오직 고문만 중시하고 마융·정현·왕숙의 주석은 마침내 폐기되었다. 지금 공안국의 것을 정본(正本)으로 삼고 「순전」 1편은 왕숙본(王肅本)을 그대로 사용하고 있다.[漢始立歐陽『尙書』, 宣帝復立大小夏侯博士, 平帝立古文. 永嘉之亂, 衆家之書幷滅亡, 而古文孔傳始興, 置博士, 鄭氏亦置博士一人. 近惟重古文, 馬·鄭·王注逾廢. 今以孔氏爲正, 其「舜典」一篇, 仍用王肅本.]"[20]

위고문『상서』중 「순전」은 왕숙본 「요전」에서 나왔고, 「반경(盤庚)」은

∙∙∙∙∙∙∙∙∙∙∙∙∙

설이 있다고 주장하고, 공안국의 고문『상서』가 위작이라고 여기는 자들은 힘써 반박하였다.(판원란의『군경개론』, 유기우(劉起紆)의『상서학사(尙書學史)』등의 저작을 참고하였다.)
19 《원주》"梅"는 "枚"로 쓰기도 하는데『경전석문』에 보인다. "賾"을 "頤"로 쓰기도 하는데 『세설신어(世說新語)』에 보이며, 청나라 혜동(惠棟)의『고문상서고(古文尙書考)』에서 이를 따랐다.『수서(隋書)』「경적지(經籍志)」에는 "賾"으로 되어 있는데 청나라 염약거(閻若璩)의 『상서고문소증(尙書古文疏証)』에서 이를 따랐다.
20 《원주》당나라 육덕명의『경전석문』「서록」

3개의 편으로 나누었고, 또 「고요모」에서 「익직」 1편이 분리되어 나왔다.[21]
모두 33편이 되고, 이 외에 또 25편을 더하였는데 편목은 아래와 같다.

1	대우모(大禹謨)	2	오자지가(五子之歌)	3	윤정(胤征)
4	중훼지고(仲虺之誥)	5	탕고(湯誥)	6	이훈(伊訓)
7	태갑 상(太甲上)	8	태갑 중(太甲中)	9	태갑 하(太甲下)
10	함유일덕(咸有一德)	11	열명 상(說命上)	12	열명 중(說命中)
13	열명 하(說命下)	14	진서 상(秦誓上)	15	진서 중(秦誓中)
16	진서 하(秦誓下)	17	무성(武成)	18	여오(旅獒)
19	미자지명(微子之命)	20	채중지명(蔡仲之命)	21	주관(周官)
22	군진(君陳)	23	필명(畢命)	24	군아(君牙)
25	동명(同命)				

이상 25편을 원래의 33편에 더하면 모두 58편이 되는데, 이것이 바로
13경 중의 『상서』이다. 이 58편은 실제 위고문 『상서』인데 금문 29편도
그 안에 보존되어 있다. 『상서』의 진위는 학술사의 큰 과제로 예부터 지금까
지 논쟁이 끊이지 않고 있다. 고문 『상서』에 대해서는 남송의 오역(吳棫,
1100~1154)[22]이 『서패전(書稗傳)』을 지어 금문과 같지 않음을 처음으로 의심
하였고 명나라의 매작(梅鷟, 1483~1553)[23]도 그것이 가짜임을 지적하였다.[24]
청나라의 염약거(閻若璩, 1636~1704)[25]는 『상서고문소증(尙書古文疏証)』에서

....

21 ≪원주≫ 고문 『상서』 16편 중 「기직(棄稷)」편이 있기 때문에 나누어 「익직」으로 만든 것
이다.
22 송나라의 학자이다. 저술로 『비전(稗傳)』 13권이 있다고 하나 일실되었다. 『고문상서』에 대
하여 제일 먼저 의심을 품었던 사람이다.
23 명나라의 학자이다. 『상서고이(尙書考異)』와 『상서보(尙書譜)』를 저술하였다.
24 ≪원주≫ 매작(梅鷟)의 『상서보(尙書譜)』와 『상서고이(尙書考異)』에 보인다.
25 청나라의 학자이다. 상서(尙書)에 의구심을 품고 30년 동안 연구한 끝에 『상서고문소증(尙
書古文疏證)』 8권을 저술하여, 고문 25편 및 『상서공전(尙書孔傳)』이 위작(僞作)임을 실증적

또 조목조목 분석하였는데 증거로 제시한 것이 매우 상세하였다. 정안(丁晏)은 이 일이 왕숙이 위조한 것임을 증명하였다.[26]

고문『상서』가 진짜라고 여기는 부류는 청나라 모기령(毛奇齡, 1623~1716)[27]의『고문상서원사(古文尙書寃詞)』등의 저술이 있고,[28] 그 후에는 초순(焦循, 1763~1820)[29]이 지은『고문상서변(古文尙書辨)』이 있어서 고문을 지지하였으며,[30] 근대의 고문 옹호자로는 또 장태염, 유사배(劉師培, 1884~1919)[31] 등이 있다. 그러나 고사변(古史辨)파가 흥기하여 고문은 위서가 되었으며 이는 뒤집을 수 없는 명백한 사실이 되었다.

필자의 부족한 학식에 국한되기도 하고 본문의 목적도 변위(辨僞)에 있지 않기 때문에 이에 대한 논제는 과제로 남겨둔다. 뜻있는 학자의『상서』연구에 도움을 주기 위하여 고금의 주요『상서』연구 자료를 아래와 같이 구분하여 제시하였다.(이상에서 인용한 자료는 포함시키지 않았다.)

「한대인(漢代人) 저술 목록」

저자	서명	판본
복생(伏生)	상서(尙書)	설부(說郛)
복생(伏生)	상서대전(尙書大傳)	사고(四庫)
가의(賈誼)	서가씨의(書賈氏義)	속옥함산방집일서(續玉函山房輯佚書)
구양생(歐陽生)	금문상서설(今文尙書說)	한위일서(漢魏逸書)

· · · · · · · · · · · · ·

인 방법으로 논증하였다. 저서에『사서석지(四書釋地)』·『잠구차기(潛邱箚記)』등이 있다.

26 ≪원주≫ 청나라 정안(丁晏)의『이지재총서(頤志齋叢書)』

27 청나라의 학자. 고증학을 좋아하여, 경학, 역사, 지리 등에 관한 많은 저술을 남겼으며,『명사(明史)』편찬에 참여하였다

28 ≪원주≫ 청나라 모기령(毛奇齡)의『서하합집(西河合集)』

29 청나라의 학자. 학술 방면에서 대진(戴震)을 계승하였으며, 평생 독서와 저술에 힘써서 다양한 저서를 많이 남겼다. 저술로『맹자정의(孟子正義)』,『주역왕씨주보소(周易王氏注補疏)』,『모시정씨전보소(毛詩鄭氏箋補疏)』등이 있다.

30 ≪원주≫『청송당총서(淸頌堂叢書)』에 보인다.

31 장태염 등과 함께 반청 혁명 운동을 하였으며, 북경대학 교수를 역임하였다.

구양생(歐陽生)	서구양장구(書歐陽章句)	옥함산방집일서(玉函山房輯佚書)
공안국(孔安國)	상서(尙書)	무영전(武英殿)
하후승(夏侯勝)	상서대하후장구(尙書大夏侯章句)	옥함산방집일서(玉函山房輯佚書)
하후건(夏侯建)	상서소하후장구(尙書小夏侯章句)	옥함산방집일서(玉函山房輯佚書)
가규(賈逵)	상서고문동이(尙書古文同異)	속옥함산방집일서(續玉函山房輯佚書)
마융(馬融)	상서마씨전(尙書馬氏傳)	옥함산방집일서(玉函山房輯佚書)
정현(鄭玄)	상서정씨주(尙書鄭氏注)	정학휘함(鄭學彙函)
정현(鄭玄)	정씨고문상서(鄭氏古文尙書)	함해(函海)
정현(鄭玄)	상서중후(尙書中候)	옥함산방집일서(玉函山房輯佚書)
정현(鄭玄)	상서대전주(尙書大傳注)	좌전전집(左傳全集)
위굉(衛宏)	고문상서훈지(古文尙書訓旨)	속옥함산방집일서(續玉函山房輯佚書)

「청대인(淸代人)의 저술」

저자	서명	판본
손성연(孫星衍)	상서고금문주소(尙書古今文注疏)	황청경해(皇淸經解)
주이준(朱彝尊)	상서고문변(尙書古文辨)	총서집성초편(叢書集成初編)
혜동(惠棟)	고문상서고(古文尙書考)	황청경해(皇淸經解)
단옥재(段玉裁)	고문상서찬이(古文尙書撰異)	황청경해(皇淸經解)
진교종(陳喬樅)	금문상서경설고(今文尙書經說考)	황청경해(皇淸經解)
왕선겸(王先謙)	상서공전참정(尙書孔傳參正)	왕씨허설당간(王氏虛設堂刊)
왕개운(王闓運)	상서대전보주(尙書大傳補注)	상기루전서(湘綺樓全書)
피시루이(皮錫瑞)	금문상서고증(今文尙書考証)	사복당총서(師伏堂叢書)
피시루이(皮錫瑞)	고문상서원사평의(古文尙書冤詞平議)	사복당총서(師伏堂叢書)
피시루이(皮錫瑞)	상서대전소증(尙書大傳疏証)	사복당총서(師伏堂叢書)
홍량품(洪良品)	고문상서석의(古文尙書析疑)	용강산인고상서사종(龍岡山人古尙書四種)
홍량품(洪良品)	고문상서변혹(古文尙書辨惑)	용강산인고상서사종(龍岡山人古尙書四種)
홍량품(洪良品)	고문상서상시(古文尙書商是)	용강산인고상서사종(龍岡山人古尙書四種)
홍량품(洪良品)	고문상서석난(古文尙書釋難)	용강산인고상서사종(龍岡山人古尙書四種)
마국한(馬國翰)	고문상서(古文尙書)	옥함산방집일서(玉函山房輯佚書)

마국한(馬國翰)	금문상서(今文尙書)	옥함산방집일서(玉函山房輯佚書)
최술(崔述)	고문상서변위(古文尙書辨僞)	최동벽선생유서(崔東壁先生遺書)
야오핑(廖平)	상서금문신의(尙書今文新義)	신정육역관총서(新訂六譯館叢書)

근현대인의 『상서』 연구로는 천용자(陳夢家, 1911~1966)[32]의 『상서통론(尙書通論)』, 류치위(劉起釪)의 『상서학사(尙書學史)』 등이 있다. 그밖에 대만의 다이쥔런(戴君仁)은 『상서』에 대하여 착실한 연구를 진행하였는데 그의 저술인 「고문상서작자연구(古文尙書作者硏究)」[33]와 「고문상서원사재평의(古文尙書寃詞再平議)」[34] 2편은 독자적인 견해를 가지고 있다.

『상서』의 전수는 당연히 금문과 고문으로 나누어 서술해야 한다.

『한서』「유림전」의 기록을 보면 금문파는 가장 먼저 복생을 들고 있다. "복생이 그 『서』를 구하여 수십 편을 잃어버리고 혼자 29편을 얻어 제(齊)와 노(魯) 등지에서 가르쳐 제의 학자들은 이로 인해 『상서』에 대해 말할 수 있었고 산동(山東)의 학자들은 『상서』를 가르치지 않는 사람이 없었다.[伏生求其 『書』, 亡數十篇, 獨得二十九篇,[35] 卽以敎於齊·魯之間. 齊學者由此頗能言 『尙書』, 山東大師亡不涉 『尙書』以敎.]" 복생은 자신의 학문을 제남(濟南)의 장생(張生)과 천승(千乘)의 구양생(歐陽生)에게 전수하였다. 구양생은 같은 고을의 아관(兒寬)에게 전수하였고 아관은 또 구양생의 아들에게 전수하였으며 구양생 일가에서 대대로 전수하여 증손인 구양고(歐陽高)는 박사가 되었다. 이로부터 『상서』에 구양학이 있게 되었다. 장생은 하후도위(夏侯都尉)에게 전수하였고 도위는 족자(族子)인 시창(始昌)에게 전수하였고 시창은 족자인 승(勝)에게 전수하여 『상

· · · · · · · · · · · ·

32 고문자학자이자 시인이었다.
33 《원주》 대만 『공맹학보(孔孟學報)』 1961년 제1기
34 《원주》 대만 『동해학보(東海學報)』 1960년 제1기
35 원서에는 "伏生獨得二十九篇"라고 나와 있으나, 『한서』 중화서국교점본에 의거해 "伏生求其 『書』, 亡數十篇, 獨得二十九篇"로 고쳤다.(『한서』, p.3603)

서』의 대하후학(大夏侯學)이 되었다. 하후승은 형의 아들인 건(建)에게 전수하였는데 하후건은 따로 『상서』의 소하후학(小夏侯學)을 확립하였다.

후한시대 금문『상서』의 전수는『후한서』「유림전」의 기록이 매우 상세하다. 후한시대에는 구양흡(歐陽歙)이 복생의 『상서』를 전하여 박사가 되었는데, 구양흡은 전한 구양생의 8대손이다. 조증(曹曾)은 구양흡에게서 『상서』를 전수받아 그의 아들은 조지(曹祉)에게 전수하였고 또 진엄(陳弇), 모장(牟長), 송등(宋登), 환영(桓榮)이 모두 구양의 『상서』를 전수하였다. 대하후의 『상서』를 연구한 사람으로는 모융(牟融)과 장순(張馴)이 있다.

고문파는 공안국으로부터 시작된다. "공안국에게 고문으로 쓰여진『상서』가 있었는데 공안국이 이를 금문으로 읽었다. 그리고 집안의 일서(逸書)를 통하여 10여 편을 얻었는데 아마도 『상서』는 이것보다 많았을 것이다. 무고(巫蠱)의 일이 있어 학관에 세워지지 못하였다. 공안국이 간대부(諫大夫)가 되어서 도위조(都尉朝)에게 전수하였고 사마천도 공안국에게 고문을 배웠다. 사마천의 글에는「요전」·「우공」·「홍범」·「미자」·「금등」 등이 실려 있는데, 대부분 고문의 내용이다. 도위조는 교동(膠東)의 용생(庸生)에게 전수하였고, 용생은 청하(清河)의 호상소자(胡常少子)에게 전수하였다. …… 호상은 괵서오(虢徐敖)에게 전수하였다. 괵서오는 우부풍연(右扶風掾)이 되어 또 『모시』를 전수하였고 왕황(王璜)과 평릉(平陵)의 도운자진(涂惲子眞)에 되었으며 전수하였고, 자진은 하남(河南)의 상흠군장(桑欽君長)에게 전수하였다.[孔氏有古文『尙書』, 孔安國以今文字讀之, 因以起其家逸書, 得十餘篇, 蓋尙書玆多於是矣. 遭巫蠱, 未立於學官. 安國爲諫大夫, 授都尉朝, 而司馬遷亦從安國問故. 遷書載「堯典」·「禹貢」·「洪範」·「微子」·「金縢」諸篇　多古文說.　都尉朝授膠東庸生.　庸生授清河胡常少子 …… 常授虢徐敖. 敖爲右扶風掾, 又傳毛詩, 授王璜·平陵塗惲子眞. 子眞授河南桑欽君長.]"[36]

후한시대의 고문 『상서』는 비록 학관에서 설치되지는 못하였지만 그 영향

• • • • • • • • • • • •

36 ≪원주≫『한서』권88「유림전」

은 점차 커졌으며 고문에 대한 공헌이 비교적 큰 사람으로는 두림(杜林), 가규(賈逵), 마융, 정현이 있다. 가규의 아버지는 "또 고문『상서』를 도운에게서 전수받았고, 『모시』를 사만경(謝曼卿)에게서 배웠으며 『좌씨조례(左氏條例)』 21편을 지었는데 가규는 아버지의 학업을 모두 전수받았다.[又受古文『尙書』於 塗惲, 學毛詩於謝曼卿, 作左氏條例二十一篇, 逵悉傳父業.]"[37] 『삼국지』「위서(魏書) 왕숙전(王肅傳)」에는 "예전에 왕숙이 가규와 마융의 학문에는 능하였으나 정현의 학문은 좋아하지 않았다."라고 하였다.

이 이외에 전한의 성제(成帝) 때에는 또 장패(張霸)의 102편『상서』가 있었다. "세상에 전해지는 102편 본은 동래(東萊)의 장패에게서 나왔는데 29편을 나누고 합하여 수십편으로 만들었고 또 「좌씨전(左氏傳)」과 「서서(書叙)」를 처음과 끝으로 삼아 모두 102편이 되었다. 어떤 편은 간의 수량이 몇 개뿐이고 글도 수준이 낮았다. 성제 때에 고문으로 된 것을 구하자 장패가 102편 본으로 증명할 수 있다고 하여 궁중에 보관되었던 책과 대교(對校)하였는데 맞지 않았다. 장패는 글을 아버지에게 배웠는데 그의 아버지에게는 위씨(尉氏) 번병(樊幷)이라는 제자가 있었다. 당시 태중대부 평당(平當)과 시어사 주창(周敞)이 군주에게 권하여 이 학문이 확립되게 하였다. 후에 번병이 모반을 하여 그 책도 폐기하게 하였다.[世所傳百兩篇者, 出東萊張霸, 分析合二十九篇以爲數 十, 又采左氏傳・書叙爲作首尾, 凡百二篇. 篇或數簡, 文意淺陋. 成帝時求其古文者, 霸以能 爲百兩徵, 以中書校之, 非是. 霸辭受父, 父有弟子尉氏樊幷. 時太中大夫平當・侍御史周敞勸 上存之. 後樊幷謀反, 乃黜其書.]"[38]

후한시대에는 또 칠서(漆書)로 된 고문『상서』1권이 있었는데 이것은『후한서』「두림전」에 다음과 같이 실려 있다.

두림이 전에 서주(西州)에서 칠서로 된 고문『상서』1권을 얻었는데 항상

· · · · · · · · · · · ·

37 《원주》『후한서』권36「가규전(賈逵傳)」
38 《원주》『한서』권88「유림전」

보배로 애지중지하여 비록 곤란을 겪더라도 꼭 간직하고서 몸에서 놓지 않았다. 위굉(衛宏) 등에게 내어 보이며 '두림이 병란으로 떠돌아다니면서도 항상 이 경서가 전해지지 못할까를 염려하였다. 동해(東海)의 위자(衛子)와 제남의 서생(徐生)이 다시 전수할 수 있으리라 어찌 생각했겠는가? 이 도가 마침내 땅 속으로 사라지지 않을 것이다. 고문이 비록 시무(時務)와 합치되지는 않지만 제생들은 삼가 배운 것을 후회하지 않기를 바란다'라고 하였다. 위굉과 서순(徐巡)이 더욱 중시하여 마침내 고문이 행해지게 되었다.[林前於西州得漆書古文『尚書』一卷, 常寶愛之, 雖遭難困, 握持不離身. 出以示宏等日 : "林流離兵亂, 常恐斯經將絶. 何意東海衛子·濟南徐生復能傳之, 是道竟不墜於地也.[39] 古文雖不合時務, 然願諸生無悔所學." 宏·巡益重之, 於是古文遂行.]"

한대에 있어서 금문『상서』와 고문『상서』 경문은 문자에서 다소의 차이가 있었다. 전한 말년에 유향이 고문『상서』로 금문의 삼가를 비교할 때에 "다른 글자 7백여 자, 탈자 수십 자[文字異者七百有餘, 脫字數十.]"가 나타났다. 경서 내용의 차이는 더욱 컸는데『오경이의(五經異義)』에 실린 사례 분석을 할 수 있다. 예를 들면 오장(五臟)을 오행(五行)에 대비시키는데 구양의 설은 간이 목, 심장이 화, 비장이 토, 폐가 금, 신장이 수이며, 고문의 설은 비장이 목, 폐가 화, 심장이 토, 간이 금, 신장이 수이다. 오행에 서로 대비시키는 것은 고대에 두 가지 계통이 있었는데 전자가 한대에 비교적 유행하여[40] 후대인들에게 받아들여졌고 후자는 점차 사라졌다. 또 예를 들면『상서』「요전」에 "구족(九族)을 친하게 한다.[以親九族]"라는 말이 있는데 "구족(九族)"에 대해 하후와 구양의 설은 구족을 이성(異姓) 친족으로 보아 부족(父族) 넷, 모족(母族) 셋, 처족(妻族) 둘이라고 하였다.[41] 고문의 설은 구족을 동성(同姓)

---

39 원서에는 "是道竟不附於地也."로 되어 있으나,『후한서』중화서국교점본에 의거하여 "是道竟不墜於地也."으로 고쳤다.(『후한서』, p.937)
40 ≪원주≫『황제내경(黃帝內徑)』「소문(素問)」에도 이 방법으로 대비하였다.
41 ≪원주≫ 이 설은 또『좌전』환공 6년(桓公六年), "그 구족을 친하게 한다[親其九族]"의 주소(注疏)에 보인다.

친족으로 보아 위로는 고조로부터 아래로는 현손까지 9대로 모두 동성이
된다. 앞의 의견은『백호통덕론(白虎通德論)』에서 따랐고,[42] 뒤의 의견은 마융
과 정현의 지지를 얻었으며,[43] 이후 각 왕조의 형률과 복제에서도 뒤의 의견
을 따랐다.

　한나라 시대에는『상서』가 매우 중시되었다.『상서』의「홍범(洪範)」편은
한대 사람들이 음양오행으로 경전을 해석하는 데에 기본 방법을 제공해 주었
다. 음양과 재이(災異)에 관한 논의는『상서』의 경문에만 나오는 것이 아니라
다른 경전의 경문에도 많이 보인다. 음양오행을 통한 경전 해석은 대부분
경문의 원래 뜻에 위배된다. 한대의 경사들이 그러한 점에 미혹되었을지도
모르며 경사들이 의도적으로 그렇게 하였을 수도 있지만 음양오행으로 재이
의 발생을 추론하여 전제군주의 권력을 제한시켰다. 아래의 사례를 증거로
제시할 수 있다.

　　희평(熹平) 원년에 푸른 뱀이 어좌(御座)에 나타나자 황제가 양사(楊賜)에게
　이에 대한 원인을 물어보았다. 양사가 봉사(封事)를 올려 말하였다. "신은 들으
　니 조화로운 기운은 상서로움을 초래하고, 어그러진 기운은 재이를 초래합니다.
　아름다움으로 증험하면 오복이 응하고, 악함으로 증험하면 육극(六極)에 이르
　니, 선함이 제멋대로 오지 않으며 재앙이 공연히 발생하지 않습니다. 임금이
　된 사람은 마음에 생각하는 바가 있고, 뜻에 상상하는 바가 있으면 비록 얼굴에
　드러나지 않더라도 오성(五星)은 이로 인하여 전환되고, 음양은 이로 인하여
　법도가 바뀝니다. 이를 통해서, 볼 때에, 하늘과 사람이 어찌 부합되지 않겠습니
　까?『상서』에 이르기를, '하늘이 사람을 다스리면서 나를 하루 빌린다.'라고
　하였으니, 이것이 분명한 증거입니다. 황극(皇極)이 세워지지 않으면 사룡(蛇龍)
　의 화가 있을 것입니다."[熹平元年, 靑蛇見御坐, 帝以問賜, 賜上封事曰 : "臣聞和氣
　致祥, 乖氣致災, 休徵則五福應, 咎徵則六極至. 夫善不妄來, 災不空發. 王者心有所惟,

• • • • • • • • • • • •

42 ≪원주≫『백호통론(白虎通論)』「종족(宗族)」
43 ≪원주≫ 마융과 정현의『상서주(尙書注)』,『시경』「소아·당체(棠棣)」의 정현 전(箋).

意有所想, 雖未形顔色, 而五星以之推移, 陰陽爲其變度. 以此而觀, 天之與人, 豈不符哉?『尙書』曰 : ‘天齊乎人, 假我一日.’ 是其明徵也. 夫皇極不建, 則有蛇龍之孼.”]⁴⁴

“황극이 세워지지 않으면 사룡의 화가 있을 것입니다.[皇極不建, 則有蛇龍之孼]”라고 한 문장의 주석에서 「홍범오행전(洪範五行傳)」을 인용하여 다음과 같이 말하였다. “‘황(皇)’은 ‘대(大)’이고, ‘극(極)’은 ‘중(中)’이며, ‘얼(孼)’은 ‘재(災)’이다. 임금이 대중(大中)과 합치되지 않는 것을 불립(不立)이라고 하며 사룡은 음(陰)에 해당한다.[皇, 大也. 極, 中也. 建, 立也. 孼, 災也. 君不合大中, 是謂不立. 蛇龍, 陰類也.]”

양사(楊賜)는 양진(楊震)의 손자이며 양씨는 대대로 구양씨의『상서』를 전수하여 대대로 황제의 스승이 되었다. 양사가 상술한 봉사(封事)에서 사용했던 방식의 이론도 가학을 통해 습득한 것이다. 양사가 집안에서 전수된 학문을 통하여 황제의 어좌 앞에 출현했던 한 마리의 푸른 뱀을 매우 두려운 존재로 인식되게 만들었다. 한대 경설에 있어서 음양오행설의 중요성을 이를 통해 살펴볼 수 있다.

....

44 ≪원주≫『후한서(後漢書)』권54, 「양사전(楊賜傳)」

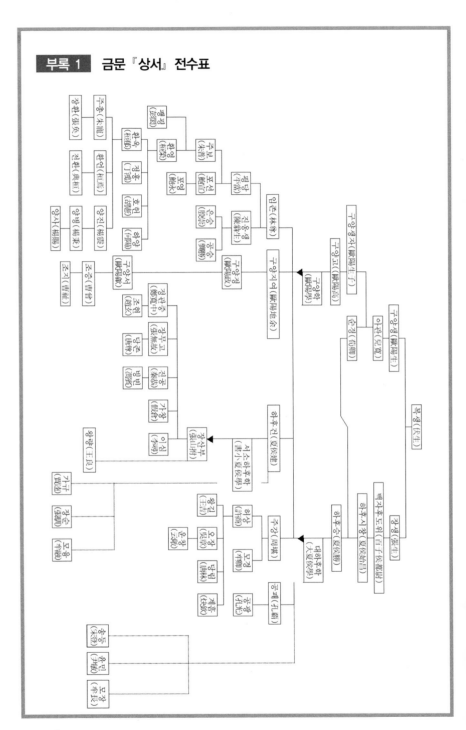

374

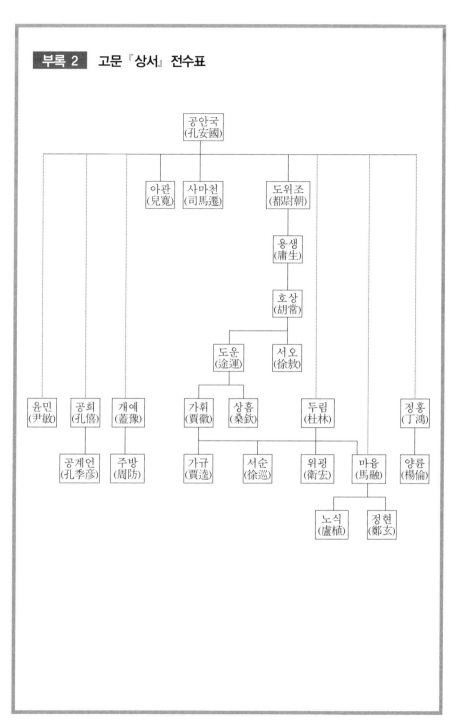

전한 장패『상서』전수표

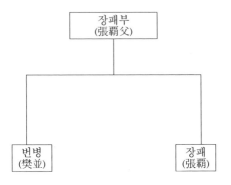

후한 칠서고문『상서』전수표

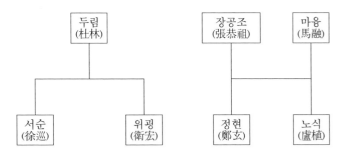

제4절 『예(禮)』학

『예』는 '삼례(三禮)'라고도 하는데, 곧 『의례(儀禮)』, 『예기(禮記)』, 『주례(周禮)』의 합칭이다. 일반적으로 말하는 한나라 시대에 고당생(高堂生)[1]이 전수한 예가 17편뿐이라는 것은 『의례』를 가리킨다. 『예기』는 '기(記)'로, '전(傳)'에 해당하며 엄격한 의미에서 '경(經)'이 아니다. 『주례』의 출현은 왕망(王莽) 시대의 일로 원래 이름은 『주관(周官)』이었다. 그러므로 『주례』는 비록 '삼례' 가운데 지위가 중요하지만 그 자체의 진위 여부에는 문제가 있다.

『의례』는 금문본과 고문본의 구분이 있다. 『한서』 「예문지」에는 "『예』 고경 56권, 경 70편이다.[『禮』古經五十六卷, 經七十篇.]"라고 하였다. 전자는 고 문본을 가리키고 후자는 금문본을 가리킨다. "칠십(七十)"은 당연히 "십칠(十七)"의 오류이다.[2] 금문 『의례』는 실제로는 '사례(士禮)'로 『한서』 「예문지」와 「유림전」에는 똑같이 "노나라 고당생이 『사례』 17편을 전수하였다.[魯高堂生傳『士禮』十七篇.]"고 기재되어 있고, 『한서』와 『후한서』에는 모두 『의례』라는 명칭이 없다. 의례라는 명칭은 남조(南朝) 이후부터 나타난다.[3] 『사례』의

---

1 노국(魯國) 곡부인(曲阜人)이다. 전한의 경학가이다. 금문예학을 최초로 전하였다. 고대 예제(禮制)를 전문적으로 연구하여 『사례』 17편을 전하여 한대 예학 연구의 근본이 되었다.
2 《원주》 유창(劉敞)의 교감기에 다음과 같이 말하였다 "'칠십'은 '십칠'의 오류인 듯하다.['七十'疑系'十七'之誤.]"
3 《원주》 단옥재(段玉裁)의 『경운누집(經韻樓集)』에 있는 「예십칠편표제한무의자설(禮十七篇標題漢無儀字說)」을 참고할 만하다. 또 피시루이의 『경학통론』의 「논단옥재위한칭예불칭

제3장 경학의 전승과 경서의 해석　377

내용은 대부분 사(士)계층의 의례이며, 천자·경·대부·제후의 제도는 없다. 전한말엽에 유흠(劉歆 ?~23)[4]은 고문을 힘써 주장하였는데, 그는 금문 『예』의 약점을 보고 「이양태상박사서(移讓太常博士書)」에서 비판하기를 "나라에 벽옹(辟雍)의 건립, 봉선(封禪), 순수(巡狩)하는 의례와 같이 큰 사업이 있으면 멍해서 어찌해야 할지를 모른다.[國家將有大事, 若立辟雍封禪巡狩之儀, 則幽冥而莫知其原.]"라고 하였다. 그러나 금문학자들은 17편의 내용에 이미 천자·제후·경대부의 제도가 갖추어져 있다고 한다.[5] 이 문제에 대해서는 뤼스몐(呂思勉)의 평론이 비교적 타당하다. 그는 다음과 같이 말하였다. "고당생이 전수한 예에 사례만 있다는 말은 고문학가들의 헐뜯는 말로 금문학이 근심할 바가 아니라고 하는데 그 말이 맞다. 그러나 17편에 모든 예가 갖추어져 있다고 하는 것도 진실로 그렇게 말할 수 없는 부분도 있다.[謂高堂生所傳獨有士禮, 乃古學家訾謷之辭, 不足爲今學病也. 其說良是. 然謂十七篇卽已備一切之禮, 則固有所不能.]"[6]

고당생이 전수한 17편은 원래 3개의 판본이 있었는데 곧 대대(大戴. 戴德)[7]본, 소대(小戴. 戴聖)[8]본, 그리고 『별록(別錄)』본으로 세 판본은 편목의 차례만

••••••••••••

의심확이회호정주미면강사(論段玉裁謂漢稱禮不稱儀甚確而回護鄭注未免强辭)」편도 참고하여 볼 만하다.
4 자는 자준(子駿)·영숙(穎叔). 뒤에 유수(劉秀)로 개명하였다. 패현인(沛縣人)으로, 전한 말기의 경학가이다. 유향의 아들이며, 『시경』과 『역경』에 능통하여 황문랑(黃門郞)이 되었고, 부친 유향과 영교비서(領校秘書)가 되어 궁중 장서를 정리하고 육예를 7종으로 분류하여 중국 최초의 체계적인 서적목록이자 『한서』 「예문지」에 깊은 영향을 준 『칠략(七略)』을 저술하였다. 고문 경학을 주창하고, 『춘추좌사』·『모시』·『고문상서』 등을 학관에 세워 박사를 둘 것을 건의하였으나 금문 경학가들의 비판을 받고 하내태수(河內太守)로 좌천되었다.
5 ≪원주≫ [청] 피시루이의 『경학통론』 「삼례」
6 ≪원주≫ 뤼스몐(呂思勉), 『경자해제(經子解題)』 「의례」
7 자는 연군(延君)으로, 하남 양(梁) 사람이다. 전한의 경학가로, 금문예학인 대대학(大戴學)의 개창자. 후창(后蒼)에게 사사하였다. 선제 때 박사가 되어 대성(戴聖)·경보(慶普)와 함께 『예』학 삼가(三家)를 이루었다. 진한 이전의 각종 『예』학 관련 기록 204편을 정리하여 『대대예기(大戴禮記)』 85편을 만들었다. 현재는 39편만 전한다.
8 자는 차군(次君)으로 하남의 양 사람이다. 전한의 경학가로, 금문예학인 소대학(小戴學)의 개창자이다. 후창(后蒼)에게 사사하였다. 선제 때 박사가 되었고 벼슬이 구강태수(九江太守)에

달랐다. 정현의 주석은 『별록』본을 이용하였는데, 현재 『십삼경주소(十三經注疏)』 속에 남아 있다. 세 종류의 판본에서 17편의 차례는 아래와 같다.

편명	『별록』본	대대본	소대본
사관례 제1(士冠禮 第一)	1	1	1
사혼례 제2(士昏禮 第二)	2	2	2
사상견례 제3(士相見禮 第三)	3	3	3
향음주례 제4(鄕飮酒禮 第四)	4	10	4
향사례 제5(鄕射禮 第五)	5	11	5
연례 제6(燕禮 第六)	6	12	6
대사 제7(大射 第七)	7	13	7
빙례 제8(聘禮 第八)	8	14	8
공식대부례 제9(公食大夫禮 第九)	9	15	16
근례 제10(覲禮 第十)	10	16	17
상복 제11(喪服 第十一)	11	17	9
사상례 제12(士喪禮 第十二)	12	4	13
기석례 제13(旣夕禮 第十三)	13	5	14
사우례 제14(士虞禮 第十四)	14	6	15
특생궤식례 제15(特牲饋食禮 第十五)	15	7	10
소뢰궤식례 제16(少牢饋食禮 第十六)	16	8	11
유사철 제17(有司徹 第十七)	17	9	12

고문본 『의례』는 곧 『한서』 「예문지」에서 말한 『예고경(禮古經)』으로 "노나라 엄중(淹中) 및 공자에게서 나왔는데 17편의 글과 비슷하나 39편이 더

· · · · · · · · · · · ·

이르렀다. 석거각회의(石渠閣會議)에 참여하여 오경의 이동(異同)을 강론하였다. 『대대예기』를 바탕으로 『소대예기』 49편을 편찬하였다. 현존 『예기』가 바로 이것이다.

많다.[出於魯淹中及孔氏, 學十七篇文相似, 多三十九篇.]"⁹ 이 일은 『사기』에는 기재되어 있지 않다. 유흠의 「이양태상박사서」에는 "노 공왕(魯恭王)이 허물어진 벽 속에서 고문을 얻었는데, 『일례(逸禮)』39편이 있었다[魯恭王 …… 得古文於壞壁之中, 『逸禮』有三十九篇.]" 하였다. 『의례』 소에는 "고당생이 전수한 17편은 금문이다. 공자의 고택에서 얻은 옛 『의례』56편은 그 문자가 모두 전서(篆書)이니 고문이다. 고문 17편은 고당생이 전수한 것과 같으나 문자는 대부분 다르며 나머지 39편은 전혀 사설(師說)이 없고 관(館)에 비장되어 있다. 『칠록』에 다음과 같이 말하였다. '나머지 편은 모두 없어졌다.'[高堂生傳十七篇, 是今文也. 孔子宅得古 『儀禮』五十六篇, 其字皆篆書, 是古文也. 古文十七篇, 與高堂生所傳同, 而字多不同, 餘三十九篇, 絶無師說, 秘在于館. 『七錄』云'餘篇皆亡.']"

이상의 『예고경』은 『일례』를 가리킨다. 하간헌왕(河間獻王, ?~B.C. 130)¹⁰이 "얻은 책은 모두 고문으로 된 진나라가 분서(焚書)하기 이전의 책으로 『주관(周官)』·『상서』·『예』·『예기』·『맹자』·『노자』 등인데, 모두 경(經)·전(傳)·설(說)·기(記)로 칠십 제자의 무리가 서술한 것이다.[所得書皆古文先秦舊書, 『周官』·『尙書』·『禮』·『禮記』·『孟子』·『老子』之屬, 皆經·傳·說·記, 七十子之徒所論.]"¹¹ 민간에서 소실된 선진시기 옛 『예』학 저작이 한나라 시대에 새롭게 발견되었다는 것은 물을 것도 없다. 원시(原始) 5년(5년)에는 "천하에서 경에 정통한 사람들을 모집하였다.[徵天下通知逸經.]"¹²고 하였다. 『한서』「왕망전(王莽傳)」에도 "『일례』의 뜻에 정통한 사람을 공거(公車)로 불

. . . .

9 ≪원주≫ 『한서』 권30 「예문지」. 유창의 교감기에 다음과 같이 말하였다. "'학(學)'은 '여(與)'가 되어야 한다.['學'當做'與'.]" 금문경 17편에 39편을 더한 것이 바로 고문경 56권이다.
10 한 경제의 아들인 유덕(劉德). B.C. 155에 하간왕에 봉해졌다. 유학을 좋아하였으며, 책을 헌납할 수 있도록 하여 민간에서 여러 서적을 수집하였는데, 그가 수집한 선진의 구서로는 『주관(周官)』·『상서』·『예』·『예기』·『맹자』·『노자』 등이 있다. 태학을 설립하고 『모시』·『춘추좌씨전』에 박사를 설치하였으며, 예악을 준수하여 무제에게 팔일무(八佾舞)를 바치기도 하였다. 저술로는 『하간주지(河間周志)』·『대상하삼옹관(對上下三雍宮)』이 있었으나 산일되었다.
11 ≪원주≫ 『한서』 권53 「경십삼왕전(景十三王傳)」
12 ≪원주≫ 『한서』 권12 「평제기(平帝紀)」

러 모았다.[通知『逸禮』意者, 徵詣公車.]"고 하였다. 이때 『일례』가 세워졌다.

　『예기』는 명칭을 보고 뜻을 짐작해 보면 『예』를 전수하는 학자가 전수받아 익히는 과정에서 작성한 필기로 전에 해당한다. 『한서』「예문지」에는 "『기』131편[『記』百三十一篇]"이라고 기재되어 있다. 본주(本注)에는 "칠십 제자와 후학들이 기록한 것이다.[七十子後學者所記也.]"라고 하였다.

　『예기』에 관해서는 반고가 이 부분에 대해 의미를 강론한 것이 가장 유명하다. 심지어 후대의 어떤 사람은 "양한시대에는 『예기』가 전혀 없었다.[兩漢幷無『禮記』.]"고 하였으나[13] 이러한 견해는 실제에 맞지 않다. 『예기정의(禮記正義)』에는 『육예론(六藝論)』을 인용하여 "대덕은 『기』 85편을 전수하였는데 대대례가 바로 그것이다. 대성은 『예』 49편을 전수하였는데 이 『예기』가 바로 그것이다.[戴德傳『記』八十五篇, 則戴德禮是也. 戴聖傳『禮』四十九篇, 則此『禮記』是也.]"라고 하였다. 대덕과 대성이 『예』를 전수하여 각각 『예기』를 남겼는데 현존하는 『예기』는 곧 소대(小戴, 戴聖)의 『예기』이다. 이 설이 무엇을 근거로 했는지는 알 수 없지만 참고해 볼 만한 가치가 있다. 고당생이 전수한 『사례』는 선진시대의 『학례(學禮)』의 일부분으로 한계를 지닌다. "『명당음양(明堂陰陽)』과 『왕사씨기(王史氏記)』에 보이는 내용은 천자 제후 경대부의 제도가 많은데 비록 완전히 갖출 수는 없었지만 후창 등이 『사례』를 미루어 천자제도의 내용까지 이르렀다.[及『明堂陰陽』·『王史氏記』所見, 多天子·諸侯·卿大夫之制, 雖不能備, 猶瘉倉等推『士禮』而致於天子之說.]"[14] 이것은 고당생이 전한 17편이 단순하여 그것을 전수받은 후학들도 만족할 수 없었기 때문에 "『사례』를 미루어 천자제도의 내용에까지 이르렀다."는 것을 설명해주고 있다. 경문의 의미를 상세히 펴는 것은 본래 떠들썩하게 논의하는 것에 익숙한 한나라 경사들의 필연적인 행동이었기 때문에 『사례』를 골간으로 하여 옛

. . . .

13 ≪원주≫ 모기령(毛奇齡) 『경문(經問)』, 「서하합집(西河合集)」에 나온다.
14 ≪원주≫ 『한서』 권30 「예문지」

일례(逸禮)와 자신들의 학설을 섞어 『예기』를 편찬한 것은 당연하였다. 『예기』는 전한 중·후기에 성립되었다. 『한서』 「위현성전(韋玄成傳)」에 일찍이 분명 「제의(祭義)」에 "왕자는 그 조상이 유래한 대상에게 체(禘) 제사를 지내고 그 선조를 배향하여 4묘를 세운다.[王子禘其祖自出, 以其祖配之, 而立四廟.]"는 글을 인용하였다. 왕망도 일찍이 『예기』 「곡례(曲禮)」에서 "천자는 천지의 신에게 제사지내고[天子祭天地]", "산천의 신에게 제사지내는데 한 해 안에 모두 지낸다[山川, 歲遍]" 등을 인용하였다.[15]

대대례기(大戴禮記)와 소대례기(小戴禮記)는 사실상 모두 『예기』라고 부른다. 후한 때 정현은 소대례기에 주를 달고 『의례』·『주례』와 합칭하여 "삼례(三禮)"라고 하였는데, 『예기』는 곧 소례대기의 고유 명칭이 되었고 대대례기는 점차 없어졌다. 『한서』 「예문지」의 "『기』 131편[『記』百三十一篇]"은 13경 가운데의 『예기』와 완전히 같은 것은 아니었다.

『주례』는 원래 『주관』이라고 하였다. 『한서』 「예문지」에는 "주관경 6편 [周官經六篇]"이라고 기재되어 있다. 본주(本注)에는 "왕망시대에 유흠이 박사를 설치하였다.[王莽時, 劉歆置博士.]"고 하였다. 이 책은 논쟁이 가장 많다. 금문파는 모두 이 책을 믿지 않았다. 무제는 '그것은 잡다하게 긁어 모아 징험할 수 없다.[其瀆亂不驗]'고 하였고, 하휴(何休 129~182)[16]는 '육국의 음모서[六

ㆍㆍㆍㆍㆍㆍㆍㆍㆍㆍㆍㆍ

15 《원주》『한서』권99 「왕망전(王莽傳)」. [역자주] 원주(原注)에는 「왕망전」으로 되어 있으나, 실제로는 『한서』 권25下 「교사지(郊祀志)」의 평제 원시 5년에 대사마(大司馬) 왕망(王莽)이 올린 「의부장안남북교주(議復長安南北郊奏)」에 나오며, 원문은 "『예기』에 '천자는 천지와 산천의 신에 제사지내는데 한 해 안에 모두 지낸다.'[『禮記』, 天子祭天地及山川, 歲遍.]이다. 참고로 왕망이 인용한 원출처인 『예기』 「곡례 하(曲禮下)」에는 "天子祭天地, 祭四方, 祭山川, 祭五祀, 歲徧."으로 되어 있다.

16 자는 소공(邵公)으로, 곡부(曲阜) 사람이다. 후한의 금문 경학가로, 의랑(議郎)·간의대부(諫議大夫) 등을 역임했다. 양필(羊弼)에게 『춘추공양전』을 사사하였다. 오경 및 천문·역산(曆算) 등에 능하였다. 동중서를 계승하여 금문 경학을 집대성하였다. 『공양묵수(公羊墨守)』·『좌씨고육(左氏膏肓)』·『곡량폐질(穀梁廢疾)』 등을 저술하여 고문 경학을 반대하고 『좌전』과 『곡량전』을 논박하여 정현과 논쟁하였다. 저서로는 『춘추공양전해고(春秋公羊傳解詁)』 등이 있다.

國陰謀之書]'라고 하였다. 유흠과 왕망은 이 책을 주공이 태평성대를 이룩한 자취라고 여겼다. 후한 때 고문파는 대부분 이 책을 연구하였는데 정현은 이를 더욱 신봉하였다. 이러한 사람들의 지지를 통해 마침내 『의례』·『예기』와 함께 "삼례"의 핵심을 이루게 되었다. 뤼스멘의 총결에 근거하면 후대 학자들이 이 책을 논의하면 대체로 세 부류[17]로 나뉜다.[18]

一. 그 제도의 세밀함을 칭찬하여 주공이 아니면 할 수 없다고 한다.
二. 내용이 지나치게 번쇄하기 때문에 실행할 수 없음을 비판하여 주공의 글이 아니라고 한다.
三. 또 어떤 사람은 주공이 정하기는 하였지만 시행하지는 않았다고 하며, 어떤 사람은 입법은 반드시 상세하고 곡절함을 추구하지만 법의 실행에는 선후가 있는데, 『주관』에 이러한 제도가 있기는 하지만, 반드시 일시에 모두 시행한 것은 아니라고 하면서 조정을 꾀하기도 한다.

이상의 세 가지 관점에 대해 뤼씨는 평론을 하였는데 금문을 지향하는 쪽으로 편향되었다. 뤼스멘은 평론에서 일찍이 일본 오다 요로즈(織田萬)의 『청국행정법(淸國行政法)』을 인용하였는데 다음과 같다. "각국의 법률은 맨 처음에는 형법만 있었고 그 후에 점차 나누어졌다. 행정법전의 성립이 가장 늦다. 다만 중국의 경우에는 일찍부터 행정법전이 있었는데 『주례』가 바로 그것이다. 『주례』는 주공이 만든 것은 아니지만 또한 이러한 이상을 가진 사람이 만든 것이니 중국의 전국 시대에 이미 행정법전을 편찬하는 사상이 있었던 것이다.[各國法律, 最初皆惟有刑法, 其后乃逐漸分析. 行政法典, 成立尤晚. 惟中國則早有之, 『周禮』是也. 『周禮』固未必周公所制, 然亦必有此理想者所成, 則中國當戰國時, 已

· · · · · · · · · · · · ·

17 원서에는 "二派"로 되어 있으나, 뤼스멘의 『경자해제(經子解題)』에 근거하여 "三派"로 교정하였다. (뤼스멘, 『경자해제』, 대만상무인서관(臺灣商務印書館), 1957, p.45)
18 ≪원주≫ 뤼스멘, 『경자해제』 「周禮」

有編纂行政法典之思想矣.]" 오다 요로즈가 논한 것은 『주례』를 행정법전으로 보는 것이다. 역사적 사실에 근거하여 행정법전이 형법보다 늦게 편찬된다는 점을 논증하였고 행정법전인 『주례』를 전국시대 행정법 사상의 집성이라고 간주하였는데 이러한 주장은 일리가 있다.

『주례』는 『주관경(周官經)』이라고도 하는데 『주례』로 바꾸어 부른 것은 정현에서 비롯되었다. '주례'라는 말은 원래 『좌전』에 나온다. 어떤 이는 유흠이 제목으로 삼은 것이라고 한다. 이후로 두자춘(杜子春, B.C. 30~B.C. 58),[19] 마융 등의 여러 학자가 모두 『주관』에 전을 달았는데 마융의 「자서(自序)」에는 『주관전(周官傳)』으로 되어 있다. 정현이 주석을 달 때에는 『주례』라고 제목을 달았고 『수서(隋書)』 「경적지(經籍志)」에는 한(漢)·진(晉)의 여러 학자의 주석을 기재하면서 모두 『주관례(周官禮)』라고 제목을 달았다. 당나라 사람들의 경우에는 두 가지 명칭을 동시에 채용하였다.[20]

『한서』의 기재 내용에 따르면 『주례』는 경제의 아들인 하간헌왕과 관련하여 처음 보이는데 헌왕 유덕(劉德)이 민간에서 구하여 조정에 바친 것이다. 무제가 봉선(封禪)을 논의할 때에 채용하였다. 이 문제에 대해서는 『경전석문(經典釋文)』 「서록(敍錄)」에서 아주 분명하게 풀어 놓았다.

하간헌왕이 도서를 헌납하는 길을 열어 당시에 어떤 이씨가 『주관(周官)』 5편을 바쳤는데 『동관』 1편이 빠져 있었다. 그래서 구매하려하였으나 천금으로도 구할 수 없어 『고공기』를 가져다가 보충하였다. …… 왕망 때에 유흠이 국사가 되어 비로소 『주관경(周官經)』의 학관을 세우고 『주례』라고 하였다.[河間獻王開獻書之路, 時有李氏上 『周官』五篇, 失 『冬[21]官』一篇. 乃購, 千金不得, 取 『考

················

19 하남 구씨(緱氏) 사람이다. 후한 말의 경학가로, 벼슬이 태중대부(太中大夫)에 이르렀다. 유흠에게 사사하여 『주례』를 배웠고, 정중(鄭衆)·가규(賈逵) 등에게 『주례』를 전수하였다. 정현이 주석한 『주례』는 대부분 그의 설을 채용한 것이다. 『옥함산방집일서(玉函山房輯佚書)』에 『주례두씨주(周禮杜氏注)』 3권이 수록되어 있다.
20 ≪원주≫ [청] 손이양, 『주례정의』설이다.

工記』以補之. …… 王莽時, 劉歆爲國師, 始建立『周官經』, 以爲『周禮』.]

그러므로 『주례』는 원래 고문본(古文本)이다. 헌왕 유덕은 "백성에게서 선서(善書)를 얻으면 반드시 잘 베껴서 그에게 주고 그 책의 진본은 남겨 두었다.[從民得善書, 必爲好寫與之, 留其眞.]"[22] 헌왕이 조정에 바친 것도 고문으로 된 원본이다. 『주례』는 관제를 기재하는 것을 내용으로 하는 책으로 내용은 모두 여섯 편으로 나누어진다. 사마표(司馬彪)의 『속백관지(續百官志)』에는 "옛날에 주공이 『주관』을 지어 직책의 분담을 명확하게 하고 법도로 서로 지탱하였으므로 왕실이 비록 쇠미해졌어도 오래도록 존속할 수 있었으니, 이제 그 남아 있는 글을 보면 주 왕실이 백성을 다스리는 덕이 지극하고 또 장래의 일에 대해 유익한 전범이지만 대체로 아직 그 뜻을 완전히 궁구하지 못한 점이 있다.[昔周公作周官, 分職著明, 法度相持, 王室雖微, 猶能久存, 今其遺書所以觀周室牧民之德旣至, 又其有益來事之範, 殆未有所窮也.]"라고 하였다. 『주례』 육관의 차례는 아래와 같다.

一, 천관 대재(天官大宰), 치전(治典)을 관장한다.

二, 지관 대사도(地官大司徒), 교전(敎典)을 관장한다.

三, 춘관 대종백(春官大宗伯), 예전(禮典)을 관장한다.

四, 하관 대사마(夏官大司馬), 정전(政典)을 관장한다.

五, 추관 대사구(秋官大司寇), 형전(刑典)을 관장한다.

六, 동관 대사공(冬官大司空), 사전(事典)을 관장한다.

· · · · · · · · · · · · ·

21 북경도서관 소장 송각송원체수본(宋刻宋元遞修本) 『경전석문(經典釋文)』에는 "事"로 되어 있다. (북경도서관 소장 송각송원체수본(宋刻宋元遞修本) 『경전석문(經典釋文)』, 상해고적출판사, 1984)

22 ≪원주≫ 『한서』 권53 「경십삼왕전」

원래의 책에는 다섯 편만 있었는데, 『고공기(考工記)』를 가져다가 동관을 보충하였다.

『주례』의 성서(成書)에 관해서 청(淸) 기효람(紀曉嵐 1724~1805)[23]은 다음과 같이 논평을 하였다.

『주례』는 주나라 초기에 지어졌으나 상고해 볼 수 있는 주나라의 일은 춘추 시대 이후의 일에 불과하다. 주나라가 동천하기 이전의 삼백 년 동안 관제의 연혁, 법전의 증감, 오래된 것을 제거하고 새로운 것을 시행한 것이 모두 얼마나 되는지 알 수 없다. 주나라 성왕(成王)·강왕(康王)의 시대와 시간적 격차가 멀지 않은 초기에는 옛 법제를 따르고 조금 바꾸는 데 불과했지만 법제를 바꾼 사람이 주공만은 아니었다. 그래서 후대의 법제를 잘못 적용하여 이 책이 마침내 뒤섞이게 된 것이다. 이는 또한 후세의 율령과 조격이 십년을 기준으로 한번 개수하고 개수하면 반드시 덧붙인 내용이 있는 것과 같다. 다만 연대가 가까운 것은 상고할 수 있지만 연대가 먼 것은 증험할 수 없으니, 더하고 뺀 흔적을 마침내 상고할 수 없어 통틀어 주공이 만든 옛 법전이라고 할 따름이다. 법제가 이미 변경되었는데도 전적이 여전히 남아 있으니 옛 것을 좋아하는 자들이 문헌으로 남긴 것이다. 때문에 그 책이 오랜 세월을 거치고도 그대로 남아있는 것이다. 이는 『개원육전(開元六典)』과 『정화오례(政和五禮)』가 당대에 이미 시행되지 않았는데도 오늘날까지도 전본(傳本)이 있는 것과 같으니 이상한 일이 아니다. 만일 위서를 만들었다면 어째서 육관을 전부 거짓으로 만들지 않고 굳이 그 중 한 편을 빠뜨려서 천금을 내걸어도 구할 수 없는 지경에 이르렀겠는가? 또 위서를 만드는 사람은 반드시 옛 글에서 표절하여 진짜를 빌려다가 가짜를 채우니 『고문상서』가 바로 이런 경우이다.[夫『

---

23 이름은 기윤(紀昀)이며, 자는 효람(曉嵐), 호는 석운(石雲)이고, 시호(諡號)는 문달(文達)이다. 하북 직예(直隸) 헌현(獻縣) 사람이다. 청대의 경학가이자 문학가이다. 1754년 진사(進士)가 되었고, 벼슬이 예부상서(禮部尚書)·태자태보(太子太保)에 이르렀다. 『사고전서(四庫全書)』의 편수를 주도하였고, 『사고전서총목제요(四庫全書總目提要)』를 주편(主編)하였다. 한학(漢學)과 송학(宋學)의 장단점을 심도있게 지적하면서 각각의 장점을 취할 것을 주장하였고, 경세치용적인 숭실정실(崇實精實)을 제창하였다. 저술로는 『대씨고공기도서(戴氏考工記圖序)』가 있다.

周禮』作於周初, 而周事之可考者, 不過春秋以後. 其東遷以前三百餘年, 官制之沿革, 政典之損益, 除舊布新, 不知凡几. 其初去成、康未遠, 不過因其舊章, 稍爲改易. 而改易之人, 不皆周公也. 於是以後世之法竄入之, 其書遂雜.[24] 此亦如後世律令條格, 率數十年而一修, 修則必有所附益. 特世近者可考, 年遠者無徵, 其增刪之迹, 遂靡所稽, 統以爲周公之舊耳. 迨乎法制旣更, 簡編猶在, 好古者留爲文獻, 故其書閱久而仍存. 此又如『開元六典』・『政和五禮』, 在當代已不行用, 而今日尙有傳本, 不足異也. 使其作僞, 何不全僞六官, 而必闕其一, 至以千金購之不得哉? 且作僞者必票取舊文, 借眞者以實其贗, 『古文 尙書』是也.][25]

뤼스멘이 구분한 세 부류에 따른다면 기효람의 논의는 조정파에 소속시켜야 하는데 그 중에서 "또 위서를 만드는 사람은 반드시 옛 글에서 표절하여 진짜를 빌려다가 가짜를 채운다[且作僞者必票取舊文, 借眞者以實其贗.]"는 등의 말은 새겨 볼만하다. 또 일본의 오다 요로즈(織田萬)의 행정법은 형법의 뒤에 나온다는 단론(斷論)을 고려하여 『주례』가 전국시대 이후에 성서(成書)되었고 유자들이 고대의 관제를 상고하여 편찬한 관제사전으로 그 속에는 사실도 있고 구제(舊制)도 있고 이상도 있고 억설(臆說)도 있다. 이 책이 주공의 손에서 이루어졌다고 단정할 수 없으며 유흠의 무리가 위서를 만든 것이라고 주장한다면 역시 사실이 아니다. 공자로부터 시작해서 '예'와 '예법'의 관념은 줄곧 유가가 국가를 다스리는 방법의 중요한 내용이었기 때문에 유자는 예에 대한 정리와 연구를 멈추지 않았다. 공자 사후에 유가가 다시 여러 유파로 나누어지면서 유파마다 예에 대한 연구에서 치중하는 부분이 있었고 당시의 형세에 따라 따른 것도 있고 바꾼 것도 있으며 숨긴 것도 드러낸 것도 있었다. 한나

⋯⋯⋯⋯⋯⋯⋯⋯

24 『사고전서총목』『주례주소(周禮注疏)』제요(提要)에 따르면 "其書遂雜"의 다음에 "그 후 점점 더 멀어지니, 시간이 지나고 세(勢)가 변함에 행할 수 없는 것이 점점 많아져서, 그 책은 결국 폐지되었다.[其後去之愈遠, 時移勢變, 不可行者漸多, 其書遂廢.]"이 빠져 있으나 저자의 의도에 따라 보충하지 않았다.(『사고전서총목』, 중화서국영인본, 1965, p.149)
25 ≪원주≫『사고전서총목제요』

라시대에 이르러 유학이 번성하여 예학이 마침내 세상에 행해졌다. 혹 사전(師傳)되어 내려온 것은 세상에서 귀중하게 여겼는데 이는 고당생이 전수한 『사례』로 증명할 수 있다. 혹 사전이 끊어진 것은 세상에 나타난 옛 간책이 있었는데 이는 한나라 때 뒤섞여 나온 일례(逸禮)로 증명할 수 있다. 때문에 『주례』는 후대의 유가가 제정한 관제이자 행정법전의 구성 부분으로 전해진 지 꽤 오래되어 "더하고 뺀 흔적을 마침내 상고할 수 없어 통틀어 주공이 만든 옛 법전이라고 할 따름이다.[其增刪之迹邃靡所稽, 統以爲周公之舊耳.]"

삼례에 대한 연구는 한대 이래로 지금까지 계속되어 『십삼경주소(十三經注疏)』에는 상당 수의 한대 학자의 경설이 보존되어 있다. 청대의 집일은 우리에게 많은 앞선 연구자의 연구 성과를 남겨 주었다. 그 중에서 『옥함산방집일서』와 『속옥함산방집일서』에는 한대성의 저작 1종, 하휴 1종, 반고 2종, 두자춘 1종, 마융 2종, 순상(荀爽) 1종, 가규 3종, 유표(劉表) 1종, 정현 6종, 정중(鄭衆) 3종이 있다. 또 진(晉) 왕숙의 저작 1종이 있다.

이 외에 『한학당총서(漢學堂叢書)』에는 다음과 같은 책들이 있다.

유흠(劉歆) 『종율서(鍾律書)』
마융(馬融) 『의례상복경전(儀禮喪服經傳)』, 『주관전(周官傳)』
완심(阮諶) 『삼례도(三禮圖)』
정현(鄭玄) 『정씨상복변제(鄭氏喪服變除)』.

청대 삼례(三禮) 연구자의 주요 저작을 구분하여 기술하면 아래와 같다.

단옥재(段玉裁) 『의례한독고(儀禮漢讀考)』, 『황청경해(皇淸經解)』에 나온다.
왕중(汪中) 『대대례기정오(大戴禮記正誤)』, 『황청경해』에 나온다.
정수창(丁壽昌) 『소대례기해(小戴禮記解)』, 『정씨유고육종(丁氏遺稿六種)』에 나온다.
이조원(李調元) 『의례고금고(儀禮古今考)』, 『함해(涵海)』에 나온다.

호승공(胡承珙) 『의례고금문소의(儀禮古今文疏義)』, 『구시당전집(求是堂全集)』에 나온다.

유월(俞越) 『정군교정삼례고(鄭君校正三禮考)』, 『춘재당전서(春在堂全書)』에 나온다.

요제항(姚際恒) 『의례금문고문고(儀禮今文古文考)』, 『도강루잡저(稻江樓雜著)』에 나온다.

섭대장(葉大莊) 『대대례기심의(大戴禮記審議)』, 『사경재전집(寫經齋全集)』에 나온다.

진수기(陳壽祺) 『대소대례기고(大小戴禮記考)』, 『좌해경변(左海經辯)』에 나온다.

근현대인의 삼례에 대한 연구로 금문파를 위주로 한 것은 피시루이의 『경학통론』·『경학역사(經學歷史)』, 야오핑의 『주례정주상각(周禮鄭注商榷)』,[26] 캉유웨이(康有爲)의 『위경고(僞經考)』 등의 여러 글을 볼 수 있다. 고문파를 위주로 한 것은 류스페이의 『전한『주관』사설고(西漢『周官』師說考)』,[27] 장타이녠의 관련 저술[28]을 볼 수 있고, 이 외에 뤼스몐의 마정서 『주관』지류(馬鄭序『周官』之謬)[29] 등의 글은 그 논리가 타당하다. 또 선원줘(沈文倬)의 「예전의 실행과 『의례』서본의 저작에 대한 논술(略論禮典的實行和『儀禮』書本的撰作)」[30]과 대만(臺灣) 쉬푸관(徐復觀)의 『『주관』성립에 따라 그 사상성격(『周官』成立之時代及其思想性格)』[31]은 당대에 삼례를 연구한 중요한 문장과 저작이다.

한대 경학 가운데 『예』의 영향은 매우 특별한데 바로 "육경의 도가 귀결점

---

26 ≪원주≫ 『신정육역관총서(新訂六譯館叢書)』
27 ≪원주≫ 『국학총간(國學叢刊)』 1923년 제1기에 나온다.
28 ≪원주≫ 『장씨총서(章氏叢書)』
29 ≪원주≫ 『광화대학반월간(光華大學半月刊)』 1934년 제2기에 나온다.
30 ≪원주≫ 중화서국(中華書局) 『문사(文史)』 제15, 16기에 나온다.
31 ≪원주≫ 대만(臺灣) 학생서국(學生書局) 민국(民國) 65년판.

은 같지만 『예』·『악』의 쓰임이 급선무가 된다.[六經之道同歸, 而禮樂之用爲急.]"[32]는 것이다. 예의 구체적인 기능에 대해서는 『한서』「예악지」의 논술이 매우 상세하다.

　　인성에는 남녀 사이에 사랑하는 마음이 있고 투기하는 구분이 있으니 때문에 혼인의 예를 제정한 것이다. 어른과 젊은이가 서로 접하는 차례가 있으니 때문에 향음의 예를 제정한 것이다. 돌아가신 부모를 애도하고 먼 조상을 그리워하는 마음이 있으니 때문에 상제의 예를 제정한 것이다. 존귀한 사람을 높이고 윗사람을 공경하는 마음이 있으니 때문에 조근의 예를 제정한 것이다. 슬픔에는 곡하고 발을 구르는 절도가 있고 즐거움에는 노래 부르고 춤추는 동작이 있어서 바른 사람은 자신의 정성을 알맞게 나타낼 수 있고 바르지 못한 사람은 자신의 실수를 방지할 수 있다. 그러므로 혼인의 예를 폐하면 부부의 도가 소홀해져서 음란한 죄를 짓는 일이 많아진다. 향음의 예를 폐하면 장유의 차례가 어지러워져서 서로 다투는 소송이 많아진다. 상제의 예를 폐하면 골육의 은혜가 옅어지고 돌아가신 부모를 저버리고 선조를 잊는 사람이 많아진다. 조빙의 예를 폐하면 군신의 위계가 어그러져 침탈과 능멸이 점차 생겨난다. 그러므로 공자가 "윗사람을 평안하게 하고 백성을 다스리는 데는 예보다 좋은 것이 없고 풍속을 변화시키는 데는 악보다 좋은 것이 없다."라고 한 것이다. 예는 백성의 마음을 검속하고 악은 백성의 요구를 조화롭게 하고 정사로 행하고 형벌로 막는다. 예, 악, 정, 형이 천하에 행해져서 어그러짐이 없으면 왕도가 갖추어질 것이다. [人性有男女之情, 妒忌之別, 爲制婚姻之禮; 有交接長幼之序, 爲制鄕飮之禮; 有哀死思遠之情, 爲制喪祭之禮; 有尊尊敬上之心, 爲制朝覲之禮. 哀有哭踊之節, 樂有歌舞之容, 正人足以副其誠, 邪人足以防其失. 故婚姻之禮廢, 則夫婦之道苦, 而淫辟之罪多; 鄕飮之禮廢, 則長幼之序亂, 而爭鬥之獄蕃; 喪祭之禮廢, 則骨肉之恩薄, 而背死忘先者衆; 朝聘之禮廢, 則君臣之位失, 而侵陵之漸起. 故孔子曰: "安上治民, 莫善於禮; 移風易俗, 莫善於樂." 禮節民心, 樂和民聲, 政以行之, 刑以防之. 禮樂政刑四達而不悖, 則王道備矣.]

．．．．．．．．．．．．

32 《원주》『한서(漢書)』 권22 「예악지(禮樂志)」

예의 유래에 관해서 어떤 사람은 고대로 거슬러 올라가 근원을 규명하여 예는 원시종교에서 환골탈태하였다고 생각하였고,[33] 어떤 사람은 다방면으로 증거를 수집하고 인용하여 예가 풍속에서 유래되었음을 논증하였는데,[34] 그들의 논술은 모두 일리가 있다. 한대에는 경학이 흥성하였는데 예학은 경학의 중요한 내용이었다. 전한대 중앙에서 개최한 경학 대회인 석거각회의 (石渠閣會議)와 후한대 중앙에서 개최한 경학 대회인 백호관회의(白虎觀會議)는 모두 예에 대한 토론에 치중하였다. 예는 급용지학(急用之學)이기 때문에 조정의 중시를 받는 것은 당연하였다. 고조는 건국하자 "날마다 바빠서 겨를이 없었는데도 숙손통에게 예의를 제정하도록 명하여 군신의 자리를 바로잡았다.[日不暇給, 猶命叔孫通制禮儀, 以正君臣之位.]"[35]라고 하여 예의 중요함을 알 수 있다. 문제 때에 이르러 가의는 도리어 "한이 진의 실패한 풍속을 이어받아 예와 의를 폐기하고 염치를 해쳤다.[漢承秦之敗俗, 廢禮義, 損廉恥]"는 말을 하였는데 예의 폐기는 사회질서의 혼란을 야기하기 때문이다. 이상의 자료를 참고하여 예의 기능성이라는 관점에서 양한의 예와 예학에 대하여 분석해 보겠다.

一. 전통 중국사회는 본래 고대 로마의 공법(公法)과 현대적 의미의 헌법(憲法)과 같은 것이 없었다. 고대의 예칙은 공법의 성질을 조금 갖추고 있는데, 민법·형법·혼인법·행정법·상장법(喪葬法)이 곧 그 내용에서 파생된 것이다. 그래서 『예』는 유자의 공법사상(公法思想)과 입법조문(立法條文)에 대한 연구이다.

---

33 《원주》 왕치파(王啓發), 「예적종교태기(禮的宗敎胎記)」, 『중국철학(中國哲學)』 제22집, 요녕교육출판사(遼寧敎育出版社) 2000.
34 《원주》 옌푸커(閻步克), 『사대부정치연생사고(士大夫政治演生史稿)』 제3장, 북경대학출판사, 1996.
35 《원주》 『한서』 권22 「예악지」

二. 예를 공법으로 간주한다면 관습법의 형식을 지니게 되는데 이는 중국 전통의 특색이다. 후대의 예는 반드시 전대 왕조를 인습하였다. "왕자는 반드시 전대 왕조의 예를 계승하되 시대 상황에 따라 적절하게 시행하여 증감한 것이 있었으니 백성의 마음에 나아가 점차로 제작하여 태평한 때에 이르러 크게 갖추어졌다.[王者必因前王之禮, 順時施宜, 有所損益, 卽民之心, 稍稍制作, 至太平而大備.]"[36]

三. 고대에는 예와 법을 붙여서 일컬었는데 법은 예에서 나왔다. 법가는 유가예학의 한 계통이다. 법가가 따로 나온 것은 법가가 예의 내용에 대하여 일부 변화하여 당시의 정치 상황에 영합하였기 때문이다. — 이것이 바로 변법의 출현이다. 그들은 형식에 더욱 중점을 두었다. — 이것이 성문법의 발생이다. 그들은 위로부터 하달되는 전제정치를 고수하면서 통치자의 욕망에 부합하기 위해 공평을 근본으로 삼는 공법 이치를 무시하였다 — 이것이 전제주의이다.

四. 진나라의 폐정(廢政)을 피하기 위해 양한의 정치체제가 채택한 것은 불완전한 중앙 전제 정치체제로 곧 중앙 전제와 향촌 자치가 서로 결합한 것이다. 그러므로 예법의 병용은 사실상 한나라 제도의 필연적인 길이었다.

五. 한대의 예학 가운데 명당의 건립, 봉선 등은 사회공법의 공평사상을 구체적으로 반영한 것이며 이는 전제주의 중앙 집권사상과 전혀 어울리지 않는다.

六. 『예』학은 한대 제헌학(制憲學)이다. 한대의 경사는 선사가 남긴 학설(예를 들면 『의례』)을 정리하는 것과 훼손되어 온전하지 못한 옛 전적(예를 들면 『일례』, 『주례』)을 널리 모으는 것을 넘어서 따로 발명한 것(예컨대 『예기』)이 있다. 『예기』 「王制」편은 곧 "문제가 박사·제생들에게 육

· · · · · · · · · · · ·

36 《원주》『한서』 권22 「예악지」

경에서 뽑아내어 지은 것이다.[文帝使博士諸生刺取六經作.]"[37] 정현은 그것을 소송의 판결을 바로잡는 데 이용하였으며 한제에 부합하였다.

이상의 여섯 가지 점은 양한 예학에 대한 한 가지 견해이다. 다음 장에서도 이 문제와 관련되어 있다.

---

37 《원주》『사기』권28 「봉선서(封禪書)」

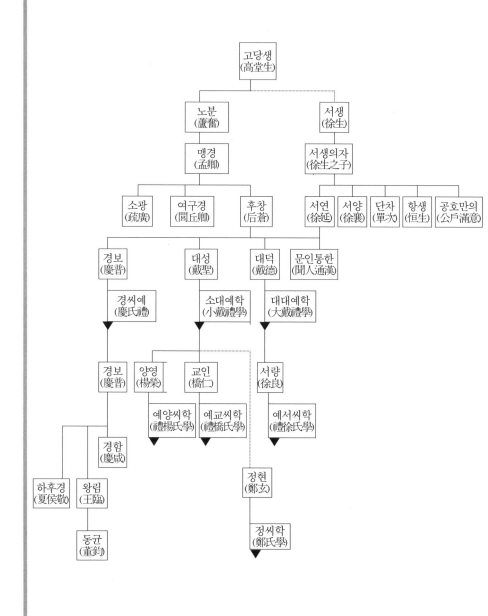

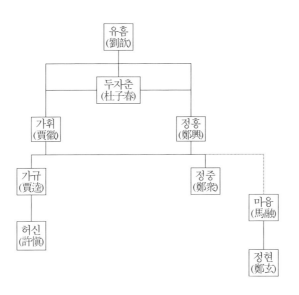

제5절 『역(易)』학(學)

공자께서 "대연(大衍)[1]의 수 오십의 이치를 가지고 『역(易)』을 배운다.[五十以學
『易』.]"[2]고 하였으니 여기의 "역(易)"은 바로 후대의 『역경』을 가리킨다. 『역』을
"역"이라 한 것에 대해서는 설이 분분하다. 『십삼경주소』『주역정의(周易正
義)』에 「역의 세 가지 명칭을 논한다[論易之三名]」는 글이 있는데, 이 문제에
대하여 전문적으로 논의하였다. 역의 세 가지 명칭에 관하여 정현은 『역론(易
論)』에서 "역은 명칭은 하나지만 세 가지 의미를 포함한다. 첫째는 이간(易簡)[3]
이고, 둘째는 변역(變易)이며, 셋째는 불역(不易)이다.[易一名而含三義. 易簡一也,
變易二也, 不易三也.]"라고 하였으니, 이 설은 위서(緯書)에 근원한 것이다. 『역위
건착도(易緯乾鑿度)』에 "『역』의 명칭은 하나지만 세 가지 의미를 포함하니
이른바 이(易), 변역(變易), 불역(不易)이다.[『易』一名而含三義, 所謂易也, 變易也, 不易

<hr />

1 『주역(周易)』・「계사 상(繫辭上)」 8장 주자(朱子)의 「본의(本義)」에 "대연(大衍)의 수 50은 하
도(河圖)의 중궁(中宮)에 있는 천수(天數) 5와 지수(地數) 10을 곱하여 얻어진 수이다.[大衍之
數五十, 蓋以河圖中宮天五, 乘之十而得之.]"라고 하였다. (성백효(成百曉) 역주, 『현토완역 주
역전의 하(懸吐完譯 周易傳義 下)』, 전통문화연구회(傳統文化硏究會), 1998, p.549) 『주역정의
(周易正義)』에는 경방은 '50은 10일, 12진(辰), 28수(宿)니, 모두 더하면 50이다.'라고 하였다.
[京房云: "五十者, 謂十日・十二辰・二十八宿也, 凡五十."]" 『주역정의』의 경방의 설보다는
「본의」의 말이 옳다고 여긴다. (『십삼경주소』정리위원회정리, 『주역정의』, p.329)
2 《원주》『논어』「술이(述而)」. 최괄(崔适, 1852~1924)은 『사기탐원(史記探源)』에서 "오십(五
十)"은 "졸(卒)"자의 오류라고 의심하였다.
3 『주역』「계사 상」 1장에 "쉽고 간단하여 천하의 이치를 알게 된다.[易簡而天下之理得矣.]"고
하였다. (『십삼경주소』『주역정의』, p.306)

也.]"라고 하였다. 또한 "쉬운 것은 덕이고, 변하는 것은 기운이며 변하지 않는 것은 자리이다.[易者其德也, 變易者其氣也, 不易者其位也.]"라고 하였다. 위서와 정현의 말은 "역"의 변화를 깊이 연구하여 "역"이 역이 된 구체적 함의를 분석하기는 하였지만 그 설은 억측(臆測)이 많아 사람들을 납득시킬 수 없다.

『설문(說文)』에 "역(易)은 석역(蜥易), 언정(蝘蜓), 수궁(守宮)[4]이니, 상형(象形)자이다. 『비서(秘書)』[5]에 '역(易)은 일(日)과 월(月)자로 구성되었으니, 음양(陰陽)을 상형한 것이다.[6] 일설에는 아래 글자가 '勿'자로 구성되었다[7]고 한다.'[『說文』云 : "易, 蜥易, 蝘蜓, 守宮也, 象形." 『秘書』說 : "日月爲易, 象陰陽[8]也. 一日從勿[9]."]"라고 하였다. 『설문』에서는 "역"을 상형자로 여겨 기어 다니는 동물의 일종인 도마뱀을 가리키는 것으로 보았다.[10] 그러나 석척(蜥蜴)의 역(易)과 『역경』의 역(易)은 하등의 관계가 없는[11] 것처럼 보인다. 그러므로 『설문』에서 위서를

· · · · · · · · · · · ·

4 석역(蜥易), 언정(蝘蜓), 수궁(守宮) 모두 도마뱀의 일종이다. 석역(蜥易)과 언정(蝘蜓)은 모두 수궁(守宮)의 별칭(別稱)이다.

5 허신(許愼 30~124)이 역(易)에 대한 설명에서 본래 의미인 도마뱀(蜥易)을 먼저 말하고, 그 후에 『비서(秘書)』의 설을 인용한 것은 『비서(秘書)』의 설이 반드시 옳지는 않다는 것을 밝힌 것이다. (염정삼, 『설문해자주 부수자 역해』, 서울대학교출판부, 2007, p.491)

6 '역(易)'의 윗부분은 '日'로 구성되어 양(陽)을 상형하였고, 아랫부분은 '月'로 구성되어 음(陰)을 상형하였다. (염정삼, 같은 책, p.492)

7 또 하나의 설로, '易'의 아랫부분이 깃발이라는 의미의 '勿'자로 구성되었다는 것이다. (염정삼, 같은 책, p.492)

8 단옥재의 『설문해자주(說文解字注)』 「역부(易部)」 원문에는 '음양(会易)'으로 되어 있으니, 이는 음양(陰陽)에서 좌부방[阜]이 생략된 형태이다. (허신 찬, 단옥재 주, 『설문해자주』, 상해고적출판사, 1981, p.459)

9 원문에는 '勿'자 앞에 '從'자가 생략되어 있다. 여기에서는 '從'자를 포함시켰다. (허신 찬, 단옥재 주, 같은 책, p.459)

10 ≪원주≫ 단옥재 『설문해자주』에 " 「훼부(虫部)」 석(蜥)자 아래에 '역사(易它)'라고 하였고, 언(蝘)자 아래에 '벽에 붙어다니면 언정(蝘蜓)이라 하고, 풀밭에 있으면 석역(蜥易)이라 한다.'["「虫部」, 蜥下日 : '易它.' 蝘下日 : '在壁曰蝘蜓, 在草曰蜥易.'"]"고 하였다.

11 원문은 '風馬牛不相及'이다. 이는 『좌전(左傳)』 희공(僖公) 4년조(條)에 보인다. 원문은 다음과 같다. "4년 봄, 제후(齊侯)가 제후들의 군사를 이끌고 채(蔡)를 침입했다. 채(蔡)가 무너지자 이에 초(楚)를 벌했다. 초자(楚子)가 사람을 시켜 제나라 연합군에게 다음과 같이 말하게 하였다. "임금께서는 북해에 계시고, 과인은 남해에 있어, 발정난 말과 소도 서로 비치지 못하는지라, 임금께서 우리 땅을 넘어올 줄은 생각지도 못했습니다. 무슨 까닭입니까?[四年

인용하여 재차 해석하였다. 글자만 보고 뜻을 생각해 내서 음양의 변화작용이라고 하였으니 위서를 쓴 사람은 음양에 숙달한 사람이라 할 수 있다. 그러나 공교롭게도 음양의 설은 기원(起源)이 오히려『역』보다 늦으니『역』의 본경(本經)에서도 언급한 것이 드물다. 그러므로 위서의 설 역시 신뢰할 만한 것이 못 된다.

귀모뤄(郭末若 1892~1978)는『문사논집(文史論集)』[12]에서 "역(易)"자의 갑골문에서부터 금문까지의 변화를 고증하고 "역(易)자는 익(益)자가 간략화된 것으로 볼 수 있다. 익(益)은 바로 일(溢)자의 첫 번째 글자 형태로, 잔 속에 담긴 물이 넘쳐 흐르는 모양을 본뜬 것이다.[可以看出易字是益字的簡化, 益乃溢之初文, 像[13]杯中盛水滿出之形.]"라고 지적하였다. 갑골문과 금문(金文)의 "역(易)"자를 살펴보면 이 설은 타당해 보인다. 그리고 귀모뤄는 또 "익(益)은 보탠다는 의미로 파생되었으므로 다시 준다는 의미로 파생될 수 있다.[益既引申爲增益, 故再引申爲賜[14]予.]"고 말하였다. 이 보충설명은 그의 주장을 더욱 타당하게 하였다. 그러나 현재 문자학계(文字學界)에서 인정되고 있는 갑골문과 금문의 '역(易)'자를 자세히 살펴보면,[15] 큰 제기를 의미하는 "𓏬"를 "益"자로 해석할 수 있는 것을 제외하고 기타의 설은 모두 억지스러운 부분이 있다. 그러므로

春, 齊侯以諸侯之師侵蔡. 蔡潰, 遂伐楚. 楚子使與師言曰 : '君處北海, 寡人處南海, 唯是風馬牛不相及也, 不虞君之涉吾地也何故?']" 여기의 '風馬牛不相及'는 마소가 바람이 나 달아나서 암수가 서로 유혹하려 해도 거리가 멀어 미칠 수 없다는 말이니, 제나라와 초나라가 멀리 떨어져 있어 서로 관계가 없다는 것을 비유한 것이다. (정태현(鄭太鉉) 역주, 『역주 춘추좌씨전 2』, 전통문화연구회, 2003, pp.29~30)

12 여기에 두 번 인용된『문사논집(文史論集)』의 글의 제목은「주나라 초기의 네 덕기(德器)의 고증과 해석을 통해 은대(殷代)에 이미 진행된 문자의 간략화를 토론하다[由周初四德器之考釋談到殷代已在進行文字簡化]」이다. (귀모뤄 저, 『문사논집(文史論集)』, 인민출판사(人民出版社), 1961, p.344)

13 귀모뤄의『문사논집』에는 '象'으로 되어 있다. (귀모뤄 저, 『문사논집』, p.345)

14 귀모뤄의『문사논집』에는 '錫'으로 되어 있다. (귀모뤄 저, 『문사논집』, p.345)

15 ≪원주≫『한어대자전(漢語大字典)』에서 "역(易)"자를 해석한 것을 참고하라. 이 책의 "역"자는 갑골문과 대전(大篆)이 세 개씩 있으며, 소전(小篆)이 한 개, 예서(隸書)가 세 개 있다.

귀모뤄의 설도 취사선택해야 한다.

본래『설문』에서 역을 도마뱀(석척蜥蜴)으로 해석한 것은 '역'자가 상형자라는 것을 지적한 것으로 결코 문제될 것이 없다. 다만 허신(許愼)은 도마뱀과 같이 기어 다니는 동물의 피부가 가변성이 있다는 것, 바로 카멜레온처럼 피부가 변하는 동물이라고 하는 것을 분명하게 말하지 않았을 뿐이다.[16] 후학들은 또 글자의 뜻과 경문에 집착하였으므로 지금까지 설이 분분할 뿐 여전히 사람들을 납득시키는 해석을 하지 못하고 있다. 역을 도마뱀으로 해석한다면 "변한다"는 뜻은 자연스럽게 파생되어 나온다. 또한 첫째로, "역"의 본래 글자도 항상 변화를 가지고 이야기한다.『옥편(玉篇)』에 "역은 바뀌고 변화한다는 뜻이다.[易, 轉也, 變也.]"[17]라고 하였고『방언(方言)』에 "역은 시작한다는 뜻이다.[易, 始也.]"라고 하였다. 둘째, "역"자가 고대의 복서(卜筮)와 관련이 있다는 것에 대해서는 이의가 없다.『예기(禮記)』「제의(祭義)」에 "옛날에 성인이 음양과 천지의 원리를 세우고 이것을 가지고 역의 원리를 확립하였다. 점치는 일을 담당하는 역관(易官)이 거북을 안고 남면(南面)하면 천자는 천자의 예복인 곤의(袞衣)를 입고 면관(冕冠)을 쓰고 북면(北面)한다.[昔者聖人建陰陽天地之情, 立以爲易, 易抱龜南面, 天子卷面北面.]"[18]고 하였다. 셋째, "역"이 변화하는 법을 말한다는 것을『역경』에서도 "계속해서 낳는 것을 역이라 한다.[生生之謂易.]"[19]고 스스로 밝혔다. 이로부터 이러한 추측은 나름대로 근거가 있으며 역의 본의(本義)에 더욱 부합한다.

『역』은 또『주역(周易)』이라고 한다. 이것은 또 세 가지 해석을 이끌어낸

. . . .

16 《원주》 나는 "역(易)"자를 고증하려고 며칠 동안 연구하였지만, 끝내는 해답을 얻지 못하였다. 하루는 선배인 한가(韓可)와 술을 마시다가 갑자기 이러한 묘한 생각('역')이 카멜레온이라는 생각이 나서 의혹이 갑자기 해소되었다. 그러나 잘은 모르겠지만 선현들은 이에 대해 언급한 적이 있단 말인가? 좁은 식견으로도 신묘하게 합치됨이 있지만, 확신은 서지 않는다.

17 《원주》『옥편(玉篇)』일부(日部).

18 《원주》 정현(鄭玄) 주(注): "역은 관직명이다.[易, 官名.]"

19 《원주》『역경(易經)』「계사 상(繫辭上)」

다.[20] 첫 번째 설은『주역』의 "주(周)"는 "『易』의 원리는 두루하여 포괄하지 않는 것이 없음을 말한다[言『易』道周遍, 無所不包也.]."는 것이다.『주례』「춘관 종백(春官宗伯)・태복(太卜)」에 (태복(太卜)은) 삼역법(三易法)을 관장하였으니, "첫째는『연산(連山)』역이고, 둘째는『귀장(歸藏)』역이며, 셋째는『주역』이다. [一曰『連山』, 二曰『歸藏』, 三曰『周易』.]"라고 하였다. 정현은『역찬(易贊)』과『역론(易論)』에서 "『연산』은 하나라의 역이고『귀장』은 은나라의 역이며『주역』[21]은 주나라의 역이다.[夏曰『連山』・殷曰『歸藏』・周曰『周易』.]"라고 하였다.『연산』과『귀장』에 대해서는 또 다른 해석이 있다[22].『주역』에 대하여, 정현은 다음과 같이 말했다. "『역』의 원리는 두루하여 구비하지 않은 것이 없음을 말한다.[言『易』道周普, 無所不備.]" 두 번째 설은 "주"를 주 왕조의 명칭으로 여긴 것이니, 이 설은『역위(易緯)』의 "왕조를 인습하여 주라고 쓴 것이 여기에 해당한다.[因代以題周是也.]"고 한 것에서 나왔다.『주역정의(周易正義)』에 "선유(先儒)들은 또 정현이 말한 것을 모두 취하여 '주 왕조의 명칭을 가리키며, 두루한다는 의미도 있다.'[先儒又兼取鄭說云 : '既指周代之名, 亦是普遍[23]之義.']"고 하였다. 세 번째 설은 "주"를 지명으로 여긴 것이다.『주례정의』[24]를

....

20 《원주》 이 문제에 관하여,『주역정의(周易正義)』권수 제삼(卷首第三)의 "삼대(三代)의『역(易)』에 대한 명칭을 논하다[論三代『易』名]"를 참고할 수 있다. 피시루이의『경학통론(經學通論)』권1「역경(易經)」"『연산(連山)』과『귀장(歸藏)』을 논하다."[論『連山』・『歸藏』.] 도 볼 만하다.

21 『역』은 상고시대인 하나라의 연산(連山), 중고시대인 은나라의 귀장(歸藏), 하고시대인 주나라의 주역(周易), 이 세 단계를 거쳐 왔다. 연산은 땅 위에 있는 산이 이어졌다고 해서 산괘(艮)를 맨 처음에 놓았다고 하며, 귀장은 만물은 모두 땅 속으로 돌아가 감춰진다고 해서 땅괘(坤)를 맨 처음에 놓았다고 한다.『주역』은 만물이 모두 하늘에서 나온다고 하여 하늘괘(乾)를 가장 먼저 놓았다. (대산(大山) 김석진(金碩鎭) 저,『대산 주역강의 1』, 한길사, 1999, p.34)

22 《원주》 두자춘이 말하였다. "『연산(連山)』은 복희(伏義)의 역(易)이고,『귀장(歸藏)』은 황제(黃帝)의 역이다.[『連山』伏義,『歸藏』黃帝.]"

23 『주역정의』권수 제삼(卷首第三)「삼대의 역의 명칭을 논하다[論三代『易』名]」에는 '徧'자로 되어 있다. 뜻은 통한다. (『십삼경주소』『주역정의』, p.10)

24 『주례정의』는『주역정의』의 오류이다. 십삼경주소의『주례』에 대한 명칭은『주례주소(周禮注疏)』이기 때문이다. 여기에 인용한 부분은『주역정의』3권의「삼대의 역의 명칭을 논

살펴보면 『세보(世譜)』 등 여러 책을 취하여 "신농씨를 『연산』씨라고도 하며 『열산(列山)』씨라고도 한다. 황제를 『귀장』씨라고도 한다. 연산과 귀장을 모두 왕조의 명칭으로 삼은 것이니 『주역』을 주라고 한 것은 기양(岐陽)의 지명을 취한 것[25]이라고 여겼다. 『모시』에 '주 땅의 언덕이 기름지고 비옥하다.'고 하였다.[神農一日 『連山』氏, 亦日 『列山』氏; 黃帝一日 『歸藏』氏, 旣 『連山』・『歸藏』, 并是代號, 則 『周易』稱周, 取岐陽地名. 『毛詩』云 : '周原膴膴.']"

이상의 세 가지 설 중에서 주를 지명으로 여긴 것을 지속적으로 주장한 사람은 없다. 주를 "두루한다[周遍]"는 뜻으로 여기는 것은 금문을 숭상하는 자들이 강력히 주장하였다. 피시루이는 이 설이 『주역』「계사(繫辭)」의 "『역』이라는 책은 상하사방[六虛]에 두루 흐른다.[『易』之爲書, 周流六虛.[26]]"는 말에서 나왔다고 여겼다. 주를 "주 왕조[周代]"의 명칭으로 여긴 것은 고문을 숭상하는 자들이 강력히 주장하였다. 판원란(范文瀾)이 지은 『군경개론(群經槪論)』에서는 고문파의 편을 들어 금문과 고문의 시비 논쟁을 벌일 때마다 모두 고문파의 손을 들어 주었으니 이 문제 역시 예외가 아니었다. 그는 다음과 같이 말하였다. "『좌전』「소공(昭公) 2년(B.C.540)」조(條)를 살펴보면, '계찰(季札)이 태사씨(太史氏)의 집에 가서 책을 구경할 적에[27] 『역상(易象)』과 『노춘추(魯春秋)』[28]를 보고서「주나라의 예가 모두 노나라에 있구나.」'라고 하였다. 또 『좌전』에는 시초점과 관련된 말이 기재되어 있으며 『주역』을 쓰는 사람은

· · · · · · · · · · · · ·

하다[論三代『易』名]」에 보인다. (『십삼경주소』 『주역정의』, p.10)

25 『시경(詩經)』「대아(大雅)・면(緜)」에 보이는 '周原膴膴'의 주석에 "주(周)는 지명이니, 기산(岐山)의 남쪽에 있었다.[周, 地名, 在岐山之南.]"고 한 부분이 보인다. '산의 남쪽과 물의 북쪽은 양(陽)이라고 한다.[山南水北日陽]'이라고 하는 것에 근거해 볼 때, 기양(岐陽)은 기산의 남쪽을 가리킨다. (『십삼경주소』 『모시정의』, p.1154)

26 『주역』「계사 하」, 8장에 보인다. 원문은 다음과 같다. "易之爲書也不可遠, 爲道也屢遷, 變動不居, 周流六虛, 上下無常, 剛柔相易, 不可爲典要." (『십삼경주소』 『주역정의』, pp.370~371)

27 『좌전(左傳)』「소공(昭公) 2년」조(條)를 살펴보면, 태사씨의 집에 가서 책을 구경한 사람은 계찰이 아닌 한선자(韓宣子)임을 알 수 있다. (『십삼경주소』 『춘추좌전정의』 p.1348)

28 『십삼경주소』 『춘추좌전정의』에 따르면, 『역상(易象)』은 『주역』 상하경의 상사(象辭)를 의미하며, 『노춘추(魯春秋)』는 역사를 기록한 책이라고 하였다. (『십삼경주소』 위의 책, p.1348)

반드시 『주역』의 시초점을 말하여 다른 점과 섞이지 않게 하였으니 주를 왕조의 명칭으로 삼은 것은 의심할 것이 없음을 알 수 있다.[案『左傳』昭二年 '季札觀書於太史氏, 見『易象』與『魯春秋』, 曰 周禮盡在魯矣.' 又『左傳』載筮辭, 其用『周易』者, 則必云以『周易』筮, 不使與他筮混, 可知周爲代名無疑.]"[29]

　　금문을 숭상하는 자들의 견해는 타당하지 않다. 그들은 『주역』을 공자가 지었다고 여기기 때문에 주를 왕조의 명칭으로 보지 않는다. 고문을 숭상하는 자들은 『역』은 원래 주대의 저작이고 공자는 도를 전수한 사람일 뿐이라고 여기기 때문에 주를 왕조의 이름이라고 강력하게 주장한다. 파벌이 달라서 생기는 의견을 버리면 아마도 근본을 바로잡고 근원을 밝힐 수 있을 것이다. 역은 선진과 진한의 문헌에서는 대부분 『역』이라 일컫고 『주역』이라고 부르지 않는다. 『사기』와 『한서』에서도 『역』이라고 일컫었으니 『주역』이라는 명칭은 아마도 고문파의 흥기와 관련이 있는 듯하다. 『연산』과 『귀장』은 『한서』「예문지」에 실려 있지 않기 때문에 고문학을 숭상하는 자들이 독자적으로 밝힌 것이다. 또 모두 상고시대까지 거슬러 올라가 추론하였기 때문에 위조한 혐의를 피할 수 없었다. 금문파의 억지스러움은 고문파의 억지스러움 때문에 드러났다. 금문과 고문의 논쟁 때문에 경학의 대의(大義)가 드러나지 않게 되었다. 『역』은 다른 경전에 비해 공자로부터 한대에 이르기까지 전승(傳承)이 비교적 명확하다. 이는 아마도 진시황이 복서(卜筮)에 속하는 책을 금하지 않은 것과 관련이 있는 듯하다. "진대에 유학을 금지하였지만 『역』은 복서와 관련된 책이라고 하여 유독 금지하지 않았으므로 전수(傳受)가 이어질 수 있었다.[及秦禁學, 『易』爲筮卜之書, 獨不禁, 故傳受者不絶也.]"[30] 『사기』「중니제자열전(仲尼弟子列傳)」에 다음과 같은 말이 있다.

　　　　상구(商瞿)는 노(魯)나라 사람이니 자는 자목(子木)[31]이다. 공자보다 29세 연

. . . .

29 《원주》 판원란, 『군경개론(群經槪論)』 제2장
30 『한서』「유림전」 서(序)에 보인다. (『한서』, p.3597)

하이다. 공자는 『역』을 상구에게 전수하였고 상구는 초(楚)나라 사람 한비자홍(馯臂子弘)에게 전수하였으며 한비자홍은 강동(江東) 사람 교자용자(矯子庸疵)에게 전수하였고 교자용자는 연(燕)나라 사람 주자가수(周子家竪)에게 전수하였다. 주자가수는 순우(淳于) 사람 광자승우(光子乘羽)에게 전수하였고, 광자승우는 제(齊)나라 사람 전자장하(田子莊何)에게 전수하였으며, 전자장하는 동무(東武) 사람 왕자중동(王子中同)에게 전수하였고, 왕자중동은 치천(菑川) 사람 양하(楊何)에게 전수하였다. 양하는 원삭(元朔) 연간(B.C.128~B.C.123)에 『역』을 연구하여 한중대부(漢中大夫)가 되었다.[商瞿, 魯人, 字子木. 少孔子二十九歲. 孔子傳『易』于瞿, 瞿傳楚人馯臂子弘, 弘傳江東人矯子庸疵, 疵傳燕人周子家竪, 竪傳淳于人光子乘羽, 羽傳齊人田子莊何, 何傳東武人王子中同, 同傳菑川人楊何. 何元朔中以治『易』爲漢中大夫.]

역에 대한 한대의 전승 기록은 『한서』 「유림전」에 더욱 자세히 실려 있다. 전하(田何)의 계승자는 원래 많았는데 왕동(王同)·주왕손(周王孫)·정관(丁寬)·승생(勝生)[32]·양(梁) 땅 사람 항생(項生) 등 여러 사람이 있었다. 그 중 앞의 네 사람에 대해서 『한서』 「예문지」에 "모두 『역전(易傳)』 몇 편이 있다.[皆有『易傳』數篇.]"고 기록하였다. 왕동은 양하(楊何)에게 『역』을 전수하였는데 사마담(司馬談)이 말한 "양하에게 『역』을 전수받았다.[受『易』于楊何.][33]"의 양하이다. 정관은 전왕손(田王孫)에게 전수하였다. 전왕손의 계승자로는 시수(施讎)·맹희(孟喜)·양구하(梁丘賀)가 있다. 세 사람의 『역』은 선제 때 학관에 설치되었다. 또 경방파(京房派)가 있다.

• • • • • • • • • • • • •

31 원서에는 '자술(子術)'로 되어 있는데, 『사기』 「중니제자열전」에 의거하여 '子木'으로 바로 잡았다. (『史記』, p.2211)

32 복생(伏生)을 말하는 것 같다. 전하(田何)는 『역』을 동무(東武)의 왕 동자중(同子中)과 낙양(洛陽)의 주왕손·정관·제(齊)의 복생·양(梁)의 항생 등에게 전수하였다.(랴오밍춘(廖名春)·캉쉐웨이(康學偉)·량웨이셴(梁偉弦) 지음, 심경호 옮김, 『주역철학사』, 예문서원, 1994, p.101)

33 ≪원주≫ 『사기』 권130 「태사공자서(太史公自序)」

404

경방(京房)은 양(梁) 땅 사람 초연수(焦延壽)에게서 『역』을 전수받았다. 초연수는 맹희(孟喜)에게 『역』을 배웠다고 하였다. 마침 맹희가 죽자 경방은 초연수의 『역』이 맹씨학(孟氏學)이라고 여겼으나 적목(翟牧)과 백생(白生)은 인정하지 않고 모두 아니라고 하였다. 성제(成帝) 때 유향이 책을 교정하고 『역』설을 고증할 적에 여러 『역』학파의 설이 모두 전하·양숙원(楊叔元)·정장군(丁將軍)[34]을 뿌리로 삼아 대의(大誼)가 대략 같지만 경방만은 달랐는데 그 스승인 초연수만이 은사(隱士)의 설을 얻고 맹씨에게 배웠다고 가탁하였기 때문에 같지 않다고 여겼다. 경방(京房)은 재이(災異)를 밝혀 총애를 받았다.[京房受『易』梁人焦淵壽. 延壽云嘗從孟喜問『易』. 會喜死, 房以爲延壽 『易』卽孟氏學, 翟牧·白生不肯, 皆曰非也. 至成帝時, 劉向校書, 考『易』說, 以爲諸『易』家說皆祖田何·楊叔元[35]·丁將軍, 大誼略同, 唯京氏爲異, 黨焦延壽獨得隱士之說, 托之孟氏, 不相與同. 房以明災異得幸.][36]

경방 『역』은 원제(元帝) 때 학관에 설치되었다.[37] 시수(施讎)·맹희(孟喜)·양구하(梁丘賀)·경방(京房)의 『역』은 한대의 관학이었다. 후한 때 역학은 여전히 계승자가 있었다. 시수 『역』을 배운 자로 유곤(劉昆)이 있었다. 와단(洼丹, B.C.29~A.D.41)은 대대로 맹씨 『역』을 전수하였으며 임안(任安, 124~202)은 "맹씨 『역』을 전수받아 여러 경전에 아울러 정통하였다.[受孟氏『易』, 兼通數經.]" 양정(楊政)은 "범승(范升)에게 양구(梁丘) 『역』을 전수받아 경서를 말하기 좋아하였다.[從范升受梁丘『易』, 善說經書]" 장흥(張興)은 양구(梁丘) 『역』을 배워 제자들을 가르쳤다. "(장흥은) 멀리서 온 제자가 거의 만 명이었는데, 양구(梁丘) 학파의 으뜸이 되었다.[弟子自遠至者, 著錄且萬人, 爲梁丘家宗.]" 대빙(戴憑)·위

- - - - - - - - - - - - - - - -

34 정관(丁寬)이다. 경제(景帝) 때 양 효왕(梁孝王)의 장군이 되어 오(吳)나라와 초(楚)나라를 막아, 역사에서는 정장군(丁將軍)이라고 칭한다. (여소강(呂紹綱) 주편, 『주역사전(周易辭典)』, 길림대학출판사(吉林大學出版社), 1992, p.453)

35 원서에는 '楊叔'으로 되어 있어 '元'자가 빠져 있다. 이는 '楊叔元'의 오류로 보인다. 숙원은 양하(楊何)의 자이다. (『한서』, p.3601)

36 ≪원주≫ 『한서』 권88 「유림전」

37 ≪원주≫ 『한서』 권75 「경방전(京房傳)」

만(魏滿)·손기(孫期)는 경방『역』을 배웠다.[38] 경방『역』은 후한 시대에 비교적 흥성하였다.

이밖에 『한서』「유림전」의 기록에 따르면 당시에 민간에 유행했지만 학관에 설치되지는 않은 『역』과 비직(費直)[39]의 비씨(費氏)『역』과 고상(高相)[40]의 고씨(高氏)『역』이 있었다. 후한시대에는 비씨(費氏)『역』이 계속 유전(流傳)되었다[41].

양한의 『역』학에 관한 연구는 한(漢)『역』의 집일(輯佚) 작업부터 논의를 해야 한다. 정(正)·속(續)『옥함산방집일서』에서 집일한『역』의 일서(佚書)는 모두 25종이다. 이밖에 또 아래의 여러 책을 각 총서(叢書)에서 각각 살펴볼 수 있다.

경방(京房)의 『경씨역전(京氏易傳)』은 『한위총서(漢魏叢書)』에 보인다.
맹희(孟喜)의 『주역장구(周易章句)』는 『한위이십일가역주(漢魏卄一家易注)』에 보인다.
유표(劉表)의 『주역장구(周易章句)』는 『한위이십일가역주』에 보인다.
정현(鄭玄)의 『주역정주(周易鄭注)』는 『호해루총서(湖海樓叢書)』에 보인다.

· · · · · · · · · · · ·

38 《원주》 이상은 모두『후한서』권79「유림전」에 보인다.
39 전한 동래(東萊) 사람이다. 자는 장옹(長翁)이다. 본래 고자(古字)로 쓰여졌기 때문에 고문(古文)『역』이라고 불렀다. 저서에『주역주(周易注)』4권이 있었으나, 이미 일실되었다. (여소강 주편, 같은 책, pp.457~458)
40 전한 패(沛) 사람으로, 비직과 동시대 사람이다. 고상『역』과 비직『역』은 모두 학관에 설치되지 못하였다. 고상의 학문은 오로지 음양재이(陰陽災異)를 말하였다. (여소강 주편, 같은 책, p.458)
41 《원주》『후한서』권79「유림전」에 다음 내용이 실려 있다. "후한 때, 진원(陳元), 정중(鄭衆), 마융(馬融), 정현(鄭玄), 순상(荀爽)이 비씨(費氏)『역』을 전수하자 '이로부터 비씨의『역』이 흥성하였다.[自是費氏興]'"

청대에 한 『역』을 연구한 저작이 비교적 많지만 아래 몇 종을 주의 깊게 살펴보아야 한다.

왕모(王謨)의 『구가역해(九家易解)』는 『한위유서초(漢魏遺書鈔)』에 보인다.

호미원(胡薇元 1850~1920?)[42]의 『한역십삼가(漢易十三家)』는 『평진각총서갑집(平津閣叢書甲集)』에 보인다.

손당(孫堂)의 『한위이십일가역주(漢魏二十一家易注)』는 『영설초당총서(映雪草堂叢書)』에 보인다.

혜동(惠棟 1697~1758)[43]의 『역한학(易漢學)』은 『경훈당총서(經訓堂叢書)』에 보인다.

장혜언(張惠言 1761~1802)[44]의 『주역정씨의(周易鄭氏義)』는 『황청경해(皇淸經解)』에 보인다.

진수웅(陳壽熊 1812~1860)[45]의 『독역한학사기(讀易漢學私記)』는 『속황청경해(續皇淸經解)』에 보인다.

왕명성(王鳴盛 1722~1797)의 『경방역전(京房易傳)』은 『아술편(蛾術編)』에·

---

42 절강(浙江) 산음(山陰) 사람이다. 자는 효박(孝博)이다. 호는 시령(詩舲)이고, 또 다른 호는 옥진거사(玉津居士)다. 『역』에 대한 저작으로는 『상록정역설(霜菉亭易說)』과 『한역십삼가(漢易十三家)』가 있다. (여소강 주편, 같은 책, p.694)

43 청나라 강소(江蘇) 오현(吳縣) 사람이다. 혜사기(惠士奇)의 둘째 아들로, 자는 정우(定宇)고, 호는 송애(松崖)다. 아버지의 호가 홍두선생(紅豆先生)이었기 때문에 사람들이 소홍두선생이라고 불렀다. 청대(淸代) 『역』한학(漢學)의 창도자 중 한 사람이다. 『역』과 관련된 저서에 『역한학(易漢學)』 7권, 『역례(易例)』 2권, 『주역본의변(周易本義辨)』 5권, 『주역술(周易述)』 21권이 있다.(『사고제요(四庫提要)』에는 23권이라고 하였다.) (여소강 주편, 같은 책, pp.654~655)

44 청나라 강소(江蘇) 무진(武進) 사람이다. 자는 고본(皐本)이다. 『역』에 대한 저작으로는 『주역우씨의(周易虞氏義)』·『주역정씨의(周易鄭氏義)』·『역도조변(易圖條辨)』 등이 있다. (여소강 주편, 같은 책, p.670)

45 원서에는 '陳壽能'으로 되어 있다. 이는 '陳壽熊'의 오류이다. 진수웅은 강소(江蘇) 오강(吳江) 사람이고, 자는 헌청(獻淸)이다. 『역』과 관련된 저서에 『주역집의(周易集義)』, 『독역계몽사기(讀易啓蒙私記)』, 『독역한학사기(讀易漢學私記)』 등이 있다. (여소강 주편, 같은 책, p.680)

보인다.

근현대에 이르러, 한『역』을 연구한 저작 가운데, 다이쥔런(戴君仁)의『담역(談易)』과 취완리(屈萬里, 1907~1979)의『선진한위역례술평(先秦漢魏易例述評)』두 책이 중요하다[46]. 왕티에(王鐵)의『한대학술사(漢代學術史)』에『역』과 술수의 관계가 매우 자세히 서술되어 있다. 기타 사상사 및 학술사 저작에도『역』을 전문적으로 논한 장(章)이 있다.

팔괘(八卦)는 건곤감리진간손태(乾坤坎離震艮巽兌)괘인데, 괘를 만든 사람이 누구인지는 실제로 상고할 수 없다.[47]『역경』「계사 상(繫辭上)」11장에 "하수(河水)에서 하도(河圖)가 나오고, 낙수(洛水)에서 낙서(洛書)가 나왔는데,[48] 성인이 이를 본받았다.[河出圖, 洛出書, 聖人則之.]"고 하였다. 중국의 복서술(卜筮術)은 비교적 이른 시기에 기원하였다. 팔괘는 일종의 복서(卜筮)하는 방식으로, 하수와 낙수는 중국 문화의 발원지(發源地)였다. 그러므로 하수와 낙수에서 유행했던 복서 방식인 팔괘는 당연히 중시를 받았다. 팔괘를 만든 사람에 관하여『역경』자체에는 설명이 없지만「계사 하(繫辭下)」에는 복희가 만들었다고 말하고 있다.

옛날에 포희씨(包犧氏)가 천하를 통치할 적에 위로는 하늘에서 상(象)을 관찰

----

46 《원주》 전자(前者)는 대만 개명서점판(開明書店版)에 보이고, 후자(後者)는 대만 학생서국(學生書局) 1969년판에 보인다.

47『역(易)』「계사 하(繫辭下)」2장에 "옛날에 복희씨[包犧氏]가 처음으로 팔괘를 만들었다.[古者包犧氏始作八卦]"는 기록이 보인다. 이로 보아 괘를 만든 사람이 누구인지 상고할 수 없다는 말은 신뢰할 수 없다. (『십삼경주소』『주역정의』, pp.350~351)

48 하도(河圖)는 용마(龍馬)가 하수(河水)에서 등에 지고 나왔다고 하는데, 태호 복희씨가 하수에서 용마가 지고 나온 상을 보고 하도를 그렸다고 한다. 낙서(洛書)는 낙수의 중간에 낙녕현(洛寧縣)이라는 곳이 있는데, 낙녕현 장수향(長水鄕)에서 거북이가 그림을 지고 나왔다고 한다. 그러나 사실 그림을 지고 나온 것이 아니라 거북이의 등의 모습이 낙서의 모습으로 되어 있었다고 보는 것이다. 우 임금이 거북이 등의 무늬를 보고 낙서를 그렸다. (윤창열 지음,『하도낙서와 삼역괘도』, 상생출판, 2010, p.31~39)

하고 아래로는 땅에서 법칙을 관찰하며 새와 짐승의 무늬를 살피고 땅의 마땅함을 살폈다. 가깝게는 자신에게서 취하고 멀게는 물건에서 취하여 이에 비로소 팔괘를 만들어 신명(神明)의 덕을 통하였으며 만물의 정(情)을 분류하였다.[古者 包犧氏[49]之王天下也, 仰則觀象於天, 俯則觀法於地, 觀鳥獸之文, 與地之宜, 近取諸身, 遠取諸物, 於是始作八卦, 以通神明之德, 以類萬物之情.]

상술한 포희(包犧)는 복희(伏羲)로 복희가 팔괘를 만들었다는 설[50]이 보편적이다. 사실 이러한 견해는 의심나는 점이 매우 많지만 여기에서는 「계사(繫辭)」를 지은 사람부터 논의한다. 일반적으로 「계사」는 공자가 지은 것으로 알려져 있으며 『사기』와 『한서』에서는 모두 이 설을 채용하였다.[51] 그러나 복희라는 이름은 「계사」를 제외하고 전국 시대 이후의 문헌인 『장자(莊子)』「대종사(大宗師)」,[52] 『순자(荀子)』「성상편(成相篇)」,[53] 『회남자(淮南子)』「남명(覽冥)」[54]

. . . .

49 원서에는 '包犧'로 되어 있어 '氏'자가 생략되어 있다. 여기에서는 '氏'자를 추가시켰다. (『십삼경주소』『주역정의』, p.350)

50 팔괘의 유래에 대한 세 가지 설이 있는데, 칙하도획괘설(則河圖劃卦說), 앙관부찰설(仰觀俯察說), 일생이법설(一生二法說)이 그것이다. 칙하도획괘설은 복희씨께서 하도를 보고 이를 본받아서 팔괘를 그렸다는 설이다. 앙관부찰설은 하늘을 우러르고 땅을 굽어보아 팔괘를 그렸다는 설이다. 마지막으로 일생이법설은 태극(太極)이 음양을 낳고, 음양이 사상(四象)을 낳고, 사상이 팔괘를 낳는 이러한 과정을 통해서 팔괘가 나왔다는 설이다. (윤창열 지음, 같은 책, pp.116~117)

51 ≪원주≫ 『사기』「공자세가」에 "공자께서 만년에 『역』을 좋아하시어 「단전(彖傳)」·「계사전(繫辭傳)」·「상전(象傳)」·「설괘전(說卦傳)」·「문언전(文言傳)」을 정리했다.[孔子晚而喜『易』, 序『彖』·『繫』·『象』·『說卦』·『文言』.]"고 하였고, 『한서』「예문지」에 "공자께서 「단전(彖傳)」·「계사전(繫辭傳)」·「상전(象傳)」·「설괘전(說卦傳)」·「문언전(文言傳)」 등 10편을 지었다.[孔子爲之『彖』·『繫』·『象』·『說卦』·『文言』.]"고 하였다.

52 『장자(莊子)』「대종사(大宗師)」에 "복희씨는 대도(大道)를 얻고, 이것을 가지고 원기[氣母]를 조화시켰다.[伏戲氏得之, 以襲氣母.]"라고 하여 복희라는 말이 보인다. 다만 복희씨의 이름이 '伏戲'로 되어 있다.([청] 곽경번, 『장자집해(莊子集解)』, 중화서국점교본, 1961, p.247)

53 『순자(荀子)』「성상편(成相篇)」에 "문무의 도가 복희와 같다.[文武之道同伏戲.]"고 하여 복희라는 말이 보인다. 『장자(莊子)』「대종사(大宗師)」와 마찬가지로 복희의 이름이 '伏戲'로 되어 있다.(왕선겸, 『순자집해(荀子集解)』, 중화서국점교본, 1988, p.460)

54 『회남자(淮南子)』「남명(覽冥)」에 "그러나 오히려 복희씨가 나라를 다스리던 도에는 미치지 못하였다.[然猶未及虙戲氏之道也.]"고 하여 복희라는 말이 보인다. 다만 복희씨의 이름이 '虙戲'로 되어 있다. (하녕(何寧), 『회남자집석(淮南子集釋)』, 중화서국점교본, 1998, p.479)

같은 데서 가장 일찍 보인다. 복희는 옛 성인으로서 한대에 아주 많이 나타나는데 이는 출토된 한대 화상석(畵像石)과 위서를 통해 살펴볼 수 있다. 그러므로 「계사」가 공자의 손에서 나왔다고 말하였지만 전적으로 신뢰할 수는 없다. 청대 최괄(崔適)의 『사기탐원(史記探源)』에서 『사기』 「공자세가」에 "「단전(彖傳)」·「계사전(繫辭傳)」·「상전(象傳)」·「설괘전(說卦傳)」·「문언전(文言傳)」을 정리했다.[序「彖」·「繫」·「象」·「說卦」·「文言」.]"는 여덟 글자를 유흠이 수정해 넣었다고 의심한 것도 물론 조금 지나친 점이 있다. 「계사」와 기타 여러 편은 이른바 "십익(十翼)"이라고 불린다. "십익(十翼)"의 내용을 살펴보면, 의리(義理)를 밝히는 데 뜻이 있는 것이다. 『역경』 본경(本經)에서 8괘(卦) 64효(爻)를 서술한 것과 비교해 보면 철리(哲理)를 밝히고 있다. 그러므로 팔괘가 복희에게서 나왔다는 설은 신뢰할 수는 없지만 공자로부터 시작하는 공유파(孔儒派)는 이미 『역경』과 밀접한 관계를 맺고 있었기 때문에 『역경』을 유학파가 전술(傳述)한 저작으로 보는 것은 나름대로 근거가 있다.

한나라 사람이 말하는 역경은 의리파(義理派)와 술수파로 나눌 수 있다. 한대의 금문 『역』학인 시수, 맹희, 양구하는 의리파이다. 이 학파는 공자로부터 시작하여 전승관계가 매우 명확하다. 후대의 왕보사(王輔嗣, 226~249)[55] 등 여러 사람은 대부분 이 설을 계승하였다. 한대의 금문학파인 경방파(京房派)와 고문학파인 비직(費直)·고상(高相)은 술수파이다. 그러나 진대(晉代)의 왕필[56]의 학문은 고문파에 근원하기는 하지만 의리를 말하고 수를 말하지 않았다. 송대(宋代)의 소옹(邵雍, 1011~1077)과 유목(劉牧, 1011~1064)[57] 등 여

· · · · · · · · · · · · ·

55 왕필(王弼)이다. 보사(輔嗣)는 그의 자이다. 의리파의 『역』학대가이다. 『역』에 대한 저서는 다섯 가지가 있으니, 『주역주(周易注)』·『주역약례(周易略例)』·『주역구미론(周易究微論)』·『역변(易辨)』·『주역대연론(周易大衍論)』이 그것이다. 왕필은 『역』을 해석할 때, 한 『역』상수학(象數學)을 강력하게 배척하고, 의리를 중시했다.(여소강 주편, 같은 책, p.476)
56 왕필은 진(晉)나라 사람이 아니라 삼국시대 위(魏)나라 사람이다.
57 북송(北宋) 구주(衢州) 서안(西安) 사람이다. 자는 선지(先之)이고, 호는 장민(長民)이다. 북송의 『역』학 상수파(象數派)를 대표하는 인물이다. 하도와 낙서의 학문에 정통하였다. (여소강 주편, 같은 책, p.516)

410

러 사람은 수를 탐구하고 의리를 버렸으나 정이(程頤, 1033~1107)의 학문만은 의리를 밝히고 수를 버렸다.

의리파는 "십익"의 내용을 통해 분석할 수 있다. 『역』은 원래 복서의 책이었는데 유학파의 수중(手中)에 들어와 훨씬 많은 인문정신을 찾아내어 이 책은 훨씬 많은 철리적 의미를 지니게 되었다. 예컨대 건괘(乾卦) 괘사(卦辭)에서 "원형이정(元亨利貞)"을 말하였으며 「단전」에서는 일련의 큰 의리를 밝혀내었다.

> 「단전」에 말하였다. "위대하도다! 건(乾)의 큼이여! 만물이 이에 힘입어 비롯하나니, 이에 하늘을 거느리도다! 구름이 흘러가고 비가 내려 만물이 형체를 갖춘다. 시작과 끝을 크게 밝히면 여섯 위(位)가 때로 이루어지니 때로 여섯 용을 타고서 하늘을 날아다닌다. 건도(乾道)가 변(變)하여 화(化)함에 각각 성명(性命)을 바르게 하니, 대화(大和)를 보전하고 합해서 이에 이롭고 정(貞)하다. 만물에서 처음으로 나오니 만국이 모두 편안하다."[象曰 : 大哉乾元! 萬物資始, 乃統天. 雲行雨施, 品物流形, 大明終始, 六位時成, 時乘六龍, 以御天. 乾道變化, 各正性命. 保合大和, 乃利貞. 首出庶物, 萬國咸寧.][58]

이 단락은 점치는 괘사를 가지고 본체론의 근거로 삼아 만물이 비로소 생겨나 각각 삶을 편안히 하고 건도가 변화하며 만물·사회·국가가 진화해 나가는 것으로 해석하였다. 인문질서는 사회질서에 부합한다. 유가사상은 본래 자연에는 취약하고 인문에는 뛰어나다. 여기에서는 『역』괘의 변화 작용을 가지고 그 내용을 보충하였는데 이것이 오히려 타당하다. 단(象)은 괘를 판단하는 말이다.[59] 괘상(卦象)을 해석한 「상전(象傳)」은 그 의미들이 더욱 오락가락하여 견강부회한 것이 많았다. 우선 건괘의 「상전」은 "하늘의 운행이

---

58 《원주》『십삼경주소』『주역정의』
59 《원주》 유환(劉瓛) 『역주(易注)』에 "단(象)은 판단한다는 뜻이다.[象, 斷也.]"라고 하였다.

군건하니 군자가 이를 보고서 스스로 힘쓰고 쉬지 않는다.[天行健, 君子以自强不息.]" 는 말을 살펴보면 "하늘의 운행이 굳건하니[天行健]"는 건괘가 보여주는 상이고, "군자가 이를 보고서 스스로 힘쓰고 쉬지 않는다.[君子以自强不息.]"는 인간사를 상상하여 추론한 것이다. 예컨대 몽(蒙)괘의 상괘는 간괘(艮卦)이고 하괘는 감괘(坎卦)이므로 산 아래에 샘물이 솟아나오는 상(象)이다. (몽괘의) 「상전」은 몽학(蒙學) 교육의 중요성을 연상하는 데까지 이르렀다. 그러므로 "군자가 몽괘의 상을 보고서 과감히 행하며 덕을 기른다.[君子以果行育德.]"라 고 하였다. "상(象)"에는 대상(大象)과 소상(小象)[60]의 구분이 있으니 소상은 구체적인 효사(爻辭)에서 보여주는 상으로 인간사를 추론한다.

"십익" 중에 또 「문언전(文言傳)」이 있는데,[61] 괘효를 가지고 인간사를 토론한 내용이 더욱 많다. 여기에서는 건괘 「문언전」을 예로 들겠다.

「문언전」에 말하였다. "원(元)은 선(善)의 으뜸이고 형(亨)은 아름다움이 모인 것이고 이(利)는 의에 화합하는 것이고 정(貞)은 일의 근간이다. 군자가 인을 체행(體行)함이 남의 우두머리가 될 만하며 모임을 아름답게 함이 예에 합할 만하며 물건을 이롭게 함이 의리에 화합할 만하며 바르고 견고함이 일의 근간이 될 만하니 군자가 이 네 가지 덕을 행하므로 '건은 원형이정'이라고 한 것이 다."[「文言」曰 : "元者善之長也, 亨者嘉之會也, 利者義之和也, 貞者事之幹也. 君子體仁足以長人, 嘉會足以合禮, 利物足以和義, 貞固足以幹事. 君子行此四德者, 故曰 : '乾, 元·亨·利·貞.'"][62]

- - - - - - - - - - - -

60 대상(大象)과 소상(小象)은 모두 『상전(象傳)』에 속한다. 『상전』은 십익 중 하나이며, 전체 의 괘상을 풀이한 대상전(大象傳)과 각 괘의 효를 풀이한 소상전(小象傳)으로 나뉜다. 대상 전을 괘상전(卦象傳), 소상전을 효상전(爻象傳)이라고 부르기도 한다. (대산 김석진 저, 『대 산 주역강의 1』, p.173)
61 《원주》 『역경』 「계사 하」 6장에 공자께서 건, 곤괘 두 괘를 『역』의 문호(門戶)로 삼았으 므로 「문언전」을 지어 경문(經文)을 해석하였다고 하였다.
62 《원주》 『십삼경주소』 『주역정의』

괘사를 가지고 군자가 갖추어야 할 품성을 추론한 것으로 이 법은 아주 현명하다. 그렇기 때문에 유학의 창조력을 과소평가할 수 없다. 이러한 사례는 『역』학 의리파에 매우 많다. 의리파는 괘사와 괘를 인간사에 적용시키는 것을 중시하는데 괘가 형상하는 기운인 「상전」으로 인간사를 설명한다. 이는 대부분 나라를 편안하게 다스리고 덕을 기르고 행실을 닦는 큰 이치로 괘의 변화를 가지고 구체적인 예측을 중요시하지 않는다. 한대의 맹희는 음양재이술(陰陽災異術)을 가지고 역을 설명하여 많은 사람들의 배척을 받았다.

한대의 『역』학 술수파는 맹희로부터 시작한다. 『한서』「유림전」에 의하면 맹희의 부친인 맹경(孟卿)은 원래 『예』와 『춘추』를 전수한 사람이었다. 맹경은 『예』의 종류가 매우 많고 『춘추』가 매우 번잡하다고 여겨 맹희를 전왕손에게 보내 『역』을 배우게 하였다. 맹희는 학문이 깊이가 없었지만 『역』학의 점복(占卜)과 음양재이(陰陽災異)에 관련된 책을 받고는 "스승이신 전생(田生)께서 내 무릎을 베고 돌아가셨는데 오직 자신만 전수받았다고 거짓말[詐言師田生且死時枕喜膝, 獨傳喜]"을 하였는데, 이 일은 동문인 양구하에 의해 다음과 같이 폭로되었다. "전생은 시수의 손에 죽었고 당시에 맹희는 동해(東海)로 돌아갔는데 어떻게 이런 일이 있었겠는가?[田生絕於施讐手中, 時喜歸東海, 安得此事?]" 동시에 또 다른 일이 있었다. 당시에 조빈(趙賓)이라고 하는 사천(四川) 사람이 있었는데 술수서(術數書)를 좋아하였다. 그는 술수로 『역』의 글을 윤색하였는데 그 이론이 정교하고 지혜로웠다. 여러 『역』학파는 그를 비난하지 못하고 "옛 법이 아니다.[非古法也.]"라고 말할 뿐이었다. 조빈은 그의 학설이 맹희에게서 나왔다고 하였는데 맹희도 스스로 인정하였다. 나중에 조빈이 죽자 맹희는 다시 조빈의 학설이 자기에게서 나왔다는 것을 인정하지 않았다. 따라서 많은 사람들이 맹희를 믿지 않았다. 「유림전」에서 언급한 이 두 가지 일을 통해 볼 때 맹희의 학문이 이미 의리파의 경향에서 멀어지기 시작하였고, 음양재이와 술수로 입장으로 바꾸었음을 알 수 있다. 『역』은 원래 복서(卜筮)와 관련된 책이므로 술수로 경을 해석하는 것이 매우 용이하였다.

초연수와 경방의 학문은 비록 "홀로 은사(隱士)의 설을 얻었[獨得隱士之說]"
지만 또한 "맹희에게서『역』을 배웠으므로 한나라 사람들이『역』을 말할
적에 술수의 경향이 있는 것은 맹희에게서 비롯되었다.[從孟喜問『易』, 故漢人說
『易』, 取向數術, 乃從孟喜始]"[63]라고 가탁하였다.

술수로『역』을 설명한 맹희의 공헌은 괘기설(卦氣說)[64]을 제기한 것에 있다.
당나라 승려 일행(一行, 673~727)[65]은 다음과 같이 말하였다. "12월괘는 맹희
의『맹씨장구(孟氏章句)』에서 나왔다. 그의『역』설은 기(氣)에 근본한 것이
지만 후대 사람들은 인간사를 가지고『역』을 밝혔다.[十二月卦[66]出於『孟氏章句』,
其說『易』本於氣, 而後人[67]以人事明之.]"[68] 청나라 혜동(惠棟, 1697~1758)은 더욱
상세하고 확실하게 고증하였다.

　　맹씨의 괘기도(卦氣圖)는 감·리·진·태괘를 사정괘(四正卦)로 하고 나머지

· · · · · · · · · · · · · ·

63 ≪원주≫『한서』권88「유림전」
64 괘기설(卦氣說)은 음양설로『주역』을 해석하고,『주역』의 괘상으로 1년 절기의 변화를 해
　 설하였으며(즉 64괘를 사시(四時), 12월, 24절기, 72후에 배합하였는데, 이것이 바로 괘기(卦
　 氣)다), 아울러 인간사의 길흉을 추단(推斷)한 학설이다. (요명춘·강학위·양위현 지음, 심
　 경호 옮김,『주역철학사』, pp.176~177)
65 당대(唐代)의 고승(高僧)이다. 속성(俗姓)은 장(張)이고, 승려로 출가하기 전의 이름은 수(遂)
　 다.『주역』을 정밀하게 연구하였다. 저서에『역전(易傳)』·『대연론(大衍論)』·『대연현도(大
　 衍玄圖)』등이 있었으나, 모두 일실되었다. 일행『역』학의 특징은『역』의 술수로 달력을 미
　 루어 합치시킨 것이다. (여소강 주편, 같은 책, p.501)
66 십이월괘(十二月卦)는 십이벽괘(十二辟卦), 십이소식괘(十二消息卦)라고도 한다. 십이월괘
　 의 순서는 다음과 같다. 복괘(復卦 11월), 임괘(臨卦 12월), 태괘(泰卦 1월), 대장괘(大壯卦 2
　 월), 쾌괘(夬卦 3월), 건괘(乾卦 4월), 구괘(姤卦 5월), 돈괘(遯卦 6월), 비괘(否卦 7월), 관괘(觀
　 卦 8월), 박괘(剝卦 9월), 곤괘(坤卦 10월)이다. 앞의 여섯 괘는 양의 생장과 음의 소멸을 상징
　 하므로 식괘(息卦)라 하고, 뒤의 여섯 괘는 음이 번식하고 양이 소멸하는 것을 상징하므로
　 소괘(消卦)라 하며, 12괘를 십이소식괘라고 부른다. 십이벽괘는 사정괘(四正卦)인 감(坎)·진
　 (震)·리(離)·태(兌)괘를 제외한 60괘를 벽(辟)·공(公)·후(侯)·경(卿)·대부(大夫)를 다섯
　 그룹으로 나누어 각 그룹마다 열두 괘를 배합한 것이다. (여소강 주편, 같은 책, p.395)
67 원서에는 '人'자가 빠져 있다. 여기에서는 '人'자를 추가시켰다. (랴오밍춘·캉쉐웨이·량
　 웨이셴,『주역연구사(周易研究史)』, 호남출판사(湖南出版社), 1991, p.82)
68 ≪원주≫『대연역의(大衍曆議)』「괘의(卦議)」

60괘를 괘마다 6일 7분(六日七分)씩 주관케 하여 태양이 1년에 지구를 한 바퀴 도는 도수(度數)[周天之數[69]]에 합치시켰다. 내벽괘(內辟卦) 열두 괘를 소식괘(消息卦)라고 한다. 건영(乾盈)을 식(息)이라 하고 곤허(坤虛)를 쇼(消)라 하니 사실은 건곤 12획이다. 「계사전」에 "건의 책수(策數)는 216이고, 곤의 책수는 144다. 모두 360이니, 1년의 일수(日數)에 해당한다."고 하였다. 건곤 두 괘의 책수가 1년의 일수(360일)에 해당하니 그렇다면 두 괘의 효는 태양이 지구를 1년에 한 바퀴 도는 작용이 됨을 알 수 있다. 사정괘 4괘가 4시를 주관하고 24효가 24절기(節氣)를 주관하며, 12괘는 12진(辰)을, 72효는 72후(候)[70]를 주관하고, 60괘가 각각 6일 7분씩을 주관하고 360효가 365¼일을 주관한다. 벽괘는 군주가 되고 나머지 괘는 신하가 되며 4정괘는 방백(方伯)이 된다. 하지와 동지[二至], 춘분과 추분[二分], 추위와 더위[寒溫], 비와 바람[風雨]은 모두 대응하는 괘로 절기를 삼는다.[71][孟氏卦氣圖, 以坎離震兌爲四正卦, 餘六十卦, 卦主六日七分, 合周天之數, 內辟卦十二, 謂之消息卦. 乾盈爲息, 坤虛爲消, 其實乾坤十二畫也. 『繫辭』云: '乾之策二百一十有六, 坤之策一百四十有四, 凡三百有六十[72], 當期之日.' 夫以二卦之策, 當一期之數, 則知二卦之爻, 周一歲之用矣. 四卦[73]主四時, 爻主二十四氣, 十二卦主十二辰, 爻主七十二候, 六十卦主六日七分, 爻主三百六十五日四分日[74]之一, 辟卦爲君, 雜卦爲臣, 四正爲方伯, 二至二分寒溫風雨, 總以應卦爲節.][75]

• • • • • • • • • •

69 周天之數는 365¼일(365일 6시간)이다. (대산 김석진 저, 『대산 주역강의 3』, p.106)

70 24절기를 초(初), 차(次), 말(末)의 3후(候)씩 나누면 모두 72후가 된다. (랴오밍춘·캉쉐웨이·량웨이셴 지음, 심경호 옮김, 『주역철학사』 예문서원, 1994, p.178)

71 이 부분의 번역은 랴오밍춘·캉쉐웨이·량웨이셴 지음, 심경호 옮김『주역철학사』의 번역을 참고하였다. 다만 심경호는 '節'을 '절도'라고 번역하였는데, 이는 '절기'의 오류로 여겨, 나는 '절기'로 번역하였다.(랴오밍춘·캉쉐웨이·량웨이셴 지음, 심경호 옮김, 『주역철학사』, 같은 책, p.681)

72 원서에는 '十'자가 생략되어 있다. 여기에서는 '十'자를 추가시켜 번역하였다. 혜동(惠棟) 撰, 왕운오(王雲五) 主編, 『역한학(易漢學)』, 상무인서관(商務印書館), 1937, p.1)

73 원서에는 '四卦震離兌坎'으로 되어 있으나, 혜동 찬·왕운오 주편, 『역한학』에 의거하여 '四卦'로 수정하였다.(혜동 찬·왕운오 주편, 『역한학』, p.1)

74 원서에는 '日'자가 생략되어 있다. 혜동 찬·왕운오 주편, 『역한학』에 의거하여 '日'자를 추가시켰다.(혜동 찬·왕운오 주편, 『역한학』, p.1)

75 ≪원주≫ 혜동, 『역한학』

맹희가 개창한 괘기설은 초연수와 경방에게 계승되어 점의 결과를 증명하는 데 사용되었다. 『한서』「경방전」에 초연수에 대해서 "그의 설은 재변(災變)에 뛰어났는데 64괘를 나누어 매일 해야 할 일을 배치하고 바람·비·추움·따뜻함을 후(候)로 삼아 각 점의 결과를 증명하였다.[其說長於災變, 分六十四[76]卦, 更直日用事, 以風雨寒溫爲候, 各有占驗.]"고 하였다. 괘기로 길흉을 점치는 것은 후한시대까지 계속 사용되었다. 『후한서』「황경전(黃瓊傳)」에 보이는 순제(順帝 126~144)에게 올린 소에 "근래에 괘의 위치가 바르지 않고 추위와 더위가 제때에 찾아오지 않아 음기(陰氣)가 자욱합니다.[間者以來, 卦位錯謬, 寒燠相干, 蒙氣數興.]"라고 하였다. 이는 『역』학이 괘기설을 가지고 점을 친 구체적인 예증이다.

경방파의 경설에 대한 공헌은 납갑(納甲), 납지(納支)[77] 체계를 창조한 것에 있다. 납갑은 여덟 개의 순괘(純卦)를 십천간(十天干)에 배합하는 것인데 갑(甲)이 십간(十干)의 첫머리이므로 납갑이라고 부른다. 납갑의 구체적인 내용은 혜동(惠棟)의 『역한학(易漢學)』중 "팔괘납갑지도(八卦納甲之圖)"를 참고할 수 있다. 납지는 팔괘의 각 효를 십이지지(十二地支)에 배분한 것으로, 정현이 『역』의 "효진(爻辰)[78]"에 주를 낸 것과 같으니 정현의 이 법이 경방파로부터 왔음

....

76 '六十四'는 원서에 '四十四'로 되어 있다. 여기에서는 중화서국점교본에 의거하여 '六十四'로 수정하였다.(『한서』, 중화서국점교본, p.3160)
77 납갑(納甲)은 팔괘를 각각 10간(干)에 배합하고, 팔괘의 각 효를 12지(支)에 배합하는 것이다. 갑이 10간의 첫머리이므로 납갑이라고 하고, 12지에 배합시키므로 납지(納支)라고 하는데, 통칭하여 납갑이라고 한다. 『경씨역전(京氏易傳)』에 "천지건곤의 상을 나누어 갑을임계(甲乙壬癸)로 더한다. 진손(震巽)의 상은 경신(庚申)에 배합하고, 감리(坎離)의 상은 무기(戊己)에 배합하며, 간태(艮兌)의 상은 병정(丙丁)에 배합한다."고 하였다. 건곤 두 괘가 모두 내괘와 외괘로 나뉘므로, 건괘의 내괘는 납갑(納甲)하고 외괘는 납임(納壬)하며, 곤괘의 내괘는 납을(納乙)하고 외괘는 납계(納癸)한다. 여기서 '納'은 배합한다는 뜻이다. 진손감리간태(震巽坎離艮兌)는 경신무기병정(庚申戊己丙丁)에 각각 납입한다.(랴오밍춘 외 지음, 심경호 옮김, 『주역철학사』, pp.193~194)
78 효진은 64괘의 여섯 개의 양효(陽爻)와 여섯 개의 음효(陰爻)를 자축인묘진사오미신유술해(子丑寅卯辰巳午未申酉戌亥)의 12진(辰)에 배합하는 것인데, 심지어는 12진과 관련이 있는 황도십이차(黃道十二次), 십이율려(十二律呂), 십이생초(十二生肖) 등을 배합할 수 있다. (여

을 알 수 있다. 청나라 장혜언(張惠言)은 "효진도(爻辰圖)"를 말하였다.[79] "경방의 납갑과 납지는 사실상 오행학설을 『역』학에 체계적으로 도입하여 『역』학을 시대적 조류(潮流)에 적응하게 하였[京房的納甲·納支, 實質上就是將五行學說系統地引入『易』學, 使『易』學能適應數術學越來越複雜的時代潮流.]"[80]으며 동시에 술수를 경학에 포함시키고 경학의 발전에서 적당한 위치를 갖게 하여 술수학이 문화적 전제(專制) 요구에 적응하도록 도움을 주었다. 경방파가 술수의 발전에 끼친 영향은 지대하였으며 복서법은 대부분 이 체계를 기초로 여러 유파(流派)를 파생시켰다.

후한 『역』학의 비교적 대표적인 사람으로 마융, 정현, 순상(荀爽, 128~190)이 있다. 마융의 『역전(易傳)』은 『옥합산방집일서(玉函山房輯佚書)』에 집일본이 있는데, 내용은 『경전석문』[81]과 당나라 이정조(李鼎祚)의 『주역집해(周易集解)』에서 발췌한 것이 많아 체계적이지 못하다. 마융의 『역』주석은 대부분 오행의 원리를 사용하고 상수와 괘기 등의 방법도 사용하였다. 정현은 효진(爻辰)으로 경을 해석한 것 이외에, 호체법(互體法)[82]을 사용하였다. 호체는 술수에

· · · · · · · · · · · · ·

소강 주편, 같은 책, pp.364~365)

十二辰	子	丑	寅	卯	辰	巳	午	未	申	酉	戌	亥
十二生肖	鼠	牛	虎	兎	龍	蛇	馬	羊	猴	鷄	狗	猪
卦爻	初九	六四	九二	六五	九三	上六	九四	初六	九五	六二	上九	六三
十二月	11	12	1	2	3	4	5	6	7	8	9	10
十二次		虛危	尾箕	房心				鬼	參伐	昴畢	奎	營室
十二律呂	黃鐘	大呂	太簇	夾鐘	姑洗	中呂	蕤賓	林鐘	夷則	南呂	無射	應鐘

79 ≪원주≫ 장혜언, 『주역정씨의(周易鄭氏義)』
80 ≪원주≫ 왕티에, 『한대학술사(漢代學術史)』제5장 제4절.
81 『경전석문(經典釋文)』은 훈고서로, 30권이다. "석문(釋文)", "음의(音義)"라고도 부른다. 당나라 육덕명(陸德明 약 550~630)이 지었다. 해석한 경전(經典)은 십이경(十二經, 십삼경 중 『맹자』제외)에 『노자(老子)』와 『장자(莊子)』를 더하여 14종이다. (조국장(趙國璋) 주편, 『문헌학대사전(文獻學大辭典)』, 광릉서사(廣陵書社), 2005, p.710)
82 호체(互體)는 호상(互象) 혹은 호체지상(互體之象)이라고도 한다. 호체는 한 괘에서 여섯 효의 이효·삼효·사효로 이루어지는 새로운 괘(내괘)와 삼효·사효·오효(외괘)로 이루어지는 새로운 괘를 말한다. 이처럼 상하 두 괘가 뒤섞여 이루어지는 새로운 괘상을 호체라고 부른다. (라오밍춘 외 지음, 심경호 옮김, 『주역철학사』, pp.224~225)

서 쓰는 용어인데 한 괘의 이효에서 사효까지 혹은 삼효에서 오효까지를 합하여 서로 한 괘를 이루는 것을 말하기도 하며, 혹은 정현이 상하괘의 상을 나누어 삼은 것이라고도 한다. 호체에 관하여 송나라 왕응린(王應麟, 1223~1296)은 『곤학기문(困學紀聞)』에서 이 법이 경방에서 기원한다고 하면서, "경방은 이효에서 사효까지는 호체이고, 삼효에서 오효까지는 약상(約象)이라고 하였는데, 지금은 둘 다를 가리켜 호체[83]라고 한다.[京氏謂自二至四爲互體, 三至五爲約象, 今皆指爲互體.]"고 하였다. 그러나 청나라 사람인 고염무(顧炎武, 1613~1682)는 『일지록(日知錄)』에서 호체설이 이미 『좌전』 장공(莊公) 22년 조(條)에 보인다고 하였다.[84]

순상의 『역』주석은 학술적 연원이 또한 경방으로부터 시작되는데 역경

· · · · · · · · · · · ·

83 왕응린(王應麟)의 『곤학기문(困學紀聞)』 권1 「역(易)」에 보인다. 원문은 다음과 같다. "경씨 (京氏)가 이르길, '2에서 4는 호체(互體)가 되고, 3에서 5는 약상(約象)이 된다.', 『의례소(儀禮 疏)』에 이르길, '2에서 4, 3에서 5의 두 체가 서로 교차하면서, 각기 한 괘를 이룬다. 선유(先 儒)들은 이를 호체라 하였다.'[京氏謂 '二至四爲互體, 三至五爲約象', 『儀禮疏』云 : '二至四、 三至五, 兩體交互, 各成一卦, 先儒謂之互體.']" (왕응린(王應麟) 찬 · 소천석(蕭天石) 주편, 『중 국자학명저집성 곤학기문(中國子學名著集成 困學紀聞)(上) 36』, 중국자학명저집성편인기금 회(中國子學名著集成編印基金會), 1978, p.65)

84 고염무는 『일지록』 권1 「호괘(互卦)」에 "호체(互體)의 설은 이미 『좌전(左傳)』 『장공(莊公) 22년』 조(條)에 '진후(陳侯 陳厲公)가 시초점을 치게 하였는데, 관괘(觀卦)가 비괘(否卦)로 변 하는 괘를 만났다. (태사가) 「바람이 흙 위에서 하늘이 되었으니, 산입니다.」라고 풀이하였 다. 이 글(태사가 말한 부분)의 주(注)에 '이효에서 사효까지 간괘(艮卦)의 상이 있으니, 간은 산이 된다.'[其說已見於 『左傳』 「莊公二十二年」 : '陳侯筮, 遇 『觀』之 『否』, 曰 : 「風爲天於土 上, 山也.」注 : 「自二至四有艮象, 艮爲山是也.」]"고 한 부분에 보인다고 하였다. 관괘가 비괘 로 변했다는 것은 관괘의 육사효(六四爻)가 변하여 비괘가 된 것이다. 바람이 흙 위에서 하 늘이 되었다는 것은 관괘의 외괘인 손괘(巽卦)가 변하여 비괘의 외괘에서 건괘로 변하였기 때문에 바람이 하늘이 되었다고 한 것이다. 태사가 말한 부분의 주에 "이효에서 사효까지 간 괘의 상이 있으니, 간은 산이 된다."고 한 것은 지괘인 비괘를 두고 한 말이다. 『좌전(左傳)』 「장공 22년」 조(條)에 "산에는 재목(材木)이 있는데, 천광(天光)이 이를 비추고 토지 위에 있 다.[有山之材而照之以天光, 於是乎居土上.]"고 하였는데, 이 부분의 부주(附注)에 "간은 산 이고, 손은 바람이 되기 때문에 '有山之材'라고 말하였으니, 이는 호체로 말한 것이다.[艮爲 山, 巽爲風, 故曰 : 有山之材, 此以互體言之.]"라고 하였다. 고염무는 이 부분을 보고 호체의 설이 『좌전』에 보인다고 말한 것 같다. (정태현 역주, 『역주 춘추좌씨전 1』, 전통문화연구회, 2001, pp.428~430) (고염무 저, 황뉘청(黃汝成) 집석, 란바오췬(欒保群) · 뤼종리(呂宗力) 교점, 『일지록집석 상(日知錄集釋 上)』, 상해고적출판사(上海古籍出版社), 2006, p.12)

해설의 주요 공헌은 승강(升降)설[85]을 제기한 것이다. 승강이란 양은 올라가고 음은 내려가는 것을 가리킨다. "순자명(荀慈明, 자명은 순상의 자)은 『역』을 논하면서 2위에 있는 양이 곤오(坤五)로 상승하여 군주가 되고 5위에 있는 음이 건이(乾二)로 내려가 신하가 된다고 하였다.[荀慈明論『易』, 陽在二者當上升坤五爲君, 陰在五者當降居乾二爲臣.]"[86]

양한의 『역』설은 의리파와 술수파가 대체로 비슷하다. 사실상 한대에 의리파 중에 술수를 말하지 않은 자가 없었고 술수를 말하는 자 중에 의리를 전혀 말하지 않은 자가 없기 때문에 두 학파는 다른 점과 같은 점이 공존한다. 양구하(梁丘賀)는 "점을 치는 데 영험(靈驗)한 재주가 있었는데, 왕의 총애를 입어 버슬이 태중대부(太中大夫)・급사중(給事中)이 되었고, 관직이 소부(少府)에 이르렀다.[以有筮應, 由是近幸, 爲太中大夫, 給事中, 至少府.]"[87] 성제(成帝) 때, 장우(張禹, ?~B.C.5)는 차례대로 양구하, 시수를 스승으로 모셨는데 나이가 들어 치사(致仕)를 했을 적에도 재변이 있거나 황제의 몸에 탈이 있을 때에는 점을 쳤다.[88] 『역』은 본래 술수에 관한 책으로 점치는 데 사용되었기 때문에 이는 당연하다. 『역』경은 원래 공자의 후대 유자들이 역경을 해석하여 형성된 의리파의 도움을 받았다. 한대에 이르러 경사들은 다시 술수로 경을 해석하여 역의 이치를 더욱 상세히 밝혔는데 애초의 순수한 상태로 돌아갔다고 할 만하다.

· · · · · · · · · · · ·

85 승강(升降)설은 양승음강설이라고도 한다. 승강설은 음양 2기의 오르내림을 가지고 『주역』의 괘효사와 『역대전』을 해석하는 설이다. 구체적으로 말하면 이러하다. 음양을 상징하는 건곤 2괘는 천지가 만물을 생성하는 근원을 대표하는 것으로 기본괘이다. 이 2괘의 효위가 서로 뒤바뀌어 건괘의 구이가 곤괘 구오의 효위에 올라가면 감괘(坎卦)가 되고, 곤괘 구이가 건괘 구이의 효위로 내려오면 리괘(離卦)가 된다. 이렇게 하여 감리 2괘가 상경(上經)의 마지막이 된다. 감리 2괘가 서로 배합하여 다시 기제(旣濟)와 미제(未濟) 두 괘가 되니, 이것이 하경(下經)의 마지막이다. (요명춘・강학위・양위현 지음, 심경호 옮김, 같은 책, pp.218~219)
86 ≪원주≫ 혜동, 『역한학』
87 ≪원주≫ 『한서』 권88 「유림전」
88 ≪원주≫ 『한서』 권81 「장우전(張禹傳)」

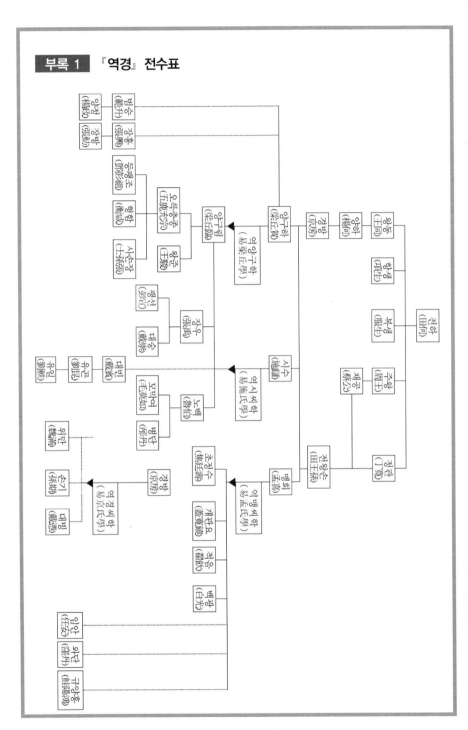

420

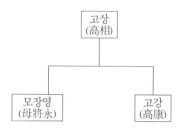

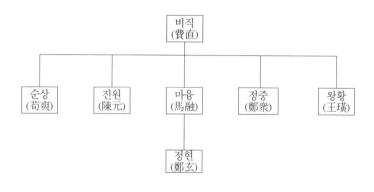

제6절 『춘추(春秋)』학

『춘추』는 원래 편년체로 구성된 역사서로 노(魯)나라 은공(隱公) 원년(B.C.722)에서 애공(哀公, ?~B.C.468)[1] 14년(B.C.481)[2]까지 모두 12공(公) 242년을 기록한 역사서이다.[3] 전하는 내용에 따르면『춘추』는 공자의 산정을 거쳐서 유학에서『육경』의 핵심이 되어『춘추경(春秋經)』이라 불리게 되었다. 전한 때에는『춘추』에 대한 연구가 대단히 성행했기 때문에 "오래 전부터 공양고(公羊高)[4]·곡양적(谷梁赤)·추덕부(鄒德溥)·협씨(夾氏)가 만든 전(傳)이 있었다. 네 학자들 중에서 공양고와 곡량적의 전만이 학관에 세워졌고 추덕부는 특정한 스승이 없었고 협씨도 (제목만 있고) 책은 없다.[故有公羊·穀梁·鄒·夾

---

1 애공(哀公)은 춘추시대 노(魯)나라의 제후(재위 B.C.494~B.C.468)이다. 국내적으로 세력이 강한 삼환(三桓)을 제거하려다 왕위에서 쫓겨났다. 성은 희(姬)이고 이름은 장(蔣)으로 정공(定公)의 아들이다. 재위 중 공자가 위(衛)나라에서 노나라로 돌아왔으나, 정치를 단념한 그를 등용할 수 없었다. 국내적으로는 삼환이라고 하는 공족삼가(公族三家)의 세력이 강하였고, 대외적으로는 오(吳)·제(齊)나라의 공격으로 국력을 펴지 못하였다. 조(越)나라의 도움으로 삼환씨를 제거하려다 오히려 왕위에서 쫓겨나 유산씨(有山氏)에서 죽었다.

2 원서에는 '애공 12년'으로 되어있으나 이는 잘못된 연표임으로 '애공 14년'으로 정정하였다.

3 12공 242년 동안의 일들이 1800여 조(條) 1만 6500자로 기록되어 있다.

4 공양고(公羊高)는 전국시대 제(齊)나라의 학자로, 그가 서술한『공양전(公羊傳)』은 4대까지 이어져 내려와 현손(玄孫)인 공양수(公羊壽)와 그의 제자 호무생(胡毋生) 등이 완성했다.『좌씨전』·『곡량전』과 함께 춘추삼전(春秋三傳)이라 불린다.『공양전(公羊傳)』은 학문으로 이어져 공양학으로 번창했다. 공양고는 자하(子夏)의 제자로,『외전(外傳)』50편을 저술하였다. 청(淸)나라 때 장재흥(莊存與)은『공양전』을 학문으로 일으켜 공양학이 청나라 말까지 크게 번창하였다.

之傳. 四家之中, 公羊・穀梁立於學官, 鄒氏無師, 夾氏未有書.]"[5]고 전해지고 있다. 유가가 한 차례 존중될 수 있었던 것도 사실 공양파의 노력에 의한 성과였다. 전한 말엽에 이르러 교중비서(校中秘書) 유흠이 『춘추좌씨전』을 발견한 후에야 『춘추좌씨전』이 세상에 출현하게 되었고 그 뒤 후한에서는 고문파의 중요한 저작으로 취급받게 되었다.

『춘추』라는 명칭에 대해서는 기존에도 다양한 학설이 있다. 가규(賈逵)는 다음과 같이 말하였다. "춘추(春秋)라는 것은 음양(陰陽)에서 봄은 양중(陽中 : 봄의 다른 이름)이 되니 이로써 만물이 자라나고 가을은 음중(陰中 : 가을의 다른 이름)이 되니 이로써 만물이 완성되는 법을 취해 임금의 행동이 중도를 잃지 않게 한 것이다.[春秋取法陰陽之中, 春爲陽中, 萬物以生; 秋爲陰中, 萬物以成, 欲使人君動作不失中也.]" 유희(劉熙)[6]는 『석명(釋名)』 「석전예(釋典藝)」에서 다음과 같이 말했다. "춘추란 봄・여름・가을・겨울의 순환이 끝나 일 년이 되는 것을 말하므로 『춘추』는 결국 인간사를 기록한 것인데 한 해가 끝나서 마침내 (모든 것들이) 갖춰진다. 봄날의 따사롭고 가을날 쌀쌀한 의미로써 정치의 조화를 본떴다. 따라서 이것으로 제목을 삼은 것이다.[春秋者, 春秋冬夏, 終而成歲, 『春秋』書人事, 卒歲而究備. 春秋溫[7]涼中象政和也,[8] 故擧以爲名也.]" 정초(鄭樵, 1104~1162)[9]는 다음과 같이 말하였다. "『춘추』의 이름에 대해 어떤 사람은 봄과 여름에는 포상을 내리고 가을과 겨울에는 형벌을 내리는 의미를 취한 것이라 생각했다.

. . . .

5 《원주》 『漢書』 권30 「藝文志」에 보인다.
6 유희는 후한 말엽 사람이다. 생몰연대에 대해서는 상세히 알 수 없다.
7 원서의 '漫'자는 『석명』 「석전예」에 근거하여 '溫'자로 고쳤다. (유희, 『석명』, 중화서국, 1985, 『총서집성초편(叢書集成初編)』 p.100)
8 원서의 '象政和也'는 『석명』 「석전예」에 근거하여 '中象政和也'로 고쳤다.(유희, 『석명』, p.100)
9 정초는 자가 어중(漁仲)이고, 남송(南宋) 홍화군(興化軍) 보전(莆田, 지금의 복건성 보전) 사람인데, 세칭(世稱) 협제선생(夾漈先生)이라 한다. 저서로는 『통지(通志)』, 『이아주(爾雅注)』, 『시변망(詩辨妄)』, 『육경오론(六經奧論)』, 『계성악보(系聲樂譜)』 24권과 『협제유고(夾漈遺稿)』 등이 있다

또 어떤 사람은 한 번은 포상하고 한 번은 벌주는 것이 마치 봄과 가을의 성격과 같다고 하였다. 어떤 사람은 봄날에 기린이 잡히고 가을날 책이 저술된 것이라고 생각했다.[惑謂『春秋』之名, 取賞以春夏, 刑以秋冬; 惑謂一褒一貶若春秋; 惑謂春獲麟, 秋著書.]"[10] 이상의 여러 가지 이론들은 모두 글자만을 보고 대강 그 뜻을 짐작한 혐의를 면치 못했고 또한 음양이론(陰陽理論)에 따라 『춘추』의 명칭을 풀이한다 해도 실제의 내용과 부합되지 않는다. 『춘추』의 이름은 마땅히 두예(杜預, 222~284)[11]의 『춘추서(春秋序)』가 가장 정확하다. 내용은 다음과 같다.

『춘추』는 노나라 사관이 기록한 책명(冊名)이다. 사건을 기록한 사람은 일에 따라 날짜을 연결해 놓았고 날짜에 따라 달을 연결해 놓았으며 시대에 따라 해를 연결해 놓았는데 이는 멀거나 가까운 시대를 기록하고 같거나 차이가 난 것들을 구별하기 때문이다. 그러므로 사관들이 기록할 적에는 반드시 연도를 표기해 먼저 사건 앞에 두었다. 한 해에는 네 계절이 있다. 그러므로 (춘(春)자와

．．．．．．．．．．．．

10 ≪원주≫ 이상의 여러 설들은 당나라 서언(徐彦)의 『공양전소(公羊傳疏)』와 송나라 왕응린(王應麟)의 『옥해(玉海)』에서 인용한 정초의 말에 보인다.
11 두예는 중국 진대(晉代)의 학자·정치가이며, 진주자사(秦州刺史)·진남대장군(鎭南大將軍) 등을 역임하였다. 자가 원개(元凱)이고, 경조두릉(京兆杜陵, 섬서성 장안현) 남동 출생이다. 그의 조부 두기(杜畿)는 위나라에서 중신을 지냈고, 부친 두서(杜恕)는 위나라의 대학자였다. 저서 『춘추좌씨경전집해(春秋左氏經傳集解)』는 춘추학으로서의 좌씨학을 집대성하였고 『좌씨전』을 춘추학의 정통적 위치로 올려놓았다. 사마씨가 위(魏)왕조를 찬탈하여 나라를 세우자 부친은 이에 반대하여 유배형을 받았다. 두예는 이런 성장배경을 통해 학자로서의 면모를 갖추어 나갔다. 두예는 사마사의 누이동생과 결혼하여 주요 요직을 역임하였다. 유일하게 삼국시대의 명맥을 유지하고 있던 오(吳)나라를 공격하여 평정(280년)하여 뛰어난 군사전략가로서 실력을 발휘하였다. 그 공으로 무제(사마염)의 신임을 받았으며 형주를 총괄하는 직위에 봉해졌다. 4년간의 임기를 마치고 수도 낙양으로 돌아오다 사망하였다. 만년에는 학문과 저술에 힘을 기울였다. 저서에『춘추좌씨경전집해』와『춘추석례(春秋釋例)』등이 있는데, 특히『춘추좌씨경전집해』는 종래 별개의 책으로 되었던『춘추』의 경문과『좌씨전』을 한 권의 책으로 정리하여, 경문에 대응하도록『좌씨전』의 문장을 분류하여 춘추의례설(春秋義例說)을 확립하고, 춘추학으로서의 좌씨학을 집대성하였다. 또한, 훈고면(訓詁面)에서도 선유(先儒)의 학설의 좋은 점을 모아『좌씨전』을 춘추학의 정통적 위치로 올려놓았다. 따라서 이 저서는 현재에도 가장 기본적인 주석으로 꼽힌다.

추(秋)자만을) 드러내어 (사건을) 기록하는 제목으로 삼은 것이다.[『春秋』者, 魯
史記之名也. 記事者以事系日, 以日系月, 以月系時, 以時系年, 所以記遠近, 別同異也.
故史之所記, 必表年以首事. 年有四時. 故錯擧以爲所記之名也.]

『춘추』의 서명에 대한 고증에는 여러 가지 설들이 잡다하게 나타나고 있
는데 대체로 금고문(今古文) 각 학파의 견해와 관련이 있다. 이는 문호의 관계
에 따라 공자가 『춘추』를 지은 일에 대해 얼마든지 논쟁을 일으킬 수도
있다. 공자가 『춘추』를 지었다고 하는 말은 가장 먼저 『맹자』에 보인다.
『맹자』「등문공(滕文公)」에서 다음과 같이 말하고 있다. "공자께서 두려워하
여 『춘추』를 지으시니 『춘추』는 천자가 하는 일이다. 이 때문에 공자께서
말씀하기를 '나를 알아줄 것도 오직 『춘추』일 것이오! 나를 죄줄 자도 오직
『춘추』일 것이오!.'라고 말했다.[孔子懼, 作『春秋』,『春秋』, 天子之事也. 是故孔子
曰 : '知我者其惟『春秋』乎! 罪我者, 其惟『春秋』乎!]"『맹자』에는 공자가 『춘추』를
지었다고 언급하였다.[12] 공자가 『춘추』를 지었다고 하는 주장은 또한 사마천
이나 기타 많은 유학자들이 믿게 되었다. 그러나 공자의 언행(言行)만을 전부
기록한 『논어』에서는 『춘추』를 지었다고 하는 큰 사건에 대해서 한 글자도
기재되어 있지 않다. 이러한 측면에서 보면 후대인들이 회의를 품는 것도
일리가 있다. 이러한 논쟁에 대해 각자의 관점을 전부다 기록한다면 수많은
책이 되겠지만 사실상 의미가 없는 일이다. 판원란(范文瀾)은 이 문제와 결론
에 대해 고문파 쪽으로 상당히 기울고 있다. 그러나 간간히 평가해 놓은
몇몇 구절들은 그래도 비교적 공평하다. 예컨대, "금고문 학자들이 변론하면
서 끝내 해결하지 못한 까닭은 그들이 모두 편견에 가려져 있어 전수받은
학문의 이치를 깨닫지 못했기 때문이다. 금문학자들은 공자를 전례 없는
성인으로 여겼기 때문에 『춘추』가 반드시 공자의 저작이길 원했다. 반면

· · · · · · · · · · · · ·

12 ≪원주≫ 『맹자』「이루 하(離婁下)」와 「진심 하(盡心下)」

고문학자들은 공자가 주공(周公)의 구전(舊典; 제도)을 그대로 기술하여 마치 형체와 그림자의 관계처럼 분명히 아무런 의미도 없다고 여겼다.[今古文家之所以辯難紛紜, 終古不決者, 皆各有所蔽而不明因襲之理也. 今文家以孔子爲無前聖人, 『春秋』制作, 必欲歸之孔子而後快. 古文家又以孔子全述周公舊典, 若影之與形, 了無意義.]"[13] 두 학파 논쟁의 관점을 종합해 보면 『춘추』는 노나라의 역사서이지만 『춘추』를 공자가 저술했다고 하는 것은 믿을 수 없다. 공자의 수정을 거쳤다고 하는 것이 더 사실에 가깝다. 최근의 첸셴통(錢玄同)은 공자가 『춘추』를 지었다고 하는 주장은 맹자가 허위로 날조한 것이라[14] 하였는데 이는 옛것에 지나칠 정도로 회의를 가졌기 때문이다.

한나라 때에 『춘추』에 전(傳)을 지은 것이 아무리 많다고 해도 지금까지 유전되어 내려오는 것은 『공양전(公羊傳)』, 『곡량전(穀梁傳)』, 『좌씨전(左氏傳)』 세 가지뿐이다. 각 전의 특징에 대해 피시루이는 이렇게 평하였다. "『곡량전』은 비록 잠시나마 선제(宣帝) 때에 성행하였으나 한나라 이전에 성행한 책은 『공양전』이고 한나라 이후로 성행한 책은 『좌씨전』인데 대체로 『곡량전』에 함의된 의미는 『공양전』의 큰 규모에 미치지 못하고 사건의 기술도 『좌씨전』의 상세한 수준에 미치지 못한다. 비록 (『곡량전』의 내용에 근거해) 『좌씨전』과 『공양전』의 이론을 살펴봐도 비교적 이가(二家; 공양과 좌씨)의 내용들이 더 공정하여 마침내 이가와 서로 정립(鼎立)할 수 없었다. [『穀梁』雖暫盛於宣帝之時, 而漢以前盛行『公羊』, 漢以後盛行『左氏』, 蓋『穀梁』之義不及『公羊』之大, 事不及『左氏』之詳, 故雖監省『左氏』·『公羊』立說, 較二家爲平正, 卒不能與二家鼎立.]"[15]

『공양전』의 전하는 내용은 바로 '미언대의(微言大義)[16]'로, 이는 이전 유자

· · · · · · · · · · · · ·

13 ≪원주≫ 판원란의 『군경개론』 제9장, 제2절에 보인다.
14 ≪원주≫ 『고사변(古史辨)』 1책에 보인다.
15 ≪원주≫ 『경학통론』 「춘추」에서 "論『穀梁』廢興及三傳分別."절에 보인다.
16 미언대의는 비록 몇 개 안되는 단어이지만 그 속에 번득이는 비판과 무한한 의미를 함축시킨 것이다. 이 말은 주로 사관의 역사인식에서 나온 말인데, 글자 몇 글자나 우회적 문장

들이 이미 지적한 것이다. 『춘추』는 본래 노나라 역사를 기록한 책인데 공유(孔儒)파의 수중에 와서는 의리의 수준으로 올리려 하였다. 이 때문에 『춘추』에 기록된 일들이 비록 구체적이고 자질구레한 내용이라도 전을 지은 자들은 반드시 지난날의 흔적들을 탐구하고 숨겨진 사리를 찾아내어 미언대의의 의미를 밝히려고 하였다. 이러한 방법은 유학자들이 『역』의 괘사들 속에서 그 의리를 밝히는 방법과 흡사한 것이다. 이와 같은 목적은 복서학(卜筮學)과 사학(史學)을 모두 치국(治國)과 평천하(平天下)에 대한 (또한 이른바 크게 장삼세(張三世)·거란세(据亂世)·승평세(升平世)·태평세(太平世) 등의) 의리지학(義理之學)으로 바꾸려고 한 것이다.

이러한 방법과 목적을 받아들이면 『공양전』은 미언대의를 밝히는 측면에서 많은 공력을 들인 것이다. 후세 사람들이 『공양전』에 주석을 단 한나라 사람을 이야기 할 때 하휴(何休)의 삼과구지(三科九旨)를 가장 중요하게 여긴다. 하휴는 『문시례(文諡例)』[17]에서 다음과 같이 말하였다.

> 삼과구지(三科九旨)란 주나라를 새롭게 하고 송나라를 옛 나라로 여기고 『춘추』로써 새로운 왕에 해당시키는 것이 일과삼지(一科三旨)이고 본 것도 말이 다르고 들은 것도 말이 다르고 전해들은 것도 말이 다르다[18]는 것이 이과육지

· · · · · · · · · · · · ·

을 통하여 사관의 의도를 함축시키고 나아가 역사적 사실에 대한 평가까지도 할 수 있다는 것이다. 예를 들어 사람이 죽었다는 표현은 다양하다. 무너질 붕[崩], 쓰러질 훙[薨], 마칠 종[終], 죽을 망[亡], 죽을 사[死], 이 많은 단어 중에 죽음에 대한 표현으로 어떤 글자를 쓸 것인가에는 매우 중요한 미언대의의 춘추필법이 담겨있다.

17 하휴의 『문시례』에는 오시(五始)·삼과구지(三科九旨)·칠등(七等)·육보(六輔)·이류(二類)·칠결(七缺) 등이 있다.(『십삼경주소』『춘추공양전주소』, pp.5~6에서 재인용.)

18 춘추의 12공 242년간을 은공(隱公)에서 희공(僖公)까지 5명의 시대를 소전문(所傳聞)으로, 문공(文公)에서 양공(襄公)까지 4명은 소문(所聞)으로, 소공(昭公)에서 애공까지 3명의 시대를 소견(所見)의 시대라고 하여 각각 군신의 은의(恩義)에서 후박(厚薄)의 차이가 있다고 보았다. 그리고 이를 쇠란(衰亂)의 시대→승평(昇平)의 시대→태평(太平)의 시대로 구분하였다. 그러나 실제 역사사실과는 반대된다. 춘추시대가 점차 전국의 혼란이 되기 때문에 『춘추』에 기록된 역사사실을 사실로 보지 않고 사상을 표현하는 하나의 방법으로 본 것인데, 역사는 진보하고 발전한다는 역사관을 창조거나 역사는 시대와 함께 발전한다고 본 것이다. (권

(二科六旨)이며, 자기 나라를 안으로 하고 여러 중원의 제후국을 밖으로 하며 여러 중원의 제후국을 안으로 하고 이적(夷狄)의 나라를 밖으로 하는 것이 삼과 구지다.[三科九旨者, 新周故宋, 以春秋當新王, 此一科三旨也, 所見異詞, 所聞異辭, 所傳聞異辭二科六旨也, 內其國而外諸夏, 內諸夏而外夷狄, 是三科九旨也.]

서언(徐彦)[19]의 『공양소(公羊疏)』에서는 종씨(宗氏)[20]의 말을 다음과 같이 인용했다.

『춘추』에서 말하는 삼과(三科)는 첫째는 장삼세(張三世)이고 둘째는 존삼통(存三統)이며 셋째는 이외내(異外內)로 이것이 삼과이다. 구지(九旨)는 때·달·날·왕·천왕·천자·비난·폄하·단절 등이다. 때와 날과 달은 (역사적 내용을) 상세하게 할 때와 소략하게 할 때를 뜻한다. 왕과 천왕과 천자 등은 멀거나 가깝거나 친하거나 소원함을 기록한 뜻이고, 비난과 폄하와 단절은 (역사의) 경중(輕重)을 의미한다.[『春秋』說三科者, 一曰張三世, 二曰存三統, 三曰異外內, 是三科也. 九旨者, 一曰時, 二曰月, 三曰日, 四曰王, 五曰天王, 六曰天子, 七曰譏, 八曰貶, 九曰絶. 時與日月詳略之旨也, 王與天王天子, 是錄遠近親疏之旨也, 譏與貶絶, 則輕重之旨也.]

하휴는 『공양주서(公羊注序)』에서 "이 주석은 대략 호무생(胡毋生)[21]의 조례를 따랐다.[略依胡毋生條例.]"고 일컫고 있다. 호무생은 바로 한나라 때 『공양』학을 전수한 종사(宗師)로,[22] 동중서는 그와 더불어 일을 하였다. 그래서 하휴의 『공양』설(說)에는 동중서의 『춘추번로』 중에서 "『춘추』는 하늘의 뜻에 따라 새로운 왕의 사업을 만들어 제시하고 한 해의 기준 시는 검은색 계통의

· · · · · · · · · · · · · ·

정안(權正顔) 「춘추공양전의 삼과구지론 고찰」, 한국유교학회, 유교사상연구, 제7집, 1994.3, pp.649~663)
19 원문의 '餘'자는 徐彦의 『公羊疏』에 따라 '徐'자로 바꿨다.
20 원문의 '宗'자는 徐彦의 『公羊疏』에 따라 '宋'자로 바꿨다.
21 호무생은 호모생(胡母生) 또는 호모자도(胡母子都)라고도 한다.
22 ≪원주≫ 『한서』에서는 또한 호모생(胡母生)으로 되어 있다.

시대[黑統]로 하였다. 제후국에 불과한 노나라를 왕의 국가로 대우하고 검은 색을 숭상하며 탕 임금을 제의 등급으로 옮기고 직전 왕조인 주족을 우대하며 은 왕조의 후예인 송을 고국으로 대우했다.[『春秋』應天作新王之事, 時王黑統, 正魯, 尙黑, 紬夏·親周²³·故宋.]" 등의 내용이 보인다.

하휴의 『공양』설에서 밝힌 춘추대의(春秋大義)는 삼과구지뿐만 아니라 이류칠등(二類七等)설도 있다. 『문시례(文諡例)』에서 다음과 같이 말했다.

이류(二類)란 인사(人事)와 재이(災異)이다.[二類者, 人事與災異是也.] 칠등(七等)이란 주(州)·국(國)·씨(氏)·인(人)·명(名)·자(字)·자(子) 등이 이것이다.[七等者, 州·國·氏·人·名·字·子是也.]

유독 이류(二類)에만 그칠 뿐만이 아니라 또한 오시(五始)와 육보(六輔) 설도 있다. 『문시례』에서 다음과 같이 나와 있다.

오시(五始)란 원년(元年)·춘(春)·왕(王)·정월(正月)과 공(公)이 자리에 나아간다는 것이 이것이다.[五始者, 元年春王正月, 公卽位是也.]

하휴가 『춘추위(春秋緯)』의 주석을 근거하여 시작을 천지의 시작으로 여겼고 봄을 한 해의 시작으로 여겼고 왕을 인도(人道)의 시작으로 여겼고 즉위를 한나라의 시작으로 여겼다.

육보(六輔)라는 것은 공(公)은 천자(天子)를 돕고 경(卿)은 공을 돕고 대부(大夫)는 경을 돕고 사(士)는 대부를 도우며 경사(京師)는 군(君)을 돕고 제하(諸夏)²⁴는

----

23 원문의 '新'자는 『春秋繁露』에 따르면 '親'자로 되어 있다. (소여(蘇輿), 『춘추번로의증(春秋繁露義證)』, 중화서국점교본(中華書局點校本), 1992, p.189)
24 제하는 옛날 사방의 夷狄에 대해서 중국 본토의 일컫거나 또는 중국의 제후(諸侯)를 말하기도 한다.

경사를 돕는 것이 이것이다.[六輔者, 公輔天子, 卿輔公, 大夫輔卿, 士輔大夫, 京師輔君, 諸夏輔京師是也.]

　『공양전』은 원래『춘추』를 해석한 작품이고 하휴가 주석을 단 책은『공양전』의 내용을 해석한 것이다. 공양학에서 발굴한『춘추』의 미언대의가 바로 경사들이 겹겹이 벗겨낸 노력에 의해 간신히 드러날 수 있었다.『공양전』의 그 경문에 대한 해석은 단계적으로 뜻을 풀어 나가는 문답체 방법으로 되어 있는데, 이는『좌씨전』이 경과 전을 잇고 역사적 사실을 가지고 본경(本經)을 소통시키는 방법과 분명히 다른 체제이다.『공양전』의 작자에 대해『한서』「예문지」주석에서 "공양자(公羊子)는 제(齊)나라 출신이다.[公羊子, 齊人.]"라고 명백하게 밝히고 있다. 안사고(顏師古)의 공양자에 대한 주석에서는 "그의 이름은 고(高)이다.[名高.]"고 하였는데, 그의 이런 주장은『춘추위설제(春秋緯說題)』의 "나의 책을 전할 사람은 공양고이다.[傳我書者公羊高也.]"는 내용에 근원한 것이거나 혹 또 다른 근거가 있는 듯하다. 당나라 서언(徐彦)은『공양전소(公羊傳疏)』에서 대굉(戴宏)의 서문(序文)을 다음과 같이 적고 있다. "자하(子夏)는 공양고(公羊高)에게 전수해 주고, 공양고는 자신의 아들 공양평(公羊平)에게 전수해 주었으며 공양평은 자신의 아들 공양지(公羊地)에게 전수해 주었고, 공양지는 자신의 아들 공양감(公羊敢)에게 전수해 주었으며 공양감은 자신의 아들 공양수(公羊壽)에게 전수해 주었다. 한나라 경제 때가 되자 공양수는 제자인 제나라 출신 호무자도(胡母子都)와 함께 이를 죽백(竹帛)[25]에다 기록해 두었다.[子夏傳與公羊高, 高傳與其子平, 平傳與其子地, 地傳與其子敢, 敢傳於其子壽. 至漢景帝時, 壽乃共弟子齊人胡母子都著於竹帛.]"고 말하고 있다. 하휴는『공양전』은 공

---

25 죽백은 옛날부터 중국에서 아직 종이가 없었던 시대에 靑竹으로 만든 간찰(簡札)이나 비단 헝겊에 글자를 쓴 데서 서책(書冊)을 지칭하였고, 역사라는 뜻으로도 쓰였다. 또한 후세에 이름을 남기는 일을 '공명(功名)을 죽백(竹帛)에 올린다.'라고 말한다. 이와 같은 뜻에 '청사(青史)'라는 말이 있다.

(隱公) 2년(B.C.721) 조목의 주에서 "한나라에 이르러선 공양씨(公羊氏)와 그의 제자 호무생이 처음으로 죽백에다 기록했다.[至漢, 公羊氏及弟子胡毋生等乃始記於 竹帛.]"고 말하고 있다. 이상은 한나라 이전 공양학의 전승에 대한 서술로 관련된 사료(史料)나 증거들이 결여되어 사람들에게 믿음을 주기에는 어렵다. 그러나 공양학이 선진 시기에 구송(口誦)으로만 전하여 오다가 한나라에 와서 야 바야흐로 죽백에다 기록했다고 하는 설은 그런대로 믿을만하다. 현재는 공양씨가 전했다고 하는『춘추』는 대부분이 지루하고도 자질구레한 내용들 임을 알 수 있는데 이는 경문을 구송으로만 전하다보니 간혹 생략되거나 빠진 내용이 있기 때문이다. 이밖에『공양전』은 "보통의 이론과 달라 특이한 논의가 많다.[非常異議[26] 可怪之論]"[27]고 하는데 이는 분명 많은 사람들의 입을 통해 전해진 것들이 쌓이고 쌓여 책으로 완성되었기 때문일 것이다.

한나라 때의『공양전』은 그 전수관계가 비교적 분명하다.『사기』와『한서』 책에 실린「유림전」에서는 모두 호무생과 동중서를 시초로 삼고 있다. 호무 생은 제나라 사람으로 경제시절 박사가 되어『춘추공양전』을 연구하였는데 "동중서와 함께『공양전』연구를 업으로 삼았는데 동중서는 저서에서 호무 생의 덕을 칭찬했다.[與董仲舒同業, 仲舒著書稱其德.]"고 하였다. 나이 들어 고향 으로 돌아와서 학생들을 가르쳤는데 제나라 지역에서『춘추』를 배우는 자들 은 그를 스승으로 섬겼다. 동중서는 한나라 무제 때 강도(江都) 지방의 재상이 되자 제자들이 더욱 많아졌는데, 저대(褚大)·은충(隱忠)[28]·여보서(呂步舒)· 영공(嬴公)[29] 등이 있었다. 그 중에 "유독 영공(嬴公)만이 학통을 지켜 사법을 잃지 않았다.[唯嬴公守學, 不失師法.]" 그리고 또한 휴맹(眭孟)에게 전수하였다.

- - - - - - - - - - - -

26 원문의 '義'자는 하휴의『공양전주서(公羊傳注序)』에 근거하여 '議'자로 고쳐 번역했다. 따 라서 이의(異議)는 다른 주장, 또는 보통과 다른 의사나 의론(議論)을 말한다.
27 《원주》하휴의『공양전주서』에 보인다.
28 《원주》『한서』「유림전」에는 '殷忠'이 '段忠'으로 되어 있다.
29 《원주》『사기』「유림열전」에는 기록되어 있지 않다.

휴맹은 "제자들이 백여 명[弟子百餘人]"이라고 하는데, 그 중에 엄팽조(嚴彭祖)와 안안락(顔安樂)만이 사전(師傳)을 성대하게 드러냈고 각각 제자들을 두었다. 공양파는 이로부터 엄팽조와 안안락의 두 학파가 형성되었다.

『곡량전』은 『춘추』에 대한 삼전(三傳) 중 하나로 금문 경학에 속한다는 것에 대해 한나라 때부터 청나라에 이르기까지 별다른 이견이 없었다. 그런데 청나라 말엽 최적(最適)이 『춘추복시(春秋復始)』를 짓고 나서야 비로소 『곡량전』을 고문학이라 여겼고 한 걸음 더 나아가 이 책은 유흠이 만든 위서(僞書)의 일종이라 논하고는 『좌씨전』의 내용에 이바지할 수 있는 책이라고 몰아갔다. 최적의 학설은 비교적 편파적인 측면이 많아 비록 고문파와 의고학파(疑古學派)들이 갈채를 받고는 있었다. 그러나 끝내 대다수 학자들의 인정을 받지는 못했다. 『사기』나 『한서』에 분명하게 기록되어 있는 것은 차치하고 『춘추』 삼전만 서로 비교해 봐도 경과 전이 서로 이어지지가 않고 역사적 사실을 가지고 보충하지도 않았다. 오히려 『공양』에 가깝고 『좌씨』보다 멀다. 『곡량』의 형식을 보면 문답형으로 경전을 해석하고 있는데 이 또한 『공양』에 가깝고 『좌씨』보다 멀다. 그렇기 때문에 『곡량』을 금문저작으로 보는 것이 타당하다.

『춘추』에는 미언대의가 담겨있다. 피시루이의 설명에 따르면, "『춘추』에는 대의도 있고 미언도 있다. 대의란 난신(亂臣)과 적자(賊子)를 죽이는 데에 목적이 있고 미언은 후대 왕이 법도를 세우도록 하는 데에 있다. 단지 『공양전』만이 미언과 대의를 겸하여 전했을 뿐이고 『곡량전』은 미언은 전하지 않고 대의만 전했으며 『좌씨전』 또한 대의는 전하지 않았다.[『春秋』有大義, 有微言, 大義在誅亂臣賊子, 微言在爲後王立法. 有 『公羊』兼傳大義微言; 『穀梁』不傳微言, 但傳大義. 『左氏』并不傳義.]"[30] 피시루이는 금문을 힘써 배웠기 때문에 『공양전』과 『곡량전』을 찬양하고 『좌씨전』을 억눌렀다. 미언대의는 피시루이가 『춘

．．．．．．．．．．．．

30 ≪원주≫ 피시루이의 『경학통론』 「춘추」의 "論 『穀梁』 慶興及三傳分別."에 보인다.

추』에 대해 논한 핵심 논제이다. 피시루이는『경학통론』에서『춘추』를 얘기할 때 첫 구절로 "『춘추』에는 대의도 있고 미언도 있다. 이른바 대의란 것은 난신과 적자 등을 주벌하여 후세에게 경계하는 데에 목적이 있고, 이른바 미언이란 것은 법제(法制)를 다시 세워 태평(太平)한 세상을 이루는 데에 목적이 있다.[『春秋』有大義, 有微言. 所謂大義者, 誅討亂賊以戒後世是也; 所謂微言者, 改立法制以致太平是也.]"라고 말하였다. 피시루이의 미언대의에 대한 설은 본래 맹자로부터 시작한 것으로 간주되지만, 사실은 미언대의에 대한 해석들은 일정한 방식에만 상당히 얽매여 있다.『춘추』는 노나라 역사책으로 공유파가 쓸데없는 내용들을 깎아내어 편집하고 난 후에 이것을 자신의 작품으로 완성한 책이기 때문에 그 해석도 자신의 관점이 들어가 있다. 노나라 사서로서『춘추』는 당연히 노나라의 제도가 기록되어 있었다. 하지만 공유파는 이러한 제도를 해설하면서 반드시 "기록할 것은 기록하고 삭제할 것은 삭제[筆則筆, 削則削]"하면서 또한 자신의 뜻을 추가하였고 이를 통해 자신들에게 부합되는 "소왕(素王)"의 법을 정리했다.『춘추』는 역사를 기록한 책인 만큼 당연히 많은 역사적 사건이 기록되었다. 이와 마찬가지로 공유파도 자신의 학설을 선전할 때에 역사적 사실과 근거들을 제시한다면 그로부터 한 걸음 더 나아가 그들의 이상에 부합되는 '대일통(大一統)'을 설파할 수 있다. 따라서 미언대의라는 것은 공유파가 역사적 사실과 결합시켜 제출한 명백한 주장으로 어떤 추측이나 연구가 필요 없었고 또한 숨길만한 것도 없었다.『공양전』과『곡량전』을 놓고 보면 그 논술의 형식과 내용이 바로 이와 같다.

설령 이상의 관점에 아무런 문제가 없다면『공양전』과『곡량전』책만이 모두『춘추』의 미언대의를 밝힌 책이다. 그렇다면 피시루이가 '『곡량전』은 미언은 전하지 않았고 단지 대의만 전했다.'고 하는 주장은 아무런 의미가 없다.『곡량전』과『공양전』이 경의 뜻을 전하고 경의 뜻을 풀이한 차이는 학풍(學風)에 달려 있는 것이지 미언대의에 달려 있지 않다. 이 두 책의 학풍을 말하면,『공양전』은 대부분 아무런 거리낌 없이 큰 소리로 말한 것이라면,『곡량전』은 무언가에 구속받아 신중하게 말하는 편이다. 다음은『춘추』은

공(隱公) 원년(元年) 봄에 양가(家)의 전을 비교해 보면 다음과 같다.

『공양전』: 원년 봄 왕 정월이다. 원년이란 것은 무슨 뜻인가? 군자(君子; 왕)가 처음 즉위한 해이다. 봄이란 무슨 뜻인가? 한 해의 시작이다. 왕이란 누구를 말하는가? 문왕(文王)을 말한다. 어찌하여 왕정월(王正月)이라 하는가? 크게 하나로 통일됨을 뜻한 것이다.[公元年春王正月. 元年者何? 君子之始年也. 春者何? 歲之始也. 王者孰謂? 謂文王也. 曷言乎王正月? 大一統也.]

『곡량전』: 원년 봄 왕 정월이다. 비록 아무런 사건이 없더라도 반드시 정월(正月)을 거론하는 것은 처음을 보호하기 위한 것이다.[元年春王正月. 雖無事, 必擧正月, 護始也.]

『곡량전』은 노나라 역사학에 속하는데 구속되고 삼가는 학풍이 바로 노나라 학문의 풍격이다. 『공양전』은 제나라 역사학에 속하는데 제멋대로 말하는 학풍이 바로 제나라 학문의 풍격이다. 이 때문에 『공양전』과 『곡량전』의 차별 또한 각 학파의 지역적인 관계로부터 그 원인을 찾을 수 있다. 『곡량전』의 작자에 대해 『한서』「예문지」에서는 노나라 사람 곡량자(穀梁子)라고 말했다. 안사고의 주에서는 '이름은 희(喜)'라고 하였는데 청나라 시대 전대소(錢大昭)는 '희(喜)'자를 '가(嘉)'자로 고쳐 놓았다.[31] 환담(桓譚)의 『신론(新論)』과 응소(應劭)의 『풍속통(風俗通)』 그리고 육덕명(陸德明)의 『경전석문(經典釋文)』 등은 모두 '적(赤)'자로 적고 있다. 이외에도 '숙(俶)'자와 '숙(淑)'자와 '치(寘)'자 등 기타 세 가지 설도 있다.[32]

『곡량전』의 전수에 대해서는 한나라시대 이전의 일이라서 고찰할 방법이 없다. 당나라 양사훈(楊士勛)은 자하(子夏)가 노나라 사람 곡량숙(穀梁俶)에게

....

31 《원주》 전대소(錢大昭)의 『한서변의(漢書辨疑)』
32 《원주》 쳐위동선생종술공육설(周予同先生綜述共六說), 『쳐위동경학사론저선집(周予同經學史論著選集)』 "군경개론" 5에 보인다.

전수하였고, 곡량숙은 순자(荀子)에게 전수하였으며, 순자는 신공(申公)에게 전수했다고 하였다. 그가 무엇에 근거한 것인지는 알 수 없다.『곡량전』에 대해『사기』「유림열전」에서는 "하구(瑕丘) 강생(江生)이『춘추곡량전』를 지었다.[瑕丘江生爲『穀梁春秋』.]"라고 매우 간단하게 기록하고 있다. 이 때문에 그 전승관계가 대부분『한서』에 보인다. "하구 강공은『춘추곡량전』과『시』를 노나라 신공에게서 전수받았고 이것이 다시 아들에게로 전하여졌으며 손자 때에 와서 박사가 되었다.[瑕丘江公受『穀梁春秋』及『詩』於魯申公, 傳子至孫爲博士.]"고 했다. 무제 때에 일찍이 그는 동중서와 함께 조정에서 각각 강론한 적이 있었지만 강생은 말이 어눌한 편이라서 동중서의 말솜씨만 못하였다. 이때 마침 공양학을 전공한 공손홍(公孫弘)이 재상으로 있을 때로 무제는 그 의미를 비교하여 헤아리고 마침내 동중서를 등용하게 되어『공양전』이 크게 흥행하였다. 선제 때의 승상 위현(韋賢)과 장신소부(長信少府) 하후승(夏候勝), 낙릉후(樂陵候) 사고(史高) 등은 노나라 출신이었는데 이들은『곡량전』은 노나라 역사학이고『공양전』은 제나라 역사학이기 때문에 마땅히『곡량전』을 일으켜 세워야 한다고 설파하였다. 선제는 이에 곡량학에 가장 뛰어난 채천추(蔡天秋)에게 조서를 내려 "『공양전』전공자들과 함께 강설해 보라.[與公羊家幷說]"라고 하였다. 이때 선제는『곡량전』의 이론이 더 좋다고 생각하였다. 감로(甘露) 원년(B.C.53)에 유명한 유학자인 소망지 등 여러 학자들을 궁으로 불러들여『공양전』과『곡량전』의 차이에 대해 평론하게 하면서 30여 개의 사안들을 헤아리고 토론하였다. 소망지 등 11명은 각자 배운 경의 뜻으로 대답하였고 선제는『곡량전』의 내용을 따랐다. 이로부터 곡량학이 크게 성행하게 되었다.『공양전』과『곡량전』에 대한 논쟁이 한편으로는 금문 경학(今文經學) 내부학파의 투쟁이었다면 한편으로는 지역적 특성을 띤 두 정치집단의 투쟁이 학술측면에 그대로 반영된 것이라 할 수 있다.

『좌씨전』이란 책은 금고문 논쟁과 연계되기 때문에 문제가 비교적 많다. 금문파는『좌씨전』에 대해 단지 고대 역사서의 한 부류로써『안자춘추(晏子春秋)』나『여씨춘추(呂氏春秋)』와 같은 책으로 여겼기 때문에『춘추좌씨전』은

『춘추경』과 아무런 관계가 없다고 하는 반면, 고문파는 『춘추좌씨전』에 대해 『춘추경』을 해석한 전으로써 『춘추』와의 관계가 매우 크다고 한다. 이토록 오랜 시간 동안 분분하게 진행된 논쟁[33]의 시비곡직(是非曲直)은 여기서 서술할 수 있는 부분이 아니다. 이어서 이 문제에 대한 각 학자들의 연구를 결합하여 논술하면서 간간히 필자의 의견을 이야기해 보도록 하겠다.

먼저 『좌씨전』 출현부터 이야기해 보자. 『좌씨전』은 한나라 초기에 나타났다는 설이 가장 이르다. 허신은 『설문서(說文序)』에서 "북평후(北平侯) 장창(張蒼)이 『춘추좌씨전』을 왕에게 바쳤다.[北平侯張蒼獻『春秋左氏傳』.]"고 하였는데, 『수서(隋書)』 「경적지(經籍志)」에서도 허신의 주장을 그대로 따랐다. 다음은 왕충(王充, 27~100)인데 그는 "『춘추좌씨전』은 공자의 벽속에 소장된 책으로 효무(孝武) 황제시기 노나라 공왕(共王)이 공자가 수업하던 집을 허물고 다시 궁으로 지으려 할 적에 산실된 『춘추』 31편을 입수하게 되었는데 이것이 바로 『좌씨전』이다.[『春秋左氏傳』者, 蓋藏於孔子壁中, 孝武皇帝時, 魯共王壞孔子敎授堂以爲宮, 得佚『春秋』三十篇, 『左氏傳』.][34]"고 말하였다. 그러나 이 일이 기록된 가장 이른 문헌은 『한서』 「유흠전」이다. 내용은 다음과 같다.

유흠과 유향은 처음에는 모두 『역』을 전공하였지만 선제시절 유향에게 조서를 내려 『춘추곡량전』을 수업하도록 하였고 그 후 10여 년 동안 밝게 익혔다. 유흠이 교비서(校秘書)가 되어서는 고문 『춘추좌씨전』을 읽고 나서 유흠은 이를 아주 좋아했다. 이때 마침 승상(丞相)과 사관인 윤함(尹咸) 등이 『좌씨전』을 전공하고 있었기 때문에, 유흠과 함께 경전을 교열하게 되었다. 유흠은 대략 윤함과 승상 적방진(翟方進)에게 수업할 적에도 대의를 질문하곤 하였다. 애당초 『좌씨전』은 옛 글자나 옛 말투가 많아서 학자들은 훈고[35]만을 전했을 뿐이다.

. . . .

33 취송은 여러 사람들이 서로 다투어 그 옳고 그름을 정하지 못한 것을 가리키는 말이다.
34 ≪원주≫ 『논형(論衡)』 「안서편(案書篇)」에 보인다. 이와 같은 주장이 이 책의 「일문편(佚文篇)」에도 보인다.
35 '訓故'는 '訓詁'와 같은 뜻이다.

유흠이 『좌씨전』를 전공할 때부터 『좌씨전』의 글들을 끌어다 경의 뜻을 풀이하며 서로 비교해 밝혀 놓자, 이로부터 장구(章句)와 의리(義理)가 갖춰지게 되었다.[歆及向始皆治『易』, 宣帝時, 詔向受『穀梁春秋』, 十餘年, 大明習. 及歆校秘書, 見古文『春秋左氏傳』, 歆大好之. 時丞相史尹咸以能治『左氏』, 與歆共校經傳. 歆略從咸及丞相翟方進受, 質問大義. 初『左氏傳』多古字古言, 學者傳訓故而已, 及歆治左氏, 引『傳』文以解經, 轉相發明, 由是章句義理備焉.]

유흠은 『이양태상박사서(移讓太常博士書)』에서도 이렇게 일컫고 있다.

『춘추』는 좌구명(左丘明)이 고문으로 편집한 20여 통의 책이다. 비부(秘府)에 소장하여 깊이 숨기고 꺼내지 못하게 하였다. 효성(孝成) 황제께서 학문이 잔결(殘缺)되어 점차 그 진실을 잃을까 근심하여 곧 비부에 감춰둔 책들을 꺼내어 진열하게 하고는 고서를 교열하고 정리하여 세 가지 일을 얻어내었고 학관에서 전하여진 경문의 간혹 탈간(脫簡)되거나 전문의 간혹 탈편(脫編)[36]된 것들을 (대조하여) 살피도록 하였다. 민간의 오가는 사람에게 물어보니 노나라 백공(柏公)과 조(趙)나라 관공(貫公)과 교동(胶東) 용생(庸生) 등의 남긴 학문이 이와 같았으나 또한 전해지지 못했다고 한다.[及『春秋』左氏丘明所修. 皆古文舊書, 多者二十餘通, 藏於秘府, 伏而未發, 孝成皇帝閔學殘文缺, 稍離其眞, 乃陳發秘藏, 校理舊文, 得此三事, 以考學官所傳, 經或脫簡, 傳或間編. 傳問民間, 則有魯國柏公·趙國貫公, 膠東庸生之遺學與此同, 抑而未施.]

『좌씨전』에 대한 한대의 전승관계에 있어, 『한서』「유림전」에서 다음과 같이 적고 있다.

한나라가 부흥하자, 북평후(北平侯) 장창(張蒼) 및 양(梁)나라 태부(太傅) 가의(賈誼)·경조윤(京兆尹)[37] 장창(張敞)·태중대부(太中大夫) 유공자(劉公子) 등이

・・・・・・・・・・・・

36 원문의 '間'자는 '脫'자와 같은 의미로 쓰인다.
37 경조윤은 한성부(漢城府) 판윤(判尹)을 달리 이르는 말이다. 또한 중국 한나라 때 서울을

모두 『춘추좌씨전』을 전공하였다. 가의는 『좌씨전』에 관한 훈고를 만들어 조나라 출신 관공(貫公)에게 전수했는데, (훗날 관공은) 하간 헌왕의 박사가 되었고 그의 아들 장경(長卿)은 탕음(蕩陰)의 수령이 되어 하청(河淸)의 장자(長子) 장우(張禹)에게 전수하였다. 장우는 소망지와 함께 어사(御史)가 되었는데 그가 자주 소망지를 위해 『좌씨전』의 내용을 말해주자 소망지는 이를 기쁘게 여기고 여러 차례 상서를 올려 칭찬하곤 하였다. 훗날 소망지가 태자태부(太子太傅)가 되었을 적에 장우를 선제에게 천거하여 장우를 불러 초대했으나, 응하기도 전에 때마침 병으로 죽었다. 그리고 나서 윤경시(尹更始)에게 전수되었고 윤경시는 아들 윤함과 적방진·호상(胡常)에게 전수하였다. 호상은 여양(黎陽, 현재의 하남성(河南省) 계군(季君) 가호(賈護)에게 전수하였다. 여양은 애제(哀帝) 때에 임금의 명령으로 초대되어 낭(郞)에 제수되었고, 창오(蒼梧; 湖南省 寧遠縣의 남쪽 군의) 진흠(陳欽)의 아들인 일(佚)에게 전수하였다. 진흠은 『좌씨전』을 왕망(王莽)에게 전수하여 장군의 지위에 이르게 되었다. 그리고 유흠은 윤함과 적방진에게 전수받았다. 이로부터 『좌씨전』은 가호와 유흠에게서 근본한 것이라 말할 수 있다.[漢興, 北平侯張蒼及梁太傅賈誼·京兆尹張敞·太中大夫劉公子皆修『春秋左氏傳』. 誼爲『左氏傳』訓故, 授趙人貫公, 爲河間獻王博士, 子長卿爲蕩陰令, 授淸河張禹長子. 禹與蕭望之同時爲御史, 數爲望之言『左氏』, 望之善之, 上書數以稱說. 後望之爲太子太傅, 薦禹於宣帝, 徵禹待詔, 未及問, 會疾死. 授尹更始, 更始傳子咸及翟方進·胡常. 常授黎陽賈護季君, 哀帝時待詔爲郎, 授蒼梧陳欽子佚, 以『左氏』授王莽, 至將軍. 而劉歆從尹咸及翟方進受. 由是言 『左氏』者本之賈護·劉歆.]

이상의 자료들을 종합해보면 알 수 있듯이 『좌씨전』이란 책이 가장 빨리 출현한 것은 한나라 초기로 이는 장창과 관계되어 있다. 그런데 허신의 주장은 반고의 주장에 근본을 두고 있다는 사실을 알 수 있다. 그러나 장창이 『좌씨전』을 전했다고 하는 반고의 주장은 도대체 어디에 근거한 것인지는 알 길이 없다. 『한서』「장창전(張蒼傳)」에서는 단지 "장창은 가뜩이나 책을

. . . .

지켜 다스리던 으뜸 벼슬로, 한무제 태초(太初) 1년(B.C.104)에 우내사(右內史)를 고친 이름이다.

좋아하여 읽어보지 않은 책이 없고 이해하지 못한 내용도 거의 없었지만, 특히 율력(律曆)에 대해 깊이 있게 연구했다.[蒼尤好書, 無所不觀, 無所不通, 而尤邃律曆.]"고 말하고 있을 뿐, 『춘추』를 언급한 내용도 없는데 더구나 『춘추좌씨전』이겠는가! 반고가 위에서 『좌씨전』을 전했다고 말한 사람들의 본전(本傳) 속에도 장창을 언급하지 않았다. 「장창전」에서 "그러나 장창은 본래 『춘추』에 근본을 두고 경술로써 스스로 보완했다.[然敞本治 『春秋』, 以經術自輔.]"라고 하는 구절만이 있는데, 이것만으로는 『춘추』가 어느 학파에 의하여 전수된 것인지는 상고할 길이 없다. 「소망지전(蕭望之傳)」에서도 역시 『좌씨전』의 흔적을 찾을 수가 없고, 소망지가 『춘추』의 기사를 인용하여 말할 적에도 "소망지는 대답하길, '『춘추』에서 진(晉)나라 사개(士匄)가 군사들을 이끌고 제나라를 침략했다. ……' [望之對曰 : '『春秋』晉士匄師師侵齊,……']"라고 하는 내용에 대한 안사고의 주에서는 『춘추공양전』 「양공(襄公) 19년」을 근거한 것이라 하였다. 「장우전(張禹傳)」에서 "장우가 임금에게 말하기를 '『춘추』 242년 동안 일식(日蝕)은 ……'[禹則謂上曰 : '『春秋』二百四十二年間, 日蝕 ……']" 는 내용이 기록되어 있을 뿐인데 이 또한 본래 『좌씨전』의 내용이 아님을 알 수 있다. 『좌씨전』에서 경을 전하는 내용은 애공(哀公) 16년에서 끝나고 있는데 『춘추』보다 2년이 더 많다. 그렇다면 이 문제는 반고가 『좌전』의 전수를 기록할 때 왜 각 전수인들의 본전에서 말하지 않고, 『유림전』에서만 밝혔는지에 대해서, 반고가 『유림전』을 기록할 때 이용한 자료가 비교적 특수했다고 말할 수밖에 없는데 아무래도 유흠 이후 『좌씨전』을 전공한 경사가 스스로 만들어낸 가보를 이용했던 것 같다. 가장 회의적인 것은 반고가 서술한 『좌씨전』의 가보는 유흠 또한 언급하지 않았다는 것이다. 왕충이 『좌씨전』은 바로 노나라 공왕(共王)이 공자(孔子)의 고택을 허물다 입수한 책이라 여긴 내용도 『한서』에는 보이지 않는다. 노나라 공왕이 입수했다고 하는 여러 책들은 『고문상서』·『예기』·『논어』·『효경』 등으로 여기서도 『좌씨전』은 언급되지 않았다.

　　『좌씨전』을 위경(僞經)으로 여긴 경우, 금문학자들은 대부분 지적안을 하

440

였지 이에 대해 서술한 것이 많지 않다. 여기서 반고가 기록한『좌씨전』전수자들의 본전을 자세히 조사해 보면 아마 이 문제를 심도 깊게 연구하는 데 도움이 될 것이다.

그 다음은『공양전』·『곡량전』·『좌씨전』등의 내용들을『춘추』와 서로 비교하면『좌씨전』도 문제가 있다.『좌씨전』에는 속경(續經)이 있으나『공양전』과『곡량전』에는 속경이 없다.『좌씨전』에는 속전(續傳)이 있으나『춘추』본경에 비해 17년 분량이 더 많고,『공양전』과『곡량전』에는 모두 속전이 없으나 본경과는 부합하다. 이밖에『좌씨전』을『춘추』본경과 비교해 봐도 결여된 글들이 상당히 많이 보이기 때문에 경과 전이 부합되지 않는다.[38] 이러한 관점에서『한서』의 내용을 살펴보면, "유흠이『좌씨전』를 전공할 때부터『좌씨전』의 글들을 인용하여 경의 뜻을 풀이하며 서로 비교하자, 이로부터 장구와 의리가 갖춰지게 되었다.[及歆治『左傳』, 引傳文以解經, 轉相發明, 由是章句義理備焉]"고 하는 평가는 도리어 매우 명확하게 보인다.

『좌씨전』은 원래『춘추』를 위해 지은 전은 아니지만『좌씨전』은 여전히 역사서적인 체재를 잃지 않았다. 이 책은 비록『공양전』과『곡량전』의 체재를 본받아『춘추』의 미언대의를 드러내지 않았으나, 노나라 국사(國史)의 내용을 유가의 정치이론 저작으로 바꾸어 기록되어 있는 역사적인 사실들도 도리어 확실한 내용들이 있다. 유흠은『좌씨전』을『춘추』본경과 함께 드러냈으니 이는 어떤 방면에서는 개인의 정치적인 계획이라 할 수 있다. 또한 전한 말엽에 이르면 이미 경사들 중에서 금문학의 의리에 대해 싫증을 느끼는 자유분방한 자들이 생겨 경학의 핵심 이론에 대하여 그 합리성을 검토하기 시작하게 되었다. 이로 인해 유흠은 "대저 예제를 잃었으면 초야를 뒤져서 찾아야 하지만 고문은 초야보다 더 못하다.[夫禮失求之于野, 古文不猶愈于野.]"

. . . .

38 《원주》유봉록(劉逢祿)의『좌씨춘추고증(左氏春秋考證)』에서 고증하여 논의한 내용들이 매우 상세하다.

라고 말한 것이다.[39]

『춘추』와 삼전에 대한 연구 또한 마땅히 일서(佚書)로부터 서술해야 한다. 『옥함산방집일서』 정편(正編)과 속편(續編)의 저작을 살펴보면, 유향은 『곡량전』에 대한 설을 두 개 남겼고 유흠은 『좌씨전』에 대한 장구를 한 개 남겼다. 하휴는 「문시례」 등 세 가지를 남겼고 복건(服虔)은 책을 두 개 남겼다. 단숙(段肅)은 『곡량전』에 대한 단씨설(段氏說)을 한 개 남겼고 연독(延篤)은 『좌씨전』에 대한 연주(延注) 하나 남겼다. 공우(貢禹)는 『공양전』에 대한 공씨의(貢氏義)를 남겼고 허숙(許淑)과 허신(許愼) 등은 『좌씨전』에 대한 주석을 각각 한 개씩 남겼다. 휴생(睢生)은 『공양전』에 대한 휴생의(睢生義) 하나를 남겼고 가규는 『좌씨전』에 대한 책을 두 개 남겼다. 팽왕(彭汪)은 『좌씨전』에 대한 기설(奇說) 하나를 남겼고 정중(鄭衆)은 장구 하나를 남겼다. 또한 작자 미상의 『춘추대전(春秋大傳)』 한 권이 있다. 『십삼경고주(十三經古注)』·『한학당총서(漢學堂叢書)』·『소학일(小學蒐佚)』 등의 총서들에도 관련 저작이 실려 있다.

송대 사람들의 연구로는 마땅히 유창(劉敞)의 『춘추권형(春秋權衡)』을 중시해야 한다. 청대 사람들의 연구로는 위 구절에서 제시된 내용들 외에도 고문에 관한 것으로는 장파이녠의 『유자정좌씨설(劉子政左氏說)』[40] 등이 볼 만하고, 금문에 관한 것으로는 캉유웨이(康有爲, 1858~1927)의 『춘추동씨학(春秋董氏學)』[41]과 야오핑(廖平)의 『하씨공양해고십론(何氏公羊解詁十論)』[42] 등이 볼 만하다

· · · · · · · · · · · · ·

39 ≪원주≫ 『한서』 권36 「유흠전」의 "移讓太學博士書"에 보인다.
40 ≪원주≫ 『장씨총서(章氏叢書)』
41 ≪원주≫ 『대동석서국판(大同譯書局版)』
42 ≪원주≫ 『신정육석관총서(新訂六譯館叢書)』

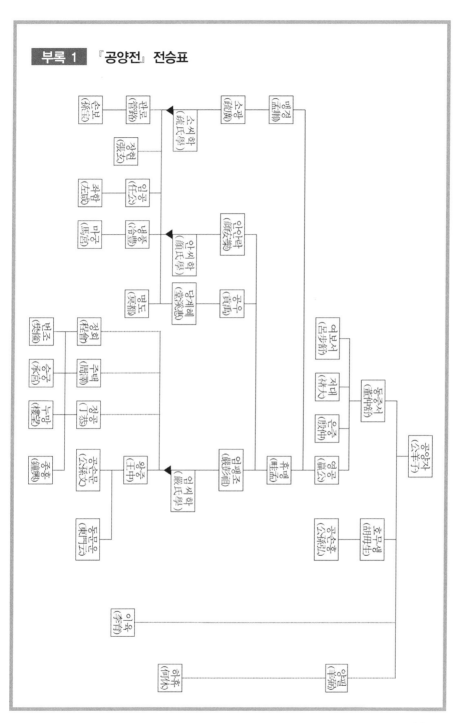

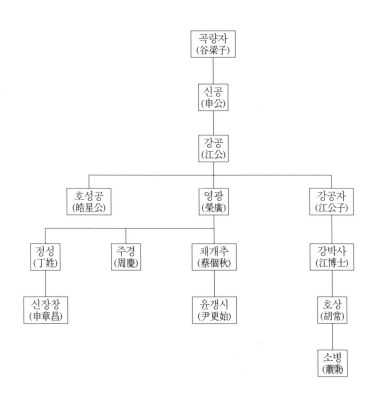

```
                          좌씨
                         (左氏)
          ┌───────────────┼───────────────┐
          │             고의            장창
          │            (賈誼)          (張蒼)
       유공자              │           장창
      (劉公子)           관공          (張敞)
                        (貫公)
                          │
                        관장경
                       (貫長卿)
                          │
                         장우
                        (張禹)
                          │
                        윤갱시
                       (尹更始)
          ┌───────────────┼───────────────┐
         호상            적방진            윤함
        (胡常)          (翟方進)          (尹咸)
          │
         가호
        (賈護)
          │      ┌──────┬──────┬──────┬──────┬──────┐
         진흠   가휘   정흥   마융   복건   영용   사해
        (陳欽) (賈徽) (鄭興) (馬融) (服虔) (潁容) (謝該)
          │      │      │      │
         왕망   가규   정중   정현
        (王莽) (賈逵) (鄭衆) (鄭玄)
```

제7절 『논어』학과 『효경』학

현재 『논어』와 『효경』을 연구하는 학자는 모두 『논어』와 『효경』이 한대에는 전이었지 경이 아니었다고 말하는데, 이 말은 본래 반고의 기술에서 비롯된 것이다. 『한서』「양웅전(揚雄傳)」에 "전으로는 『논어』보다 훌륭한 것이 없다.[傳莫大於『論語』.]"라고 하였는데 정현 또한 이 설을 지지하였다. 정현의 「논어서(論語序)」에 "『역』·『시』·『서』·『예』·『악』·『춘추』의 간독은 길이가 모두 2척 4촌이다. 『효경』은 반으로 줄여 1척 2촌이며, 『논어』는 8촌이다.[『易』·『詩』·『書』·『禮』·『樂』·『春秋』, 策皆二尺四寸, 『孝經』謙半之, 『論語』八寸.]"라고 하였다. 정현은 한나라 때 사람으로 경과 전의 성서(成書)와 장정 형식을 직접 눈으로 보았기 때문에 그의 말은 분명 근거가 있다. 장태염은 이에 의거하여 전이 6촌의 부(簿)[1]이며, 바로 '專'자의 가차자로서 전은 본래 경과는 달리 죽간의 길이가 짧은 것으로 그 이름을 얻게 되었다고 하였다.[2] 하지만 이상의 두 가지 학설을 종합해 보면, 1척 2촌의 『효경』과 8촌의 『논어』는 또한 전이라고 볼 수 없을 것이다. 왜냐하면 이는 그 간독의 길이가 서로 같지 않기 때문이다. 한나라 때의 금문 경학자들은 이 두 책을

---

1 전은 『설문해자』에 "6촌짜리 부(簿)"라고 하였는데, 부(簿)는 수판(手版)으로 고대에는 홀(笏)이라고 하였다. (『훈고학의 이해』, 주대박 저, 동과서, 1997)
2 《원주》『국고논형(國故論衡)』「문학총략(文學總略)」과 『장씨총서(章氏叢書)』를 참고하였다.

경이라고 직접적으로 말하지 않았다. 왜냐하면 경은 반드시 공자가 직접 편찬한 것이어야 하였다. 하지만 『논어』는 "부자께서 돌아가시자, 문인들이 자료를 수집하여 의논하여 편찬한 책[夫子旣卒, 門人相與輯而論纂]"이라고 하였고, 『효경』은 "공자가 증자를 위해 효도에 대해 말해준 책[孔子爲曾子陳孝道]"이라고 하였기 때문에 두 책을 오경과 같은 반열에 두지 않았다. 전한 말기 이후로 경사들이 이 두 책의 중요성에 대해 점점 관심을 기울이게 되자, 그 지위 또한 날로 중요하게 되었다. 이러한 경향은 『효경』에 대해 설명할 때 더욱 뚜렷해진다. 공자의 『효경』 편찬 여부는 아직 의문으로 남아 있다. 그러나 경학가의 상세한 서술을 거치면서 공자가 『효경』을 지은 일은 이제 정론이 되었다. 「한노상사신주사공자묘비(漢魯相史晨奏祀孔子廟碑)」에 "『춘추』를 짓고서 다시 『효경』을 지었다.[乃作 『春秋』, 復演 『孝經』.]"라고 하였고, 「한노상을영주치공묘백석졸사비(漢魯相乙瑛奏置孔廟百石卒史碑)」에 "공자가 『춘추』를 짓고서, 『효경』을 지었다.[孔子作 『春秋』, 制 『孝經』.]"[3]라고 하였다. 또한 정현의 『육예론』에서는 "공자는 육예의 면목이 달라지고, 주지(主旨)가 나뉘어져 도가 이산되어 후세의 사람들이 근원을 모르게 될까 염려하였기 때문에 『효경』을 지어 종합하였다.[孔子以六藝名目不同, 指意殊別, 恐道離散, 後世莫知根源, 故作 『孝經』以總會之.]"라고 하였다.

두 책이 한대에 응용된 상황을 살펴보면, 그 성질의 변화를 분명히 알 수 있다. 두 책은 태자가 필독한 책이었다. 『한서』 「경십삼왕전(景十三王傳)」에 "광천왕(廣川王) 거(去)는 바로 무왕(繆王) 제(齊)의 태자이다. 스승에게 『역』·『논어』·『효경』을 전수받아 모두 통달하였다.[去卽繆王齊太子也, 師受 『易』·『論語』·『孝經』皆通.]"라고 하였으며, 「소제기」에 "짐이 옛 제왕들의 공업을 닦아 「보부전(保傅傳)」·『효경』·『논어』·『상서』를 모두 배웠으나, 훤히

3 《원주》 송나라 구양수(歐陽脩)의 『집고록발미(集古錄跋尾)』, 송나라 홍괄(洪适)의 『예석(隷釋)』, 청나라 왕염손(王念孫)의 『독서잡지(讀書雜誌)』, 청나라 양계초(梁啓超)의 『음빙실문집(飮冰室文集)』을 참고함.

안다고 말하지 않았다.[(朕)修古帝王之事, 通「保傅傳」『孝經』·『論語』·『尙書』, 未云有明.]"라고 하였다.『한서』「선제기」에 실린 곽광(霍光)의 주의(奏議)에 "효무황제의 증손이 병이 낫자, 액정(掖庭)에게 돌보게 하였으며 스승에게『시』·『논어』·『효경』을 전수받게 하였다.[孝武皇帝曾孫病已, 有詔掖庭養視,[4] 師受『詩』·『論語』·『孝經』.]"라고 하였다. 경사의 관학과 민간의 사학은 이 두 책을 기본 교재로 삼았다.[5] 그러므로 왕충 또한 "(왕충은) 글씨공부가 이루어지자 글방을 떠나『논어』와『효경』을 배웠다.[(充)手書旣成, 辭師受『論語』·『尙書』]"[6]라고 하였는데, 이를 통해『논어』와『효경』이 한대에 매우 광범위하게 활용되었음을 알 수 있다. 하지만 이는 육경을 전습한 사람들이 지은 것이기 때문에, 한나라 때 사람들이 이 두 책을 전으로 여긴 것이 쉽게 납득이 되지 않는다. 정현은『중용』에 주를 달면서 "대경(大經)과 대본(大本)[大經大本]"이라 하였는데, "대경은 육예로서『춘추』를 가리키며 대본은『효경』이다.[大經謂六藝 而指『春秋』也, 大本『孝經』也.]"라고 하였다. 이상의 기술을 종합해 보면, 한대 사람들의 의식 안에는『논어』와『효경』 또한 경의 일종이었으며 이 책들이 비록 다른 경들과 어깨를 나란히 할 수는 없었지만 '경의 초기단계'에 해당된다고 볼 수 있다.

한대에『논어』를 "논어"라고 전칭(全稱)한 것은 위에서 인용한 글을 통해 알 수 있다. 또한 약칭『논(論)』[7]·『어(語)』[8]·『기(記)』[9]·『전(傳)』[10]라고도 하

. . . .

4 이후로 "至今年十八"이라는 말이 더 있다.
5 ≪원주≫ 졸고『심재문학집』제2편
6 ≪원주≫『논형』「자기편(自紀篇)」
7 ≪원주≫『형방비(衡方碑)』 "중니가 죽고나서, 제자들이『논어』를 편찬하였다.[仲尼旣歿, 諸子綴『論』.]"
8 ≪원주≫『후한서』「비동전(邳彤傳)」 "『어(語)』에 가로되, 한 마디로 나라를 일으킬 수 있다.[『語』曰:一言可以興邦.]"
9 ≪원주≫『후한서』「조자전(趙咨傳)」 "『기(記)』에 가로되, 상례는 간이하게 하기보다는 차라리 다 갖추는 것이 낫다.[『記』曰:喪與其易也寧戚.]"
10 ≪원주≫『한서』「양웅전(揚雄傳)」 찬(贊)

였으며, 『논어설(論語說)』이라고도 하였는데, 『한서』「교사지(郊祀志)」에서 "『논어설』에 '공자는 괴이한 일과 신이한 일에 대해 말하지 않았다.'[『論語說』日 : '子不語 : 怪, 神.']"라고 하였다. 쥐위동(周予同, 1898~1981)[11]은 「『논어』의 명명과 그 별칭(『論語』的命名與其別名)」이라는 글에서 『논어』의 약칭에 대해 매우 자세히 고증하였다. 다만 그 글에서 "『논어』의 명칭 사용 확정은 실제 한대 후기부터 시작되었다."라고 하였지만 근거가 아직 부족하다. 이상에서 인용한 『한서』 중의 『논어』와 『효경』 혹은 다른 책에서 일컬을 때에도 모두 『논어』라는 정식 명칭을 사용했다. 『논어』라고 정식 명칭을 사용한 것은 위에서 인용한 책들을 제외하고도 『한서』「평제기(平帝記)」·「소광전(疏廣傳)」과 『후한서』「병원전(邴原傳)」·「범승전(范升傳)」[12]등에서 볼 수 있다. 약칭과 정식명칭은 서술자의 언어 환경에 달려 있는 것으로 『사기』와 『한서』에서 『서』를 일컬을 때 어떤 때는 『상서』라는 정식 명칭을 사용했지만 어떤 때는 약칭으로 『서』라고 불렀다. 그렇다면 책의 명칭이 확정된 시간과 연관을 지어 생각하는 것은 무리가 있다.

『한서』「예문지」에 다음과 같은 말이 있다.

『논어』란 공자 제자와 그 당시의 사람들에게 응답할 때나 제자들이 서로 의논하는 과정에서 직접 공자로부터 듣던 말들이다. 그 당시 제자들이 각자 (그것을) 기록한 바가 있었는데 공자가 죽고 나서 문인들이 함께 기록을 모아

11 절강성 서안(瑞安) 사람으로 초명은 민무(毓懋), 학명(學名)은 주거(周蘧)이다. 소년시절 만청(晚清)의 경학가 손이양(孫詒讓)에게 글을 배웠다. 이후 북경고등사범학교(北京高等師範學校) 국문부(國文部)에 입학한 후 과학(科學)과 민주(民主) 사조의 영향을 받아 동학들과 여학회(勵學會)·공학회(工學會)·평민교육사(平民教育社)를 조직하여 공독주의(工讀主義)에 대한 실험을 하였다. 저서에 『경금고문학(經今古文學)』·『경학역사(經學歷史)』등이 있다.
12 ≪원주≫『한서』「평제기(平帝紀)」 "征天下通知……以『五經』, 『論語』, 『孝經』, 『爾雅』教授者."라고 하였으며, 「소광전(疏廣傳)」에 "皇太子年十二, 通『論語』, 『孝經』."라고 하였고 『후한서』「병원전(邴原傳)」 "一冬之間, 通『孝經』, 『論語』."라고 하였으며, 『범승전(范升傳)』에 "九歲通『論語』, 『孝經』."라고 하였다.

논의하고 책을 편찬하였다. 그러므로 그것을 『논어』라고 하였다. 한나라가 들어섰을 때 제나라 논어와 노나라 논어가 있었다. 『제론』을 전한 사람은 창읍(昌邑) 중위(中尉) 왕길(王吉), 소부(少府) 송기(宋畸), 어사대부(御史大夫) 공우(貢禹), 상서령(尙書令) 오록충종(五鹿充宗), 교동(膠東) 용생(庸生)이 있었는데 오직 왕양(王陽)만 일가를 이루었다. 『노론』을 전한 사람은 상산(常山) 도위(都尉) 방분(龔奮), 장신(長信) 소부(少府) 하후승(夏侯勝), 승상(丞相) 위현(韋賢), 노(魯) 부경(扶卿), 전장군(前將軍) 소망지(蕭望之), 안창후(安昌侯) 장우(張禹) 등이 있고 모두 일가를 이루었다. 장우가 가장 뒤에 나와 세상에 홍행하였다.[『論語』者, 孔子應答弟子時, 人及弟子相與言而接聞於夫子之語也. 當時弟子各有所記, 夫子旣卒門人相與輯而論篹, 故謂之『論語』. 漢興, 有齊魯之說. 傳『齊論』者, 昌邑中尉王吉・少府宋畸・御史大夫貢禹・尙書令五鹿充宗・膠東庸生, 唯王陽名家. 傳『魯論語』者, 常山都尉龔奮・長信少府夏侯勝・丞相韋賢・魯扶卿・前將軍蕭望之・安昌侯張禹, 皆名家. 張氏最後而行於世.]

『한서』「예문지」에는 또한 "『논어』 고 21편[『論語』古二十一篇.]"이라고 기재 되어 있는데, 본주(本注)에서 "공자의 고택 담장에서 나왔으며 자장편이 둘이다.[出于孔子壁中, 兩子張.]"라고 하였다. 남조(南朝) 양(梁)나라 황간(皇侃)의 『논어의소(論語義疏)』에서 "처음 책을 편찬할 때를 헤아려 보면 어찌 세 본의 구별이 있었겠는가? 이는 엮어 놓은 죽간이 떨어져나가 입으로 전수한 내용이 달라졌을 뿐이다.[尋當昔撰錄之時, 豈有三本之別 將是編簡缺落口傳不同耳.]"라고 하였다. 때문에 유향의 『별록』에서 "노나라 사람이 배운 것을 『노론』이라고 하고, 제나라 사람이 배운 것을 『제론』이라 하며, 공자의 구택 담장에서 나온 것을 『고론』이라 한다.[魯人所學謂之『魯論』, 齊人所學謂之『齊論』, 孔壁所得, 謂之『古論』.]"라고 하였다.

『고론』 21편에 대하여 여순(如淳)의 주에 "「요왈」편 후반부에 자장이 공자께 '어떠하여야 정사(政事)에 종사할 수 있습니까?'라고 묻는 내용부터 나누어 한 편으로 삼아 「종정(從政)」이라 명명한다.[分「堯曰」篇後子張問 '如何可以從政'已下爲篇, 名曰「從政」.]"라고 하였으며, 황간(皇侃)은 "『고론』은 「요왈」아래 장을 나누어 「子張」으로 다시 한 편을 만들었는데, 모두 21편이다. 편차는

「향당」을 제2편으로 「옹야」를 제3편으로 구성하였는데, 편의 내용은 이리 저리 뒤섞여 자세히 말하기 어렵다.[『古論』分「堯曰」下章「子張」更爲一篇, 合二十一 篇. 篇次以「鄕黨」爲第二篇, 「雍也」爲第三篇, 內倒錯不可具說.]"라고 하였다.[13]

『한서』「예문지」에서 "『제론』 22편[『齊論』二十二篇]"이라 하였는데, 본주 에서 "「문왕(問王)」과 「지도(知道)」 2편이 더 있다.[多「問王」, 「知道」.]"라고 하였다. 왕응린의 『한서예문지고증(漢書藝文志考證)』에서 "『설문』과 『초학기 (初學記)』 등에서 『논어』를 인용하면서 '옥사(玉事)'라 말했는데, 나는 「문왕」 은 바로 「문옥(問玉)」이라고 생각한다. 전문(篆文)이 서로 같다.[『說文』·『初學 記』等書引『論語』言玉事, 愚謂「問王」疑卽「問玉」也, 篆文相同.]"라고 하였다.

『한서』「예문지」에서 "『노론』 20편, 『전』 19편.[『魯論』二十篇, 『傳』十九 篇.]"이라고 하였는데, 후에 비교적 유행한 판본은 바로 『노론』을 가리킨 다.[14] 『노론』 19편의 전에 대해 안사고의 주석에 "『논어』의 뜻을 해석한 것이다.[解釋『論語』意者.]"라고 하였다.

『고론』은 고문학(古文學)에 속한다. 그 진위와 『제론』과 『노론』 간의 이동 (異同)은 왕응린의 『한서예문지고증』에서 매우 자세하게 변증하였다. 『한서』 「예문지」의 설명에 따르면, 『고론』은 원래 고문 『상서』와 함께 출현하였는 데 이는 한나라 무제 말년 노나라 공왕(共王)이 공자의 집을 허물고 얻은 것이라 한다. 청나라 유자들은 고문 『상서』를 위서라고 배격하였기 때문에 『고론』 또한 위서라고 의심을 받았다. 청나라 심도(沈濤)[15]는 『논어공주변위 (論語孔注辨僞)』에서 이에 대해 전문적으로 연구하였다.

. . . .

13 ≪원주≫ 남조 양(梁)나라 황간(皇侃)의 『논어의소(論語義疏)』
14 ≪원주≫ 『논어의소(論語義疏)』에서 "『노론(魯論)』 20편이 있는데, 곧 오늘날 강학하는 것 이 이것이다.[『魯論』有二十篇, 卽今日所講者是也.]"라고 하였다.
15 절강성 가흥(嘉興) 사람으로 원명은 이정(爾政), 자는 서옹(西雍), 호는 포려(匏廬)이다. 가경 (嘉慶) 16년(1811)년에 진사가 되었다. 학문은 고정(考訂)을 위주로 하였으며, 금석학에 조예 가 있었다. 저서에 『역음보유연설문고본고(易音補遺淵說文古本考)』 및 필기, 시문집, 시화 (詩話) 등이 있다.

『고론』·『노론』·『제론』을 서로 비교하는 것은 금문학에 속한다. 하안(何晏)의 설에 따르면, 『제론』과 『노론』은 한나라 말기에 이미 가법(家法)과 혼합하였다. "안창후(安昌侯) 장우(張禹)는 본래 『노론』을 전수받았으나, 『제설(齊說)』을 아울러 강론하면서 좋은 학설을 따랐는데 이를 『장후론(張侯論)』이라고 불렀다. 이 때문에 세상 사람들이 귀중하게 여겼다.[安昌侯張禹本受『魯論』, 兼講『齊說』, 善者從之, 號曰『張侯論』, 爲世所貴.]"라고 하였다. 후한 때에 이르러, 정현이 세 『논어』를 혼합하고서 주를 달아, "정현이 『논어』의 편장에 나아가 『제론』과 『고론』을 고증하고 주를 달았다.[鄭玄就『論語』篇章, 考之『齊』·『古』爲之注.]"[16]라고 하였다. 정현의 주본은 바로 현재 통행하는 『논어』이다.

『효경』에 대해 『한서』 「예문지」에서 다음과 같이 말하였다.

> 『효경』이란 공자가 증자를 위해 효도에 대해 말씀하신 것이다. '효'란 하늘이 정한 도이고 땅이 정한 이치이며 백성들의 행동의 법칙이다. 큰 것을 들어말하기 때문에 『효경』이라 한다. 한이 일어서자 장손씨(長孫氏), 박사(博士) 강옹(江翁), 소부(少府) 후창(后倉), 간대부(諫大夫) 익봉(翼奉), 안창후(安昌侯) 장우(張禹)가 그것을 전하였으며, 각자 학파를 이루었다. 경문은 모두 같은데, 오직공자 고택(古宅) 담장에서 나온 고문은 다르다. "父母生之, 續莫大焉."이나 "故親生之膝下"라는 구절에 대해 각 학파의 설은 각자 다르고, 고문자의 해독도 모두다르다. [『孝經』者, 孔子爲曾子陳孝道也. 夫孝, 天之經, 地之義, 民之行也. 擧大者言, 故曰『孝經』. 漢興, 長孫氏·博士江翁, 少府后倉·諫大夫翼奉, 安昌侯張禹傳之, 各自名家. 經文皆同, 唯孔氏壁中古文爲異. "父母生之, 續莫大焉." "故親生之膝下", 諸家說不安處, 古文字讀皆異.]

『효경』의 작자에 대해서는 한대부터 지금까지 제가들의 의견은 전혀 일치

• • • • • • • • • • • • •

16 ≪원주≫ 삼국시대 위(魏)나라 하안(何晏)의 『논어집해서(論語集解序)』

하지 않고 있다. 판원란은 네 개의 학설로 종합하였으며,[17] 쥐위동은 일곱 종류의 학설로 종합하였다.[18] 필자는 「『효경』 성서(成書)에 대한 소고(『孝經』成書小考)」라는 글에서 여섯 가의 학설로 종합하였으며, 동시에 이 책이 유가가 여덟 가로 나뉜 후에 나타난 악정자(樂正子) 일파와 관련이 있음을 제기하였다.[19]

『효경』은 금문과 고문으로 나뉜다. 『한서』 「예문지」에서 "『효경』 1편, 18장.[『孝經』一篇. 十八章.]"이라고 하였으며, 그 본주에 "18장. 장손씨·강씨·후씨·익씨 등 네 가가 있다.[十八章. 長孫氏·江氏·后氏·翼氏四家.]"라고 하였다. 금문본의 기원은 『수서』 「경적지」에 따르면 "『효경』은 진나라 분서 사건으로 하간 사람 안지(顔芝)에 의해 숨겨졌다. 한초 안지의 아들 정(貞)은 그것을 헌납하였는데 모두 18장이었다. 그리고 장손씨, 박사 강옹, 소부 후창, 간의대부 익봉, 안창후 장우는 모두 효경의 학으로 이름을 남겼다. 정중과 마융이 모두 주를 달았다.[『孝經』遭秦焚書, 爲河間人顔芝所藏. 漢初芝子貞出之, 凡十八章. 而長孫氏, 博士江翁, 少府后蒼, 諫議大夫翼奉, 安昌侯張禹皆名其學. 鄭衆·馬融幷爲之注.]"라고 하였다. 『수서』 「경적지」의 설명은 『경전석문(經典釋文)』 「서록(敍錄)」과 동일하다. 그러나 어떤 자료에 근거한 말인지 알 수 없다는 점은 의심을 해볼 만한 사안이다. 고문 『효경』에 대해 『한서』 「예문지」에서 "『효경』 고공씨 1편[『孝經』古孔氏一篇.]"이라 하였으며, 그 본주에서 "22장[二十二章.]"이라 하였다. 이 두 본에 대해 후한시대 환담(桓譚)은 『신론(新論)』을 지을 때와 비교해 보고 "고문 『효경』은 1872자인데, 오늘날의 『효경』과 400여자가 다르다.[古『孝經』千八百七十二字, 今異者四百餘字.]"라고 하였다. 고문 『효경』의 기원 또한 알 수가 없다. 『한서』 「예문지」에서 이 책이 공자가 살던 집의 벽에서 나왔다고 하였으나 허신의 아들 허충(許冲)이 올린 「설문해자표

· · · · · · · · · · · ·

17 《원주》 판원란, 『군경개론(群經槪論)』 제11장
18 《원주》 『쥐위동경학사론저선집(周予同經學史論著選集)』 "群經槪論·孝經."
19 《원주》 졸저 『심재문학집(心齋文學集)』 "『孝經』成書小考"

454

(說文解字表)」에서 "고문『효경』은 효소제(孝昭帝) 때 노나라의 삼노(三老)인 공혜(孔惠)가 바친 것으로 건무제(建武帝) 때 급사중의랑(給事中議郎) 위굉(衛宏)이 교정하였습니다. 그 학문은 모두 입으로 전수되어 관학에서 그 학설을 갖추고 있는 곳이 없습니다.[古文『孝經』者, 孝昭帝時魯國三老所獻. 建武時, 給事中議郎衛宏所校. 皆口傳, 官無其說.]"라고 하였다. 고문『효경』은 금문본에 비해 4장이 더 많은데, 안사고는 유향의 설을 인용하여 "「서인장」은 2장으로 나뉘지고 「증자감문장」은 3장으로 나뉘졌으며 또한 1장이 더 많으니 합쳐서 22장이 된다.[「庶人章」分爲二也, 「曾子敢問章」爲三, 又多一章, 凡二十二章.]"라고 하였다.

이외에 청대에는 일본 고문본『효경』과『고문효경공전(古文孝經孔傳)』이 있었다. 건륭(乾隆, 1736~1795) 연간 포정박(鮑廷博, 1728~1814)이 이 책을 새로 간행하면서 지은 발문에 따르면, 그의 벗 왕익창(汪翼滄)이 일본 나가사키항구에서 구입하였다고 한다. 이에 대해 청나라 완원(阮元)은『고문효경공전』은 위서로 의심되며, 본전(本傳) 또한 고문본『효경』이 아니라고 고증한 바 있다. 그러나 이 본에 대한 후대의 학자들의 연구는 다소 부족한 실정이다.

『사고총목제요(四庫總目提要)』에는『효경』의 전수에 대해 다음과 같이 기술하였다.

> 『당서(唐書)』「원행충전(元行沖傳)」에 "현종(玄宗)이 스스로『효경』에 주를 달고, 행충(行沖)으로 하여금 소(疏)를 짓게 했으며, 학관을 세웠다."(『당회요(唐會要)』에 또 "당나라 천보(天寶) 5년(746)에 조서를 내리길 '『효경서소(孝經書疏)』가 비록 거칠게 설명하였으나 모두 다 갖추지는 못했다. 지금 다시 부창(敷暢)하여 궐문(闕文)을 널리 보충하고, 집현원(集賢院)으로 하여금 필사하여 나라 안밖에 반포하게 하라.'고 하였다. 이때 모든 주(註)가 다시 정리되었고, 소(疏) 또한 다시 정리되었다." 그 소(疏)는『당지』에는 2권으로 되어 있고『송지』에는 3권으로 되어 있으니 아마 2권이 늘어난 것 같다. 송나라 함평(咸平, 998~1003) 연간에 형병(邢昺)이 지은 소는 바로 행충(行沖)이 지은 책에 의거하여 감본(監本)을 만들었다. 그러나 어떤 것이 구문이고 어떤 것이 신설인지 지금은 이미 판별할 수 없다. [『唐書』·「元行沖傳」稱 : "元宗自註『孝經』, 詔行沖爲疏, 立於學

官."『唐會要』又載 : "天寶五載詔, 『孝經書疏』雖鱗發明, 未能該備, 今更敷暢以廣闕文, 令集賢院寫頒中外. 是『註』凡再修. 『疏』亦再修." 其疏[20]『唐志』作二卷, 『宋志』則作三卷, 殆續增[21]一卷歟? 宋咸平中邢昺所修之疏, 卽據行沖書爲監本, 然孰爲舊文, 孰爲新説, 今已不可辨別矣.]

．．．．．．．．．．．．．

20 원서에는 "『唐會要』又載 : '天寶五載詔, 『孝經書疏』雖鱗發明, 未能該備, 今更敷暢以廣闕文, 令集賢院寫頒中外. 是『註』凡再修. 『疏』亦再修.' 其疏"라는 말이 없으나, 중화서국 영인본에 의해 보충하였다. (『四庫全書總目』, 中華書局影印本, 1965, p.263)
21 원서에는 '增'자가 없으나, 중화서국 영인본에 의해 보충하였다. (『四庫全書總目』, 中華書局影印本, 1965, p.263)

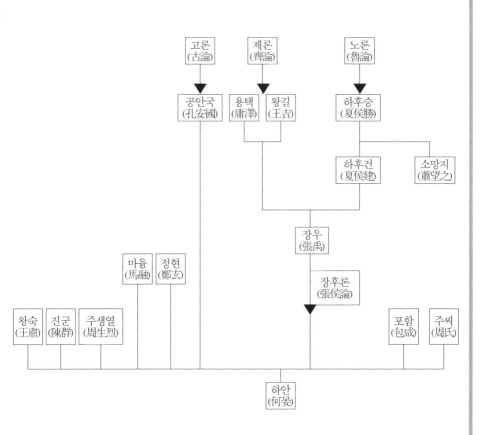

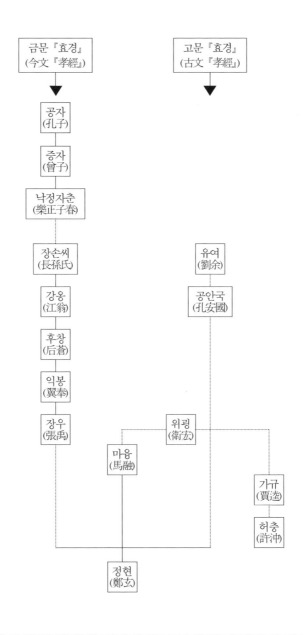

4장

통경치용 하의 한대 사회

通經致用

제1절 금고문 경학(今古文經學)과 한대 학술·정치와의 관계

한대 경학은 금문 경학과 고문 경학으로 나뉘는데 오경의 전승과 경설을 서술할 때에 언급하였다. 금문은 마반(馬班)[1]에서 시작되었다고 알려졌으며, 고문은 중루(中壘, 곧 유흠劉歆)[2]가 독자적으로 발생시켰다고 하는데, 이런 학설이 잘못된 것은 아니다.

금문경과 고문경이 구분된 기준과 관련해서는 연구자들의 논쟁이 분분하다. 일반적으로 학자들은 고·금문의 차이를 문자(文字)상의 차이라고 여겼다. 금문은 한대에 통용되었던 예서(隸書)를 가리키고 고문은 전국시대에 동방육국(東方六國)에 통용되었던 전서(篆書)를 가리키지만 한대에는 이미 사용되지 않았다. 그러므로 한대의 사람들은 전서로 쓰인 것을 '고문'이라고 불렀다.

피시루이는 다음과 같은 주장을 하였다.

> 양한의 경학에는 금·고문의 구별이 있었다. 금·고문이 나뉜 이유는 무엇보다 문자의 차이에서 비롯되었다. 금문이란 지금의 이른바 예서(隸書)로 세상에 전해지는 희평(172~177) 연간의 『석경』과 공묘 등에 있는 한비(漢碑)가

----

1 마반(馬班)은 일반적으로 사마천(司馬遷 B.C.145(135)~B.C.86?)과 반고(班固 32~92)를 말한다.
2 중루(中壘)는 한(漢)나라 때 중루교위(中壘校尉)를 지낸 유향(劉向)을 가리키는데, 유향이 일찍이 천록각(天祿閣)에서 교서(校書)를 역임한 것으로부터 명명되었다.

이것이다. 고문이란 지금의 이른바 주서(籀書)로 세상에 전해지는 기양(岐陽)의 석고(石鼓) 및 『설문』에 실려 있는 고문이 이것이다. 예서는 한나라시대에 통행되었기 때문에 당시에 그것을 금문이라고 하였는데 오늘날 사람들이 해서(楷書)에 대해 모든 사람들이 전부 알고 있는 것과 같은 경우이다. 주서는 한나라시대에 통행되지 않았기 때문에 당시에 그것을 고문이라고 하였는데 오늘날 사람들이 전서와 예서에 대해서 모든 사람들이 전부 알지 못하는 것과 같은 경우이다. 문자는 모든 사람들이 전부 알고 있어야만 초학들을 가르칠 수 있는 것이다. 허신은 공자가 육경을 베끼고 정리할 적에 모두 고문으로 썼다고 하였다. 그렇다면 공자와 복생이 보관한 책들도 반드시 고문이었을 것이다. 그러다 한초에 보관하던 책들을 꺼내서 생도들을 가르칠 때에 통행되던 금문으로 고치는 것이 학자들이 송습(誦習)하는 데 편리하였다. 그러므로 한나라에서 박사 열네 명을 세울 때에는 모두 금문이었고 고문이 일어나기 전에는 금문이라는 별도의 명칭이 존재하지 않았다. 『사기』「유림전」에 이르길 "공안국에게는 고문으로 쓰인 『상서』가 있었는데 공안국이 금문으로 그것을 읽었다."[3]라고 한 것은 바로 『상서』의 고금문자(古今文字)를 가지고 말한 것이다. 『노시(魯詩)』·『제시(齊詩)』·『한시(韓詩)』·『공양춘추』·『사기』에는 '금문가'라고 하지 않았다. 유흠에 이르러서야 처음으로 『고문상서』·『모시』·『주관』·『좌씨춘추』를 더 두었고 학관에 세웠기 때문에 반드시 해설서를 만들어야 했다. 후한의 위굉·가규·마융이 차례로 증보(增補)하여 세상에 통행시키면서 마침내 금문과 대등하게 되었다. 허신의 『오경이의(五經異義)』에는 고문으로 쓰인 『상서』의 설, 금문으로 쓰인 하후(夏侯)·구양(歐陽)의 설, 고문으로 쓰인 『모시』설, 금문으로 쓰인 『시』한노(韓魯)설, 고문으로 쓰인 『주례』설, 금문으로 쓰인 『대례』설, 고문으로 쓰인 『춘추좌씨』설, 금문으로 쓰인 『춘추공양』설, 고문으로 쓰인 『효경』설, 금문으로 쓰인 『효경』설이 있어 모두 구별하여 언급하고 있는데 문자만 다를 뿐만이 아니라 해설도 달랐다. 경전을 연구할 때에는 반드시 한학(漢學)을 따라야 하지만 한학에도 또한 따져 볼 것이 있다. 전한의 금문설은

· · · · · · · · · · · · ·

3 쉬푸관에 견해에 따르면 '금문'으로 '고문'을 교열하여 따져 묻거나, 아울러 나아가 '금문'으로 '고문'을 베껴서 결정하였다는 것이다. (쉬푸관 지음, 고재욱 외 옮김, 『중국경학사의 기초』, 강원대학교출판부, 2007, p.186 참고)

미언대의만을 밝혔고 후한의 잡고문(雜古文)은 장구와 훈고를 상세하게 한 것이 많다. [兩漢經學有今古之分. 今古文所以分, 其先由于文字之異. 今文者, 今所謂隸書, 世所傳熹平『石經』及孔廟等處漢碑是也. 古文者, 今所謂籒書, 世所傳岐陽石鼓及『說文』所載古文是也. 隸書, 漢世通行, 故當時謂之今文; 猶今人之于楷書, 人人盡識者也. 籒書, 漢世已不通行, 故當時謂之古文; 猶今人之于篆・隸, 不能人人盡識者也. 凡文字必人人盡識, 方可以敎初學. 許愼謂孔子寫定六經, 皆用古文; 然則, 孔氏[4]與伏生所藏書, 亦必是古文. 漢初發藏以授生徒, 必改爲通行之今文, 乃便學者誦習. 故漢立博士十四, 皆今文家, 而當古文未興之前,[5] 未嘗別立今文之名. 『史記』「儒林傳」云:"孔氏有古文『尙書』, 而安國以今文讀之." 乃就『尙書』之古今文字而言. 而魯・齊・韓『詩』, 『公羊春秋』, 『史記』不云今文家也. 至劉歆始增置『古文尙書』・『毛詩』・『周官』・『左氏春秋』, 旣立學官, 必創說解. 後漢衛宏・賈逵・馬融・又遞爲增補, 以行于世, 遂與今文分道揚鑣. 許愼『五經異義』有古『尙書』說, 今『尙書』夏侯歐陽說, 古『毛詩』說, 今『詩』韓魯說, 古『周禮』說, 今『禮戴』說,[6] 古『春秋左氏』說, 今『春秋公羊』說, 古『孝經』說, 今『孝經』說, 皆分別言之, 非惟文字不同, 而說解亦異矣. 治經必宗漢學, 而漢學亦有辨. 前漢今文說, 專明大義微言; 後漢雜古文, 多詳章句訓詁.][7]

피시루이가 평론한 금・고문의 구분은 실제로는 이전학자들의 견해에 대한 총론으로 먼저 문자의 차이, 예서와 전서가 갈라진 것에서부터 금문・고문을 구별하였다. 그리고 나서 "문자는 모든 사람들이 전부 알고 있어야만 초학들을 가르칠 수 있는 것이다.[凡文字必人人盡識, 方可以敎初學.]"라는 내용으로 한나라가 금문으로서 경의 체계를 이룬 것이 필연적이었음을 논증하였다. 또한 고문이 "학관에 세웠기 때문에 해설서를 반드시 만들어야 했다.[旣立學

4 원서에 나온 '子'는 1959년 예문인서관(藝文印書館)판에는 '氏'로 되어 있어 고쳤다.(피시루이, 『경학역사(經學歷史)』, 예문인서관, 1959)
5 원서에는 '未興以前'으로 나와 있으나, 『경학역사』에는 '未興之前'으로 되어 있어 고쳤다. (앞의 책)
6 원서에는 '今戴禮說'으로 되어 있으나, 『경학역사』에는 '今禮戴說'로 되어 있어 고쳤다. (앞의 책)
7 ≪원주≫ 피시루이, 『경학역사』 3 "경학창명시대(經學昌明時代)", 중화서국 1959

官, 必創說解]"는 것을 가지고 금고문이 "대등하게 된[分道揚鑣]" 원인을 추론해 내었다.

예서와 전서의 문자를 금고문 구분의 기준으로 삼은 것은 피시루이의 설이 가장 뛰어나다. 그러나 어떤 학자들은 이런 방식의 분류에는 고문 구별의 문제점이 많다고 여긴다. 한대의 수많은 고문경본(古文經本)은 전서본(篆書本)이 아니라 예서본(隷書本)이다. 이처럼 문자의 형식을 가지고 척도로 삼는다면 혼란이 발생한다. 그렇다면 유흠 이전에 학관에 세웠던 여러 경전이 금·고 문을 구분하는 기준으로 간주되었음을 생각해볼 수 있다.[8] 이것은 문자의 차이로 발생된 혼란을 면하기는 했지만 내용은 비교적 단순하다. 그러나 학관에 세워진 여러 경전의 연대(年代)·흥폐(興廢)에 대해서는 의견이 일치하지 않기 때문에 설득력이 떨어진다. 또한 최근에 "이른바 금문경은 한 무제 원삭(元朔) 5년(B.C. 124년)에 경서의 금문 사본을 조직적으로 필사하게 되었다. 그리고 나서 금문 사본이 서서히 퍼지기 시작하였다.[所謂今文經僅限于漢武帝元朔五年(公元前124年)組織抄寫的經書今文寫本以及在此之后衍生的今文寫本]"[9]라는 주장이 나왔다. 이것은 무제 원삭 5년 조서에 "이에 책을 보관하는 정책을 세우고 책을 필사하는 관청을 설치하도록 하라[于是建藏書之策, 置寫書之官.]"고 한 구절을 분석한 것으로, 새로운 방법을 창안하여 논증이 타당하기는 하지만 결론에서 신중함이 조금 부족하다. 첫째, 한대 여러 경전들은 대부분 무제 이전에 성문화되었다. 제(齊)·노(魯)·한(韓) 삼가시(三家詩)는 문제와 경제 때에 이미 박사를 설치했다. 이 일은 『한서』「유림전」에 명백하게 실려 있으며

· · · · · · · · · · · ·

8 유흠이 고문경을 학관에 세울 것을 주창하기 전에는 학관에 세워진 모든 경은 '금문경'이었다. "금문경은 전한 때에 모두 학관에 세워졌고, 그 전수에 대해 모두 고찰할 수 있다. 그러나 고문경은 전한 말이 되어서야[필자주; 유흠에 의해서 출현함] 비로소 세상에 나타났고, 전한 말기 이전에는 모두 학관에 세워지지 않았다."(장백잠 외 지음, 최석기 외 옮김, 『유교경전과 경학』, 경인문화사, 2002 p.344) 이밖에 다른 경학개설서에서도 이 점을 지적하고 있다. 여기에 대해서는 통일된 학계의 견해를 살펴볼 수 있다.
9 ≪원주≫ 왕보현(王葆玹), 『금고문 경학지쟁급기의의(今古文經學之爭及其意義)』, 『중국철학(中國哲學)』제 22집, 요녕교육출판사(遼寧敎育出版社), 2000

왕응린의 『곤학기문(困學紀聞)』에 고증이 매우 상세하다.[10] 둘째, 무제 이전에 여러 학자들의 논술은 대부분 경전에서 인용한 것이 많았다. 금문 경학이 한대 처음 종파를 연 것도 대부분 무제 이전에 있었다. 셋째, 무제의 조서에 "이에 책을 보관하는 정책을 세우고 책을 필사하는 관청을 설치하여 아래로는 제자백가의 전해 내려오는 내용에 이르기까지 모두 비부에 채우도록 하라.[于是建藏書之策, 置寫書之官, 下及諸子傳說, 皆充秘府.]"고 하였다. 이 내용은 "책을 필사하는 관청의 직책은 오경과 제자백가의 전해 내려오는 내용을 필사하는 것이다.[寫書之官的職責, 乃是抄寫五經及諸子傳說]"라고 추론해 볼 수 있다. 그렇다면 그 직책이 오경을 필사하는 것인지의 여부에 대해 여전히 어려운 점이 있다는 것을 차치하더라도 만약 오경을 필사하였다면 어떤 "오경"을 말하는 것인가? 『춘추좌씨』[11]는 한초에 장창·가의 등이 이미 공부했던 것으로 여겨지는데[12] 이 책이 필사하는 범위 안에 있었는가? 무제 원삭 연간에 "필사하는 관청을 두었다."라고 하였지만 문헌이 대규모로 정리되었던 이 일에 대하여 학자들은 대부분 주의를 기울이지 않았다.[13] 이 설은 심오한

· · · · · · · · · · · · ·

10 왕응린이 "『후한(後漢)』「책포(翟酺)」에 말하길, 문제 때 처음으로 일경박사(一經博士)를 두었다. 한서와 사기를 고찰해 보니, 문제 때 신공(申公)과 한영(韓嬰)이 『시(詩)』로 박사(博士, 이른 바 노시(魯詩)와 한시(韓詩))의 박사를 지냈다고 하니, 오경(五經) 가운데 학관(學官)에 들어간 것은 오직 『시(詩)』뿐이었다. 경제는 원고생(轅固生)을 박사(이른 바 제시(齊詩))로 삼았지만, 다른 경은 아직 학관에 들지 못하였다.[『後漢』「翟酺」曰 : 文帝始置一經博士.考之漢史, 文帝時, 申公·韓嬰以『詩』爲博士(所謂魯詩韓詩)五經列於學官者, 唯『詩』而已.景帝以轅固生爲博士(所謂齊詩)而餘經未立.]"(왕응린 찬, 소천석 주편,『중국자학명저집성(中國子學名著集成)·곤학기문(困學紀聞)(上) 36』, 중국자학명저집성편인기금회(中國子學名著集成編印基金會), 1978, p.556)
11 『춘추좌씨』는 무제의 오경 박사에 포함되지 않는다. 『춘추』는 동중서와, 호무생(胡毋生)이 전공한 『춘추공양전』을 말한다. 춘추 중에서 공양전은 경 중에 가장 우세를 점했다. '공양학'이 무제의 중앙집권정체에 대한 정치 이론을 제공하고, 공양학에 의한 관료 선발이라는 현실적인 부문이 있었다.(公孫弘의 예)
12 ≪원주≫『한서』권88「유림전」
13 초한(楚漢)의 쟁패 이후로 피폐한 국력회복을 위해 도입되었던 황로(黃老) 사상은 지역에 할거한 제후들과 소 농민들을 거느리고 있는 지방호족들의 세력 증대로 이들을 제한할 '정치사상적인 통일'이 절실하게 요구됨. 이 때문에 혜제(惠帝)의 협서율(挾書律) 해제 이후로

도리를 탐구하고 깊이 숨겨져 있는 것을 찾아내어 그 사실을 독자적으로 밝혀 상당한 안목을 갖춘 것이다. 그러나 이 기간을 금·고문을 나누는 기준으로 삼는다고 해도 여전히 모순이 있다.

문자상이(文字相異)설은 혼란을 발생시키기 쉽고, '시대로 나눈다는[時間劃分]' 설 또한 그 주장이 모호하다. 그렇다면 '학관에 세웠다'는 설은 이상에서 지적한 문제점을 제외하고 별도의 타당하지 못한 점이 있는가? 한대관학은 중앙관학(中央官學)과 지방관학(地方官學)으로 나눠진다. 『모시』는 하간헌왕이 박사로 세웠는데,[14] 헌왕 유덕(劉德)은 경제의 아들이다. 그러므로 '학관에 세웠다'는 설도 문제가 있다.

이상의 여러 설을 종합해 보면, 금문경은 문경(文景)[15]으로부터 평제(平帝 1~5)에 이르러 유흠이 고문박사(古文博士)의 설치를 제기한 때부터이다. 금문경은 중앙관학에 세워서 예서로 경서를 베끼며 금문경을 연구하는 것을 금문경학이라고 일컫는다. 이와 같은 정의야말로 여러 모순을 방지할 수 있다.

고문 경학은 유흠으로부터 시작되어 금문 경학에 상대적으로 나타난 경학 학파이다. 상술한 고문경에 대한 논의에서 고문경의 기원은 세 가지가 있다. 첫째, 한대에 고문경이 끊임없이 발견됨에 따라 학관에 금문본과 조금 다른 경서문본(經書文本)이 동시에 세워졌다. 이런 종류의 경서는 전문(篆文)으로 되어 있기도 하였다. 노공왕(魯共王; 劉餘)이 공자의 가택(家宅)을 허물고서 얻은 구적(舊籍) 등과 같은 경우이다. 둘째, 한대에 고문경을 민간에 유행하여 전승된 것으로 금문본과 다른 경서문본(經書文本)이 더러는 정부에 의해 수집되었고 비부(秘府)에 비치되기도 하였으며 민간에서 장기간 유행하면서 나타나기도 하고 사라지기도 하였다. 경설도 금문본과 상당히 다르다. 예를 들면 『모시』, 비직(費直)의 『역』, 고상(高相)의 『역』, 추씨(鄒氏)의 『춘추』, 석씨(奭氏)의

· · · · · · · · · · · · ·

　민간에 비장되어 있던 고적들을 찾기 위한 방안이 모색되었던 것이다.

14 《원주》『한서』권53 「경십삼왕전(景十三王傳)」

15 문제(文帝)와 경제(景帝)를 말한다.

『춘추』등과 같은 경우이다. 셋째, 한대와 후대에 위작된 경서가 이따금 다른 서적에서 수집되기도 하였고 학자들이 서로 조작하기도 하였다. 성제(成帝) 때에 장패(張覇)가 『상서』 102편을 위조하고, 동진(東晉) 원제(元帝) 때에 매색(梅賾)이 『고문상서』를 진상한 것과 같은 경우이다. 또는 역사서를 경전에 편입시켜서 경전의 뜻을 윤색을 하기도 하였다. 유흠의 『좌씨춘추』와 같은 경우이다.[16] 따라서 고문경은 전한 평제 이전에 중앙관학에 세워진 경서로 기원에는 세 가지가 있는데 한대에 발견된 고문본 경서와 민간에 전해진 본, 그리고 위작된 본이 있다. 고문경을 연구하는 것을 고문 경학이라고 일컫는다.

금·고문 경학에 대한 연구는 경서의 뜻으로 구별하고 그 공통점과 차이점에 따라 규정을 한다. 이에 대해서는 청말에 야오핑(廖平)의 성취가 가장 크다고 할 수 있는데 이 후에도 그의 성과를 넘어서는 자가 없었다. 이런 과제에 대한 야오핑의 주요 저작에는 『금고학고(今古學考)』·『고학고(古學考)』·『경화(經話)』·『지성편(知聖篇)』 네 가지가 있다.[17] 야오핑 이후에는 금·고문의 공통점과 차이점을 나누었지만 대부분 야오핑을 시조로 삼는다. 야오핑 학문은 금문을 주로하고 고학(古學)을 억제하여 그의 주장은 허무맹랑하였고 조리가 없었다. 야오핑 후에는 쥐웨이둥(周予同)이 있었는데,[18] 쥐웨이둥은 경학에 대한 깊은 연구로 경전의 뜻에 부합하는 주장을 하였고 설명이 뚜렷하면서도 유창하였다. 그러나 쥐웨이둥의 주요 관점은 피시루이·야오핑에게서 연원하고, 금고문의 구분과 관련하여 이전 학자들의 정리와 비교해 볼

---

16 ≪원주≫ 본서 제3장 제3절 『상서(尚書)』학을 참고하기 바란다.
17 ≪원주≫ 『신정육역관총서(新訂六譯館叢書)』·『적원총서(適園叢書)』·『사익관경학총서(四益館經學叢書)』 등에 보인다.
18 ≪원주≫ 쥐웨이둥과 관련된 논술은 아래 여러 편이 있다. 『경금고문학(經今古文學)』·『위서여경금고문학(緯書與經今古文學)』외에 그가 지은 『중국경학사강의(中國經學史講義)』의 적지 않은 편목에서도, 이 문제를 서술하였다. (주유쟁(朱維錚) 편, 『쥐웨이둥경학사논저선집(周予同經學史論著選集)』, 상해인민출판사, 1996)

때 강점도 있고 결점도 있다. 쥐위동의 금고문이동표(今古文異同表)는 아래와 같다.

번호	금문학(今文學)	고문학(古文學)
(1)	공자를 받든다.	주공을 받든다.
(2)	공자를 천명을 받은 소왕(素王)으로 존경한다.	공자를 선사(先師)로 존경한다.
(3)	공자를 철학가, 정치가, 교육가로 여긴다.	공자를 사학가로 여긴다.
(4)	공자가 "탁고개제(托古改制)"했다고 여긴다.	공자가 "신이호고(信而好古), 술이부작(述而不作)"이라고 했다고 여긴다.
(5)	육경(六經)을 공자가 지었다고 여긴다.	육경을 고대의 사료로 여긴다.
(6)	『춘추공양전(春秋公羊傳)』을 위주로 한다.	『주례(周禮)』를 위주로 한다.
(7)	경학파이다.	사학파이다.
(8)	경전의 전수과정을 대부분 고찰할 수 있다.	경전의 전수과정을 고찰할 수 있는 것이 많지 않다.
(9)	전한 때 모두 학관에 세워졌다.	전한 때 대부분 민간에서 유행되었다.
(10)	전한 때 성행하였다.	후한 때 성행하였다.
(11)	고문경전을 배척하였는데, 유흠이 위조한 것이라 여긴다.	금문경전을 배척하였는데, 분서갱유에 의해 타다 남은 것이라 여긴다.
(12)	오늘날에는 『의례(儀禮)』, 『공양(公羊)』, 『곡량(穀梁)』(?), 『소대례기(小戴禮記)』(?), 『대대례기(大戴禮記)』(?)와 『한시외전(韓詩外傳)』 등이 남아 있다.	오늘날에는 『모시』, 『주례』, 『좌전』 등이 남아 있다.
(13)	위서(緯書)를 신봉하고 공자의 미언대의(微言大義)가 경전 속에 존재한다고 여긴다.	위서(緯書)를 허무맹랑한 소리라고 배척한다.

쥐위동의 이 표는 야오핑의 『금문학고(今文學考)』 중 「금고학종지부동표(今

古學宗旨不同表)」에서 인용하여 번잡함을 없애고 간명하게 만들어 장목(章目)을 분명하게 하였지만, 야오핑의 중요한 결론들이 간명해지면서 무심코 생략되기도 하였다. 「금고학종지부동표」에서 나열한 항목은 모두 33개인데 그 중 비교적 중요하지만 쥐위동이 생략한 항목을 아래에 들어본다.

금문	고문
금문은 『왕제(王制)』를 위주로 한다.	고문은 『주례』를 위주로 한다.
금문은 주로 변화하는 과정을 따른다.	고문은 주로 주나라를 따른다.
금문은 노인(魯人)에게서 시작하여 제(齊)를 부기(附記)했다.	고문은 연(燕)·조(趙)사람에게 완성되었다.
금문의 뜻은 장묵(莊墨)과 같다.	고문의 뜻은 사일(史佚)과 같다.
금학은 왕(王)에 가깝다.	고학은 백(伯)을 거느린다.
금문은 향사(鄕士)에서부터 다른 파들로 나눠진다.	고문은 경(經)에서부터 다른 파들로 나눠진다.
금례(今禮)는 조금도 고례와 같은 게 없다.	고례는 대부분 금학과 같은 경우가 많다.
금문에 고쳐진 것은 모두 주제(周制)의 남은 폐단이었다.	고문에 전승된 것은 대부분 예가(禮家)의 절목(節目)이다.
금경(今經)에는 다만 『왕제』의 고학이 없을 뿐이다.	고경(古經)에는 다만 『주례』의 금설(今說)이 없을 뿐이다.

야오핑의 『금고학고』 하권에서는 자기의 판단을 매우 상세하게 고증하였다. 「금고학종지부동표」를 제외하고도 야오핑이 만든 『오경이의(五經異義)』 「금고학명목표(今古學名目表)」·「금고학통종표(今古學統宗表)」·「금학개변고학예제표(今學改變古學禮制表)」등 10여 가지 표는 금고(今古)를 매우 상세하게 나누고 있다.

오늘날 일부 사람들은 금·고문을 대동소이하다고 여기며 "금고문의 몇 차례 투쟁은 주로 학관을 응당 세워야 하는지 말아야 할지를 둘러싼 하나의 관점이지 결코 학술의 분기와 대립에 기초한 것은 아니다.[今古文的幾次鬪爭,

主要是圍繞應否立學官這一点, 幷非基于學術上的分歧與對立]"[19]라고 하기도 하는데 이런 견해는 상당히 논의할 만한 가치가 있다. 야오핑이 금고문의 주지와 관점의 대립에 대해 정리한 것을 차치하고, 학술사적 관점에서 보더라도 두 학술의 방향은 서로 달랐다.

금문 경학의 학문을 연구하는 목적은 의리를 밝히는 데 있기 때문에 훈고에서 부족하다. 금문 경학은 현재를 상세히 규명하고 과거를 소략하게 연구하는 (상금약고 詳今略古) 방법을 취하고 있기 때문에 '고(古)'는 '금(今)'을 위해 활용된다. 이 때문에 그 학술 방향은 '통경치용(通經致用)'이다. 금문 경학은 "경전으로 나라를 다스린다.[以經治國]"라는 의미와 가치를 믿었기 때문에 경학을 최고의 기준으로 삼고자 노력하였다. 그러므로 금문학가는 경학파가 되었고 금문학가는 심혈을 기울여 춘추대일통(春秋大一統)의 이론을 천명하였다. 한대가 중앙 전제집권이 되는 이론적 근거를 찾아볼 수 있다. 그래서 야오핑은 금문이 "『춘추공양』을 위주로 한다.[以『春秋公羊』爲主]", "금학은 왕에 가깝다.[今學近於王]"라는 결론을 냈다.

고문 경학은 학문의 수단이 훈고를 밝히는 데 있어 의리를 치밀하게 연구하지 못하였다. 그들이 학문하는 방법은 '상고약금(詳古略今)'에 있었고, 대부분 고제(古制)를 따랐다. 그 학술 방향은 통경치고(通經致古)였다. 그래서 고문학가가 경을 역사로 간주하여 "사학파가 되었다.[爲史學派]", "육경을 고대의 사료로 삼았다.[以六經爲古代史料]"고 한 것이다. 그러므로 고문학가들은 더욱 『주례』를 신봉하여 "『주례』를 위주로 하였다.[以『周禮』爲主]" 그렇기 때문에 고문 경학은 한대 정치상황에서는 득세를 할 수 없었고 "대부분 민간에서 유행하였다.[多行於民間]"

금문 경학 학술의 경향은 "치용(致用)"에, 고문 경학 학술의 경향은 "치고(致

19 《원주》 김춘봉(金春峰), 「「주관(周官)」고서지미여한금고문신탐(「周官」故書之謎與漢今古文新探)」, 『중국문화(中國文化)』 1991년 제4기

古)"에 있었다. 학술 발전의 "이론심화와 외적확산의 법칙"을 가지고 논의하면, 유학은 적의 한나라 때 발전·변화한 것은 필연적이었음을 알 수 있다. 금문 경학은 치용을 통해 서적의 이론으로부터 사회실천의 길을 개척하였고, 아울러 자신의 능력에 대한 끊임없는 개발을 통해 이 길을 점차 넓히면서 막힘없이 소통하게 하였다. 전한중기 이후로 경학은 사회정치와 사회생활에 대한 영향력이 날로 증가하게 되었다. 이것은 경서에 통달하는 것이 벼슬하는 지름길이라는 생각으로부터 알 수 있고,[20] 황제의 조서와 신하의 대책에서 경전을 인용하여 근거로 삼은 풍조를 통해서도 알 수 있다. 한나라 법률에서 "경전의 뜻을 가지고 판결하였다.[以經義斷事]"는 일이 많았다는 구체적인 실례와[21] 한대의 관학과 사학이 모두 경서를 교재로 삼았다는 것을 통해서도 알 수 있다. 경학의 치용은 한대 경사들이 경서의 의미를 밝히고 상세히 설명한데서 기원하는데 금문 경학은 이 방면에서 더욱 두드러졌다. 치용의 학술적 경향은 현실을 직면한 것으로 세상에 대응하는 학술정신의 반영을 중시하였다. 공자가 학파를 만든 무렵 유학 내부에 현실을 중시하는 학파 풍격이 이미 확립되었고, 개인 도덕 건설을 중시하였다. 사회 일상 윤리보다는 사회의 실제적이고 구체적 문제에 대해 고찰하였다. 전국시기에 이르러 유자들은 개인의 도덕적 수양과 재건을 연결시켰다. 유학의 '인간사회에 태평성대를 이룩한다.'는 것에 대해 각고의 노력을 기울였다. 금문 경학은 실제로 이러한 노력을 계속하였다. 왜냐하면 금문경서 대부분이 바로 이 시기에 형성되었고 한나라 사회도 전국시대 이래로 사회 변화의 연속선상에 있었기 때문이다.

· · · · · · · · · · · · · ·

20 ≪원주≫ 『한서』 「하후승전(夏候勝傳)」에 "처음에 하후승이 학생들을 가르칠 때마다 늘 여러 학생들에게 말하길 '선비는 경술에 밝지 못함을 병통으로 여기는 법이니, 경술에 참으로 밝다면 높은 벼슬 취하는 것이 마치 허리를 숙이고 땅 바닥에 있는 지푸라기를 줍는 것과 같을 것이니, 경술을 배웠는데도 밝지 못하다면 농사나 짓는 게 낫다.'[始, 勝每講授, 常謂諸生曰：'士病不明經術, 經術苟明, 其取青紫如俛拾地芥耳. 學經不明, 不如歸耕.']"라고 하였다.
21 ≪원주≫ 조익(趙翼), 『입이사찰기(廿二史札記)』 "漢時以經義斷事"조에 있다.

아마도 금문 경학은 무한한 외적확산으로 경사들에게 자신감을 유발하고 득의양양하게 만들었다. 소제·선제 이후로 학파들이 즐비했고, 경사들은 걸핏하면 수만 자를 써서 경서를 해석하였다. 매끄럽고 능수능란하게 외적확산 속도가 급증함에 따라 학설의 핵심은 추상적으로 변하였다. "그 말하는 것을 살펴본다면 같은 길에서 나온 듯하다. 경에 빌리고 의리를 갖춘 다음에 비슷한 사실에 견준다면, (억측하면 자주 맞는다는 것을) 벗어날 수 있지 않을까?[察其所言, 仿佛一端. 假經設誼, 依托象類, 或不免乎?]"[22] 소제 때에 이르러 휴맹(眭孟)은 뜻밖에도 "한나라는 요임금 후손으로 나라를 전해 주는 운수가 있었습니다. 한나라 천자 중에 누군가는 천하에 자문을 구하고 현인을 찾아 내어 제위를 선위하고 물러나서 스스로 백리 땅에 분봉을 받아 은·주 군왕들의 후손들처럼 천명을 순순히 따라야 합니다. [漢家堯後, 有傳國之運, 漢帝宜誰 差天下, 求索賢人, 禪以帝位, 而退自封百里, 如殷·周二王后, 以承順天命.]"라는 이러한 문제를 토론하기 시작하였다.[23] 방사술수가 섞이고 음양복서(陰陽卜筮)가 스며들어서 경학에서의 유학은 아녀자의 보석주머니와 같은 것으로 여겨졌다. 그리고 애제와 평제 때에 이르러 참위미신과 경학이 결합되어 금문 경학의 혼란을 더욱 야기했다. 그러므로 학술 발전의 "이론심화와 외적확산의 법칙"에 따라 경학은 반드시 그 이론 핵심의 근원으로 돌아가야 하였고, 근본적인 자아성찰을 통해 유학 자신의 "도덕"을 지키며 저속한 잡학의 정립을 막아야 하였다. 고문 경학은 이러한 시대적 요구에 따라 생겨난 것이다.

일반적으로 한대의 고문경은 조작된 책들이 뒤섞여 있어 순수하지 못하다. 한대 경학의 전승과 경설을 논의할 때 고문경이 문제가 비교적 많고 경서의 진위에 확실한 결론을 내리기 어려웠다. 그러나 이는 아래의 결론에 영향을 주지는 않는다. 고문경의 출현은 금문경의 비현실적 논리, 미신적이며 저속

22 ≪원주≫ 『한서』 권75 「휴양하후경익이전(眭兩夏侯京翼李傳)」찬(贊)
23 ≪원주≫ 『한서』 권75 「휴맹전(眭孟傳)」

한 경향에 대한 반동으로 경학의 학술적 이론심화 과정 중에서의 자체적인
요구였다. 경학의 자아 성찰이 그 목적이었고 일서의 오래된 것을 포함하여
광범위하게 수집하였는데 심지어 위서를 만든 것 등도 목적 실현을 위한
수단으로 사용하였다. 유흠의 「이양태상박사서(移讓太常博士書)」에서 공자의
말을 인용하여 "'예의 법도를 잃으면 시골에서 찾으라'고 하였는데 고문이
야(野)보다 낫지 않은가['夫禮失求之于野', 古文不猶[24]愈于野乎!]"[25] 라고 하였는데
경학 근본부터 바로잡으려는 요구가 유흠에 의해 무심코 언급되었다.

　만약 위에서 말한 내용이 사실이라면, 다시 한 번 금·고학의 종지(宗旨)에
서 서로 다른 부분을 생각해 보면, 고문 경학이 심혈을 기울이는 부분이
무엇인지 쉽게 이해할 수 있다. 고문 경학의 학술경향은 "치고(致古)"이다.
고문학이 옛것을 신봉하기는 하지만 결코 오래된 것일수록 좋다고 보지는
않았다. 오히려 금문학이 정치에 영합하는 모습을 보고 '치고'의 학술경향이
나타난 것이다. 금문은 변화의 과정을 중시하기 때문에 옛것을 기준으로
제도를 바꾸는 것을 주장하며 "변화"를 말하였고, 고문은 주나라를 따르는
것을 중시하기 때문에 『주례』를 고문의 핵심 저작으로 삼았다. 이 때문에
고문학은 과감히 옛것을 조작하여 『주례』를 주공의 작품이라고 말하였다.
고문학자가 주공을 내세운 것은 금문 경학에서 공자를 숭배하는 것에 대한
반작용으로 나온 것이다. 고문학자들은 공자는 천명을 받은 "소왕(素王)"이
아니고 심지어는 경학의 창시자가 아니라고 하였다. 공자는 그저 선사(先師)
이자 사학가(史學家)라고 여긴 것이다. 이들의 주장은 금문 경학에서 공자를
성인(聖人)으로 여기고 공자를 숭배하는 견해와 완전히 다르다. 전한 중기
이후에 경전을 풀이한 위서(緯書)가 출현하였는데 위서에서는 공자를 성인에
서 "흑룡의 정기에 감화되어 태어난 신인[感黑龍之精所生]"으로 변화시켰고,[26]

. . . .

24 『한서』 중화서국점교본에 '不就'는 '不猶'로 되어 있어 고쳤다.(『한서』, p.1145)
25 《원주》『한서』 권36 「유흠전」
26 《원주》 손각(孫毂), 『고미서(古微書)』 "『논어(論語)』 찬고(撰考)"

"성인은 아무 까닭 없이 태어나지 않고 반드시 정해진 바가 있어서 천심을 드러낸다. 공구가 목탁이 된 것은 천하의 법을 제정하기 위해서이다.[聖人不空生, 必有所制, 以顯天心. 邱爲木鐸, 制天下法]"[27] 라고 하면서 공자가 천운(天運) 받들어 한나라의 법을 만들었다고 하였다. 공자가 성인이고 신인이기 때문에 공자가 만든 육경의 지위도 당연히 존숭되었고 신성(神聖)시 하여 침범할 수 없었다. 그러나 고문학은 주공을 거론하여 공자를 억눌렀으며 육경의 대부분을 고대의 사료로 여겼다. 양자는 공자에 대한 태도가 완전히 달랐는데 이는 서로 다른 학술경향을 구체적으로 반영한 것이었다.

전한말년에 유흠이 일으킨 고문 경학 사조는 역사상 수많은 복고사조와 마찬가지로 학술 발전 과정에서 이론심화의 표현이고, 사상문화적으로 순박함으로 돌아갈 것을 추구한 것이다. 표면적으로만 보면 이 일은 학관을 세우는 다툼을 둘러싸고 전개되었다. 그러나 그 잠재적인 원인 가운데 하나는 학술 발전 규율의 작용이다. 유흠은 금문 경학을 비난할 때에 그 학술 발전의 과정 속에 존재하는 고유한 폐단을 명확하게 지적하였다. "예전에 전인들이 만들어 놓은 틀 안에서 애면글면하는 선비들은 다 끊어지고 남은 너저분한 폐해를 고려해 보지 않고 구차하게도 하찮은 것에 만족을 하고 문자나 분석하면서 쓸데없는 주장이나 하니 학자들이 늙어 주저앉을 때까지도 하나의 분야에 정통하지 못하면서 증명되지 않은 말들을 믿고 전해오는 내용만을 외우기만 하여 하찮은 선생을 옳게 여기고 예전의 것이 잘못되었다고 한다.……[往者綴學之士不思廢絶之闕,[28] 苟因陋就寡, 分文析字, 煩言碎辭, 學者罷老且不能究其一藝, 信口說而背傳記, 是末師而非往古. ……]"[29] 학술경향이 같지 않았기 때문에 학풍도 차이가 컸다. 고문가가 강조한 것은 "공자가 허튼 소리로 경전을 풀이하지 않았음을 밝히는 것[明夫子不以空言說經也]"이고 학문연구는 "행사에

....

27 ≪원주≫ 『춘추위(春秋緯)』 「연공도(演孔圖)」.
28 중화서국점교본에 '缺'은 '闕'로 되어 있어 고쳤다.(『한서』, p.1970)
29 『한서』 권36 「유흠전」.

근거하고 인도를 따라서 흥하면 공을 주고 실패하면 벌을 주었으며 일월을 빌려서 역수를 정하고 조현빙문(朝見聘問)의 예로 예악을 바로잡는 것[據行事, 仍人道, 因興以立功, 就敗以成罰, 假日月以定歷數, 籍³⁰朝聘以正禮樂]"³¹이었다. 이렇듯 학풍이 상이(相異)하여 학문연구의 수단도 크게 달랐는데 어떤 학자는 다음과 같이 지적하였다. "고문학은 경서에 대한 정확한 이해를 추구하여 대부분 실제적인 문자 훈고와 명물전제(名物典制)의 이해를 구하는 것부터 시작해서 사상내용의 정확한 파악에 도달하는 것을 강구했다. 그러므로 비교적 사실에 근거하였으니 신뢰할 만하다.[古文學則追求對經書的正確理解, 多從切實弄懂文字訓詁·名物典制入手, 力圖達到對思想內容的准確把握. 因此, 比較質實可靠.]"³² 바로 당시의 상황이 이와 같았다.

고·금문학은 학술경향이 다르기 때문에 그 내용도 다른 부분이 많다. 이것은 학술사적인 각도에서 논의하여 얻어낸 결론이다. 그러나 정치사적 각도에서 연구해 보면 고금학의 다툼은 전한 말년 각종 정치투쟁의 일부분이었다.

학술은 문화의 골간(骨干)이며 사상의 통로이다. 그 발생과 발전은 상대적인 독립성을 지니고 있다. 그러나 학술이 만약 인류사회에 영향력을 행사하기를 바란다면 필연적으로 정치에 발을 들여놓게 되며 정치는 동시에 학술 발전에 영향을 끼치게 된다. 양한 경학은 "경세치용(經世致用)"을 주장한 학문이기 때문에 그 학술경향은 바로 그 현실정치에 적용되었고 현실정치의 변화도 필연적으로 학술 발전에 반영되었다. 그래서 고금문의 논쟁은 전한 말년 정치 투쟁의 현실을 투영하고 있다.

앞에서 진한 정체를 언급하면서 한대정체가 사실상 신구(新舊)정체의 혼합

• • • • • • • • • • • •

30 중화서국점교본에 '借'는 '籍'로 되어 있어 고쳤다.(『한서』, p.1715)
31 ≪원주≫ 동상(同上).
32 ≪원주≫ 손흠선(孫欽善), 「한대적경금고문학(漢代的經今古文學)」, 『문헌(文獻)』 1986년 제2기.

물로 그 구조가 비록 중앙전제집권을 뼈대로 삼고 있지만 그 뼈대 속에는 오히려 향촌자치(鄕村自治)의 내용을 담고 있다고 지적하였다. 한나라 중앙 전제집권은 불완전한 중앙집권전제이다. 이러한 정치 배경 속에서 금문 경학과 고문 경학의 정치적 경향은 조금 달랐다. 쥐위동은 그들의 고사(古史)에 대한 태도로 신구(新舊)양파를 나누었는데, 금문 경학을 신파로 삼고 고문경한을 구파로 삼았다.[33] 영국학자 마이클 로이(Micheal Loewe)는 금문 경학을 "시신파(時新派)"로 삼고 고문 경학을 "개조파(改造派)"로 삼았다.[34] 또한 금·고 두 파의 정치적 동기와 경향에 근거해 학파의 성격을 규명하고자 하는 설이 많이 있는데 모두 일리가 있다. 금·고 두 파의 비교적 대립되는 관점들의 분석을 통해 전자는 유신파(維新派)로 그 관점은 왕권전제정치의 반영이고, 후자는 수구파(守舊派)로 그 관점은 종법정치의 반영으로 생각해 볼 수 있다.

야오핑은 『금고학고』에서 『오경이의(五經異義)』에 근거하여 「금학개변 고학예제표(今學改變古學禮制表)」를 만들어서 금고 두 파가 제도를 계획하는 것이 달랐음을 상세하게 열거하였다. 쥐위동은 이 표에 의거해서 "봉건(封建)", "관제(官制)", "종교(宗敎)", "세법(稅法)" 등을 재차 분류했다.

이 표는 후대에 금고문을 연구하는 학자들에게 중시되지 못했는데 그 원인은 양자 주장의 차이가 사실상 미세하고 자질구레하기 때문이다. 하지만 그 원인을 자세하게 분석해 보면 금고문파의 정치적 경향이 같지 않았음을 알 수 있을 것이다.

---

33 ≪원주≫ 『쥐위동경학사논저선집(周予同經學史論著選集)』 "경금고문학(經今古文學)".
34 ≪원주≫ 『케임브리지진한사(劍橋秦漢史)』와 그가 지은 "한나라의 위기와 갈등[Crisis and Conflict in Han China]", 런던, 1974를 참조하였다.

제도(制度)	금문 경학(今文經學)	고문 경학(古文經學)
봉건(封建)	1. 오복을 나누어 각 오백 리로 하였으니, 합치면 사방 오천 리이다. 2. 세 등급으로 나눈다 : 공후(公侯)는 사방 오백 리, 백(伯)은 사방 칠십리, 자남(子男)은 사방 오십 리이다. 3. 왕기 안에 나라를 분봉한다. 4. 천자는 5년 한 번 순수를 한다.	1. 토지를 구복으로 나누고 또한 각 오백 리로 하였으니, 왕기 천리까지 아울러 합치면 사방 만 리이다. 2. 다섯 등급으로 나눈다 : 공은 사방 오백 리, 후는 사방 사백 리, 백은 사방 삼백 리, 자는 사방 이백 리, 남은 사방 일백 리이다. 3. 왕기 안에 나라를 분봉하지 않는다. 4. 천자는 12년에 한 번 순수를 한다.
관제(官制)	1. 천자는 삼공을 세운다 : 사도(司徒) · 사마(司馬) · 사공(司空), 구경(九卿), 27대부 · 81원사는 모두 120명이다. 2. 공경, 대부, 사는 모두 삼보관(三輔官)이다. 3. 세경(世卿)은 없고 선거(選擧)가 있다.	1. 천자는 삼공을 세웠는데, 태사(太師) · 태부(太傅) · 태보(太保)는 관속이 없다. 또한 삼소(三少)를 세워 그들의 부(副)로 삼았는데, 소사(少師) · 소부(少傅) · 소보(少保)를 삼고(三孤)라 한다. 또한 육경(六卿)을 세웠는데, 총재(冢宰) · 사도(司徒) · 종백(宗伯) · 사마(司馬) · 사구(司寇) · 사공(司空)이다. 2. 육경, 대부, 사의 인원은 정해진 수는 없다. 3. 세경은 있고, 선거는 없다.
제례(祭禮)	1. 사직(社稷)이 제사드리는 것은 모두 천신이다. 2. 천자에게는 태묘(太廟)가 있고, 명당(明堂)은 없다. 3. 칠묘(七廟)는 모두 시제(時祭)이다. 4. 체(禘)제사는 시제이고, 협제(祫祭)가 있다.	1. 사직이 제사드리는 것은 모두 인귀(人鬼)이다. 2. 천자에게는 태묘가 없고, 명당은 있다. 3. 칠묘제는 일 · 월 · 시의 구분이 있었다. 4. 체(禘)제사가 교(郊)제사보다 중요하고, 협제(祫祭)는 없다.
세제(稅制)	1. 원근 모두 십분의 일을 거둔다. 2. 산택을 금하지 않는다. 3. 십정(十井)에서 수레 하나를 낸다.	1. 원근에 따라 차등을 나눈다. 2. 산택을 모두 관에 소속시킨다. 3. 일전(一甸)에서 수레 하나를 낸다.
법률(法律)	육형(肉刑)을 받은 사람을 문지기로 삼는다.	육형을 받은 사람을 문지기로 삼지 않는다.
혼장(婚葬)	1. 천자가 하빙(下聘)은 하지 않고, 친영(親迎)은 있다. 2. 검소하게 장사 지내는 것을 주장한다.	1. 천자가 하빙(下聘)하고, 친영하지는 않는다. 2. 후하게 장사 지내는 것을 주장한다.

이 표는 야오핑과 쥐위동이 작성한 표에 의거하여 재차 수정을 한 것으로, 이는 야오핑과 쥐위동의 표에 비해 조금 변동이 있다. 위 표에 열거된 두 파의 상이(相異)점으로부터 금·고문 경학 정치경향의 차이를 자세하게 헤아려 볼 수 있다.

봉건(封建)은 바로 방(邦)을 봉하고 국(國)을 세우는 것이니, 주나라 왕실이 작위(爵位)와 토지(土地)를 제후들에게 나누어 주어 분봉(分封)받은 구역에 방국(邦國)을 세운 것을 가리킨다. "그러므로 친척들을 봉해 주어 제후의 임금으로 만들어서 번국으로 삼아 주나라 왕실을 보호하게 하였다.[故封立親戚, 成爲諸侯之君, 以爲蕃籬, 屛蔽周室.]"[35] 봉건제도는 종법제의 핵심이다. 봉건제의 구체적 내용은 진한 때에 이르러 이미 대부분 상세하게 조사할 수 없었다. 금·고 두 파는 정치경향에 따라서 나름의 학설을 만들었다. 금문은 오복(五服)을 주장하고, 고문은 구복(九服)을 주장했다. 오복설은 주로 『상서』 중에 「익직(益稷)」·「우공(禹貢)」·「강고(康誥)」편에 보인다. "복"이라는 것은 천자 섬기는 것을 가리킨다. 오복설은 왕기(王畿) 주변을 오백 리마다 한 구역으로 삼아서 거리의 원근(遠近)에 따라 다섯 지역으로 나누고 후복(侯服)·전복(甸服)·완복(緩服)·요복(要服)·황복(荒服)으로 칭하였다. 구복설은 주로 『주례』「하관(夏官)·직방씨(職方氏)」에 보이는데 천자가 머무르는 도성 밖의 지방을 원근에 따라 아홉 구역으로 차등을 두어 구복이라 불렀다. 사방 천리를 '왕기'라 칭하고, 왕기 경계 너머 오백 리를 '후복', 후복 너머 오백 리를 '전복', 전복 너머 오백 리를 '남복', 남복 너머 오백 리를 '채복', 채복 너머 오백 리를 '위복', 위복 너머 오백 리를 '만복', 남복 너머 오백 리를 '이복', 이복 너머 오백리를 '진복', 진복 너머 오백리를 '번복'이라 칭하였다. 이렇게 오복과 구복으로 강역을 나누는 방법은 역사적인 사실이 아니고 단지 경학가의 이론적인 계획일 뿐이다. 금문 경학파의 계획은 왕기 안에 봉국을 두어야

· · · · · · · · · · · ·

35 ≪원주≫ 『좌전』 희공(僖公) 24년 소(疏)

한다고 제기하였다. 이것은 실제로 중앙정권이 봉국보다 지위가 높다는 것을 주장한 것으로 봉국과 군현을 모두 지역관계로 구분해서 주민들을 관리하는 방법이었다. 그러므로 금문파의 주장은 사실상 한대에 봉국과 군현이 병존한 정치체제의 이론을 반영한 것이다. 게다가 금문파의 주장은 공·후·백·자·남 다섯 등급의 작봉지(爵封地)를 모두 사방 백 리 안에 두자는 것인데 그 목적은 중앙세력의 강화와 지방세력의 약화를 통한 중앙전제집권 정치체제를 유지하기 위함이었다. 반면 고문파의 설계는 상당히 복잡해서 구복으로 오복을 대체하고 아울러 왕기 안에 봉국을 세우지 않는다는 것이다. 봉국의 크기는 큰 것은 사방 오백 리였고 작은 것은 사방 백 리였다. 이것은 고문파가 한나라 왕조를 혈연관계로 나뉘어 주민들을 관리하는 연맹체제로 간주한 것으로 중앙정권은 단지 연맹정체의 맹주일 뿐이다. 공·후·백·자·남의 오등작이 관할하는 봉지의 확대는 전한의 제후왕국 스스로 강화에 대한 열망을 반영한 것이고, 후한의 종족 정치 역량의 강화를 반영한 것이다. 이밖에 순수(巡狩)제도의 방면에서도 금·고 두 파의 정치 경향이 다른 것을 볼 수 있다. 순수에 대한 맹자의 견해를 살펴보면 "천자가 제후에게 나아가는 것을 순수라고 하는데 순수는 (제후들이) 지키는 곳을 순무하는 것이다.[天子適諸侯曰巡狩, 巡狩者, 巡所守也.]"라고 하였다. 금문파는 천자가 5년에 한 번 순수한다고 주장하고 고문파는 천자가 12년에 한 번 순수한다고 주장하였다. 고문파의 이런 주장은 실제로 왕국의 자치적 권리를 보장하기 위해서였다.

관제(官制)와 관련해서는 금·고 두 파의 상이한 부분이 세 곳 보인다. 금문에서 창도한 삼공구경제(三公九卿制)는 명칭이 비록 진나라의 삼공구경제와 조금 다르지만 옛것을 끌어와 현재에 적용한 것으로 한대에 계승된 진나라의 관제에 대한 이론상의 해석에 불과하다. 그리고 고문의 삼공(三公)·삼고(三孤)·육경(六卿)의 설은 이와 다르다. 고문에 육경 등 관원수가 정해지지 않은 것은 왕국정치를 돕기 위한 것이다. 관제(官制) 방면에 금·고 두 파의 서로 다른 정치적 취향이 가장 잘 반영되어 있다. 이는 그들의 세경제도(世卿制度)와 선거제도(選擧制度)에 대한 태도에서 볼 수 있다. 금문파는 "세경은 없어야 하며 선거는 있어야 한다.[無世卿, 有選擧.]"고 주장했다. 세경은 바로 대대로 물려받는 경대부(卿大夫)를 가리킨다. 금문 경학은 "세경을 비난[譏世卿]"하였는데, 이것은 그들의 기본 견해 중 하나이다. 『공양전』에 이르기를 "윤씨는 어떤 자인가? 주나라 천자의 대부이다. 어찌 그를 윤씨라 하는가? 폄하하는 것이다. 무엇을 폄하한 것인가? 세경을 비난한 것으로 세경은 예가 아니다. [尹氏者何? 天子之大夫也. 其稱尹氏何? 貶. 曷爲貶, 譏世卿. 世卿, 非禮也.]"[36] 세경 제도는 종법정치에서 관리를 뽑는 형식이다. 이는 관원을 임용할 때 혈연관계로 표준을 삼아 대대로 세습하게 하는 것이다. 한나라 때에 이런 제도는 중앙전제집권과 대립되었다. 중앙전제집권은 지연(地緣)관계로 행정의 기초를 삼았고 관원의 선발과 임용은 주로 찰거(察擧)[37]와 징벽(徵辟)[38]의 선거(選擧) 형식을 채택하였다. 여기서 금문파의 정치적 경향이 분명하게 드러난다. 고문파는 "세경은 있어야 하며 선거는 없어져야 한다.[有世卿, 無選擧.]"라고 주장하면서 종법혈연 정치시대의 세경제도 회복을 전력으로 주창하였는데, 이는 지방 제후왕국과 대호족의 정치적 의도를 대표하는 것이다. 세경제도를 회복하며 유지하는 것은 현재의 중앙전제집권제도를 강화하는 것과 정반대 방향으로 가는 것이었다.

제례(祭禮) 방면에서도 금·고 두 파의 차이가 보인다. 첫째 금문은 "사직이 제사 드리는 것은 모두 천신이다.[社稷所奉亨皆天神.]"라고 여겼으며, 고문은 "사직이 제사 드리는 것은 모두 인귀이다.[社稷所奉亨皆人鬼.]"라고 여겼다. 사직은 원래 땅과 곡식의 신인데, 후에 국가의 뜻으로 인신되었다. "사람은

. . . .

36 《원주》『춘추공양전』「은공(隱公) 3년」
37 찰거(察擧)는 중앙과 지방의 고급관리인 승상·후(侯)·자사(刺史)·군수(郡守) 등이 관찰지역의 우수한 인재를 조정에 천거하면, 조정에서 이를 검토하여 각자에게 합당한 관직을 수여하는 방식을 말한다.
38 조정과 고급관리들이 소속관리를 선발하는 제도 고급관리들이 명망 있고 유능한 사람들을 조정에 추천하면 조정에서 초빙하여 관직에 임용하는 것을 '징(徵)', 지방의 고급관리들이 인재를 초빙하여 자기의 막료로 삼는 것을 '벽(辟)'이라 한다.

토지가 아니면 살아갈 수 없고 곡식이 아니면 먹을 수 없다. …… 그러므로 땅을 북돋워서 사를 세워 땅의 소유를 나타낸다. 기장은 오곡 가운데 으뜸이므로 직(稷)을 세워 제사 지낸다.[人非土不立, 非穀不食 …… 故封土立社, 示有土也; 稷, 五穀之長, 故立稷而祭之也.]"[39] 천신을 제사 지내고 모시는 것과 진나라 이후로 중앙전제집권 하의 "백성들이 임금에게 복종해야 한다.[屈民伸君]"는 것은 신격화된 황제가 천자가 된다는 이론과 서로 일치하지만, 인귀에게 제사 지내고 모시는 것은 자연스럽게 신격화된 황제권에 도전하는 것이었다. 둘째, 금문은 "천자에게는 태묘가 있지 명당은 없다.[天子有太廟, 無明堂]"라고 여겼으며, 고문은 "천자에게는 태묘는 없고 명당은 있다.[天子無太廟, 有明堂]"라고 여겼다. 태묘는 바로 천자의 조묘(祖廟)이고 명당의 형식은 논쟁이 상당히 많지만 그 본질을 연구해 보면 민주의정(民主議政)의 장소에서 벗어나지 않는다. 고문파가 태묘를 부정하고 명당제도 건립을 주장한 것은 천자가 권력중심의 상징이 되는 것을 부정하면서 천자의 지고무상한 초월적인 지위를 부정하는 것이었다. 명당의 건립은 왕국·호족지방정치세력이 중앙정권과 대등한 지위를 누리고자 하는 요구이다. 셋째, 칠묘(七廟)라는 것은 조상을 봉양하는 칠좌묘우(七座廟宇)를 가리키는 것으로 "천자의 칠묘는 삼소·삼목과 태조의 묘를 합쳐 칠묘이다.[天子七廟, 三昭三穆, 與太祖之廟而七.]" 금문에서 주장하는 시제(時祭)는 바로 사계절에 지내는 제사인데 고문에서는 일(日)·월(月)·시(時)로 구분하는 경우가 있었다. 고문파는 칠묘제례(七廟祭禮)가 여러 차례 진행되도록 시간 일정을 계획하였는데 이것은 아마도 혈연정치에 대해 추모하는 뜻을 어느 정도 암시한다. 넷째, 체(禘)는 종묘의 제사이다.

. . . .

39 《원주》『백호통덕론(白虎通德論)』삼(三)「사직(社稷)」·「사직지단(社稷之壇)」에 실려 있기를 "제단의 크기는 어떠한가?『춘추문의』에 따르면 '천자의 사직은 너비가 오장(五丈)이고, 제후는 그 반절이다.'라고 하였다. 색깔은 어떠한가?『춘추전』에 따르면 '천자에게는 대사(大社)가 있으니, 동방은 청색, 남방은 적색, 서방은 백색, 북방은 흑색이다. 위에는 황토로 덮는다.'라고 하였다.[其壇大如何?『春秋文義』曰:'天子之社稷廣五丈, 諸侯半之.' 其色如何?『春秋傳』曰:'天子有大社焉, 東方青色, 南方赤色, 西方白色, 北方黑色, 上冒以黃土.']"

"천자와 제후의 종묘의 제사에는 봄 제사를 '약(祠)' 여름 제사를 '체(禘)', 가을 제사를 '상(嘗)' 겨울 제사를 '증(烝)'이라 한다.[天子諸侯宗廟之祭, 春日祠 · 夏日禘 · 秋日嘗 · 冬日烝.]"[40] 협제(祫祭)는 원근(遠近)의 조상신들을 태묘에 모아서 합제(合祭)하는 것을 가리키며 선조에게 제사 지내는 예이기도 하다. 교제(郊祭)는 하늘에 제사 지내는 예이다. 고문파는 체례(禘禮)가 교례(郊禮)보다 중요하고 고제(古制)에 부합한다고 여겼다. 고대에는 선조에게 제사 지낼 때에 사람을 순장한 경우가 빈번했는데 하늘에 제사 지낼 때 사람을 순장하는 경우는 드물었다. 그러나 금문파는 교제를 상당히 중시하였다. 동중서의 주장에 따르면 "춘추의 의리에 나라에 대상이 있으면 종묘에 지내는 제례를 중지하지만 교제를 중지하지 않으니, 부모의 상 때문에 감히 천지를 섬기는 예를 폐하지는 않는다.[春秋之義, 國有大喪者, 止宗廟之祭, 而不止郊祭, 不敢以父母之喪, 廢事天地之禮也.]"[41]고 하였다. 체제를 중시하고 교제를 경시하는 것은 금문파가 하늘의 역량을 빌려 지연을 기초로 한 전제집권정치체제를 유지하려고 했던 것을 보여준다.

세제(稅制)에 대해서는 금 · 고 두 파의 주장이 많이 다르다. 금문파는 "십일(什一)"의 세제를 주장하였는데, 이는 한대에 실행된 세제의 반영이고 "십정에서 수레 하나를 낸다.[十井出一車]"라는 것은 금문에서 고대의 정전제(井田制)를 본떠 제기한 병역제도(兵役制度)이다. 고문파에서 "원근에 따라 차등을 나눈다.[以遠近分等差]"라고 세제를 주장한 것은 왕국과 호족세력의 세제개혁에 대한 요청을 표현한 것이다. 금문파는 "산택을 금하지 않았다.[山澤無禁]"라고 주장하고 고문파에서는 "산택을 모두 관아에 소속시켰다.[山澤皆入官]"라고 주장하였다. 고문파에서 산택에서 나는 이익을 관아로 들인다고 한 것은 국고로의 반입이 아니라 왕국의 "사부(私府)"로 반입하여 "사적으로 봉

---

40 《원주》 『예기』 「왕제」와 주를 참고하길 바란다.
41 《원주》 『춘추번로』 「교의」

양(私奉養)"하기 위한 것이었다.『염철론(鹽鐵論)』「착폐편(錯幣篇)」에 "오왕은 해택(海澤)의 이익을 독차지하고 등통은 서산의 이익을 독점하여서 산동의 교활한 무리들이 모두 오국에 모여들었고, 진·옹·한·촉도 등통에 의지하여 오와 등통이 주조한 동전은 천하에 퍼지게 되었습니다.[吳王擅障海澤, 鄧通專西山, 山東奸猾咸聚吳國, 秦·雍·漢·蜀因鄧氏, 吳鄧錢布天下.]" 경제 때에 오왕(吳王) 유비(劉濞 B.C.215~B.C.154)가 "칠국의 난(七國之亂)"을 일으켰는데, 경제적으로 주로 사부(私府)에서 모은 재부(財富)에 의지하여 제후왕들에게 사신을 파견해서 편지를 보내 반란에 성공하면 혜택을 주기로 약속한 것이 아주 많았다.[42] "십정에서 수레 하나를 낸다.[十井出一車]" 또는 "일전에서 수레 하나를 낸다.[一甸出一車]"라 한 것은 국가가 상비군(常備軍)에게 가지는 태도가 다름을 반영한 것이다. "전(甸)"이라는 것은 『주례』의 기록에 의거해 보면 "구부는 정이 되고 사정은 읍이 되고 사읍은 구가 되고 사구는 전이 된다.[九夫爲井, 四井爲邑, 四邑爲丘, 四丘爲[43]甸]"라고 한 것의 "전"을 말한다.

금·고 두 파는 혼상(婚喪)·법률 방면에서도 서로 다른 주장이 있지만, 여기에서는 일일이 분석하지 않겠다. 앞서 말한 내용을 종합해 보면 금문 경학의 정치경향이 중앙전제집권 정체에서 전제관료정치의 요구를 대표하고 고문 경학의 정치경향은 대체로 종법사회의 정체형식을 기본으로 제후왕국과 호족세족의 요구를 대표한다는 것을 알 수 있다. 양자의 정체 경향을 조사하여 밝혀보면 아래의 현상을 해석할 수 있다.

왜 금문 경학이 당시 정권에서 득세를 하였고 고문 경학이 장기간 민간에 유전되었는가? 왜 고문 경학이 왕국에 많이 나타났는가? 왜 고문경이 나타난 다음에 장기간 동안 조정의 비부(秘府)에 회수되어 사람들에게 공개되지 않았는가? 왜 후한 세가대족들이 흥성했던 시기에 고문 경학이 흥성하게 되었는

• • • • • • • • • • • •

42 ≪원주≫『사기』·『한서』 두 책의 「회남왕전(淮南王傳)」에 보인다.
43 원서에는 '四丘五'라고 되어 있으나 북경대학『십삼경주소』본에 의거하여 '四丘爲'로 고쳤다. (『십삼경주소』정리위원회정리, 『주례주소』, p.329)

가? 무슨 이유로 왕망(王莽)이 본래 고문경을 강력히 주장하다가 신왕조를 건립하고 나서 도리어 고금(古今)을 병용하고 참위(讖緯)만을 편애하였는가?

양한정체가 채택한 것은 중앙전제와 향촌자치가 결합된 정체형식으로 중앙전제집권의 뼈대형 구조물 속에 꽉 채워져 있었던 것은 혈연종법관계로 구성된 벽돌형 모듈이었다. 종족세력이 강대해질 때마다 전한 중앙 정부에서는 여러 차례 타격과 제한을 가하였다. 후한의 민요를 통해 볼 수 있듯이 황제의 조령은 이미 지방을 호령할 정도로 영향이 크지 않았다. 호족 가문의 정치세력은 이미 중앙의 지방정권을 초월하여 지방 지배 역량을 구축하였다.[44] 그러므로 금고문의 정치경향의 차이는 사실상 한나라의 혼합된 정체형식을 반영한 것이었다.

양한 때에 고문경을 연구하는 것은 대부분 금문경에서 시작되었는데 후한에서 더욱 심하게 나타났다. 대략 "자식에게 황금이 가득찬 광주리를 남겨주느니, 차라리 자식에게 경 하나를 가르치는 게 낫다.[遺子黃金滿籝, 不如教子一經.]"[45]고 할 정도로 한나라 때에는 경을 전공하여 대대로 전해주면서 관리가 되었고 아들은 아버지의 업을 이어받았다. 비록 한나라 관리 임용 방식은 선거(選擧)였지만 사실상 아들이 아버지의 업을 계승하면서 세경(世卿)이 되었다. 세경과 세록(世祿)을 회복하는 것은 여러 시대에 걸친 경학가의 열망이었다. 조익(趙翼)의 『이십이사찰기[廿二史札記]』 권5에 "누세경학(累世經學)" 조목이 있는데 진한시대에 경학을 전수한 세가(世家)를 상술했다. "사세삼공(四世三公)" 조목에는 열거된 사람들은 모두 경술(經術)로서 관직을 얻고 정치를 한 사람이었다.

전한의 위평(韋平)이 두 대에 걸쳐 재상이 된 것은 보기 드문 일이다. 위현(韋

· · · · · · · · · · · · ·

44 ≪원주≫ 『고요언(古謠諺)』
45 ≪원주≫ 『한서』 권74 「위현전(韋賢傳)」

賢)은 선제 때에 승상이 되었고 아들 위현성(韋玄成)도 원제 때에 승상이 되었다. 추노(鄒魯)의 속담에 이르길 "광주리에 가득한 황금을 자식에게 전해주기보다는 차라리 경 하나를 자식에게 가르쳐주는 게 낫다."라고 한다. 평당(平當)이 승상이 되었고 그 아들 평안(平晏)도 대사도(大司徒)가 되었다. 당시에 이미 승상을 대사도로 고쳤으니 대사도는 바로 재상을 말하는 것이다. 「평당전」에 이르길 "한나라가 생겨난 이래로 단지 위평과 평당 부자만이 재상에 이르렀다."라고 하였다. 후한 때에는 대대로 모두 공(公)이 된 자들도 있었다. 양진(楊震)은 태위(太尉)가 되었고 그 아들 양병(楊秉)은 유구(劉矩)의 뒤를 이어 태위가 되었으며 양병의 아들 양사(楊賜)는 유합(劉郃)의 뒤를 이어 사도가 되었다. 또한 장온(張溫)의 뒤를 이어 사공이 되었으며, 양사의 아들 양표(楊彪)는 동탁의 뒤를 이어 사공이 되었으며, 황완(黃琬)의 뒤를 이어 사도가 되었고, 순우가(淳于嘉)의 뒤를 이어 사공이 되었으며, 주준(朱儁)의 뒤를 이어 태위가 되어서 상서(尙書)의 일을 맡았다. 양진으로부터 양표에 이르기까지 4대 동안 모두 삼공이 되었다. 원안(袁安)이 사공이 되었고 또한 사도를 지냈다. 그 아들 원창(袁敞)과 원경(袁京)도 모두 사공이 되었다. 원경의 아들 원탕(袁湯)도 사공이 되었고 태위를 역임하고 안국정후(安國亭侯)에 봉해졌다. 원탕의 아들 원봉(袁逢)도 사공이 되었다. 원봉의 아우 원외(袁隗)는 원봉보다 먼저 삼공이 되었고 관직은 태부에 이르렀다. 그러므로 장홍(藏洪)이 말하길 "원씨의 4대 동안 오공을 배출하였으니, 양씨에 비해서 공이 하나가 더 많다. 예부터 세족의 성대함이 이 두 집안 같은 경우는 없었다."[西漢韋平, 再世宰相, 已屬僅事. 韋賢宣帝時爲丞相, 其子玄成, 元帝時亦爲丞相. 鄒魯諺之曰: "黃金滿籝, 不如敎子一經." 又平當爲丞相, 其子晏爲大司徒. 時已改丞相爲大司徒, 大司徒卽相也. 「平當傳」謂, "漢興, 惟韋平父子至宰相." 後漢則有歷世皆爲公者. 楊震官[46]太尉, 其子秉, 代劉矩爲太尉; 秉子賜, 代劉郃爲司徒, 又代張溫爲司空; 賜子彪, 代董卓爲司空, 又代黃琬爲司徒, 代淳于嘉爲司空, 代朱儁爲太尉, 錄尙書事. 自震至彪, 凡四世, 皆爲三公. 袁安官司空, 又官司徒. 其子敞及京, 皆爲司空. 京子湯亦爲司空, 歷太尉, 封安國亭侯. 湯子逢, 亦官司空. 逢弟隗, 先逢爲三公, 官至太傅, 故藏洪謂, "袁氏[47]四世五公, 比楊氏更多一公. 古來世族之盛, 未有如二家者."]

・・・・・・・・・・・・・

46 원서에는 '楊震爲太尉'로 되어 있으나, 『입이사차기교증(卄二四箚記校證)』에 의거하여 '楊震官太尉'으로 고쳤다. (조익 저, 왕수민 교증, 『입이사차기교증』, 中華書局, 1984, p.101)

세가(世家)들의 경학에 대해 농단은 정치에 대한 농단도 야기하였다. 후한 이후로 위진남북조에 이르러서는 세족정치가 흥기하였는데 고문 경학의 흥성에도 어느 정도 영향을 주었다. 그러므로 금고문 논쟁이 학관을 세우는 것에 목적이 있었다는 견해는 두말할 것도 없이 잘못되었다. 금고문경에 대한 한나라 사람들의 경설이 대부분 산실되었기 때문에 전인들의 성과를 가지고 분석할 수밖에 없다. 이밖에도 고금의 논쟁은 학파정치와 지연정치에 많은 영향을 미쳤다. 무제가 유학을 독존시킬 때 제학(齊學) 특히 『춘추공양』 파는 시정(時政)에 득세를 하였다. 이후로 제학의 허망(虛亡)함은 금문학 내부에서 노학(魯學)파의 반대를 받았다. 『한서』 「지리지」에 따르면 "한나라가 건립한 이후로 노국과 동해 출신의 매우 많은 사람들이 경상의 지위에 이르렀다.[漢興以來, 魯‧東海多至卿相.]"라고 하였다. 학자들의 통계에 따르면 선제로부터 평제에 이르기까지 승상에 오른 18명 중에 노적(魯籍)에 속한 자가 10인이고, 10인 중에 또한 6인이 노적박사(魯籍博士) 혹은 박사제자(博士弟子)였다.[48] 전한 중후기, 노학의 중요 인물인 설광덕(薛廣德)‧위현(韋賢) 부자 등과 같은 사람들은 앞뒤로 조정의 중신(重臣)이 되었고 제학을 있는 힘을 다해서 비난하였다. 금문 경학의 내부투쟁은 고문 경학이 흥기하는 조건을 만들었다. 이는 금문파 내부분쟁 때문에 금문파는 고문파의 출현에 주의를 기울일 겨를이 없었는데 바로 노학의 질박함이 사실상 고문 경학의 학풍과 상통하는 곳이 있었기 때문이다. 금‧고문 논쟁은 표면적으로는 학관을 세우는 다툼이었지만 실제로는 한대 각종 정치투쟁의 표현이었다.

‧ ‧ ‧ ‧ ‧ ‧ ‧ ‧ ‧ ‧ ‧ ‧

47 원서에는 '袁化'로 되어 있으나 『입이사차기교증』에 의거하여 '袁氏'로 고쳤다. (조익 저, 왕수민 교증, 같은 책, p.101)
48 《원주》 안쭤장(安作璋)‧류더쩡(劉德增), 「제노박사여양한유학(齊魯博士與兩漢儒學)」‧『진한사논총(秦漢史論叢)』 제8집, 운남대학출판사(雲南大學出版社), 2001.

제2절 상서(祥瑞)와 재이(災異) : 경학이 군권을 제한하는 방법

진한사회는 미신의 사회이다. 원시적 미신과 원시적 과학이 융합되고 민간문화와 엘리트문화의 교류로 찬란하고 다채로운 진한 문화를 구성하였고 동시에 양한 경학사상에 있어 영양을 섭취하는 온실이 되었다. 진한 사람들이 미신을 연구한 사실은 『사기』「일자열전(日者列傳)」의 기사[1] 『천수방마탄진간(天水放馬灘秦簡)』[2]에서 십이율(十二律) 점괘의 구체적인 내용과[3] 『운몽진간(雲夢秦簡)』[4]에서 출토된 「일서(日書)」를 가지고 증명할 수 있다.[5] 안휘(安徽)

· · · · · · · · · · · · ·

1 「일자열전(日者列傳)」에 이에 대한 내용이 보인다. "예로부터 천명을 받은 사람만이 왕 노릇을 하였다. 그렇지만 일찍이 왕이 일어날 때 복서(卜筮)로 천명을 판단하지 않은 적이 있었는가? 복서의 일은 주나라에서 가장 성행했고, 진나라에 들어와서도 볼 수 있었다. …… 총진가(叢辰家)는 아주 흉하다고 하며, 역가(曆家)는 조금 흉하다고 하고, 천인가(天人家)는 조금 길하다고 하며, 태일가(太一家)는 아주 길하다고 하며 논쟁을 벌여 결론을 내리지 못했습니다. 그래서 황제에게 사실대로 아뢰니 '모든 상서롭지 못한 것을 「피하기 위해」 꺼리는 데는 오행을 위주로 삼아라.'고 했습니다. 사람은 오행에 따라 태어나고 살아가기 때문입니다.[自古受命而王, 王者之興何嘗不以卜筮決於天命哉? 其於周尤甚, 及秦可見. …… 叢辰家日大凶, 曆家日小凶, 天人家日小吉, 太一家日大吉. 辯訟不決, 以狀聞. 制日 : '避諸死忌, 以五行爲主.' 人取於五行者也.]"(『사기』, p.3222)
2 죽간이다. 1986년에 중국 감숙성(甘肅省) 천수현(天水縣) 방마탄(放馬灘)의 진묘(秦墓)에서 발견되었다. (감숙성문물고고연구소 편, 『천수방마탄진간(天水放馬灘秦簡)』, 중화서국, 2008; 장더방(張德芳) 주편, 손잔위(孫占宇) 저, 『천수방마탄진간집석(天水放馬灘秦簡集釋)』, 감숙문화출판사, 2013)
3 ≪원주≫ 허쌍첸(何雙全), 「천수방마탄진간종술(天水放馬灘秦簡綜述)」, 『문물(文物)』 1989년 제2기
4 죽간(竹簡)으로 수호지(睡虎地) 운몽진간(雲夢秦簡) 이라고도 한다. 1975년 12월 중국공산당

부양(阜陽)의 전한시대의 여양후(汝陽侯) 묘에서 출토된 육임식반(六壬式盤)을 통해서도 증명할 수 있다.[6] 이외에 전사사(前四史)[7] 각각의 기(紀)·전(傳)·지(志) 중에 이런 기재는 드물지 않게 자주 보인다. 진한시대 사상문화에서 미신에 해당하는 내용은 과거에는 신비문화나 저속한 미신 사조(思潮)라고 하여 배척을 받아 웃음거리로 치부되었다. 그러나 오늘날에 이르러서는 천인합일의 개념으로 중국 사상문화의 특징으로 인정받았다. 사실상 한나라 경학에서의 천인합일(天人合一)은 천인감응(天人感應)·천인상동(天人相動)[8]에서 근본한 것으로 민간 미신문화에 근원한다. 한대 경사는 민간 미신의 사상을 정리하면서 천인합일이라는 개념을 창조하였다. 그 실제 목적은 상서설(祥瑞說)과 재이설(災異說)을 끄집어내는 데 있고 아울러 상서설과 재이설을 빌려 황제의 방대한 군권을 제한하는 것이었다. 어떤 눈앞의 이익에만 급급한 학파에게 외적확산에 대한 추구가 본체이론에 대한 증명보다 우선시 된다. 경학, 특히 금문파는 또한 세속적인 것을 면하지 못하였다. 양한의 민간 미신문화는

• • • • • • • • • • • •

호북성(湖北省) 운몽현(雲夢縣) 위원회의 지도 하에, 운몽현 수호지(睡虎地)에서 발굴되었다. (윤재석 역주, 『수호지진묘죽간 역주』, 소명출판, 2010, p.6)

5 《원주》 라오쫑이(饒宗頤)·쩡셴퉁(曾憲通), 『운몽진간일서연구(雲夢秦簡日書研究)』, 香港中文大學, 1982판. 『일서(日書)』를 연구한 관련 저술과 문장은 많다. 일일이 예를 들지 않는다.

6 고대로부터 태을 기문 육임(六壬)을 '기을임 삼식(奇乙壬 三式; 기문둔갑, 태을수, 육임을 말함)'이라고 불러 왔으며, 이 삼식은 도가와 음양가가 전승한 보배 중의 보배이다. 삼식 중에서 "천문을 아는 데는 태을이 최고이고, 지리를 아는 데는 기문이 최고이며, 사람의 앞날을 내다보는 데는 육임이 최고"이다. 기을임 삼식은 고대 구천현녀로부터 전해졌다고는 하지만 자세히는 고찰할 수 없다. 일(一[水])을 오(五[土])에 가해서 육(六)을 이룬다. 또 임(壬)은 양수이고 임의 기궁은 해(亥)이니, 후천 8괘의 건궁에 속하고, 수는 오행의 시작이 되므로 '육임(六壬)'이라 하게 되었다. 육임의 용어에는 지반(地盤)·천반(天盤)·천지반도(天地盤圖)가 있는데, 지반은 늘 일정하게 12지가 순서대로 배열돼 정해져 있다. 이 지반 위에 천반을 배치한 것이고, 천반은 만약 점을 친 시간이 진(辰) 시이고, 월장이 자(子)라면, 점시상에 월장을 올려서 12지 순으로 기입하면 천지반도가 완성된다. 지반도와 천반도를 합해서 천지반도라고 한다.(이우산 지음, 『육임입문』, 대유학당, 2008, pp.3~8)

7 『사기』, 『전한서』, 『후한서』, 『삼국지(三國志)』의 네 가지 중국 역사책을 통틀어 이른다.

8 천인상동(天人相動)은 인체의 생리기능이 천지와 사시(四時), 기(氣)의 운동 변화에 따라 바뀌는 것을 가리킨다.

488

자신의 특유한 방법으로 경을 해석하고 대량의 위서(緯書)를 편찬하여 경학과 병행하면서 참위사조(讖緯思潮)를 형성시켰다.

양한 금문 경학은 "춘추대일통(春秋大一統)"과 "인민을 억제시키고 군주를 신장시키는[屈民以伸君] 것을 주장하여 군권의 존귀와 신성을 강조하고 군왕의 권위를 옹호하였다. 양한 신구(新舊) 혼합의 이중적 정치체제 속에서 그 정치방침은 황권옹호와 전제정치적인 주장이었다. 그러나 군권에 대해 제한을 하기도 하였다. 동중서(董仲舒)는 군권을 제한하는 것에 대하여 다음과 같은 다양한 의미의 해석을 했다.

『춘추』의 법칙은 백성은 군주에게 복종하고 군주는 하늘에 복종하는 것이다. 『공양전(公羊傳)』에서 다음과 같이 말하였다. "백성과 관료의 (우려하고 불안해 하는) 마음에 따르면 단 하루라도 (세상에) 군주가 없을 수 없다." 이처럼 단 하루도 군주가 없을 수 없는데도 오히려 (호칭의 규례에 따르면 새로 제위에 오른 군주는) 3년의 거상 기간 동안에 스스로 ('왕'으로 일컫지 않고) '아들'로 일컫는다. 이러한 관행은 새 군주가 마음속 깊이 슬픔으로 가득 차 있어 아직 계위하기에 합당하다고 생각하지 않기 때문이다. 이것이야말로 백성이 군주를 복종해야 한다는 생각이 아니겠는가! 효자의 마음에 3년 상중에 계위가 부당하지만 (선왕이 사망한) 해를 넘겨서 다음 해에 즉위한다. (계위 과정이) 하늘의 도수[天道]와 배합해야 하기 때문이다.[9] 이것이야말로 군주가 하늘에 복종해야 한다는 뜻이 아니겠는가! 그러므로 (『춘추』의 세계에서는) 백성을 억제시키고 군주를 신장시키며 또 군주를 억제시키고 하늘의 뜻을 신장시킨다. 이것이 바로 『춘추』의 대의이다.[『春秋』之法, 以人隨君, 以君隨天. 曰 : "緣民臣之心, 不可一日 無君." 一日不可無君, 而猶三年稱子者. 爲君心之未當立也. 此非以人隨君耶! 孝子之

. . . .

9 『춘추번로금주금석(春秋繁露今註今譯)』 "하늘의 운행은 봄에 시작하여 겨울에 마친다. 이때 문에 국군(國君)이 죽은 후 새로운 국군이 두 번째 봄이 되기를 기다려야 비로소 왕위를 계승할 수 있으니, 이것이 바로 천수(天數)와 시종(始終)을 함께한다는 뜻이다.[天的運行, 從春天開始, 到冬天終了 ; 因此國君死後, 新的國君要等到第二年的春天才繼承君位, 這就是與天數俱終始的意思.]"(라이옌웬(賴炎元) 주편, 『춘추번로금주금역』, p.22)

心, 三年不當, 三年不當而踰(逾)年卽位者. 與天數俱終始也. 此非以君隨天耶! 故屈民而伸君, 屈君而伸天. 『春秋』之大義也.]¹⁰

동중서는 천하 만물은 똑같이 하늘로 귀결된다고 여겼다. 하늘은 음양으로 나누어지고 음양은 목(木)·화(火)·토(土)·금(金)·수(水) 오행으로 나누어지고 오행은 만물을 낳는다.[天分陽陰, 陽陰分木·火·土·金·水五行, 五行生萬物.]¹¹ 오행상생(五行相生)은 하늘의 은덕을 체현하는 것이며¹² (五行相克)은 하늘의 형벌을 체현하는 것이다.¹³ "(사람은) 사람을 생육할 수 있으나 창조할 수는 없다. 사람을 창조하는 것은 하늘이다. 사람이 사람다운 까닭은 하늘에 근본하기 때문이다. 하늘은 인류의 선조이다.[爲生不能爲人, 爲人者天也. 人之爲人, 本於天, 天亦人之曾祖父也.]¹⁴ 하늘의 존재는 명확한 목적이 있으며 아울러 자신의 도덕적 속성을 지니고 있다. "아름다운 인은 하늘에 있으니 하늘은 인애(仁愛)한 것이다.[仁之美者在於天, 天仁也.]¹⁵

천인상통(天人相通)·천인합일(天人合一)의 이론을 세운 목적이 "인민을 억제시키고 군주를 신장시키고 또 군주를 억제시키고 하늘을 신장시킨다.[屈民而伸君, 屈君而伸天.]"는 것으로 『춘추』의 큰 뜻을 명백하게 드러내는 데 있다. 하늘이 만물과 인류를 창조한 것은 하늘 자신이 가진 의지의 체현이다. 사람의 행위는 하늘의 의지에 순응하면 하늘이 상서(祥瑞)를 내린다. "왕이 하늘에 감응하면 난새[鸞鳥]와 봉황(鳳凰)이 날아온다.[王者上感皇天, 則鸞鳳至.]"¹⁶ 하늘의 의지를 거역하면 재이(災異)를 내려 경고한다. 동

. . . .

10 《원주》『춘추번로』「옥배(玉杯)」
11 《원주》『춘추번로』「오행지의(五行之義)」
12 《원주》『춘추번로』「오행상생(五行相生)」
13 《원주》『춘추번로』「오행상승(五行相勝)」
14 《원주》『춘추번로』「위인자천(爲人者天)」
15 《원주》『춘추번로』「왕도통삼(王道通三)」에 보인다.
16 《원주》『춘추감응부(春秋感應符)』, 손곡(孫穀), 『고미서(古微書)』

중서는 다음과 같이 말하였다.

　하늘과 땅 사이의 만물은 예사롭지 않은 변화가 있으니 그것을 괴이(怪異)라
고 하며 작은 변화를 재해(災害)라고 한다. 재해는 항상 먼저 발생하고 그런
뒤에 괴이가 뒤따른다. 재해는 하늘의 견책(譴責)이고 괴이는 하늘의 위엄이다.
하늘의 견책을 알아차리지 못하면 위엄을 보여 두려움에 떨게 하였다. 『시』에
"하늘의 위엄을 두려워한다."[17]라고 하였으니 아마도 이것을 말한 듯하다. 재이
의 근본은 모두 국가의 잘못으로 발생한다. 국가의 잘못이 발생하게 되면 하늘
에서 재해를 내려 견책하고 경고한다. 견책하고 경고하여도 고칠 줄 모르면
괴이를 내려 경계하고 위협한다. 경계하고 위협하여도 여전히 두려워할 줄 모르
면 재앙이 닥친다. 이로써 천의(天意)의 사랑함을 볼 수 있으니 사람들을 해치려
는 것이 아니다. 내가 살펴보건대 재이로 하늘의 뜻을 알 수 있고 천의는 그렇게
하기를 바라는 뜻도 있고 바라지 않는 뜻도 있다. 바라는 뜻과 바라지 않는
뜻은 사람이 마음속으로 자기반성을 하면 마음속으로 뉘우치게 된다. 밖으로
사물을 관찰하면 나라에서 증거를 찾을 수 있으므로 하늘에서 재이를 내린
뜻을 알게 된다.[天地之物, 有不常之變者, 謂之異, 小者謂之災. 災常先至, 而異乃隨
之. 災者, 天之譴也; 異者, 天之威也. 譴之而不知, 乃畏之以威『詩』云 : "畏天之威,"
殆此謂也. 凡災異之本, 盡生於國家之失. 國家之失乃始萌芽,[18] 而天出災害以譴告之.
譴告之而不知變, 乃見怪異以驚駭之. 驚駭之尙不知畏恐, 其殃咎乃至, 以此見天意之
仁, 而不欲陷人也. 謹案, 災異以見天意.[19] 天意有欲也, 有不欲也. 所欲所不欲者, 人[20]
內以自省, 宜有懲於心; 外以觀其事, 宜有驗於國, 故見天意者之於災異也.][21]

- - - - - - - - - - - - -

17 이에 대한 내용은 『시경(詩經)』「주송(周頌) · 아장(我將)」에 보인다.(『십삼경주소』, 『모시정
　의』, p.1530)
18 원문에는 '乃始萌芽'로 되어 있지만, 『춘추번로금주금역』에 의거하여, '國家之失乃始萌芽'
　로 고쳤다.(라이옌웬 주편, 『춘추번로금주금역』, p.236)
19 원문에는 '以此見天意'로 되어 있지만, 『춘추번로금주금역』에 의거하여, '以此見天意之仁,
　而不欲陷人也. 謹案, 災異以見天意.'로 고쳤다.(녀엄원 주편, 『춘추번로금주금역』, p.236)
20 원문에는 '入'로 되어 있지만, 『춘추번로금주금역』에 의거하여, '人'로 고쳤다.(라이옌웬 주
　편, 『춘추번로금주금역』, p.236)
21 ≪원주≫ 『춘추번로(春秋繁露)』「필인차지(必仁且知)」

상서재이설(祥瑞災異說)이 비록 황당하고 이치에 맞지 않지만 경학이 군권을 제한하는 방법이다. 『예기』「중용(中庸)」에서 다음과 같이 말하였다. "국가가 흥하려면 반드시 상서로운 조짐이 있으며 국가가 망하려면 반드시 재앙이 있다.[國家將興, 必有禎祥, 國家將亡, 必有妖孼.]" 이른바 '상(祥)'은 즉 길조(吉兆)이니 일반적으로 아름답고 보기 드문 사물을 가리킨다. 예를 들면 서운(瑞雲)·서성(瑞星)·진귀하고 드문 식물·조수의 출현 등과 같은 것이다. 동물로서 말하면 "무엇을 사령(四靈)이라고 하는가? 기린(麟)·봉황(鳳)·거북(龜)·용(龍)을 사령(四靈)이라고 한다.[何謂四靈, 麟·鳳·龜·龍之謂.]"[22] 『논어』에 공자가 다음과 같이 말하였다. "봉황새가 오지 않으며 황하에서 하도(河圖)가 나오지 않으니 나는 끝났구나.[鳳凰不至, 河不出圖, 吾已矣夫.]"[23] 여기에서는 공자께서 봉황의 출현을 사리에 성명한 천자가 출현할 징조라고 생각하였다. 『춘추』책은 "서쪽으로 사냥 가서 기린을 잡았다.[西狩獲麟]"[24]는 부분에서 집필을 멈추었다. 『공양전』에서 다음과 같이 해석하였다. "무엇 때문에 이러한 일을 기록하였는가? 기이한 일이기 때문에 기록한 것이다. 무슨 기이함이 있는가? 중국의 짐승이 아니기 때문이다. …… 기린은 어진 짐승으로 성군(聖君)이 출현할 경우 나타난다.[何以書?, 記異也.何異爾? 非中國之獸也. …… 麟者, 仁獸也, 有王者則至.]"[25]

상서(祥瑞)는 선정(善政)의 조짐이었다. 그래서 양한 경사들은 이것을 가지고 황제가 정치에 있어 덕을 기르고 공덕을 쌓아 천의(天意)를 받들기를 경계하며 권면하였다. "양한시대에 봉황의 출현이 많았다. 그러나 가장 많은 때는 전한 선제 때이며,[26] 후한은 장제(章帝, 57~88) 때이다.[兩漢多鳳凰, 而最多者, 西

· · · · · · · · · · · ·

22 ≪원주≫ 『예기』「예운편(禮運篇)」
23 ≪원주≫ 『논어』「자한(子罕)」
24 이에 대한 내용은 『좌전』「애공(哀公) 14」조(條)에 보인다. (『십삼경주소』『춘추좌전정의』, p.1927)
25 이에 대한 내용은 『공양전』「애공 12년」조에 보인다. (『십삼경주소』『춘추공양전주소』, p.704)

漢則宣帝之世, 後漢則章帝之世.]"[27] 전한은 소제(昭帝, B.C.94~B.C.74)·선제 때와 후한은 명제(明帝, 28~75)·장제 때가 양한 정치에서 비교적 깨끗하고 투명한 시대이며 봉황이 많이 출현함을 자연히 괴이하게 여기지 않았다.[28] 바로 위서(緯書)에 실려 있는 참어의 말과 같이 봉황의 출현은 왕자의 덕행이 "하늘에 감응[上感皇天]" 하였기 때문이다. 선제 원년 2년에 바로 효무황제의 사당을 세우고 다음과 같이 조서를 내렸다.

> 내가 보잘것없는 몸으로 조상의 대업을 받들어 밤낮으로 효무황제께서 몸소 실천하신 인의를 생각하고 명장들을 선발하여 복종하지 않는 자들을 토벌하고 흉노를 격파하여 멀리 이역까지 달아나게 하고 저(氐)·강(羌)·곤명(昆明)·남월(南越)을 평정하니 온갖 오랑캐들이 한조(漢朝)의 풍습과 교화를 앙모하여 와

•••••••••••••

26 선제 이후 상서현상은 지방관들이 자신들의 공을 인정받아 상을 받기 위해 황제에게 상서에 관련된 허위보고를 하는 경우가 많았다. 청나라 조익은 한대에 봉왕의 출현이 많은 것에 대하여 분석하고, 다음과 같이 말하였다. "군(郡)과 도성에 보고한 상서가 모두 반드시 다 사실에 맞는 것은 아니다.[宣帝以後祥瑞現象多發可能跟地方官爲了邀功請賞, 投皇帝所好虛報祥瑞有關. 淸代趙翼對漢代多鳳凰進行了分析, 說：'郡國所奏符瑞, 皆未必得實也.']"라고 하였다. (예치우쥐(葉秋菊), 「한대의 재이상서조서(漢代的災異祥瑞詔書)」, 『사학월간(史學月刊)』 2010년 제5기, p.121)

27 ≪원주≫ [청] 조익(趙翼), 『이십이사찰기[卄二史札記]』, "양한다봉황[兩漢多鳳凰]" 조에 보인다.

28 양한(兩漢)시기 재이상서(災異祥瑞) 조서(詔書)의 수량(數量) 현황은 다음과 같다.(예치우쥐, 「한대의 재이상서조서(漢代的災異祥瑞詔書)」, p.119)

전한시기 재이상서조서의 수량

	高祖	孝惠	高后	文帝	武帝	昭帝	宣帝	元帝	成帝	哀帝
災異詔書	0	0	0	2	0	0	4	10	9	2
祥瑞詔書	0	0	0	0	6	0	9	0	1	0

후한시대 재이상서조서의 수량

	光武	明帝	章帝	和帝	殤帝	安帝	順帝	質帝	桓帝	靈帝	獻帝
災異詔書	4	4	5	4	1	13	7	1	13	2	3
祥瑞詔書	1	1	3	0	0	0	0	0	0	0	0

서 복종하였다. 태학을 건립하고 하늘과 땅에 제사하는 예의를 익히며 책력을
제정하고 음률을 조정하였다. 태산에 올라 제사 지내고 선방(宣房)[29]을 수리하
게 하니 좋은 징조가 때에 맞게 생겨났다. 원정(元鼎) 원년(B.C.116)에 분수(汾
水)에서 보정(寶鼎)을 얻었으며 원수(元狩) 원년(B.C.122)에 흰 기린을 사로잡았
다. 공덕(功德)이 많아 다 선양(宣揚)할 수 없다. 그러나 종묘에 사용하는 음악이
걸맞지 않아 의논한 후 아뢰겠다.[(夏五月, 詔曰 :) 朕以眇身奉承祖宗, 夙夜惟念孝
武皇帝躬履仁義, 選明將, 討不服, 匈奴遠遁, 平氏·羌·昆明·南越, 百蠻鄉風, 款塞
來享; 建太學, 修郊祀, 定正朔, 協音律; 封泰山, 塞宣房, 符瑞應, 寶鼎出, 白麟獲.功德
茂盛, 不能盡宣. 而廟樂未稱, 其議奏.][30]

조서는 무제가 몸소 인의를 실천하고 공덕이 밝게 빛남을 격찬한 후에
무제 때 흰 기린을 잡고[31] 보정(寶鼎)이 발견된 일을 특별히 지적하여[32] 천의
를 대신하여 상서로운 징조로 여겼다. 이 조서를 통하여 동중서의 "군주를
억제시키고 하늘을 신장시킨다.[屈君以伸天]"는 이 이론이 한나라 정치에 끼친
영향을 알 수 있다.

양한의 황제는 상서를 굳게 믿고 의심하지 않았는데, 상서의 출현은 황제
의 정치가 하늘의 의지를 순종했다는 것을 증명하기 때문이다. "부모에 대한
효도와 형제에 대한 우애가 지극하여 하늘과 땅의 신령이 알게 되면 봉황이
와서 둥지를 튼다.[孝悌之至, 通於神明, 則鳳凰巢.]"[33] 경사들은 자연히 상서를
더욱 믿었는데 경사들은 자신들이 현신(賢臣)이며 하늘이 내려 보내 천자를

· · · · · · · · · · · ·

29 궁(宮) 이름으로 '선방(宣防)'이라고도 한다. 전한 원광(元光 B.C.134~B.C.129) 연간에 황하
   의 입구를 호자(瓠子)쪽에 흐르게 하니, 20여 년간 막히지 않았다. 한 무제(武帝)가 몸소 물
   꼬를 틔운 어귀에 임하여 병사 수만을 동원하고, 아울러 여러 신하들에게 명하여 메우게
   하고, 성공한 뒤 그 위에 궁을 건축하고, 선방궁(宣房宮)이라 이름 하였다. (창시우량(倉修良)
   주편, 『한서사전(漢書辭典)』, 산동교육출판사(山東教育出版社), 1996, p.501)
30 ≪원주≫ 『한서』 권8 「선제기(宣帝紀)」에 보인다.
31 이에 대한 내용은 『한서』 「무제기(武帝紀)」에 보인다.(『한서』, p.174)
32 이에 대한 내용은 『한서』 「교사지(郊祀志)」에 보인다.(『한서』, p.1251.)
33 ≪원주≫ 『효경구명결(孝經鉤命決)』

보좌하며 정치를 공명하게 돕는다고 믿었기 때문이다. "천자가 자기 직분을 다하여 능력 있는 자를 등용하면 난새가 교외에 날아든다.[天子官守, 以賢舉, 則鸞在野.]"[34] "중국의 천자가 현신을 등용하는 것은 한대 이후로 매우 중요한 선정(善政) 중의 하나이다. 이러한 조치는 늘 측근 정치에 빠지는 중국 고대 정치의 잘못을 바로잡는 의미에서 말해 보면, 중시할 만한 가치가 있는 것이다.[中國的天子擧用賢臣, 是漢代以來極其重要的善政之一. 這種擧措, 從糾正常流於親戚和近倖政治的中國古代政治的意義上來說, 是値得重視的.]"[35]

매번 상서를 만났을 때마다 황제들은 "조정에서 사자를 파견하여 그곳에 제사 하거나[遣使祠其處]"[36] 혹은 국내의 죄수들을 풀어주고 혹은 관리와 백성들에게 작위 일급(一級)을 하사하고 벼슬을 받은 자의 아내에게 백호(百戶)를 헤아려 소와 술을 하사하였고 혹은 "조세를 면제하는[37][租稅勿收]"[38] 등의 일을 하였다. 하늘이 상서를 내려 표창을 했기 때문에 황제도 자연스럽게 하늘의 의지에 따라 더욱 선정을 베풀고자 하였다.

만약 상서의 출현이 황제의 선정에 대한 찬양과 표창이라 한다면 재이의 출현은 제왕이 정사를 잘하지 못하는 것에 대한 하늘의 경고와 징벌이었다. '재(災)'와 '이(異)'는 서로 다른 의미이다. 재(災)는 이미 발생한 자연 재해이고 이(異)는 기괴한 자연현상이다. 『공양전』「은공(隱公) 3년」에 다음과 같은 내

---

34 ≪원주≫『춘추공연도(春秋孔演圖)』

35 ≪원주≫ 야쓰이 고오야마[安居香山], 전인륭(田人隆) 역, 『위서와 중국의 신비사상[緯書與 中國神秘思想]』, 하북인민출판사(河北人民出版社), 1991

36 ≪원주≫『한서』「소제기(昭帝紀)」시원(始元) 3년, "겨울 10월에 봉황이 동해에 모이자 조정에서 사자를 파견하여 그곳에 제사하게 하였다. [冬十月, 鳳凰集東海, 遣使祠其處.]"에 보인다.

37 예치우쥐(葉秋菊)는 "재이를 당했을 때 어진 이를 등용하고, 언로(言路)를 개방하고, 관리를 내보내어 순행하게 하고, 조세를 감면해 주고, 억울하게 옥살이 하는 이가 없도록 세심히 살피고, 죄수를 사면하고, 국가의 재용을 절약하고, 정전(正殿)을 피하고, 군대 등을 철수하는 등의 9가지 조치를 취하였다."라고 하였다.(예치우쥐, 「한대의 재이상서조서(漢代的災異祥 瑞詔書)」, p.121)

38 ≪원주≫『한서』권8「선제기」, 『후한서』권3「장제기」등에 보인다.

용이 보인다. "봄 주왕(周王) 2월 기사일에 노(魯)나라에서는 일식이 발생하였다. 무엇 때문에 이 일을 기록하였는가? 기이한 일이기 때문에 기록하였다.[春, 王二月, 己巳, 日有食之, 何以書? 記異也.]" 은공 5년에 또 다음과 같은 내용이 보인다. "노나라에 병충해가 발생하였다. 무엇 때문에 기록하였는가? 재해를 기록한 것이다.[螟, 何以書? 記災也.]" 위서(緯書) 『춘추잠담파(春秋潛譚巴)』 또한 다음과 같이 말하였다. "재(災)라는 말은 해친다는 뜻으로 일에 따라 주벌하는 것이다. 이(異)라는 말은 괴이하다는 뜻이니 먼저 발생하여 해치고 놀라게 함을 말한다.[災之爲言傷也, 隨事而誅; 異之爲言怪也, 謂先發感動之也.]"

한대 상서재이설의 문화적 원천은 원시미신과 원시과학이다. 미신문화의 예언은 그것을 위하여 방법을 제공하였고, 자연과학의 설명은 이론을 제공하였다.[39] 상서재이설의 더욱 직접적인 학술 연원을 보면 중요한 내용은 추연의 음양오행설에서 나왔다. 사마천이 추연파(鄒衍派)를 논할 때 그 설은 "음양의 소멸과 성장을 깊이 관찰하고, 기이하고 현실과 거리가 먼 변화를 기술하여[乃深觀陰陽消息而作怪迂之變]", "그 말들이 크고 (종잡을 수 없어서) 도리에 맞지 않으나, 반드시 먼저 작은 사물을 검증하고 난 후에 그것을 추론하여 확대해 나가 무한한 곳까지 이르렀다.[其語閎大不經, 必先驗小物, 推而大之, 至于無垠.]"고 여겼다. "천지가 나누어진 이래 오행이 차례로 옮겨가 다스림이 각각 마땅함을 얻고, (하늘의 명령과 사람의 일이) 이에 상응하는 것을 인용하여 설명하였다.[稱引天地剖判以來, 五德轉移, 治各有宜, 而符應若玆.]" 요지는 "반드시 인의와 근검절약 그리고 군신, 상하, 육친에게 시행하는 것으로 귀착되어 처음에는 남용되었다. 왕공대인(王公大人)이 처음 그의 학설을 들으면 깜짝 놀라 그

<hr />

39 재이설(災異說)이 일정한 정도에서 자연과학의 발전을 촉진하였다. 재이설은 사회정치학설이지만, 재이설을 자연현상으로 '천인감응(天人感應)'의 매개(媒介)로 여겼으니, 이것이 바로 사람들에게 중시하게 하고, 아울러 이러한 자연현상을 연구하게 하였다.(우칭(吳靑), 「재이와 한대 사회(災異與漢代社會)」, 『서북대학학보(西北大學學報) 철학사회과학판(哲學社會科學版)』 1995 제3기, p.44)

의 설에 감화되지만 그 뒤에는 그것을 실행하지 못했다.[必止乎仁義節儉, 君臣上下六親之施, 始也濫耳. 王公大人初見其術, 懼然顧化, 其後不能行之.]"[40]

여기에서 "왕공대인(王公大人)이 처음 그의 학설을 들으면 깜짝 놀라 그의 설에 감화되는 [王公大人初見其術, 懼然顧化]" 효력은 상서재이설(祥瑞災異說)이 작용하는 형상을 묘사한 것이다. 한대 경학 중에는 미신과 술수를 내용으로 한 신비주의적 요소가 매우 많다. 동중서가 "천인합일"이라는 경학체계를 건립함으로서 유학이 신비사상 중에서 대부분의 주요 내용을 흡수하고 아울러 비범한 능력을 획득하도록 하였다. "하늘이란 만물의 조상이므로 두루 덮고 포함하되 차별이 없고 일월과 풍우를 만들어 만물을 화하게 하고 음양과 한서(寒暑)를 통해 만물을 성장케 합니다. 그러므로 성인이 하늘을 본받아 도를 세우는 것입니다.[天者群物之祖也, 故遍覆包涵而無所殊, 建日月風雨以和之, 經陰陽寒暑以成之, 故聖人法天而立道.]"[41] 한대의 유학은 늘 유술(儒術)·경술(經術)이라 불린 데에는 일리가 있다. "그러한 유학대사(大師)와 신에게 물어 점을 보는 무사와는 넘을 수 없는 경계가 없는 것 같았다.[那些儒學大師與求神問卜的巫師似無不可逾越的界限.]"[42] 동중서가 "재이"에 대하여 언급한 자료는 비교적 많다.

하늘에도 기쁨과 성냄의 기와 슬픔과 즐거운 마음이 있으니, 사람과 서로 부합하여 끼리끼리 모이는 법이니, 하늘과 사람은 동일하다. 봄은 기쁨의 기가 넘치므로 만물이 태어나고, 가을은 성냄의 기가 넘치므로 만물이 시들어가며 여름은 즐거움의 기가 넘치므로 만물이 자라나고 겨울은 슬픔의 기가 넘치므로 만물이 숨게 된다. (이 네 가지는 하늘과 사람에게 공통으로 나타나는 현상이어서 그 이치와 작용도 동일하다.) 따라서 사람이 하늘과 함께하는 자는 크게

· · · · · · · · · · · · · ·

40 ≪원주≫ 『사기』 권74 「맹자순경열전(孟子荀卿列傳)」
41 ≪원주≫ 『한서』 권56 「동중서전」
42 ≪원주≫ 린젠밍(林劍鳴), 「진한 정치생활 중의 신비주의(秦漢政治生活中的神秘主義)」, 『역사연구(歷史研究)』 1991년 제4기

다스려지고, 하늘과 다르게 하는 자는 크게 어지러워진다.[天亦有喜怒之氣, 哀樂之心, 與人相副, 以類合之, 天人一也. 春, 喜氣也, 故生; 秋, 怒氣也, 故殺; 夏, 樂氣也, 故養; 冬, 哀氣也, 故藏.(四者, 天人同有之, 有其理而一用之,)與天同者大治, 與天異者大亂.]^43

봄은 하늘이 만물을 생육하고 인은 임금이 백성을 사랑하는 것이다. 여름은 하늘이 만물을 성장시키는 것이고 덕은 임금이 백성을 길러주는 것이다. 서리란 하늘이 만물을 죽이는 것이고 형벌은 임금이 벌주는 것이다. 이것으로 미루어 보면 하늘과 사람의 징험은 고금을 통해 변할 수 없는 도리이다. [春者, 天之所以生也, 仁者, 君之所以愛也; 夏者, 天之所以長也, 德者, 君之所以養也; 霜者, 天之所以殺也, 刑者, 君之所以罰也. 由此言之, 天人之徵, 古今之道也.]^44

동중서의 천인합일의 경학체계에서는 하늘에 희로애락(喜怒哀樂)이 있다고 보았다. 이 때문에 "하늘의 뜻과 합치되면 세상이 크게 안정이 되고 하늘의 뜻과 다르면 크게 어지러워진다.[與天同者大治, 與天異者大亂.]"^45 그래서 "하늘과 사람의 징험[天人之徵]"은 쉽게 "고금을 통해 변할 수 없는 도리이다.[古今之道]"^46로 해석되었다. 하늘의 마음이 인하기 때문에 제왕의 행위도 반드시 "인의에 그쳐야 하며[止乎仁義]"^47 천지의 마음은 재이(災異)를 통해서 표현되는 것이다. 『춘추』의 법과 오경의 뜻은 또한 이런 성격에 대해서 기록한 것이다.

동중서의 "재이"에 대한 해설이 꽤 상세하다. 앞에서 인용한 『춘추번로』「필인차지(必仁且知)」단락 논술은 바로 하늘의 뜻으로 재이(災異)를 추론해

• • • • • • • • • • • •

43 《원주》『춘추번로』「음양의(陰陽義)」
44 《원주》『한서』권56 「동중서전」
45 이에 대한 내용은 『춘추번로』「음양의(陰陽義)」에 보인다. (라이엔쿤 주편, 같은 책, pp.309~310)
46 이에 대한 내용은 『한서』「동중서전」에 보인다. (『한서』, p.2515)
47 이에 대한 내용은 『사기』「맹자순경열전」에 보인다. (『사기』, p.2344)

낸 것인데 재이를 하늘의 꾸짖음으로 여겼다. 그러므로 제왕이 정치를 할 때는 하늘의 뜻에 순종해야한다. 이 단락의 문장논술에서는 재이를 『시』의 뜻과 『춘추』의 법에 억지로 끌어다 사용하였다. "재이"로 경을 해석한 것을 일부나마 확인할 수 있다. 이후에 동중서는 "『춘추』에 기재되어 있는 재이의 변화를 가지고 음양이 번갈아 운행하는 것을 연구하였다. 그러므로 비오기를 구하여 …… [以『春秋』災異之變推陰陽所以錯行. 故求雨 ……]"[48] 동료들에게 시기를 받아 자칫하면 죽을 뻔했다. "동중서는 마침내 감히 다시는 재이를 말하지 않았다.[仲舒遂不敢復言災異]"[49]

동중서가 비록 감히 다시는 재이를 말하지 않았지만 재이설은 도리어 이후에 경사들이 경을 해석하는 중요한 방법이 되었다. 구체적인 사례가 『한서』「오행지(五行志)」속에 두루 남아있다. 이 문제는 윗글에서 이미 논의하였기 때문에 여기에서는 그다지 언급하지 않는다. 무제 이후로 재이설은 더욱 유행하여 대신의 대책(對策)과 상소가 똑같이 이 "경의 내용을 빌려와 옳음을 가설하고 천상(天象)의 유에 의탁하여 정당성을 피력하고[假經設誼, 依託象類]"[50] 후에 자신의 정사에 대한 견해를 주장해 내었다.

전한 말년 평당(平當)이 "경술에 밝음으로써 박사가 되었다.[以明經爲博士]", 공경(公卿)은 "평당이 경술에 정통한 것으로 인하여 의론이 명백해졌고 그를 급사중(給事中)에 천거하였다. 매번 나라에 재이가 발생했을 때 평당이 경술을 전하여 득실을 말하였다.[薦當論議通明, 給事中, 每有災異, 當輒傳經術, 言得失.]" 평당이 재이를 말한 것은 "태상황(太上皇)의 침묘원 폐기[罷太上皇寢廟園]" 쟁론 중에서 볼 수 있다. 그가 올린 글 중에 다음과 같이 말하였다.

30년 사이에 도덕이 화기애애하고 예악제도가 완비되고 재해가 발생되지

48 이에 대한 내용은 『한서』「동중서전」에 보인다. (『한서』, p.2524)
49 ≪원주≫『한서』권56「동중서전」
50 ≪원주≫『한서』권75「휴양하후경익이전(眭兩夏侯京翼李傳)」찬(贊)

않고 화란(禍亂)이 일어나지 않았습니다. 오늘날 신성한 한 왕조가 천명을 받아 천하를 다스리고 물려준 기업(基業)을 계승한지 이미 200여 년으로 근면하고 게을리 하지 않아 정령(政令)이 투명한 것입니다. 그러나 풍속이 화순하지 못하고 음양이 조화되지 못해 재해가 자주 발생하니 대본(大本)이 서지 않아 그런 것인가 생각했습니다. 그렇지 않다면 어찌하여 매우 긴 시간 동안 도덕 교화의 상서로운 징조가 나타나지 않겠습니까? 화복의 출현은 반드시 이유가 있어 이르는 것이니 그 원인을 깊이 탐색하고 그 근본을 닦아야 합니다.[三十年之間, 道德和洽, 制禮興樂, 災害不生, 禍亂不作. 今聖漢受命而王, 繼體承業二百餘年, 孜孜不怠, 政命淸矣. 然風俗未和, 陰陽未調, 災害數見, 意者大本有不立歟. 何德化休徵不應之久也? 禍福不虛, 必有因而至者焉. 宜深迹其道而務修其本.]

애제 때 평당이 글을 올려 사직하기를 청하였지만 애제는 다음과 같이 말하였다.

내가 그대를 여러 신하들 중에서 선발하여 승상으로 삼아 나를 보좌하여 나라를 다스린 시간이 오래지 않아 현재 천하의 음양이 조화롭지 못하다. 겨울에 큰 눈이 내리지 않고 날씨가 가물어 재앙이 되니 이것들은 모두 나의 부덕의 소치이다. 어찌 반드시 그대의 죄이겠는가?[朕選於衆, 以君爲相, 視事日寡, 補政未久, 陰陽不調, 冬無大雪, 旱氣爲災, 朕之不德, 何必君罪?][51]

또한 애제 시기에 포선(鮑宣)[52]이라는 사람이 있었다. 그는 당시 간의대부(諫議大夫)가 되었는데 간신 동현(董賢)[53]이 애제의 총애를 받는 것에 대하여

- - - - - - - - - - - -

51 《원주》『한서』권71 「평당전(平當傳)」
52 전한 발해(渤海) 고성(高城) 사람이며, 효렴으로 천거되어 애제(哀帝) 때 두 차례 간대부(諫大夫)를 지냈다. (임종욱 편저, 『중국역대인명사전』, p.1960)
53 동현은 어전 아래에서 시각을 알리는 일을 했다. 황제는 그와 친근해지면서 황문랑(黃門郎)이라는 벼슬을 주었고, 동현을 더욱 총애하면서 부마도위시중(駙馬都尉侍中) 벼슬을 내렸다. 동현은 항상 애제(哀帝)와 함께 기거하였다. 어느 날 오후 두 사람이 낮잠을 잤는데, 먼저 잠에 깬 애제가 일어나려 했으나 동현이 애제의 소매를 베고 자고 있었다. 애제는 달게 자고 있는 동현이 깨지 않도록 하기위하여 자신의 소매를 자르고 일어났다.

500

포선이 여러 차례 간하는 글을 올려 재이설을 인용하여 주장의 근거로 삼았다.

> 효성황제 때를 보면 외척이 권력을 장악하고 사람들이 자기와 친한 사람들을 끌어들여 조정에 가득 채우게 되어 어진 사람이 조정에 나갈 길을 막았습니다. 천하가 혼란하게 되고 사치와 교만함에 법도가 없어지게 되었으며 백성들은 곤궁하게 되었습니다. 이 때문에 하늘에서는 일식이 10여 차례 발생하고 혜성이 4차례나 출현하였으니 멸망의 징조를 폐하께서 직접 보신 바입니다. …… 폐하께서 유의하셔서 『오경』의 글을 보시고 성인의 지극한 뜻을 찾아 하늘의 경고를 깊이 생각하시기 바랍니다.[竊見孝成皇帝時, 外親持權, 人人牽引所私以充塞朝廷, 妨賢人路. 濁亂天下, 奢泰亡度, 窮困百姓. 是以日蝕且十, 彗星四起, 危亡之徵, 陛下所親見也. …… 惟陛下少留神明, 覽『五經』之文, 原聖人之至意, 深思天地之戒.][54]

이 간언하는 글의 앞뒤에 모두 재이를 인용하여 자신의 설을 확대시켰다. 이후에 군(郡)과 도읍에 지진이 발생하고 또 일식이 발생하자 포선은 또 글을 올려 다음과 같이 말하였다.

> 폐하께서는 아버지를 모시는 것 같이 하늘을 받들어야 하고 어머니를 모시는 것과 같이 땅을 받들어야 하며, 자신의 아들을 양육하는 것과 같이 백성들을 양육해야 합니다. 폐하께서 즉위하신 이후로 하늘의 빛이 모자라고 땅에서는 지진이 발생하고 백성들은 근거 없는 소문에 놀랐습니다. 지금 일식이 삼시(三始)[55]에 발생하니 참으로 사람들을 놀라게 합니다. 보통 일반 백성들은 정월 초하루에 여전히 기물(器物)이 상하는 것을 두려워하는데 어찌 하물며 태양이 어지러지는 것에 있어서겠습니까! 폐하께서 깊이 마음속으로 자책하시어 정전

---

54 ≪원주≫ 『한서』 권72 「포선전(鮑宣傳)」에 보인다.
55 삼시(三始)는 '정월(正月) 초하루의 아침'을 가리키는 말로, 연(年), 월(月), 일(日)의 처음이란 뜻이다.

(正殿)을 피하시고[56] 직간하는 신하를 거용하여 자신의 과실을 살피고 ……
하늘과 사람이 마음을 같이 하여 인심이 기뻐한다면 하늘의 뜻이 화해(和解)될
것입니다. 이월 병술일에 이르러 흰 무지개가 해를 잠식하고 여러 날 흐렸지만
비가 내리지 않으니 이것은 하늘에 근심이 있어 결과적으로 해석되지 않음이
있는 것으로 백성들 마음속에 여전히 불만의 징조가 있는 것입니다.[陛下父事天,
母事地, 子養黎民. 卽位已來, 父虧明, 母震動, 子訛言相驚恐. 今日蝕於三始, 誠可畏懼.
小民正月朔日尙恐毁敗器物, 何况於日虧乎! 陛下深內自責, 避正殿, 擧直言, 求過失
…… 天人同心, 人心說則天意解矣. 乃二月丙戌, 白虹虷日, 連陰不雨, 此天有憂結未
解, 民有怨望未塞者也.][57]

포선은 재이설로 애제에게 동현을 축출할 것을 적극적으로 간하였다.
애제가 천체 현상의 변이를 만나자 깊이 자책한 것에서 재이설의 영향이
컸음을 볼 수 있다. 만약 동중서·평당·포선이 말한 것은 천상과 경의(經
義)를 견강부회하면서 의리를 천명했다고 한다면 한대에 또 재이로 점복과
예언을 하는 무리가 있었는데 이 파는 하후시창(夏侯始昌)·하후승(夏侯勝,
B.C.152~B.C.61)·휴맹(眭孟, ?~B.C.78)[58]·경방(京房, B.C.77~B.C.37)을 대표
로 한다.

전자는 재이의리파(災異義理派)라 할 수 있고 후자는 재이수술파(災異數術派)
라고 말할 수 있다. 무제 때 동중서·한영(韓嬰)이 죽은 후 하후시창이 비로소
조정에 중요한 자리에 중용되었다. "시창이 음양의 도에 통달하여 그가 백량

· · · · · · · · · · · · · ·

56 국가에 비상(非常)한 일이나 천재지변, 흉년 등의 일이 일어날 때 임금이 이를 두려워하고
   경계한다는 뜻에서 주요한 정사를 처결하는 궁전인 정전(正殿)이 아닌 다른 곳에 거처하는
   것을 말한다.
57 ≪원주≫ 『한서』 권72 「포선전(鮑宣傳)」에 보인다.
58 이름은 홍(弘)이며, 자가 맹(孟)이다. 노(魯)나라 번(蕃) 사람으로 장성하여 풍격이 크게 변하
   여 영공(嬴公)에게 『춘추』를 배웠다. 상소하여 '당시에 큰 돌이 스스로 서며, 시들어 말라죽
   은 나무가 다시 살아난' 등의 형상을 해석하고, 장차 민간에 '옛날에 망했던 공손씨(公孫
   氏)가 부흥할 것이라는' 것을 추측하여 판단하였다. 대장군 곽광(霍光)이 그의 상소문을 정
   위(廷尉)에 내려 보내어 '망언으로 민중을 현혹하여 대역무도하다.'고 생각하여 그를 주살하
   였다. (창시우량 주편, 같은 책, p.634)

502

대(柏梁臺)에 화재가 발생하는 날짜를 예언한 적이 있었다. 예언한 날이 되자 과연 그가 말한 대로 화재가 발생했다.[始昌明於陰陽, 先言柏梁臺災日. 至期日果災.]"[59] 하후시창 족형제의 아들인 하후승도 유학으로 유명하였다. "하후승이 어려서 아버지를 여의고 어려운 환경에서도 배우기를 매우 좋아하여 시창에게 『상서』와 「홍범오행전(洪范五行傳)」을 배우고 재이를 말하였다.[勝少孤, 好學, 從始昌受『尙書』及「洪范五行傳」, 說災異.]"[60] 이후 소제가 죽고 창읍왕(昌邑王, B.C.93~B.C.59)[61]이 즉위하였다. 창읍왕은 궁을 나가 놀기를 좋아하였다. 한 번은 하후승이 왕의 어거(御車)를 막고 다음과 같이 간하였다. "날이 오래도록 흐리지만 비가 오지 않고 신하가 황제를 도모할 일이 발생하였는데도 폐하께서는 궁을 나가 어디로 가려 하십니까?[天久陰而不雨, 臣下有謀上者, 陛下出欲何之?][62] 창읍왕이 매우 불쾌하여 그를 체포하여 속관에게 넘겼다. 때마침 곽광(霍光 ?~B.C.68)[63]과 거기장군(車騎將軍) 장안세(張安世 ?~B.C.62)가 창읍왕을 폐할 것을 공모(共謀)하였다. 곽광은 장안세가 비밀을 누설했다고 여겼으나 실제로 장안세는 결코 다른 사람에게 이 일을 말한 적이 없었다. 후에 하후승을 심문하니 하후승이 다음과 같이 답하였다. "「홍범전(洪範傳)」에 '제왕이 통치의 준칙이 없으면 바로 항상 몰래 징벌을 받는다. 이때가 바로 아래 사람이 윗사람을 시해하는 일이 발생하는 것이다.'라고 하였다. 다만 이 때문에 명확

---

59 ≪원주≫ 『한서』권75 「하후시창전(夏侯始昌傳)」
60 이에 대한 내용은 『한서』「휴양하후경익이전(眭兩夏侯京翼李傳)」에 보인다. (『한서』, p.3155.)
61 전한의 제후왕(諸侯王)이다. 중국 한(漢) 나라 유하(劉賀)의 봉호(封號). 무제(武帝)의 손자. 소제(昭帝)의 뒤를 이어 즉위했으나, 향연과 음란을 일삼다가 곽광(霍光)에 의하여 즉위한 지 27일 만에 폐위되었다. (창시우량 주편, 『한서사전』, p.962~963)
62 이에 대한 내용은 『한서』「휴양하후경익이전(眭兩夏侯京翼李傳)」에 보인다.(『한서』, p.3155)
63 자는 자맹(子孟)이며, 하동(河東) 평양(平陽) 출신이다. 무제가 죽자 8세에 즉위한 소제(昭帝)를 보필하여 정사(政事)를 집행하였다. 소제가 죽은 후에는 그를 계승한 창읍왕(昌邑王)의 제위를 박탈하고, 앞서 무고(巫蠱)의 난 때 죽은 여태자(戾太子)의 손자를 옹립하여 선제(宣帝)로 즉위하게 하였으며, 그 공으로 증봉(增封)되었다. 시호는 선성(宣成)이다. (임종욱 편저, 같은 책, pp.115~116)

히 말하는 것을 꺼린다. 그래서 다만 신하가 황제를 도모하는 일이 발생했다고 하는 것이다.[勝對言 : 在『洪範傳』曰 : '皇之不極, 厥罰常陰, 時則下人有伐上者.' 惡察察言, 故云臣下有謀.]"[64] 곽광·장안세가 크게 놀라 "이로부터 더욱 경학가를 중시하였다."[以此益重經術士.][65] 그러나 하후승과 동시대의 사람인 휴맹(眭孟)은 재이를 예언한 것 때문에 곽광이 그를 옥에 가두고 죽였다. 동중서의 제자인 휴맹은 영공(嬴公)[66]에게 『춘추』를 전수 받았다. 소제(昭帝) 원봉(元鳳) 3년(B.C. 78년) 정월 태산에 큰 돌이 스스로 서고 돌 뒤에 흰 새 수천 마리가 있었다. 당시 또 아울러 많은 기이한 현상이 발생하였다. 예컨대 창읍(昌邑) 도성에 있는 사묘(社廟)에 "시들어 말라죽은 나무가 다시 살아나고[枯社木臥復生][67] 상림원(上林苑) 가운데 부러져 쓰러진 고목의 큰 버드나무가 스스로 서서 다시 살아나는 것이 있었으며 좀먹은 나뭇잎에 글자가 쓰여져 있었는데 다음과 같았다. "공손(公孫)의 병이 이미 나았다.[公孫病已立.]"[68] 휴맹이 이에『춘추』의 뜻을 미루어 "돌과 버드나무는 모두 음물(陰物)로 하층 백성을 상징한다. 태산은 여러 산들 중에 으뜸이며 나라의 왕조가 바뀌면 황제들이 제사 지내는 곳이다. 오늘날 큰 돌이 스스로 서며 죽은 버드나무가 다시 살아나니 그러한 것들은 인력으로 할 수 있는 것이 아니다. 이것이 바로 필부가 천자가 되었다는 것이다. 사묘(社廟)에 죽은 나무가 다시 살아나니 이것이 바로 이전에 폐했던 공손씨(公孫氏) 일족이 부흥했다는 표시이다.[石柳皆陰類, 下民之象. 泰山者, 岱宗之岳, 王者易姓告代之處. 今大石自立, 僵柳復起, 非人力所爲. 此當有從匹夫爲天子者. 枯社木復生, 故廢之家公孫氏當復興者也.]"[69] 아마도 휴맹은 선사(先師)가 전수한 『춘추』

. . . .

64 이에 대한 내용은 『한서』 「휴양하후경익이전」에 보인다. (『한서』, p.3155)
65 ≪원주≫『한서』권75 「하후승전」에 보인다.
66 전한의 학자이며, 성이 영(嬴)이며, 동평국(東平國) 사람이다. 호무생(胡毋生)의 제자이며, 『춘추』 연구로 이름이 났다. (창시우량 주편, 『한서사전』, p.1035)
67 이에 대한 내용은 『한서』 「휴양하후경익이전」에 보인다. (『한서』, p.3153)
68 이에 대한 내용은 『한서』 「오행지(五行志)」와 「휴양하후경익이전」에 보인다. (『한서』, p.1412, p.3153)
69 이에 대한 내용은 『한서』 「휴양하후경익이전」에 보인다. (『한서』, p.3153)

의 의미가 궁극적으로 어디에 있는지 전혀 몰랐을 것이다. 그는 계속하여 옛날 선양(禪讓)의 설을 인용하여 선양의 도리를 말하였다.

나의 선사 동중서께서 말씀하신 적이 있다. 비록 황제의 지위를 계승하고 또 문덕(文德)의 군주를 준수하더라도 성인이 하늘에 명을 받는 것을 방해할 수 없다. 한 왕실은 요(堯)의 후대이며 나라를 전하는 운세가 있다. 한제(漢帝)가 천하에 공표하여 현능한 사람들을 널리 구하여 제위를 선양해야 하며 스스로 물러나 백리의 봉지를 받으니 예컨대 은(殷)·주(周) 이왕의 후대와 같이 천명을 받아야 한다.[先師董仲舒有言, 雖有繼體守文之君, 不害聖人之受命. 漢家堯後, 有傳國之運, 漢帝宜誰差天下, 求索賢人, 禪以帝位, 而退自封百里, 如殷·周二王後, 以承順天命.][70]

휴맹(眭孟)이 재이로부터 미루어 예언을 하였는데 예언을 근거로 얻은 이 "선양(禪讓)" 이론은 한나라 정치와 서로 맞지 않아 결과적으로 자신이 죽는 화를 야기했다. 원제 때의 경방은 더욱 재이로 예언하는 것에 뛰어났다. 경방이 경씨역파(京氏易派)를 개창(開創)하였는데 본래 술수를 능사(能事)로 삼았다. 그러므로 재이로 예언하는 것은 더욱 식은 죽 먹기였다.

영광(永光, B.C.43~B.C.38)·건소(建昭, B.C.38~B.C.34) 연간에 서강(西羌)이 반란을 일으키고 오래지 않아 일식이 생겼다. 또 오래도록 어두워 빛을 볼 수 없고 짙은 안개가 하늘에 가득해 한 점의 빛도 볼 수 없었다. 경방이 상소하여 일이 발생할 것이라고 예언하였다. 가까이는 몇 개월 안에 멀게는 일 년 안에 예언이 자주 적중하여 원제가 매우 기뻐하여 자주 경방을 불러 물었다. 경방이 다음과 같이 말하였다. "고대의 제왕은 공으로 유능한 자를 등용하여 만물이 생육할 수 있었고 상서 또한 출현하였습니다. 그러나 말세에 비난과 찬양으로 사람을 등용하므로 공업(功業)이 폐하게 되고 재이가 출현하게 되었습

70 《원주》 『한서』 권75 「휴맹전(眭孟傳)」

니다. 백관들을 각각 자신의 공업을 살펴보게 하여야 이러한 재이를 사라지게
할 수 있습니다."[永光·建昭間, 西羌反, 日蝕, 又久靑亡光, 陰霧不淸, 房數上疏,
先言其將然, 近數月, 遠一歲, 所言屢中, 天子說之. 數召見問. 房對曰 : "古帝王以功擧
賢, 則萬代成, 瑞應著; 末世以毀譽取人, 故功業廢面致災異. 宜令百官各試其功, 災異
可息.."]"[71]

경방의 재이설은 "앞으로 그렇게 되리라 먼저 말하고[先言其將然]", "말했
던 것이 자주 적중했다.[所言屢中]" 이것은 재이의리설(災異義理說)이 이미 발생
한 재해현상을 해석한 것과 다르다. 이후 경방은 또 "관리의 공과를 평가하
는 법[考功課吏法]"을 아뢰었다, 이 법은 경방이 술수의 내용을 행정제도에
적용시킨 가장 좋은 증명이다. "관리의 공과를 평가하는 법"에 관하여, 『한
서』「경방전(京房傳)」 진작(晉灼)의 주에 다음과 같이 말하였다. "승·위(丞·
尉)에게 한 고을을 다스리게 하여 교화를 숭상하여 범법자가 없으면 승진시
키고 도적이 있는 경우는 꼬박 삼일 동안 깨닫지 못하는 자는 승·위가
일을 처리하고, 도적을 깨닫게 하여 스스로 반성하는 경우에 이위(二尉)가
책임을 지니 대체로 법을 따르는 것이 이와 같았다.[令丞尉治一縣, 崇敎化亡犯法
者輒遷. 有盜賊, 滿三日不覺者則尉事也. 令[72]覺之, 自除, 二尉負其罪.[73] 率相準如此法.]"
재이설은 후한에 이르러서도 여전히 경사에서 계속 사용하였다. 후한 때
매번 하늘에 기이한 현상이 있으면 신하들은 기회를 엿보아 간언의 글을
올려 황제가 정령을 고쳐 정비하고 하늘의 뜻에 순응하여 경설에 부합하기를
권고하였다. 앞에서 음양오행학설의 경학에 대한 영향을 언급할 때, 후한의
양사(楊賜, ?~B.C.185)가 어좌에서 푸른 뱀이 나오는 것을 보고 상소문을 올린

71 《원주》 『한서』 권75 「경방전」
72 원서에는 '今'으로 되어 있으나, 『한서』 중화서국점교본에 '令'으로 되어 있어 고쳤다. (『한
서』, p.3161)
73 원서에는 '二尉負其'라고 되어 있으나, 『한서』 중화서국점교본에 의거 '二尉負其罪'로 고
쳤다. (『한서』, p.3161)

것을 인용했었는데 이는 바로 그 예이다. 사실 양사의 이론은 가학(家學)이었다. 그의 아버지 양병(楊秉, 91~165) 또한 이와 같았다. 환제(桓帝, 147~167)가 미복(微服) 차림으로 궁을 나와 하남(河南) 윤양윤(尹梁胤)의 관아에 머무른 적이 있었다. 그날 큰 바람이 나무를 뽑아 버리고 하늘이 어두워졌다. 양병이 곧 간하는 글을 올려 다음과 같이 간하였다.

신이 들으니 상서는 덕 때문에 출현하고 재화는 일 때문에 발생한다고 하였습니다. 『전』에 "화복은 일정한 문이 없으니 오직 사람이 부른다."[74]라고 하였습니다. 하늘은 말을 하지 않고 재이로 경고합니다. 그래서 공자께서는 빠른 우뢰와 맹렬한 바람이 일면 반드시 낯빛이 변하셨습니다. 『시』에 "하늘의 노여움을 공경하여 감히 안일하지 말며 하늘의 변함을 공경하여 감히 치구(馳驅)하지 말지어다."라고 하니 왕이란 지극히 높아 출입에 상규가 있어 지나가는 사람을 경계하고 벽제한 이후에 행하고 궁실을 깨끗이 한 이후에 머물고 교제와 묘제의 일이 아니면 난기(鑾旗)[75]를 몰지 않는다. 그러므로 『시』에 "교제로부터 종묘에 간다."[76]라고 하였다. 『역』에 "왕격유묘(王假有廟)는 효도로 제향(祭享)함을 지극히 함이요"[77]라고 하니 제후가 신하의 집에 가는 경우에도 『춘추』에서 "그 경계하는 사례를 나열하였는데 하물며 어찌 선왕의 법복을 입고 사적으로 나가 놀 수 있겠는가![臣聞瑞由德至, 災應事生. 『傳』曰: "禍福無門, 唯人所召." 天不言語, 以災異譴告, 是以孔子迅雷風烈必有變動. 『詩』云: "敬天之怒, 不敢驅馳"[78] 王者至尊, 出入有常, 警蹕而行, 靜室而止, 自非郊廟之事, 則鑾旗不駕. 故『詩』稱: '自郊徂宮,' 『易』曰: "王假有廟, 致孝享也." 諸侯如臣之家, 『春秋』 尙列其誡, 況以先王法服而私出盤游!]"[79]

---

74 이에 대한 내용은 『좌전』「양공(襄公) 23년」조(條)에 보인다. (욱현호(郁賢皓)·주복창(周福昌) 주역, 『신역 좌전독본(新譯 左傳讀本)』, 삼민서국(三民書局), 2002, p.1074)
75 난기(鑾旗)는 천자의 수레를 가리킨다.
76 이에 대한 내용은 『시경』「운한(雲漢)」에 보인다. (『십삼경주소』, 『모시정의』, p.1405)
77 이에 대한 내용은 『주역』「취괘(萃卦)·단전(彖傳)」에 보인다. (『십삼경주소』, 『주역정의』, p.220)
78 이에 대한 내용은 『시경』「대아(大雅)·판(板)」에 보인다. (『십삼경주소』, 『모시정의』, p.1354)

양병은 간하는 글에서 여러 경전을 나열하였는데 후한시기 재이설로 경학을 증명한 자료가 매우 충분함을 볼 수 있다. 양병의 가학은 그의 아버지 양진(楊震, 59~124)에게서 시작되었다. 안제 연광(延光, 122~125) 연간에 지진이 발생하자 양진이 상소하여 음양재이의 도리를 말하였다. 상소의 가장 끝 부분에 다음과 같이 말하였다. "폐하께서 강건(剛健)한 덕을 분발하시어 교만하고 사치스런 신하들을 버리시어 요언(妖言)을 막고 하늘의 경계를 받들어 위압(威壓)과 복덕(福德)을 내리는 권력이 신하의 수중으로 옮기지 않기를 바랍니다.[唯陛下奮乾剛之德, 棄驕奢之臣, 以掩妖言之口, 奉承皇天之戒, 無令威福久稱於下.]"[80]

아울러 양씨 가학이 재이를 연구하였을 뿐만 아니라 기타 경사 · 명신(名臣)들도 재이설로 정사를 상소하였다. 후한의 왕부(王符, 85?~162)는 "홀로 절개를 지켜 세속과 달랐다.[獨耿介, 不同於俗.]" 당시의 풍속과 정치에 대하여 매우 신랄하게 비평하였다. 그러나 그의 평론과 서술 또한 재이설에 의존하는 것이 있었다. 『잠부론(潛夫論)』 「부치편(浮侈篇)」에 그는 사회가 근본을 버리고 말단을 쫓는 현상을 호되게 꾸짖었고 본말이 도치되었기 때문에 사회가 혼란해졌다고 하였다. 사회가 혼란하여 혹형의 수가 증가하는 것을 야기한다면 "백성들이 어떻게 근심하고 원망(怨望)함이 없겠는가? 근심하고 원망하는 자가 많다면 천벌이 내릴 징조가 아울러 이를 것이다. 백성들이 의지할 곳이 없으면 하늘에서 재앙을 내릴 것이니, 나라가 위태롭게 될 것이다.[則下安能無愁怨? 愁怨者多, 則咎徵幷臻. 下民無聊, 而上天降災, 則國危矣.]"[81] 라고 지적하였다.

양한 경학의 재이설과 상서설은 똑같이 무한의 군권 전제를 제한하는데 사용되면서 제왕의 정치가 경학이 요구하는 덕정에 부합하도록 이끌었다. 어떤 의미에서 한대의 경사는 황당한 수단을 사용한 것 같지만 결코 황당하

79 《원주》『후한서』 권84 「양병전(楊秉傳)」
80 《원주》『후한서』 권84 「양진전(楊震傳)」
81 《원주》『후한서』 권49 「왕부전(王符傳)」

지 않은 일을 하였다. 이상의 분석을 통해 한대 경학 재이설이 실제 정치에 끼친 영향이 뚜렷했다는 점을 파악할 수 있다. 이 외에도 한대의 황제는 매번 큰 재이를 입을 때마다 예컨대 일식·지진 등이 발생하면 임금 스스로를 꾸짖는 조서가 많았으며[82] 아울러 삼공을 교체하여 그들에게 죄를 돌리기도 하였다.[83] 그러므로 청나라 조익(1729~1814)은 다음과 같이 말하였다. "한나라 때 조서에는 두려워하는 말이 많다.[漢詔多懼詞]"[84]

· · · · · · · · · · · · ·

82 조서(詔書) 중에서 가장 빠른 시기는 문제(文帝) 2년 일식 때문에 반포한 것이다. (우칭, 「재이와 한대 사회(災異與漢代社會)」, p.39)

83 대표적인 사례가 원제 즉위 초에 재해를 입었는데 승상(丞相), 어사(御史)를 꾸짖고 사죄하게 하여 황제뿐 아니라 대신들도 재이에 대한 책임을 분담하게 한 것이다. (우칭, 「재이와 한대 사회(災異與漢代社會)」, p.41)

84 ≪원주≫ 조익(趙翼), 『이십이사찰기(卄二史札記)』, "한조다구사(漢詔多懼詞)" 조(條)에 보인다.

제3절 한나라는 효(孝)로 천하를 다스렸다 : 효를 핵심으로 한 사회질서의 형성

　제1장에서는 "신질서와 구제도"를 주제로 삼아 양한 경학이 흥성한 역사 배경을 탐구하였고, 아울러 한대에 남아 있던 이전의 사회제도에 대해 분야별로 나누어 그 근원을 고찰해 보았다. 한나라의 제도 중에는 진나라의 제도와 주나라의 제도 등이 있으며, 한나라의 정치체제는 군현제와 분봉제의 혼합이다. 그러나 한대에 새로워진 사회질서에 대해서는 앞의 글에서 많이 언급하지 않았다. 사회질서란 한 시대가 특별히 지니고 있는 사회생활과 사회관리 방식이다. 그래서 한 시대에는 한 시대의 사회질서가 있다. 한대에서의 효의 관념은 양한 경학에서 자연히 특수한 지위를 지니고 있으며 아울러 새로운 사회질서 형성에 중요한 영향을 끼쳤다.

　『효경』에 대한 성서(成書), 전승, 경설은 앞 장에서 이미 서술하였다. 그러나 『효경』의 새로운 사회질서 설계에 관해서는 언급하지 않았다. 본 절에서는 이 내용을 시작으로 효의 관념과 한대 새로운 사회질서 형성에 대해 논의를 진행하겠다.

　『효경』은 전국시대에 저술되었지만 당시에는 사회적으로 크게 중시되지 못하였다. 선진시대 전적에서 『효경』 내용의 인용은 『여씨춘추(呂氏春秋)』의 「찰미편(察微篇)」과 「효행편(孝行篇)」에서 겨우 보일 뿐이다. 그런데 한대에 이르러 『효경』의 지위가 갑자기 올라갔다. 『백호통의(白虎通義)』에서는 이를 『춘추』와 나란히 놓고서 설명하기를 "(공자가) 뒤에 『효경』을 지은 것은 어째서인가? 오로지 바른 법도를 세우기 위해서이다.『효경』을 통하는 것은 어째서인가? 효라는 것은 천자로부터 서인에 이르기까지 상하가 모두『효경』으로 통하기 때문이다. 예악(禮樂)의 제정은 인(仁)의 근본이다.[後作『孝經』何? 欲專制正於『孝經』何? 夫孝者自天子下至庶人, 上下通『孝經』者, 夫制作禮樂仁之本.]"[1] 라고 하였다.

정현의 의견은 "공자는 육예의 제목이 다르고 가리키는 뜻이 크게 달라 도가 흩어져 후세에서는 근원을 알지 못할까 염려하였기 때문에『효경』을 지어 종합하였다.[孔子以六藝題目不同, 指意殊別, 恐道離散, 後世莫知根源, 故作『孝經』以總會之.]"라는 것이었다. 또 "『효경』은 삼재(三才)의 경위(經緯)이며 오행(五行)의 강기(綱紀)이다.[三才之經緯, 五行之綱紀.]"[2] 라고 하였다. 정현은 또『예기』의 "대본대경(大本大經)"을 주석하면서 "대경(大經)은 육예(六藝)를 말하니『춘추』를 가리키며 대본(大本)은『효경』이다.[大經謂六指, 而指『春秋』也, 大本『孝經』也.]"[3] 라고 하였다. 한대 관리의 주소(奏疏) 중에도 종종『효경』이 인용되었는데 생각과 행위의 시비를 판단하는 기준으로 삼았고 동시에『효경』은 또 한대 관리들이 교화(敎化)를 실행하는 도구가 되었다. 후한시대에 구람(仇覽)이 포정장(蒲亭長)이 되었을 때에 평민 중에 진원(陳元)이라는 자가 있었는데 그의 어머니가 그의 불효를 고발하였다. 구람이 직접 진원의 집에 가서 "그들 모자와 술을 마셨다. 인륜과 효행을 설명하면서 화복(禍福)에 비유하여 말을 하였고[與其母子飮. 因爲陳人倫孝行, 譬以禍福之言.]" 아울러 "『효경』한 권을 주재[與一卷『孝經』]" 이에 "진원은 결국 효도를 하여 훌륭한 선비가 되었다.[元遂修孝道, 成爲佳士.]"[4]『효경』을 사회 교화의 교과서로 삼은 것은 실제로 한나라 왕조가 처음이었다. 후한 말년에 이르러 황건적(黃巾賊)의 봉기가 발발한

· · · · · · · · · · · · · ·

1 《원주》『백호통덕론(白虎通德論)』「오경(五經)」
2 《원주》『효경』서(序), 정현 주(注)
3 《원주》『예기정의(禮記正義)』권53
4 《원주》『후한서』권66「구람전(仇覽傳)」과 주에서 인용한『사승서(謝承書)』

뒤에는 심지어 『효경』을 이용하여 반란을 평정하자고 주장하는 사람도 있었다. "단지 하상(河上)에 장수를 보내어 북쪽을 향해 『효경』을 읽으면 적도가 저절로 소멸될 것이다.[但遺將於河上北向讀『孝經』, 賊自當消滅.]"[5]라고 하였으니 『효경』이 한대인들에게 중요한 지위를 차지하였음을 알 수 있다.

『효경』이 한대에서의 지위가 이같이 중요했던 것은 한대의 새로운 사회질서의 필요에 적합하였기 때문이다. 『효경』「개종명의장(開宗明義章)」에서 "선왕들이 지극한 덕과 중요한 도를 지녀 천하를 순리에 맞게 하니 백성들이 화목하여 상하 간에 원망이 없다.[先王有至德要道, 以順天下, 民用和睦, 上下無怨.]"라고 하였다. 이 몇 마디의 말은 『효경』의 목적이 효도를 바탕으로 한 새로운 사회질서 건립이라는 것을 단적으로 말하고 있다. 이 때문에 "효순천하(孝順天下)"와 "효치천하(孝治天下)" 사상이 『효경』 전체를 관통하고 있는 것이다. 예를 들면 『효경』「효치장(孝治章)」에 "옛날에 명철한 임금이 효로 천하를 다스릴 때에 감히 작은 나라의 신하도 빠뜨리지 않았으니 하물며 공(公)·후(侯)·백(伯)·자(子)·남(男)을 빠뜨렸겠는가! 그러므로 만국의 환심을 얻어서 그 선왕(先王)을 섬겼다.[昔者明王之以孝治天下也, 不敢遺小國之臣, 而況于公侯伯子男乎! 故得萬國之歡心, 以事其先王.]"라고 하였는데, 2천 자가 못 되는 『효경』에서 「효치장」과 「성치장(聖治章)」에서만도 "치(治)"자와 "순(順)"자가 반복적으로 20번 이상 출현한다. "治"는 효가 집을 다스릴 수 있고 나라를 다스릴 수 있고 천하를 다스릴 수 있음을 가리킨 것이다. "順"은 효도를 행하면 백성의 예가 순리에 맞고 장유(長幼)의 관계가 순리에 맞아 천하를 순리에 맞게 할 수 있음을 말한 것이다. 어째서 효도가 천하를 다스릴 수 있고 천하를 순리에 맞게 할 수 있다고 하는 것인가? 『효경』「개종명의장」에는 한발 더 나아가 "효라는 것은 부모를 섬기는 것이 시작이고, 임금을 섬기는 것이 중간이며, 자신을 완성하는 것이 마지막이다.[夫孝, 始于事親, 中于事君, 終于立身.]"라고 해

5 《원주》 『후한서』 권81 「향허전(向栩傳)」

석하고 있다. 여기에서의 효는 각각의 가정 구성원이 가정에서 반드시 이행해야 할 의무일 뿐만 아니라 사회 구성원이 사회에서 반드시 이행해야 할 의무이다. 『효경』에서 '효'를 근원적인 도덕규범으로 삼은 것은 "부모를 섬기는 것에서 시작하기(시우사친始于事親)" 때문이다. 혈족의 정은 사람들이 다 가지고 있는 것으로 위로 천자로부터 아래로는 서인에 이르기까지 모두 부모를 섬겨야 한다. 『효경』에서 "시우사친"을 실현하기 위해 가장 중요한 단계는 "중우사군(中于事君)"이다. 『효경』은 가정 관계를 사회에까지 확대하여 국가를 가정의 연장으로 간주한다. "천하일가(天下一家)"에서의 군주는 자연스럽게 전체 사회 구성원의 가장이 되며, 군주와 백성들의 관계는 결국 부자 관계로 변화된다. 『효경』은 「광양명장(廣揚名章)」에서, "군자가 어버이를 섬기는 데에 효도하므로 충성을 임금에게 옮길 수 있으며, 형을 섬기는 데에 공경하므로 공손함을 어른에게 옮길 수 있고, 집에 있으면서는 집을 다스리므로 다스림을 관(官)에 옮길 수 있다. 이 때문에 행동이 안에서 이루어지고 이름이 후세에 전해진다.[君子之事親孝, 故忠可移于君; 事兄悌, 故順可移于長; 居家理, 故治可移于官. 是以行成于于內, 而名立于後世矣.]"라고 강조하였다. 효로 임금을 섬기면 충(忠)이며, 임금을 섬김에 있어 충성하지 않으면 효가 아니다. 아버지에게 효도하는 것은 임금에게 충성하는 것의 전제이며, 임금에게 충성하는 것은 아버지에게 효도한 결과이다. "효를 옮겨 충성을 한다."라는 원칙의 제시는 『효경』이 구상하고 있는 질서정연한 사회질서인 "천하일가"를 아주 잘 해석해 주는 것이다. "종우입신(終于立身)"은 각자 자신의 도덕적 요구를 실현하는 것인데, 사람들이 입신하여 효를 행하는 것은 "백성들이 화목하여 상하가 원망이 없게 하기[民用合睦, 上下無怨]" 위해서이다. "종우입신"은 『효경』이 효를 가지고 만든 윤리표준인데 새로운 사회질서 건립이 지향하는 바이다.

『효경』은 "효치천하(孝治天下)"에 대하여 합리적인 해석을 한 후, 새로운 사회의 천자부터 서인까지 각 구성원들이 지켜야 하는 효를 규정하는데 이것이 이른바 "다섯 등급의 효[五等之孝]"이다. 『효경』의 견해는 다음과 같다.

천자의 효는 "부모를 섬기면서 사랑과 공경을 다하면 덕의 교화가 백성들에게 더해져 모두에게 본보기[愛敬盡于事親, 而德教加于百姓, 刑于四海.]"가 되는 것이다. 제후의 효는 "윗자리에 있으면서 교만하지 않으면 높아도 위태롭지 않고, 절제하고 법도를 삼가면 가득 차도 넘치지 않으니[在上不驕, 高而不危; 制節謹度, 滿而不溢.]" 그런 뒤에야 사직을 보존하고 백성을 화목하게 할 수 있는 것이다. 경대부의 효는 "법도가 아니면 말하지 않고, 법도가 아니면 행하지 않은[非法不言, 非道不行.]" 뒤에야 종묘를 지킬 수 있는 것이다. 사(士)의 효는 "효로 임금을 섬기고[以孝事君]" "공경으로 어른을 섬긴[以敬事長]" 연후에야 작위와 봉록을 보존하고 제사를 지킬 수 있는 것이다. 서인(庶人)의 효는 "하늘의 도를 이용하고 땅의 이로움을 따라서 몸을 삼가고 재용을 절약하여 부모를 봉양하는 것[用天之道, 分地之利, 謹身節用, 以養父母.]"이다. 오직 이와 같이 삼가 효도를 준수하면 천하를 다스리는 자는 "만국의 환심을 얻으며[得萬國之歡心]", 나라를 다스리는 자는 "백성의 환심을 얻고[得百姓之歡心]", 집안을 다스리는 자는 "사람들의 환심을 얻는다.[得人之歡心]" 이에 "천하가 화평하고 재해가 생기지 않으며, 환란이 일어나지 않는[天下和平, 災害不生, 禍亂不作]" 하나의 사회질서가 형성된다.

전국시대 후기 소농경제의 발전은 이전 사회경제의 기초를 바꾸었다. 소농 가정에 있어서 효는 각 가정의 구성원이 반드시 이행해야 하는 의무였다. 『효경』의 저자는 바로 여기에서 그들이 설계하는 새로운 사회질서의 영감을 찾아낸 것이다. 그들은 효를 가정에서부터 사회로 확대하여 어른을 높이고 어버이를 친애하는 혈친(血親)관계, 즉 가장이 자녀에 대해서 가지는 지배관계를 이용하여 사회현실에 한 폭의 온유와 화목이라는 장막을 덮어씌우려 하였다.

『효경』에서의 새로운 사회질서에 대한 설계는 이와 같았는데 그것이 한대 실제 사회생활과 정치생활 속에서의 구체적 효과는 어떠하였는가? 이하의 분석에서 한대에서는 효가 이미 가정생활의 기본적 도덕규범이 되었음을 살펴볼 수 있다. 선진시대 제자의 논술에서 효와 자(慈)가 항상 붙어서 사용되어, 아비의 자애와 자식의 효는 대등한 것이었고 아울러 서로 인과관계임을 지적하였다. 그러나 진한시대에 이르러 이러한 현상은 보이지 않는다. 이 시기에는 단순히 효를 강조한 기록이 많고 아랫사람의 윗사람에 대한 의무를 강조하여 가장의 권위를 강화하였다.

한대에 효의 대상은 아버지뿐만 아니라 어머니도 포함되었다. 선진시대에는 종법제의 영향 때문에 가장은 부친만을 가리켰다. 『순자』「치사편(致士篇)」에서는 "임금은 나라의 극존이고, 아버지는 가정의 극존이다. 극존이 하나이면 다스려지고 둘이면 어지러워진다.[君者國之隆也, 父者家之隆也, 隆一而治, 二而亂.]" 라고 하여 어머니는 가정에서 권위가 그리 높지 않았다. 한대에 이르러 어머니도 가장의 일원이 되었기 때문에 『설문』에서 효에 대하여 부모님을 잘 모시는 것이라고 설명하였다. 한대의 효행 관련 기록 자료를 보면 효행의 대상은 대부분 어머니였다. 한대의 장편시인 「공작동남비(孔雀東南飛)」에는 초중경(焦仲卿)의 처가 시어머니에게 사랑을 받지 못하여 쫓겨나 집으로 돌아가는 내용이 실려 있다. 한대의 효자 정란(丁蘭)은 15세에 어머니를 여의었고 나무로 어머니를 조각하여 섬겼는데, "이웃 사람이 물건을 빌리려 했을 때에 어머니의 안색이 좋으면 빌려주고 안색이 좋지 않으면 빌려주지 않았다.[鄰人所假借, 母顔和卽與, 不和則不與.]"[6] 이상의 사례에서 알 수 있듯이 효도가 한대 사회에서 중시되고 강조되었기 때문에 가정생활에서 어머니에게 효도하는 것도 효도의 중요한 내용 중 하나였다.

한대에서 가장의 권력은 주로 아래의 부분에서 표현되었다.

우선 가장은 가정 재산의 지배자이다. 효 관념의 요구에 비추어 볼 때에 부모가 계실 때에 자녀는 개인재산을 소유할 수 없었고 부모는 가정의 재산

· · · · · · · · · · · · · ·

6 《원주》『법원주림(法苑珠林)』49에서 인용한 유향(劉向)의 「효자전(孝子傳)」이다. 유향의 「효자전」은 후인들이 많이들 위작이라고 의심한다. 그러나 "야왕(野王) 정란(丁蘭)"의 일은 지금 내몽고(內蒙古) 혜링거(和林格爾)에 있는 묘의 벽화에 이미 반영되어 있어, 이 일이 확실히 한대에 이미 유포되었음을 설명해 준다.

을 임의로 처리할 수 있었다. 전한시대에 소광(疏廣)이 고향으로 돌아오자 친족들이 그에게 자손들을 위하여 논밭과 집을 사라고 권하였는데 소광이 말하기를, "내가 어찌 노망이 나서 자손을 염려하지 않는 것이겠는가? 생각해 보건대 예부터 가지고 있던 논밭과 집이 있다. 자손이 그 안에서 부지런히 일을 한다면 의식은 충분히 장만할 수 있으니, 평범하게는 살 수 있을 것이다. 지금 더 보태주어 남는 것이 있게 하면 그저 자손들을 나태하게 만들 뿐이다.[吾豈老誖[7]不念子孫哉? 顧自有舊田廬, 令子孫勤力其中, 足以共衣食, 與凡人齊. 今復增益之以爲贏餘, 但敎子孫怠惰耳.]"[8]라고 하였다. 소광은 사려가 깊었기 때문에 자손을 위하여 논밭과 집을 장만하지 않았는데 이는 곧 소광은 가장으로서 가정의 재산을 관리하여 자녀들은 이에 대해 간섭할 수 없음을 설명하고 있다. 『후한서』「번굉전(樊宏傳)」에는 번중(樊重)이 "산업을 경영하며 버리는 물건이 전혀 없었고 아이들에게 일을 시키면서는 각각 그 사람에게 마땅하게 하였기 때문에 상하가 잘 협력하여 재물이 해마다 늘었고 전토를 넓혀 300여 경(頃)까지 이르게 되었다.[其營理産業, 物無所棄, 課役童隷, 各得其宜, 故能上下勤力, 財利歲倍, 至乃開廣田土三百餘頃.]" 번중은 가장이 되어 사업을 경영하였으며 자손이 효도하고 잘 따랐기 때문에 3대가 풍족하게 생활할 수 있었다.

그 다음 가장은 자녀들에 대하여 신분 지배권이 있었다. 이러한 지배권은 아래와 같다.

① 부모는 자녀를 매매할 수 있다.
② 자녀를 때릴 수 있다.
③ 어떤 상황에서는 자녀에 대해 생살권(生殺權)을 갖는다.
④ 자녀가 결혼하여 부부가 되는 것에 대하여 결정권을 갖는다.[9]

· · · · · · · · · · · · · ·

7 원서에는 '誖'라고 되어 있으나, 중화서국점교본에 의거하여 '誖'로 고쳤다.(『한서』, p.3040)
8 《원주》『한서』권71「소광전(疏廣傳)」
9 《원주》졸저,「효의 관념과 한대 가정」참조.『중국사연구(中國史硏究)』1988년 제4기.

이 이외에 자녀의 기타 행위에 대하여 부모는 또 지배권을 가지고 있었다. 이는 『한서』「위현전(韋賢傳)」의 다음 내용과 같다. "효는 아버지를 높이는 것보다 더 큰 것이 없으니, 아버지가 높이는 바를 자식이 감히 계승하지 않아서는 안 되고, 아버지가 찬동하지 않는 것을 자식이 감히 찬동하여서는 안 된다.[孝莫大於嚴父, 故父之所尊, 子不敢不承, 父之所異, 子不敢同.[10]]" 효 관념을 강조한 사회에서 가장의 권력은 일종의 하늘에서 부여한 존귀한 것이므로 의심해서는 안 된다. 그는 사회의 여론에서 공인 받았을 뿐만이 아니라 국가의 법률로도 보호를 받았다. 이러한 가장의 권력과 상대적으로 자녀는 가정에서 의무가 있었다.

효가 규정하고 있는 자녀의 가정에서의 의무는 또 매우 여러 가지를 포괄하고 있었다. 첫째는 봉양, 둘째는 공경, 셋째는 비밀 유지(잘못을 감춤), 넷째는 장례, 다섯째는 제사이다.[11] 이외에도 효는 한대의 가정 구성에 대해서 일정한 영향을 미쳤다.

효는 한대 가정의 기본 도덕이며 가정의 각종 관계를 조정하는 행동준칙이었다. 효의 관점에서 보면 가정에서 부모 자식간에는 화목을 요구하였고 가정의 분열은 반대하였다. 이로 인하여 효도가 성행했던 한대에는 가정의 구성이 집안의 수준에 영향을 받았다. 한대에는 통상 백성들에게 작위를 주었는데, 작위가 공승(公乘)을 넘으면 "자식과 형제 및 형제의 자식에게 옮겨줄[移與子若同産, 同産子]" 수 있다고 규정하였다.[12] 집안사람이 법을 어겨 노역을 가야할 때에 "부모와 형제 중 대신가고자 하는 사람이 있으면 편의대로 하도록 하였다.[父母同産欲代者, 恣聽之.]"[13] 재산을 함께하고 거주를 함께 한다

----

10 원서에는 '子不敢不同'이라고 되어 있으나, 중화서국점교본에 의거하여 '子不敢同'으로 고쳤다.(『한서』, p.3122)
11 《원주》 상동.
12 《원주》『후한서』 권2「명제기(明帝紀)」
13 《원주》 상동.

는 것은 따로 살며 재산을 나눈 형제와 자녀가 없다는 것을 가리킨다.

　동거(同居)하는 것은 효의 요구사항이었다. 효는 가정의 부자관계에서 화목을 요구할 뿐만이 아니라 형제관계에서 친밀을 요구하여 "형제간의 의리에서는 나누는 것이 없었다.[兄弟之義無分.]" 이로 인하여 한대에 있어서 가정의 친밀과 화목, 동거하는 것이 세상 사람들에게 추앙을 받게 되었다. 후한 때의 명사(名士)인 채옹(蔡邕)은 매우 효성이 깊은 효자였다. 그는 숙부, 종제(從弟)와 함께 살며 삼대(三代)가 재산을 나누지 않아 "마을에서 그 뜻을 높이 평가하였다.[鄕黨高其義.]"[14] 채옹보다 조금 이후 사람인 진기(陳紀)도 "지극한 덕으로 칭송을 받았다. 형제가 효도로 봉양하고 여인들이 화목하여 후진의 선비들이 모두 그 풍모를 추모하였다.[亦以至德稱. 兄弟孝養, 閨門雝和, 後進之士皆推慕其風.]"[15] 또 형제가 함께 살면서 재산을 나누지 않았을 뿐만이 아니라 또 잠도 한 침상에서 자며 헤어지지를 못하였다. 『후한서』「강굉전(姜肱傳)」에는 강굉과 두 동생의 이야기가 실려 있는데, "모두 효행으로 이름이 났다. 그들은 우애가 매우 돈독하여 항상 같은 침상에서 같이 잤다. 각자 결혼하여 아내를 얻게 되어서도 형제는 서로 그리워 따로 자지 못하였고, 후사를 세워야 했기에 각자의 방으로 돌아갔다.[俱以孝行著聞. 其友愛天至, 常共臥起. 及各娶妻, 兄弟相戀, 不能別寢, 以係嗣當立, 乃遞往就室.]" 반대로 만약 부자가 서로 갈라서고 형제가 친하지 않으면 이상한 것으로 여겼다. 『한서』「우정국전(于定國傳)」에서는 "영광(永光) 원년(B.C.43) 봄에 서리가 내리고 여름에 추웠으며 태양이 어둡고 빛을 잃자 상이 다시 조칙을 내리면서 조목조목 책망하기를 '동쪽 지방에서 온 낭관이 말하기를 백성 중 부자가 서로 갈라선 자가 있다고 하는데 승상과 어사는 일을 담당하는 관리로서 숨기고 말하지 않은 것인가? 아니면 동쪽 지방에서 온 자가 과장한 것인가? 어찌하여 이렇게 차이가 나는가? ……'[永

14 《원주》『후한서』권60「채옹전(蔡邕傳)」
15 《원주》『후한서』권62「진식전(陳寔傳)」

光元年, 春霜夏寒, 日青亡光, 上復以詔條責曰 : '郎有從東方來者, 言民父子相棄. 丞相·御史案事之吏匿不言邪? 將從東方來者加增之也? 何以錯繆至是? ……']"라고 하였다. 후한의 화제(和帝) 때에는 형제 두 사람이 재산 다툼으로 인하여 관부(官府)에 왔는데 지방관인 허형(許荊)은 태수가 되어 나라의 중임을 맡았으나 교화가 행해지지 않았으니 자신의 죄라고 생각했다. "이에 아래 관리를 돌아보며 상황을 상주하여 죄를 청하게 하였다.[乃顧使史, 上書陳狀, 乞詣廷尉.]" 그러자 형제가 감동하고 후회하여 "각기 죄를 받겠다고 청하였다.[各求受罪]"[16] 효는 재산을 함께하고 거주를 함께하기를 요구하는 것으로 한나라 정부가 이 요구를 가지고 정책시행의 한 내용으로 삼았던 것이다.

한대에 동거하는 대가정은 한대 가정에 일정한 비율을 점유하였다. 전한시대의 대신인 사단(史丹)과 석분(石奮)의 가정은 동거하였다.[17] 일부 귀족관료의 가정만 이와 같았던 것이 아니라 일반 지주가정도 그러하였다.『사기』「장석지열전(張釋之列傳)」에 "정위(廷尉) 장석지는 도양(堵陽) 사람이고, 자는 계(季)이다. 형인 중(仲)과 함께 살았는데 재물을 바치고 기랑(騎郎)이 되었다.[張廷尉釋之者, 堵陽人也, 字季. 有兄仲同居. 以訾爲騎郎.]"라고 하였다. 장석지가 만약 형과 함께 살지 않았다면 재물을 바치고 기랑이 되지 못했을 수도 있다. 지주가정만 이와 같았던 것이 아니라 소농가정도 그러하였다.『후한서』「최애전(崔瑗傳)」에, "(애(瑗)가) 집이 가난하였는데도 형제가 수십 년 함께 살자 마을 사람들이 화목하게 여겼다.[家貧, 兄弟同居數十年, 鄕邑化之.]"라고 하였다. 한대에 동거했던 현상은 전국시대에서 진대에 이르기까지 소농 "다섯 식구의 가정[五口之家]"이 흥성했다는 점에 비추어 말해 보면 가정 구성 변화의 새로운 한 특징이다.

동거하는 것은 일정 정도 가정의 관계를 조절하였고 가정의 화목을 유지

16 ≪원주≫『후한서』권76「허형전(許荊傳)」
17 ≪원주≫『한서』권46「석분전(石奮傳)」,『한서』권82「사단전(史丹傳)」

하고 보호하였다. 『후한서』「열녀전(列女傳)」에 하나의 사례가 실려 있다. 한중(漢中) 사람인 정씨(程氏)의 아내 목강(穆姜)이 있었다. 남편이 죽으면서 전처 자식 넷을 남겼다. 이 네 아들은 자신을 나아준 어머니가 아니라고 하여 미워함이 날로 심하였지만 목강은 도리어 너그럽고 인자하였으며 후에는 끝내 네 아들을 감동시켰다. 네 아들은 "남정(南鄭)의 옥으로 찾아가 어머니의 덕을 진술하고 자신들의 잘못을 말하고서 벌을 내려줄 것을 청하였다. [詣南鄭獄, 陳母之德, 狀己之過, 乞就刑辟.]" 한대의 사료에 자주 등장하는 이러한 사례들은 한대 가정생활에 실제 표현된 효 사상의 영향이다.

가정의 화목과 동거는 혈연관계의 가정 구성원에게 요구되었던 한대의 효 관념이다. 이것과 상반된 개념이 "분이(分異)"와 "생분(生分)"이다. "분이"는 분가하여 따로 사는 것을 가리키며, "생분"은 안사고(顔師古)의 설명에 따르면 부모가 살아 계신데 형제가 재산을 나누는 것을 가리킨다.[18] 전국시대 진나라 상앙(商鞅)의 변법(變法)은 가정의 분가정책을 추진하여 "백성 중 아들이 둘 이상인데 분가하지 않은 자는 세금을 배로 부과하였다.[民有二男以上, 不分異者, 倍其賦.]"[19] 결과적으로 진나라 사람들로 하여금 "집안이 부유한 자는 장성하면 분가하고 집안이 가난한 자는 장성하면 처가살이를 하게 하였다.[家富子壯則分, 家貧子壯則贅.]" 한대의 경우도 사유제(私有制)의 사회 배경에서 이미 획득한 각종 이익의 많고 적음으로 빚어낸 모순 때문에 분이(分異)가 나타난 경우도 있다. 그러나 일반적으로는 효 관념이 고려되어 분리를 원하지 않았다. 『한서』「유평전(劉平傳)」에 "설포(薛包)와 맹상(孟嘗)이 학문을 좋아하고 행실을 돈독히 하였는데 어머니가 돌아가셨을 때에 지극한 효성으로 알려졌다. 아버지가 후처를 맞이하고 나서는 설포를 미워하여 분가하여 나가도록 하자 설포는 밤낮으로 울면서 떠나지 못하였다. 매를 맞고 나서야

---

18 ≪원주≫ 『한서』 권28 「지리지(地理志)」의 주(注)
19 ≪원주≫ 『사기』 권68 「상군열전(商君列傳)」

어쩔 수 없이 집 밖으로 나가 살았다. …… 아침 저녁으로 그치지 않았다. 몇 년이 지나고서 부모가 부끄럽게 여기고서 그를 돌아오게 하였다.[薛包孟嘗, 好學篤行, 喪母, 以至孝聞. 及父娶後妻而憎包, 分出之, 包日夜號泣, 不能去, 至被歐杖. 不去, 又杖之, 故不得已而廬於舍外也. …… 昏晨不廢. 積歲餘, 父母慙而還之.]"라고 하였다.

분가한 뒤에도 효 사상의 요구에 비추어 가정과 가정 간에 서로 보살피고 서로 도와야 했다. 설포의 부모가 돌아가신 뒤에 조카가 재산을 나누어 따로 살 것을 요구하자 설포는 어쩔 수 없이 그 재산을 절반으로 나누었다. 설포는 노비 중에 나이 많은 자를 자신의 소유로 하였고, 논밭과 집 중에 거칠고 낡은 것과 기물 중에 손상된 것을 자신이 가졌다. 조카가 여러 차례 파산을 하였는데 그때마다 다시 도와주었다.

효 관념의 영향으로 한대에서는 부분적으로 가정 구성에 변화가 발생하였다. 여기서 주의해야 할 것은 동거하는 대가정은 한대 가정의 일부분에 불과하며 보편적인 상황은 아니라는 사실이다. 양한 이후로는 일부 의리를 숭상하며 여러 세대가 함께 사는 대가정이 출현하여 가정의 사람 수가 수백 명에 이르렀는데 이는 효 관념의 영향이 확대된 것과 밀접한 관련이 있다.

효는 그 범위가 가정에서부터 사회로까지 확대되어 한대 사회관계를 조절하는 중요 원칙이 되었으며 한대 통치자에게 효의 정신과 정치적 통치가 하나로 결합되었다. 한나라 건국 이후 통치자는 전력으로 충효사상을 강조하여 각종 제도와 정책에 있어서도 효의 정신을 구현하였다. 즉 효도는 한대 정치적 통치의 주요한 사상적 기초가 되었다.

역사가들이 말하는 "효치천하"라는 말은 한나라의 통치자가 효를 사회를 다스리는 근본으로 삼았다는 것이다. "효치(孝治)"를 제창하는 것은 한 왕조가 세운 통치질서의 특징 중 하나이다.

한나라는 효로 천하를 다스렸기 때문에 효 정신이 또 통치 정책에 스며들어 있었다. 효도를 제창하여 효도와 공경을 표창한 것은 한나라가 효로 천하를 다스림에 있어 가장 두드러진 표방의 하나이다. 전한의 혜제(惠帝)부터 후한의 순제(順帝)에 이르기까지 효도와 공경에 대한 전국 차원의 표창과 작위 수여는 32차례에 이른다.[20] 그리고 지방에서의 표창은 더욱 많다. 황제가 각 지방을 순행하면서 항상 효도와 공경을 표창하였고, 어떤 때는 한 지역에 출현한 상서로운 조짐을 효도를 널리 펼친 결과로 인식하여 효도와 공경을 표창하였다. 예를 들면 선제(宣帝) 감로(甘露) 3년(B.C. 51년)에 조칙을 내려 말하기를 "일전에 봉황이 신채(新蔡)에 모여 앉자 여러 새들이 사방에서 날아와 모두 봉황을 향해 섰는데 그 수가 수만에 이르렀다. 여남 태수(汝南太守)에게는 비단 백 필을 하사하고, 신채의 장리(長吏), 삼로(三老), 효제(孝悌), 역전(力田), 환과고독(鰥寡孤獨)에게는 각각 차등 있게 하사하라.[乃者鳳皇集新蔡, 羣鳥四面行列, 皆郷鳳皇立, 以萬數. 其賜汝南太守帛百匹, 新蔡長吏·三老·孝弟力田·鰥寡孤獨各有差.]"[21]라고 하였다. 황제는 이름난 효자를 더욱 중시하여 효의 본보기와 선전을 위한 공구로 삼아 정성을 들여 육성하였다. 『후한서』「강혁전(江革傳)」의 내용에 강혁(江革)의 어머니가 늙자 강혁이 스스로 수레를 끌었는데 마을에서 모두 강혁은 큰 효자라고 칭송하였다. 뒤에 사직하고 고향으로 돌아갔는데 원화(元和) 연간에 천자가 강혁의 지극한 효행을 생각하고는 제(齊)의 상(相)에게 조칙을 내려 말하기를 "간의대부 강혁은 전에 병을 이유로 돌아갔는데 지금 생활이 어떠한가? 효란 모든 행동의 으뜸이고 모든 선행의 시작이다. 국가가 늘 지사(志士)를 생각하면서 강혁을 떠올리지 않은 적이 없다. 현(縣)은 그곳의 곡식 천 곡(斛)을 그 큰 효자에게 지급하고 항상 8월이면 장리가 문안을 살펴 양 고기와 술을 평생 대주도록 하라. 그리고 만약 불행한 일이 생기거든 작은 희생을 사용하여 제사를 지내주어라.[諫議大夫江革, 前以病歸, 今起居何如? 夫孝, 百行之冠, 衆善之始也. 國家每惟志士, 未嘗不及革. 縣以見穀千斛賜'巨孝', 常以八月長吏存問, 致羊酒, 以終厥身. 如有不幸, 祠以中牢.]"라고 하였다.

한나라 왕조가 효도와 공경을 표창한 목적은 효의 풍조를 퍼트리려는 것

20 ≪원주≫ 졸저, 「효의 관념과 한대 사회질서」에서 제시한 "한대에 하사한 효제역전(孝悌力田) 표" 참고, 『심재문학집』, 단결출판사, 1993
21 ≪원주≫ 『한서』 권8 「선제기」

뿐만이 아니었다. 효제(孝悌)는 본래 지방관인데 그 임무는 중앙정부를 도와 향촌의 질서를 유지하는 것이다. 효제가 지방관의 명칭이라는 것과 관련해서 청나라 사람 조익이 『이십이사찰기(卄二史札記)』에서 논술한 적이 있다. 한대의 향관은 효제 이외에도 삼로(三老)와 역전(力田)이 있었다. 전한 혜제(惠帝) 4년(B.C.191)에 "백성 중에서 효제와 역전을 선발하여 부세를 면제해 주었다.[擧民孝弟力田復其身.]"[22] 이러한 향관의 기원과 직책은 무엇인가? 문제(文帝) 12년(B.C.168)에 조칙을 내려 말하기를 "호구의 수를 따져 삼로·효제·역전을 설치하되 각각 자신의 뜻에 따라 백성들을 인도하도록 하라.[以戶口率置三老·孝悌·力田, 令各率其意以道民焉.]"[23]라고 하였다. 이것은 한대의 향관은 호구의 다소를 살펴 선발하였다는 것과 직책은 "각각 자신의 뜻에 따라 백성들을 인도하는[各率其意以導民]" 것이었다는 것을 설명한다. 한대 향촌의 건립은 이전 시대 종법제도의 폐허 위에 있었기 때문에 어떤 향촌은 가구와 가구 간에 가깝거나 먼 혈연관계를 가지고 있었다. 한나라 왕조는 향촌이 오래전부터 가지고 있던 혈연관계를 이용하여 향관을 선발하고 향관이 농민의 생산 활동에 대한 통솔권을 갖는 것을 승인하였다. 이러한 향관체계의 건립은 한나라 왕조의 통치 기반이 되었다.

한대는 효 관념의 선전을 위해 노력하였다. 궁정(宮廷)의 가사(歌詞) 중 효를 언급한 것으로는 다음과 같은 것이 있다.

> 큰 효가 갖추어지니 아름다운 덕이 밝고 맑구나.
> 사방에 높이 연주하니 즐거움이 궁정에 가득하네.
> [大孝備矣, 休德昭淸, 高張四縣, 樂充宮廷.][24]

· · · · · · · · · · · · ·

22 《원주》『한서』권4 「문제기(文帝紀)」
23 《원주》『한서』권2 「혜제기(惠帝紀)」
24 《원주》『한서』권22 「예악지(禮樂志)」

청명함이 펼쳐지니 황제의 효와 덕이로다.
큰 공을 이루고서 사방을 위로하여 안정시키네.
[淸明▨矣, 皇帝孝德, 竟全大功, 撫安四極.]²⁵

효를 하늘에 바치니 해와 달처럼 빛나는구나.
[孝奏天儀, 若光日月.]²⁶

　　민간의 회화도 효를 선양하였다. 효당산(孝堂山)의 무씨사(武氏祠)에는 한나라 때에 만들어진 석각화(石刻畵)가 있는데 효를 선전하는 내용의 그림이 16폭으로[27] 전체 그림의 다수를 차지한다. 그리고 헤링거(和林格爾)[28] 한묘(漢墓)의 벽화에도 효행의 고사를 반영한 그림이 많다. 예를 들면 순(舜), 민자건(閔子騫) 부자, 야왕(野王)의 정란(丁蘭), 감천(甘泉)의 휴도호(休屠胡) 등이 그것이다. 그 묘실(墓室)의 통로 벽면에는 또 일곱 명의 딸이 아버지의 복수를 갚는 내용의 그림이 있다.[29] 이러한 고사는 칠기 상자의 채색 그림에 흔히 보인다. 더욱 특별한 것은 산동(山東) 지방에서 출토된 한나라 시대의 석각 그림 한 폭이다. 윗면의 그림에 몇 명의 사람이 천자를 향해 곡식을 바치는데, 그 중 한 사람은 까마귀의 모습으로 그려졌다.[30] 왜 까마귀의 모습으로 그렸던 것인가? 원래 까마귀는 "반포(反哺)의 의리를 알고 있다.[知反哺之義.]" 그래서 효조(孝鳥)로 유명하다. 이 한 폭의 그림은 한대 새로운 사회질서의 특징을 설명하고 있다.
　　양한 왕조는 4백 년이나 지속되어 중국 역사상 드문 성세를 이루었다.

· · · · · · · · · · · · ·

25 ≪원주≫ 상동.
26 ≪원주≫ 상동.
27 ≪원주≫ 라오간(勞幹), 「논노서남화상각석삼종(論魯西南畵像刻石三種)」, 『노간학술논문집(勞幹學術論文集)』
28 헤링거(和林格爾)는 내몽고에 속한 지명이다.
29 ≪원주≫ 가이산린(蓋山林), 『화림격이한묘벽화(和林格爾漢墓壁畵)』, 제70~71쪽
30 ≪원주≫ 『산동신출상한화상(山東新出上漢畵像)』의 탁본에 보인다.

이는 효를 핵심으로 하는 새로운 사회질서 건립과 밀접한 관련이 있다.

효 관념과 사회질서는 하나로 결합되어 가정의 혈연관계가 사회로까지 확장되도록 하였으며 사회 각 계층 간의 관계를 조정하고 사회 모순을 완화하여 사회의 안정을 촉진하는 데에 일정한 작용을 하였다. 그래서 소농경제에 상대적으로 안정적인 발전 환경을 제공하였고 소농경제의 발전을 촉진시켰다. 양한 중에서도 전한은 소농경제가 출현하고 번영하는 국면을 맞이하여 호구가 급속히 증가하였다. 이러한 측면에서 한나라가 진나라를 계승한 뒤에 효를 핵심으로 건립한 사회질서는 일정 정도 성공하였고 아울러 이후 각 왕조가 사회질서를 건립하는 데에 일종의 모범을 제공한 것이었다.

그러나 한대의 사회경제 발전의 측면에서 보면 한대 통치자의 바람과 실제 결과가 완전히 일치하지는 않았다. 효를 핵심으로 한 사회질서는 종종 파괴되었고 소농경제의 보호라는 측면에서도 한계가 있었다. 한대의 토지 겸병 현상은 매우 심각하여 자경소농은 토지를 잃고 노비나 유민이 되어 소농경제가 큰 타격을 입었다. 황제는 대표적인 착취계급 집단이 되었고 자신이 이미 가지고 있는 이익을 확대하여 날마다 자경농에 대한 착취를 더하였으며 심지어 자경농의 생존을 위한 생산도구인 토지를 약탈하기도 하였다.

이렇게 한대 통치자들은 "백성들에게 공전(公田)을 빌려주는[假民公田]" 한편, 토지겸병을 더욱 심하게 하여 자신의 통치 기초를 파괴하였다. 이러한 것은 통치 집단의 미래의 이익과 이미 얻은 이익간의 모순은 한나라 통치계급이 해결하기 어려운 까다로운 문제였다.

효 관념의 흥성은 효를 핵심으로 하는 사회질서의 건립이었으며, 효는 종족간 관계를 조절하는 주요 원칙이 되었다. 이를 통해 종족간의 단결과 관계가 강화되었다. 또한 종족 내 각 가정이 서로 도와 소농경제 발전의 유지와 소농의 파산 방지에 대하여 긍정적인 효과를 내었다. 그러나 소농 가정이 종족에 대한 의지가 강화된 반면, 국가에 의지하는 경향은 상대적으로 약화되었기 때문에 종족은 점차 발전하여 일종의 독립적인 사회세력이 되었다. 후한의 봉건적 중앙집권제의 약화와 날로 종족세력이 강화됨에 따라, 후한 말년에 이르러 종족 또는 씨족 그리고 오보(隖堡)[31] 조직이 크게 강성하였다.

효 관념은 한대 가정의 기본 도덕이었고 가정의 각 구성원간의 관계를 조정함에 있어서 가정과 가족을 더욱 강력하게 단결시켰다. 그러나 이러한 작용은 일정한 조건을 가지고 있었다. 한대에는 동거 풍조가 있었지만 사유제의 조건 하에서는 분재(分財)와 이거(異居)의 현상도 곳곳에서 드러났다. 경제적 이해관계는 가정의 모든 성원을 화목하게 만들 수는 없었다. 한나라 악부(樂府)의 민가 중「고아행(孤兒行)」은 고아가 형수에게 온갖 학대를 받아 고통스러움에 살고 싶지 않다는 참상을 묘사하였는데 고아는 "형수와는 오래도록 함께 살기 어렵다.[兄嫂難與久居]"라고 호소하고 있다. 전한의 한안국(韓安國)은 당시의 말을 인용하며 말하기를 "비록 아버지가 있으나 호랑이가 되지 않을 줄을 어찌 알겠으며 비록 형이 있으나 이리가 되지 않을 줄을 어찌 알겠는가?[雖有親父, 安知不爲虎? 雖有親兄, 安知不爲狼.]"[32]라고 하였다. 이는 루쉰(魯迅)이 말한 다음의 말과 같다. 역대의 이른바 '거효(擧孝)'[33]와 '효렴방정(孝廉方正)'[34] 등은 모두 이를 통해 관직이 될 수 있다는 것인데 효는 그저 나쁜 사람들에게는 허위를 증가시키게 하였고 착한 사람들에게는 아무런 이익이 없는 고통을 계속 받게 할 뿐이었다.[35]

. . . .

31 오보(隖堡)는 민간에서 방위를 목적으로 만든 건축으로 대개 왕망(王莽)의 시기에 형성되었다. 이 시기에는 사회가 매우 불안정하여 부호의 집안에서 이를 통해 스스로 방비를 하였다.
32 ≪원주≫ 『한서』 권52 「한안국전(韓安國傳)」
33 거효(擧孝)는 한나라시대 관리 선발 방식의 일종으로, 각 지역에서 부모에게 효도를 잘하는 사람을 추천하여 벼슬을 주었던 제도이다.
34 효렴방정(孝廉方正)은 청대에 특설된 과거 명칭으로, 지방관이 효(孝), 렴(廉), 방정(方正)한 사람을 추천하면 예부에서 시험을 거쳐 지방의 관리로 임명하는 제도이다.
35 ≪원주≫ 루쉰(魯迅), 「우리들은 지금 어떻게 부모님을 섬기는가?(我們現在怎樣做父親)」, 『루쉰전집(魯迅全集)』

후한 때는 효렴(孝廉)으로 선발된 관원의 출신이 더욱 복잡하여 일부는 종종 아부와 연줄을 통한 자들도 있었다. 환제(桓帝)와 영제(靈帝) 때의 동요에는 "수재(秀才)라고 선발하였지만 글을 모르고 효렴이라고 선발하였지만 아버지와는 따로 산다네. 가난하고 깨끗하다지만 탁하기가 진흙과 같고 훌륭한 자제, 훌륭한 장수라고 하나 겁먹기가 닭과 같네.[擧秀才, 不知書, 擧孝廉, 父別居. 寒素淸白濁如泥, 高第良將怯如鷄.]"[36]라고 풍자하였다.

효는 혈연관계를 통하여 사람들의 가정 의무와 사회 의무를 해석하고 강조하였기에 상당한 기만성과 마비성을 갖추고 있음을 알아야 한다. 헤겔은 중국의 효도와 공경 문제를 언급하면서 다음과 같이 말하였다. "중국은 하나의 도덕이 결합된 위에 순수하게 건축되었다. 국가적 특성은 객관적으로 '가정의 효도와 공경'이다. 중국인은 자신을 그들의 가정에 소속되어 있다고 간주하였고 동시에 또 국가의 딸이 되었다. 가정에서 그들은 인격체가 아니다. 그들이 내부적으로 생활하고 있는 결합 단위는 바로 혈연적 관계와 타고난 의무이기 때문이다. 그리고 국가적 측면에 있어서도 마찬가지로 독립된 인격이 결핍되어 있다. 국가 안에서 대가장의 관계가 가장 두드러지는데 황제는 아버지와 같이 정부의 기초로서 국가의 모든 부문을 다스리기 때문이다."[37] 효 관념의 영향은 개인이 독립된 인격을 상실하게 했을 뿐만 아니라, 인간의 주관적 입장을 보수와 복고로 경도하게 만들었다. 공자는 효를 언급하면서 "아버지가 살아 계실 때에는 그 뜻을 살피고 아버지가 돌아가신 뒤에는 그 행동을 살피며 3년간 아버지의 도를 고치지 않아야 효라고 말할 수 있다.[父在觀其志, 父沒觀其行, 三年無改於父之道, 可謂孝矣.]"[38]라고 하였다. 『효경』에서도 말하기를 "선왕의 법복(法服)이 아니면 감히 입지 않고 선왕의 법언(法言)이 아니면 감히 말하지 않으며 선왕의 덕행(德行)이 아니면 감히 행하지

36 《원주》 『고요언(古謠諺)』
37 《원주》 헤겔, 왕조창(王造昌) 역, 『역사철학(歷史哲學)』, 삼련출판사.
38 《원주》 『논어』 「학이(學而)」

않는다. 그러므로 법이 아니면 말하지 않고 도가 아니면 행하지 않아서 입에는 가려낼 말이 없고 몸에는 가려낼 행동이 없어 말이 천하게 가득하지만 잘못된 말이 없고, 행동이 천하에 가득하지만 원망과 미움을 받음이 없다.[非先王之法服不敢服, 非先王之法言不敢道, 非先王之德行不敢行. 是故非法不言, 非道不行, 口無擇言, 身無擇行, 言滿天下無口過, 行滿天下, 無怨惡.]"[39]라고 하였다. 한대에 이르러 사람들은 "효자는 아버지의 도를 바꾸지 않는다.[孝子無改於父之道]"는 이론을 가지고 사회개혁을 저해하는 경우도 있는데,[40] 오히려 효는 사회를 타성에 젖게 만들었다.

. . . .

39 [원주] 『효경』「경대부장(卿大夫章)」
40 [원주] 『후한서』 권48 「양종전(楊終傳)」

제4절 경학과 한대 행정제도

앞에서 말한 것처럼 진나라의 특색은 제도에 있고 한나라의 특색은 행정에 있는데 진나라의 제도와 한나라의 행정은 이천여 년의 전통 중국사회의 기본틀을 제공했다. 한나라 정치의 형성은 경학의 도움을 받았다. 경학은 경세치용적 학술체계이기 때문에 한나라 정치의 합리성에 완전한 해석을 제공해 주었을 뿐만 아니라 한나라 정치의 실시에 구체적인 설명과 규정을 제공해 주었다. 경학의 "하늘이 변하지 않으니, 도도 변하지 않는다.[天不變道亦不變]", "승천계고(承天稽古)"라는 주지[1]는 한나라의 행정이 선진의 혈친종법 사회의 특성을 고려했을 뿐만 아니라 전제황권 하의 지방향촌에 상대적인 자치권을 주었다. 경학의 "덕을 숭상하지 형법을 숭상하지 않는다.[任德不任刑]"라는 사상은 한나라의 행정관리를 진나라의 행정과 같이 엄하고 가혹하게 하지 않고 존존친친(尊尊親親)을 실현하게 하였다. 경학의 "신천굴군(伸天屈君)" "상서재해(祥瑞災害)"는 황권의 전제를 어느 정도 제한하여 황제가 정치를 할 때 경의의 요구에 따라 하늘을 대신하여 도를 행하도록 하였다. 경학은

---

1 《원주》 동중서 「거현량대책(擧賢良對策)」, "도의 큰 근원은 하늘에서 나온 것으로, 하늘이 변하지 않으니 도도 또한 변하지 않는다.[道之大原出于天, 天不變道亦不變.]" 『한서』 「동중서전」, 『춘추번로』에 모두 실려 있다. 『후한서』 「범승전」에는 "신이 듣기론 임금이 옛것을 상고하지 않으면, 하늘을 이을 수 없고, 신하가 옛 것을 말할 수 없으면 임금을 받들 수 없다.[臣聞主不稽古, 無以承天; 臣不述舊, 無以奉君.]"라고 하였다.

한나라 정치의 다방면에서 두루두루 영향을 미쳤다. 특히 예제·법률·관제·교육 등의 방면에서 몇 가지를 골라 논의해 보도록 하겠다.

예제 중에 황제의 칭호를 제정하는 것은 제일 중요한 문제이다. 겉으로 봤을 때 이것은 하나의 제도문제일 뿐 행정과 상관없는 것 같다. 그러나 실제로 자세히 생각해 보면 깊은 의미가 있다. 반고가 다음과 같이 말하였다.

진나라는 천하를 통일한 다음에 황제라는 칭호를 세우고, 백관의 직위를 설립했다. 한나라는 진나라의 제도를 답습하여 바꾸지 않았지만 간이(簡易)를 표명하고 시대에 걸맞게 하였다.[秦兼天下, 建皇帝之號, 立百官之職. 漢因循而不革, 明簡易, 隨時宜也.][2]

한나라의 황제라는 칭호는 진나라에서 유래하였다. 진사황이 황제라는 칭호를 정한 것에 대해 『사기』「진사황본기(秦始皇本紀)」에 상세하게 기록되어 있다.

진나라가 천하를 막 통일했을 때 승상과 어사(御史)에게 명했다. "…… 짐이 조그마한 몸으로 군대를 일으켜 포학하고 어지러운 자를 주벌하였는데 조종의 신령 덕분에 육국의 왕들이 모두 고개를 숙여 죄를 인정하여 천하가 크게 안정되었다. 그러나 지금 명호가 아직 고쳐지지 않아 성공이라고 말할 수 없고 후세로 전할 수도 없으니 제호를 토론하도록 하라." 승상 왕관(王綰)과 어사대부 풍겁(馮劫), 정위 이사(李斯) 등이 모두 말하기를 "옛날에 오제께서 다스리던 지방은 방 천 리에 불과했고 밖에는 후복(侯服)과 이복(夷服) 등 제후들이 있어 조공하는 자도 있고 조공하지 않는 자도 있었는데 천자가 제어하지 못했습니다. 지금 폐하께서는 의병(義兵)을 일으켜 잔적(殘賊)을 죽여서 천하를 평정하시고 해내에 군현을 설치하여 법령이 하나로 통일되게 하였으니 상고 이래로 일찍이 없었고 오제들도 미치지 못한 일입니다. 따라서 신들이 박사와 논의하기를 '옛

2 《원주》『한서』 권19 「백관공경표」

날에 천황(天皇)이 있고 지황(地皇)이 있고 태황(泰皇)이 있었는데 태황은 제일 귀중하다.'라고 했습니다. 신들이 외람되이 존호를 올립니다. 왕(王)은 태황(泰皇)이라고 하고, 명(命)은 제(制)라고 하고, 영(令)은 조(詔)라고 하며, 천자가 스스로 일컬을 때는 짐(朕)이라고 하십시오."라고 하였다. 왕은 이르기를 "태는 빼고 황은 붙이고 상고의 제(帝)라는 위호를 채용하여 황제라고 하겠다. 다른 것은 논의대로 하라."라고 한 다음에 비준하였다.[秦初並天下, 令丞相·禦史曰: "……寡人以眇眇之身, 興兵誅暴亂, 賴宗廟之靈, 六王咸伏其辜, 天下大定. 今名號不更, 無以稱成功, 傳後世. 其議帝號." 丞相綰·禦史大夫劫·廷尉斯等皆曰: "昔者五帝地方千裏, 其外侯服夷服諸侯或朝或否, 天子不能制. 今陛下興義兵, 誅殘賊, 平定天下, 海內爲郡縣, 法令由一統, 自上古以來未嘗有, 五帝所不及. 臣等謹與博士議曰: '古有天皇, 有地皇, 有泰皇, 泰皇最貴.' 臣等昧死上尊號. 王爲'泰皇'. 命爲'制', 令爲'詔', 天子自稱曰'朕'." 王曰: "去'泰', 著'皇', 采上古'帝'位號, 號曰'皇帝'. 他如議." 制曰: "可."]

이사(李斯) 등이 박사와 상의하여 처음에는 황제의 칭호를 '태황'으로 만들었지만, 시황은 다른 사람의 의견을 듣지 않고 태를 빼고 황은 붙인 다음에 상고의 '제'라는 위호를 채용해서 황제라고 하였다. 후대 사람들의 황제에 대한 분석은 잘못된 부분이 있다. 허신은 이르기를 "황은 큰 것이고 자(自)를 따르니 자(自)는 시작이다. 시황(始皇)은 삼황대군이다. 자(自)는 발음이 비(鼻)와 같으니 지금 풍속에 첫 번째 아들을 비자(鼻子)라고 한다."라고 하였다.[3] 허신이 말한 것은 진시황이 "이제부터 시법(謚法)을 제거한다. 나는 시황제이고 후대는 숫자로 헤아려서 이세 삼세로 하여 만세에 이르러 영원이 전하라.[自今以後, 除謚法. 朕爲始皇帝. 後世以計數, 二世三世至於萬世, 傳之無窮.]"[4]라고 한 말에서 영향을 받은 것이다. 허신이 제를 해석하여 말하기를 "제는 체(諦)이니 천하의 왕노릇 하는 자의 칭호이다.[帝, 諦也, 王天下之號也.]"라고 하였다.

. . . .

3 《원주》『설문』"황(皇)"
4 《원주》『사기』권6「진시황본기」

허신의 제에 대한 해석은 다만 제가 체(諦)가 된다고 하고 또 제가 천하의 왕이 되는 칭호라고 말하였을 뿐, 왜 제가 천하의 왕이 되는 칭호인가를 설명하지 않았다. 오대징(吳大澂)이 이를 바로잡았는데 "황은 큰 것이고, 해가 땅에서 나오면 빛나고 크다. 해는 군의 상징이기 때문에 삼황을 황이라고 칭하였다.[皇, 大也, 日出土則光大, 日爲君象, 故三皇稱皇.]"[5]라고 하였다. 초기 금문 중 "作冊大鼎" "召卣"와 같은 경우 황자 안에 있는 왕(王)자가 확실히 토(土)로 되어 있다. 주방포(周芳圃)는 "황은 바로 황(煌)의 본자이다.[皇卽煌之本字.]"라고 했다. 황은 지극히 높은 칭호로써 해가 대지에서 나오고 임금이 천하를 통치하는 것과 같다. 제에 대해서는 왕궈웨이의 「재여임박사논락고서(再與林博士論洛誥書)」에 "체(諦)는 고문에 제(帝)로 쓰인다.[諦, 古文作帝.]"라고 했다. 상청조(商承祚)의 『은허문자류편(殷墟文字類編)』에는 "복사(卜辭)중의 제는 또한 체제(禘祭)의 체로 쓰였다.[卜辭中的帝字亦用爲禘祭之禘.]"라고 했다. 체는 제례로서 조상을 제사 지내는 것이다. 제는 아마도 체와 관련된 것에서 기원한 것 같다. 제는 조상을 인정하고 추모한 것으로 고대인들이 시간상의 자아인식과 그 조상신의 숭상을 반영한 것이고 혈친 관계를 인정한 것이다. 그런데 "황(皇)"자를 "제(帝)"앞에 더한 것은 고대인들의 공간상의 자아인식의 반영으로, 조상신에 대한 초월적 숭상과 새로운 지역관계를 인정한 것이다. 채옹이 이르기를 "황제는 지존의 칭호이다. 황이란 환함을 뜻하니 성덕은 환해서 비추지 않는 것이 없으며 제는 체이니 천도를 실시할 수 있어 하늘을 섬기고 조상을 제사하기 때문에 황제라고 칭한다.[皇帝, 至尊之稱, 皇者, 煌也, 盛德煌煌, 無所不照; 帝者, 諦也, 能行天道, 事天審諦, 故稱皇帝.]"[6]라고 한 것이다.

이것으로 미루어 보면 진시황이 스스로 황제라고 칭하였는데 진한 이후 이 칭호를 폐기하지 않고 답습한 이유는 이 칭호가 확실히 전통 중국사회에

5 《원주》 『고주보(古籀補)』 "황(皇)"
6 《원주》 채옹 『독단(獨斷)』 상, 『한위총서(漢魏叢書)』

서 지연과 혈연의 이중적인 본질을 그려낸 것이기 때문이다. 하지만 한나라가 진나라와 같지 않은 것은 진나라는 황제가 천하를 통치하는 통치자의 직분에 대한 공식적인 칭호라고 한다면,[7] 한나라 사람들은 또 황제에게 작위 칭호를 부가한 것이 바로 "천자(天子)"이다.

　　천자는 작칭(爵稱)이다. 천자라고 칭하는 이유는 무엇인가? 왕은 하늘을 아버지로 땅을 어머니로 삼으니 하늘의 아들이다. 따라서 『원신계(援神契)』에는 "하늘이 덮고 땅이 싣기 때문에 천자라고 부르는데 북극성을 모범으로 삼는다."라고 하였다. 『구명결(鉤命決)』에는 "천자는 작칭이다."라고 하였다. 그런데 제왕의 덕성은 우열이 있는데 모두 천자라고 한 것은 무슨 이유인가? 모두 하늘의 명을 받아 사방 오천 리를 다스리기 때문이다.[天子者, 爵稱也. 爵所以稱天子者何? 王者父天母地, 爲天之子也. 故『援神契』曰 : "天覆地載謂之天子, 上法門極." 『鉤命決』曰 : "天子, 爵稱也." 帝王之德有優劣, 所以俱稱天子者何? 以其俱命於天, 而王治五千裏內也.][8]

　　황제에게 천자의 칭호를 더한 것은 한나라 경사들의 하나의 큰 창조였다. 동중서는 이에 대해 가장 큰 공헌을 하였다. 동중서의 학설에서 하늘은 이미 의지와 덕성을 지니고 있는 신이라고 여겼다. 군권은 하늘에서 받은 것이기 때문에 임금은 반드시 하늘을 무서워하고 존경해야 하며 천도에 따라 만민을 다스려야 한다. 동중서는 다음과 같이 말하였다.

　　사람의 자식으로서 부모를 섬기지 않는 사람들은 천하의 인정받을 수 없다. 지금 하늘의 아들로서 하늘을 섬기지 않으면 그 사람들과 무슨 차이가 있는가. 때문에 천자는 새해 첫날에 꼭 하늘을 제사해야 한다.[爲人子而不事父者, 天下莫

7 《원주》『독단』상에 또 말하길, "한나라 천자의 정호(正號)는 황제로, 스스로 일컬을 때는 짐(朕)이라고 하고, 신민(臣民)들이 일컬을 때는 폐하(陛下)라고 한다.[漢天子正號曰皇帝, 自稱曰朕, 臣民稱之曰陛下.]"고 하였다.
8 《원주》『백호통덕론』「작(爵)」

能以爲可, 今爲天之子而不事天, 何以異是. 是故天子每至歲首, 必先郊祭以享天.]

    신이 『춘추』의 글을 고찰하여 왕도의 실마리를 구했는데 정(正)에서 그것을 얻었습니다. '정'은 '왕'의 다음이고 '왕'은 '춘(春)'의 다음입니다. 춘이란 하늘이 하는 것이고 정이란 왕께서 하시는 것입니다. 그 뜻은 위로는 하늘이 하는 것을 계승하고 아래로는 자신의 행위를 바로잡는다는 것입니다 '정'은 바로 왕도의 실마리를 말하는 것입니다. 그래서 왕이 된 자가 뭘 하고자 한다면 하늘에서 그 실마리를 구하는 것이 마땅합니다.[臣謹案 『春秋』之文, 求王道之端, 得之於正. 正次王, 王次春. 春者, 天之所爲也; 正者, 王之所爲也. 其意曰, 上承天之所爲, 而下以正其所爲, 正王道之端云爾. 然則王者欲有所爲, 宜求其端於天.][9]

    황제는 하늘의 아들이 되고 군권은 하늘이 준 것이라는 것은 황제의 권위를 강화시키기는 데 도움이 된 반면에 군권도 하늘의 제한을 받아야 하였다. "인의 아름다움은 하늘에 있는데 하늘이 큰 인이다.[仁之美者在於天, 天, 大仁也.]"[10] "왕도의 삼강은 하늘에서 구할 수 있다.[王道之三綱可求於天.]"[11] 황제가 정치를 하는 것은 반드시 인을 근본으로 삼아 하늘에서 정치방략을 구해야 한다. 만약 하늘의 아들인 황제가 함부로 한다면, 하늘의 경고와 처벌을 받는다.

    한나라 행정의 실제 상황을 보면 경학의 이러한 이론은 효과가 있었다. 황제의 조서는 행정관리의 중요 방식으로 이 시기에 기상이변을 만날 때마다 황제는 자신을 탓하는 조서를 많이 내렸는데 조서 안에 "전전긍긍하며 밤새도록 나의 잘못을 반성했다.[戰戰慄慄, 夙夜思過.]"라는 종류의 겸손한 말을 자주 보였다. 또한 자신의 잘못을 바로잡는 방법으로는 일반적으로 직간하는 신하의 의견을 듣고 선량한 신하를 선발하며 민에게 작위를 하사하는 등의

- - - - - - - - - - - -

9 ≪원주≫『한서』권56『동중서전』「거현량대책」에 실려있다.
10 ≪원주≫『춘추번로』「왕도통삼(王道通三)」
11 ≪원주≫『춘추번로』「기의(基義)」

조치였다. 이 현상은 후대 통치자의 조서에도 흔히 볼 수 있다. 황제의 작위를 천자라고 일컫고 그 권력은 신에게서 받았다. 그 자리는 본래 빛나고 그 권력은 스스로 위엄이 있지만 결국 하늘의 뜻을 받아야 했고 그 하늘의 뜻에 대한 해석은 경서에 근원하였다. 한나라 경사들의 군권에 대한 존숭과 군권 제한에 대한 구상과 설계는 상당히 절묘하였다.

법률 방면에서 경학이 법률 제정과 집행에 끼친 영향은 분명하게 발견할 수 있다. 역사가는 이것을 늘 "『춘추』결옥(決獄)", "경의결사(經義決事)", "경의결옥(經義決獄)"으로 개괄했다. 전한 동중서는 일찍이 『춘추결옥(春秋決獄)』을 지었고, 후한의 응소(應劭)도 『춘추단옥(春秋斷獄)』[12]을 지었다. 이 두 책은 비록 산실되었으나 양한 사료 중에서 이러한 기록은 드물지 않다.

이전의 학자들은 한나라가 경의로 판결한 것에 대해 "한초에 법률이 완비되지 않아서 큰일이 있으면 조신들이 경의에 근거하여 시비를 절중했기 때문이다.[漢初法製未備, 每有大事, 朝臣得援引經義, 以折衷是非.][13]"라고 생각하였다. 이 말은 어느 정도의 일리가 있지만, 경의가 법률 속으로 들어가 판결에 영향을 끼치게 된 진정한 원인을 밝히지는 못했다. 한초에 법률이 완비되지 않았다고 하는 것도 사실이다. 한고조는 함곡관(涵谷關)에 들어간 뒤 약법삼장(約法三章)으로 번거로운 세금을 제거했는데, 후에 삼장의 법으로 혼란을 진정시킬 수 없게 되자 비로소 소하(蕭何)를 시켜 진법에 의거하여 당시 상황에 맞게 『구장률(九章律)』을 만들도록 하였다. 진률에 비하면 『구장률』은 복잡한 것을 제거하고 간결하게 한 것이다. 하지만 그 때에는 독존유술이 이루어지기 전이기 때문에 경의가 법률에 포함되어 경의로 판결한 부분이 아주 극소수에 불과했다. 경의로 판결하는 것은 무제가 "백가를 폐지하고 유술만 존숭한[罷黜百家, 獨尊儒術]" 후에 성행하였다. 그런데 한률은 무제시기에 이르기까지

......

12 《원주》『한서』「예문지」에 "공양동중서치옥16편(公羊董仲舒治獄十六篇)"이 보인다. 응소의 찬술은 『한서』「응소전」에 보인다.
13 《원주》조익『이십이사찰기』 "한대에 경의로 판결하던 일[漢時以經義斷事]"

"간사하고 교활한 사람들이 법을 교활하게 써서 서로 비교함에 따라 법망이 점점 치밀해졌다. 율령은 모두 359장이고, 대벽(大辟)은 409조, 1882사이고, 사죄로 결단한 일이 13,472사이다. 문서가 책장 위에 기득 차 있어 판관들이 두루 다 볼 수 없었다.[其後奸猾巧法, 轉相比況, 禁罔浸密. 律·令凡三百五十九章, 大辟四百九條, 千八百八十二事, 死罪決事比萬三千四百七十二事. 文書盈於幾閣, 典者不能 遍睹.]"[14] 따라서 조익(趙翼)의 말은 사실과 어긋나기 때문에 근거로 삼아서는 안 된다.

그렇다면 한나라 때 경의가 법률에 들어와 판결을 하게 된 진정한 원인은 도대체 무엇인가? 그 진정한 원인을 양한 시기의 이중적인 사회 성격에서 나온 것이라 볼 수 있다. 성문화된 법규나 조문은 전제황권의 정치성을 대표하고 지연관계를 기초로 한 새로운 뼈대형 정치체제의 요구를 반영한 것으로, 진나라 법치정책의 연속이다. 그러나 경의를 법률에 적용시켜 옥사를 결정하는 것은 종법 자치적인 정치취향을 대표하고 종법예치를 반영한 것이다. 양한 사회의 이중성은 한나라 정치의 이중성을 초래하였고 이런 한나라 정치의 이중적인 특색은 한나라 입법과 집행 속에 나타났다. 이어서 양한시기 사법상황을 종합하여 논의해 보도록 하겠다.

한무제 이전에도 판결할 때 구사(舊史)나 경의를 인용한 경우가 간혹 보이는데 다음을 예로 들 수 있다. 한 문제 때 회남려왕(淮南厲王) 유장(劉長)은 문제의 동생으로 "스스로 문제와 제일 친하다고 생각해서 오만 불손하고 여러 번 법을 어겼지만 문제는 용서했다.[自以爲最親, 驕蹇, 數不奉法, 上寬赦之.]" 그 뒤에 "자기의 왕국에 돌아가서 한나라 법을 실시하지 않고 경(警)과 필(蹕)로 다니며 칭제(稱制)하여 스스로 법령을 세웠다.[歸國益恣, 不用漢法, 出入警蹕, 稱制, 自作法令.]" 그 뒤에 발각되어 군신들이 그의 죄를 논의했는데 먼저 "유장은 선제가 지은 법을 폐지하고 천자의 조서를 따르지 않았으며 사치스럽게

. . . .

14 《원주》『한서』 권23 「형법지(刑法志)」

거주하여 천자와 같이 황옥개(黃屋蓋)로 수레를 덮었고 법령을 제멋대로 쓰며 한나라의 법을 사용하지 않았습니다.[長廢先帝法, 不聽天子詔; 居處無度, 以黃屋蓋似天; 擅用法令, 不用漢法.]"라고 열거하였다. 여왕(厲王)의 죄행은 크고 작은 것이 많았지만 선제가 지은 법을 따르지 않은 것은 고조 유방이 세운 봉국식읍(封國食邑)의 제도를 지키지 않은 것이다. 여왕의 행동이 봉국에서 할거하려는 마음을 가졌다고 하기는 어렵지만 한 지방을 독점한 것은 확실한 사실이다. 여왕의 각종 용렬한 자취를 열거한 후에 "신하들은 법대로 처리하기를 청했다.[臣請論如法]" 문제는 "차마 여왕을 법대로 처리하지 못하고[不忍置王於法]", 다시 열후(列侯)와 이천석(二千石)에게 재차 논의하게 했는데, 결과는 또 "마땅히 법대로 처리해야 한다[宜論如法]"는 것이었다. 문제는 마침내 자기의 부결권만을 행사하여 "유장의 죽을죄를 사하되 왕의 칭호를 폐지하라.[其赦長死罪, 廢勿王.]라고 조서를 내렸다. 결국 여왕은 그 치욕을 참지 못하여 음식을 끊고 죽었다.[15]

이 사실에 근거해 보면 한나라의 이중적 정치체제가 중앙전제집권과 지방 봉국자치 사이의 모순을 일으킬 뿐만 아니라 왕권의 공사관계의 혼란도 조성하였음을 알 수 있다. 비록 논죄하고 정죄하는 것 모두 법에 의거하긴 하였지만 앞에서 말한 문제들 같은 경우는 그 법률에 체계적인 이론적 근거가 부족했다. 그래서 여왕이 죽은 다음에 백성이 노래를 지어 회남왕을 노래하였다. "한 치의 포라도 옷을 만들 수 있고 한 말의 조라도 찧을 수 있는데 형제 둘이라도 서로 용납할 수 없네.[一尺布, 尙可縫; 一斗粟, 尙可舂; 兄弟二人, 不相容.]" 문제는 듣고서 말하기를 "옛날에 요와 순이 자기의 아이를 쫓아내고 주공이 관채(管蔡)를 죽였는데 천하 사람들이 성인이라 칭찬했으니 사로 공을 해치지 않았기 때문이다. 그럼 천하 백성들은 어찌 내가 회남왕의 땅을 탐낸다고 생각했는가?[昔堯舜放逐骨肉, 周公殺管蔡, 天下稱聖, 不以似害公, 天下豈以爲我貪淮南地

. . . .

15 ≪원주≫ 『한서』 권44 「회남왕전(淮南王傳)」

耶?]"라고 하였다.[16] 민요의 풍자적인 질문에 대해 문제가 "사(私)로 공(公)을 해치지 않았다."라고 변론하면서 인용한 것은『상서』에 보이는 관련 기록으로 이것은 법을 집행할 때 고전의 경의를 인용하여 증명한 예이다.[17] 문제가 "천하 백성들은 어찌 내가 회남왕의 땅을 탐낸다고 생각하겠는가?[天下豈以爲我貪淮南地耶?]"라고 한 말은 의미가 있다. 제왕의 의식 속에는 왕기의 땅과 분봉된 땅은 각각 그 주인에게 돌아가는데 이것은 사권을 나타내는 것이다. 하지만 주공이 관숙과 채숙에게 벌준 것을 모방하여 여왕을 벌준 것은 공권을 대표하는 것으로 이는 선제가 만든 정치체제를 지키기 위한 것이다. 이것은 아무래도 한나라 초기의 법이 진나라 법과 마찬가지로 법리적 근거가 부족했기 때문인 듯하다. 그러므로 경학이 창성한 후 경의로 판단하는 것은 법리로 율조를 만드는 것과 같은 것이라 여겼다. 그래서 경의로 제도를 만든 것이다.

이후 경제 때 두태후가 양효왕(梁孝王)을 지나치게 사랑하여 "경제가 율태자(栗太子)를 폐한 후 두태후가 양효왕을 계승자로 삼으려고 했는데 대신들및 원앙 등이 이 일에 대하여 경제를 설득하자 두태후도 뜻을 내려놓고 또한양효왕을 후계자로 삼아 달라고 다시는 말하지 않았다. 이 일은 비밀로 부쳐졌기 때문에 세상 사람들이 알지 못했다.〔上廢栗太子, 竇太後心欲以孝王爲後嗣.大臣及袁盎等有所關說於景帝, 竇太后義格, 亦遂不復言以梁王爲嗣事. 由此 以事秘, 世莫知.]"[18] 그런데 이 숨겨진 일은 저소손(褚少孫)이 보완한「양효왕세가」에 상세

· · · · · · · · · · · ·

16 ≪원주≫ 상동.
17 ≪원주≫『상서(尚書)』「금등(金縢)」에 "무왕이 죽은 후, 관숙 및 그 여러 동생들이 나라에소문을 퍼뜨려 말하길, '주공이 장차 어린아이한테 불리한 일을 하려고 한다.'고 하였다. 주공이 이에 태공과 소공에게 말하길, '내가 피하지 않으면, 나는 우리 선왕들께 아뢸 말이없게 될 것이오.[武王旣喪, 管叔及其群弟乃流言於國, 曰 : '公將不利於孺子.'周公乃告二公曰 : '我之弗辟, 我無以告我先王.']"라고 하였고,「대고(大誥)」에 "무왕이 붕어한 후, 삼감 및회이가 반란을 일으키자, 주공이 성왕을 보좌하여 장차 은을 폐출시키려「대고」를 지었다.[武王崩, 三監及淮夷叛, 周公相成王, 將黜殷, 作『大誥』.]"라고 하였다.
18 ≪원주≫『사기』卷58「양효왕세가(梁孝王世家)」

하게 실려 있다.

양왕(梁王)은 서쪽으로 조정에 가서 두태후를 만나 경제와 같이 태후 앞에
앉아 친하게 이야기했다. "내가 들으니 은나라 제도는 형제들이 친하고 주나라
제도는 조상을 받든다고 했는데 그 뜻은 하나라고 생각한다. 내가 죽거든 양효
왕에게 제위를 물려주기를 부탁한다." 경제가 방석에 무릎을 꿇고 앉아 몸을
세우고 말했다. "그렇게 하도록 하겠습니다." 이윽고 주연이 끝나고 물러나온
황제는 경술에 정통한 원앙(袁盎)을 포함한 대신들을 소집하여 물었다. "태후께
서 한 말씀은 무슨 뜻이라고 생각하는가?" 대신들이 모두 대답하였다. "태후께
서는 양왕이 제위를 물려받기를 원하고 계십니다." 황제가 왜 그렇게 생각하는
지 그 이유를 묻자 원앙 등이 대답했다. "은나라의 제도가 형제끼리 친하다는
뜻은 동생을 후계자로 세우는 것을 말하고 주나라의 제도가 조상을 숭배한다는
뜻은 아들을 후계자로 세우는 것을 말합니다. 은나라는 질박한 것을 숭상했고
질박함이란 하늘의 도를 본받는 것입니다. 그래서 가깝게 있는 것을 가깝게
여겼기 때문에 동생을 세우게 되었습니다. 문채(文采)를 숭상함은 주나라의 제
도입니다. 문채는 땅의 도를 본받는 것입니다. 조상을 경배하니 경배하는 대상
은 그 시작과 근본입니다. 그래서 장자를 후계자로 세우는 것입니다. 주나라의
법도는 태자가 죽으면 적장손이 뒤를 잇습니다. 은나라의 제도는 태자가 죽으면
그 동생을 후계자로 세웁니다." 황제가 다시 물었다. "그렇다면 공들의 의견은
어떠하오?" 모두들 한 입으로 말했다. "바야흐로 지금 한나라 황실은 주나라의
제도를 따르고 있습니다. 주나라의 제도는 동생을 후계자로 세울 수 없게 되어
있습니다. 당연히 아들을 후계자로 세워야합니다. 『춘추』에 송선공(宋宣公)의
행위를 비난한 것은 바로 이런 일 때문입니다. 송선공이 죽자 그의 아들 여이(與
夷)를 세우지 않고 동생 목공(穆公) 화(和)를 세웠습니다. 목공이 죽을 때 다시
그의 아들 풍(馮)을 세우지 않고 선공의 아들 여이를 후계자로 삼았습니다. 이에
동생의 아들이 군위를 탐내어 자신이 부친의 자리를 물려받아야 되겠다고 하면
서 형의 아들을 찔러 죽였습니다. 이것이 송나라의 내란의 원인이 되어 그 화가
끊어지지 않게 된 연유입니다. 그래서 『춘추』에 '군주의 가장 중요한 임무는
바른 곳에 머무는 일이다. 송나라의 화란은 모두 선공으로 기인했다.'라고 기록
하여 선공을 비난했습니다. 신등이 태후를 뵙고 이 일을 명백히 밝히겠습니다."
원앙 등이 태후를 알현하고 말했다. "태후께서 양왕을 황제의 후계로 세우라고

하셨는데 양왕이 죽으면 그때는 누구를 세우려고 합니까?" 태후가 대답했다. "나는 다시 황제의 아들을 세우겠소." 원앙 등이 송선공이 올바르게 후계를 세우지 않아 나라에 화란이 발생하여 5세에 이르도록 끊이지 않고 계속된 일을 빗대어 작은 일에 집착하여 큰일을 그르치는 경우를 상세하게 설명했다. 태후가 즉시 깨닫고 양왕을 봉국으로 돌아가게 하였다.[蓋聞梁王西入朝, 謁竇太后, 燕見, 與景帝俱侍坐於太后前, 語言私說. 太后謂帝曰: "吾聞殷道親親, 周道尊尊, 其義一也. 安車大駕, 用梁孝王爲寄." 景帝跪席擧身曰: "諾." 罷酒出, 帝召袁盎諸大臣通經術者曰: "太后言如是, 何謂也?" 皆對曰: "太后意欲立梁王爲帝太子." 帝問其狀, 袁盎等曰: "殷道親親者, 立弟. 周道尊尊者, 立子. 殷道質, 質者法天, 親其所親, 故立弟. 周道文, 文者法地, 尊者敬也, 敬其本始, 故立長子. 周道, 太子死, 立適孫. 殷道, 太子死, 立其弟." 帝曰: "於公何如?" 皆對曰: "方今漢家法周, 周道不得立弟, 當立子. 故『春秋』所以非宋宣公. 宋宣公死, 不立子而與弟. 弟受國死, 復反之與兄之子. 弟之子爭之, 以爲我當代父後, 卽刺殺兄子. 以故國亂, 禍不絶. 故『春秋』曰'君子大居正, 宋之禍宣公爲之'. 臣請見太后白之." 袁盎等入見太后: "太后言欲立梁王, 梁王卽終, 欲誰立?" 太后曰: "吾復立帝子." 袁盎等以宋宣公不立正, 生禍, 禍亂後五世不絶, 小不忍害大義狀報太后. 太后乃解說, 卽使梁王歸就國.]

이러한 기록은 야사밀문(野史密聞)이 정사에 섞여 들어간 것으로 완전히 믿을 수는 없지만 소설가의 말도 아니다. 원앙 등 대신의 의론은 『춘추공양전』에 기재된 말을 인용하여[19] 송선공이 화를 만든 원인을 밝혔는데 결국 두태후가 양효왕을 태자로 세우려는 생각을 버리게 하였다. 그 후에 양효왕이 사람을 보내서 "원앙과 의논한 신하 열 명[袁盎及其議臣十餘人]"[20]을 암살하게 하였는데 성공하지 못하고 일이 발각되었다. "문리들이 깊이 진상을 조사하여 모역의 증거가 많이 나타나니 태후가 밥을 굶으며 밤낮으로 끊임없이 울었다. 경제가 걱정이 되어 공경대신에게 물었더니 대신들이 경술을 잘

. . . .
19 ≪원주≫『공양전』「은공(隱公) 3년」
20 ≪원주≫『한서』 권47 「문삼왕전(文三王傳)」

아는 관리를 보내 판결한다면 풀 수 있을 것이라고 하였다. 그러므로 전숙(田叔)와 여계(呂季)를 보내 판결하게 하였다. 이 두 사람은 모두 경술에 통하여 큰 예를 알았다.[文吏窮本之, 謀反端頗見. 太后不食, 日夜泣不止. 景帝甚憂之, 問公卿大臣, 大臣以爲遣經術吏往治之, 乃可解. 於是遣田叔・呂季主往治之. 此二人皆通經術, 知大禮.]"[21] 전숙 등이 그것을 처리한 결과 양효왕의 수하 양승(羊勝)과 공손궤(公孫詭)를 죽이고 이일을 그냥 덮어 버리는 것으로 마무리지었다.

양효왕의 소행을 살펴보면 "천자의 깃발을 하사받아 수레 천승(千乘)과 만기(萬騎)가 따랐으며 출행할 때 경(警)이라 칭하고 들어갈 때 필(蹕)이라고 말하여 천자와 비슷하게 하였다.[得賜天子旌旗, 從千乘万騎, 出稱警, 入言蹕, 似於天子.]"[22] 태후에게 사랑을 받아 후사가 되는 일로 다투었다가 실패하고 도리어 조정의 신하를 암살하려고 하였다. 그리하여 벌인 죄는 법에 의거하면 마땅히 죽여야 하는데 죽이지 않은 것은 법률로 설명할 수 없다. 경제는 형제의 정과 어머니가 양효왕을 사랑하는 것을 마음에 두어 법대로 처리하지 못하고 다만 양효왕이 계승자가 될 수 있는 여지를 박탈한 것처럼 처리하되 고전경의의 해석과 경술에 능통한 조정의 신하들에게 융통성 있게 처리하도록 도움을 구했다. 여기서 법 밖의 내용과 경술에서 구원을 청한 것은 한나라 정치의 법집행이 진나라의 법집행처럼 꽉 막히고 각박하지 않으며 친화적이고 융통성 있는 특징을 띠고 있음을 알 수 있다.

한나라 법률의 집행은 친화적이고 융통성이 있는데 이러한 특징은 지연정치의 요구가 아니라 혈연정치의 반영이었다. 예를 끌어다가 법에 유입시키는 문제는 여러 학자의 논의를 불러일으켰다.[23] 한나라 사회의 성격에 대한 관

---

21 《원주》『사기』 권58 「양효왕세가(梁孝王世家)」 "저선생보(褚先生補)"
22 《원주》『한서』 권47 「문삼왕전」
23 《원주》 진문(晋文), 『이경치국과 한대 사회(以經治國與漢代社會)』에 "한대 예를 법에 사용한 여러문제에 대한 고찰(對漢代引禮入法若干問題的思考)"라는 글이 있다. 광주출판사(廣州出版社), 2001년 9월.

점이 다르기 때문에 사고방향에도 물론 차이가 있다. 예와 법의 결합은 한나라의 이중적인 정치체제가 법률방면에 구체적으로 반영된 것으로 볼 수 있다.

한무제가 유학을 존숭한 이후로 한대에서 경의로 일을 판결한 것 중에 가장 저명한 것은 당연히 동중서가 『춘추』로 판결한 것을 손꼽을 수 있다. "옛 교서상(膠西相)이었던 동중서는 늙고 병들어 퇴직했는데 조정에서 정치적 의논이 있을 때마다 여러 번 정위 장탕(張湯)을 누항(陋巷)으로 보내 그 득실을 묻게 하였다. 이에 『춘추결옥』 232사를 지었는데 문제가 있을 때 마다 경의로 대답하니 말이 상세하였다.[故膠西相董仲舒老病致仕, 朝廷每有政議, 數遣廷尉張湯親至陋巷, 聞其得失. 於是作 『春秋決獄』二百三十二事, 動以經對, 言之詳矣.]"24 장탕 본인은 비록 사마천에게 혹리(酷吏)로 열거되었지만 판결할 때는 경의로 포장하기도 하였다. 『사기』 「장탕열전(張湯列傳)」에는 "그때 한 무제가 바야흐로 유가의 학설에 관심을 갖기 시작했다. 그래서 장탕은 유가의 관점에 부합한 판결문을 작성하기 위해 박사(博士)의 제자들을 초빙하여 『상서』와 『춘추』 등을 연구시키고 그들을 정위의 속관으로 삼아 의심나는 법률조문을 『상서』와 『춘추』에 근거하여 평판하도록 했다.[是時, 上方向文學, 湯決大獄, 欲博古意, 乃請博士弟子治 『尙書』·『春秋』補廷尉史, 亭疑法.]"라고 하였다. 양한 때 『춘추』로 판결한 일을 기재한 것이 많다.

동중서의 제자들 중 이름이 잘 알려진 사람으로 …… 여보서(呂步舒)는 장사에 이르러 부절을 가지고 사신으로 회남에 가서 회남왕 사건을 판결했는데 제후의 일을 스스로 심리하여 황제한테 보고하지 않고 『춘추』의 대의에 근거하여 안건을 처리하였다. 천자도 모두 옳다고 여겼다.[仲舒弟子遂者, …… 呂步舒至長史, 持節使決淮南獄, 於諸侯擅專斷, 不報, 以 『春秋』之義正之, 天子皆以爲是.]25

. . . .

24 《원주》『후한서』 권48 「응소전」
25 《원주》『사기』 권121 「유림렬전」.『한서』「식화지」에 여보서가 "부월(부월)을 잡고 회남

544

그 다음에 광릉왕 형(荊)이 죄를 지었는데 황제는 가장 친한 사이였기 때문에 이를 슬퍼하였다. 조서를 내려 번조(樊鯈)와 우림감(羽林監) 남양(南陽) 임외(任隗)에게 이 사건을 심리하도록 하였다. 심리가 끝난 후, 형(荊)을 죽일 것을 주청하였다. 선명전(宣明殿)에서 만날 때 황제는 노하며 말하였다. "그대들은 내 동생이라는 이유로 죽이고자 하는데 만약 내 아들이라면 경들이 감히 그럴 수 있겠는가!" 번조 등은 다음과 같이 대답하였다. "천하는 고황제의 천하이지 폐하의 천하가 아닙니다. 『춘추』의 대의에 '임금과 친한 사람이라도 장차 시해하려고 마음을 먹어서도 안 되니, 마음을 먹는다면 죽여야 한다.'고 하였습니다. 이러한 까닭에 주공이 동생을 주벌하였고 계우(季友)가 형을 짐독으로 죽였으나 경전에서는 크게 여겼습니다. 신 등은 형(荊)이 폐하의 동모제이기 때문에 폐하께서 성심(聖心)으로 측은하게 여기실 것이라 여겼습니다. 그러므로 감히 청한 것입니다. 만약 폐하의 아들이라도 신등은 오로지 주벌할 것입니다."[其後廣陵王荊有罪, 帝以至親悼傷之, 詔鯈與羽林監南陽任隗雜理其獄. 事竟, 奏請誅荊. 引見宣明殿, 帝怒曰 : "諸卿以我弟故, 欲誅之, 卽我子, 卿等敢爾邪!" 鯈仰而對曰 : "天下高帝天下, 非陛下之天下也. 『春秋』之義. '君親無將, 將而誅焉.' 是以周公誅弟, 季友鴆兄, 經傳大之. 臣等以荊屬托母弟, 陛下留聖心, 加惻隱, 故敢請耳. 如令陛下子, 臣等專誅而已."]²⁶

하창(何敞)이 유남태수로 옮겨졌다. 하창은 당시의 문속리(文俗吏)들이 가혹한 태도로 명예를 구하는 것을 미워하여 직책을 맡았을 때 관대하고 온화하게 정무를 보았다. 입춘 날이 되어 독우(督郵)를 불러 각 부로 보낼 때 유학을 익힌 대리(大吏)를 파견해 속현을 순시하게 하면서 효성스럽고 공경스러운 자들 가운데 의로운 자를 표창하게 하였다. 억울한 옥사가 있을 때는 『춘추』의 의로서 판결하였다.[遷汝南太守. 敞疾文俗吏以苛刻求當時名譽, 故在職以寬和爲政. 立春日, 常召督郵還府, 分遣儒術大吏案行屬縣, 顯孝悌有義行者. 及擧冤獄, 以『春秋』義斷之.]²⁷

- - - - - - - - - - - - -

(회남)의 옥사를 다스릴 때, 『춘추』의 뜻을 가지고 스스로 판단하였다.[持斧鉞治淮南獄. 以『春秋』誼顓斷於外.]"

26 《원주》『후한서』권32 「번조전(樊鯈傳)」

동중서의 제자인 여보서가 회남왕 사건을 심리할 때 "『춘추』의 대의로 바로잡았다.[以『春秋』之義正之.]" 그렇다면 여보서가 인용한 『춘추』의 대의는 무엇인가? 『사기』「유림열전」에서는 언급하지 않았는데 오히려 「회남형산열전(淮南衡山列傳)」에서 교서왕(膠西王) 유단(劉端)이 의논을 하면서 『춘추』의 대의를 인용하여 말하기를 "회남왕 유안(劉安)이 법을 폐기하고 교활한 마음을 품어 천하를 혼란시키고 백성을 의혹시키며 종묘를 배신하고 요망한 말을 했다. 『춘추』에 이르기를 '신하는 반역할 생각이 있으면 안 되니 있으면 죽일 것이다.'라고 하였으니 유안의 죄는 그것보다 더 심하여 반역한 정황이 이미 확실했다.[淮南王安廢法行邪, 懷詐僞心, 以亂天下, 熒惑百姓, 倍畔宗廟, 妄作妖言. 春秋曰 : '臣無將, 將而誅.' 安罪重於將, 謀反形已定.]"라고 하였다. 여기서 인용한 "신하는 반역할 생각이 있으면 안 되니 있으면 죽일 것이다.[臣无將, 將而誅.]"라는 것은 후한의 번조가 광릉왕의 죄를 판결할 때 인용한 '임금과 친한 사람이라도 장차 시해할 마음을 먹어서도 안 되니, 마음을 먹었다면 죽여야 한다.[君親無將, 將而誅焉.]'라는 말과 더불어 『춘추공양전』에서 나온 것이다. 노공자(魯公子) 아(牙)가 반역을 일으키려 하자 그 동생 계우(季友)가 그 형을 짐독으로 죽인 사건에 대해 "공자아(公子牙)는 장차 하려고 했을 뿐인데 경전의 말이 어찌 친히 시행한 자와 같은가? 임금과 친한 사람이라도 장차 시해하려고 마음을 먹어서도 안 되니 마음을 먹었다면 죽여야 한다.[公子牙今將爾, 辭曷爲與親弑者同? 君親無將, 將而誅焉.]"[28]고 하였다. 『공양전』의 이런 해석은 사실 『공양전』에 근원하여 죄를 정하는 원심정죄(原心定罪)에서 기원한 것으로, 군신과 군친의 사이에서 아랫사람이 윗사람을 범하는 동기를 가지고 있다면 죽여야 한다. 『공양전』은 "백성을 누르고 군왕을 펴는 것[屈民伸君]"과 황권을 유지하는 것을 염두에 두었다. 이러한 문제에 대해서 법률 본체보다 더욱

27 《원주》『후한서』 권43 「하창전」
28 《원주》『공양전』「장공(莊公) 32년」

급진적으로 보이기도 한다. 법률은 결과를 더욱 중요시하기 때문이다. 만약 동기가 나쁘지 않다면 용서를 받을 수도 있었다. 『태평어람(太平禦覽)』에 「동중서춘추결옥」이라는 안례(案例)가 남아 있다.

갑의 아버지인 을이 병과 언쟁을 벌이다가, 병이 칼로 을을 찌르자 갑이 몽둥이로 병을 때리려다 잘못해서 을을 다치게 했다면 갑을 어떻게 판결해야 하는가? 어떤 사람은 이르기를 "아버지를 때렸으므로 마땅히 효수해야 한다." 고 했다. 논하여 말하였다. "제가 보기에는 부자는 지극히 친한 관계이기 때문에 아버지가 다투는 것을 들으면 걱정하는 마음이 들 수밖에 없어서 몽둥이를 가지고 아버지를 구원하려 했던 것이지 아버지를 해치려고 한 것이 아니다. 『춘추』의 의리에 허지(許止)는 아버지가 병에 걸리자 아버지께 약을 올렸는데 아버지가 먹고 죽었지만 군자가 마음을 미루어서 용서하고 죽이지 않았다. 갑의 행위는 아버지를 때린다는 법에 해당되지 않으니, 처벌하는 것은 적절하지 않다."[甲父乙與丙爭言相鬭, 丙以珮刀刺乙, 甲卽以杖擊丙, 誤傷乙. 甲當何論? 或曰 : "毆父也, 當梟首." 議曰 : "臣愚以父子, 至親也, 聞其鬭, 莫不有怵悵之心. 執杖而救之, 非所以欲詬父也. 『春秋』之義, 許止父病, 進藥於其父而卒. 君子原心, 赦而不誅. 甲非律所謂毆父也. 不當坐.][29]

위의 예는 가정한 안례에 불과하지만, 후한시기 정말로 이러한 안건이 있었다. 『후한서』 「곽서전(霍諝傳)」에 기재된 것에 의하면, 곽서(霍諝)의 외삼촌 송광(宋光)이 어떤 사람의 무고(誣告)를 당하여 "맘대로 장문(章文)을 간행[以爲妄刊章文]"하였기 때문에 낙양옥(洛陽獄)에 갇혔다. 곽서는 그때 열다섯 살이었는데 대장군 양상(梁商)에게 상서를 올렸다. "제가 듣자니 『춘추』의 대의에 동기에 따라 죄를 정하고 일은 용서하되 뜻을 죽인다고 하였습니다. 따라서 허지(許止)는 아버지를 죽였어도 벌을 주지 않았고 조순(趙盾)은 적(賊)을 방종하여, 사서에 죄인으로 기록되었습니다. 이것은 공자께서 세우신 왕법이니

29 《원주》『태평어람』 권640 「형법부(刑法部)」

한나라는 마땅히 그것을 준수해야 합니다. …… 광이 지은 죄는 그 사정을 봐서는 용서할 수 있는 것인데 몇 년 동안 감옥에 있었지만 아직까지 심리되지 않고 있습니다. …… 부당함이 어찌 이와 같겠습니까![謂聞『春秋』之義, 原情定過, 赦事誅意. 故許止雖弑君而不罪, 趙盾以縱賊而見書. 此仲尼所以垂王法, 漢世所宜遵前修也. …… 光之所坐, 情旣可原, 守闕連年, 而終不見理. …… 不偏不黨, 其若是乎?]"라고 하였다. 그 뒤에 "양상은 곽서의 재능과 뜻을 높게 생각해서 광의 죄를 용서해 달라고 상주하였다.[高諝才志, 卽爲奏原光罪.]"

경의를 통해 마음가짐에 근원하여 죄를 정하고 사정에 근원하여 과실을 정하는 것은 법률에 인정미를 더하여 주었다. 경학은 덕으로 법리를 만들고 법을 집행할 때는 반드시 덕을 근본으로 삼을 것을 주장하였다. 『통전(通典)』에도 또한 「동중서춘추결옥」의 안례가 실려 있다.

> 그 때에 의심스런 옥사가 있었다. 이르기를, "갑은 아들이 없어서 버려진 아이 을을 주워 양자로 삼았다. 을이 자라서 사람을 죽여 죄를 지었다. 이 상황을 갑한테 말하자 갑은 그를 숨겨 주었다. 갑을 마땅히 어떻게 처리해야 하는가?" 중서가 판단해 말하였다. "갑은 아들이 없고 을을 입양해 길렀으니 비록 자기가 낳은 아기는 아니지만 누가 그 부자관계를 바꿀 수 있겠는가? 『시』에 이르기를 '뽕나무 벌레 새끼를 나나니벌이 업어가도다.'고 하였다. 『춘추』대의는 '아버지가 아기를 위해 숨겨 준다.' 갑이 을을 숨긴 것은 정당한 것이다."라고 하였다. 죄를 정하지 않는다고 조서를 내렸다.[時有疑獄曰: "甲無子, 拾道旁棄兒乙養之以爲子. 及乙長, 有罪殺人, 以狀語甲, 甲藏匿乙. 甲當何論?" 仲舒斷曰: "甲無子, 振活養乙, 雖非所生, 誰與易之! 『詩』云: '螟蛉有子, 蜾蠃負之.' 『春秋』之義, '父爲子隱', 甲宜匿乙." 詔不當坐.][30]

"아버지가 아들을 위해 숨겨 주고 아들이 아버지를 위해 숨겨 준다."는

30 《원주》『통전(通典)』 권69 「예(禮)」

것은 경의 속에서 숨겨 주는 것을 용인한 원칙을 제시한 것인데 이것은 법률과 서로 모순된다. 그러나 동중서는 『시경』을 인용하여 해석함으로써 인정과 이치에 맞게 해결을 하였다. 한대에서 사회질서를 통합하기 위해 효도를 숭상하였기 때문에 친족이 서로 숨겨 주는 것이 후대에 마침내 법령이 되었다.[31] 반대로 부모님을 위해 숨겨 주지 않으면 오히려 벌을 받았다. 전한의 형산왕(衡山王)의 태자는 아버지를 신고한 불효로 인해 죽임을 당했다.[32]

마음가짐에 근원하여 죄를 정하고 사정에 근원하여 과실을 정하는 것에서 법률은 숨기는 것을 인정하는 데까지 이르렀는데, 이것은 경학과 경의가 한나라 법률에 영향을 끼친 결과였다. 동중서는 "『춘추』로 판결할 때 반드시 그 일에 근본을 두고 그 뜻에 근원하였으니 뜻이 사악한 자는 그 죄를 범할 때까지 기다리지 않고 주모자라면 죄가 특히 가중되지만 본심이 정직한 자라면 가볍게 논죄하였다.[『春秋』之聽獄, 必本其事, 而原其志, 志邪者不待成, 首惡者罪特重, 本直者其論輕.]"[33] 이런 사상은 전통사회에서 크게 선양되었다. 후세의 "주심(誅心)" "주의(誅意)" "사상 깊은 곳에서 혁명을 일으킨다.[思想深處鬧革命]" 등의 말은 모두 여기서 나온 것이다.

일반적으로 한나라의 사법(司法) 실천 속에 법률과 경의가 섞인 것은 한법을 냉정하고 각박한 진법과는 달리 오히려 융통성 있고 관대하게 보이게 한다. 이 결합은 한나라 사회의 현실에 알맞았다. 법률은 국가를 질서 있게 만들고 경의는 사회를 통합하면서 양자가 상부상조한 것이다. 그러나 국가를 다스리는 기본 방향이 달랐기 때문에 구체적인 사법 적용 속에서는 서로 어긋난 점도 많았다.

한나라의 향리 자치는 혈연정치의식의 영향이 비교적 강했기 때문에 혈친을 위한 복수가 비교적 보편적이었다. 혈친을 위한 복수에 대해 경학은 기본

• • • • • • • • • • • • •

31 ≪원주≫ 『한서』 권8 「선제기」, 지절(地節) 4年 조서에 보인다.
32 ≪원주≫ 『한서』 권44 「형산왕전(衡山王傳)」
33 ≪원주≫ 『춘추번로』 「정화(精華)」

적으로 인정하는 태도를 지녔다. 『공양전』에는 "복수하지 않으면 아들이 아니다.[不復仇, 非子也.]³⁴"라고 하였다. 『예기』「단궁(檀弓)」 상편에 다음과 같이 실려 있다. "자하가 공자에게 물었다. '부모님의 원수가 있으면 어떻게 합니까?' 공자가 대답하였다. '거적에 눕고 방패를 벤 것처럼 하고 벼슬을 하지 않으며 천하를 함께하지 않는다. 시장이나 조정에서 만나면 무기를 가지러 가지 않고 싸워야 한다.'[子夏問於孔子曰 : '居父母之仇, 如之何.' 夫子曰 : '寢苫, 枕干不仕, 弗與共天下也, 遇諸市朝, 不反兵而鬥.']" 한나라 때는 효로 천하를 다스렸기 때문에 효의 관념도 혈친을 위한 복수를 이론적으로 지지하였다. 법률은 지연정치를 지향하고 국가질서를 지키는 것을 근본으로 여기기 때문에 혈친을 위한 복수에 찬동하지 않았다. 하지만 혈친을 위한 복수를 허락하지 않으면 경의에 어긋나서 효로 천하를 다스리는 정신을 보여 주지 못한다. 반대로 혈친을 위한 복수를 허락하면 서로 죽이는 길을 열어 국가질서가 파괴된다. 한나라 통치자는 이것에 대해 비교적 유예하는 입장을 보였다. 『후한서』「장민전(張敏傳)」에 다음과 같은 내용이 실려있다 "건초 연간에 어떤 사람이 다른 사람의 아버지를 욕했는데 욕을 먹은 아버지의 아들이 그 욕한 사람을 죽였다. 숙종(肅宗)은 그 사형을 면해 주고 용서해 주었는데 이로부터 전례가 되었다. 당시 이와 관련된 의론을 정하여 경모법(輕侮法)을 만들었다.[建初中, 有人侮辱人父者, 而其子殺之, 肅宗貰其死刑而降宥之, 自后因以爲比. 是時遂定其議, 以爲輕侮法.]" 이 논의는 장민에 의해 취소되었다. 혈친을 위한 복수에 대해 지방관들은 상황을 보아 처리하면서 일반적으로 처벌도 가볍게 하였다. 예를 들어보자.

여남(汝南)의 진공사(陳公思)는 오관연(五官掾)이었고 왕자우(王子祐)는 병조

• • • • • • • • • • • • • •

34 ≪원주≫ 『공양전』「은공 11년」, "자심자(子沈子)가 말하길, '임금이 시해당했는데, 신하가 적을 토벌하지 않으면 신하가 아니고, 복수하지 않으면 자식이 아니다.[子沈子曰 : '君弑, 臣不討賊, 非臣也; 不夏仇, 非子也.']"

550

행(兵曹行)이었는데 하정(下亭)에서 회식을 하였다. 왕자우는 일찍이 현관(縣官)의 일로 공사의 숙부 빈(斌)을 고살(拷殺)한 적이 있었다. 빈은 아들이 없었다. 공사는 복수를 하고자 하였지만 기회를 얻지 못하다가 마침내 자우를 보고 분노를 억누르지 못하고 그를 쳐 죽였다. 왕자우는 관부에 돌아와 죽었다. 당시 태수태부(太守太傅)였던 호광(胡廣)은 …… 그를 풀어 주었다.[汝南陳公思爲五官掾, 王子祐爲兵曹行, 會食下亭. 子祐曾以縣官事, 拷殺公思叔父斌. 斌無子. 公思欲爲報仇, 不能得, 卒見子祐. 不勝憤怒, 便格殺之, 還府歸死. 時太守太傅胡廣 …… 原遣之.][35]

교현이 제나라 재상으로 옮겼을 때 군에 효자가 있었는데 아버지를 위해 복수하다가 옥에 갇혀 있었다. 교현은 그의 효성을 동정하여 그의 죄를 감면해 주려 하였다. 현령(縣令) 노지(路芝)는 잔혹하고 포악했는데 마침내 효자를 죽였다. 교현은 스스로 효자에게 빚을 졌다고 여기고 노지를 잡아다 쳐 죽이고서 효자에게 사죄했다. [橋玄遷齊國相. 郡有孝子爲父報仇, 系臨淄獄, 玄潛其至孝, 欲上讞減罪. 縣令路芝酷烈苛暴, 因殺之, 懼玄收錄, 佩印綬欲走. 玄自以爲深負孝子, 捕得芝, 束縛藉械以還, 笞殺以謝孝子冤魂.][36]

신도반(申屠蟠)과 같은 군에 구씨녀(緱氏女) 옥(玉)이 아버지를 위하여 복수하면서 남편의 동당들을 죽였다. 관리들이 옥을 사로 잡아 외황령(外黃令) 양배(梁配)에게 데리고 갔다. 양배는 옥을 논죄하여 죽이려고 하였다. 반은 당시 열다섯으로 제생(諸生)이었는데 나아가 간하며 말하였다. "옥의 절의는 염치가 없는 사람들을 감동시킬 수 있고 욕된 것을 참는 사람들을 격발시킬 수 있습니다. 청명한 시대를 만나지 못해도 오히려 그녀의 분묘에 비를 세워 드날려야 하는데 하물며 지금과 같이 청청(淸聽)한 시대에 어떻게 연민과 동정을 하지 않을 수 있습니까!" 양배는 그 말을 좋게 여겨 이에 감형하여 죽음을 면하게 판결하였다. 향인들이 그의 행위를 아름답다고 칭찬하였다.[申屠蟠同郡, 緱氏女玉爲父報仇, 殺夫氏之黨, 吏執玉以告外黃令梁配, 配欲論殺玉. 蟠時年十五, 爲諸生,

35 ≪원주≫『태평어람』권482 에서 인용한『풍속통의(風俗通義)』일문.
36 ≪원주≫『태평어람』권482 에서 인용한 사승(謝承)의『후한서』

進諫曰 : “玉之節義, 足以感無恥之孫, 激忍辱之子. 不遭明時, 尚當表旌廬墓, 況在清聽, 而不加哀矜!” 配善其言, 乃爲讞得減死論. 鄉人稱美之.]³⁷

위에는 예를 세 가지만 들었지만 조아(趙娥)가 아버지를 위하여 복수하고 “일곱 딸들이 아버지를 위하여 복수했다.[七女爲父報仇]”는 이러한 예들이 한 대에 아주 많았다. 혈친을 위한 복수로 나타난 법률과 경의의 충돌은 한나라 시기 전제와 자치의 이중적인 정치체제가 불러온 필연적인 것이다. 위에서 말한 첫 번째 예는 태수 호광(胡廣)의 처리가 “아버지를 위하여 복수해야 하지만 시장에서 만나면 칼을 도로 넣어 싸우지 않는다.[遇諸市朝, 不反兵而鬪.]” 라고 한 공자의 말에 부합된다. 두 번째 예에서 현령이 포학해서 아버지를 위하여 복수한 효자를 죽여 교현(橋玄)이 제나라 재상이 되자 효자에게 사죄하기 위하여 현령을 잡아 죽인 것은 너무 지나친 것 같다. 세 번째 예에서 구옥(緱玉)이 아버지를 위해서 복수하여 남편의 동당을 죽였는데 외황 현령이 “구옥을 죽이려고 하였다.[欲論殺玉]”는 것을 보면 한대 법률은 복수를 금지한 것 같다. 신도반(申屠蟠)이 간하여 구옥이 죽음을 면하게 되었으니 이는 사정에 근원하여 죄를 정한 것이라 말할 수 있다.

한나라 경학은 다방면에서 법률에 영향을 끼쳤다. 금문경과 고문경의 정치적인 취향이 완전히 같지는 않지만 여기서 다루는 부분은 거시적인 논의에 불과하기 때문에 둘 사이의 차이에 대해 밝히기 위해서는 이후 좀 더 세밀한 분석이 필요하다.

경학이 한나라 관제에 끼친 영향은 한나라의 “하늘을 본받아 관직을 세운다.[建官法天]”는 것을 기초로 논의해 볼 수 있다. 『백호통덕론(白虎通德論)』에는 다음과 같은 말이 있다.

• • • • • • • • • • • •

37 ≪원주≫ 『후한서』 권53 「신도반전(申屠蟠傳)」

왕이 삼공구경(三公九卿)을 세운 이유가 무엇인가. 이르기를 "하늘은 비록 제일 신기하지만 해와 달에 의해 환하고 땅은 비록 제일 영리하지만 산천의 변화가 있어야 한다. 성인들은 비록 만인의 덕을 지니고 있기는 하지만 현능한 인재를 필요로 해야 한다. 삼공구경 이십칠대부(二十七大夫) 팔십일원사(八十一元士)는 하늘에 순하여 도를 이뤘다. 사마(司馬)는 군대를 다스리고 사도(司徒)는 사람을 다스리며 사공(司空)은 지방을 다스린다. 왕자는 하늘의 명을 받아 천지인의 직위를 세웠으니 직위를 나눠 삼공을 세워서 각 하나를 담당하여 기능을 본받았다. 한 공에 삼경을 만드니 구경이 이루어진다. 천도는 삼(三)으로 이루어지지 않은 것이 없으니 하늘은 삼광(三光)이 있어 해 · 달 · 성이고 땅은 삼형(三形)이 있어 높은 것 · 낮은 것 · 평평한 것이고 인간은 삼존(三尊)이 있어 군(君) · 부(父) · 사(師)이다. 따라서 한 공은 삼경이 보좌하고 한 경은 삼 대부가 보좌하고 한 대부는 삼 원사가 보좌한다. 하늘은 삼광이 맞추어져서 여기저기 비출 수 있다. 각각 세 가지가 있고 물을 본받아 삼이 이루어진다. 시작이 있고 중간이 있고 끝이 있으니 천도를 밝히면서 끝난다."[王者所以立三公 · 九卿何? 曰 : "天雖至神, 必因日月之光; 地雖至靈, 必有山川之化; 聖人雖有萬人之德, 必須俊賢三公 · 九卿 · 二十七大夫 · 八十一元士, 以順天成其道. 司馬主兵, 司徒主人, 司空主地. 王者受命爲天 · 地 · 人之職, 故分職以置三公, 各主其一, 以效其功. 一公置三卿, 故九卿也. 天道莫不成於三 : 天有三光, 日 · 月 · 星; 地有三形, 高 · 下 · 平; 人有三尊, 君 · 父 · 師. 故一公三卿佐之, 一卿三大夫佐之, 一大夫三元士佐之. 天有三光然後而能遍照, 各自有三法, 物成於三 : 有始 · 有中 · 有終, 明天道而終之也."][38]

　『백호통』의 "하늘을 본받아 관직을 세운다.[法天建官]"는 설은 사실상 경학의 천인합일 사상이 직관제도 방면에 반영된 것으로 한나라의 경학사상에 대한 종합적인 논술이었다. 동중서는 자기가 지은 『춘추번로』 가운데 「관제상천(官制象天)」절을 따로 두어 음양오행사상으로 한나라에서 관직을 세우고 관리를 선발하는 도를 자세히 논하였다. 한나라의 하늘을 본받아 관직을 세운 사상의 근원으로 『상서』「고요모(皐陶謨)」의 한 구절이 자주 인용되고

38 ≪원주≫ 『백호통덕론』「봉공후(封公侯)」

있다. 후한의 왕부(王符)는 이 사상에 대해서 자세하게 설명하였다.

　　대저 제왕들이 존경하는 바는 하늘이고 하늘이 사랑하여 육성하는 바는 사람이다. 지금 신하들은 임금의 중요한 자리를 받아 하늘이 사랑하는 바를 이끄니 어찌 안정시켜 이롭게 하고 길러서 이뤄주지 않겠는가! ……『상서』에는 "하늘이 하는 일을 사람이 대신하여 한다."라고 하였다. 왕노릇 하는 자는 하늘을 본받아 관직을 세우니 그러므로 밝은 군주는 감히 사사로이 관직을 주지 않으며 충성스런 신하는 감히 능력도 없이 관직을 받지 않는다.[夫帝王之所尊敬者, 天也; 皇天之所愛育者, 人也. 今人臣受君之重位, 牧天之所愛, 焉可以不安而利之, 養而濟之哉! ……『書』稱"天工人其代之." 王者法天而建官, 故明主不敢以私授, 忠臣不敢以虛受.][39]

「고요모」의 언급은 한나라 대신의 상소에 많이 인용되었다. 예를 들면 이숙(李淑)이 간하는 글을 올려서 "지금 강도를 막 주벌하였지만 왕의 교화가 아직 실행되지 않았기 때문에 백관 유사들은 맡은 일을 신중하게 해야 합니다. 삼공은 위로 하늘의 성수에 응하고 구경은 아래로 강하를 포함하니 '하늘이 하는 일을 사람이 대신하여 한다.'라고 한 것입니다.[方今賊寇始誅, 王化未行, 百官有司宜愼其任. 夫三公上應台宿, 九卿下括河海, 故'天工人其代之'.][40]"라고 하였다. 이숙의 본전에 대하여 주에서는 위서를 인용하여 "삼공은 하늘에 있어 삼태(三台)가 되고 구경은 북두성이다. 그러므로 삼공은 오악(五嶽)을 상징하고 구경은 강하를 본받으며 이십칠 대부는 산릉(山陵)을 본받고 팔십일 원사는 곡부(谷阜)를 본받으니 모두 황제의 보좌로서 강기를 바로잡는다.[三公在天爲三台, 九卿爲北鬥. 三公象五嶽, 九卿法河海, 二十七大夫法山陵, 八十一元士法穀阜, 合爲帝佐以匡綱紀.][41]"라고 하였다. 혹 어떤 학자는 한대에 하늘을 본받아 관직을 세운

· · · · · · · · · · · · · ·

39 《원주》『후한서』권49「왕부전」에서 인용한『잠부론』「귀충편(貴忠篇)」
40 《원주》『후한서』권11「유현전(劉玄傳)」
41 《원주》앞의 책 주(注)에서 인용한『춘추한함일(春秋漢含孼)』

것이 아니라 관제의 내용은 바뀌지 않고 그렇게 꾸민 것이라고 하였다.[42] 하지만 왕망 건국 원년(A.C.9)에는 실제로 이렇게 하였다.

대사마사윤(大司馬司允), 대사도사직(大司徒司直), 대사공사약(大司空司若)을 두었는데, 지위는 모두 고경(孤卿)이다. 대사농(大司農)의 이름을 바꾸어 희화(羲和)라 하였다가 다음에 또 납언(納言)으로 바꾸었다. 대리(大理)는 작사(作士)라 하였고, 태상(太常)은 질종(秩宗), 대홍려(大鴻臚)는 전악(典樂), 소부(少府)는 공공(共工), 수형도위(水衡都尉)는 여우(予虞)라 하였는데 삼공사경(三公司卿)과 더불어 무릇 구경(九卿)으로 삼아 삼공(三公)에 나누어 귀속시켰다. 경마다 대부(大夫)세 명을 두었고, 대부마다 원사(元士) 세 명을 두었으니, 무릇 이십칠 대부와 팔십일 원사가 중도관(中都官)의 제직(諸職)을 나누어 주관하였다.[置大司馬司允, 大司徒司直, 大司空司若, 位皆孤卿. 更名大司農曰羲和, 後更爲納言, 大理曰作士, 太常曰秩宗, 大鴻臚曰典樂, 少府曰共工, 水衡都尉曰予虞, 與三公司卿凡九卿, 分屬三公. 每一卿置大夫三人, 一大夫置元士三人, 凡二十七大夫, 八十一元士, 分主中都官諸職.][43]

경학의 "하늘을 본받아 관직을 세운다."는 사상의 영향으로 한나라 관원의 책임도 변화하게 되었다. 만약 하늘이 재이(災異)를 내리면 맡은 직책에 따라 그 책임을 물었다.

삼공의 이름이 무엇인가. 이르기를 사마(司馬)·사공(司空)·사도(司徒)라고 한다. 사마는 하늘을 주관하고, 사공은 땅을 주관하며 사도는 사람을 주관한다. 그러므로 음과 양이 합하지 않고 사계절이 절도가 없으며 성신(星辰)들이 법도를 잃고 이상적인 재변의 발생이 정상적이지 않으면 사마에게 책임을 묻는다. 산릉(山陵)이 무너지고 천곡(川谷)이 통하지 않으며 오곡이 자라지 않고 초목이

• • • • • • • • • • • • •

42 《원주》 진문, 『이경치국과 한대 사회(以經治國與漢代社會)』제3장 제2절, "직관제도의 조정과 '연식'(職官制度的調整與'緣飾')", 광주출판사, 2001년 9월판.
43 『한서』 권99 「왕망전(王莽傳)」

무성하지 않으면 사공에게 책임을 묻는다. 군신간의 관계가 바르지 않고 인도(人道)가 불화하며 나라에 도적이 많고, 백성들이 그 윗사람을 원망하면 사도에게 책임을 묻는다. 그러므로 삼공은 그 관직을 맡고 그 직분을 근심하며 그 분명한 것을 들고 그 깨달은 것을 밝게 해야 하니 이것이 삼공의 책임이다.[三公者何? 日 : 司空·司馬·司徒也. 司馬主天, 司空主土, 司徒主人. 故陰陽不和, 四時不節, 星辰失度, 災變非常, 則責之司馬. 山陵崩竭, 川穀不流, 五穀不植, 草木不茂, 則責之司空. 君臣不止, 人道不和, 國多盜賊, 下怨其上, 則責之司徒. 故三公典其職, 憂其分, 擧其辯, 明其得, 此三公之任也.][44]

그러므로 양한시대의 삼공들은 재이로 인해 파직을 당한 예가 적지 않다. 조익(趙翼)은 "한대의 삼공들은 음과 양을 조화시키는 것을 자기의 직무로 삼아야 하는 것을 알고 있었다. 그리하여 재이를 만나면 삼공을 파직하는 제도가 생겼다.[是漢時三公官, 猶知以調和陰陽引爲己職, 因而遇有災異, 遂有策免三公之製.]"[45]라고 하기도 하였다.

경학이 양한교육에 미친 영향은 지극히 광범위하다. 경학은 원래 일종의 사회이론으로 이론질서를 중시하고 교화는 사회질서를 통합하고 안정시키는 주요 수단으로 삼았다. 따라서 한대의 교육은 한나라 정부의 행정수단의 한 가지이기도 하였다. 이러한 점에서 경학은 국가를 중시하는 법가사상과는 전혀 달랐다. 법가가 중시하는 것은 제도였다. 사회행정에서 유효했던 수단은 법률이지 교육이 아니었다. 그래서 진나라 이사는 분서를 제안하면서, "법률을 공부하려는 사람이 있으면 관리로 스승을 삼게 하십시오[若欲有學法令, 以吏爲師.]"[46]라고 한 것이다.

· · · · · · · · · · · · ·

44 《원주》『후한서』지24 「백관일(百官一)」 "사공(司空)" 조의 주(注)에서 인용한 『한시외전(韓詩外傳)』.

45 《원주》 조익, 『22사차기』 "재이책면삼공(災異策免三公)" 조(條)

46 《원주》『사기』권6 「진시황본기」의 집해(集解)에서 서광(徐廣)의 주(注)를 인용하여 "어떤 본에는 '법령' 두 글자가 없다.[一無法令二字.]"라고 하였다. 현대 학자들 가운데 이것을 근거로 하는 경우가 많은데, 사실상 "법령" 두 글자가 연문인지는 중요하지 않다. 진나라

경학은 교육의 행정 수단으로서의 기능을 강조하고 교화를 사회를 다스리는 근본으로 여겼다. 그러므로 후한 장제(章帝) 건초(建初) 4년(79년), "삼대에는 사람을 이끌 때 교육을 근본으로 삼았는데 잔인한 진나라를 이은 한나라는 유술을 찬양하고 『오경』을 세워 박사를 설립했다. …… [蓋三代導人, 教學爲本. 漢承暴秦, 褒顯儒術, 建立『五經』, 爲置博士. ……][47]"라는 조서를 내렸다. 장제의 "삼대에는 사람을 이끌 때 교육을 근본으로 삼았다."는 이론은 사실 양한 경학에서 나온 말이다. 『예기』「학기(學記)」에는 "군자가 민을 교화하여 풍습을 좋게 만들려면 반드시 교육을 통해야 한다.[君子如慾化民成俗, 其必由學乎.]"라고 하였다. 또 "그러므로 옛날의 왕노릇하는 사람은 국가를 세워 백성을 다스리는데 교육을 우선으로 삼았다.[故古之王者, 建國君民, 教學爲先.]"라고 하였다.

양한의 교육은 이미 중요한 행정수단이 되었기 때문에 특별히 중시되었다. 초기 교육단계에서부터 경서는 주요 교과서가 되었다. 앞에서 『효경』과 『논어』의 전승을 논할 때, 이 두 책은 초기 교육의 기본 교재였고 전한의 여러 황태자와 왕자들도 이 책으로 계몽교육을 받았음을 언급한 적이 있다. 사실 전한뿐만 아니라 후한도 마찬가지였다. 교재의 선택 범위도 비교적 광범위해졌다. 광무제는 어렸을 때, "이에 장안에 가서 『상서』를 전수받아 대략 대의에 통하였다.[乃之長安. 受『尙書』, 略通大義.][48] 본전(本傳)의 주(注)에서 「후한관기(東觀漢紀)」를 인용한 것이 더욱 상세하다. "광무제는 중대부 여강(廬江) 허자위(許子威)에게서 『상서』를 공부했다. 비용이 모자라자 같은 숙소를 쓰는 한자(韓子)와 돈을 모아 당나귀를 사서 종자(從者)들을 시켜 외부에 임대하게 하여 공비(公費)를 마련했다.[光武受『尙書』于中大夫廬江許子威. 資用乏, 與同舍生韓子合錢買驢, 令從者僦, 以給諸公費.]" 순제(順帝)는 어렸을 때 "성격이 자애롭고 온유

시기의 관리가 만약 교육을 담당했다면, 반드시 법제교육을 위주로 했을 것이기 때문이다.
47 ≪원주≫『후한서』권3「장제기(章帝紀)」
48 ≪원주≫『후한서』권1「광무제기 상」

했는데, 소학에 들어가서 『효경』장구를 외웠다.[性寬仁溫惠, 始入小學, 誦『孝經』章句.]"[49] 황제뿐만이 아니라 황후도 어렸을 때 경서로 계몽했다. 예컨대 화희(和熹) 등황후(鄧皇后)는 "12살에 『시경』과 『논어』에 통달했다.[十二通『詩』『論語』.][50]" 순열(順烈) 양황후(梁皇后)는 "아홉 살에 『논어』를 외울 수 있었고 『한시』를 공부했다.[九歲能誦『論語』, 治『韓詩』.]"[51]

한나라 때에는 사학(私學)이 전에 없이 성황을 이루었는데, 그 내용은 경학을 위주로 하였다. 전한시기에 사학이 어느 정도 발달하여 경사들 가운데 100명이 넘는 제자들을 거느리는 경우도 많았다. 예를 들면, 동중서의 제자인 휴맹(眭孟)은 "제자가 백여 명[弟子百餘人][52]에 이르렀고 공수(龔遂)는 "큰 유학자로서 학생 수백 명을 가르쳤다.[耆老大儒, 敎授數百人.]"[53]고 한다. 또한 노(魯) 『시』의 종사(宗師)인 신공(申公)은 퇴직하여 집에서 가르쳤는데 "제자들 가운데 먼 곳에서 와서 수업을 받는 자가 천여 명이나 되었다[弟子自遠方至受業者千餘人.]"[54]고 한다. 후한에 이르러서는 천여 명을 가르치던 스승들이 많았다. 예를 들어 위응(魏應)은 "경에 밝고 수양도 잘하여 제자들이 먼 곳에서 이르렀는데 기록된 자가 수천 명이었다.[經明行修, 弟子自遠方來者, 著錄數千人.]"[55] 하공(夏恭)은 『한시』와 『맹씨역(孟氏易)』을 익혔는데 "가르치는 학생들이 늘 천여 명이었다.[講授門徒常千餘人.]"[56] 정공(丁恭)은 "『공양엄씨춘추(公羊嚴氏春秋)』를 익혔다 …… 학생들이 먼 곳으로부터 이르렀는데 기록된 자가 천여 명이나 되었다.[習『公羊嚴氏春秋』 …… 諸生自遠方至者, 著錄千人.]"[57]고 한다. 심지어

· · · · · · · · · · · ·

49 ≪원주≫ 『동관한기(東觀漢紀)』 권3.
50 ≪원주≫ 『후한서』 권10 「황후기 상」
51 ≪원주≫ 『후한서』 권10 「황후기 하」
52 ≪원주≫ 『한서』 권88 「유림전」
53 ≪원주≫ 『한서』 권83 「주박전(朱博傳)」
54 ≪원주≫ 『한서』 권88 「유림전」
55 ≪원주≫ 『후한서』 권79 「위응전(魏應傳)」
56 ≪원주≫ 『후한서』 권80 「하공전(夏恭傳)」
57 ≪원주≫ 『후한서』 권79 「정공전(丁恭傳)」

만여 명의 제자가 있는 스승도 보였다. 예컨대, 장흥(張興)은 『양구역(梁丘易)』을 배웠고, "제자들이 먼 곳에서 이르렀는데 기록된 자가 만 명이나 되어, 양구가(梁丘家)의 종사가 되었다.[弟子自遠至者, 著錄且萬人, 爲梁丘家宗.]"[58]고 한다. 모장(牟長)은 "가르치는 학생이 항상 천여 명이 있었고 전후로 기록된 학생이 만여 명이었다.[諸生講學者常有千餘人, 著錄前後萬人]"[59] 또한 환제(桓帝)시기의 채현(蔡玄)은 "『오경』에 통달하여 제자들이 늘 천여 명이 있었는데 그 기록된 자는 만 육천 명이었다.[學通『五經』, 門徒常千人, 其著錄者萬六千人.]"[60] 그래서 『후한서』「유림전」에서는 다음과 같이 논하였다.

광무제 중년 이후 전쟁이 점점 멈추고 경학에 전념했으니 이때부터 그 풍습이 대대로 두터워졌다. 유복(儒服)을 입고 스승이라 칭하며 학교를 세워 학생을 모아 가르치는 유학자들은 전국적으로 여기저기 있었다. 그러한 명사가 있는 곳에는 만 리를 멀다 않고 양식을 지고 와서, 좋은 주택에 거주하는 자가 종종 천백 명이나 되었고 이렇게 저명하여 제자를 받는 스승들은 첩보에 기록된 학생 수가 만 명을 넘었는데 모두 전해 내려오는 학문을 전수 받았고 잘못되거나 불순한 사설이 끼어들지 못했다.[自光武中年以後, 幹戈稍戢, 專事經學, 自是其風世篤焉. 其服儒衣, 稱先王, 遊庠序, 聚橫塾者, 蓋布之於邦域矣. 若乃經生所處, 不遠萬里之路, 精廬暫建, 贏糧動有千百, 其著名高義, 開門受徒者, 編牒不下萬人; 皆專相傳祖, 莫或訛雜.]

양한의 관학교육은 한나라 정부 행정의 기본수단이었다. 전한의 문옹(文翁)이 촉(蜀)을 다스릴 때 "촉 땅은 외지고 황량하여 만이(蠻夷)의 풍습이 있다.[見蜀地僻陋, 有蠻夷風.]"고 보았다. 그래서 문옹은 "성도(成都) 저자에 학관을 세워 관할 현의 자제들을 모집하여 학관 제자로 삼고, 그들의 요역을 제하여 주었

58 《원주》『후한서』권79 「장흥전(張興傳)」
59 《원주》『후한서』권79 「모장전(牟長傳)」
60 《원주》『후한서』권79 「채현전(蔡玄傳)」

으며, 공부를 잘하는 사람은 군현의 관리로 보충하고, 차등은 효제(孝弟)로 삼아 농사에 힘쓰게 하였다.[乃修起學官于成都市中, 招下縣子弟以爲學官弟子, 爲除更繇, 高者以補郡縣吏, 次爲孝弟力田.]" "이로 말미암아 크게 교화되어 촉 땅에서 경사에서 배우는 자가 제(齊) 땅과 노(魯) 땅보다 많았다. 무제 때에 이르러 이에 천하 군국에 명하여 모두 학교관(學校官)을 세우게 하였는데 이는 문옹으로부터 시작된 것이라 한다.[由是大化, 蜀地學于京師者比齊魯焉. 至武帝時, 乃令天下郡國皆立學校官, 自文翁爲之始云.]"[61]

양한 관학은 군국학(郡國學)과 경사태학(京師太學)으로 나눌 수 있는데 모두 한나라 정부가 인재를 배양하고 관리하기 위하여 세운 것이다. "한 무제가 학교를 세울 때, 군국(郡國)의 현관(縣官)들에게 명하여 괜찮은 인재를 삼가 살펴서 태상(太常)에 이르게 하여 제자들처럼 수업을 받게 하였다. 곧 군현들이 모두 조서대로 시행하여 박사제자(博士弟子)가 비로소 국가인재 선발의 공법(公法)이 되었다.[及武帝旣興學校, 則令郡國縣官謹察可者, 與計偕, 詣太常受業如弟子. 則郡縣皆有以應詔, 而博士弟子始爲國家選擧之公法也.]"[62]

양한의 관학교육에 대해서는 학자들이 논술한 것이 매우 많으나, 더 언급하지는 않겠다. 여기서 강조하고 싶은 것은 한나라 교육은 경학교육을 위주로 하였고, 교화는 행정수단이었으며 그 목적은 사회질서를 통합하기 위한 것이라는 점이다.

. . . .

61 《원주》『한서』卷89「문옹전(文翁傳)」
62 《원주》『문헌통고(文獻通考)』권46「학교(學校)」7

공자께서 물가에서 말씀하셨다. "흐르는 것이 이와 같이 밤낮으로 쉬지 않는구나![逝者如斯夫, 不捨晝夜!]" 세월의 흐름은 정말로 무정한 듯하다. 눈 깜짝할 사이에 불혹(不惑)의 나이가 되었으니 말이다. 세월이 얼굴에 그리는 것은 창상(滄桑)뿐만 아니라, 어느 정도의 냉담과 안타까움도 있다. 젊었을 때 혼자서 한 건 제대로 해내겠다던 득의양양한 열정도, 시간이 흐름에 따라 세월 속에서 사라져 갔다. 지금은 한가하게 황경(黃經)을 읽는 부처님 앞의 늙은 어린아이일 뿐이다.

대학원에 입학하고 중국사회과학원 역사연구소에 들어와 일한 지도 또한 이미 20년 가까이 되었다. 내가 내 일을 좋아하는 까닭은 내게 시간상의 자유를 주었을 뿐만 아니라 인격상의 자유도 주었기 때문이다. 어쩌면 너무 자유롭기 때문에 게을러지고 어두워져 내가 맡은 중국사회과학원 기초연구 과제인 "양한 경학의 발전과 사회 변화[兩漢經學與社會]"를 지금까지 미루다가 겨우 그 윤곽을 잡았는지도 모른다. 동료들이 열심히 노력하면서 큰 성과를 줄줄이 내는 것과 비교해 보면 실로 부끄러워 얼굴을 들지 못할 지경이다. 어렸을 때 아버지께서 내게 해주신 한 마디의 평가가 기억에 남는다. "이 아이는 뜻은 크지만 배우는 걸 소홀히 한다." 재작년(2000년) 스승이신 린깐 첸(林甘泉)선생님과 방문학자 자격으로 해외에 나갔을 때 이 말씀을 드렸더니 선생님께서 이 말이 결코 틀리지 않다고 하셨다.

"양한 경학의 발전과 사회 변화"는 큰 과제이다. 봐야 할 사료가 많다는 것을 차치하더라도 경문의 열독이 순조롭지 못하기 때문에 나 같이 재주가 없고 공부도 얕은 사람이 통독할 수 있는 것이 아니었다. 대략 10년 전, 내가 이 과제를 처음 시작했을 때, 원래 생각은 양한 사회사조(社會思潮)에 대해 연구하려는 것이었다. 그러다 사료를 수집하고 읽는 과정 속에서 경학에 대한 흥미가 점점 짙어지게 되었는데, 이것은 한나라 경학이 사실상 당시 각종 사회사조의 집산지였기 때문이다. 원래는 그저 하나의 곁가지에 지나지 않던 것에 내 10년의 정력을 쏟게 될 줄은 꿈에도 생각하지 못했다. 감히 겨우 그 방법을 엿볼 수 있었다고 할 수 있을 것이다. 경학의 연구는 원래 중국 전통 학술 연구의 정통으로 한나라 때부터 청나라시기에 이르기까지 학자들이 수업하고 전파하던 근본이며 청나라 건륭－가경시기에 그 전성기를 구가했다. 청말에서 지금에 이르러서는 시대의 변천과 사상의 분화 때문에 점점 쇠락하게 되었다. 청말 이후의 경학 연구는 대략 다음의 세 줄기 맥락을 통해 살펴볼 수 있다. 첫째, 숭금문파(崇今文派)이다. 피시루이와 야오핑 등을 대표로 하고, 그 후로 멍원통과 줘위동의 학문이 금문을 숭상하였다. 둘째, 숭고문파(崇古文派)이다. 장타이넨과 류스페이 등을 대표로 하고, 그 후로 판원란 등의 학문이 고문을 숭상하였다. 셋째, 의고파(疑古派)이다. 취이동비(崔東壁)와 첸센통, 구지에캉 등을 대표로 한다. 민국 시기에는 경학 개설서들이 나왔다. 예컨대, 천옌제(陳延傑)의 『경학개론(經學槪論)』, 첸치보(錢基博)의 『경학통지(經學通志)』 등이다. 그밖에 사상사와 단대사(斷代史) 연구에 종사하는 학자들도 경학에 대해 많이 섭렵하고 있었다. 대만에서는 이 과제와 관련된 라오간(勞榦), 천반(陳槃), 첸무(錢穆), 쉬푸관(徐復觀), 다이쥔런(戴君仁), 취완리(屈萬里), 리웨이타이(李偉泰), 황전민(黃振民) 등의 저술을 볼 수 있다. 대만의 린칭창(林慶彰)이 편찬한 『경학연구논저목록(經學研究論著目錄)』(1912~1987)에 수록된 자료는 아주 상세하다. 최근 또 전자판 자료들이 많이 증가되면서 검색이 아주 편해졌다. 일본에는 타쿠이치 요시오(武內義雄) 같은 연로한 학자들의 통론성 저작 외에도, 현재 여러 학자들이 구체적인 연구를 하고 있다. 서양에는 영국의 마이클 로이(Michael Loewe)의 관점을 『케임브리지 진한사 (The Cambridge History of China(Volume01) The Ch'in and Han Empires, B.C.221~A.D.220)』에서 볼 수 있고, 프랑스 자크 제르네(Jacques Gernet)의 관점도 『중국사회사(Le monde chinois)』에 반영되어 있으며, 미국의 D. 보드(Derk Bodde), C. 모리스(Clarence Morris)의 견해도 그들이 저술한 『중화제국의 법률 (Law in imperial China)』을 통해 알 수 있다. 페어뱅크(John King Fairbank)와 뉘잉스(余英時)의 저술 같은 경우는 중국어 번역본이 비교적 많기 때문에 일일이 열거하지 않겠다.

중국 대륙에서는 건국 이래 경학연구가 홀대를 받은 감이 없지 않다. 사상사와 철학사를 연구하는 학자들은 비록 이 문제를 논술하지 않을 수 없었지만 이데올로기의 한계에 갇혀 있었기 때문에 쉽게 자신의 뜻을 밝히기가 힘들었다. 그 중 후와이뤼(侯外廬) 선생의 한대 사상에 대한 논술은 명확한 체계를 갖춘 것으로 이를 통해 그는 한대 사회사에 대한 비교적 심도 있는 연구 토대를 마련하였다. 경학연구의 흥성은 1980년대 중반에 시작되었고 지금까지 20년 동안 자못 풍성한 연구성과가 나왔다. 주요 저작을 열거하면 다음과 같다. 장첸차이(章權才)의 『양한경학사(兩漢經學史)』, 왕티에(王鐵)의 『한대학술사(漢代學術史)』, 주젠망(朱劍芒)의 『경학제요(經學提要)』, 쟝보첸(蔣伯潛)의 『경학찬요(經學纂要)』, 쟝보첸・쟝주이(蔣祖怡)의 『경과 경학(經與經學)』 등이 있다. 좀 더 세분화된 주제로 연구한 저작에는 탕즈쥔(湯志鈞)의 『전한경학과 정치(西漢經學與政治)』, 마용(馬勇)의 『진한 학술 사회전형시기의 사상 탐색(秦漢學術社會轉型時期的思想探索)』과 『한대「춘추」학 연구(漢代「春秋」學研究)』, 천수전(陳蘇鎭)의 『한대정치와 「춘추」학(漢代政治與「春秋」學)』, 진원(晉文)의 『이경치국과 한대 사회(以經治國與漢代社會)』, 류호우친(劉厚琴)의 『유학과 한대 사회(儒學與漢代社會)』 등이 있다. 이 밖에도 주뤼카이(祝瑞開)의 『양한사상사(兩漢思想史)』, 진춘펑(金春峰)의 『한대사상사(漢代思想史)』, 옌푸커(閻步克)의 『사대부정치연생사고(士大夫政治演生史稿)』 등의 저술이 경학과 사회에 대해 아주 정밀하게 논술하였다. 이 저작들 가운데 진원의 『이경치국과 한대사회』는 한대 사회에서 경학이 어떠한 구체적인 작용을 했는지 아주 상세하게 해부한 심혈을 기울인 저작이다. 엔푸커의 『사대부정치연생사고』는 유생과 한나라 정치의 관계에 대하여 직간접적인 증거들을 폭넓게 인용하였는데 그 세밀한 논증 속에는 마치 일종의 현대 유생의 이상적인 충동이 넘쳐나는 듯하다. 이상의 열거를 학술사 회고로 치도록 하자. 본인의 견문이 그리 넓지 않은 까닭에 분명 선현(先賢)들의 저작 가운데 아직 읽어보지 못한 것이 있을 것이다. 그렇기 때문에 여기서 논술한 우물 안 개구리의 견해는 많은 사람들의 비웃음을 면치 못할 것이다.

이 『양한 경학의 발전과 사회 변화』는 본인의 10년에 걸친 이 과제에 대한 초보적인 연구성과이다. 유사한 저작들과 비교해 봤을 때, 어쩌면 새로운 특징이나 관점이 있을지도 모르겠다. 경학에 대한 내 기본적인 관점은 먼저 경학을 하나의 학술유파로 보았다. 이렇게 해야 그 본원을 분명하게 파악할 수 있고, 경설과 경의의 학술적 연원도 상세하게 고찰할 수 있다. 또 이렇게 해야 경학가의 이론 혹은 이상을 양한 사회의 정치적 현실이라고 오해하지 않을 수 있다. 그래야만 경학이 한나라 시기에 변화 발전해 나가는 대체적인 궤도를 초보적으로 그려볼 수 있으며, 그 실제적인 작용을 평가할 수 있다. 본서에서 본인이 제기한 학술 발전의 "이론심화와 외적확산의 법칙[內順致治法則]"은 본인의 학술사 연구에 대한 생각으로 이 법칙을 경학과 기타 선진제자 학설을 풀어내는 표준으로 삼았다. 이 법칙은 앞으로도 본인이 계속해서 이 과제를 연구해 나가는 데 있어서 이론적인 기초가 될 것이다. 그렇기 때문에 여러 학자들의 비판을 간절히 기대하고 있다. 양한 사회에 대하여 구체적인 연구를 한 적이 있다. 과거의 연구를 종합해 보면 한대 사회에 대한 비교적 분명한 관점을 형성시키는 과정이라 할 수 있다. 한대 사회는 분명하게 이중적 특징을 띠는 사회였다. 사회의 이중성은 정치체제의 이중성을 가져왔다. 새로운 질서와 옛 제도의 혼합은 지연관계와 혈연관계의 융합이었으며, 또한 중앙전제와 향촌자치의 결합은 이 모든 요소들을 사회의

식과 경학 속에 반영시켰다. 이러한 현상에 대해, 본서에서는 종법제와 편호제로써 혈연관계에서 지연관계로의 변화를 묘사하였고, '벽돌형 정치체제'와 '뼈대형 정치체제'로써 진한의 정치체제 형식을 토론하였다. 한나라가 진나라 제도를 인습했다는 것을 정정해 진나라 제도와 한나라 정치의 설을 제기했으며, 이를 빌려 한나라의 신질서와 구제도의 본질에 대하여 설명하였다. 이것을 제대로 밝히면, 우리는 경학의 공(公)과 사(私)에 대한 논술상의 유예(猶豫), 군본(君本)과 민본(民本)에 대한 해석상의 모순, 국가와 사회에 있어서 이러지도 저러지도 못하는 선택상의 고민을 이해할 수가 있다. 이밖에 본서에서는 사소한 문제에 대한 고석(考釋)에서도 비교적 새로운 의견을 내놓았는데, 예컨대 "경(經)", "역(易)", "현(縣)" 등의 명명에 대한 논의이다. 구체적인 문제들에 대한 분석에서도 이전 학자들의 편파적인 관점을 바로잡은 것에 있어서 비교적 공평 타당하다고 생각한다. 예컨대 원시과학과 원시미신을 분리하여 음양오행설의 문화적 내원을 정리하고 개정한 것과 고문경과 금문경의 서로 다른 학술적·정치적인 성향을 통해 둘 사이의 공통점과 차이점을 서술한 것 등이다. 대체로 뜻이 크지만 재주가 부족한 자들은 반드시 새로운 것을 숭상하고 기이한 것을 구하며, 반드시 설을 세워 체계를 구축한다. 본 과제를 연구하면서 옛 사람들의 성과를 거울삼은 것이 많은데 특히 명청(明淸) 시기 여러 학자들의 저작이 많은 도움을 주었다. 백여 종의 명청 시기 저작을 차례로 열독하였는데 본서의 주석과 학술사 회고에서 이미 언급하였기 때문에 일일이 나열하지는 않겠다. 그리고 두 권의 책이 있는데, 비록 직접 인용하지는 않았지만, 연구 초기 자료의 색인은 바로 거기서 얻었다. 그 책은 바로 청말 당안(唐晏)의 『양한삼국학안(兩漢三國學案)』, 천웨이싱(陳煒星)의 『경전역의(經傳繹義)』이다. 타유시(打油詩, 역자 주 : 평측과 운에 구애받지 않는 통속적인 해학시) 한 편을 지어 본 원고의 종결로 삼고자 한다.

숲에서 났지만 재목이 아니니 벌레 혹만 날 때부터 나와 함께하는구나.
상인이 되면 도주공만 부러워할 것이니, 이태백을 산채로 벗겨내겠다 이름하였네.

한가로이 잡사(雜史)를 들춰보며 글을 지었지만, 생각이 전일하지 못해 자못 불경하도다.

이중성(二重性)에 치우친 설을 만들고, 내순치치(內順致治)를 법칙으로 삼았네.

한나라가 진나라 제도를 인습했다는 것은 옛 말이고, 진나라 제도와 한나라 정사라는 새로운 계보를 열었으니.

거시적인 설에는 말이 다닐 정도이나, 세밀한 논증에는 바늘조차 용납하기 힘들구나.

사슴은 메에메에 울며 그 무리를 구하고, 물수리가 구우구우 우니 수컷이 될 뿐이네.

선승이 막대기를 들어 꿈에서 깨어나게 하니, 소소(蘇小)를 끼고 천태(天台)로 올라간다.

최근 어떤 학자들은 국고(國故)를 정리하고 경학을 연구해야 한다고 주장하고, 어떤 학자들은 경학을 현학(顯學)으로 삼아 경학 연구의 붐이 일어나기를 바라고 있다. 그들의 노력은 확실히 존경할만하다. 그러나 필자는 경학 연구는 반드시 해야 하는 것이지만 붐으로 일어나서는 안 된다고 생각한다. 경학 연구에 대한 열기가 뜨거워져 연구성과가 쏟아져 나오는 것은 반드시 좋은 일만은 아니라는 것을 차치하더라도, 경학의 사상적 찌꺼기가 이미 문화적인 무거운 짐이라는 것이 증명되었기 때문이다. 누가 감히 그의 연구가 그 정수만을 보존하고 그 찌꺼기를 제거할 수 있다고 말할 수 있겠는가?

역사연구소에 와서 일한 세월 동안 필자가 자주 생각한 것이 두 가지가 있다. 첫째, 역사연구소의 학풍은 어떠한가? 아주 좋은 환경 속에 있어 말하기도 부끄럽지만, 요 몇 년 동안 이러한 것조차 제대로 파악하고 있지 못했다. 본 연구소에서 나온 뛰어난 대작들을 읽고 역사연구소 선배 학자들의 성과를 마음에 두면서 스스로 "사료에 공을 들이고 생각을 부지런히 한다.[用功於史料而勤奮於思考]"는 것이 분명 역사연구소의 학풍이라고 생각하였다. 그래서 본

566

과제를 연구하면서 본인은 이것을 좌우명으로 삼아 나중에 동문(同門)들에게 누가 되지 않기 위해 노력하였다. 둘째, 현대 사학연구를 몇 가지로 분류할 수 있다. 이것은 원래 호사가들이 하는 것이지만 또한 흥미 있는 일이기도 하다. 필자는 현대 사학을 대개 세 가지로 분류할 수 있다고 보고 있다. 첫째는 장인[工匠]의 역사연구로, 그 깎고 새기는 것이 아주 세밀하고 정교하여 귀납법을 많이 써서 풍부한 증거를 인용하고 질서 있게 배열하지만, 천성이 노둔하여 그 정밀한 재주로 먹고 살면서, 끝내 장인의 티를 벗지 못한다. 둘째, 문인(文人)의 역사연구로, 그 생각도 넓고 그 설도 수려하여 연역법을 많이 써서 교묘하게 인증하는 독특한 눈을 갖췄지만, 천성이 부화(浮華)하여 정취(情趣)에 휩쓸리면서 끝내 문인의 기질을 벗지 못한다. 셋째는 학자(學者)의 역사연구로, 그 학문도 넓고 그 뜻도 크니 그 방법은 도를 싣는 수레요 그 사료는 명쾌한 검으로, 편안한 맘으로 시작하여 작정하여 마음을 단단히 먹는 데 이르지만, 끝내 재지(才志)에 얽매여 신선한 생활의 기운을 얻지 못한다. 내 자신의 사학연구는 대개 장인과 문인 사이에 서 있으며 학자들의 역사 연구를 진심으로 흠모하기만 할 뿐, 따라잡지는 못하였다.

연구는 즐거운 일이다. 연구의 즐거움은 마치 오늘 밤 이미 잠들어 있는 아내의 평온한 얼굴과 같고 마치 오늘 밤 꿈꾸고 있는 딸의 찬란한 미소와도 같으며 마치 오늘 밤 보슬비 섞인 바람이 창틈을 통해 가져다주는 한 줄기 신선함과도 같고 ……

2002년 가을 비 내리는 밤
베이징 간멘후퉁(干面胡同)에서
순샤오(孫曉)

옮긴이의 글

　본서(원제 : 『兩漢經學與社會』)의 명칭에서 알 수 있듯이, 본서의 가장 커다
란 특징은 역사와 사상을 분리하여 해석하지 않고 일체된 사회현상으로서
이해하고 있다는 점이다. 저자가 본서의 후기에서 이미 밝혔듯이 한대(漢
代) 경학은 당시 사회의 다양한 사조의 집산지였다. 따라서 한대 경학을
올바르게 이해하기 위해서는 사회의 발전과 변화에 따라 사상의 그것을
조응시켜야 한다. 역자 역시 저자의 이러한 관점에 동의하며, 본서를 번역
하고자 한 계기도 여기서 비롯하였다. 역자가 양한시기의 역사와 문화를
강의할 때 어려운 점 가운데 하나는 기존의 개설서나 관련 연구서들이
서술의 편의상 정치·경제·사회 등의 사회적 변화와 사상을 분리하여
서술하고 있기 때문에, 학생들이 이 두 요소가 무관한 것으로 인식하기
쉽다는 점이다. 예를 들면 한의 성립 이후 유학이 국가의 주요 이념으로
발전해 가는 과정을 설명하는 경우, 이를 사회적 변화와 함께 통합적으로
서술하고 있는 관련 서적은 그다지 많은 것 같지 않다. 대부분의 참고서적
은 역사와 사상을 분리하여 서술하거나 심지어는 '철학'이라는 주제를
역사학과는 별개의 내용처럼 서술하고 있다. 이런 까닭에 중국 고대의
역사와 사상을 공부하고자 하는 상당수의 학생들은 이 두 개의 주제를
마치 별개의 내용으로 인식하곤 한다. 그러나 고대 중국의 올바른 상을

이해하려면 사회와 정치, 사상과 문화 등에 대한 전반적이고도 통합적인 이해가 전제되어야 한다. 보건대 본서의 내용과 구성이 고대 중국에 대한 통합적인 이해를 제공할 수 있으리라 생각한다.

이러한 기대와 기쁨 속에서 본서를 번역하기 시작하였다. 그러나 역자의 번역작업은 시작부터 어려움에 부딪쳤다. 양한 경학을 중요한 학술유파로 이해하기 위해 저자가 제기한 이론은 이른바 "내순치치(內順致治)" 법칙이었다. 저자의 의도는 이해하였지만 이러한 의미를 갖는 적절한 용어를 찾아내어 번역하기가 쉽지 않았다. 이 과정에서 직접 저자와 함께 논의하고 주변의 연구자들에게 문의한 끝에 "이론심화[內順]와 외적확산[致治]"으로 번역하였다. 씨족 혈연사회에서 소농사회로의 변화 과정을 설명한 "토배형(土坯型)과 광가형(框架型)"이란 개념 역시 "벽돌형과 뼈대형"이란 용어로서 대치하였다. 이와 같은 다소 생소한 저자의 이론체계와 개념을 접할 때는 약간의 당혹감도 있었지만, 대학원생들과의 강독 수업에서 오히려 이러한 당혹스러움은 지적 호기심을 자극하여 비교적 어렵지 않게 극복할수 있었다.

본서는 총 4장으로 구성되어 있다. 1장의 주요 내용은 양한시기의 경학이 발달할 수 있었던 역사적 배경에 대한 서술이다. 우선 경학이 하나의 학설로서 체계화된 이론과 매 시기마다 이를 확산시킬 수 있는 중요한 사상이 되었음을 언급하고, 이를 통해 씨족 혈연사회의 주요 정치체제였던 종법제로부터 소가족이 중심이 된 진한사회로의 발전을 설명하고 있다. 2장에서는 양한 경학의 문화적 연원에 대한 서술이다. 무엇보다도 저자가 강조하는 것은 "경(經)은 결코 유가 저작만의 칭호가 아니다."라는 점이다. 한대 경학은 신성화·참위화·음양오행적 성격을 띠고 있으며, 이러한 특징은 선진시기의 유학과는 달리 더욱 강렬한 목적성, 즉 경학으로써 사회를 통치하고자 하였다는 점을 서술하였다. 이러한 저자의 관점은 3장과 4장에서 구체적 서술로서 전개되고 있다. 3장은 양한시기 육경(六經)이 전승된 방법을 각각의 경을 중심으로 서술하였으며, 4장에서는 경학이 실제적으로 한대사회에서 어떻게 작용하였는가에 대해 서술한다. 요컨대 금고문(今古文) 경학과 양한의 학술·정치적 관계, 상서(祥瑞)와 재이(災異)로서 군권을 제한하는 이른바 참위적 성격으로서의 경학, 사회질서의 핵심적 요소인 효(孝)를 통한 천하의 통치 그리고 경학과 한대의 행정제도와의 상관성을 언급한 것이 본서의 주요 내용이다.

사실 역자가 본서를 번역하게 된 동기는 전혀 예상하지 못했던 중국사회과학원 역사연구소 친구들의 연락을 받고서부터다. 2012년 1월 북경에서 역자는 중국사회과학원 역사연구소에 재직 중인 친구들과 담소를 나누던 중, 본서를 대학원 수업의 교재로서 사용하고 있음을 언급한 적이 있다. 그 해 7월 역자는 그들로부터 정식 번역 제의를 받고 본격적인 번역작업을 시작하였다. 그러나 역자의 게으름과 여러 가지 일들로 인해 번역작업은 지지부진한 상태를 면치 못하였고, 마침내는 약속한 기한을 지키지도 못하였다. 이 자리를 빌려 역자의 번역작업을 믿고 묵묵히 기다려 준 역사연구소 친구들에게 감사를 표한다.

번역작업은 더디 진행됐지만, 나름대로 학문적으로 성찰할 수 있는 계기를 제공하여 주었다. 더욱이 훌륭한 외국 학계의 연구 성과를 국내에 소개하는 의미 있는 작업임에도 불구하고, 아무런 평가를 받지 못하는 현실에서는 더더욱 그러했다. 지루함을 극복하고 이러한 학문적 성찰을 가능하게 해준 성균관대 동아시아학술원 고전번역협동과정 1기 및 2기 학생들에게 진심으로 감사를 드린다. 그들과 함께 강독해 나가는 과정에서 역자는 번역의 지루함을 날려 버릴 수 있었으며, 준비 과정에서 새로운 학문의 세계를 접할 수 있었다. 이처럼 본 역서는 많은 사람들의 도움으로 이루어진 공동의 학문적 결과이다. 경학에 문외한인 역자에게 풍부하고 심도 있는 지식을 가르쳐 주고 조언을 아끼지 않은 동료인 이영호 교수에게 경의를 표한다. 아울러 원래 졸문(拙文)인 역자의 문장을 많은 시간을 할애하여 다듬어 준 이유표 박사와 교정작업에 커다란 도움을 준 성균관대 동아시아학과 대학원생인 유민정 양과 숙명여대 대학원생 오정은 양에게도 감사의 인사를 전한다.

본서를 번역하는 과정에서 발견한, 약간의 오류들에 대한 수정과 독자의 이해를 돕기 위하여 역자가 서술한 역자 주의 작업으로, 생각보다 번역 원고의 양은 증가하였다. 이러한 역자의 작업이 어느 정도 성과가 있을지 걱정이 앞서기도 한다. 하지만 이러한 걱정은 아직도 공부가 부족함을 반증하는 것이라 생각한다. 독자 여러분의 질정을 구한다.

2015년 2월

김경호

찾아보기

차

타

지은이 순사오孫曉

필명은 쑨디아오孫莜이다. 중국사회과학원 연구생원을 졸업하고, 현재 중국사회과학원 역사연구소 문화사연구실 주임(박사과정생 지도교수)이자 연구원이며, 창신공정創新工程 연구 책임자로 있다. 주요 연구 분야는 중국 고대사(진·한사 및 경학)이며, 주요 저작으로는 『중국혼인소사中國婚姻小史』(1987), 『심재문학집心齋問學集』(1992), 『양한사회여경학兩漢社會與經學』(2002), 『양한일경정리여연구兩漢佚經整理與研究』(2007) 등 다수가 있다.

옮긴이 김경호金慶浩

성균관대학교 사학과를 졸업하고, 중국사회과학원 역사연구소 방문학자를 거쳐, 현재 성균관대 동아시아학술원 교수로 있다. 주요 연구 분야는 중국 고대 출토자료를 이용한 진·한시기 역사와 문화 등이며, 최근 고대 동아시아사 전반으로 그 관심 영역을 확장시키고 있다. 주요 논저로는 『지하地下의 논어, 지상紙上의 논어』(2012), 「진한 초 출토자료에 반영된 '사', '리'의 성격」(2012) 등 다수가 있다.

한대 경학의 발전과 사회 변화

1판 1쇄 인쇄 2015년 5월 10일
1판 1쇄 발행 2015년 5월 20일

지은이 | 순사오
옮긴이 | 김경호
편집인 | 마인섭, 성균관대학교 동아시아학술원 02) 760-0781~4

펴낸이 | 정규상
펴낸곳 | 성균관대학교 출판부 02) 760-1252~4
등 록 | 1975년 5월 21일
주 소 | 110-745 서울특별시 종로구 성균관로 25-2

ⓒ 2015, 성균관대학교 동아시아학술원

값 26,000원
ISBN 979-11-5550-102-3 94150   978-89-7986-833-3(세트)

＊ 본 출판물은 2007년 정부(교육부)의 재원으로
  한국연구재단의 지원을 받아 수행된 연구임
  (NRF-2007-361-AL0014)